Food Service

Industry Management and Marketing

외식산업의 경영과 마케팅

정용주 저

(주)백산출판사

머리말

현대는 소비자중심의 사회로 소비자의 욕구를 충족시킬 수 있는 방법을 강구해야만 기업이 생존할 수 있는 시대라 할 수 있다.

1930년대 이전만 해도 제품 생산은 곧 소비로 이어질 만큼 판매자 중심의 시대였다. 하지만 미국의 경제공황과 제2차 세계대전 이후 생산기술의 발달 및 생산시설의 급격한 증가로 시장의 흐름은 공급이 수요를 초과하고, 제품 판매에 대한 관점이 생산자에서 소비자 관점으로 변화하게 되었다.

우리나라의 외식산업은 많은 기업인들과 학자들의 노력, 사회 · 문화 · 경제 · 기술적 요인들이 상호보완작용을 하면서 발전되어 왔다고 볼 수 있다.

그러나 치열한 경쟁 및 외부환경의 불확실성으로 인하여 외식기업에서는 사고의 유연성과 무한경쟁의 글로벌시대에서 경쟁할 수 있는 지식과 기술을 고루 갖추어야 어려움을 극복하고 지속적인 기업이 될 수 있을 것이다. 이를 위해 반드시 필요한 것이 경영과 마케팅이라 할 수 있다.

경영학이라는 분야는 기업을 경영하는 근원적 목표를 달성하는 데 필요한 경영활동을 보다 효율적으로 수행하기 위해 필요한 원리를 종합적이고 체계적으로 연구하는 학문이다. 마케팅은 오늘날 우리가 일상생활 속에서 자주 접하는 용어로 개인이나 조직의 목표를 충족할 수 있는 교환을 창조하기 위해 제품 · 서비스 · 가격 · 촉진 · 유통 등을 계획하고 수행하는 과정으로 기업이나 개인 등 사회 전반에 걸쳐 목표를 달성하기 위한 핵심활동이라 할 수 있다.

경영학과 마케팅은 주로 제조기업의 문제를 중심으로 다루면서 발전되었기에 복합 산업으로 성장한 외식산업에 그대로 적용하기에는 다소 무리가 있을 수 있다. 그렇다고 제조업 기반의 경영학과 마케팅을 배제하고 외식산업의 경영과 마케팅을 논할 수 없기에 다른 외식 관련 저서들과 마찬가지로 본서에서도 경영학과 마케팅의 기본 바탕에 외식산업이 지니는 특성을 접목시켜 체계화하려 노력하였다.

이러한 상황적 배경을 바탕으로 저자는 외식산업의 경영과 마케팅이라는 학문을 일반 제조업이 아닌 외식산업에 적용하여 경영과 마케팅의 이론과 실제를 체계적으로 정립하고자 기초적 개념과 원리를 시작으로 외식기업에서 적용할 수 있는 전략까지 저자의 호텔 및 외식업계의 근무경력을 바탕으로 본 교재를 집필하게 되었다.

본 교재는 총 15장으로 구성되었으며, 1장에서 2장까지는 외식산업에 대한 전반적인 부분을 이해할 수 있도록 개념을 정립하였고, 3장부터 7장까지는 외식기업의 경영에 필요한 분야에 대해 다루었으며 8장부터 15장까지는 외식기업을 경영하는 데 있어 반드시 필요한 마케팅 분야를 다루었다.

본 교재는 대학의 외식산업 관련 학과 학생들을 대상으로 작성되었으나 외식기업의 경영과 마케팅에 관심이 있는 일반 독자들도 이해하는 데 어려움이 없을 것이다.

본서의 집필을 마치면서 언제나 느끼지만 하고 싶은 것과 할 수 있는 것은 다르듯이 끊임없는 열정과 노력으로 시작하였지만 저자의 역량부족으로 세심한 부분까지 다루지 못한 것에 대해 아쉬움을 느낀다. 이러한 부분에 대해서는 앞으로 더욱 노력하고 연구하여 보충할 수 있도록 할 것이며 본 교재를 통해 외식기업을 경영하고 공부하는 모든 분들에게 조금이나마 도움이 되었으면 하는 바람이다.

마지막으로 본 교재가 출판되기까지 많은 노력을 기울여주신 백산출판사의 진욱상 사장님을 비롯하여 편집부 직원분들의 노고에 진심으로 감사드리며, 세상에서 가장 소중하고 존경하는 부모님과 가족들에게 본서를 통해 사랑을 전하고자 합니다.

저자 정용주

차례

CHAPTER

07 외식산업의 창업경영

C·H·A·P·T·E·R

01

외식산업의 이해

CHAPTER 01

외식산업의 이해

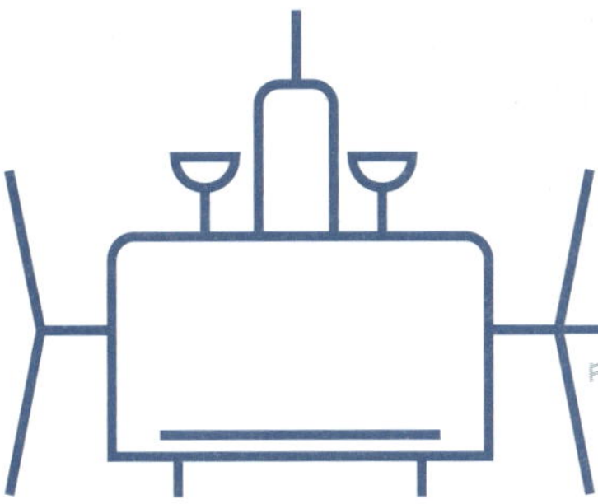

FOOD SERVICE INDUSTRY MANAGEMENT AND MARKETING

제1절 외식의 개념

인간이 생활하는 데 있어서 가장 기본적인 요소인 의 · 식 · 주 중 식생활은 인간의 생명 유지 및 연장은 물론 활동에 필요한 영양분을 섭취하는 일로 인류의 탄생과 함께 시작된 본능적인 생존수단이라 할 수 있다.

2만 년 전 채집수렵에서부터 시작된 인류의 식생활은 인류가 진화하는 동안 다양한 변화를 겪어 왔으며, 특히 한 국가의 식생활 문화는 해당 국가의 지리적 · 풍토적 자연환경과 정치 · 경제 · 사회적 여건, 그리고 역사 속에서 누적된 그 민족 특유의 문화적 배경에 의해 형성되며 식생활 양식은 오랫동안 지켜온 식습관과 새로운 생활 양식이 융합됨에 따라 변화되었다.

이러한 식생활은 이제 가정에서의 식사뿐 아니라 지불능력만 있으며 가정이라는 범위를 벗어나 가정 밖의 체험이나 개인의 욕구충족을 위한 기능과 더불어 맛에 대한 효용과 기대 등 시간과 장소에 구애받지 않고 자신이 원하는 음식을 원하는 상태로 제공받을 수 있다.

현대인에게 외식은 이제 생소하거나 특별한 의미를 부여해 주는 것이 아니라 하루 평균 1회 이상의 외식을 즐기는 일상생활의 한 부분으로 받아들여져 새로운 식생활 문화로 자리 잡고 있다.

외식이라는 용어의 사전적 의미는 '자기 집이 아닌 밖에서 식사하는 것'으로 정의하고 있으며 국내 대부분의 학자들은 '가정 밖에서 행하는 식사행위의 총칭'으로 정의하고 있다.

외식에 대한 정의는 외식산업의 특징이나 성격, 외식산업의 업종 · 업태와 위치를 파악할 수 있을 뿐 아니라 외식산업의 매출이나 성장률 등 통계적인 활용 및 외식산업의 발전방향을 모색할 수 있는 이론의 출발점이 되는 중요한 사항이다.

외식의 개념은 외식의 다양화를 통하여 내식, 외식, 중식의 개념으로 구분하여 설명할 수 있다.

1 내식·중식·외식의 구분

광의의 개념으로 볼 때 외식은 내식 · 중식과 함께 식사의 하위개념에 속하며 음식을 만드는 장소, 음식을 만드는 사람, 음식을 먹는 장소와 연관되어 있다. 즉 요리를 만드는 사람이 가정 내의 사람인지, 아니면 가정 외의 사람인지, 먹는 장소가 가정 내인지, 가정 외인지에 따라 구분이 달라질 수 있다.

그림 1-1 내식·중식·외식의 구분요건

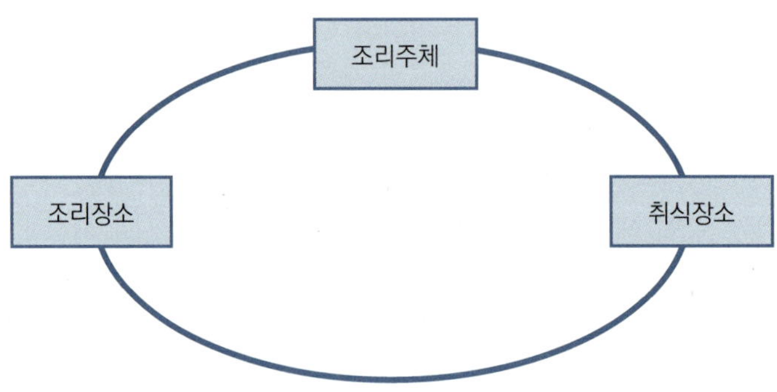

1) 내식

내식은 조리하는 주체가 가정 내의 사람이고 조리장소와 취식장소가 원칙적으로 가정 내에서 이루어지는 식사를 의미한다. 예를 들면 가정주부가 시장이나 슈퍼마켓 등의 매장에서 식재료를 구매하여 가정 내에 있는 사람의 가사노동을 통하여 조리하는 경우를 의미한다.

2) 중식

우리나라는 중식이라는 표현을 잘 사용하지 않으나 일본의 경우에는 1980년대 후반부터 일반화된 표현이다. 다만 일본도 중식의 범위를 명확하게 규정하는 공식적인 정의는 없지만 원재료를 구입해 조리해 먹는 것을 '내식(內食)', 밖에서 음식을 사먹는 것을 '외식(外食)'이라고 지칭하고 이 내식과 외식의 중간에 있는 식사형태를 '중식(中食: 나카쇼쿠)'이라고 부른다.

즉, 일본에서는 한국의 가정간편식에 해당하는 개념을 중식이라고 하며 밖에서 조리가 끝난 음식을 구입하거나 생산한 장소와 다른 장소에서 소비하는 식품으로 정의하고 있다. 다만, 조리가 완료된 테이크아웃 식품으로 구입 후 며칠 내 소비되는 식품에 한하며, 한국에서 가정간편식에 속하는 조리냉동식품, 레토르트식품, 인스턴트식품, 전자레인지로 가열해 바로 먹을 수 있는 상온식품은 여기에 해당되지 않는다.

또한 도시락이나 초밥, 주먹밥, 샌드위치, 단체급식 등을 의미하고 있어 정확한 정의를 내리기보다는 음식을 먹는 장소적인 부분에 대해서만 주로 언급하고 있는 상태이다.

| 표 1-1 | **중식(中食: 나카쇼쿠) 정의**

분류	상품 예시
일본식 반찬	구운 생선, 구운 닭고기, 달걀말이, 튀김 등
서양식 반찬	크로켓, 그라탱, 함박스테이크, 포테이토 샐러드 등
중국식 반찬	만두, 탕수육, 딤섬, 칠리소스 새우, 중국식 샐러드 등
쌀밥	도시락, 서양식 도시락, 중국식 도시락, 삼각김밥, 유부초밥 등
급식도시락	급식 시설 설치가 불가능한 사업소 등을 대상으로 급식업자가 자사 주방 시설에서 조리해 도시락 형태로 배달하는 식사

조리한 빵	샌드위치, 야키소바 롤, 핫도그 등
패스트푸드	햄버거, 오코노미야키, 야키소바 등
조리한 면	자루소바, 중국식 냉면, 야키소바
기타	아시아 반찬, 에스닉 등 위에 해당하지 않는 식품

자료: 식음료신문, 일본 나카쇼쿠(中食)시장 현황, 2018.

중식의 일반적인 개념은 조리주체가 가정 외의 사람이고 조리장소는 원칙적으로 가정 외에 있으며 취식장소가 가정 내인 식사를 의미한다. 예를 들면 편의점이나 패스트푸드점 같은 곳에서 만들어진 음식을 가정 내로 가져와 식사를 해결하는 형태이다.

중식은 현대인의 식생활 변화 및 여성의 사회참여율 증가, 1인 가구의 증가, 편의지향적 삶의 추구 등과 같은 현상으로 조리된 음식을 구매하는 비중이 높아지면서 급속도로 발전되고 있다. 우리나라의 경우 식생활 변화에 따라 새롭게 나타난 가정간편식(Home Meal Replacement)의 개념으로 별도 조리과정 없이 그대로 또는 단순조리과정을 거쳐 섭취할 수 있도록 제조 · 가공 · 포장한 완전, 반조리 형태의 제품을 소비하는 식사를 의미한다.

| 표 1-2 | 간편식의 범위

품목분류	주요품목	정의
① 즉석섭취식품	도시락, 김밥, 샌드위치, 햄버거 등	동·식물성 원료를 식품이나 식품첨가물을 가하여 제조·가공한 것으로서 더 이상의 가열, 조리과정 없이 그대로 섭취할 수 있는 식품
② 즉석조리식품	가공밥, 국, 탕, 수프, 순대 등	동·식물성 원료를 식품이나 식품첨가물을 가하여 제조·가공한 것으로서 단순가열 등의 조리과정을 거치거나 이와 동등한 방법을 거쳐 섭취할 수 있는 식품
③ 신선편의식품	샐러드, 간편과일 등	농·임산물을 세척, 박피, 절단 또는 세절 등의 가공공정을 거치거나 이에 단순히 식품 또는 식품첨가물을 가한 것으로서 그대로 섭취할 수 있는 샐러드, 새싹채소 등의 식품

자료 : 가공식품 세분시장 현황, 농림축산식품부 보도자료, 2017.

3) 외식

외식이란 가정을 중심으로 밖에서 하는 식사행위의 총칭이라 할 수 있으며 외식이라는 용어를 국어사전에서 찾아보면 '가정이 아닌 가정 밖에서 식사하는 것'으로 풀이되고 있다.

국내 대부분의 학자들 역시 '가정 밖에서 행하는 식사행위의 총칭'으로 정의하고 있다. 그러나 식생활 환경의 변화나 소비형태의 변화, 음식의 상태, 음식이 생산되고 판매되는 장소 등 다양한 요인들로 인하여 외식을 단순히 사전적인 의미로만 단정 짓기에는 애매모호한 판단이 될 수 있다.

여러 학자들의 견해와 음식물의 제공요건을 바탕으로 외식을 정의하면 외식은 '조리주체가 가정 외의 사람이고 조리장소는 원칙적으로 가정 외에 있으며 취식장소 역시 가정 외에 있는 식사행위'를 의미한다.

2 외식의 범위

사회 · 경제 · 문화적 환경의 변화에 따라 다양하고 혼합된 식사형태가 등장하고 바쁜 삶을 살아가는 현대인들은 식사하는 장소가 다양해지고 있다. 예를 들면 달리는 차 안에서 식사를 하는 행위, 햄버거와 같은 패스트푸드를 길을 걸으면서 먹는 행위, 음식점에 주문하여 사무실 또는 가정에서 먹는 행위 등 내식과 중식, 외식의 경계가 점차 불명확해지고 있다.

일본의 도이토시오(土井利雄)는 '외식이란 가정 외에서 식사를 하는 행위의 의미뿐만 아니라 가정 외에서 가져온 식물을 가정 내에서 먹는 나물이나 부식은 물론 가정 내에서 만든 음식을 가정 외로 가지고 나가는 도시락, 초밥까지도 포함시켜야 한다'며 외식의 범위를 넓혔다. 도이토시오의 분류방식은 식생활이나 식사, 음식 및 소비자의 식사형태를 감안하여 식사가 행해지는 장소가 가정 내인가, 가정 외인가에 따라 내식 또는 외식을 구분하는 기준이 되었으나 가정 내와 가정 외라는 단순한 구분에 의한 외식의 구분은 내식과 외식을 구분하는 데 있어서 미흡한 점이 남아 있다.

그림 1-2 내식·외식의 분류

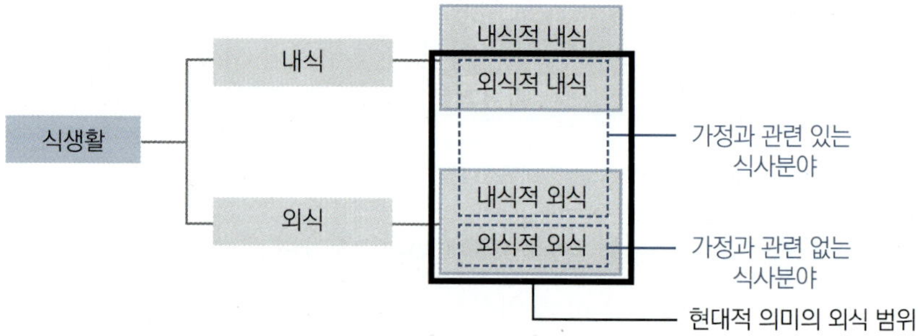

자료 : 도이토시오(土井利雄), 외식, 일본경제신문사 : 동경, 1990, p. 9.

이와부치 미치오(岩渕道生)는 기존의 개념과는 달리 중식이라는 개념을 도입하여 외식의 정의 및 범위를 상세하게 구분하고 있다. 즉 음식을 조리하는 주체와 음식을 조리하는 장소, 음식을 먹는 취식장소 등 세 가지 요소를 사용하여 내식, 중식, 외식을 정의하였다.

내식과 외식, 중식을 구분하는 이유 중 하나는 외식산업의 시장 규모를 측정하는 것이라고 할 수 있으며 범위의 결정은 조리주체와 취식장소를 중심으로 정의할 수 있다.

일반적으로 조리주체가 가정 내의 사람인 경우 내식적(內食的)으로, 가정 외의 사람인 경우 외식적(外食的)으로 구분하고 취식장소가 가정 내에 있을 경우 내식(內食)으로, 가정 외에 있을 경우 외식(外食)으로 구분한다.

| 표 1-3 | 내식·중식·외식의 범위

구분		비상업적 음식제공				상업적 음식제공	
조리주체		가정 내의 사람		가정 외의 사람		가정 외의 사람	
조리장소		가정 내	가정 외	가정 내	가정 외	가정 내	가정 외
취식 장소	가정 내	① 내식적 내식(내식)	② 내식적 내식(내식)	③ 외식적 내식(중식)	④ 외식적 내식(중식)	⑨ 외식적 내식(중식)	⑩ 외식적 내식(중식)
	가정 외	⑤ 내식적 외식(내식)	⑥ 내식적 외식(내식)	⑦ 외식적 외식(외식)	⑧ 외식적 외식(외식)	⑪ 외식적 외식(외식)	⑫ 외식적 외식(외식)

자료: 이와부치 미치오(岩渕道生), 外食産業論, 農林統計協會, 1996.

1) 내식적 내식

내식적 내식은 ①번과 같이 조리를 하는 주체와 조리장소, 취식장소가 모두 가정 내에 있는 것으로 전형적인 내식이라 할 수 있다. 예를 들면 부모님이 일상적으로 가족을 위해 가정에서 조리하여 가정 내에서 먹는 것을 말한다. ②번의 경우는 조리장소가 가정 외에 있더라도 상업성을 띠지 않기 때문에 내식이라고 할 수 있다. 예를 들면 요리학원에 다니는 가족구성원 중 누군가가 학원에서 만든 음식을 가정 내에서 먹는 것을 말한다.

2) 내식적 외식

내식적 외식은 ⑤번과 같이 조리주체와 조리장소가 가정 내에서 이루어지지만 취식장소는 가정 외에서 행해지는 형태를 의미한다. 예를 들면 가족구성원이 가정 내에서 조리한 음식을 야외에 가서 먹는 것을 말한다. ⑥번의 경우는 가정 내의 사람이 가정 내에서 준비한 음식을 가정 밖으로 가져가 조리해 먹는 것을 말한다.

3) 외식적 내식

외식적 내식은 조리장소가 가정 내 또는 가정 외에 있지만 조리의 주체가 가정 외의 사람이고 취식장소가 가정 내라는 것이 공통된 특징으로 중식의 의미로 해석할 수 있다. 예를 들면 ③번의 경우는 호텔에 근무하는 전문 조리사가 봉사활동을 위하여 가정 내로 방문하여 조리한 것을 가정 내에서 먹는 경우를 들 수 있으며 ④번의 경우 외식업소에 종사하는 주방장이 자신의 레스토랑에서 음식을 만들어 가정 내에서 먹는 경우 ⑨번은 출장뷔페의 요리사에게 출장비용을 지불하여 가정 내에서 조리하게 한 후 조리된 음식을 가정 내에서 먹는 경우 ⑩번의 경우 백화점이나 전문 식당에서 구매한 음식을 가정 내에서 먹는 것으로 전형적인 중식의 개념이라고 할 수 있다.

4) 외식적 외식

외식적 외식은 조리주체가 가정 외의 사람이고 조리장소가 원칙적으로 가정 외에 있으며 취식장소가 가정 외에서 이루어지는 식사의 개념을 외식의 의미로 해석한다. 예를 들면 ⑦번은 외식업체에서 근무하는 조리사 친구가 집에 방문하여 요리한 음식을 야외에 나가 식사하는 경우 ⑧번은 무료급식을 하는 학교에서 단체급식회사가 조리한 음식을 학교에서 식사하는 경우 ⑪번은 출장비용을 지불한 출장뷔페의 요리사가 가정 내에서 조리한 음식을 가정 외에서 식사하는 경우 ⑫번은 외식업체의 요리사가 레스토랑에서 만든 요리를 해당 레스토랑에서 식사하는 경우로 전형적인 외식의 개념이라고 할 수 있다.

제2절 외식산업의 정의와 특성

외식산업이란 인간의 기본적인 욕구를 충족시켜주는 음식과 관련된 산업으로 경제발전과 더불어 국민경제에서 차지하는 비중이 매우 높은 대표적 서비스산업이라 할 수 있다. 또한 외식산업은 음식을 조리해서 제공하는 식품제조업, 소비자에게 직접 판매하는 소매업, 서비스를 중심으로 하는 서비스산업의 성격이 강한 복합산업이라 할 수 있다.

1 외식산업의 정의

외식산업이란 용어를 사용하기 시작한 것은 1950년대 미국에 세계 최대의 외식기업인 맥도날드가 출현하면서부터인데 1950년대 이후 공업화 단계에 들어서면서 푸드서비스산업(Foodservice Industry)으로 정착되었다. 일본의 경우 1970년대 『마스코미』 잡지에서 외식산업으로 번역하여 사용하기 시작하여 1978년 일본 정부의 공식문서인 「경제백서」에 외식산업이라는 용어가 정식으로 포함되어 사용되었다.

우리나라는 1980년대 이전에 음식의 생산 및 판매와 관련된 사업들을 요식업, 식당업, 음식업 등으로 지칭하였다. 1979년 일본 패스트푸드 업체인 롯데리아를 시점으로 해외 브랜드 외식기업들이 본격적으로 진출하기 시작한 1980년대 후반부터 외식업체들의 업종 및 업태가 다양해지고 대규모화, 전문화되는 현상이 나타나면서 외식산업이라는 용어가 본격적으로 사용되기 시작하였다.

외식산업과 관련된 영문 표기는 다소 차이가 있으나 보편적으로 외식사업은 Food Service Business, 외식산업은 Food Service Industry 또는 Dining Out Industry로 표기하고 있다.

외식산업을 정의하자면 광의의 개념으로는 '음식과 관련된 산업으로 식사와 관련된 음식이나 음료, 주류 등을 제공할 수 있는 일정한 장소에서 직접 또는 간접적으로 생산 및 제조에 참여하여 특정인 또는 불특정다수에게 상업적 또는 비상업적으로 판매 및 서비스를 제공하는 산업'을 의미하며 협의의 개념으로는 '일정한 장소에서 조리, 가공된 음식물을 상품화하여 비용을 지불한 소비자에게 제공되는 가정 외의 식생활 전체를 총칭하는 산업'을 의미한다.

그림 1-3 외식사업과 외식산업의 개념적 정의

- **Foodservice Business : 외식사업**
  영리를 목적으로 하는 경제활동을 의미하며 각각의 기업을 의미함
  사업(事業) : 일, 기업 a work : an under-taking; operations; an enterprise; a project; activity
- **Foodservice Industry, Dining Out Industry : 외식산업**
  재화 및 용역을 생산하는 경제활동의 단위로 유사한 종류의 제품 또는 서비스를 공급하는 기업, 즉 복수의 기업이 존재하고 있는 경우 이들이 서로 경쟁관계에 있는 동일한 분야를 의미함

자료 : 최상철, 외식산업개론, 대왕사, 2008, p. 18(저자 재구성).

2 외식산업의 분류

1) 업종 및 업태의 이해

레스토랑의 콘셉트(Concept)에 따라서 영업방식이나 영업형태가 다르게 나타날 수 있

는데 즉, 업종과 업태를 결정하게 되면 사업계획이라든지, 영업방침 등 레스토랑의 모든 전략이 달라질 수 있기 때문에 업종과 업태의 결정은 매우 중요하다고 할 수 있다.

| 표 1-4 | 우리나라 외식업의 업종 및 업태

업태	Fast Food Restaurant	Family Restaurant	Casual Restaurant	Dining Restaurant
내용	메뉴: 한정적 객단가: 5천~1만 원 서비스: 셀프 제공시간: 3분	메뉴: 다양 객단가: 1~3만 원 서비스: 풀서비스 제공시간: 15분 이내	메뉴: 다양 객단가: 3~5만 원 서비스: 풀서비스 제공시간: 20분 이내	메뉴: 한정적 객단가: 5만 원 이상 서비스: 풀서비스 제공시간: 25분 이내
업종	한식, 일식, 중식, 양식 등			

(1) 업종(Type of Business)

근래에 다양하고 복잡하게 전개되고 있는 외식산업은 여러 가지 형태의 새로운 콘셉트(Concept)의 등장으로 업종(Type of Business)과 업태(Type of Service)의 구분이 모호한 경우가 많다. 사전적 의미에서의 업종은 직업이나 영업의 종류를 의미하는데 외식산업에서의 업종이라 함은 취급하고 있는 상품이나 메뉴의 대분류상의 영업형태를 의미한다. 외식산업의 시장이 성숙하지 않았을 때는 각 레스토랑 간의 경쟁이 치열하지 않았고 상품도 다양하지 않았다. 따라서 소비자는 단순히 '무엇을 먹을 것인가'를 기준으로 레스토랑을 선택하였으며 레스토랑의 입장에서는 '무엇을 판매할 것인가'가 기준이 되었다. 이때 소비자는 메뉴를 선택하는 1차적 구분을 하게 되는데 예를 들면 한식, 중식, 양식, 일식 등 어떤 종류의 요리를 먹을 것인가 하는 것이다. 여기서 말하는 한식, 중식, 일식 등이 바로 업종을 의미한다.

(2) 업태(Type of Service)

업태는 사전적 의미로 영업이나 사업의 실제적 형태를 의미하는데 이것은 특정의 영업방식이나 서비스형태, 금액지불방식 등의 차이로 구분되며 상품이나 메뉴의 소분류상의 영업형태를 의미한다. 대체적으로 한 개 업종이 세분화되는 것을 업태라고 말하는데 예를 들어 한식을 업종으로 본다면 한식이라는 업종에서도 패스트푸드(Fast Food), 패밀리 레스토랑(Family Restaurant), 다이닝 레스토랑(Dining Restaurant)은 업태라고 할 수 있다.

(3) 업태의 발전단계

외식산업이 처음에는 업종을 중심으로 성장하다가 해당 업종이 성숙단계에 이르게 되면 경쟁사의 등장으로 인하여 경쟁이 치열해지고 새로운 업태로 세분화되어 발전하게 된다. 즉 외식산업이 처음 등장하는 도입기에 양식이라는 업종이 활성화되면 다수의 경쟁자들이 등장하여 양식 레스토랑을 운영하게 될 것이다. 이러한 상황이 성숙기에 접어들고 소비자 욕구의 다양성으로 인하여 양식이라는 업종은 새로운 변화를 시도해야 하는 상황에 이르게 된다. 이에 따라 양식에서도 영업의 형태가 변화된 또 다른 레스토랑이 등장하게 되는 것이다. 예를 들면 양식에서도 패스트푸드가 등장하고, 시간이 흘러 패스트푸드에 만족을 느끼지 못하는 고객을 위하여 패밀리 레스토랑이 등장하고, 이후 다이닝 레스토랑 등 또 다른 업태가 지속적으로 등장하게 되는 것이다. 이러한 업태의 분화과정은 소비자의 욕구변화에 따라 외식산업 전반에 걸쳐 계속적으로 나타나면서 발전하게 된다.

그림 1-4 업태의 발전단계

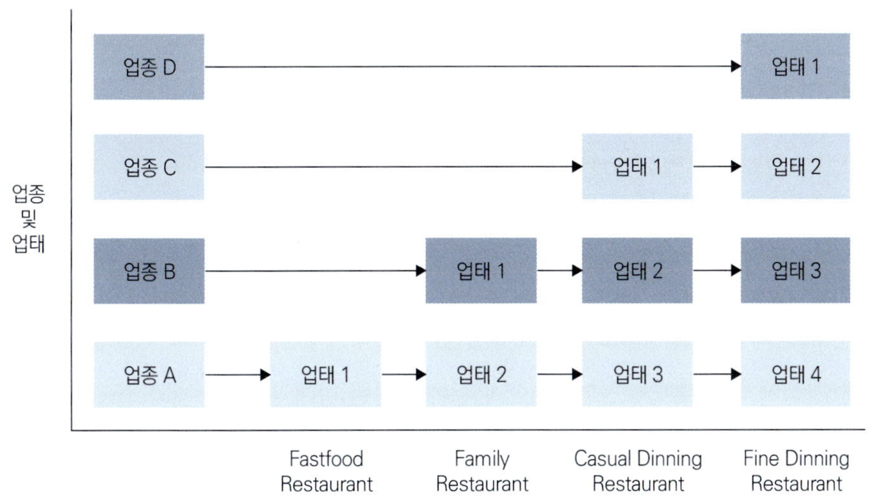

자료: 박기용, 외식산업경영학, 2009, 대왕사, p.76.

2) 외식산업 분류의 이해

우리나라는 1980년대 후반에 들어 외식산업이 발달하기 시작하였으며 외식산업에 대한 연구가 활발하게 진행되기 시작하였다. 하지만 외식산업에 대한 명확한 개념정립이 되지 않은 상태에서 편의상 정부주도로 외식업소에 대한 법적규제와 통계작성 및 세원관리의 명목으로 외식산업이 분류되고 있다.

외식산업의 분류는 국가별 식생활과 식습관에 따른 식문화 형성이 다르기 때문에 획일적인 분류가 어려운 것이 사실이다. 이렇다 보니 현재 우리나라는 외식산업에 대한 통일된 분류표가 없으며 정부기관의 목적에 따라 한국표준산업분류, 표준소득률, 식품위생법 등에서 외식산업에 속해 있는 여러 외식산업들을 분류하고 있다.

외식산업의 분류에 대한 이해를 돕기 위해서는 우선 외식기업의 활동이 시장지향적인가 또는 비용지향적인가라는 기준으로 외식산업분류를 생각해 볼 수 있다.

여기서 말하는 시장지향적이란 기업의 경영을 고객관점에서 생각하고, 시장환경(고객 및 경쟁사 등)을 끊임없이 분석하고 이해하며, 고객가치를 통해 이익을 극대화하려는 것이라 할 수 있다.

비용지향적이란 기업의 경영을 고객가치를 통한 이익의 증대라기보다는 모든 업무영역에서 전체비용을 줄여 이익을 극대화하려는 것이라 할 수 있다.

시장지향적 외식사업으로는 호텔, 레스토랑, 패스트푸드 등 일반적인 레스토랑(한식, 중식, 일식 등)을 들 수 있으며, 비용지향적 외식사업으로는 병원급식, 기업의 단체급식 등 사회복지적 성격을 지닌 업소를 들 수 있다.

시장지향적 외식사업의 특성은 다음과 같이 설명할 수 있다.

첫째, 판매량에 관계없이 지출되는 고정비용(임대료, 이자비용, 임금, 보험료, 설비의 감가상각비 등)이 높다.

둘째, 고정비용을 줄이기보다는 매출을 높여 이익을 극대화하려고 노력한다.

셋째, 상품에 대한 수요가 불안정하기 때문에 다양한 형태의 판매방법과 전략이 요구된다.

넷째, 소비자와 경쟁자, 마케팅활동 등에 따라 상품의 가격변동이 심하게 나타난다.

즉, 시장지향적 외식사업은 임대료, 임금, 보험료, 시설 설비의 감가상각비용 등 많은 고정비용이 발생하며 사업의 수익성을 향상시키기 위해 비용을 줄이기보다 판매를 증가시키는 데 중점을 둔다. 또한, 시장지향적 외식사업은 상품에 대한 수요가 불안정하기 때문에 판매량에 대한 정확한 측정이 필요하고 다양한 형태의 판매전략이나 판매촉진 방법 등이 요구된다.

이에 반해 비용지향적 외식사업의 특성은 다음과 같다.

첫째, 판매량에 따라 지출되는 변동비용(식재료비, 가스비, 수도비 등)이 고정비용보다 높게 나타난다.

둘째, 이익을 향상시키고 판매량을 증대시키기보다는 비용을 줄이는 데 노력한다. 따라서 비용지향적 외식사업은 식재료 구매, 직원의 수 등 모든 영역에서 비용을 줄이기 위해 노력을 해야 한다.

셋째, 시장지향적 외식사업과 비교할 때 상품에 대한 시장수요가 비교적 안정되어 있다. 이로 인해 비용지향적 외식사업은 고정비용보다는 식재료비 등과 같은 변동비용의 지출이 많이 발생하며 사업의 수익성을 향상시키기 위해 상품판매량의 증가보다는 비용을 줄이는 것에 중점을 둔다. 또한 시장지향적 외식사업과 비교하여 가격 경쟁력이 높기 때문에 시장에서 상품에 대한 잠재력이 높으며 안정된 수요를 확보할 수 있다.

이러한 분류 외에도 외식산업은 상업적, 비상업적 외식사업으로 구분할 수 있으며 이는 다시 일반적 외식사업과 제한적 외식사업으로 구분할 수 있다.

(1) 상업적 외식사업

상업적 외식사업은 영리를 목적으로 상품을 제공하는 사업을 말한다. 대부분 개인 또는 주식회사 등의 형태로 운영되지만 공공기관에서 영리를 목적으로 운영하기도 한다. 예를 들면 패스트푸드, 패밀리 레스토랑, 커피숍, 출장연회(Catering) 등을 포함한다. 이러한 상업적 외식사업은 사업의 목적과 판매시장의 범위를 기준으로 일반적 외식사업과 제한적 외식사업으로 구분할 수 있다.

① 일반적 외식사업

일반적 외식사업은 한식, 일식, 중식, 양식 등의 일반외식업소와 호텔의 식음료 업장, 음료 및 다과점, 주류전문점 등으로 주로 불특정 다수의 고객에게 식음료 제공을 위한 장소와 시설을 준비하고 고객에게 식음료를 직접 제공하는 장소이다.

② 제한적 외식사업

제한적 외식사업은 특정 다수에게 제한된 장소에서 식음료를 판매하는 사업으로 자동차, 철도, 항공기, 선박 등의 사업과 단체급식 등의 특정단체에서 식음료를 판매하는 것을 말한다.

(2) 비상업적 외식사업

비상업적 외식사업은 비영리를 목적으로 하는 단체급식 형태로 일반적으로 공공의 복지를 위해 운영하는 외식업소이다. 예를 들면 병원이나, 군부대, 교도소, 고아원, 양로원 등이 있으며 최근 점차 확대되고 있는 초, 중, 고등학교의 무료급식도 이에 해당된다.

3) 우리나라 외식산업의 분류

우리나라의 외식산업 분류는 일본의 분류표를 기준으로 응용하였으며 현재는 통계청에서 분류하는 '한국표준산업분류', '식품위생법상의 분류', '관광진흥법상의 분류'로 구분되고 있다.

(1) 한국표준산업상의 분류

통계청에서 분류하고 있는 한국표준산업분류(Korea Standard Industrial Classification)는 산업관련 통계자료의 정확성 및 비교성을 확보하기 위해 사업체가 주로 수행하는 산업활동을 유사성에 따라 분류한 것이다.

한국표준산업분류에서 구분한 대분류의 경우 숙박 및 음식점업(I. 55~56), 중분류의 경우 음식 및 주점업(56), 소분류의 경우 음식점업(561), 주점 및 비알코올음료점업(562), 세분류의 경우 한식음식점업(5611), 외국식 음식점업(5612) 기관 구내식당업(5613), 출장 및 이동음식업(5614), 기타 간이 음식점업(5619), 주점업(5621), 비알코올음료점업(5622)으로 구분하고 세세분류에서는 세분류를 기준으로 더욱 자세하게 분류하고 있다.

특히 소분류에 있는 음식점업(561)은 접객시설을 갖추고 구내에서 직접 소비할 수 있도록 주문한 음식을 조리하여 제공하는 음식점을 운영하거나 접객시설 없이 고객이 주문한 음식을 직접 조리하여 배달 · 제공하는 산업활동을 말한다. 여기에는 회사, 학교 등의 기관과 계약에 의하여 음식을 조리 · 제공하는 구내 식당을 운영하는 활동도 포함한다.

| 표 1-5 | **한국표준산업분류표의 음식점업**

대분류	중분류	소분류	상세분류 1	상세분류 2	상세분류 3
I	숙박 및 음식점업 (55~56)	음식 및 주점업 (56)	음식점업 (561)	한식 음식점업 (5611)	한식 일반음식점업(56111)
					한식 면요리 전문점(56112)
					한식 육류요리 전문점(56113)
					한식 해산물요리 전문점(56114)
				외국식 음식점업 (5612)	중식 음식점업(56121)
					일식 음식점업(56122)
					서양식 음식점업(56123)
					기타 외국식 음식점업(56129)
				기관 구내식당업 (5613)	기관 구내식당업(56130)
				출장 및 이동 음식점업(5614)	출장 음식 서비스업(56141)
					이동 음식점업(56142)
				기타 간이 음식점업(5619)	제과점업(56191)
					피자, 햄버거, 샌드위치 및 유사 음식점업(56192)
					치킨 전문점(56193)
					김밥 및 기타 간이 음식점업 (56194)
					간이 음식 포장 판매전문점 (56199)
			주점 및 비알코올 음료점업 (562)	주점업 (5621)	일반유흥주점업(56211)
					무도유흥주점업(56212)
					생맥주 전문점(56213)
					기타 주점업(56219)
				비알코올 음료점업(5622)	커피전문점(56221)
					비알코올음료점업(56229)

자료: 한국표준산업분류표 제10차 개정판(2017. 07. 01 시행일자 기준), 저자 재구성

① 한식 음식점업(Korean Food Restaurants)_(Code 5611)

한식 요리법에 따라 조리한 각종 일반 음식류를 제공하는 산업활동을 말한다. 단, 라면, 피자, 샌드위치 등과 같은 간이 음식을 제공하는 활동(5619)이나 음식의 종류 등과 관계없이 이동 음식점을 운영하는 경우(56142), 기관 구내식당을 운영하는 경우(56130), 출장 음식서비스(56141)의 경우 제외한다.

㉠ **한식 일반 음식점업**(General Korean Food Restaurants)_(Code 56111)

백반류, 죽류, 찌개류(국, 탕, 전골), 찜류 등 한식 일반 음식을 제공하는 산업활동으로 주로 죽류, 찌개류 및 찜류는 육류 또는 해산물이 주재료가 되는 경우를 포함한다. 예를 들면 설렁탕을 판매하는 점포나 해물탕집, 해장국집, 보쌈집, 냉면집, 일반 한식 전문뷔페 등을 의미한다.

㉡ 한식 면 요리전문점(Korean Food Restaurants Specializing in Noodle Dishes)_(Code 56112)

냉면, 칼국수, 국수 등 한식 면 요리 음식을 전문적으로 제공하는 산업활동을 말한다. 단, 간이 음식형태로 제공하는 면 요리 음식점(56194)은 제외된다. 대표적인 예로는 냉면 전문점, 칼국수 전문점 등이 있다.

㉢ 한식 육류 요리전문점(Korean Food Restaurants Specializing in Meat Dishes)_(Code 56112)

쇠고기, 돼지고기, 닭고기, 오리고기 등 육류 구이 및 회 요리를 전문적으로 제공하는 산업활동을 말한다.

㉣ 한식 해산물 요리전문점(Korean Food Restaurants Specializing in Seafood Dishes)_(Code 56114)

한국식 횟집, 생선 구이점 등 한식 해산물 요리를 제공하는 산업활동을 말한다. 예를 들어 한국식 횟집이나 일식 이외의 해산물 요리전문점이 이에 해당되는데 해산물 찜류, 탕류, 죽류 전문점(56111)은 제외된다.

② 외국식 음식점업(Foreign Food Restaurant)_(Code 5612)

한식 요리를 제외한 중식, 일식, 서양식 및 기타 외국식 요리법에 따라 조리한 각종 일반 음식류를 제공하는 산업활동을 말한다.

㉠ 중식 음식점업(Chinese Food Restaurants)_(Code 56121)

중국식 음식을 제공하는 산업활동을 말한다.

㉡ 일식 음식점업(Japaneses Food Restaurants)_(Code 56122)

정통 일본식 음식을 전문적으로 제공하는 산업활동을 말하며 대표적으로 초밥집(일식전문점), 일식 횟집, 일식 구이 전문점(로바다야끼), 일식 우동전문점이 있다. 단 한국식으로 운영되는 횟집(56114)은 제외한다.

㉢ 서양식 음식점업(Western Food Restaurants)_(Code 56123)

유럽 및 미국 등에서 발달한 서양식 음식을 제공하는 산업활동을 말하며 대표적으로 서양식 레스토랑, 서양식 패밀리 레스토랑, 이탈리아 음식점 등이 있다.

㉣ 기타 외국식 음식점업(Other Foreign Food Restaurants)_(Code 56120)

동남아, 인도 등 기타 외국식 음식점업을 운영하는 산업활동을 말하며 대표적으로 베트남 음식점, 베트남 쌀국수 전문점, 인도 음식점 등을 들 수 있다.

③ 기관 구내식당업(Industrial Restaurants)_(Code 5613)

㉠ 기관 구내식당업(Industrial Restaurants)_(Code 56130)

회사 및 학교, 공공기관 등의 기관과의 계약에 의하여 구내식당을 설치하고 음식을 조리하여 제공하는 산업활동으로 회사나 학교 등의 구내식당을 운영하는 경우를 말한다. 단, 회사 등의 기관과 계약에 의하여 별도의 장소에서 다량의 집단 급식용 식사를 조리하여 약정기간 동안 운송 · 공급하는 경우(10751)는 제외한다.

④ 출장 및 이동 음식점업(Event Catering and Mobile Food Service Activities)_(Code 5614)

연회 등과 같은 행사 시 특정 장소로 출장하여 음식 서비스를 제공하는 산업활동과 고정된 식당시설 없이 각종의 음식을 조리하여 제공하는 이동식 음식점을 운영하는 산업활동을 포함한다.

㉠ **출장 음식 서비스업**(Event Catering)_(Code 56141)

파티, 오찬, 연회 등의 행사 시 고객이 지정한 장소에 출장하여 주문한 음식물을 조리하여 제공하는 산업활동으로 주로 가족 모임이나 소규모의 다양한 연회행사나 독립적인 식당차 운영 등을 예로 들 수 있다. 실내공간의 한계에서 탈피할 수 있고 고객의 욕구를 충족시켜 줄 수 있는 장점이 있다.

㉡ **이동음식업**(Mobile Food Service Activities)_(Code 56142)

제공하는 음식 종류에 관계없이 특정 장소에 고정된 식당을 개설하지 않은 이동식 음식점을 운영하는 산업활동을 말하며 대표적으로 이동식 포장마차, 이동식 떡볶이 판매점, 이동식 붕어빵 판매점 등을 들 수 있다.

⑤ 기타 음식점업(Other Light Food Restaurants)_(Code 5619)

즉석식의 빵, 케이크, 생과자, 떡류, 피자, 햄버거, 샌드위치, 분식류, 기타 패스트푸드 및 유사 식품 등을 조리하여 소비자에게 제공하는 음식점을 운영하는 산업활동을 말한다.

㉠ **제과점업**(Bakeries)_(Code 56191)

즉석식의 빵, 케이크, 생과자 등을 직접 구워서 일반 소비자에게 판매하거나 접객시설을 갖추고 구입한 빵, 케이크 등을 직접 소비할 수 있도록 제공하는 산업활동을 말하며 접객시설을 갖추고 떡류를 제공하는 경우도 포함한다. 단, 접객시설 없이 빵, 케이크 등을 구입하여 일반소비자에게 판매하는 경우(47)는 제외한다.

㉡ **피자, 햄버거, 샌드위치 및 유사음식점업**(Pizza, Hamburger and Sandwich Eating places and Similar Food Services Activities)_(Code 56192)

피자, 햄버거, 샌드위치 및 이와 유사한 음식을 전문적으로 제공하는 산업 활동을 말한다. 예를 들면 피자 전문점, 샌드위치 전문점, 햄버거 전문점, 토스트 전문점 등을 들 수 있다.

㉢ **치킨 전문점(Chicken Restaurants)_(Code 56193)**

양념치킨, 프라이드치킨 등 치킨 전문점을 운영하는 산업활동을 말한다. 단, 주류와 치킨을 함께 판매하는 경우나 치킨과 햄버거를 함께 판매하는 경우는 주된 산업활동에 따라 분류할 수 있다. 대표적인 예로는 양념치킨 전문점, 프라이드치킨 전문점 등이 있다.

㉣ **김밥 및 기타 간이 음식점업(Dried Seaweed Rolls and Other Light Food Restaurants)_(Code 56194)**

간이 음식(대용식이나 간식, 야식 등)용으로 조리한 김밥, 만두류, 찐빵, 면류(라면, 우동 등), 떡볶이류, 튀김류, 꼬치류 등을 제공하는 음식점을 운영하는 산업활동으로 간이 음식류를 포장 판매도 하지만 객석 판매가 많은 경우를 포함한다. 이들 음식점은 간단한 메뉴를 동일한 방식으로 신속하게 조리하는 경우가 일반적이다. 예를 들면 김밥 판매점이나 일반분식점, 아이스크림 전문점 들을 들 수 있다.

단, 객석 없이 간이 음식류를 조리하여 판매하는 경우(56199)나 면류, 만두류를 전문적으로 요리하여 판매하는 경우(561)는 제외한다.

㉤ **간이 음식 포장 판매 전문점(Take-out Light Food Restaurants)_(Code 56199)**

고정된 장소에서 대용식이나 간식 등 간이 음식류를 조리하여 포장 판매하거나 일부 객석은 있으나 포장 판매 위주로 음식점을 운영하는 산업활동을 말한다.

⑥ **주점업(Drinking Places)_(Code 5621)**

요정, 선술집(스탠드바), 나이트클럽, 생맥주 전문점, 디스코클럽, 카바레, 대폿집 등과 같이 술과 이에 따른 음식을 판매하는 산업활동을 말한다.

㉠ **일반 유흥 주점업(General Amusement and Drinking Places)_(Code 56211)**

접객시설과 함께 접객 요원을 두고 술을 판매하는 각종 형태의 유흥주점을 말한다. 예를 들어 한국식 접객 주점이나, 룸살롱, 바, 서양식 접객 주점, 접객 서비스 방식의 비어홀 등이 있다.

㉡ 무도유흥 주점업(Dancing and Drinking Halls)_(Code 56212)

무도시설을 갖추고 주류를 판매하는 유흥주점을 말한다. 예로는 카바레, 무도 유흥주점, 극장식 주점(식당) 클럽, 나이트클럽 등이 있다. 단, 무도장 및 콜라텍 운영(91291)은 제외한다.

㉢ 생맥주 전문점(Taphouses)_(Code 56213)

접객시설을 갖추고 대중에게 주로 생맥주를 전문적으로 판매하는 주점을 말한다. 주로 생맥주집(호프집)을 말하며 생맥주 이외 맥주 판매 주점(56219)은 제외한다.

㉣ 기타 주점업(56219)

생맥주 전문점을 제외한 대폿집, 선술집 등과 같이 접객시설을 갖추고 대중에게 술을 판매하는 기타의 주점을 말한다. 예를 들어 소주방, 막걸리집, 토속 주점 등이 이에 해당된다.

⑦ 비알코올 음료점업(Non-alcoholic Beverages Places)_(Code 5622)

접객시설을 갖추고 비알코올성 음료를 만들어 제공하는 산업 활동으로 커피전문점이나 주스전문점, 찻집, 다방 등이 이에 해당된다.

㉠ 커피 전문점(Coffee Shops)_(Code 56221)

접객시설을 갖추고 볶은 원두, 가공 커피류 등을 이용하여 생산한 커피 음료를 전문적으로 제공하는 산업활동을 말하며 접객시설 없이 커피 포장 판매를 전문적으로 하는 음료점도 포함한다. 단, 전통식 다방(인스턴트 커피점: 56229)은 제외한다.

㉡ 기타 비알코올 음료점업(Other Non-alcoholic Beverages Places)_(Code 5622)

접객시설을 갖추고 주스, 인스턴트 커피, 홍차, 생강차, 쌍화차 등을 만들어 제공하는 산업활동을 말한다. 접객시설 없이 비알코올 음료 포장 판매를 전문적으로 하는 음료점도 포함한다. 예를 들면 주스 전문점이나 찻집, 다방 등이 이에 해당한다.

(2) 식품위생법상의 분류

우리나라 식품위생법상 음식점 영업은「식품위생법」'제7장 영업'의 '제36조(시설기준) 1항'에서 식품접객업이라는 용어를 사용하고 있으며「식품위생법 시행령」'제21조 8항 영업의 종류'에서는 식품접객업의 종류 및 영업내용을 명시하고 있다. 식품위생법상 음식점분류 기준은 판매상품과 주류의 판매여부 등을 기준으로 하여 한국표준산업분류표의 음식점업과는 다소 큰 차이가 있으며 지속적으로 변화되는 외식산업의 범위와 특징을 반영하지 못하고 있다는 문제점을 지니고 있다.

「식품위생법 시행령」에 따른 세부기준은 휴게음식점영업, 일반음식점영업, 단란주점영업, 유흥주점영업, 위탁급식영업, 제과점영업으로 분류하고 있으며 구체적인 사항은 〈표 1-6〉과 같다

| 표 1-6 | 식품위생법상의 분류

대분류	중분류	소분류	상세분류
식품위생법 제7장 영업	제36조 1항 식품접객업	시행령 제21조 8항	휴게음식점영업
			일반음식점영업
			단란주점영업
			유흥주점영업
			위탁급식영업
			제과점영업

자료 : 식품의약품안전청, 식품위생법, 2020. 3. 24 기준, 저자 재구성

① 휴게음식점영업

주로 다류(茶類), 아이스크림류 등을 조리·판매하거나 패스트푸드점, 분식점 형태의 영업 등 음식류를 조리·판매하는 영업으로서 음주행위가 허용되지 아니하는 영업을 말한다. 다만, 편의점, 슈퍼마켓, 휴게소, 그 밖에 음식류를 판매하는 장소(만화가게 및「게임산업진흥에 관한 법률」제2조 제7호에 따른 인터넷컴퓨터게임시설제공업을 하는 영업소 등 음식류를 부수적으로 판매하는 장소를 포함한다)에서 컵라면, 일회용 다류 또는 그 밖의 음식류에 물을 부어 주는 경우는 제외한다.

휴게음식점에는 객실(투명한 칸막이 또는 투명한 차단벽을 설치하여 내부가 전체적으로 보이는 경우는 제외)을 둘 수 없으며, 객석을 설치하는 경우 객석에는 높이 1.5m 미만의 칸막이(이동식 또는 고정식)를 설치할 수 있다. 이런 경우 2면 이상을 완전히 차단하지 않아야 하고, 다른 객석에서 내부가 서로 보이도록 해야 한다.

② 일반음식점영업

음식류를 조리·판매하는 영업으로 식사와 함께 부수적으로 음주행위가 허용되는 영업을 말한다. 일반음식점 영업을 하려는 자는 식품위생법에 따라 시장, 군수, 구청장에게 신고함으로써 영업을 할 수 있으며 특별한 제한 없이 영업신고 후 누구든지 할 수 있다. 단, 다음과 같은 사항에 해당 시 영업신고를 제한하고 있다.

예를 들면, 식품위생법령 위반으로 영업소의 폐쇄명령을 받은 후 6개월이 경과하지 않고 그 영업장소에서 동일한 영업을 하고자 하는 경우나 청소년을 유흥접객원으로 고용하여 유흥행위를 한 후 폐쇄명령을 받은 지 1년이 경과하지 않은 경우 등은 영업을 제한한다.

③ 단란주점영업

주로 주류를 조리·판매하는 영업으로 손님이 노래를 부르는 행위가 허용되는 영업을 말하며, 단란주점 영업을 하려는 자는 영업소를 관할하는 시장, 군수, 구청장 등에게 필요한 구비서류를 갖춰 허가를 받아야 한다.

영업허가 신청을 받은 관청은 구비서류 검토 및 확인 후 부적합 사항에 대해서는 시정을 요청하고 이후 해당 영업소의 시설에 대한 확인조사 실시 후 영업허가증을 발급한다.

단란주점 영업장 내에 객실이나 칸막이를 설치하려는 경우에는 주된 객장의 중앙에서 객실 내부가 전체적으로 보일 수 있도록 설비해야 하며, 통로형태 또는 복도형태로 설비해서는 안 된다. 또한 객실로 설치할 수 있는 면적은 객석 면적의 2분의 1을 초과할 수 없으며 객실에는 잠금장치를 설치할 수 없다.

④ 유흥주점영업

주로 주류를 조리·판매하는 영업으로 유흥종사자를 두거나 유흥시설을 설치할 수 있고 손님이 노래를 부르거나 춤추는 행위가 허용되는 영업을 말한다. 여기서 유흥종사자란 손님과 함께 술을 마시거나 노래 또는 춤으로 손님의 유흥을 돋우는 부녀자인 유흥접객원을 의미하며, 유흥시설이란 유흥종사자 또는 손님이 춤을 출 수 있도록 설치한 무대를 의미한다.

유흥주점업의 경우 역시 객실에는 잠금장치를 설치할 수 없으며 소방시설 등 영업장 내부 피난통로, 그 밖의 안전시설을 갖추어야 한다.

⑤ 위탁급식영업

집단급식소를 설치 · 운영하는 자와의 계약에 따라 그 집단급식소(1회 50명 이상에게 식사를 제공하는 급식소를 의미)에서 음식류를 조리하여 제공하는 영업을 말한다. 위탁급식영업의 경우 영업활동을 위한 독립된 사무소가 있어야 하며, 식품을 위생적으로 운반하기 위하여 냉동시설이나 냉장시설을 갖춘 적재고가 설치된 운반차량을 1대 이상 갖추어야 한다. 단, 영업활동에 지장이 없는 경우에는 다른 사무소를 함께 사용할 수 있으며, 허가 또는 신고한 영업자와 계약을 체결하여 냉동 또는 냉장시설을 갖춘 운반차량을 이용하는 경우 운반차량을 갖추지 않아도 된다.

⑥ 제과점영업

주로 빵, 떡, 과자 등을 제조, 판매하는 영업으로서 음주행위가 허용되지 아니하는 영업을 말한다.

(3) 관광진흥법상의 분류

「관광진흥법」에서 구분하는 외식산업의 종류는 크게 관광객이용시설업과 관광편의시설업이 있다. 관광객이용시설업은 관광객을 위하여 음식이나 운동, 오락, 휴양, 문화, 예술 또는 레저 등에 적합한 시설을 갖추고 이를 관광객에게 이용하는 업을 의미하며 관광편의시설업은 관광사업 외에 관광진흥에 이바지할 수 있다고 인정되는 사업이나 시설 등을 운영하는 업을 말한다. 이러한 관광진흥법상의 분류는 〈표 1-7〉과 같다.

| 표 1-7 | 관광진흥법상의 분류

<table>
<tr><th>대분류</th><th>중분류</th><th>소분류</th><th>상세분류</th></tr>
<tr><td rowspan="7">관광진흥법</td><td rowspan="3">관광객이용시설업</td><td rowspan="3">전문휴양업</td><td>휴게음식점영업</td></tr>
<tr><td>일반음식점영업</td></tr>
<tr><td>제과점영업</td></tr>
<tr><td rowspan="4">관광편의시설업</td><td colspan="2">관광유흥음식점업</td></tr>
<tr><td colspan="2">관광극장유흥업</td></tr>
<tr><td colspan="2">외국인전용 유흥음식점업</td></tr>
<tr><td colspan="2">관광식당업</td></tr>
</table>

자료 : 관광진흥법 시행령, 2020. 06. 04 기준, 저자 재구성

① 전문휴양업

관광객의 휴양이나 여가 선용을 위하여 숙박업시설이나 「식품위생법 시행령」에 따른 휴게음식점영업, 일반음식점영업 또는 제과점영업의 신고에 필요한 시설을 갖추고 관광객에게 이용하게 하는 영업을 말한다.

㉠ 휴게음식점영업

주로 다류(茶類), 아이스크림류 등을 조리 · 판매하거나 패스트푸드점, 분식점 형태의 영업 등 음식류를 조리 · 판매하는 영업으로서 음주행위가 허용되지 아니하는 영업을 말한다. 다만, 편의점, 슈퍼마켓, 휴게소, 그 밖에 음식류를 판매하는 장소(만화가게 및 「게임산업진흥에 관한 법률」 제2조 제7호에 따른 인터넷컴퓨터게임시설제공업을 하는 영업소 등 음식류를 부수적으로 판매하는 장소를 포함한다)에서 컵라면, 일회용 다류 또는 그 밖의 음식류에 물을 부어 주는 경우는 제외한다.

㉡ 일반음식점영업

음식류를 조리 · 판매하는 영업으로 식사와 함께 부수적으로 음주행위가 허용되는 영업을 말한다. 일반음식점 영업을 하려는 자는 「식품위생법」에 따라 시장, 군수, 구청장에게 신고함으로써 영업을 할 수 있으며 특별한 제한 없이 영업신고 후 누구든지 할 수 있다.

㉢ 제과점영업

주로 빵, 떡, 과자 등을 제조, 판매하는 영업으로서 음주행위가 허용되지 아니하는 영업을 말한다.

② 관광유흥음식점업

식품위생법령에 따른 유흥주점영업의 허가를 받은 자가 관광객이 이용하기 적합한 한국 전통 분위기의 시설을 갖추어 그 시설을 이용하는 자에게 음식을 제공하고 노래와 춤을 감상하게 하거나 춤을 추게 하는 영업을 말한다.

③ 관광극장유흥업

식품위생법령에 따른 유흥주점영업의 허가를 받은 자가 관광객이 이용하기 적합한 무도(舞蹈)시설을 갖추어 그 시설을 이용하는 자에게 음식을 제공하고 노래와 춤을 감상하게 하거나 춤을 추게 하는 영업을 말한다.

④ 외국인전용 유흥음식점업

식품위생법령에 따른 유흥주점영업의 허가를 받은 자가 외국인이 이용하기 적합한 시설을 갖추어 그 시설을 이용하는 자에게 주류나 그 밖의 음식을 제공하고 노래와 춤을 감상하게 하거나 춤을 추게 하는 영업을 말한다.

⑤ 관광식당업

식품위생법령에 따른 일반음식점영업의 허가를 받은 자가 관광객이 이용하기 적합한 음식 제공시설을 갖추고 관광객에게 특정 국가의 음식을 전문적으로 제공하는 영업을 말한다.

제3절 외식업의 개념

우리나라에서 외식업이라는 용어가 사용되기 전에는 요식업, 식당, 레스토랑 등으로 불렸으며 일반적으로 음식점이라는 용어가 널리 사용되었다. 특히 '식당'이라는 표현은 외식업이라는 용어가 일반화되기 이전에 식사하는 모든 장소를 총칭한 것이다. 하지만 소비자의 소득수준이 높아지고 여가시간이 확대됨에 따라 삶의 질에 대한 소비자들의 질적 욕구가 다양해지고 높아졌으며, 식사라는 것을 생리적욕구 충족을 위한 차원이 아니라 그 이상의 차원으로 생각하는 경향이 나타나게 되었다. 이에 따라 외식업소는 고객을 대상으로 식음료 판매 및 고객 상호 간 유대감을 쌓고 정보를 교환하는 커뮤니케이션 장소의 역할과 함께 문화생활의 공간으로 자리 잡고 있다.

1 레스토랑의 정의

1600년경 프랑스에 레스토랑의 전신인 커피하우스(Coffee House)가 출현하여 커피 및 코코아, 포도주 등 간단한 음료와 술을 판매하였다. 이곳에서 사람들은 간단한 음료수를 마시면서 흥미 있는 사건들에 대해 토론하며 그 지역의 상류사회에서 흘러나오는 최신 뉴스와 소문들을 서로 주고받았다. 레스토랑의 어원은 1760년 프랑스 루이 15세 집권기간 중 몽 블랑제(Mon Boulanger)라는 사람이 자신의 집에서 양의 다리를 재료로 수프 'Restaurers'를 만들어 판매하였는데 훗날 이 요리를 먹는 장소를 '레스토랑(Restaurant)'이라 불렀던 것에서 유래된 것으로 전해진다.

레스토랑은 미국의 웹스터(Webster) 사전에서 'an establishment where refreshments or meals may be procured by the public: a public eating house'라고 기록되어 대중들이 가벼운 음식이나 식사를 할 수 있는 시설로 설명하고 있다. 국어사전에서는 '식사를 할 수 있도록 설비된 방, 음식물을 만들어 손님에게 파는 집'으로 설명하고 있다. 이러한 내용을 종합하면 레스토랑이란 '일정한 장소에 필요한 시설을 갖추고 영리 또는 비영리를 목적으로 식음료의 상품과 인적서비스를 동시에 제공하는 곳'이라고 할 수 있다.

2 외식업의 분류

외식업은 소비자의 식생활을 향상시키고 고용 인구를 창출하는 등 외식산업 전반에 걸쳐 중요한 역할을 하고 있으며 단순히 음식을 제공하는 시설이 아닌 서비스와 분위기, 청결 등 종합적인 상품을 판매하는 장소로 휴식공간의 의미도 지니고 있다. 또한 외식활동이 하나의 문화생활로 자리 잡기 시작하면서 다양한 형태의 레스토랑이 출현하고 변화하는 유행성을 지니고 있다. 이러한 변화에 따라 외식업을 분류해 보면 다음과 같이 크게 서비스형태에 의한 분류, 메뉴품목에 의한 분류, 레스토랑 명칭에 의한 분류로 구분할 수 있다.

1) 서비스형태에 의한 분류

(1) 셀프서비스 레스토랑(Self Service Restaurant)

셀프서비스(Self Service)는 고객이 메뉴를 선택한 다음 고객이 직접 음식을 운반하거나 이동하여 점포 내 또는 점포 외에서 먹는 형태를 말한다.

대체적으로 가격이 저렴하고 신속하며, 간편하게 제공되기 때문에 식사시간이 짧고 식사 후 고객이 직접 잔반을 처리하게 된다.

셀프서비스 레스토랑은 식사의 편리함을 찾는 고객의 욕구를 만족시켜 주는 데 있기 때문에 음식의 질, 서비스, 분위기 등보다는 시간, 가격, 편의성 등이 구매의사결정요인이 된다. 이러한 셀프서비스 레스토랑은 유동인구가 많은 지역에 출점하는 경향이 강하고 서비스의 형태에 따라 테이크아웃 서비스, 카페테리아 서비스, 픽업 서비스, 뷔페 서비스 등이 있다.

주로 햄버거나 샌드위치류 등의 패스트푸드 음식류와 카페테리아, 단체급식, 뷔페레스토랑 등이 셀프서비스에 해당된다고 할 수 있다.

① 테이크아웃 방식(Take Out Style)

고객이 음식을 주문한 후 포장된 음식을 가지고 점포 밖(가정이나 사무실 등)으로 가져가서 먹는 형태를 말하며 주로 패스트푸드 및 제과, 제빵 등이 해당된다.

② 픽업 방식(Pick Up Style)

고객이 음식을 선택한 후 직접 음식을 가져다가 점포 내에서 먹는 형식이다. 금액을 지불함과 동시에 음식을 가져가는 Cash & Carry 방식으로 패스트푸드가 이에 해당되며 대부분의 셀프서비스 방식이 픽업 방식으로 운영되고 있다.

셀프서비스 방식의 레스토랑 특징은 다음과 같다.

① 고객이 직접 참여하기 때문에 종업원을 최소화하여 인건비가 절감된다.

② 간편하고 단순한 메뉴의 취급으로 식사시간이 짧아 고객회전율이 높다.

③ 단순화 · 자동화 · 표준화를 통해 효율적인 대량생산이 가능하다.

④ 호텔이나 외국 등에서 지불되는 봉사료(Service Charge)가 없다.

⑤ 비교적 저렴한 가격으로 신속한 식사가 가능하다.

③ 카페테리아 방식(Cafeteria Style)

고객이 만들어진 음식을 선택한 후 직접 음식을 담아 가지고(또는 점원이 담아 줌) 점포 내 좌석으로 이동하여 먹는 형태를 말한다. 메뉴에 따라 가격차등제가 적용되는 경우도 있으며 식사 후에는 고객이 식기를 직접 반납하는 곳까지 가져가야 한다. 주로 단체급식소나 직원식당을 예로 들 수 있다.

④ 바이킹 방식(Viking Style)

고객이 만들어진 음식을 선택한 후 직접 음식을 가져다 점포 내에서 먹는 형태이다. 카페테리아 방식과 유사하나 음식에 대한 양과 횟수에 제한 없이 무제한으로 식사할 수 있으며 일정금액을 지불하는 가격균일제로 흔히 뷔페(Buffet)라고 부르며 식사 후 식기는 고객이 반납하는 것이 아니라 직원들이 치워준다.

이러한 방식을 바이킹이라고 부르는 이유는 스칸디나비아 반도의 해적단 바이킹족이 약탈한 음식을 한꺼번에 놓고 나눠 먹는 방식에서 유래되었다고 하며 일본에서는 뷔페를 바이킹이라고 부른다.

(2) 테이블 서비스 레스토랑(Table Service Restaurant)

테이블 서비스 레스토랑은 고객의 주문에 의해 직원이 식음료를 제공하는 레스토랑을 말하며 일반적인 레스토랑에서 이루어지는 가장 전형적인 서비스 방식의 레스토랑이다. 테이블 서비스 레스토랑은 셀프서비스 레스토랑에 비해 가격이 비싸고 식사 제공시간이 늦으며, 이로 인하여 식사시간이 긴 편이다.

테이블 서비스 레스토랑은 쾌적하게 조성된 분위기 속에서 특징 있는 요리를 신속하고 보다 전문적이며 효율적인 방법으로 제공하여 고객의 욕구를 충족시키는 데 목적이 있으며 맛있는 음식을 먹는 즐거움과 사교, 그리고 심리적, 신체적인 만족 등을 위한 식음료 상품을 제공하기 때문에 고객들이 테이블 서비스 레스토랑을 구매하는 결정요인은 주로 음식의 질이나 메뉴, 서비스, 분위기, 엔터테인먼트 등이 될 수 있다.

테이블 서비스 레스토랑에서 이루어지는 서비스는 방식에 따라 프렌치 서비스(French Service)와 러시안 서비스(Russian Service), 아메리칸 서비스(American Service)로 구분될 수 있다.

① 프렌치 서비스(French Service)

프렌치 서비스는 유럽의 귀족들이 좋은 음식과 시간적인 여유를 즐기기 위한 형식적이고 우아한 서비스 방식으로 고객 앞에서 요리를 완성시켜 서비스하는 방식을 말한다.

숙련된 종사원이 서비스해야 하는 관계로 인건비의 지출이 높고, 다른 서비스에 비하여 시간이 오래 걸리는 단점이 있다.

② 러시안 서비스(Russian Service)

러시안 서비스는 프렌치 서비스와 유사한 점이 있으나 주방에서 미리 준비된 음식을 가지고 종사원이 고객의 몫에 맞게 알맞은 양을 서비스해 주는 방식이다. 주로 연회(Banquet)에서 이루어지는 서비스 방식이다.

③ 아메리칸 서비스(American Service)

아메리칸 서비스는 일반 레스토랑에서 가장 흔하게 이루어지는 서비스 형태로 주방에서 준비된 음식을 접시(Plate)나 쟁반(Tray)을 이용하여 신속하게 운반해 서비스하는 방식이다. 신속한 서비스가 장점으로 고객 회전이 빠른 레스토랑에 적합하며 종사원 한 사람이 많은 고객을 담당할 수 있다는 장점이 있으나 고객의 미각을 돋울 수 있는 우아한 서비스 연출이 어렵다.

테이블 서비스 레스토랑의 특징은 다음과 같다.

① 종사원에게 접객서비스를 제공받기 때문에 인건비가 높은 편이다.

② 종사원 전문성을 필요로 하며 가격이 비싼 편이다.

③ 식사제공시간과 고객의 식사시간이 비교적 길며 고객회전율이 낮다.

④ 맛과 품질이 요구되며 레스토랑의 서비스와 분위기 연출이 필요하다.

(3) 카운터 서비스 레스토랑(Counter Service Restaurant)

카운터 서비스 레스토랑은 주방대면서비스 방식(Open Kitchen Service Style)이라고 할 수 있으며 카운터가 테이블의 역할을 대신할 수 있어 조리사가 조리하는 과정을 지켜보면서 식사할 수 있는 형식을 말한다.

카운터 서비스 레스토랑은 조리사의 조리과정을 직접 볼 수 있기에 음식에 대한 흥미와 청결하고 위생적 분위기를 함께 공감할 수 있으며 음식을 기다리는 동안 지루하지 않다는 장점이 있다. 대표적인 예로 회전초밥과 같은 레스토랑을 들 수 있다.

카운터 서비스 레스토랑의 특징은 다음과 같다.

① 조리사와 고객이 직접 대화를 할 수 있어 고객유대관계에 도움이 된다.

② 카운터와 주방이 함께 있어 빠른 서비스를 제공할 수 있다.

③ 주방이 오픈되어 위생상태 및 청결상태를 확인할 수 있다.

④ 고객의 식사시간이 짧아 고객회전율이 높은 편이다.

2) 메뉴품목에 의한 분류

레스토랑은 세계 각국의 조리기술 및 문화에 따라 다양한 음식의 종류와 메뉴품목이 있으며 이러한 품목에 따라 동양식과 서양식으로 구분할 수 있다. 동양식은 한국식, 중국식, 일본식, 태국식 등으로 구분하고 서양식은 미국식, 프랑스식, 이탈리아식, 스페인식 등으로 구분할 수 있다.

(1) 동양식 레스토랑(Oriental Restaurant)

동양식 레스토랑은 동양의 기본적 문화가 농경문화에 바탕을 두고 발달하여 주로 곡물류 음식 및 장류 등을 활용한 조리가 주류를 이루고 있다.

① 한국식 레스토랑(Korean Style Restaurant)

한국식 레스토랑은 우리나라 고유의 음식을 제공하는 레스토랑으로 특히 외국인들에게 한국음식을 맛 보일 수 있는 좋은 기회를 제공한다. 한국 음식은 곡물을 중시하여 각종 곡물음식이 발달하였고 음식의 모양보다는 맛을 위주로 하며 주식과 부식의 구분이 명확해 밥을 중심으로 국이나 찌개 및 김치 외에 채소, 육류들로 조리법을 달리한 여러 가지 반찬을 먹는 것이 특징이라 할 수 있다.

한국식 레스토랑의 메뉴는 크게 밥, 죽, 면 등의 주식류와 탕, 찌개, 구이, 조림, 찜, 김치, 육류, 장, 떡 등의 부식류로 구분된다.

② 일본식 레스토랑(Japanese Style Restaurant)

일본은 사계절의 구분이 명확하여 각 계절마다 작물에 따른 조리법도 다양하게 발달하였다. 또한 섬나라의 특성상 생선을 이용한 요리가 다양하고 조리법이나 재료 등이 중국의 영향을 받아 중국음식과 유사한 점이 많다.

일본식 레스토랑의 요리로는 육류, 어패류, 달걀을 사용하지 않고 곡물, 콩, 야채 등의 식물성 재료와 해조류를 사용한 요리인 정진요리(精進料理 : 쇼우진 요리)와 관혼상제 등의 의식요리에 이용되는 요리로 1즙(汁) 3채(菜), 2즙(汁) 5채(菜), 3즙(汁) 7채(菜)가 기본이 되는 본선요리(本膳料理 : 혼젠요리), 일본의 대표적인 향응요리로 예법이나 형식을 중요시하는 식사가 아니고 음식 맛에 주안점을 둔 편안한 마음으로 술을 즐기는 것과 같은 형태의 식사인 회석요리(會席料理 : 가이세키요리)가 있다. 대표적 음식으로는 사시미와 스시(생선회와 초밥), 돈부리(덮밥), 소바(메밀국수), 덴푸라(튀김류), 스키야키(냄비요리) 등이 있다.

③ 중국식 레스토랑(Chinese Style Restaurant)

중국식 요리는 일상생활에서 조화와 균형을 중요시하는 가치체계를 지니고 있으며 미각을 강조하여 오미(五味) 즉, 신맛, 쓴맛, 단맛, 매운맛, 짠맛의 다섯 가지 맛으로 인간의 신체를 보호하기 위한 균형과 배합을 중요시하여 왔다.

중국요리는 기름과 녹말을 많이 사용하고 다양한 식재료를 사용한 보신용 음식이 많이 발달하였다.

중국요리는 각 지역마다 독특한 재료의 미(味)와 풍토에 따라 특색이 있으며 크게 호화로운 고급요리가 발달한 북경요리와 기름을 적게 사용하여 재료가 가지고 있는 자연을 맛을 살려 싱겁고 담백한 맛을 내는 광동요리, 간장이나 설탕으로 달콤하게 맛을 내며 기름기가 많고 진한 맛을 내는 상하이요리, 계절적 악천후를 이겨내기 위해 마늘, 파, 고추, 생강, 후추 등과 같은 자극적인 향신료를 많이 사용하여 맵고 기름진 음식이 발달한 사천요리 등이 있다.

대표적인 요리로는 북경오리요리, 제비집요리, 샥스핀 수프, 마파두부, 불도장 등이 있다.

④ 태국식 레스토랑(Tai Style Restaurant)

태국음식은 중국, 인도, 포르투갈의 영향을 받아 독특한 음식문화를 발달시켰으며 프랑스, 중국음식과 더불어 세계 3대 음식의 하나로 꼽힐 만큼 세계 미식가들의 사랑을 받는 맛있는 음식들이 많다. 전 국민의 95%가 불교도인 엄격한 불교국가이지만 고기를 금하지는 않는다. 이러한 태국은 지리적으로 가까운 인도 음식문화의 영향으로 자극적인 향신료와 커리의 사용량이 많고 중국 이주민의 후손들에 의해 발달한 중국 음식문화인 중국식 냄비나 면 요리, 장류의 이용이 많으며 칠리를 이용한 요리도 즐긴다.

대부분의 요리는 큰 접시에 제공되며 각자 먹을 만큼 접시에 덜어 먹으면 된다. 주식은 쌀이며 여러 가지 재료로 만든 국수도 흔히 먹는다. 태국의 쌀은 '안남미'라고 하여 우리나라의 쌀과는 달리 끈기가 없고 모양도 길쭉하게 생겼다. 전통적인 불교국가이지만 부식으로 육식을 금하지 않고 있어 식재료의 선택이 비교적 자유로우며 선호도에 따라 돼지고기, 쇠고기, 닭고기, 오리고기를 사용한다. 또한 달걀보다는 오리 알을 선호하는 경향이 있으며 육류보다는 해산물 요리를 더욱 선호하므로 대구, 농어, 고등어, 새우, 게, 바닷가재 등 바다생선과 민물생선 등 범위가 다양하다.

대표적인 음식으로는 볶음밥의 일종인 카오팟(Khao Phad), 볶은 국수 팟타이(Phad Thai), 톰얌(Tom Yam), 솜탐(Som Tam) 등이 있다.

(2) 서양식 레스토랑(Western Restaurant)

서양식 레스토랑은 서양조리의 근간을 이루고 있으며 목축문화에 뿌리를 두고 발전하였기 때문에 육류에 기반을 둔 요리가 많으며 육식에 따른 향신료의 사용법이 발달하였고, 나이프와 포크를 사용하는 문화적 특징을 가지고 있다.

① 미국식 레스토랑(American Style Restaurant)

미국 음식은 인디언 원주민의 식생활문화와 식민세력이었던 스페인, 프랑스의 식문화 지배세력이었던 영국과 독일, 유태인 등 다양한 국가의 음식문화가 혼합되어 있다. 또한 식품가공 및 식품저장기술이 세계에서 가장 발달하였고 유통시스템의 발달로 전 지역에서 다양한 종류의 식재료를 얻을 수 있다.

미국 이민자들은 인디언들로부터 신대륙의 작물인 옥수수, 호박, 토마토, 칠면조, 땅콩, 블루베리 등의 식재료를 얻고 구대륙의 레시피(Recipe)를 적용함으로써 새로운 미국요리를 만들어냈다. 대표적인 음식으로 햄버거(Hamburger), 비프스테이크(Beef Steak), 핫도그(Hot Dog) 등이 있다.

② 프랑스식 레스토랑(French Style Restaurant)

프랑스요리는 중국요리와 더불어 세계 2대 요리로 손꼽히며 중국요리가 다양함으로 대표된다면 프랑스요리는 화려함을 내세운다.

프랑스는 다양한 기후와 지형으로 지방마다 특색 있는 요리가 발달하였다. 또한 충분한 재료의 맛을 살리고 합리적이며 고도의 기술을 구사하여 포도주, 향신료, 소스로 맛을 낸다.

프랑스의 북부지역은 주로 우유, 버터 등의 유제품을 많이 사용하는 반면 남부지역에서는 올리브유, 매콤한 고추, 토마토 등을 많이 사용한다.

주요 산물인 치즈, 육류, 와인, 밀, 귀리, 옥수수 등의 곡물류 등을 이용한 다양한 음식과 조리법도 발달하였다.

프랑스식 레스토랑의 경우 고도의 숙련된 종사원이 필요하며 격조 높은 요리가 제공되는 만큼 가격이 비싸다.

코스요리는 대략 8~10코스 정도가 되며 시간은 보통 2~3시간 정도 소요된다. 대표적인 요리로는 달팽이요리(Escargot : 에스카르고)와 세계 3대 진미요리 중의 하나로 알려진 거위간 요리(Foie Gras : 푸아그라), 땅속의 다이아몬드라 불리는 송로버섯(Truffle : 트러플) 등이 있다.

③ 이탈리아식 레스토랑(Italian Style Restaurant)

이탈리아는 선진문화지역들에서 공통적으로 찾아볼 수 있는 뜨거운 음식들을 중심으로 육류와 빵으로 대표되는 동물성과 식물성 재료들의 이상적인 결합에 기초한 음식문화의 전통을 가지고 있다.

신대륙으로부터 들어온 토마토, 고추, 감자, 고구마, 옥수수 등은 식탁에 풍요로움을 가져왔으며 특히 토마토는 널리 이용되어 버터 중심의 소스에서 토마토 중심의 소스로 변화하는 중요한 계기가 되었다.

또한 외부로부터 유입된 식재료가 지중해성 기후와 비옥한 토양에서 잘 자라 밀, 옥수수, 과일, 채소, 허브와 향신료 등이 풍부해지고 지중해의 질 좋은 해산물의 원활한 공급과 목축업의 성행으로 생선류, 치즈, 육가공품의 생산이 활발히 이루어졌다.

대표적인 요리로는 파스타(Pasta), 리조토(Risotto), 피자(Pizza), 프로슈토(Prosciutto) 등이 있다.

④ 스페인식 레스토랑(Spain Style Restaurant)

스페인은 지방색이 강해서 그 지역에 따라 전통적인 음식들이 존재한다. 음식문화는 유럽의 장식적이고 화려한 음식에 비해 소박하고 푸짐한 상차림으로 그들만의 특성이 있으며 하루를 음식으로 시작해서 음식으로 마감하는 관습에 의해 1일 5식의 문화가 형성되었다.

스페인은 매콤하고 자극적인 음식을 좋아하며 후추, 마늘을 요리에 많이 이용한다.

또한 조개, 어패류, 육류를 섞어 만든 요리들은 묘한 어울림으로 음식의 맛을 높여 느끼함을 뺀 담백함으로 더욱 입맛을 당기게 한다.

유럽인과 아랍인의 잦은 침입으로 독특한 음식문화가 형성되었으며 삼면이 바다로 둘러싸여 있어 어패류가 음식의 재료로 많이 사용되었고 남부지방에서는 오징어, 문어, 새우 등을 이용한 튀김을 많이 하고 북부지방에서는 생선을 소금에 절여 오븐에 굽기도 한다.

육류는 올리브유, 야채 등과 함께 요리한 음식이 많으며 특히 돼지는 머리부터 발, 내장까지 모두 음식재료로 이용된다.

대표적인 음식으로는 에스파냐의 전통요리로서 마늘과 양파, 닭고기, 새우, 조개 등을 올리브유로 볶아 향을 낸 후 노란색을 내는 샤프란이라는 향신료와 쌀을 넣어 끓인 요리로 우리나라의 해물볶음밥과 유사한 빠에야(Paella), 아랍어로 '촉촉하게 젖은 빵'이라는 뜻으로 안달루시아 지방의 대표적 요리인 가스파초(Gazpacho) 등이 있다.

3) 레스토랑 명칭에 의한 분류

(1) 패스트푸드 레스토랑(Fast Food Restaurant)

패스트푸드 레스토랑은 즉석 편의식품점으로 셀프서비스 방식을 주로 사용하고 제공시간이 빠르며 가격이 저렴한 편으로 대용식이나 간식처럼 간단한 음식으로 메뉴를 구성한다. 주로 햄버거나 샌드위치류, 프라이드치킨류 등을 판매하는 경우가 많으며 시간과 장소에 제약받지 않는 편이고, 동일한 방식으로 신속하게 제공되는 시간절약형 레스토랑을 말한다.

(2) 패밀리 레스토랑(Family Restaurant)

패밀리 레스토랑은 가장 넓은 의미로 사용되는 레스토랑의 대표적 명칭으로 가족단위에서 출발하여 대중화된 레스토랑을 말한다. 우리나라의 패밀리 레스토랑은 레스토랑 분류로 볼 때 캐주얼 다이닝이라 불러야 옳은 표현이다. 그러나 우리나라에서 1980년대 후반 미국 캘리포니아 스타일의 캐주얼 레스토랑 코코스(Coco's)가 등장한 이후 이와 유사한 T.G.I.F, 아웃백스테이크, 빕스, 베니건스 등이 생겨나면서 패밀리 레스토랑이라는 개념이 정착화되기 시작했다. 이러한 형태의 레스토랑은 주로 가족이나 모임, 단체가 주요 대상이며 테이블 서비스와 풀서비스 방식을 사용하며, 코스메뉴(Course Menu)를 비롯하여 일품요리(A La Carte) 등 다양한 메뉴를 구성한 레스토랑을 말한다.

(3) 커피숍(Coffee Shop)

커피숍은 커피를 주력으로 한 가벼운 스낵형의 식사와 음료를 취급하고 셀프서비스와 테이블서비스 방식을 병행하여 사용한다. 일반적으로 고객이 많이 왕래하는 장소에서 간식개념이 강한 메뉴들을 판매하는 레스토랑이다. 단 호텔의 커피숍 같은 경우에는 레스토랑의 기능을 겸비하고 있어 다양한 식사류를 이용할 수도 있다.

(4) 테이크아웃 레스토랑(Take Out Restaurant)

테이크아웃 레스토랑은 점포에 객석이 없거나 있다고 해도 고객이 구매하여 포장해 가는 비율이 높은 레스토랑을 말한다. 패스트푸드와 유사한 측면이 있으나 내식의 간편화를 위한 개념의 레스토랑이라고 할 수 있다. 주로 커피나 김밥, 만두, 어묵 등을 판매하는 소형점포를 들 수 있다.

(5) 다이너 레스토랑(Diner Restaurant)

웹스터 사전에 따르면 다이너(Diner)는 '기차처럼 생긴, 작고 편안한 분위기의 비싸지 않은 레스토랑'이라고 정의하고 있다. 이렇듯 다이너 레스토랑은 미국인들이 흔히 먹는 평범한 식사를 할 수 있는 레스토랑이다. 주로 핫케이크나 수프, 커피, 샌드위치, 각종 튀김 등 빠르게 조리할 수 있는 메뉴들을 취급하고 있으며 가격은 저렴한 편이다. 영업시간이 비교적 길며 24시간 영업을 하는 곳도 있다.

다이너 레스토랑은 식사시간에 따라 제공되는 메뉴에 구애받지 않고 모든 메뉴를 주문할 수 있다.

그림 1-5 다이너 레스토랑

(6) 스페셜티 레스토랑(Specialty Restaurant)

스페셜티 레스토랑은 한 가지 음식만을 전문적으로 생산 · 판매하는 레스토랑으로 예를 들면 스테이크, 오믈렛, 샌드위치, 해산물 등의 특정 상품을 전문으로 하는 레스토랑을 의미한다.

(7) 카페테리아(Cafeteria)

카페테리아는 고객이 직접 기호에 맞는 메뉴를 선택하여 가격을 지불하고 가져다 먹는 셀프서비스 방식의 간이식당을 말하며 대형건물이나 휴게소, 단체급식소 등에 출점하여 있는 레스토랑을 말한다.

(8) 테마레스토랑(Theme Restaurant)

테마레스토랑은 기차나 항공기, 극장, 동굴, 열대우림 등 테마에 적합한 분위기와 직원들의 서비스를 갖추고 식음료를 판매하는 레스토랑을 말한다.

(9) 그릴(Grill)

그릴은 주로 일품요리(A La Carte)를 제공하는 레스토랑으로 육류를 중심으로 특별요리와 특선요리 및 고급일품요리를 취급한다. 아침, 점심, 저녁 등 모든 식사 시간대에 식사를 할 수 있다.

(10) 다이닝 룸(Dining Room)

다이닝 룸은 최고급 전문레스토랑으로 일반적으로 영업시간을 정해 놓고 조식을 제외한 점심과 저녁식사를 제공한다. 최근에는 다이닝 룸이라는 명칭을 사용하지 않으며 일부 패밀리 레스토랑을 고품격 콘셉트(Concept)로 변형시켜 캐주얼 다이닝레스토랑으로 부르기도 한다.

(11) 런치 카운터(Lunch Counter)

런치 카운터는 조리과정을 직접 볼 수 있도록 카운터 테이블을 만들어 놓고 고객이 식탁 대신 카운터 테이블에 앉아 직접 주문하여 식사를 제공받는 레스토랑을 말한다.

그림 1-6 런치 카운터

(12) 드라이브 인 레스토랑(Drive In Restaurant)

드라이브 인 레스토랑은 승용차를 이용하는 고객이 레스토랑 내부로 들어가지 않고 자동차에 앉은 채로 음식을 주문하고 제공받는 레스토랑을 말하며 주로 햄버거, 피자, 치킨 등의 패스트푸드를 위주로 한다.

(13) 푸드 코트(Food Court)

푸드 코트는 할인점 및 대형 상가, 백화점, 쇼핑센터 등의 내부에 다양한 업종 및 업태의 레스토랑을 집결시켜 테이블과 좌석을 공동으로 사용하는 레스토랑을 말한다. 가격이 낮은 편이고 셀프서비스 방식을 사용한다.

(14) 델리카트슨(Delicatessen)

조리된 육류나 치즈, 햄 등 고품질 음식을 판매하는 소규모 상점 또는 다양한 종류의 치즈, 냉장고기, 준비된 샐러드 등을 구매할 수 있는 상점을 의미한다. 델리카트슨(Delikatessen)은 18세기 독일에서 시작되어 19세기 중반에 미국의 뉴욕(New York)을 중심으로 퍼졌다.

그림 1-7 델리카트슨

(15) 뷔페 레스토랑(Buffet Restaurant)

뷔페 레스토랑은 다양한 음식을 만들어 진열한 상태에서 고객이 일정 금액을 지불한 후 고객의 기호와 취향에 따라 음식의 양이나 시간, 횟수 등의 제약을 받지 않고 주로 셀프서비스 방식으로 음식을 먹는 곳이다.

3 외식산업의 특성

외식산업은 국가 전체산업 중 커다란 부분을 차지하고 있는 중요한 산업으로 외식서비스산업이라고도 하며 다양한 외식경영활동의 본질적인 요소들을 내포하고 있다. 외식산업은 식사를 만든다는 측면에서 보면 제조업에 속할 수 있지만 서비스를 매우 중요시하고 소비자에게 직접 판매하는 측면에서는 소매업, 인적서비스가 포함되어 있다는 측면에서는 용역업이라고 할 수 있어 복합적인 성격을 지닌 산업이라 할 수 있다.

1) 생산·판매·소비의 동시성

외식산업은 고객이 직접 현장에 방문해 주문이 이루어지고, 이로 인해 상품이 생산되며, 이후 소비로 이어지는 과정이 전개된다. 즉 제조업의 경우 일정한 유통경로에 의해 상품을 고객에게 판매하지만 외식산업은 유통경로 없이 고객이 직접 외식업체를 방문하여 상품 구매 및 소비가 이루어진다. 그러나 최근 들어 외식업체의 매출 다각화와 인터넷 네트워크의 활용을 통하여 특정 메뉴를 판매하므로 소비자가 외식업체를 직접 방문하지 않으면서 구매 가능한 부분이 확대되고 있다.

외식산업은 생산 · 판매 · 소비의 동시성이라는 특성으로 인해 고객과 만나는 서비스접점(MOT: Moment of Truth)이 매우 중요하다. 고객과 종사원들의 접촉이 이루어지는 일대일 상호작용인 서비스접점은 고객만족에 영향을 주며 나아가서는 성공적인 사업으로 이어지는 역할을 한다. 고객의 시각에서 서비스는 그 기업의 전체를 보여주는 것이고 서비스가 곧 브랜드이기 때문에 서비스접점은 매우 중요한 역할을 한다. 고객은 외식기업을 방문해서부터 나갈 때까지 수많은 서비스접점을 경험하게 되는데 이 경우 외식기업은 모든 역량을 동원하여 고객을 만족시켜야 할 것이다.

이를 위한 방안으로는 고객접점에 있는 종사원들의 강화된 교육을 비롯하여 고객과의 상호작용에 필요한 권한 부여 및 서비스 프로세스를 갖출 필요가 있다.

2) 노동집약적 산업으로 인한 높은 인적 의존도

제조업은 자본집약적이면서 기술집약적 산업인 데 반해 외식산업은 제조업과 달리 생산과 서비스의 자동화에 한계가 있으며 소비자와 고용자, 경영자와의 인간관계 및 커뮤니케이션이 중요한 요인으로 작용하는 인적 산업이다. 외식산업은 사람의 손에 의지하는 인적의존도가 높아 1인당 매출액이 타 산업에 비해 매우 낮은 반면, 인건비가 차지하는 비율이 높다. 이러한 높은 인건비 비중은 외식업체의 큰 부담으로 작용할 수 있다. 특히, 최저임금의 급격한 인상 등은 경영난 해소를 위한 종사원 감소로 이어지고 이는 다시 대 고객서비스의 질 저하로 이어질 수 있어 적정 수준의 인력 유지를 위한 방안을 모색해야 할 필요성이 있다. 한국외식산업연구원의 '최저임금 인상 이후 외식업계 변화' 자료에 따르면 2018년 폐업한 외식업체들은 공통적으로 인건비에 대한 부담이 컸으며 폐업률에 가장 큰 영향을 미친 것으로 나타났다.

3) 입지활용산업

어떤 산업이든 한번 정한 입지를 변경하는 것은 쉽지 않으며, 똑같은 입지는 그 어디에도 존재하지 않기 때문에 매우 신중한 결정이 필요하다.

외식산업은 생산과 판매, 소비가 동시에 이루어지는 원활한 장소, 즉 고객을 유치하는 공간의 위치가 매우 중요하다. 특히 지역상권 내에 상주 고객, 유동 고객을 어떻게 나의 고객으로 만드느냐에 따라 사업의 성패가 좌우될 수 있는 지역밀착형 산업이다. 즉, 점포로 고객을 유인함으로써 판매가 이루어지며 매출이 발생하기 때문에 유동인구가 많은 곳에서 영업하는 것이 유리하다. 물론 맛있는 집으로 소문이 나면 아무리 먼 거리라도 찾아가는 고객이 발생하겠지만 가깝고 좋은 위치에 있는 점포보다는 상대적으로 방문하는 횟수가 적을 수밖에 없다는 것이다. 따라서 영업의 형태나 고객층에 따라 다소 차이가 있을 수 있지만 주로 번화하며 고객들이 쉽게 이용할 수 있는 입지가 필요하다.

4) 다품목 소량생산의 주문판매

일부 전문화된 레스토랑들도 있지만 소비자의 욕구가 다양해지고 복잡해짐에 따라 소비자의 욕구를 충족시켜야 하는 외식산업에서는 다양한 메뉴를 갖추고 판매하는 경우가 많다. 다품목 소량생산은 갑자기 많은 주문이 들어왔을 경우 생산능력에 한계 및 인건비 상승의 요인이 된다는 단점이 있으나 주문판매로 인한 재고가 없다는 장점도 있다.

5) 시간적, 공간적 제약

외식산업은 영업이 잘되는 시간과 그렇지 못한 시간의 구분이 확연하다. 이는 소비자의 식사시간이 대부분 아침, 점심, 저녁시간에 한정되어 있으며 주로 이 시간대에 매출이 발생되기 때문이다. 또한 식사시간대에 집중되는 고객을 수용할 수 있는 좌석 수도 한정되어 있기 때문에 효율적인 공간관리와 수요를 분산할 수 있는 방안들이 필요하다. 먼저 시간적인 제약을 해결하기 위해서는 해당 외식업체를 방문하는 고객의 니즈(Needs)를 파악하는 것이 중요하다. 예를 들어 점심에 먹는 식사와 저녁에 먹는 식사는 고객에게 다르게 느껴질 수 있다. 점심 식사의 경우 일상적인 업무로 빠른 시간 안에 식사를 해결해야 할 것이고, 가벼운 식사로 인해 합리적인 가격대를 원하는 경우가 많을 것이다. 이러한 상황에서 점심시간에 레스토랑을 방문했는데 테이블 위에 다 먹은 음식들이 치워져 있지 않거나, 주문을 하려 해도 한참 기다리고, 주문한 음식도 늦게 제공된다면 고객들이 해당 레스토랑을 재방문할 확률은 매우 낮다. 바쁜 일상에서 기다리는 것을 좋아하는 고객은 없기 때문이다. 그렇다면 점심시간의 경우 빠르게 제공되는 실속형 메뉴를 판매하는 것이 시간적인 제약을 해결하는 방안이 될 수 있다. 물론 이 외에도 테이크아웃(Take Out)이나 수요조절전략 및 수요재고화전략 등을 통한 마케팅 전략도 활용할 수 있다.

6) 수요예측의 불확실성

외식산업은 사회 · 경제적 변동뿐 아니라 계절이나 날씨, 기타 주변 상황의 변동으로 인하여 정확하게 고객의 수를 예측하거나 식재료의 적정 구입량을 결정하기가 어렵다. 특히 비나 눈이 많이 오는 날의 경우 고객감소 및 예약취소는 흔한 일인데 이중 예약을 하고 아무 연락 없이 나타나지 않는 노쇼(No-Show) 고객으로 인한 매출 기회비용과 식재료 준비에 소요된 비용손실 등은 외식업체 입장에서 큰 부담으로 작용될 수 있다. 또한 식재료는 보존기간이 짧고 그 방법이 까다로워 자칫 소홀하게 관리하면 부패의 가능성이 매우 높아 폐기에 따른 비용지출이 발생하며, 부패한 식재료를 사용할 경우 보건위생적인 문제를 야기하여 사회적 지탄의 대상이 되기도 하는 예민한 산업이다.

7) 낮은 진입장벽

외식산업은 미래 성장산업으로 발전할 가능성이 매우 큰 분야로 다른 산업에 비해 적은 자본과 특별한 기술적 노하우 없이 누구나 쉽게 참여할 수 있어 개인창업을 비롯한 대기업의 신규사업 등 시장에 대한 신규참여율이 높은 사업이다. 이러한 낮은 진입장벽으로 인해 외식업은 창업 아이템의 1순위로 거론되지만 경제위기나 과잉경쟁에 따른 업종 포화상태로 인해 예전과 같은 대박 창업은 쉽지 않은 상황이다. 또한 인건비와 임대료 부담을 견디지 못해 외식 가격을 올리는 경우 경기침체로 외식비를 줄이려는 소비자들이 늘어나 결국 외식업체를 찾는 고객 수가 크게 줄어들고 이로 인해 문을 닫는 업체들도 발생할 수 있어 신중한 신규시장 참여가 필요하다.

8) 높은 이직률

외식산업의 경우 타 산업에 비하여 노동 강도는 높은 데 비해 급여수준이나 복리후생이 낮은 편으로 이직률이 높은 경향이 있다. 서비스산업의 특성상 종사원을 우선적으로 배려하기보다는 고객만족을 우선시하는 경우가 많고, 정신노동이 아닌 육체노동이다 보니 사회에서 중요한 일을 하고 있다는 평을 받지 못한다. 이는 외식업 종사원들의 직업에 대한 열정을 감소시키고 직업의식을 결여시키는 요인으로 작용할 수 있다. 물론 이직이 부정적으로만 평가받는 것은 아니다. 한편으로는 새로운 활력을 불어넣기도 하고, 정체된 문화를 변화시킬 수 있는 긍정적인 부분도 있으나 너무 잦은 이직이 발생할 경우 기업의 조직이 불안정해질 수 있어 외식기업이 발전하고 인력난을 해소하기 위해서는 체계적인 시스템을 갖출 필요가 있다.

그림 1-8 외식산업의 특성

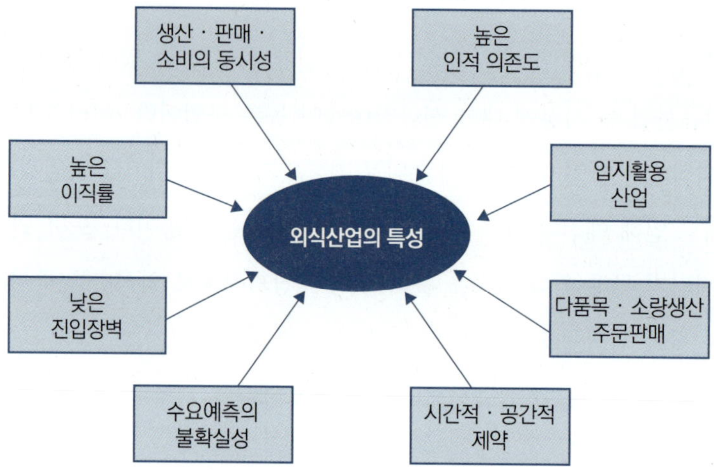

CHAPTER 02

외식산업의 발전과정

CHAPTER 02

외식산업의 발전과정

FOOD SERVICE INDUSTRY MANAGEMENT AND MARKETING

제1절 외식산업의 역사

인간은 먼 옛날부터 음식과 함께 살아왔으며 이는 일정한 장소에서 음식과 서비스라는 상품을 매개체로 경제활동을 하면서 산업의 발전과 함께 외식산업이라는 형태로 발전하였다. 즉 인류의 역사가 태동하면서부터 인간은 생존을 위해 음식과 불가분의 관계에 있을 수밖에 없었음을 의미하는 것이다.

1 식생활의 변천사

1) 농경사회

농경사회란 농업을 경제체제의 기반으로 한 시대를 의미하며 수렵채집사회에서 농경시대로의 전환을 신석기 혁명이라 부른다. 농경사회의 경제활동을 살펴보면 거주지역에 따라 다를 수 있지만 사냥 및 채집에 의한 생활이었기에 인간들은 음식을 찾는 데 지나치게 많은 시간을 보내야 했다. 수렵채집사회에서 농경사회로 전환된 시기는 명확하지는 않으나 어느 시점에 작물을 심고, 식량을 생산하며, 저장을 통해 식량을 찾아다니는 일에서 해방되면서 농경사회로의 전환이 시작되었다. 농경사회에서는 주로 집단생활을 하였으며 정착생활을 통한 기본적 생산활동에만 의존하였다. 식생활의식에서는 주식개념으로 생존을 위한 식사라는 의식이 강했던 시기이다.

2) 산업사회

산업사회는 대량생산을 가능하게 만드는 기술의 활용에 의해 구동된 사회로 18세기 산업혁명을 계기로 농경사회에서 산업사회로의 전환이 시작되었으며 외식산업 역사에 매우 중요한 전환점이 되었다. 즉 그동안 수작업으로 실시하던 생산활동에서 벗어나 기계와 에너지를 이용하게 되었으며 이로 인하여 생산성 향상 및 대량생산이 가능하게 되었다.

산업사회에 들어서면서 레스토랑이 출현하고 식생활에 대한 인식이 변화하기 시작하였으며 주식과 부식이라는 개념을 구분하게 되었다.

3) 정보사회

컴퓨터의 발달과 전산화, 과학화된 20세기 정보화 산업사회에서는 컴퓨터와 통신망의 발달로 축적된 많은 정보가 산업의 엔진으로 기계를 대신하게 되었으며 에너지 대신 정보자료가 경제활동의 근원이 되었다. 식생활의식은 식도락을 추구하게 되고 간편하고 신속하며, 영양지향적인 음식을 선호하게 되었다. 또한 다양한 업태가 등장하고 전문화되는 시대로 발전하였다.

4) 창조사회

창조사회란 경제활동에 있어서 창조가 상당히 중요한 역할을 하고 있다는 의미이고 차별화된 기술, 제품, 시스템, 경영 등에서 창조를 우선순위로 두는 사회를 말한다.

이 시기의 식생활의식은 웰빙을 추구하고 예술성과 감성을 중요시하며 각 나라의 음식을 즐길 수 있는 글로벌화를 추구한다.

| 표 2-1 | **식생활의 변천사**

구분	농경사회	산업사회	정보사회	창조사회
경제	-집단사회 -기본적 생산 활동 -정착생활	-기계와 에너지 이용 -생산성 향상 -대량생산	-전산화, 과학화 -통신망 발전 -정보화	-창의력 극대화 -차별적 독창성
식생활의식	-생존을 위한 식사 -주식개념	-식생활의 인식 -부식개념 -내식위주 -레스토랑 출현	-식도락추구 -다양한 업태 -기능성, 전문화	-웰빙 추구 -예술성, 감성화 -글로벌화
생산시스템	-소품종, 소량생산	-소품종, 대량생산	-다품종, 소량생산	-단일품목의 다양한 생산

자료: 박기용, 외식산업경영학, 대왕사, 2009. p100.

2 고대의 외식산업

고대 이집트의 무덤과 사원의 벽화를 보면 사람들이 음식을 만들고 대접하는 것이 잘 나타나 있다. 또한 음식의 역사는 인간이 불과 무기를 사용하여 사냥을 하고 음식을 만들어 먹던 공동생활과 함께 시작되었으며 축제와 같은 단체모임을 위한 음식을 만들면서 발전하였다.

고대 인도에서는 여관 등에서 음식을 제공하는 것이 일반화되었고 이러한 것을 규제하는 법이 생겼었다. 고대 모헨조다로의 유적에서는 음식을 만들기 위해 돌로 만들어진 오븐과 스토브 형태의 장비를 사용했던 레스토랑 형태의 시설이 발견되었으며 고대 이집트 분묘의 벽화에서는 제빵사와 조리사들의 작업과정이나 상인들이 시장에서 음식을 판매하는 모습들이 잘 묘사된 벽화들이 나오기도 했다.

고대 페르시아는 화려한 연회나 축제를 즐긴 것으로 유명하며 그들이 만든 고대의 음식들은 오늘날에도 세계적으로 널리 알려져 전해지고 있다.

로마시대에는 연회를 매우 즐겼으며 특히 로마의 황제들은 나라가 망할 정도로 연회를 즐겼다. 루쿨루스(Lucullus) 황제는 호화로운 연회를 매우 좋아하여 오늘날에 사치스럽고 낭비적인 식사를 의미하는 루쿨란(Lucullan)이라는 단어가 유래되기도 하였다.

로마인들은 음식 판매와 운영에 관한 많은 내용의 법률이 있었으며 AD 1세기경 아피시우스(Apicius)라는 레시피가 존재했는데 이는 특정계층만 알 수 있는 고전적인 언어보다는 평범한 시민들도 알 수 있는 언어로 사용되었으며 이것을 '드 흐 코퀴나리아(De Re Coquinaria)'라고 불렀다.

3 근대의 외식산업

1600년경은 근대 외식산업의 중요한 전환기가 된 시기로 레스토랑의 시초가 되는 커피하우스(Coffee House)가 프랑스에 등장하여 전 유럽으로 확산되었는데 이것이 오늘날 레스토랑의 선두주자 역할을 하게 되었다.

1760년 프랑스 루이 15세 때 몽 블랑제(Mon Boulanger)란 사람이 양의 다리를 재료로 하여 원기회복제인 수프를 만들었는데 그 수프를 'Restaurers'라고 불렀고 판매하는 장소를 '레스토랑(Restaurant)'이라 부르게 되었다. 이후 프랑스에서 많은 커피하우스들이 몽 블랑제의 레스토랑을 모방하여 식당으로 전환하면서 30년 동안 프랑스 파리에 500곳의 식당이 생겨났으며 프랑스 대혁명으로 인하여 궁중에서 쫓겨 나온 요리사들에 의해 많은 레스토랑들이 세워지면서 전성기를 맞이하게 된다.

18세기의 산업혁명은 유럽의 사회구조를 바꾸면서 길드조직의 붕괴를 가져왔으며 상업무역이 국가경제의 중요한 분야로 등장하는 결과를 가져왔다. 또한 실업가들을 중심으로 한 중산계급의 출현으로 외식산업은 프랑스의 영향을 받아 영국에서도 번성하기 시작하였다. 산업혁명으로 외식산업의 역사에는 새로운 변화가 일어나게 되는데 소득이 낮은 사람부터 중산계급에 이르기까지 상류층이 좋아하는 고급요리를 찾게 되고 자연스럽게 외부에서 식사를 즐기는 본격적인 외식이 사회적으로 등장하기 시작했다.

제2절 국내 외식산업의 성장과 발전

우리나라 외식산업의 성장과 발전은 지속적인 경제발전과 소득증대, 그에 따른 사회 · 문화적 환경의 변화가 가장 큰 배경이라 할 수 있다. 특히, 1986년 아시안게임과 1988년 서울올림픽을 계기로 비약적인 발전을 거듭한 우리나라의 외식산업은 매년 그 비중이 증가하고 있으며 현대인들의 일상생활에 휴식을 제공하고 생활을 윤택하게 만들 수 있다는 인식이 확산되면서 그 수준이 한층 더 향상되고 있다.

1 발전 배경

우리나라 외식산업의 발전은 패스트푸드에서 시작되었다고 볼 수 있다. 즉, 미국과 일본에서 발달한 패스트푸드가 우리나라 외식산업의 주체가 된 것이다.

우리나라 외식산업의 원동력은 〈그림 2-1〉과 같이 환경요인을 배경으로 경제성장과 소득증대, 식생활의 국제화, 외식화현상 등 사회 · 경제적인 다양한 영향 등에서 비롯되었으며 이러한 배경을 바탕으로 우리나라 외식산업은 짧은 기간 동안에 빠른 성장을 거둘 수 있었다.

그림 2-1 우리나라 외식산업의 발전배경

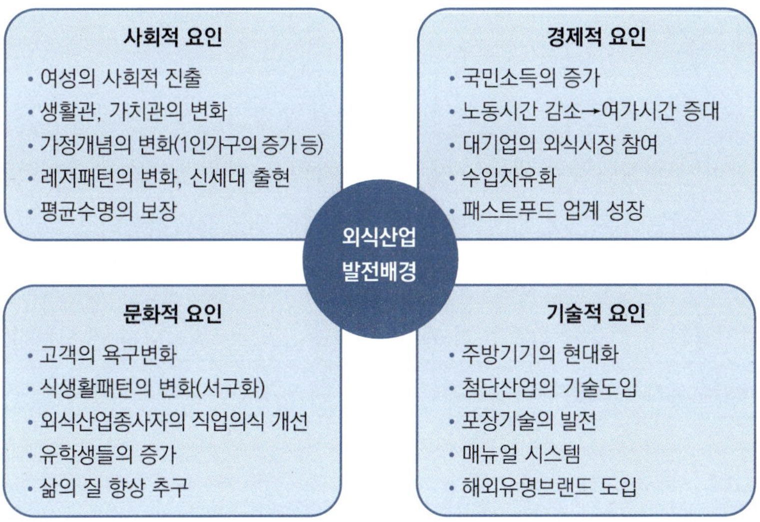

1) 사회적 요인

사회적 요인으로 여성의 사회적 진출과 생활관, 가치관 및 가정개념의 변화, 레저패턴의 변화, 신세대의 출현, 평균 수명의 보장 등을 들 수 있다. 즉, 여성의 사회 진출이 증가하면서 수입 증대 및 가정에서의 역할이 약해지고 자연스럽게 밖에서 먹는 외식이 증가하는 현상을 수반하게 되는 것이다. 또한 시간의 가치를 돈으로 환산하는 가치관이 등장하면서 가정에서 재료를 사다가 음식을 준비하는 것보다 외식을 하고 남는 시간을 개인의 업무에 사용하는 것이 훨씬 경제적이라는 생각을 하게 되는 것이다.

1인 가구의 증가 및 동거, 계약 결혼 등이 증가하면서 집에서 해 먹기보다는 사먹는 것이 편리하고 아직은 주부로서의 생활에 익숙지 않다 보니 외식이 증가하는 현상을 나타낸다.

2) 경제적 요인

경제적 요인으로는 국민소득이 증가하고 노동시간이 감소함에 따라 소비자의 여가시간이 증대되었고 이는 외식을 할 수 있는 기회가 확대될 수 있는 여건을 마련하였다. 또한, 경영기술과 기술 환경의 향상으로 소비자의 욕구를 충족시켜 줄 수 있는 대기업의 외식시장 참여, 외국의 음식문화를 접할 수 있는 기회를 확대시킨 수입자유화, 패스트푸드 업계의 성장은 외식문화를 한층 더 발전시킨 원동력이 되었다.

3) 기술적 요인

기술적 요인으로 자동화의 발달과 함께 진행된 주방기기의 현대화와 첨단산업의 기술도입을 통하여 외식산업의 생산성 향상 및 원가절감, 대량생산을 증대시켰고, 포장기술의 발달은 테이크아웃(Take Out)을 통한 외식 증대현상을 유발하였다.

또한 손맛에 의존하던 조리방식에서 탈피하여 동일한 맛을 유지할 수 있는 매뉴얼 시스템 및 선진국과의 기술제휴를 통한 해외 브랜드 도입은 우리나라 음식문화의 글로벌화를 추구하는 계기가 되었다.

4) 문화적 요인

문화적 요인으로는 소비자의 욕구변화 및 식생활의 서구화, 유학생들의 증가 등을 들 수 있는데 음식이라는 것이 생존을 위한 수단에서 탈피하여 문화를 즐기고 자아를 충족할 수 있는 단계로 변화하고 있기 때문이다. 이러한 식생활패턴의 변화는 해외개방을 통해 외국의 문화가 들어오면서 더욱 활발해지고 있는 실정이다. 예를 들면 이제는 일상생활에서 흔히 볼 수 있는 식사대용으로 햄버거를 먹는 행위, 커피를 들고 다니면서 먹는 행위 등은 외식산업이 빠르게 변화되고 있는 모습을 보여주는 것이다.

2 발전 과정

우리나라의 식문화는 고대부터 근대에 이르기까지 그 시대에 적응하는 식생활문화가 형성되었고 존속기간도 시대에 따라 다르게 나타났다.

이러한 식문화의 발달과 변화는 여러 가지 복합적인 요소가 상호견제 또는 호환하며 자연스럽게 소멸 또는 존속하는 경향으로 진행되었다.

우리나라의 식생활문화가 변화 · 발전된 요인을 살펴보면 다음과 같다.

첫째, 지리적 환경과 지역적 특색 요인으로 농촌이나 어촌, 도시 등 그 환경과 지리적 상태는 식품재료의 재배, 생산과 연관되어 고유한 식문화가 형성될 수 있었다. 특히, 지역적인 요소의 영향으로 조리방법, 섭취방법, 저장 및 유통 등의 방법이 결정되어 새로운 식문화 형성에 간접적으로 관여하게 되었다.

둘째, 종교적 요인으로 고대의 샤머니즘을 비롯하여 우리나라의 전통종교인 불교, 유교 근대에 유입된 기독교 등 종교행사에 제공되는 음식이 자연스럽게 식생활과 연관되어 발전하게 되었다.

셋째, 외래문화의 유입으로 실용적이고 개별적, 합리적인 식문화가 형성되었다. 이러한 외래문화는 근대 이후의 식생활 변화에 가장 큰 요인으로 작용하였다.

넷째, 과학기술의 발달로 이는 더욱 효율적인 음식이나 식품의 생산, 재배, 가공, 조리, 저장 등을 이루었고 식문화의 가치와 효율성을 증대시키기도 하였다.

| 표 2-2 | **한국식생활의 변천과정**

연대별 구분	음식문화의 특징
고조선	- 주식과 부식의 분리형 식문화 (주식: 쌀, 보리 등 / 부식: 장류, 장아찌 등) - 공동식사 습관 정착 - 육류의 식용화(곰, 여우, 너구리, 담비 등) - 향신료 사용의 보편화(생선이나 육류 냄새의 제거 및 보존에 사용)
삼국시대	- 식품의 가공, 저장 및 조리법의 발달 - 계층화된 신분제도에 의해 식생활에도 계층문화 형성 - 신분계급제도에 의해 여성이 조리담당 - 밀가루 떡의 등장 및 떡류의 발달 - 김치의 등장(장류나 된장 또는 무를 소금에 절인 김치) - 부엌과 주방 및 각종 식기류의 발달
통일신라	- 귀족과 서민이라는 계층차이에 따른 식생활 정착 - 주식인 미곡과 부식인 야채와 과실류의 등장 - 잠수법이 성행하여 수산물인 미역, 다시마, 해조류를 식생활에 활용 - 다양한 조미료 등장(산초, 생강, 계피, 밀감의 일종인 등(橙)의 껍질)
고려시대	- 숭불사상에 의한 다류, 한과류, 채소음식 발달(육류문화의 쇠퇴) - 일상식과 다른 제례, 연회 등의 식문화 발달 - 소금의 보급과 함께 조리법과 저장법의 향상(소금은 국가가 전매권 지님) - 주막의 등장, 조미료의 발달, 기호품의 보급(설탕: 상류계층의 기호품) - 몽고의 침입 이후 육식문화 번성 - 육류의 다양한 조리법 등장 - 공설주막의 개설 - 김치의 발달(동치미와 같은 침채형 김치)
조선시대	- 유교사상을 근본으로 한 공동체의식으로 한식(韓食)이 발달 - 대가족제도와 식생활의 규범정착(좌식(坐食)의 정착 및 서열에 따른 식사) - 김치의 발달과 필수 식품화 - 고추(남만초라 부름)의 전래 및 식용화 - 조미료로 각종 참기름 및 식용유를 활용 - 숭늉(누룽지 탕) 문화의 출현
개화기 이후 (1870~1910년대)	- 개화기 이후 서양의 식품과 요리법, 식생활 관습이 전래(식문화의 혼동과 충돌 발생) - 일반서민에게도 우유, 커피, 양과자 보급 - 남녀노소 구별 없이 한 자리에서 음식을 먹는 방식으로 변화 - 실용성과 경제적인 식문화 형성 - 건강과 영양을 지향하는 식문화 형성

근대 (1910~1970년대)	- 일본의 식민지 수탈정책 실시(식량부족과 빈곤으로 인한 식문화의 침체) - 식품소비형태의 침체화 - 지속적인 기아 및 영양실조 상태 - 분식장려 운동과 서구식 식생활 유입 - 덜어먹는 식습관 및 식탁의 간소화 - 1960년대 이후 경제발전과 핵가족화로 인한 식생활 수준 향상 - 유제품 등 고급제품의 출현과 청량음료, 과자 등 기존제품의 다양화
현대 (1980년대)	- 음식에 대한 가치관의 변화 및 가공식품화 - 건강식에 대한 관심 고조 - 식생활의 서구화 및 국제화 - 외식비중의 확대

자료: 미야에이지(三家英治), 외식비즈니스, 1992, p.10(저자 재구성)

1) 1960년대

1960년대는 일본 식민지하에서의 식량부족과 빈곤으로 인하여 외식산업이 본격적으로 나타나지 못한 시기였다. 이 당시는 6.25전쟁 이후 식량사정이 어려워 미국의 원조품인 밀가루 위주의 분식장려운동과 쌀의 소비를 줄이는 절미운동의 일환으로 제과나 제빵, 과자, 국수 등의 업소들이 출현하였다. 이때 가장 일반적이며 대중적인 음식점은 자장면을 판매하는 중국음식점으로 이는 미국에서 수입한 밀가루의 가격이 쌀 가격과는 비교가 되지 않을 정도로 저렴했기 때문으로 해석할 수 있다. 이로 인해 자장면은 외식 시 가장 선호하는 최고의 음식으로 등장할 수 있었다.

2) 1970년대

1970년대는 외식산업의 태동기로 경제개발계획에 따른 경제성장과 소득증대로 동물성 식품소비량이 증가하면서 식생활의 구조적인 변화가 일어나기 시작했다. 이 시기에는 서양문화에 눈을 떠가는 시기로 육가공, 식용유, 기호식품 가공으로 발전의 비중이 증대됨에 따라 소비패턴의 고급화와 다양화로 이어졌으며 양적인 개선이 두드러지면서 풍요로운 식생활을 접하게 되었다.

1977년 우리나라에서는 최초로 '림스치킨'이 프랜차이즈 형태를 도입하여 외식산업에 다점포화를 추구하였으며, 1979년에는 '난다랑'이 고급 커피전문점으로 프랜차이즈를 시도하였다. 또한 1979년에는 롯데그룹이 일본 롯데리아의 기술지원을 받아 국내에 상륙하면서부터 현대적 의미의 본격적인 프랜차이즈 시스템을 도입하는 외식산업의 태동기를 맞게 되었다.

3) 1980년대

1980년대는 제2차 오일쇼크(Oil Shock) 및 국내 정국의 불안 등으로 외식산업이 위축되기도 하였지만 경제성장의 가속화로 국민의 의식구조는 양적인 단계에서 질적인 생활수준의 향상으로 높아졌다. 이에 따라 기존의 요식업, 음식업, 식당업의 명칭이 퇴조하면서 외식산업으로 변화되는 과정을 맞이하기 시작했다.

국내기업이 글로벌 외식기업들과 제휴를 맺기 시작하면서 소자본업종으로 인식되던 외식산업시장에 기업형 외식사업이 본격적으로 등장하였다.

해외 브랜드의 외식기업이 본격적으로 국내에 진출하기 시작한 것은 1984년 외국자본 도입법이 개정되면서부터인데 이때 미국의 외식기업들이 대거 등장하기 시작하였다. 1984년에 버거킹(Burger King's : 1984)이 국내기업과의 제휴로 체인점을 개설한 것을 시작으로 KFC(1984), 웬디스(Wendy's : 1984), 피자헛(Pizza Hut : 1985), 맥도날드(McDonald's : 1988), 도미노피자(Domino's Pizza : 1989) 등의 패스트푸드 외식기업들이 계속하여 진출하였다.

이에 맞서 우리나라의 토종 브랜드들도 프랜차이즈 형태로 전개되기 시작하였는데 1980년 신라당을 비롯하여 장터국수(1983), 크라운베이커리(1986), 한식 브랜드 놀부보쌈(1987) 등이 나타났으며 최초의 패밀리 레스토랑이라 불리는 투모로우 타이거(Tomorrow Tiger)가 1984년 개점하였고, 1988년 코코스(Coco's)가 일본에서 도입되어 외식산업을 대중에게 알리는 계기가 됨과 동시에 외식활동을 레저 · 문화생활로 정착시키는 데 큰 역할을 하였다.

4) 1990년대

1990년대에는 국민소득의 꾸준한 증가와 더불어 여가생활이 급격하게 증가하였고 대기업이 외식산업을 21세기 비전산업으로 인정하면서 기업화가 가속화되었다.

특히 패밀리 레스토랑을 최대 유망업종으로 평가하면서 대대적으로 진출하기 시작하였다.

대기업들이 합작 또는 단독 기업형으로 진출하면서 외식산업의 질적 발전이 본격화되기 시작함과 동시에 새로운 업종과 업태의 지속적인 출현, 프랜차이즈의 난립으로 인해 많은 기업이 도산하는 등 외식산업이 역동적인 시기를 맞이하게 되었다.

해외 브랜드로는 주로 패밀리 레스토랑이 도입되었으며, 1992년 T.G.I.F가 호텔수준의 맛과 서비스, 독특한 분위기로 외식산업 시장에 혁신을 일으켰다. 이후 시즐러(Sizzler : 1995), 베니건스(Bennigan's : 1995), 마르쉐(Marche : 1996), 아웃백 스테이크 하우스(Outback Steak House : 1997) 등이 진출하였다.

5) 2000년대 초

2000년도 초기에는 외식사업이 지속적으로 증가하고 성장하였다. 주 5일제 근무를 비롯하여 여가생활의 증가와 가족단위의 활동이 급증하면서 성장한 것이다.

특히 이탈리안 음식을 비롯하여 커피전문점, 샌드위치 전문점 등이 본격적으로 진출하였으며 퓨전음식이나 외국 전통음식 레스토랑이 대거 등장하였다. 하지만 외식업체 간의 경쟁심화 및 외식업체의 양적 증대와 많은 퇴직자들의 외식업 진출, 프랜차이즈의 무분별한 확장으로 경쟁력을 상실하는 경우가 많았다. 특히 건강식에 대중의 관심이 고조되어 비만의 우려와 광우병 파동 등으로 육류 기피현상이 발생하여 맥도날드나 롯데리아와 같은 패스트푸드 레스토랑은 매출이 감소되는 결과가 초래되기도 하였다.

6) 2010년대 초

2010년대에 들어 우리나라 외식산업 시장규모는 80조 원으로 2000년대 초반에 비해 2배 가까이 성장하였다. 소비트렌드의 경우 경기 침체로 인한 소비 위축 기조와 함께 일상적 외식에 있어서는 소비를 줄이고자 하는 성향이 있으나 특별한 외식이나 자신이 좋아하는 특정 상품에 있어서는 거침없이 소비하는 '작은 사치'의 소비패턴을 보여 한 개인이 이중적인 소비를 하는 경향이 발생하였다. 또한 라이프스타일의 변화(도시화 및 1인 가구 증가 등)로 아침식사 시장의 경쟁, 배달 서비스, 배달 애플리케이션, 편의점, HMR 시장의 성장이 가속화되었으며 기존의 한식을 그대로 재현하기보다는 현대화된 콘셉트에 맞춰 세련되고 모던하게 재해석하는 방향으로 변화되었다.

특히, 2014년부터는 TV, 스마트폰, 페이스북 등의 다양한 SNS를 통해 자신이 먹은 음식에 관한 정보와 정서를 타인과 함께 공유하는 새로운 형태의 식문화 현상인 '먹방 신드롬'이 탄생하기도 하였다. 다만, 1990년대 말부터 2000년대 가족 고객과 젊은 층을 중심으로 큰 인기를 모았던 패밀리 레스토랑의 폐점이 줄을 이으며 위상이 급격히 떨어지기 시작하였다. 호주 자연을 콘셉트로 내세워 1997년에 국내에 첫 상륙한 아웃백의 경우 2002년 국내 패밀리 레스토랑 점포수 1위에 오르기도 했으나 2014년 말부터 아웃백스테이크 전체 매장(109개 점) 중 31.2%에 해당하는 전국 34개 매장을 폐점하였고 한때 잘나갔던 코코스, 시즐러, 마르쉐, 토니로마스 등의 패밀리 레스토랑도 사업을 접고 역사 속으로 사라졌다.

이처럼 패밀리 레스토랑이 부진한 이유는 장기불황과 함께 내수침체에 따른 소비심리가 위축된 상황에서 소비자들 사이에서는 4인 가족 기준으로 비용을 산출하면 10만 원이 훌쩍 넘는 패밀리 레스토랑이 다른 레스토랑에 비해 비싸다는 인식이 팽배해졌으며, 건강한 먹거리를 선호하는 소비자들의 눈높이가 오르다보니 고열량에 기름진 메뉴로 가득한 패밀리 레스토랑을 외면하는 방향으로 전환되었다. 이 외에도 반가공 상태로 간단히 조리해 소비자 식탁에 내놓는 패밀리 레스토랑 음식의 경쟁력이 온라인 중심으로 발굴, 소개하는 문화의 확산으로 개성 있고 특색 있는 레스토랑에 밀린 것도 하나의 요인이라 할 수 있다.

7) 2010년대 말

2010년대 말 외식시장은 2010년대 초에서 연계되는 과정으로 다양한 변화를 맞이한 시기였다. 특히 뉴트로의 열풍에 힘입어 저렴한 군것질거리 정도로 여겨지던 핫도그가 프리미엄화로 재탄생하고, 가성비로 무장한 냉동삼겹살과 무한리필 고깃집이 인기를 끌기도 했다.

2015년도에는 저가 커피브랜드의 확산으로 프리미엄 브랜드와 본격적인 경쟁이 시작되었고 베트남 음식, 중화권 음식 등 에스닉푸드(Ethnic Food)가 인기를 끌었다.

또한, SNS를 통한 마케팅 및 유튜브를 활용한 먹방 열풍이 활발하게 이루어지고 가성비를 고려한 합리적인 소비뿐 아니라 가격 대비 마음의 만족을 추구하는 '가심비', 가격과 성능을 비교한 기존의 소비형태가 아닌 내가 만족하면 지갑을 열수 있다는 '나심비' 등의 소비심리가 나타났다. 또한 개인화시대로 인해 혼밥, 혼술, 가정간편식의 성장이 지속되고 비대면 트렌드의 확장으로 무인서비스 및 키오스크 등 비대면 서비스 시스템이 강화되는 현상이 나타났다.

2016년도에는 푸드서비스 테크의 진화로 기존의 식품관련 서비스업과 빅데이터 등 외식업체에 IT기술이 접목되어 소비자의 음식점 이용이 스마트해지고 셀프서비스 시스템이 진화하여 적은 인력으로 음식점 운영이 가능해졌다.

1인 가구의 증가(전체 가구의 27.2%)에 따라 혼밥이 보편화되었으며 싱글족이 새로운 소비층으로 급부상하였다.

2017년도에는 SNS를 통해 보기 좋고 예쁜 음식이 인기를 끌었다. 즉 소비자들은 '찍기 위해 먹는다'라는 말이 생길 정도로 SNS를 통해 맛집 사진과 음식사진을 활발하게 공유하였다. 또한 차별화되고 매력있는 상품을 추구하는 경향이 높아지고 새로운 경험을 원하는 소비자의 니즈(Needs)가 증가하였다.

2018년도에는 '뉴트로'(New+Retro의 합성 신조어)의 열풍으로 젊은 세대들에게는 낯설지만 새롭고 매력적으로 어필하는 과거 세대의 문화와 정서를 담은 트렌드가 나타났으며, 언택트(Untact: 비대면 서비스)의 강세로 무인화 및 자동화가 급속히 확산되었다. 하지만 언택트의 강세는 가정간편식(HMR: Home Meal Replacement)에 대한 선호도 급증으로 외식기업을 위협하는 요인으로 작용되었다.

2019년도에는 친환경 가치를 경쟁요소로 부가가치를 창출하는 외식기업들의 등장과 식물성 고기를 사용하는 대체육 열풍으로 건강한 삶을 위해 채식을 섭취하는 소비가 증가하였고, 개인이 추구하는 가치나 개성이 다양화, 세분화되면서 자신의 취향이나 감성적 욕구를 충족시킬 수 있는 상품이나 서비스 소비가 확산되었다. 또한 간편식의 고급화, 프리미엄화로 소비자의 만족을 충족시켜줄 수 있는 프리미엄 재료 및 서비스 등이 확대되었다.

| 표 2-3 | 한국외식산업의 발전 과정

연대	발전 내용	주요 외식업소
1960년대 이전	- 음식업의 태동기 - 경제적 빈곤기 - 식생활 및 식습관의 가내주도형	이문설렁탕(1907), 용금옥(1930), 조선옥(1937) 등
1960년대	- 음식의 침체기 및 여명기 - 식생활의 궁핍, 밀가루 위주의 분식 - 식생활 문제 개선 및 부각	뉴욕제과(1967) 등 제과제빵 중심의 개인 업소 및 노점 잡상인 대량 출현
1970년대	- 외식산업의 태동기 - 대중음식의 출현(한식, 중식 등) - 경제개발계획의 성공과 식생활 향상	림스치킨(1975), 가나안제과(1976), 롯데리아(1979), 난다랑(1979) 등
1980년대	- 외식산업의 적응기 - 해외브랜드 도입 및 프랜차이즈화	버거킹(1984), KFC(1984), 배스킨라빈스(1985), 맥도날드(1988), 놀부보쌈(1987), 도미노피자(1989) 등
1990년대	- 외식산업의 성장기 - 대기업 및 호텔업의 외식산업 진출 - 프랜차이즈 활성화	TGIF(1992), 하겐다즈(1991), 미스터피자(1993), 시즐러(1993), 베니건스(1995), 스타벅스(1999) 등
2000년대	- 외식산업의 고도성장기 - 업체 간 경쟁심화 - 건강에 대한 관심 고조 - Take Out 커피전문점 대거 진출	엔젤리너스(2000), 투썸플레이스(2002), 애슐리(2003) 등
2010년대 초	- 외식산업의 성숙기 - 스마트폰, SNS의 확대로 인한 전시성 소비증가 - 요리프로그램의 변화(먹방 신드롬) - 단일소비자의 이중적 소비패턴 - 패밀리 레스토랑의 쇠퇴(한식뷔페의 재조명) - 간편식의 프리미엄화 - 편의점 도시락시장 급성장	CJ 계절밥상(2013), 이랜드 자연별곡(2014), 신세계푸드 올반(2014), 바르다김선생(2014) 등
2010년대 말	- 외식산업의 성숙기 - 배달 및 사전 주문 애플리케이션 등장 - 비대면 서비스의 확대(무인서비스, 키오스크 등) - 즉석식품의 다양화 및 혼밥족 증가 - 이색메뉴 열풍(중화권 음식, 브라운 슈가 음료, 매운맛 열풍 등) - 외식 온라인 쇼핑시장의 강세 - 프리미엄 가치 소비의 증가	명랑시대쌀핫도그(2016), 대왕카스테라(2016), 이차돌(2017), 홍루이젠(2018) 등

자료: 한국외식산업연구소, 외식사업경영론, 2006. p.36. KREI – 2019 외식업 경영실태 조사 통계보고서(저자 재구성)

사례 도시락 시장 성장 가능성

1인 가구가 갈수록 늘어나면서 편의점 매출이 가파르게 늘어나고 있다. '편의점 도시락'이 인기몰이를 거듭하는 이유도 여기에 있다. 물론 배달 문화, 분식 문화 탓에 편의점 도시락의 성장엔 한계가 있을 거라는 분석도 많다. 하지만 '편의점 도시락'의 천국인 일본의 전철을 밟을 거라는 밝은 전망도 나온다.

일본의 가정간편식(HMR: Home Meal Replacement) 시장은 약 4조 2,000억 원으로 세계 3위를 차지한다. 우리나라 1조 3,000억 원의 3배 규모다. HMR 시장 성장에는 1~2인 가구 증가로 인한 근거리 소량 소비패턴의 증가가 한몫했다. 잦은 지진으로 고층 빌딩 내 구내식당이 없는 경우가 많아 직장인의 편의점 도시락 구매가 대중화된 것도 주요 원인이다.

일본 HMR 시장의 74%는 냉장식품이 차지하고 있다. HMR 품목 가운데 도시락, 샐러드같이 구매 후 곧바로 시식할 수 있는 RTE(Ready To Eat) 품목이 많아서다. HMR의 채널별 점유율에서 편의점이 차지하는 비중은 13.3%다. 슈퍼 · 대형마트에 비해 낮은 비중이지만 미국(5%), 유럽(6%)보다는 높다. 편의점 도시락이 일본인의 빼놓을 수 없는 일상 품목이라는 얘기다.

일본의 편의점은 등장한 지 40년이 지났지만 여전히 성장 중이다. 편의점 산업은 2014년 기준 10조 엔(약 98조 70억 원) 규모다. 점포 면적은 평균 132㎡(약 40평)로 우리나라의 2배 수준이다. 도시락 진열 코너의 너비도 우리나라에 비해 2배가량 길다. 일본 편의점에서 주로 팔리는 프레시푸드(Fresh Food) 가운데 도시락과 샌드위치의 가격은 각 400~500엔(약 3911~ 4889원)이다. 품질과 물가를 감안하면 매우 저렴하다. 이런 값싸고 맛있는 먹을거리의 인기는 점당 매출과 품목별 매출 비중을 끌어올린다.

일본 세븐일레븐의 경우 일평균 점포 매출은 66만 4000엔(약 649만 7904원)이며, 그 가운데 도시락이 포함된 프레시푸드가 차지하는 비중은 25%에 이른다. 우리나라의 프레시푸드 비중은 6%에 불과하다.

국내 편의점 시장 규모는 12조 원으로 추정된다. 인구 1960명당 1개의 편의점이 운영되는 셈이다. 일본의 편의점 1개당 2400여 명보다 적은 수치로, 편의점 시장이 벌써 포화상태임을 보여 준다.

그럼에도 점포 수는 더 늘어날 것으로 보인다. 국내 편의점의 1일 평균 매출액은 145만 원으로 일본의 57만 엔(약 558만 6400원)에 비해 3분의 1 수준도 안 되기 때문이다. 최근 담뱃값 인상 등으로 매출이 늘어나면서 출점 여력이 다소 커진 것도 한 이유다. 다소 적은 점당 매출, 갈수록 증가하는 매출 등이 국내 편의점 업계의 '성장 열쇠'라는 얘기다.

물론 우리나라에서 편의점 도시락이 일본처럼 대세로 자리 잡는 덴 어려움이 많을 것으로 보인다. 배달음식과 분식 시장이 발달해 있기 때문이다. 그럼에도 도시락 시장은 점차 확대될 가능성이 크다. 첫째 이유는 짧은 시장 형성 기간이다. 국내시장에 도시락이 소개된 건 겨우 4년 전이다. 본격 출시는 1~2년밖에 되지 않았다.

편의점에서 주로 팔리는 프레시푸드 매출 비중이 5~7%에 불과하다는 점도 성장 가능성을 보여 준다. 일본의 이 지표는 25% 수준이어서 안 돼도 20%p 가량은 더 성장할 수 있다는 게 업계의 분석이다. 편의점 도시락 시장을 주목해야 하는 이유가 여기에 있다.

자료: The Scoop(www.thescoop.co.kr), 2015. 10. 7

제3절 미국 외식산업의 성장과 발전

1 발전 배경

미국의 외식산업은 유럽에 비해 역사와 전통이 짧은 데 반하여 우수한 과학기술과 특유의 실용적이고 합리적인 경영방법을 기반으로 급속한 경제발전을 이룩하였고, 산업화를 지나면서 세계의 외식시장을 주도하고 있다. 또한 다양한 형태와 경영기법을 갖춘 외식기업이 등장하면서 전 세계의 외식산업에 큰 영향을 미치고 있다.

이러한 미국의 외식산업은 1920년대에 태동되어 1930년대에 요식업이 외식산업으로 전환되고 1940년대에는 제2차 세계대전으로 인하여 기내식과 군대식이 발전하면서 일반대중을 대상으로 하는 마케팅이 중요시되었다.

1950년대는 패스트푸드 업종이 테이크아웃과 퀵서비스(Quick Service) 기법 등의 새로운 서비스방식으로 출현하였고 1960년대에는 프랜차이즈 시스템을 활용한 체인기업 경영이 활성화되었다.

1970년대는 제1차, 제2차 오일쇼크로 인해 기업경영 측면에서 변화가 시도되어 경영체질의 강화와 해외진출 등 외식산업의 국제화가 이루어졌다. 1980년대에는 외식기업의 매수, 매각, 합병 등 경쟁이 치열해지면서 외식계열화가 이루어지기 시작했으며 1990년대는 국제적인 다각화를 전략적 차원에서 추구했고 신규고객 창출을 위한 고객만족과 감동경영 등 새롭고 창의적인 아이디어 중심의 레스토랑이 출현하게 되었다.

1) 다민족의 복합국가 형성

미국은 다양한 인종으로 구성된 복합국가라는 점에서 세계적인 음식을 접할 수 있었다. 다민족국가의 사회특성상 개인 간의 신뢰감이나 인정, 혈연, 지연으로 국가를 관리 · 운영하는 것이 불가능하였다. 이에 미국은 성문화된 규범으로 통제해야 국가를 운영할 수 있었다. 패스트푸드 산업도 성문화된 통제와 규범에 음식점 경영기법을 적용하여 발전하게 되었다.

즉, 음식을 만드는 방법이나 기타 사항 등에 대하여 모든 것을 성문화하였기에 외식 산업이 빠르게 발전할 수 있었다.

2) 관용성 중시의 식생활 습관

관용성이란 습관적으로 하는 것을 의미하는데 미국은 식생활 습관상 라틴계의 즐기는 식사를 하면서 영양공급 및 실용성을 중시한 식사를 많이 한다. 또한 식사금액의 범위도 소액 지불 위주의 저가원칙주의를 택하고 있어 패스트푸드가 추구하는 신속성과 저렴한 가격이라는 핵심이 결합되어 패스트푸드 산업이 발전하였다.

3) 프런티어(Frontier) 정신

미국은 개척정신에 따라 대륙을 동부에서 서부로 개척해 나갔는데 이 과정에서 가정에서의 식사를 가정 밖에서 하는 계기를 마련하였고 자연스럽게 음식점에도 접목하였다. 특히, 서부 개척시대에는 햄버거가 발달하게 된 주요인이 되기도 하였다.

4) 스피드와 편의성 추구

미국은 사회 변화로 독신자의 발생 및 이혼율의 증가, 핵가족화 등이 나타났으며 이러한 현상들은 스피드를 요구하였다. 스피드화는 식사형태와 음식점에 있어서도 외식화 경향과 신속한 편의성 음식을 등장시키게 되었다.

5) 식생활형태의 적합화

미국의 식생활과 식습관은 한식에 비하여 물기가 거의 없는 식문화로 이루어졌으며 이러한 국물이 없는 육류와 빵은 패스트푸드화하기에 적합하여 패스트푸드의 생성과 발전을 촉진시키게 되었다.

6) 과학문명의 선도

미국은 과학문명의 선두주자로 세계경제를 주도하고 지식 및 과학기반을 창출하면서 세계적인 기업군을 탄생시켰다. 맥도날드와 같은 유명한 기업은 외식산업의 세계화를 선도한 원동력이 되었다.

그림 2-2 **미국 외식산업의 발전배경**

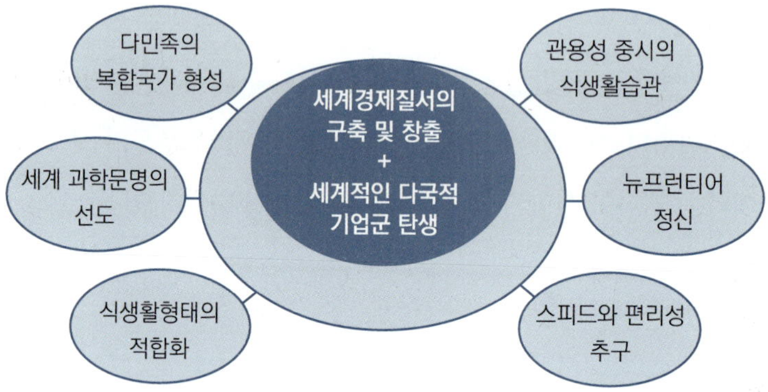

2 발전 과정

1) 1920년대

미국에서 현대적인 레스토랑은 1827년에 창업한 델모니코(Delmonico's)라고 볼 수 있다. 델모니코는 메뉴를 영문과 프랑스어로 표기하여 국제적으로 명성을 얻었으며 1923년에 뉴욕을 중심으로 9개의 레스토랑을 개업하였다.

1876년 영국에서 이민 온 프레드 하베이(Fred Harvey)가 캔자스의 토페카(Topeka)역에 레스토랑을 개점한 이후 애치슨(Atchison)역과 산타페(Santa Fe)역 등과 제휴하여 개점하였다. 또 최초로 열차 내 식당과 구내 음식점을 운영하였고 나아가 65개의 레스토랑과 60개의 다이닝카를 운영하였다. 이것이 대규모 체인레스토랑의 개시라고 할 수 있으며 실질적으로 외식산업이라는 것이 도입된 시기라고 할 수 있다.

1926년 J.R 톰슨(Thompson)사는 당시의 음식점과는 전혀 다른 풀 서비스 방식에서 셀프서비스 방식의 시스템을 도입하여 간단한 아침식사의 구성 및 테이블의 규격화 등을 실시하였고, 센트럴키친(Central Kitchen) 시스템을 도입하여 원가절감효과 및 표준화된 대량생산체제를 실현할 수 있었다

2) 1930~1940년대

1930년대에는 교통수단이 새롭게 등장함에 따라 새로운 형태의 외식업체가 등장하기 시작하였다. 즉, 자동차의 보급과 더불어 개인소득의 증가로 외식이 전국적으로 성행하기 시작하였으며 1937년 항공기 시대에 맞추어 기내식이 시작되었고, 시스템화로 인하여 요식업에서 외식산업으로 변화하는 시기라고 할 수 있다.

이 시기에 하워드 존슨(Howard Johnson) 회사가 대도시 교외의 로드 사이드에 레스토랑을 개업하였으며, 1937년 메리어트(Marriott)사가 최초로 기내식을 도입하였으며, 1941년 던킨도너츠(Dunkin's Donut)사의 도넛을 출점하면서 외식산업으로서의 기반을 마련하였다.

1942년 스카이 셰프가 학교급식을 시작하였으며, 1946년에는 연방정부에서 국립학교 점심식사에 관한 법령을 제정하면서 국가적인 차원에서의 단체급식 프로그램을 확대해 나갔다. 그러나 제2차 세계대전으로 미국의 경제 · 사회구조의 전반을 변화시켰으며, 특히 핵가족화, 소득증대, 여성의 사회진출 등 전쟁 이전과는 다른 사회구조를 나타내면서 외식산업 발전에 확고한 기틀을 마련하는 계기가 되었다.

3) 1950년대

1950년대는 제2차 세계대전 이후 미국의 최대 경제부흥기로 외식산업과 호텔도 프랜차이즈 시스템과 혁신적인 경영관리체제가 동시에 이루어진 전환과 약진의 시기였다. 이 시기에 미국은 관광산업이 급속도로 발전하여 일반 소매업체의 연간성장률이 6%인 데 반하여 외식산업의 성장률은 10~11%로 놀라운 성장을 하였다.

이러한 큰 성장의 요인은 단체급식의 증가와 패스트푸드의 등장으로 공장과 회사에서 직원을 위해 식사를 제공했기 때문이다.

이 시기에는 1952년에 KFC, 1953년 피자헛(Pizza Hut), 1954년 버거킹(Burger King's) 등이 개점하여 본격적인 패스트푸드 시대의 도입기라고 할 수 있다.

특히, 1948년 맥도날드 형제가 캘리포니아에 개점한 햄버거 레스토랑은 1955년 레이크락(Ray Kroc)이 인수하면서 본격적인 프랜차이즈 사업을 시작하였다.

맥도날드는 품질(Quality)과 서비스(Service), 청결(Cleanliness)을 내세우며 메뉴품목의 단순화, 조리공정의 개선, 셀프서비스 도입을 바탕으로 대량생산체계를 갖춤으로써 표준화 및 원가절감을 시도하였다.

1950년대는 외식산업에 패스트푸드점을 중심으로 대량판매지향, 테이크아웃과 퀵서비스의 도입 등으로 외식산업이 한 단계 도약할 수 있는 계기가 되었다.

4) 1960년대

미국의 공업화로 인하여 비약적인 성장을 하기 시작한 외식산업은 명실상부한 외식산업이라는 용어가 사용되기 시작하였으며 유망산업으로 인식되면서 신규참여가 가속화되었다. 전기가 산업 전반에 걸쳐 사용되면서 얼음을 이용한 아이스박스 대신 냉장고나 믹서기계, 자동식기세척기 등 외식산업이 발전할 수 있는 주변산업의 성장으로 다양한 형태의 레스토랑이 등장하기 시작하였다.

1960년대 냉동식품(Frozen Food)이 대중적으로 확산되어 웬디스(Wend's), 타코벨(Taco Bell), 레드 랍스터(Red Lobster) 등의 외식기업들이 출현하였다.

또한 맥도날드와 KFC를 중심으로 패스트푸드점 프랜차이즈의 급성장과 외식산업의 전 부문에 걸친 시스템화 도입, 상장기업의 속출, 대기업의 매수, 매각, 합병 등을 통해 외식산업이 역동적으로 발전하였다.

5) 1970년대

1960년대 후반부터 1970년대 전반까지는 외식산업의 매수나 합병이 가속화되어 다양한 업태의 출현과 기존업체 간의 경쟁이 치열하게 전개되어 미국 외식산업은 전성기를 맞이하게 되었다. 이 시기에는 새로운 마케팅기업이 도입되기 시작하였으며 입지에 대한 출혈경쟁, 메뉴의 다양화, 교외형 드라이브 스루(Drive Through) 점포의 탄생, 건강과 관련된 메뉴의 개발, 저칼로리 음식, 점포 인테리어의 차별화 등 다양한 경영 및 운영방법이 전개되었다.

6) 1980년대

1980년대는 전반적으로 미국경제가 침체기에 빠져들면서 외식산업의 정체현상이 나타났다. 이 시기는 성장보다는 내실을 다지는 시기로 경영합리화를 모색하는 한편 경영형태에도 많은 변화가 나타났다. 그중에서도 체인형태의 경영이 급속도로 증가하기 시작하였으며 특히 펩시콜라와 같은 자본력을 바탕으로 한 거대한 외식기업이 매수, 합병을 통하여 계열화를 추구한 그룹형태로 등장하였다.

이 시기의 미국 외식업체들의 전략을 보면, 업태의 다각화전략 측면에서는 호텔이나 리조트, 농장공원과 같은 새로운 업태개발에 참여하였고 배달판매를 활성화시켰다. 점포전략 측면에서는 입지확보의 어려움으로 인하여 타 산업이나 타 업종과의 공동 출점 등 복합점포 방식을 선택하면서 은행과의 토지신탁을 이용하였으며 정보화전략 측면에서는 본사, 점포, 물류센터, 센트럴키친, 거래업소 등과 종합정보시스템을 도입하였다.

그러나 1980년대에 단행된 규제완화와 세제개혁은 고급레스토랑을 쇠퇴하게 만들었으며 저렴한 가격의 캐주얼 레스토랑을 탄생시켰다. 또한 패스트푸드 업계는 '소비자가 원하는 것은 무엇이든지 제공한다'는 캐치프레이즈로 슈퍼마켓을 공략하고 슈퍼마켓은 이에 맞서 조리된 음식을 판매하면서 치열한 경쟁을 벌이기도 했다.

7) 1990년대

1990년대 초반에는 1980년대의 불황에 이어 버블경기의 붕괴로 고급 레스토랑이 계속하여 쇠퇴하고 비교적 저렴한 캐주얼 레스토랑이 성장하였으며 1990년대 후반부터 21세기에 이르러 비교적 안정적인 경제상황 속에서 외식산업은 미국 전체산업 중에서 4번째까지 성장하였다. 그러나 미국 외식시장의 30% 이상을 점유해 왔던 패스트푸드 업계는 서서히 퇴조하는 현상을 보였다.

또한 미국 출생률의 저하와 맞물려 신제품 개발의 실패는 패스트푸드 업계의 마이너스 성장을 나타내기도 하였다. 이로 인하여 미국 외식산업은 미국 내에서의 성장을 벗어나 세계 각국으로 진출하면서 시장을 넓혔다.

8) 2000년대 초

2005년 기준 시장 규모가 4,400억 달러에 달하는 미국의 외식산업에서 햄버거와 프렌치프라이를 주로 취급하던 패스트푸드 체인점들은 건강을 생각한 웰빙메뉴로 소비자들을 끌어들이는 데 총력을 기울였으며 레스토랑들도 고객들에게 다양한 서비스를 제공하려고 변신을 거듭하였다.

그동안 단일메뉴에 승부를 걸었던 일부 레스토랑들은 치열한 경쟁에서 생존하기 위해 여러 가지 브랜드의 음식을 내놓는 전략으로 변화하였으며, 외식업체들 간의 인수·합병으로 한 레스토랑 안에서 샌드위치, 피자, 디저트 등 여러 브랜드의 여러 가지 음식을 동시에 즐길 수 있는 형태도 출현했다.

패스트푸드 시장에서는 샌드위치 시장의 매출이 높아졌으며 신선한 재료를 제공하는 샌드위치 전문 레스토랑의 인기도 높아졌다. 또한 번잡한 식당보다 가족들과 집에서 간편하게 한 끼를 해결할 수 있는 장점을 가진 테이크아웃(Take Out)이 중요한 트렌드로 확산되는 추세를 보였다.

9) 2010년대 초

외식소비자들의 소비성향이 점차 다양해짐에 따라 외식업체들은 고객확보를 위하여 매년 새로운 트렌드를 반영한 메뉴개발에 노력하였다. 또한 로컬 푸드 및 건강한 음식에 대한 소비자들의 수요가 증가함에 따라 지역 식재료를 사용하는 레스토랑 및 영양가 높은 메뉴를 제공하는 레스토랑의 비율이 증가하고, 소비자들은 인터넷이나 스마트폰, 태블릿 PC 등의 기술을 활용해 레스토랑 관련 소비행동을 보였다. 실제로 NRA(National Restaurant Association)에 의하면 63%에 달하는 소비자들이 레스토랑 선택 시 기술을 사용한 적이 있으며, 가장 많이 사용하는 기능으로는 레스토랑 위치검색, 주문, 음식의 영양정보의 순으로 나타나고 있다. 이에 레스토랑 역시 스마트폰 애플리케이션, 태블릿 PC 등의 기술을 도입하여 서비스에 접목시키기 시작했으며 이러한 기술 서비스를 제공하는 레스토랑이 점차 증가하였다.

10) 2010년대 말

2015년도 외식소비는 가정에서의 조리보다 외식을 선호하는 경향이 두드러졌으며 레스토랑 산업에서 패키지 또는 신선식품 형태의 식품 제조 판매산업으로 진출하는 기업들이 늘어났다. 또한 푸드트럭의 인기가 높아졌으며 친환경 음식에 대한 관심이 점차 증가하였다.

기술적인 발달로 레스토랑 내 IT기술을 접목하려는 기업들이 증가하기 시작했고 스마트폰 앱을 통한 온라인주문, 배달 등이 점차 보편화되었다.

2016년도에는 미국의 경기회복이 지속되고 소비심리의 안정화로 외식소비가 꾸준히 증가하였고, 온라인 배달시장의 규모가 급격히 확대되어 체인 외식업체인 Domino's, Papa Johns 등은 자체 온라인 플랫폼을 구축하여 운영하며, 규모가 작은 외식업체의 경우 Grub Hub나 DoorDash와 같은 주문 · 배달 전문 플랫폼을 이용하였다.

IT기술의 발달로 외식기업들은 소비자 만족 및 운영 효율성 개선에 주력한 결과 Panera Bread는 매장에 'Fast-Lane Kiosks'를 비치하여 샌드위치에 들어가는 재료를 고객이 터치스크린을 통해 선택하도록 하고 재료 추가에 따라 열량(kcal) 정보가 자동으로 변경되도록 하는 등 고객의 취향을 맞추는 서비스로 큰 호응을 얻기도 했다.

스타벅스(Starbucks)의 경우 모바일 주문 · 결제 시스템을 연동한 Starbucks Rewards 프로그램을 런칭하여 앱을 통한 주문 금액, 방문 빈도 등에 따라 자동으로 별을 적립해 이를 전국 매장에서 사용할 수 있도록 해 소비자에게 큰 호응을 얻었다.

풀서비스 레스토랑 Olive Garden은 매장 내 테이블마다 태블릿 PC를 비치하고, 종사원을 기다릴 필요 없이 바로 추가 주문이나 계산이 가능하도록 해 주문량과 매출이 증가하기도 했다.

2017년도에는 IT기술의 지속적인 발달로 자동화된 기술을 도입하여 서비스 효율 및 인건비를 절감하려는 시도가 이루어졌으며, 채소 위주의 메뉴 등장하였고 글로벌 푸드와 전통적인 조리법에 대한 관심이 증가하였다. 또한, 새로운 메뉴에 대한 관심이 높아져 새로운 정통 외국음식 레스토랑이 증가하였다.

일부 레스토랑에서는 옥상에 허브 정원을 꾸미기도 하고, 별도의 비닐하우스를 마련해 조리에 사용할 허브와 채소를 직접 재배하기도 했다.

2018년도에는 외식업의 규모가 2010년 대비 38% 증가했으며 지속되는 웰빙 열풍으로 신선하고 건강한 음식을 선호하는 소비자가 늘어났다.

온라인 배달서비스의 가속화 및 경쟁심화로 인해 기존 레스토랑에서 직접 배달하는 서비스 외에 배달서비스를 위한 플랫폼 시장이 더욱 다양화되었다.

이 시기 미국의 온라인 배달 서비스는 레스토랑이 직접 소비자에게 배달하는 형식과 우리나라 배달의 민족과 같은 GrubHub, UberEats, DoorDash 등의 기업들이 배달 인력과 교통수단 등을 갖추고 음식 주문 및 픽업, 배달을 담당하여 소비자에게 전달하는 형태의 두 가지 분야로 나누어졌다. 이 외에도 건강에 대한 관심의 증가로 식품 구입 시 영양성분 표시 확인 및 자연친화적인 식습관을 갖기 위한 노력이 확산되었다.

2019년도에는 건강한 식생활을 추구하는 소비자를 위해 식물성 대체재로 건강식 메뉴를 개발하는 기업들이 늘어났다. 세계적인 추세에 맞춰 일회용품을 자제하는 기업들이 증가하고 환경 오염을 방지하기 위해 Pepsi, Unilever, Nestlé 등 대기업들은 재사용이 가능한 용기의 사용을 권장하고 포장 용기의 재활용률을 높여 친환경 정책을 시도하기도 했다. 동물 복지 문제에 대한 인식으로 우유 소비량이 감소하는 추세를 보이기도 했다. 또한 'Ugly Food'(모양이 예쁘지 않은 채소와 과일 등)를 사용하여 음식물 쓰레기 감소와 식재료 재활용에 노력하였다. Google은 경우 LeanPath와 파트너를 맺어 Ugly food를 활용한 카페테리아를 운영하여 2014년부터 5년 동안 600만 파운드의 음식물 쓰레기를 줄였다. 버려지는 수박을 수박 주스로 재탄생시키고 멍든 사과를 사과 버터로 만든 Salt & Straw 등 외식업체에서도 Ugly Food를 활용하여 다양한 식품을 선보였다.

이 외에도 간편외식의 증가로 배달서비스가 높은 호응을 얻고 있으며 소비자들의 음식 주문 역시 디지털 오더(Digital Order)를 사용하는 비율이 크게 증가했다.

| 표 2-4 | **미국 외식산업의 발전 과정**

연대	발전 내용
1920년대 이전	- 음식업의 태동기 - 현대적 의미의 레스토랑 등장 - 대규모 체인레스토랑의 개시 - 센트럴키친 시스템의 도입으로 원가절감 및 대량생산
1930~40년대	- 외식산업의 태동기 - 교통수단의 등장에 따른 새로운 형태의 외식업체 등장 - 생산자지향 및 외식산업 시스템 출현 - 전쟁 후 경제, 사회, 문화 등 전반적 변화로 외식산업의 기반 구축
1950년대	- 외식산업의 도약기 - 프랜차이즈 시스템의 도입으로 대량판매 지향 - 단체급식의 증가 및 패스트푸드의 등장(맥도날드, KFC, 버거킹 등) - 퀵서비스 및 테이크아웃(Take Out)의 등장
1960년대	- 외식산업의 도약성장기 - 냉동식품의 발달로 새로운 형태의 외식사업 등장
1970년대	- 외식산업의 성숙기 - 대기업의 인수, 합병 확대 - 마케팅방법 도입 - Drive Though Restaurant 등장
1980년대	- 외식산업의 고도성숙기 - 신감각형 외식가속화 - 국제화 및 다양화(민속음식 등장)
1990년대	- 외식산업의 안정성숙기 - 육류 소비의 지양 및 시푸드(Seafood)와 채소 위주의 건강음식 전문점 출현 - 패스트푸드의 퇴조
2000년대 초	- 외식산업의 안정성숙기 - 일상적인 외식활동의 증가와 새로운 음식에 대한 도전의식이 강함 - 외식업체들의 활발한 인수합병 - 퀵서비스 및 테이크아웃의 확산
2010년대 초	- 커피전문점 등 패스트푸드점 이외의 식품점에서 Drive Thru의 중요성 인식 - 디지털 기술의 도입에 따른 온라인 배달시장의 규모 확대 - 아침식사 시장의 치열한 경쟁 - 건강식의 수요 증가, 글루텐 프리(Gluten Free) 제품의 수요 증가 - 패스트푸드의 수요 감소 및 신선하고 이국적 풍미의 음식을 제공하는 Fast Casual Dining 성장 - 테크놀로지 활용의 중요성 증대(PC, 모바일을 이용한 주문·결제)

2010년대 말	- 새로운 음식에 대한 소비의향이 증가 - 건강에 대한 지속적인 관심 증가로 식물성 식품 및 식물성 단백질, 채식 등이 각광받고 이를 활용한 대체 식품 개발 증가 - 온라인 배달시장 규모의 급격한 확대 - IT기술의 도입으로 고객만족 및 운영 효율성 개선에 노력 - 식재료의 품질 및 안전성에 대한 관심 증가 - 환경에 대한 인식으로 일회용품 사용이 감소 - 채소 위주의 건강식 및 Ugly Food를 통한 음식물 쓰레기 감소 및 식재료 재활용 관심 증가 - 중동, 동남아 음식 등의 에스닉푸드 및 매운맛, 향신료 맛을 내는 음식의 소비 증가 - 스마트 시스템의 도입으로 간편하고 빠른 외식 추구 - 다양한 SNS를 통한 음식 및 식당사진 공유 문화가 확산되고, 이를 통한 레스토랑 검색 등 간접적 경험 추구

제4절 일본 외식산업의 성장과 발전

1 발전배경

일본의 외식산업은 미국과 다른 배경에서 발전하게 되는데 제2차 세계대전 후 민주자유사회 및 경제체제로 변화하면서 식생활습관 등에서 다양한 모습을 나타내기 시작했다. 또한 수요요인과 공급요인이 서로 밀접하여 시장규모의 확대를 촉진하였다.

수요요인으로는 빠른 경제성장으로 인한 개인소득의 증대, 신세대의 증가로 인한 소비시장의 증대, 핵가족화와 여성의 사회적 진출, 여가 확대로 인한 외식활동의 증가, 자가용 보급의 일반화, 개인의 외식에 대한 가치관 변화 등을 들 수 있고 공급요인으로는 외식경영자의 노력, 선진시스템의 도입, 자금조달의 용이 등이 있다.

이러한 여건 속에서 일본의 외식산업은 성장을 거듭하였고 미국과 같이 다양화되어 외식기업을 탄생시키고 있다.

1960년대 일본은 산업화의 도약발판을 마련하였고 크게 인정받지 못하였지만 다양한 외식사업이 출현하기 시작하였다. 1970년대에는 국민소득 1만 달러를 달성하는 선진국형 경제구조를 갖게 되면서 본격적으로 외식산업이 성장하는 계기를 마련하였다.

1) 경제성장과 소득증대

제2차 세계대전 이후 일본은 자본주의의 자유경제체제를 도입하여 경제성장과 더불어 개인의 소득증대와 표준화가 이루어지기 시작했다. 특히 개인의 노력과 능력, 성실은 일본국민의 근면성과 전쟁 후 복구사업을 성공으로 이끌게 되었고 국민소득은 크게 증가하였다. 이러한 경제성장과 함께 소비지출이 확대되었고 문화생활에 자연스러운 참여를 유도하게 되었다. 따라서 외식기회가 빈번하게 발생하게 되고 외식소비의 기회를 증가시켰다.

2) 노동의 균등화 현상과 여가시간의 확대

전쟁 이후 일본은 민주자본주의사회로 전환되었고 사회생활에 있어서 남녀 간의 평등이 부각되어 정착되기 시작하였다. 가사위주의 생활에서 탈피한 가정주부의 경우 평등한 인격대우를 요구하였으며 가정주부들의 사회참여는 주 5일 근무제를 정착시키고 휴가 등의 복리후생이 제도적으로 정착될 수 있는 기회를 마련하게 되었다.

3) 여성 및 주부의 사회진출 증가

제2차 세계대전 이전의 일본여성은 사회적 지위가 낮았을 뿐 아니라 가사에만 종사하여 활동영역이 가정 내로 극히 제한적이었다. 그러나 전쟁 이후 개방사회로 전환되면서 여성의 사회참여가 확대되고 여성노동력을 필요로 하게 되었다. 이러한 현상과 함께 여성의 자각심이 점차 높아지고 사회진출현상이 두드러져 결혼 이후에도 사회참여율이 증가되면서 여성의 사회활동은 외식기회를 더욱 활성화시켰다.

4) 핵가족화의 급속한 확대

전쟁 이후 일본의 경제활동과 사회구조는 대가족제도에서 소가족 형태로 변해갔다. 대가족제의 제약과 번거로움은 핵가족화의 태동을 보이게 되면서 외출이 쉬워지고 적은 비용의 외식기회와 이용빈도가 증가되었다.

5) 자동차의 증가

경제활동이 활발해지고 소득이 증대되면서 편리한 생활패턴을 요구하는 경향은 자동차산업의 발전을 가져오게 되었고 할부판매제도를 통해 고소득층은 물론 저소득층까지도 차를 보유할 수 있게 됨에 따라 자동차 생활이 일상화되었다. 이로 인하여 장거리 여행이나 레저의 활성화를 불러오게 되었고 외식의 기회를 더욱 증대시키는 역할을 하였다.

6) 직장인의 증가와 도시락 습관의 폐지

일본경제의 산업화로 인해 대기업이 등장하고 이에 따른 고용창출효과로 직장인들이 증가하였다. 이와 더불어 도시락을 지참해 다니는 습관이 폐지됨에 따라 자연스럽게 외식의 기회가 많아졌다.

7) 타 문화의 모방과 적응

일본인의 특성은 창조성보다는 모방과 적응에 탁월한 능력이 있다는 것이다. 즉, 미국이나 유럽에서 생성된 제도나 이론을 수용함과 동시에 자신들의 문화에 맞는 방식으로 모방하거나 응용하는 경향이 타 민족에 비하여 큰 편이다. 이를 통해 서구식 외식산업에 쉽게 접근하였으며 일본화시키는 원동력이 되었다.

2 발전과정

1) 1950년대

일본 외식산업의 원점은 에도시대부터 시작되었다고 할 수 있으며 1950년대 이전까지는 우동이나 국수, 장어요리, 덴푸라, 김밥 중심의 요식업 또는 음식업으로 불렸다. 이 시기에는 세계적인 변화에 편승하여 일본경제가 크게 발전하면서 경제력의 증대를 수반하게 되고 식료품의 수입량도 증가하게 되면서 생산력의 증가와 더불어 식생활수준도 한층 높아졌으며 영양상태도 개선되었다.

특히, 제2차 세계대전 패전 이후 연합군의 일본점령으로 일본인들은 양식을 선호하게 되었고 학교급식으로 빵을 사용하는 등 젊은 세대에 빵이 식사대용으로 확산되었다.

2) 1960년대

1960년대는 서양식 레스토랑이 크게 증가하면서 외식활동의 서구화, 대중화 초기단계의 모습을 보인 시기였다. 일본은 한국전쟁으로 경제특수를 맞이하면서 TV, 냉장고, 세탁기 등의 보급으로 인해 소비혁명이라고 불릴 정도로 소비생활에서도 획기적인 변화를 불러일으켰고 이에 외식산업도 태동기를 맞이하게 된다.

세이부 백화점은 처음으로 서구형 카페테리아를 개점하였는데 백화점 전체의 이미지를 새롭게 하고 인건비 절감과 회전율 상승효과를 예견하면서 새로운 시스템을 도입한 사업이었다. 한편 자가용 운전자와 장거리 여행하는 트럭운전자를 대상으로 그들에게 휴식공간을 제공하는 드라이브 인 형태의 외식사업이 교외에 출현하기 시작했다.

1960년대 후반에는 오사카박람회와 동경올림픽의 영향으로 대규모 건물이 건립되면서 외식산업에도 변화와 발전의 기틀을 마련하였다. 이 시기에는 식생활이 다양화되고 외식이 대중화됨에 따라 센트럴키친 시스템과 프랜차이즈 같은 새로운 시스템이 도입되기도 하였다.

3) 1970년대

1970년대 일본의 외식산업은 식생활의 서구화와 가치관의 변화, 레저문화의 유입 등 국민소득의 증가로 인하여 소비생활양식의 변화와 대기업의 외식시장 참여, 해외브랜드의 진출 등으로 혁명적인 전환기가 되었다.

1970년 만국박람회가 개최되면서 약 150여 개의 외식기업들이 등장하였으며 일본의 기업들은 미국의 기업들과 경영위탁 및 제휴를 통해 레스토랑사업에 진출하기 시작했다. 1971년 동경에 맥도날드 1호점이 개점하여 엄청난 인기를 끌었다.

한편 1973년 제1차 오일쇼크로 식생활에도 파급효과를 가져오면서 내부적으로는 레저화를 지향하고 외부적으로는 세계화 경향을 보이게 되었다. 이 시기의 식생활은 양적인 면보다는 질적인 면에서 개선 정도가 컸다.

1970년대 후반에는 외식산업이 급격하게 성장하면서 다양한 외식기업이 탄생하였고 이로 인하여 경쟁이 심화되는 시기였다. 특히 패스트푸드 업체들은 체인화를 가속화하였고 스카이락, 로얄 호스트, 데니스 등 패밀리 레스토랑도 다점포 위주로 경영을 시작하였다.

전체적으로 1970년대의 일본 외식산업은 외국계 기업의 진출과 국내시장의 확대 등 국내 · 외적인 요인이 복합적으로 작용하여 외식산업의 발전에 크게 기여하였다.

4) 1980년대

1980년대 전반기는 일본의 경기가 침체기에 접어들면서 외식시장도 침체국면을 보이기 시작하였다. 따라서 경쟁력을 상실한 외식기업은 도태되거나 소멸되었으며 다른 한편으로는 다양한 신업종 및 신업태가 등장하는 시기였다.

소비자는 질적인 소비패턴을 보였고 여가생활을 중시하는 선진국형 라이프스타일이 보편화되었다. 이러한 변화로 외식활동 대중화에 따른 다양한 콘셉트(Concept)의 외식사업이 등장하였으며 외식기업은 대기업화 · 시스템화되는 모습을 갖추었다.

1982년 일본 맥도날드는 창업 12년 만에 매출액 700억 엔을 달성하면서 일본의 외식기업 중 최고의 매출을 기록하여 일본 외식산업을 대표하는 부동의 위치를 차지하기도 했다.

1985년에는 택배 서비스를 전문으로 하는 피자 체인점인 도미노피자가 미국으로부터 상륙하여 피자시장에 새로운 판도를 열었다. 또한 1989년에는 외식기업 그룹인 로얄이 다양한 종류의 샐러드 바를 주요 상품으로 하는 미국의 스테이크전문점 시즐러를 도입하여 새로운 외식사업에 진출하였다.

1980년대 후반기는 저성장 안정기로 1980년대 전반까지의 성장주도에서 안정 내실화를 추구하는 방향으로 변화하기 시작하였다. 이 시기의 소비패턴은 소비자 욕구의 양분화 혹은 양극화 추이를 나타냈는데, 일반대중화의 개념이 세분화로 탈바꿈되고 개성의 시대가 되면서 소비자 대응에 대한 마케팅 전략과 전술기능이 강화되었다.

기업들은 소비자의 새로운 소비행태에 따른 근대화와 표준화 그리고 활발한 외국자본 및 브랜드 도입을 시도했으며 고객만족과 가치창출, 질적인 경영을 근간으로 치열한 경쟁이 가속화되면서 기업생존의 시대에 들어서게 되었다.

전반적으로 볼 때 1980년대 후반기에는 전산화, 과학화, 자동화는 물론 경영의 효율화를 위해 고객 밀착형 전략을 활용하거나 다양한 연구가 활발하게 진행되면서 경영관리의 정보화 전략에 관심을 두게 되었다.

5) 1990년대

1990년대는 거품경제가 붕괴되면서 부동산, 오피스 불황이 한층 심해져 외식업계는 도심으로의 출점이 용이해지고 지금까지 교외에서 활동해 온 패밀리 레스토랑 체인도 도심으로의 출점이 증가하였다.

버블경제 붕괴 이후 외식산업은 불황을 타개하기 위해 다양한 가격대와 콘셉트(Concept)를 가진 점포를 개발하여 시련에 대처해 나갔으며 패밀리 레스토랑 스카이락은 품질은 그대로 유지하면서 가격은 대담하게 낮춘 저가격의 가스토(Gusto)와 가격은 유지하면서 상품의 가치를 높인 스카이락 가든(Skylark Garden)이라는 새로운 업태를 내세웠다. 또한 비교적 가격 부담이 없는 편의점 도시락이 인기를 끌었고, 부모에게 경제적으로 의지하는 '캥거루족'이 늘었다.

소매업계에서는 편의점이 대두해 식당업을 위협하는 존재로 등장하였고 쇼핑센터 시대가 도래되면서 식당업계도 입지 전략의 변화를 가져왔다.

이와 같이 1990년대 일본의 외식산업은 고객의 안전과 건강을 위해 노력하였으며 지속적인 업태와 콘셉트를 가진 외식업소 개발로 성장해 왔다.

6) 2000년대 초

2000년대 초반 일본의 외식시장은 고객의 분산과 과열경쟁 등으로 각 점포들의 운영이 갈수록 어려웠다. 외식시장 전체가 포화상태로 경쟁은 심화되고 장기 불황으로 고용불안과 소득감소로 인해 소비심리가 위축되어 외식보다는 가정에서 식사하거나 도시락으로 끼니를 해결하는 사람들이 늘어났다. 특히 거품경제의 붕괴와 함께 개인소비가 줄어들고 기업의 회식이나 연회 등이 검소함을 추구하는 문화로 바뀌어 가면서 일본의 외식시장은 그 어느 때보다 어려운 상황에 놓이게 되었다. 그러나 일부 프랜차이즈는 이러한 어려움 속에서도 매출액과 점포수에서 성장세를 보이기도 했다.

소비자들은 외식소비에 있어 저렴하면서도 푸짐한 메뉴를 선호하는 경향이 두드러졌는데 이는 단순히 저렴한 가격만을 원하는 것이 아니라 서비스나 품질대비 만족도를 중요시하는 가치소비 성향을 의미한다. 또한 소비양극화로 인해 고급 브랜드와 함께 100엔 숍(Shop)의 매출이 호조세를 보이기도 했다.

2004년과 2005년의 경우 광우병과 조류인플루엔자의 영향으로 야키니쿠, 규동과 같은 대표적인 쇠고기요리 전문 외식업체들의 매출이 급감하고 폐점하는 경우가 발생해 식재료의 안전성이 부각되기도 했다.

2005년에는 서서 먹고 마시는 점포가 여성고객들에게 큰 호응을 얻기도 했다. 이는 여성고객 및 샐러리맨들에게 저렴한 비용으로 부담 없이 한잔할 수 있다는 것과 술 마시는 데 많은 시간과 비용을 들이지 않겠다는 라이프스타일이 통한 결과이다.

7) 2010년대 초

일본은 2011년 3월 지진과 쓰나미로 인해 외식산업의 트렌드에 급격한 변화가 발생하였으며 지속적인 경제상황의 부진으로 인해 소비자들은 불필요한 지출 대신 합리적인 가격에 양질의 제품을 소비하는 경향을 보이기 시작하였다. 이로 인하여 저가 상품을 제공하는 업체에 대한 소비자의 선호도가 높아지기도 하였다.

2013년 아베노믹스로 인해 일본 전체 산업에 걸쳐 소비가 증진되는 현상이 나타났으며, 외식산업도 소비 심리 개선으로 활성화되었고 편의점, 패스트푸드 제품군이 지속적으로 성장을 보였다. 또한 산업전반에 있어서 성장률이 회복세로 접어들어 프리미엄을 지향하는 외식업체의 인기가 높아지는 경향을 보인 반면, 1990년대 인기를 끌었던 체인 형태의 패스트푸드 업체는 마이너스 성장률을 보였다. 실제 일본 시장 내 전반적인 지역에 걸쳐 외식업체의 가장 일반적인 형태는 독립형으로 2013년 기준 매출의 71%를 차지했다.

사회 · 문화적인 현상으로 볼 때 일본 역시 1인 가구 수의 증가에 따라 집에서 혼자 식사를 해결하고자 하는 사람들이 늘어났으며, 이에 따라 스마트폰 애플리케이션 플랫폼을 활용한 가정배달 서비스의 이용률이 증대되었다. 또한 편의점 업체의 패스트푸드 제품군이 2013년부터 꾸준한 성장을 보이고 있으며, 편의점 소비 형태에 있어서는 직장인들에게 인기가 있는 테이크아웃 형태의 도시락 및 원두 커피류가 빠른 성장을 보였다.

2014년 일본 외식시장의 주요 트렌드는 프리미엄화로 풀 서비스(Full-Service)를 제공하는 레스토랑의 매출이 증가했고 한 점포 내에서 두 가지 이상의 다른 아이템을 운영하는 하이브리드 형태의 외식업체가 등장해 인기를 끌었다. 이는 같은 가격이면 한 가지 음식보다는 다양한 음식을 동시에 즐길 수 있다는 매력에 소비자들의 호응을 얻었다.

8) 2010년대 말

2015년도 급격한 경제환경의 변화에도 불구하고 일본의 외식시장은 성장세를 보였지만 프리미엄 시장과 저가시장이 동시에 성장하는 외식시장의 양극화는 심해졌다.

일부 외식기업들은 소비자들의 매장 체류시간을 늘리기 위해 편의점, 슈퍼마켓, 서점 등의 소매업체가 식음료서비스를 제공하는 하이브리드형 매장으로 변화하였다.

일본의 슈퍼마켓 브랜드인 Yaoka는 소비자들이 매장에서 구입한 음식이나 음료를 먹을 수 있는 공간을 제공하였고 Life Corp라는 슈퍼마켓 체인브랜드는 매장 내 카페를 도입하여 파스타나 피자와 같은 메뉴를 판매하기도 했다. 또한 서점과 같은 형태의 소매업체들도 외식서비스를 도입했으며 스타벅스는 Tsutaya라는 서점 체인과 협업하여 복합문화공간형 매장으로 운영하기도 했다.

65세 이상 고령인구의 증가로 노년층을 위한 식사를 제공하는 업체들이 늘어났는데 일본의 대형 외식기업인 Skylark은 노년층을 타겟으로 한 레스토랑 Yume–an과 Shabu–ha 매장 수를 늘렸으며 Gusto는 노년층에게 익숙한 도자기 식기를 사용하기도 했다. 또한, 풀서비스 레스토랑 Joyfull은 적은 양을 선호하는 노년층의 특성을 고려하여 60세 이상의 고객을 위한 별도의 아침식사 메뉴를 운영하는 등 많은 외식업체들이 노년층을 위한 메뉴를 제공하였다.

2016년도는 부가가치세(VAT) 인상, 아베노믹스에 따른 엔화 약세 등 경제환경의 변화로 인해 일상적인 외식의 횟수는 줄고 HMR제품이나 가공식품으로 대체하는 소비자가 급증했다.

인구 고령화에 따른 노년층을 위한 메뉴는 지속적으로 개발되면서 일부 경제적 여유를 지닌 노년층(프리미엄 에이지: Premium Age)을 위한 프리미엄 상품이 커피 전문점 위주로 등장하였다.

프리미엄 커피 전문점 Blue Bottle 등은 다양한 추출 방법을 사용하여 어필하고, Komeda, Miyama, Hoshino와 같은 체인 커피 전문점은 길가의 독립 건물에서 운영해 여행을 즐기는 노년 소비자들을 대상으로 상품과 서비스를 제공했다.

이 외에도 2020년 도쿄 올림픽 개최 시 관광객의 편의를 증대하기 위해 IT기술을 도입하여 외식시장에서의 비현금결제를 상용화하려 노력하였으며, 이러한 노력으로 외식시장에서는 온라인 주문 및 배달서비스 등이 증가하였다. 일본의 Skylark 그룹은 모바일 앱을 통해 음식을 주문하고 30분 후 가까운 Skylark, 혹은 Gusto 매장에서 픽업하는 'Click and Collect' 서비스를 제공하였다.

2017년도에는 일본의 지속적인 인구 감소에 따라 외식시장의 규모도 감소하기 시작했으나 일부 음주업계나 카페, 대형 음식체인의 경우 매출이 상승하기도 했다.

외식시장의 전반적인 정체에도 불구하고 중식(中食: 나카쇼쿠)시장은 지속적으로 상승하고 있으며 배달시장의 규모 역시 2016년 대비 11%나 상승해 4,039억 엔에 달했다.

일본은 높은 인건비와 많은 편의점 수로 인해 배달시장의 규모가 작았으나 라이프스타일의 변화, 편의점과 슈퍼마켓의 확대에 대응하기 위해 소비자의 자택까지 메뉴를 배달하는 기업이 늘어났다.

2018년도 일본은 SNS가 음식 문화를 이끌면서 소셜 미디어를 통한 음식인증 사진에서 더 나아가 동영상을 올리는 문화가 확산되었다. 실제로 일본 내 소비자 의식 및 실태조사에서 음식 동영상을 보는 일이 많아졌다고 응답한 소비자가 늘기도 했다.

일본사회의 고령화로 실버푸드가 지속 성장하고 있으며 편의점에서도 고령 친화음식을 구매할 수 있도록 다양한 실버 마케팅이 이루어졌다.

이 외에 주목할 만한 사항으로는 그로서란트 점포가 증가하고 있다는 것이다. 그로서란트(Grocerant)는 그로서리(Grocery: 식품)와 레스토랑(Restaurant: 식당)을 합쳐 만든 합성어로 다양한 식재료를 판매하고, 그 식재료를 구입한 후 먹을 수 있게 한 신개념의 식문화 공간을 의미한다. 이 그로서란트는 장보기와 식사를 한번에 해결할 수 있다는 것이 장점으로 스웨덴 스톡홀름의 어번 델리(Urban Deli), 영국 런던의 데일스 포드 오가닉(Dayle's Ford Organic), 미국 뉴욕의 일 부코 엘리멘터리 앤 비네리아(Il Buco Alimentari & Vineria) 등이 세계적으로 유명한 그로서란트 마켓으로 꼽힌다.

일본 대형 슈퍼체인인 이온리테일은 식료품 매장에 260석의 시식 공간을 마련했으며 식품 슈퍼마켓 한큐오아시스도 300여 개의 좌석을 마련해 쇼핑객들이 쉽게 외식을 즐길 수 있도록 하였다.

2019년 1인 가구의 증가와 고령화사회의 가속화 등 세대구조의 변화와 식문화의 변화로 간편 식품의 인기가 높아졌다. 이로 인해 슈퍼마켓이나 편의점과 같은 곳에서 빠르게 먹을 수 있는 식품 개발은 물론 그로서란트와 같은 점포들이 지속 증가하고 있으며 팬케이크 가루, 튀김 반죽, 오코노미야키 반죽 등을 바로 포장에서 꺼내 간편하게 조리해 먹을 수 있는 '프리믹스(Premix)' 식품도 인기가 높아졌다.

이 외에도 건강에 대한 관심이 증가하여 유기농 식품 시장이 확대되고 일본 현지의 재료를 활용한 음식들을 선보이기도 했다.

| 표 2-5 | **일본 외식산업의 발전 과정**

연대	발전 내용
1950년대	- 음식업의 태동기(요식업→음식업) - 일본경제의 발달로 식료품 수입량 증가 및 생산력 증가 - 한국전쟁으로 인한 전쟁특수로 경제 호황기(미군이 일본에서 군수물자 생산) - 양식 선호 현상으로 빵이 식사대용으로 확산
1960년대	- 외식산업의 태동기 및 도약기(음식업→외식산업) - 서양식 레스토랑의 증가로 외식활동의 서구화 - 세이부 백화점 내 서구형 카페테리아 개점 - 자가용 운전자와 장거리 여행자를 위한 교외 지역 레스토랑 등장 - 오사카박람회 및 동경올림픽 등 국제적 규모의 행사로 인한 외식발전의 기틀 마련 - 외식의 대중화로 센트럴키친 및 프랜차이즈 시스템 도입 - 자본자율화를 통한 외식산업의 발전 도약의 기틀 마련
1970년대	- 식생활의 서구화, 가치관의 변화, 국민소득의 증가로 인한 소비생활양식의 변화 - 대기업의 외식시장 참여 및 해외브랜드의 진출 등으로 외식산업의 전환기 마련 - 맥도날드의 진출로 외식산업 발전의 견인차 역할 - 만국박람회 개최로 미국의 기업들과 경영위탁 등 레스토랑 사업에 진출 - 프랜차이즈 개념의 외식업체 가속화(스카이락, 로얄호스트, 데니스 등) - 편의점(세븐일레븐)의 등장

1980년대	- 전반기 경기침체로 인한 외식시장의 침체 - 질적인 소비패턴 및 여가생활을 중시하는 선진국형 라이프스타일 보편화 - 미국 외식업체의 진출(피자 체인점 도미노피자, 스테이크 전문점 시즐러 등) - 중반기 거품경제로 인한 일자리 부족 현상 및 스트레스 해소를 위한 매운맛 유행 - 주 5일제 도입에 따른 노동시간 감소 - 후반기 경영기업의 전산화, 과학화, 자동화 및 효율화 추구
1990년대	- 거품경제의 붕괴로 임대료 하락에 따른 중소형 체인점의 도심 출점 증가 - 외식시장의 매출은 상승세 유지 - 소비위축으로 인한 외식업계의 가격인하 정책 - 편의점의 성장으로 외식업계의 위협요인으로 등장 - 디저트 문화의 성장(티라미수, 타피오카, 판나 코타 등 인기)
2000년대 초	- 경제적 침체 및 고용불안과 소득감소로 인한 외식 감소 - 외식기업의 경영효율성과 경쟁력을 위한 기업 간 M&A가 활발히 진행됨 - 도시락판매와 배달서비스를 실시하는 중식분야의 성장 - 절약형 외식점포의 성장(서서 먹는 점포 등) - 젊은층 노동인구의 감소로 외식업계의 인력난 심각 - 안전한 식재료 조달 및 원산지표시제 등의 중요성 부각 - 건강지향 음식에 대한 관심 증가
2010년대 초	- 지속적인 경기불황에 따른 합리적인 소비성향 - 저가상품을 제공하는 업체 선호도 증가 - 편의점 및 패스트푸드 상품의 지속적 성장 - 1인 가구 증가에 따른 1인 메뉴, 테이크아웃 메뉴 및 배달서비스 활성화 - 스마트폰 애플리케이션 플랫폼을 활용한 가정배달 서비스 이용률 증대 - 대지진 및 원전사고에 따른 안전한 식재료에 대한 관심 증가 - 신규업태에 따른 패밀리 레스토랑 매출 하락 - K- POP 인기에 따른 한식메뉴 확산 - 하이브리드 매장의 등장
2010년대 말	- 프리미엄시장과 저가시장이 동시에 성장하는 외식시장의 양극화 - 편의점, 슈퍼마켓, 서점 등 소매업체의 하이브리드 매장으로 변화 - 고령인구 증가에 따른 노년층을 위한 상품 및 레스토랑 증가 - IT기술 도입에 따른 온라인 주문 및 배달서비스 증가 - SNS를 통한 음식 사진 및 동영상을 통한 인증 문화 확산 - 그로서란트(Grocerant) 점포의 증가 - 세대구조의 변화와 식문화의 변화로 간편 식품의 인기 증가

CHAPTER 03

외식산업의 인적자원관리

CHAPTER 03

외식산업의 인적자원관리

FOOD SERVICE INDUSTRY MANAGEMENT AND MARKETING

제1절 인적자원관리의 개념

1 인적자원관리의 의의

외식사업을 경영하는 데 있어 가장 중요한 요소로는 자본과 기술, 시설, 사람 등 여러 요소들이 있겠지만 사람에 대한 의존력이 높은 외식산업에서는 우수한 인재를 확보하고 개발하여 유지하는 인적자원관리의 중요성은 두말할 필요가 없다.

인적자원관리는 종사원의 잠재능력을 최대한 발휘시키고, 스스로 최대한의 성과를 확보할 수 있게 처우하고 조직하는 방법에 대한 규범체제라고 하며, 또한 종사원이 자신의 직무에서 최대의 만족감을 얻을 수 있도록 지원해 주는 것이라고 할 수 있다.

인적자원관리(HMR : Human Resource Management)는 영업관리의 한 부문관리인 인사관리(Personnel Management)에서 비롯되었다. 1970년대 후반부터 자본, 기술 등의 물적자원과 비교하여 인적자원의 중요성을 강조하고 인적자원의 개발에 역점을 두는 의미에서 인사관리 대신 인적자원관리로 부르게 되었다.

1980년대 중반 이후부터는 인적자원관리를 전략적 관점으로까지 중요시하여 전략적

인사관리(SHRM)라고 불렀다. 즉 인적자원관리는 조직목적을 보다 잘 달성하기 위해서 행해지는 것이므로 결국 생산에 필요한 노동력을 적은 비용으로 조달하여 효율적으로 이용하여 능률적인 생산을 하기 위한 것이다.

따라서 외식산업의 인적자원관리란 사업의 목적을 달성하기 위해서 해당 사업에 필요한 인재를 획득하고, 육성 · 유지하는 동시에 협동체계를 확립하여 개인의 능력을 최대한으로 발휘시키는 일련의 과정이라고 할 수 있다.

2 인적자원관리의 중요성

경영의 자원은 물적 자원과 재무적 자원, 그리고 인적자원으로 구분된다. 이 중에서 모든 자원이 중요하지만 특히 인적자원의 중요성이 강조되는 이유는 물적 자원의 개발과 창출, 그리고 재무적 요소의 조달과 축적은 인간중심적 차원에서 이루어지기 때문이다.

흔히 '인재는 기업의 경쟁력'이라고 말하는 것을 볼 수 있다. 즉 기업의 모든 것은 사람에 의해 이루어지고 기업의 성패도 사람에게 달려 있기 때문이다.

옛 문헌인 『명심보감』의 말을 빌리면 "사람을 의심하거든 쓰지 말고, 사람을 썼거든 의심하지 말라"라는 말이 있다. 또한 삼성그룹의 설립자인 고(故) 이병철 회장의 인재관 등용 철학을 보더라도 "나는 내 일생을 통해서 한 80%는 인재를 모으고, 기르고, 육성시키는 데 보냈다"라고 하며 "돈이 돈을 번다고도 하지만 돈을 버는 것은 돈이나 권력이 아니라 사람이다"라고 할 정도로 인적자원관리의 중요성을 강조하고 있다.

외식산업은 종사원이 고객에게 창조적인 판매를 유도하고 고객에게 여러 가지 정보를 알리는 역할을 하며, 서비스를 제공한 후에는 고객 반응을 피드백(Feedback)하는 등 매우 중요한 역할을 하고 있다. 특히 인적서비스 부분에서 고객과 가장 많은 시간을 대면하는 접점 구성원은 바로 현장의 실무 종사원들이다. 실무 종사원들과 고객의 상호작용이 이루어지는 시점에서 고객들이 인지하는 대고객서비스와 상황 판단력, 문제해결 능력은 고객이 지각하는 만족도에 직접적인 영향을 미친다. 이처럼 외식산업은 인적자원에 의존하는 부분이 다른 산업에 비하여 매우 높기 때문에 인재를 확보하고 체계적으로 관리하는 일은 핵심업무가 된다. 이 외에도 해외로 진출하는 외식기업의 경우 글로벌 경영환경에서 경쟁력을 갖추기 위해서는 현지 언어 및 문화에 빠르게 적응할 수 있는 인재 확보가 필수적이며 이러한 우수한 인재를 육성하고 관리하는 노력이 절실히 요구되는 만큼 외식산업에 있어서 인적자원관리의 중요성은 매우 높다고 볼 수 있다.

3 인적자원관리의 목적

외식산업의 인적자원관리는 본질적으로 해당 기업이 지닌 목적과 동일한 목적을 지닌다. 성공적인 기업경영을 위해 분화된 경영의 하위시스템이 인적자원관리이므로 인적자원관리가 기업경영의 목적을 달성하는 방향으로 작동해야 함은 당연한 일이다. 인적자원관리의 목적은 기업의 목적과 마찬가지로 경제적 목적과 사회적 목적으로 구분할 수 있다. 하지만 이렇게 구분한다고 해도 인적자원관리의 경제적 목적과 사회적 목적의 관계는 상호보완적이거나 대립적일 수 있다. 예를 들면 기업의 입장에서는 경제적 효율성(이익실현)이 달성되어야 종사원들의 복지나 급여를 높여줄 수 있다고 생각하는 반면, 종사원들의 입장에서는 임금이나 복리후생 등이 잘 이루어져야 열심히 일할 수 있고 회사에 이익을 창출해줄 수 있다고 생각할 수 있는 것이다. 이런 면에서는 서로가 잘 협조해야 한다는 의미에서 상호보완적이라고 할 수 있다.

또 상호대립적일 수 있다는 의미는 환경의 변화에 따라서 어느 한 가지의 목적을 중요시할 수 있기 때문이다. 예를 들면 회사(기업)가 어려운 시기에는 기업 회생이 주된 목적이기 때문에 명예퇴직 등의 사회적 목적을 포기하면서 경제적 목적을 선택한 경우가 있으며 1980년대 민주화 열풍이 일었던 시기에는 기업들이 경제적 목적을 포기하면서 종사원들의 임금인상이나 복리후생 등을 강화하는 사회적 목적을 선택한 경우가 있기 때문에 상호대립적일 수 있다는 것이다.

따라서 기업은 두 가지의 목적을 전략적 차원의 선택적 문제로 보는 것이 타당할 수 있다.

1) 경제적 목적

경제 · 기술적 생산시스템이라는 기업의 본질에서 유래된 인적자원관리의 경제적 목적은 기업의 경영활동에 필요한 직무의 요구에 맞추어 최소의 노동을 투입하고 노동력을 효율적 · 효과적으로 활용하여 최대의 산출, 즉 성과를 얻고자 하는 것이다.

2) 사회적 목적

사회 · 심리적 협동시스템으로서의 기업의 본질에 그 근거를 두고 건전한 사회구성원으로서 다른 사회구성원과의 바람직한 관계 유지 · 발전을 추구한다. 즉, 종사원을 기계와 같은 생산의 수단으로 인식하는 대신 스스로 충족하거나 회피하고 싶은 욕구를 지닌 존재로 인식하고 이들의 욕구를 충족시킴으로써 종사원 만족(Employee Satisfaction)을 궁극적인 목적으로 한다.

그림 3-1 인적자원관리의 목적

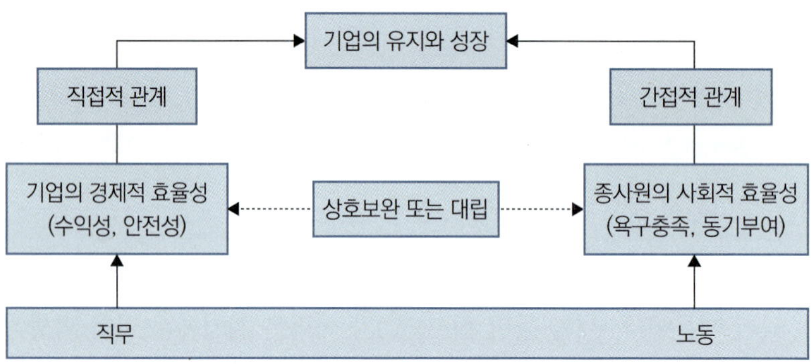

4 인적자원관리의 목표

인적자원관리는 상기에서 언급한 바와 같이 기업의 경제적 목적과 사회적 목적을 달성하기 위한 활동이다. 따라서 모든 기업은 목적을 달성하기 위해 자금이나 물자, 인력 등의 자원을 유효하게 배분하기 위한 경영관리를 하는 것이다.

이 중 인적자원관리는 종사원의 활동을 조직목적의 실현을 위해 공헌시키는 작용을 하는 것이다. 이렇게 하기 위해 다음과 같은 목표를 가지고 노력해야 한다.

1) 인재의 확보

기업 내 모든 구성원들의 능력을 최대한 발전시키고 이를 이용하기 위해서는 무엇보다 먼저 훌륭한 자질을 갖춘 인재를 확보하는 것부터 시작한다. 기업의 목적을 달성하는 데에는 수많은 직무가 존재하며 이들 직무를 수행하기 위해서는 각각의 직무가 요구되는 요건을 갖춘 유능한 종업원이 필요한데 이를 위해 모집 이전 인적자원 전문가는 전략적 계획을 수립하고 기간목표를 정하며, 직무분석에 따라 직무별 지원자의 기술과 지식 및 능력을 정의하여 최적임자를 선발해야 한다. 이것이 인적자원관리 최초의 분야이다. 그러므로 우수한 인재를 위해 다른 기업과 경쟁할 필요가 있다.

2) 인재의 훈련과 개발

인재의 훈련과 개발이란 기업에서 선발한 종사원을 유능한 인재로 육성 · 개발하는 것으로 엄격한 선발절차를 거쳐 채용된 인원이 직무에 있어 유용한 인재로 성장할 수 있도록 관리하는 것을 의미한다. 이러한 개발에는 조직이 미래 인적자원관리의 요구와 일치하는 인재를 양성할 수 있도록 설계하는 직원개발, 직원이 경력목표를 인식하도록 필수적인 정보를 제공하고 평가하는 경력개발, 조직의 새로운 전략적 방향에 따라서 직원의 태도와 가치를 변화시키는 조직개발이 있다.

3) 근무환경 조성 및 동기부여

인재로서 잘 육성된 종사원이 기업 내에서 오랫동안 정착하여 적극적인 의욕을 가지고 직무에 충실할 수 있도록 근무조건과 근무환경을 정비해야 한다. 이 중에서 임금(Wage)은 종사원의 헌신을 유인하는 데 가장 중요한 요소 중 하나로 볼 수 있다. 또 다른 요인들로는 노동시간이나 작업환경, 승진, 승급, 복리후생시설, 제도 등으로 이러한 요건들은 종사원을 해당 기업에 오랫동안 근무할 수 있는 동기부여 요인이 될 수 있다.

동기부여 기능은 목표와 성과, 성과기준과 평가제도, 개발과 수정을 위한 피드백 등을 전제로 수행되는 것이 바람직하다. 무엇보다도 동기부여 기능은 직원의 보상과 과업수행능력 간에 연결성을 갖고 보상과 복지활동에 적용할 수 있는 자율계획 등에 초점을 맞추어야 한다.

4) 맞춤형 개별 관리

인간은 기계와는 달리 각각 개별적이고 개성적인 존재이나 인적자원관리제도는 동일한 원리와 척도로 적용하고 있다. 즉, 적용하려는 원리가 합리적이고 객관적이라고 해도 모든 종사원이 가지는 감성과 개성은 다를 수 있으므로 동일한 제도를 적용하는 데는 한계가 있다. 따라서 인적자원관리는 종사원의 능률이 감소 또는 저하되는 요인을 분석하여 경영방어적 차원에서 대응책을 마련하고 안정된 작업환경을 조성하며 스트레스 요인을 최소화할 수 있는 지원프로그램을 보완하여 직원의 처우가 개선될 수 있도록 초점을 맞추어야 할 것이다.

제2절 인적자원의 직무관리

1 직무관리의 개념

외식기업의 경영활동은 종사원이 수행하는 '일'들의 집합체이며 종사원이 각각의 일을 얼마나 성공적으로 수행하느냐에 따라 외식기업의 경영성과(Business Performance)가 달라진다. 따라서 외식기업의 인적자원관리는 자연인으로서의 사람이 아니라 '일을 수행하는 사람'을 관리의 대상으로 삼고 일과 사람에 대한 과학적이고 체계적인 연구를 통해 일과 사람을 유기적으로 결합하여 조화를 이루도록 하는 외식기업의 경영활동이라고 할 수 있다. 이때 여기서 말하는 '일'을 직무(Job)라 하고 이러한 직무를 어떻게 규정하고 설계할 것인가 등의 문제를 다루는 것을 직무관리(Job Study)라고 한다.

직무관리는 인사기능의 기초이자 종사원의 직무만족 및 모티베이션에 영향을 미치기 때문에 전략적 차원에서 신중하게 다루어져야 한다.

이러한 직무관리는 구체적으로 직무분석, 직무평가, 직무설계로 구성된다.

| 표 3-1 | **직무관련 용어**

연대	발전 내용
요소(Element)	과업을 구성하는 세부적인 업무 내용
과업(Task)	직위 또는 직무를 구성하는 업무(개인당 5~10개 정도)
책무(Duty)	직무에서 주어진 역할과 책임
직위(Positions)	개인이 수행하는 모든 과업의 집합으로 종사원의 수와 일치
직무(Job)	작업의 종류와 수준이 유사한 직위들의 집단으로 한 직위만으로도 직무 구성 가능
직종(Occupation)	직무의 특수성이나 전문성에 따른 특정한 직무의 집합
직군(Occupational Group)	사무직, 기술직, 관리직 등 여러 직종으로 구성된 가장 넓은 직무개념

1) 직무분석(Job Analysis)의 개념

직무분석의 개념은 기록에 따르면 고대 이집트(Egypt)의 피라미드(Pyramid)와 기원전 10세기경 예루살렘의 성전을 건축할 때 '어떠한 일들이 수행되어야 한다'는 원시적인 형태의 직무분석(Job Analysis)이 존재하기는 하였으나 오늘날과 같은 의미의 직무분석은 테일러(F. W. Taylor)의 '과학적 관리법'에서 시작되었다고 볼 수 있다. 테일러는 시간 및 동작연구(Time & Motion Study)를 통해 직무별로 '적정한 하루의 생산량'을 계산하고 이를 달성하기 위해 필요한 작업환경은 무엇인지 등을 밝혀내는 등 오늘날의 직무분석에 해당하는 활동을 전개하였다.

결과적으로 오늘날의 직무분석은 인력관리의 기초적 정보의 하나로 각 직무의 내용 및 특징, 자격 요건을 설정하고 직무를 수행하는 데 요구되는 기술, 지식, 책임 등을 분명히 밝혀주는 절차를 말하며, 직무분석은 실질적으로 채용기준의 설정, 교육훈련과 배치 및 전환의 자료 제공, 효율적인 노동력 이용, 적정임금수준의 결정, 직무의 상대적 가치를 결정하는 자료를 제공한다.

직무분석을 실시하기 위해서는 직무의 내용과 직무수행자의 자격요건에 관한 정보, 즉 직무정보를 수집하여야 한다. 대표적인 자료수집방법으로는 관찰법, 면접법, 질문지법, 작업자 기록법, 중요사건기록법 등이 있다.

사례 **테일러의 과학적 관리법**

테일러의 과학적 관리법은 작업과정의 능률을 최고로 높이기 위하여 시간연구와 동작연구를 기초로 노동의 표준량을 정하고 임금을 작업량에 따라 지급하는 등 여러가지 합리적인 방법을 연구한 것이다. 테일러의 과학적 관리법이 등장한 19세기는 생산현장에 기계적 생산방식이나 철도 등이 본격적으로 도입되기 시작하는 시기였다.

그 당시의 생산방식은 노동자 개인이 대대로 물려받은 기술과 노동자의 노력에 의존하는 시스템이었다. 즉 경영이라고 할 수 있을 정도의 관리는 이루어지지 않았고 생산기술과 생산량이 노동자에게 맡겨진 형태로 노동 강도를 줄이거나 일자리를 유지하기 위한 태업이 만연한 상황이었다.

테일러는 이러한 상황에서 노동자, 고용주, 소비자가 모두 최대번영을 누리기 위한 방법으로 과학적 관리법을 제시한다. 과학적 관리법은 일을 과업단위로 분류하고 시간분석, 동작연구, 인간공학 등을 적용하여 불필요한 동작의 제거, 효율적인 작업도구 등을 개발하여 최대로 효율적인 생산방법 및 적정 생산량을 찾아내는 것이다. 이러한 내용을 기반으로 사전 작업지시서를 작성하고 노동자는 이것에 따라서 일하게 되며, 경영층은 과업에 적합한 노동자를 선별하여 채용하고 지속적인 교육을 통해 노동자가 여기에 숙달될 수 있도록 지시하고 배려한다. 이를 통하여 태업은 없어지고 생산량은 몇 배 이상 증가하게 된다.

과학적 관리법으로 인해 과거와는 달리 경영층의 역할은 노동자 선발, 교육 등으로 확대되었으며, 노동자들은 이러한 경영층의 관리하에 태업이 방지되며, 노사 간 밀접한 연계를 통하여 노사관계가 개선되고, 무엇보다도 생산량 증가에 따라 과거보다 많은 임금을 받게 된다. 실제 포드 자동차의 컨베이어 대량생산 방식도 테일러의 과학적 관리법에 그 바탕을 두고 있다.

그러나 과학적 관리법은 여러 측면에서 비판도 제기되었다. 그중 하나는 과업의 분석 부분이었다.

테일러는 현장 노동자들은 과학적 관리법을 통해 최선의 생산방식을 도출할 능력이 없다고 보고 이 부분은 전적으로 현장과 분리된 기획부문에 고학력 인재들이 전담하여 수행되어야 하고, 노동자들은 철저히 만들어진 작업지시에 따라야 한다고 보고 있다. 즉, 계획과 집행의 분리를 주장하였는데 바로 이 부분에서 비판이 제기된 것이다. 이는 노동자의 능력과 자유의지를 무시하고 지시에만 따르고 최대생산만 추구하여 착취당하는 부속의 형태로 취급했다는 것이다.

하지만 테일러의 입장에서는 노동자의 최대생산을 착취개념이 아니라 노동자가 건강하게 지속생산을 할 수 있는 적정 노동의 개념으로 봐야 한다고 하면서 과다 노동에 명확히 반대하였다. 노동자의 능력 또한 노동자들의 작업지식에 숙달되고 나면 현장의 지식을 바탕으로 더 나은 생산방식을 제시할 수 있다고 보았는데 이러한 제시는 과학적 관리법을 통한 검증 후 효과가 입증되면 받아들여야 한다고 하였다. 그럼에도 불구하고 테일러의 과학적 관리법은 경영학의 발전과 더불어 노동자의 인간적, 심리적, 사회적 요인들을 중시하는 조직이론들과 인간적, 심리적 요인을 고려해야만 생산성이 올라갈 수 있다는 연구들을 통해 많은 비판의 대상이 되었다

자료 : 과학적 관리법, 프레드릭 테일러, 21세기 북스, 2010. 3. 25 & 네이버 두산백과

(1) 관찰법(Observation Method)

관찰법은 직무를 분석하는 담당자가 직무를 수행하는 종사원을 관찰하고 관찰된 내용을 기록함으로써 특정한 직무의 내용과 직무를 수행하는 종사원의 자격요건에 관한 정보를 수집하는 방법이다. 즉, 자료의 근거가 되는 조사대상의 특성, 언어적, 비언어적 행위 등을 감각기관을 통해서 자료를 수집하는 방법으로 행정 및 정책현상의 계량적 연구에서는 관찰방법으로 자료를 수집하는 경우가 많지 않으며, 주로 다른 자료수집 방법의 보조기능으로 사용된다. 이 방법은 시작과 종료의 시간적 간격이 짧고 명확하여 반복적인 직무에 관한 정보수집에 많이 활용된다. 따라서 비교적 반복적이고 육체적인 활동을 중심으로 이루어지는 조리사의 직무를 분석하는 데 유용하게 활용될 수 있다.

| 표 3-2 | 관찰법의 장·단점

장점	단점
- 직무정보의 수집이 비교적 쉽고 간편하다. - 육체적인 직무, 반복적인 직무, 직무수행의 단위시간이 짧은 경우 유용하다. - 다른 직무정보 수집방법이 적절하지 않은 경우 일반적으로 활용할 수 있다.	- 정신적인 직무 등 관찰이 불가능한 직무에는 활용이 제한적이다. - 직무의 시작과 종료의 간격이 큰 경우, 즉 직무수행의 단위시간이 긴 경우에는 활용이 제한적이다. - 종사원의 직무수행에 방해가 될 수 있다. - 관찰자의 능력에 전적으로 의존하여 신뢰성과 타당성에 한계를 지닌다. - 관찰대상자, 즉, 종사원의 의도적 왜곡이 있을 수 있다.

(2) 면접법(Interview Method)

면접법은 직무를 수행하는 종사원 혹은 직무를 잘 아는 다른 종사원과 직무분석 담당자의 면접을 통해 직무에 관한 정보를 수집하는 방법이다. 면접법은 면접대상자를 기준으로 직접면접(Direct Interview)과 간접면접(Indirect Interview)으로 구분되기도 하고, 면접 내용의 사전적 구조화 여부에 따라 구조화된 면접(Structured Interview)과 비구조화된 면접(Unstructured Interview)으로 구분되기도 한다. 또한 면접법은 동시에 면접이 이루어지는 면접대상자의 수에 따라 개인면접과 집단면접으로 구분되기도 한다. 해당직무를 직접 수행하는 직무수행자에게 직무정보를 수집하기 위한 면접을 직접면접이라 하고 직무를 잘 아는 다른 종사원과의 면접으로 직무정보를 수집하는 방법을 간접면접이라 한다.

직접면접은 해당직무에 대해 가장 정확하고 많은 정보를 지닌 종사원을 대상으로 이루어진다는 측면에서 직무에 관한 정확한 정보를 수집할 개연성이 증대하는 반면, 본인의 직무에 대한 평가가 이루어지고 그 결과가 본인의 보상, 지위 등에 영향을 미칠 것을 알고 있는 면접대상자인 직무수행자가 왜곡된 정보를 제공할 가능성 역시 동시에 증가한다.

한편 간접면접은 왜곡된 정보의 제공이라는 직접면접의 문제점을 극복할 수 있으나 직무에 대한 충분하고 정확한 정보가 제공될 수 있는지에 대해서는 의문의 여지가 있는 직무정보 수집방법이다.

일반적으로 많이 활용되고 있는 구조화된 면접은 직무에 관한 기존의 지식과 정보를 토대로 면접 전에 질문의 내용과 방법을 계획하는 면접법이며 비구조화된 면접은 사전적인 계획 없이 면접에 임하는 방법이다.

| 표 3-3 | **면접법의 장·단점**

장점	단점
- 종사원으로부터 직무정보가 직접 수집되므로 특히, 직접면접의 경우 직무정보의 실질성이 높다. - 육체적인 직무는 물론, 정신적인 직무의 정보수집에도 활용될 수 있다. - 직무수행의 단위시간이 긴 경우 활용이 가능하다. - 면접관이 직접 자료를 작성하기에 질문지법에 비해 응답률이 높다.	- 직무수행자의 이해에 영향을 미치므로 특히, 직접면접의 경우 직무정보가 왜곡될 개연성이 있다. - 비구조화된 면접의 경우 면접자의 능력에 따라 정보수집의 양과 질이 달라진다. - 정보수집에 비교적 많은 시간이 요구된다.

(3) 설문지법(Questionnaire Method)

설문지법은 직무를 수행하는 종사원에게 설문지를 나누어주고 설문지상의 질문에 응답하게 함으로써 직무에 관한 정보를 수집하는 방법이다. 설문의 내용에는 직무내용, 직무수행방법, 직무수행목적, 직무수행과정, 직무수행자가 갖추어야 할 자격요건 등이 포함되는데 설문지는 가능한 표준화가 되도록 작성해야 한다.

일반적인 설문의 구성은 오류를 방지하고 필요한 정보를 획득하기 위해 응답자에 대한 협조 요청, 식별자료, 지시사항, 설문 문항과 응답자 분류가 가능하도록 구성해야 한다.

응답자에 대한 협조요청은 조사자나 조사기관에 대한 소개, 취지 및 설명과 비밀보장 등으로 이 내용이 포함되어야 응답률을 높일 수 있다. 식별자료는 각 설문지를 구분하기 위한 일련번호 및 추후 확인조사를 위한 응답자의 성명이나 면접자의 성명, 일시 등을 기록하는 부분이다. 지시사항은 설문 시 주의해야 할 사항이나 응답요령을 기록한 내용 등을 기록하는 부분이다.

| 표 3-4 | 설문지법의 장·단점

장점	단점
- 비교적 짧은 시간에 직무정보의 수집이 이루어질 수 있다. - 다수의 직무에 관한 정보를 수집하는 경우 유용하다. - 자료수집자의 주관이나 편견이 개입될 가능성이 낮다. - 설문에 대한 응답을 익명으로 할 수 있어 비밀이 보장된다.	- 설문의 내용과 방법을 설계하는데 비교적 많은 시간과 노력, 비용이 요구된다. - 설문 해석상의 오류로 부정확한 정보가 제공될 수 있다. - 종사원의 의도적 왜곡이 있을 수 있고 제3자의 의견이 반영될 가능성이 있다.

(4) 작업자 기록법(Employee Recording Method)

작업자 기록법은 직무담당자에게 매일 자신의 직무에 대해 작업일지나 메모사항을 작성하도록 하여 직무정보를 확보하는 방법이다.

외식기업에서 교대근무를 실시하는 경우 상호 의사소통을 원활히 하기 위해 매일 발생한 일 중 중요한 일을 정리하는 작업일지(Log Book)를 작성하는 것이 일반적이다. 즉, 종사원들이 직무관련 내용을 상세히 기록함으로써 직무에 관한 정보를 수집하는 방법이다.

| 표 3-5 | 작업자 기록법의 장·단점

장점	단점
- 다른 직무정보 수집방법으로는 수집하기 어려운 직무정보의 수집이 가능하다. - 수집된 기록의 정보 신뢰성이 높다.	- 직무에 대한 포괄적이고 충분한 정보를 얻는 데 한계가 있으므로 유일한 정보수집 방법으로는 적절하지 않다. - 작업자 기록이 존재하지 않는 직무의 직무정보 수집방법으로 활용될 수 없다.

(5) 중요사실 기록법(Critical Incident Method)

중요사실 기록법은 직무의 내용 및 직무를 수행하는 종사원의 자격요건에 관한 모든 정보를 수집하는 대신 외식기업의 목적달성과 관련된 직무수행을 위한 종사원의 행동을 효과적인 행동과 비효과적인 행동으로 구분하여 사례를 수집하고, 이 사례로부터 성과에 효과적인 행동패턴(Behavior Pattern)을 추출하여 분류하여 이를 토대로 직무에 관한 정보를 수집하는 방법이다.

| 표 3-6 | 중요사실 기록법의 장·단점

장점	단점
- 다른 직무정보 수집방법과 달리 직무자체에 관한 정보 이외에 직무와 성과 간의 관계를 파악할 수 있다.	- 직무행동을 효과적인 행동과 비효과적인 행동으로 구분하는 데 많은 비용이 든다. - 효과적인 행동과 비효과적인 행동에 대한 종사원의 반발이 있을 수 있다.

자료: 이수광, 이재섭, 서비스산업의 인적자원관리, 2003, pp.118~123.

2 직무분석의 목적

개인은 직무를 통해서 조직에 공헌하고 조직의 목적달성은 조직구성원의 직무활동을 통해서만 이루어질 수 있다. 이런 의미에서 직무분석은 조직에 필요한 인력확보, 유지, 평가 등 인적자원관리의 전 과정을 합리적으로 수행하기 위해 실시된다. 즉 직무분석은 직무를 파악하고 이를 인적자원관리에 활용하기 위해 실시하는 것이다.

직무분석은 크게 거시적인 관점의 조직관리와 미시적인 관점의 인적자원관리 및 개발로 살펴볼 수 있다. 거시적 관점의 조직관리는 환경변화에 능동적으로 대처하고 단위 조직별 효율적인 직무를 구성하기 위해 활용할 수 있고, 미시적 관점의 인적자원관리 및 개발은 임용 및 배치와 관련된 인력계획과 평가 및 보상체계 수립의 활용, 인재육성 체계와 교육훈련에 활용될 수 있다. 직무분석은 합리적인 인적자원관리 활동에 필요한 정보를 획득하는 것 외에도 직무기술서나 직무명세서를 작성하여 직무를 평가하는 기초로 활용하는 등 다음과 같은 다양한 목적을 지니고 있다.

첫째, 직무평가의 자료로 활용된다.

직무분석은 직무평가의 자료를 얻고, 또 분석자료에 의해 직무기술서와 직무명세서를 마련하여 직무평가를 하기 위함이다. 즉, 이러한 직무기술서와 직무명세서는 합리적인 임금관리를 하기 위해서 필요하다. 임금은 노동의 대가이므로 노동의 질과 양에 상응하여야 하기에 직무의 상대적 가치에 따라 지급되어야 한다. 예를 들면 우동만 만드는 주방장과 초밥, 우동, 회 등 여러 가지 요리를 모두 만드는 주방장의 임금은 직무분석을 통해서 평가한 후 다르게 적용될 수 있는 것이다.

둘째, 채용, 배치, 이동, 승진 등을 위한 자료로 활용된다.

모든 직무는 직무마다 각각 상이한 지식과 기술을 요구한다. 예를 들어 스테이크를 전문으로 요리하는 직무에는 스테이크에 대한 해박한 지식과 기술이 있는 주방 종사원이 필요할 것이고, 궁중요리를 전문으로 하는 직무에는 궁중요리에 대한 지식과 기술이 있는 주방 종사원이 필요할 것이다. 즉 이러한 직무에 어떠한 요건이 필요한가를 알기 위하여 직무분석을 실시하는 것이다.

셋째, 교육훈련의 자료로 활용된다.

직무분석을 통해 각 직무를 수행하는 데 요구되는 지식이나 기능, 숙련 등의 종류와 내용 및 그 정도를 파악하고 부족한 정도를 보충할 수 있는 교육훈련을 위한 자료와 정보를 제공해 줄 수 있다.

넷째, 정원산정을 위한 자료로 활용된다.

직무분석을 통해 도출된 업무의 양과 질은 그 업무를 수행하는 데 필요한 인원과 자격요건을 산정할 수 있게 되어 어떤 종사원이 몇 명이나 필요한지를 파악할 수 있기 때문이다.

다섯째, 책임 및 권한 확정의 자료로 활용된다.

외식기업이 효율적으로 경영을 수행하기 위해서는 각 종사원의 직무와 이를 수행함에 필요한 권한과 책임을 명확하게 해야 한다. 그러기 위해서 직무분석을 통해 각 직무와 직위에 대한 권한과 책임을 명확히 할 수 있는 자료를 제공해 준다.

상기와 같이 직무분석의 결과 밝혀진 직무내용에 관한 정보는 직무기술서(Job Description)로 정리되며, 직무수행자에 관한 정보는 직무명세서(Job Specification)로 정리된다. 이러한 직무기술서와 직무명세서는 직무평가 및 직무설계의 중요한 기초자료가 된다.

그림 3-2 **직무분석의 목적**

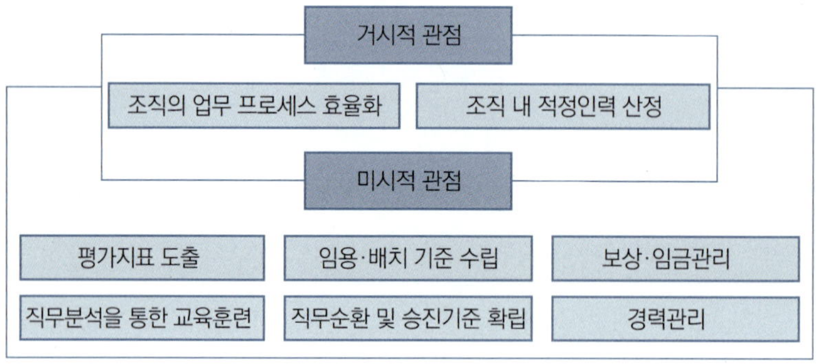

1) 직무기술서(Job Description)

직무기술서는 직무분석을 통하여 얻은 직무에 관한 자료와 정보를 직무의 특성에 중점을 두고 정리 · 기록한 문서로 직무의 목적, 업무 내용, 책임, 의무 등을 기술한 것을 말한다. 이러한 직무기술서는 종사원의 채용이나 급여 결정, 승진, 배치, 훈련 등의 인사관리를 실행하는 데 기초가 된다.

2) 직무명세서(Job Specification)

직무명세서는 일을 수행하는 사람이 갖추어야 할 요건으로 직무명세서에 기록할 수 있는 자신의 능력을 의미한다. 이러한 직무명세서는 직무의 특성에 중점을 두어 기술된 직무기술서를 기초로 하여 직무의 내용과 직무에 요구되는 자격요건 즉, 교육수준, 기능, 기술 수준, 지식, 정신적 특성, 육체적 능력 등의 인적 요건을 기술한 것을 말한다.

CHAPTER 03

| 표 3-7 | **직무기술서와 직무명세서의 비교**

직무기술서 (직무관련 사항: 과업, 업무, 책임 등)	직무명세서 (사람관련 사항: 지식, 기술, 능력 등)
• 직무내용의 요약 • 직무의 명칭 및 담당부서 • 직무수행 단계 • 직무수행의 방법 및 절차 • 타 직무와의 연관성	• 요구되는 교육수준 • 요구되는 정신적, 육체적 능력 • 요구되는 경험 및 경력 • 요구되는 직무의 지식, 기술, 능력 수준 • 태도 및 가치관

3 직무평가(Job Evaluation)

현대적 의미의 직무평가는 산업화가 진행 중이던 20세기 초 임금(Wage)의 공정성 문제를 해결하기 위해 도입되었다. 직무평가는 직무분석을 통해 작성된 직무기술서나 직무명세서에 의해 조직 내의 각 직무가 가지는 책임의 정도, 직무수행의 난이도 등과 기업에 대한 기여도(중요도)를 대조 평가해서 각 직무 간의 상대적인 서열을 결정하는 과정이다.

직무평가는 직위분류를 수립함에 있어 각 직위의 직무에 대한 난이도나 책임도 등을 측정, 평가하여 등급을 결정하는 것이다. 직무분석에 의해 직무의 종류별 구분이 수직적으로 이루어지면 다음에는 종류가 같거나 비슷한 직무들을 각각 수평적으로 모아 등급 또는 직급을 정하는데, 이를 위한 작업이 직무평가이다. 이러한 직무평가는 직무분석 결과를 바탕으로 이루어지므로 해당 작업을 수행한 담당 및 내부 직무 전문가들이 평가작업을 담당하는 것이 바람직하다.

직무평가는 구체적으로 종합(정성)적 방법과 분석(정량)적 방법으로 구분된다. 종합적인 직무평가방법은 평가대상 직무를 포괄적으로 판단하여 직무의 가치를 결정하는 방법으로 서열법과 분류법으로 구분하고, 분석적 직무평가방법은 평가대상 직무를 직무의 요소 혹은 조건으로 세분화하고 이를 계량적으로 평가하는 방법으로 점수법과 요소비교법이 있다.

그림 3-3 직무평가방법의 구분

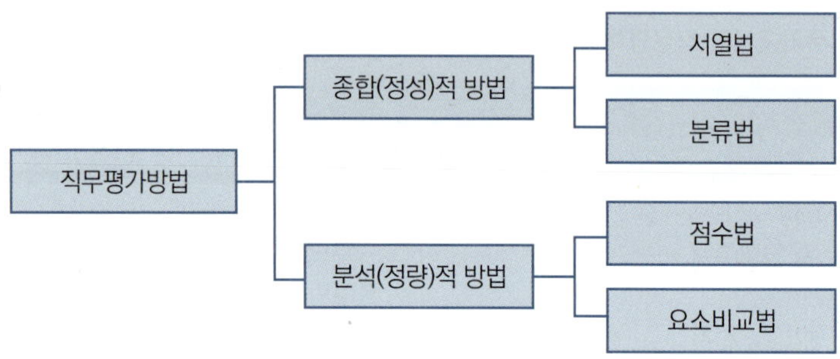

1) 서열법(Ranking Method)

서열법은 가장 오래되고 간단한 방법으로 전체적 · 포괄적 관점에서 각 직무를 상호 비교하여 그 순위를 결정하는 방법이다. 평가자가 종사원의 직무수행에서 요구되는 지식, 숙련, 책임 등을 비교하여 상대적으로 가장 단순한 직무를 최하위에 배정하고 가장 중요하고 가치가 있는 직무를 최상위에 배정함으로써 순위를 결정하는 방법이다. 이 방법은 다른 직무평가방법에 비해 간단하므로 실시가 쉽고 비용과 노력이 상대적으로 적게 드는 반면, 평가자의 주관이 개입될 개연성이 높고 평가자가 모든 직무를 잘 알고 있는 경우에만 적용이 가능하다.

| 표 3-8 | **서열법 예시**

직무	평가자 A	평가자 B	평가자 C	평가자 D	평균	서열
직무 A	2	1	1	1	1.25	1
직무 B	3	4	3	3	3.25	3
직무 C	1	2	2	2	1.75	2

직무 D	4	3	4	5	4	4
직무 E	5	5	5	4	4.75	5

2) 분류법(Classification Method)

분류법은 서열법에서 발전된 것으로 각 직무를 구성요소로 나누어 평가하는 것이 아니고 전체로서 고려하며, 각각의 직무를 사전에 만들어 놓은 여러 가지 등급에 적당히 판정하여 삽입하는 방식이다. 즉 분류법은 직무기술서를 사용하여 직무를 생산직, 사무직, 기술직, 영업직 등 중요 직종으로 분류한 다음 각 직종 내의 직무들에 대하여 직무평가 요소에 따라 등급을 부여하고 등급기술서를 명확히 규정한다. 이 방법은 비교적 손쉬운 평가방법으로 직무평가 자체에 많은 비용이나 노력을 요구하지 않으며, 평가대상 직무들이 지니고 있는 속성이 소수인 경우, 즉 등급화가 비교적 쉬운 경우에 효과적이다. 반면에 개별 등급의 수와 내용을 결정하고 기술하는 작업, 즉 등급기술서의 작성에 많은 비용과 시간이 소요되며, 평가대상 직무들이 상이한 가치를 지닌 경우 평가의 신뢰성을 확보하기 어렵다. 이러한 분류법은 보편적으로 정부기관에서 사용하고 있으며 대표적인 예로 공무원에게 적용되는 1~9급 체계라 할 수 있다.

3) 점수법(Point Rating Method)

1925년 롯트(M.R. Lott)에 의해 고안된 점수법은 평가요소를 선정하여 평가요소별 가중치를 설정한 다음, 다시 평가요소별로 적당한 단계, 즉 그 하위요소를 구분하여 점수를 배분한 후 직무가치를 평가하는 방법이다. 이는 직무의 가치를 점수로 나타내기 때문에 서열법이나 분류법처럼 직무를 포괄적으로 평가하는 것과는 달리 직무를 각 구성요소별로 분해하여 그 비중을 정하고 숫자를 이용하여 계량적으로 평가할 수 있어 과학적이고 합리적이라 할 수 있다.

점수법의 평가요소는 모든 직무에 존재해야하고 직무 사이에 정도의 차이가 있으며, 직무수행에 중요한 영향을 미치는 요소들로 서로 중복되지 않도록 선정해야 한다. 일반적인 평가요소로는 숙련도, 지식, 노력, 책임, 작업조건 등이 해당되며 이러한 평가요소들은 동일한 중요성과 가치를 지니고 있는 것이 아니기에 각각의 가중치를 두어야 한다. 점수법은 서열법에 의한 직무평가와 달리 개별 직무의 가치가 점수화되므로 직무 간 차이가 명확히 드러나며 평가요소와 가중치가 결정되고 점수화의 기준이 확보되면 평가자의 주관이 개입될 소지를 줄일 수 있다. 또한 평가과정 자체에 소요되는 비용과 시간 및 노력을 최소화할 수 있고 비교적 객관화된 평가로 공평한 결과를 얻을 수 있다는 장점이 있다. 반면, 평가요소와 가중치를 결정하고 점수화하는 기준을 설정하는 평가방법 개발에 많은 비용과 시간이 요구되고, 가중치 역시 주관이 개입될 개연성이 있는 단점이 있다.

| 표 3-9 | **점수법 예시**

요소	척도단계	척도	가중치	요소별 점수 (척도×가중치)	직무평가 점수
지식	1.2.3.4.5	②	40	80	210
노력	1.2.3.4.5	③	30	90	
책임	1.2.3.4.5	①	20	20	
작업조건	1.2.3.4.5	②	10	20	

4) 요소비교법(Factor Comparison Method)

요소비교법은 벤지(Bange, E, J)에 의해 고안된 직무평가의 방법으로 먼저 조직 내의 가장 중심이 되는 직무(대표직무)를 선정하여 요소별로 직무평가를 실시하고, 그 다음 평가하고자 하는 직무를 대표직무의 요소에 결부시켜 이들을 상호 비교함으로써 조직 내에서 이들이 차지하는 상대적 가치를 분석적으로 판단하는 방법이다.

요소비교법은 서열법에서 발전된 기법으로 서열법이 여러 직무들의 가치를 포괄적으로 평가하여 서열을 매기는 반면, 요소비교법은 직무가 지니고 있는 요소별 직무들 간의 서열을 매기는 데 초점이 있다. 즉 요소비교법은 기준이 되는 대표직무를 10개 이내로 정리하여 직무가치에 따라 서열을 정한 후 일반직무의 가치를 대표직무의 가치와 비교하여 상대적 서열을 가리는 방법이다.

요소비교법은 직무의 상대적 가치를 임금액으로 평가하는 것이 특징이다. 직무의 여러 요소를 개별적으로 평가함으로써 평가 자체에 드는 노력을 줄일 수 있고 평가의 신뢰성을 증가시킬 수 있다. 다만 기준 직위표를 만드는 데 고도의 기술이 필요할 뿐 아니라 작업 또한 까다롭고 많은 시간이 소요되는 단점이 있다.

4 직무설계(Job Design)

직무설계는 '어떻게 직무의 내용과 수행방법을 설계하는 것이 외식기업의 목적달성에 효과적이고 효율적인가' 하는 것을 조화롭게 결합시키는 활동이다. 이러한 직무설계는 직무내용과 이에 수반되는 직무별 보상, 그리고 개별직무수행에 요구되는 자질 등을 계획하는 것으로 직원과 조직의 효율성에 영향을 미친다.

직무설계는 모든 계층의 조직구성원으로 하여금 직무 그 자체에서 만족과 의미를 부여받도록 하기 위한 것으로 직원의 동기부여 향상, 작업의 생산성 향상, 원가절감과 시간절약, 이직과 훈련비용의 감소, 새로운 기술에 대한 신속한 대응, 인간관계 개선 등에 그 목적이 있다.

직무설계는 그 초점에 따라 효율성 달성을 위한 체계적인 분업의 원리를 적용한 기능별 직무설계, 기능보다는 목적별로 조직의 효과성 달성을 위한 목적별 직무설계, 조직의 상황에 따라 문제점을 중심으로 과업의 기능요소와 목적요소를 복합적으로 결합한 의사결정별 직무설계로 구분할 수 있다. 직무설계의 접근방법은 전통적인 접근법과 현대적인 접근법으로 구분할 수 있다.

1) 전통적 직무설계

전통적 직무설계는 애덤스미스(Adam Smith)가 『국부론』에서 핀 제조공장을 예를 들어 분업에 의한 전문화가 가져오는 생산성의 증대를 주장한 후 테일러(F. W. Taylor)의 과학적 관리법(Scientific Mansgement)에 의해 확립되었다. 테일러는 직무의 단순화 · 전문화 · 표준화에 따른 직무설계를 통하여 기업의 목적인 생산성을 향상하려 했는데 이처럼 노동의 분업을 근간으로 하는 전통적 직무설계방식을 '직무전문화'라고 한다. 이러한 전통적 직무설계는 직무설계의 기초를 마련하였다는 데 그 의의가 있으나, 인간을 지나치게 경제적인 인간으로 봄으로써 인간성 상실이라는 문제점을 노출시키게 되었다.

직무전문화는 작업자의 선발과 훈련이 용이해지고, 생산성이 높아지며, 숙련공이 필요없어 노무비가 저렴하다. 또한 작업의 관리가 용이하고, 단순, 반복작업으로 대량생산이 가능하다는 장점을 지니고 있다.

반면, 제품 전체에 대한 책임규명이 어려워 품질관리가 어렵고, 직무수행자의 소외감으로 인해 장기간으로 볼 때 생산성이 낮아질 수 있다. 또한 작업자의 불만으로 이직이나 지각, 결근, 생산공정의 고의적 지체 등으로 비용이 발생하며, 인간관계 형성 기회의 감소 및 작업의 반복으로 권태감이 생길 수 있는 단점이 있다.

2) 현대적 직무설계

현대적 직무설계는 전통적 직무설계에서 도외시되었던 인간적인 측면을 보완하여 기술적, 조직적인 부분뿐 아니라 종사원의 동기부여에 초점을 두어 이들이 자율성, 책임감, 도전 의욕, 보람 및 자아실현의 욕구까지도 중시한 직무설계를 의미한다.

현대적 직무설계는 크게 개인수준의 직무설계기법과 집단수준의 직무설계기법으로 구분할 수 있고 개인수준의 직무설계 방법은 직무확대, 직무충실로 집단수준의 직무설계 방법은 직무교차, 직무순환, 준자율적 작업집단으로 구분할 수 있다.

(1) 개인차원의 직무설계

① 직무확대(Job Enlargement)

직무확대는 한 작업자가 수행하는 과업의 수를 수평으로 확대하되 권한이나 책임은 증가시키지 않는 경우를 말한다.

직무확대의 장점으로는 단순 반복 업무에서 발생하는 단조로움이나 지루함, 싫증 등을 줄일 수 있고 이로 인해 직무만족의 향상 및 이직률 등을 감소시킬 수 있다. 또한 작업자의 과업 확대를 통해 다양한 기술 습득 및 능력개발이 가능해지고 종사원들의 다기능화로 기업 입장에서는 업무배치의 범위가 확대되어 인력배치의 유연성이 제고되며 근로자 입장에서는 노동시장에서의 상품가치가 제고될 수 있다. 직무확대의 단점으로는 종사원들의 작업량이 증대되어 종사원 감축 수단으로 활용될 가능성이 있고, 흥미 없고 단조로운 직무가 추가되면 작업자의 실망감이 발생할 수 있다.

② 직무충실(Job Enrichment)

직무충실은 단순히 과업의 수를 늘려 직무를 구조적으로 확대하는 것이 아니라 직무의 내용을 풍부하게 만들어 작업상의 책임을 늘리며 능력을 발휘할 수 있는 여지가 크도록 직무를 구성하는 것이다. 직무충실은 종사원에게 책임감, 성취감, 안정감 및 성장의 기회를 제공하여 양질의 직무를 완성하기 위한 것으로 허즈버그(Herzberg)의 2요인 이론(Two Factor Theory)에 그 바탕을 두고 있다.

허즈버그의 2요인 이론이란 자신의 직무에 만족하는 사람들과 그렇지 못한 사람들을 대상으로 그 이유에 대해 분석한 결과, 하나의 요소가 충분하면 자신의 직무에 만족하고 그 요소가 부족하면 자신의 직무에 불만족한 것이 아니라, 자신의 직무에 만족하는 이유와 만족하지 못하는 이유가 각각 다르다는 것이다. 즉 기존의 여러 동기부여 이론의 경우 개인차원에서 동기부여를 결정짓는 요인이 모두 같은 성격을 지니며, 이 요인이 충족될 경우 사람들은 만족하게 되고, 그렇지 않을 경우 불만족하게 된다는 명제를 지니고 있었는데 허즈버그의 경우 기존의 명제를 깨고 '만족하거나 만족하지 않고', '불만족하거나 불만족하지 않는다'는 관점에서 정의를 내렸다.

다시 말해서 개인의 만족을 결정짓는 요인이 충족되지 않는다고 하여 불만으로 이어지지는 않고, 반대로 불만을 만들어내는 요인들이 해소된다고 하여 만족을 이끌어 내는 것은 아니라는 의미이다. 여기에서 만족을 결정짓는 요인을 그는 동기요인(Motivation Factor)으로, 반대로 불만족을 야기하는 요인을 위생요인(Hygiene Factor)이라고 부르는데 이로 인해 허즈버그의 동기부여 이론을 '동기-위생이론'이라고 부르기도 하고 두 가지 요인으로 나누었다고 하여 2요인(Two-Factor) 이론이라고 부르기도 한다.

동기요인(Motivation Factor)은 보람 있는 과업의 부여, 업무 달성, 좋은 평가, 승진, 성과급 지급 등으로 충족될 경우 의욕이 상승하거나 직무만족으로 이어지지만 만일 충족되지 않더라도 그다지 불만으로 이어지지 않는 요인들이다. 예를 들면 업무를 하면서 개인적인 성취를 이루거나 외부에 의한 인정을 받게 되는 경우 동기부여가 이루어지고 과업에 대한 만족도가 높아지지만 특별한 성취를 이루어내지 못한다거나 누군가가 인정을 해주지 않는다고 하여 곧장 업무에 대한 불만족으로 이어지지는 않는다는 것이다.

위생요인(Hygiene Factor)은 실내공기 상태, 조명, 업무환경, 회사방침, 급여, 대인관계 등으로 일단 충족되더라도 적극적인 의욕이나 직무만족으로 이어지지는 않지만 만약 충족되지 않으면 큰 불만으로 나타날 수 있는 요인들이다. 예를 들면 급여가 기대를 충족시키지 못한다거나 작업환경이 만족스럽지 못하는 경우, 회사정책이 합리적이지 않은 경우에는 불만이 발생하여 업무의 동기부여를 저해시킬 수 있다. 하지만 급여를 많이 지급하고, 작업환경을 멋지게 꾸며준다고 해서 과업에 대한 만족도가 올라가지는 않는다. 다만 불만이 없어질 뿐이라는 것이다.

직무충실은 상기의 내용을 바탕으로 직무 내용을 재편성하는 것으로 장점으로는 자유재량권과 책임감을 부여해 직무의 의미를 부여하고 창의력을 촉진시킬 수 있고, 단조로움과 싫증, 피로감을 줄일 수 있으며 직무수행의 범위를 넓혀 직무의 완전성을 증대시킬 수 있다.

단점으로는 양질의 의사결정을 할 수 있는 능력을 갖추기 위한 종사원의 추가적인 교육에 대한 비용 발생 및 개인적 차이를 고려하지 않은 적용으로 성장욕구가 낮은 종사원에게는 심리적 부담감과 좌절감을 줄 수 있으며, 직무 분담으로 인한 권한 위임으로 관리자의 반발 등이 예상될 수 있다.

(2) 집단차원의 직무설계

① 직무교차(Overlapped Workplace)

직무교차는 집단 내 각 작업자의 직무의 일부분을 타 작업자의 직무와 중복되게 하여 직무의 중복된 부분을 타 작업자와 공동으로 수행하게 하는 직무설계방식이다.

직무교차는 집단을 대상으로 도입할 수 있는 수평적 직무확대에 속하며 본질적으로 개인 수준의 직무확대와 크게 다르지 않지만 직무확대가 한 명의 작업자를 대상으로 개별적으로 설계할 수 있는 데 반해 직무교차는 반드시 직무의 일부분을 다른 작업자와 공동으로 수행해야 한다는 것에 차이가 있다.

직무교차의 장점은 다른 작업자와 함께 중복되는 과업으로 인해 협동 부족에서 오는 소외를 감소시켜 인간관계 형성에 기여할 수 있는 반면 교차된 직무를 수행하는 작업자들이 서로 직무를 소홀히 하게 되면 생산성에 문제를 발생시킬 수 있는 단점이 있다.

그림 3-4 직무교차

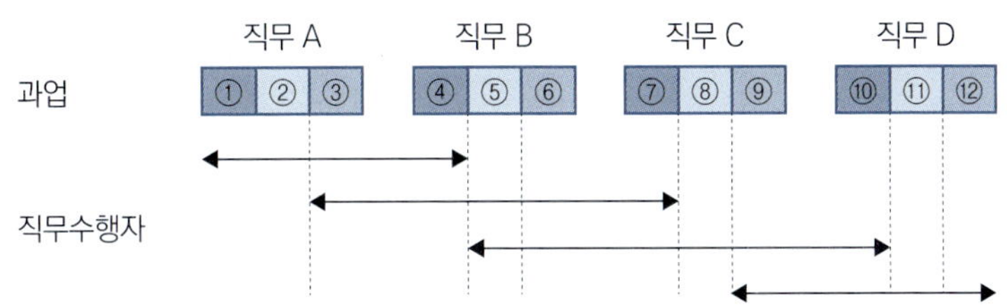

② 직무순환(Job Rotation)

직무순환은 집단을 대상으로 하는 직무확대 모델의 한 방법으로 수평적 및 수직적 측면을 동시에 가지고 있는 직무설계 방법이다. 이는 작업자에게 다양한 직무를 순환하도록 하여 기술의 다양성을 증가시킬 수 있으나 반드시 사전 계획에 의해 실시해야 한다.

직무순환의 장점으로는 작업자가 동일한 직무를 장기간 수행하는 과정에서 발생하는 매너리즘(Mannerism)을 해소할 수 있고, 다양한 직무를 수행할 수 있어 기술의 다양성 및 능력개발을 촉진시킬 수 있어 경력개발에 도움이 된다.

단점으로는 신입 작업자들의 업무 적응에 필요한 시간적, 금전적 비용이 발생될 수 있고, 일시적인 생산성 저하의 문제가 발생 될 수 있다.

③ 준자율적 작업집단(Semi-Autonomous Workgroup)

준자율적 작업집단은 집단을 대상으로 하는 수직적 직무확대 모형으로 몇 개의 직무들이 하나의 작업집단을 형성하게 하여 이를 수행하는 작업자들에게 어느 정도의 자율성을 부여해 주는 것이다.

준자율적 작업집단의 장점은 집단에 부여된 자율성으로 인해 생산성이 향상되고 개인의 성장욕구 충족이 가능해지며, 기업의 공식조직에 대한 통제 및 조정기능이 경감될 수 있을 뿐 아니라 팀 내 구성원들 간의 경험 공유를 통해 문제해결이 용이해질 수 있다. 단점은 기업과 준자율적 집단 간의 갈등이나 작업 팀 내 구성원 간의 갈등문제가 발생될 수 있다.

제3절 인적자원의 계획관리

인적자원계획(Human Resource Planning)은 인력계획(Man Power Planning) 또는 인사계획(Personnel Planning)이라고도 한다. 즉, 기업이 필요로 하는 인적자원의 수와 질, 시기를 계획하고 이러한 필요에 충당할 수 있는 기업 내부 및 외부에서의 공급에 대한 예측을 통하여 인적자원의 수요와 공급을 조절하는 과정이다. 즉, 기업을 경영하다 보면 많은 종사원을 더 채용해야 할 경우가 있는가 하면 기존의 종사원도 불필요해지는 경우가 있는데 이러한 인적자원의 수요와 공급의 불균형에 대한 기업의 대처방법이 다르다. 어떤 기업은 미리 예측하여 어느 정도의 인적자원이 필요하게 될지를 계획하고 준비하는 반면, 어떤 기업은 당시의 상황변화에 대처하는 방법을 선택하기도 한다. 이러한 인적자원의 수요와 공급의 변화에 대한 기업의 대응전략은 다음과 같이 계획전략과 적응전략으로 구분할 수 있다.

1 계획전략

계획전략은 특정한 미래시점의 환경변화와 외식기업의 경영전략의 변화 등을 토대로 인적자원의 수요와 공급을 예상하고 이에 대한 계획을 수립하여 사전에 대처하는 방식이다. 계획전략은 우선적으로 교육 및 훈련과 전환배치(Transfer) 등 기업내부적인 대응방법을 강구함으로써 어느 정도 외부노동시장으로부터 독립성을 유지할 수 있고 내부충원에 따른 종사원의 애사심, 충성심을 제고할 수 있다. 또한 종사원의 능력을 최대한 개발함으로써 종사원의 성장욕구를 충족시키고 노동시장에서의 경쟁력을 제고할 수 있으며, 기업이 필요로 하는 수준을 초과하는 인적자원 보유에 따른 인건비용을 최소화할 수 있다.

그러나 계획전략은 어디까지나 미래에 대한 예측을 근거로 하기 때문에 예측을 위해 소요되는 비용, 예측기법을 개발하는 데 소요되는 비용, 실제적인 예측을 위한 시간과 노력의 투자비용 등의 예측비용과 예측이 어긋났을 때 발생하는 예측실패비용을 야기할 수 있다.

2 적응전략

적응전략은 인적자원의 초과공급 혹은 초과수요가 발생한 특정한 시점에서 단기적으로 신규채용, 교육훈련, 인사이동, 인력감축 등을 통해 수요와 공급의 불균형의 문제를 해결하고자 하는 전략이다. 따라서 급변하는 환경 등으로 예측의 정확도가 떨어지는 경우 적절한 대응전략이라고 할 수 있다. 그러나 신규채용, 교육훈련, 인사이동, 인력감축 등은 단기적인 적응이 어렵거나 많은 비용을 야기할 개연성이 있으며 적절한 경영활동을 수행하지 못해서 오는 기회비용이 발생될 수 있다.

예를 들어 미래의 특정한 시점에 인적자원의 초과공급이 발생한 경우 해고가 요구될 수 있는데 이는 법률적으로 많은 문제를 일으킬 뿐 아니라 기업의 이미지나 전반적인 인적자원 관리활동에 심각한 지장을 초래한다.

상기에서 언급하였듯이 계획전략과 적응전략 모두 나름대로의 장 · 단점을 지니고 있으나 본질적으로는 계획전략이 합리적인 접근방법이라 할 수 있다.

3 인적자원 계획과정

외식기업의 경영활동을 위해 필요한 인적자원을 공급하는 과정으로 인적자원 확보의 첫 단계는 필요한 인적자원에 관한 계획활동이다. 이러한 계획활동은 성공적인 경영활동을 위해 요구되는 인적자원의 수요와 기업이 보유하고 있는 인적자원의 공급을 파악하고, 수요와 공급의 차이를 메우는 방법에 관한 계획이라고 할 수 있다.

그림 3-5 **인적자원계획 과정**

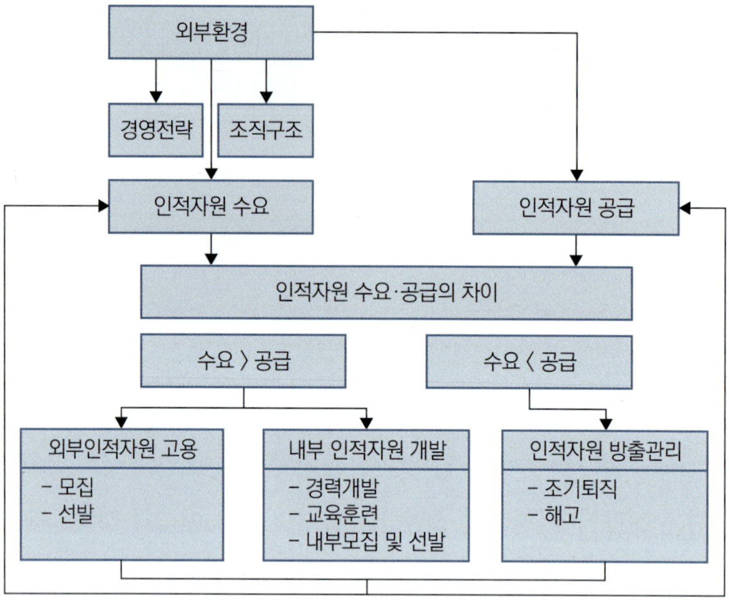

자료: 이수광, 이재섭, 서비스산업의 인적자원관리, 대왕사, 2003, p.199.

1) 외부환경예측

인적자원의 수요와 공급에 영향을 미치는 첫 번째 요소는 외부환경이다. 외부환경은 경제적 환경, 사회문화적 환경, 인구통계적 환경, 기술적 환경, 노동시장 환경 등으로 구성된다. 예를 들어 1990년대 말의 경제적 환경이 외식기업의 인적자원수요와 공급에 어떠한 영향을 미쳤는가를 살펴보면 우리나라는 당시 IMF 구제금융이라는 특수한 상황 하에 일반 소비자 및 기업고객들은 소비를 줄여야 했다. 이에 따라 외식기업에서는 구조조정을 통해 인력을 축소한 결과 및 비정규직 확대라는 결과를 초래하여 결과적으로 외식기업의 인적자원 수요에 큰 변화를 가져오게 되었다. 다른 한편으로는 경제적 어려움으로 직원들의 이직의사는 현저하게 감소하여 인력시장에서의 공급에 영향을 미치는 결과도 나타났다. 따라서 외식사업에서는 외부환경요소에 대한 지속적이고 체계적인 관심이 필요하다.

2) 경영전략과 조직구조

환경의 변화에 대한 외식기업의 경영전략, 그리고 경영전략을 효과적 · 효율적으로 달성하기 위한 기업의 구조가 일관성을 지님으로써 외식기업은 목표하는 경영성과를 달성하게 된다. 이러한 맥락에서 외부환경은 외식기업의 인적자원수요에 직접적으로 영향을 미치기도 하지만, 경영전략 또는 조직구조를 통해 간접적으로 영향을 미치기도 한다. 예를 들어 외식기업이 서비스우위의 차별화전략을 실시하기로 구상하였다면 전략의 수행을 위하여 인적자원의 수요를 감소시키는 것이 아니라 오히려 인력을 증가시켜 고객과 접촉을 강화하여 서비스우위를 확보하려 노력하거나, 또는 기존의 종사원에게 높은 수준의 고객응대능력을 키울 수 있는 질적 수요에 영향을 미칠 수 있을 것이다.

3) 수요예측

수요예측이란 미래의 특정한 시점에 얼마만큼의 종사원이 필요할 것인가에 관한 예측을 의미한다. 수요예측은 양적 수요예측과 질적 수요예측으로 구분할 수 있다.

(1) 양적 수요예측

양적 수요예측은 미래의 특정시점에서 요구되는 인적자원의 양(Quantity)에 관한 예측이다. 즉 몇 명의 종사원이 필요한가에 관한 예측을 말한다. 예를 들어 컴퓨터의 발달은 외식기업에서 매출일보(Daily Report)나 경쟁사 분석자료 등과 같은 영업 관련 자료들이 수작업에서 정보기술에 의존하여 대체되었다. 이러한 기술의 발달은 인적자원의 감축요인으로 발생하기에 상기의 외부환경요인에서 언급된 다양한 요인들을 종합적으로 고려해야 한다.

인적자원의 양적 수요를 예측하는 구체적인 기법은 다음과 같다.

① 추세분석

과거 인적자원의 수요에 관한 자료를 월별, 분기별, 연도별로 작성하고 이를 그래프로 나타낸 추세선을 수학적으로 확장하여 특정 시점에서의 총수요 인원을 결정하는 방식으로 단기적인 수요예측은 적합하지만 장기적으로 정확한 예측이 필요한 상황에서는 적합하지 않을 수 있다.

② 회귀분석

인력수요에 영향을 미치는 다양한 요인들의 영향력을 계산하여 기업에 필요한 미래의 인력수요를 예측하는 방식이다. 이는 기존의 자료를 통해 미래를 보다 과학적으로 예측할 수 있지만 이를 위한 충분한 과거 데이터가 있어야 하고 독립변수와 인력수요 사이에 유의미한 상관관계가 존재할 때 활용이 가능하다.

③ 시계열분석

과거의 인력수요 흐름을 기초로 하여 미래의 인력을 예측하는 방식으로 여기에는 추세변동, 계절적 변동, 순환 변동, 불규칙 변동 등이 있다.

④ 상관분석

상관분석은 인력수요와 관련이 높은 변수를 찾아 이들 간의 상관계수를 토대로 추정되는 수요인력을 산출하는 방법이다.

⑤ 생산성 비율분석

과거에 기업이 달성했던 생산성의 변화에 대한 정보를 토대로 미래에 필요한 인력의 수를 예측하는 방법이다.

⑥ 노동과학적기법

작업시간 연구를 기초로 기업의 하위 개별 작업장별 필요한 인력을 산출하는 방법으로 생산량이 중심이 된다. 이 방법은 주로 생산직종의 인력을 예측하는 데 활용되며 수요인력은 연간 총작업시간을 연간 1인당 작업시간으로 나누어 계산한다.

⑦ 델파이법(Delphi)

전문가들이 서로의 견해를 서면상으로 주고 받으며 최적의 대안이 도출될 때까지 반복하여 의견을 수렴하는 방식으로 다수의 전문가들이 합의한 내용이기에 신뢰도나 효과성이 입증되었으나 의견을 취합하는 데 오랜 시간이 소요되고 응답자의 통제가 어려워

장기적인 의사결정에는 적합하나 단기적인 의사결정에는 비효율적일 수 있다.

(2) 질적 수요예측

질적 수요예측이란 미래의 특정한 시점에서 요구되는 인적자원의 능력, 태도 등 인적자원의 자격요건에 관한 예측으로 다음과 같은 3단계를 걸쳐 실시된다. 첫 단계는 미래 시점에서 요구되는 직무성과를 판별하는 일인데 이것은 기업이 설정한 경영목적을 달성하기 위해 경영활동을 구성하고 있는 개별 직무에서 완수해야 하는 성과를 의미한다. 두 번째 단계는 필요한 직무내용을 판별하는 일이다. 필요한 직무내용이란 기존의 직무내용을 포함하여 미래시점에서 요구되는 직무성과를 달성하기 위해 요구되는 직무를 의미한다. 마지막 단계는 직무수행자의 자격요건 판별이다. 직무수행자의 자격요건이란 필요한 직무내용을 성공적으로 수행하기 위해 직무수행자에게 요구되는 직무수행 능력 및 태도를 의미한다. 질적 수요예측의 구체적인 기법은 다음과 같다.

① 자격요건 분석

해당 직무를 수행하는 데 필요한 KSA(Knowledge, Skill, Ability)가 무엇이고 어떤 사람이 수행하는 것이 적정한지를 찾아내는 분석방법으로 조직환경과 구조가 안정적일 경우에 적합하며 이를 위한 분석도구로는 직무기술서와 직무명세서가 활용된다.

② 시나리오기법

전문가집단의 브레인스토밍(Brainstorming)과 예측을 전담하는 프로젝트 조직이 환경변화 등을 분석하여 미래의 인력수요 변동을 예측하는 방법으로 주로 미래의 경영환경이 불안정하고 복잡한 변화가 예상되어 해당 기업의 직무구조, 조직구조 및 생산기술의 변화에 대한 예측이 어려울 경우 사용된다.

4) 공급예측

공급예측은 미래의 특정 시점에서 기업이 보유하게 될 인적자원의 양과 질에 관한 예측으로 정의할 수 있다. 인적자원의 양(Quantity)과 질(Quality), 즉 인적자원의 공급은 여러 영향 요인의 영향을 받아 변화한다. 내부적으로는 이직, 신규채용 등이 인적자원의 양적 공급에 영향을 미치고, 전환, 배치, 교육훈련 등 기업의 인적자원개발 및 유지활동이 인적자원의 질적 공급에 영향을 미친다.

(1) 내부 노동시장을 통한 인력공급 예측

내부 노동시장은 기업 내부의 인력풀(Pool)을 통해 인적자원을 공급하는 것으로 구체적인 기법으로는 기능 목록표, 관리자 목록표, 마르코프모형 등이 있다.

① 기능 목록표(Skill Inventory)

개별 종사원의 직무에 대한 현황 전체를 기록한 것으로 승진, 이직 여부, 훈련 참가 횟수와 종류 등을 기록해 두고 이를 집계하여 내부인력의 변화를 예측하는 방법이다.

② 관리자 목록표(대체도: Replacement Chart)

대체도는 기업이 현재 및 미래의 공석을 포함한 회사의 중요 업무를 나열하여 시각화한 것이다. 즉 주요 직무를 관리자들에 대한 모든 정보와 함께 정리하여 승진, 이동, 평가 등에 활용하는 인사기록을 말한다. 또한 해당 관리자의 직무경력, 업무수행의 강점과 약점, 잠재적 승진 가능성 등이 포함된다.

③ 마르코프 모형(Markov Chain)

특정 기간 동안의 승진, 부서이동, 이직 등을 수치로 기록한 후 그 일정비율을 분석하여 미래 각 기간에 걸쳐 현재 인원의 변동상황을 예측하는 기법이다.

(2) 외부 노동시장을 통한 인력공급 예측

미래시점의 외부 노동시장 여건이 해당 기업에 어느 정도 유리한지를 예측하는 방법으로 노동시장 현황은 통계청이나 노동부 홈페이지를 통해 분기별 고용 동향을 파악할 수 있다. 구체적인 방법으로는 통계청에서 발표한 전체 경제활동인구를 파악하고, 국가 전체의 경제가 호황인지 불황인지를 알기 위한 산업 내 고용동향도 파악해야 한다. 또한 산업별 임금총액의 추이, 연령, 교육수준별 경제활동인구 추이 및 산업 내 노동인구의 이동 추이 등을 통해 노동시장의 고용현황을 파악할 수 있다.

4 모집(Recruiting)

모집은 인적자원계획 과정을 통해 기업에서 필요로 하는 사람을 채용하는 것으로 자격을 갖춘 직무후보자를 적시에 확보하기 위한 일련의 활동을 말한다.

모집은 인적자원을 확보하는 첫 단계로 선발(Selection)을 하기 위한 전제로 지원자를 모으는 과정이라고 할 수 있다. 이러한 모집활동은 인적자원을 어디서 모으느냐에 따라 내부모집과 외부모집으로 구분할 수 있다.

1) 내부모집

내부모집은 이미 고용된 회사 내부의 인적자원을 승진 또는 전환배치를 통하여 필요한 직원을 보충하는 방법이다. 이러한 대표적인 방법으로는 사내공모제도가 있는데 이는 사내 게시판을 통해 모집공고를 내고 기존 종업원 중에서 지원자를 구하는 방법이다.

내부모집의 장점은 기존 종사원에게 승진의 기회를 제공함으로써 동기부여 및 사기진작이 될 수 있으며 지원자에 대해 상대적으로 정확한 평가가 가능하고, 모집비용이 저렴하다는 점이다. 반면 선발되지 못한 지원자의 사기저하나 종사원의 인간관계 등의 이유로 평가가 왜곡될 가능성이 존재한다는 단점도 있다.

2) 외부모집

외부모집은 기업 외부에서 인적자원을 모집하는 방법으로 국가고용기관, 광고, 추천, 취업정보센터, 교육기관의 추천, 자발적 지원자 등에 의한 모집이다. 대부분의 외식기업들은 공개채용을 실시하기도 하지만 인력풀(Pool) 제도를 운영하며 소규모 수시채용의 형태로 실시하는 경우가 많다.

이러한 외부모집은 인적자원에 대한 선택의 폭이 넓고, 조직의 동태성과 활력을 불러일으킬 수 있으며, 새로운 정보 및 지식을 제공할 수 있다는 장점이 있는 반면, 짧은 선발과정으로 인해 적합한 지원자를 채용하지 못할 가능성이 있고, 채용 후에도 부여된 직무와 해당 기업의 문화 등에 적응하는 데 오랜 시간이 걸리며, 채용을 위한 비용이 많이 든다는 단점이 있다.

| 표 3-10 | **인적자원 내·외부 모집의 장·단점**

구분	인적자원의 내부모집	인적자원의 외부모집
장점	- 내부 인력의 승진기회 확대 - 내부 인력의 경험 및 지식활용 - 내부인력의 동기부여 - 모집에 소요되는 시간 및 비용 절감	- 인재의 다양한 선택 가능성 - 새로운 충동과 자극 - 조직분위기 쇄신 가능 - 새로운 지식 및 경험 축적 가능
단점	- 모집범위의 제한 - 조직의 폐쇄성 강화 - 인사이동 인력의 교육수요 발생 - 조직에 대한 판단력 부족	- 부족한 정보로 부적격자 채용의 위험 - 안정을 위한 적응기간 소요 - 내부인력의 승진기회 축소 - 높은 인원조달비용 - 모집에 장시간 소요

5 선발(Selection)

선발은 지원자 중에서 기업이 필요로 하는 직무에 가장 적합한 자질을 갖춘 인력채용을 결정하는 과정을 말한다. 선발과정은 일반적으로 서류전형, 채용시험, 면접, 신원조회, 신체검사 등의 과정으로 이루어져 있다.

1) 서류전형

서류전형은 지원자가 제출한 지원서를 검토함으로써 지원자의 학력, 경력, 가족 사항 등 기본적인 인적사항을 중심으로 지원자의 객관적인 자질을 평가하는 과정이다. 이러한 서류전형은 정보의 신뢰성과 타당성을 위해 검증할 수 있는 자료를 요구하게 되는데 예를 들면 졸업증명서나 성적증명서, 경력증명서, 자격증명서 등이 이에 해당된다.

2) 채용시험

채용시험은 서류전형으로 파악할 수 없는 지원자의 자질이나 직무수행능력을 평가하는 과정으로 지적능력검사나 성격검사, 성취도검사 등 다양한 채용시험을 지원자에게 제시할 수 있다.

3) 면접

면접은 성격이나 외모, 지원동기 등 지원서에 잘 드러나지 않는 지원자에 관한 정보를 제공하여 불명확한 지원자의 특성을 구체화하는 것은 물론 지원자에게 해당 기업의 정보를 제공하는 양방향 커뮤니케이션(Two-Way Communication)을 통해 우수한 지원자를 유인하는 방법이 되기도 한다.

4) 신원조회

신원조회(Reference Check)는 지원서, 면접 등을 통해 분류된 지원자의 자료를 중심으로 자료를 재확인하고 필요에 따라 추가적인 자료를 수집하는 과정을 말한다.

예를 들면 지원서상에 대인관계가 원만하다고 기록한 지원자의 전(前) 직장의 동료에게 지원자의 대인관계를 질문함으로써 지원자의 대인관계정보를 확인하거나, 필요시 공공기관에 전과기록 등을 조회함으로써 추가적인 정보를 수집하기도 한다.

5) 신체검사

대부분의 기업에서 마지막 과정으로 확인하는 신체검사는 직무를 수행할 직무수행자의 육체적 능력 및 건강상태를 확인하기 위해 주로 실시한다. 특히 외식산업의 경우 고객을 대상으로 하는 인적의존도가 높은 산업으로 전염성이 있는 질병을 보유한 경우 결격사유에 해당되므로 주의해야 한다.

제4절 인적자원의 개발관리

인적자원의 확보는 일반적으로 인적자원계획을 시작으로 지원자를 모집하고 선발하여 해당 직무에 맞는 부서로 배치된다. 이러한 과정을 통해 확보한 종사원들에게 기업은 지속적으로 직무수행 능력 및 태도에 대한 변화를 요구하게 된다. 만일 종사원들의 직무수행 능력이나 태도가 입사 당시의 수준으로 고정되어 있다면 경영환경의 변화나 담당직무의 변화 같은 요인들이 발생할 때 종사원들은 적절한 직무수행 능력을 발휘할 수 없기 때문이다.

이러한 관점에서 인적자원의 개발 및 유지관리는 경제적 효율성의 관점에서 보면 종사원들의 직무관련 지식, 기능 등의 능력을 축적하고 경쟁력을 제고하며, 직무수행자의 성과창출 의지를 증대시키고, 생산성을 향상시키고, 인적자원배치의 유연성(Flexibility)을 확보하고, 직무수행을 위한 정신적 · 육체적 능력을 유지하게 하는 데 목적이 있다.

1 교육훈련

교육훈련은 종사원의 정신적 · 육체적 능력과 성과창출 의지 및 태도에 직접적인 자극을 가함으로써 종사원의 능력을 향상시키는 활동으로 조직을 강화하고 직원 각자 직무에 만족을 느끼게 하며, 직무수행능력을 향상시켜 보다 중요한 직무를 수행할 수 있도록 하여 기업을 유지 · 발전시키는 데 그 목적이 있다.

교육은 일반적 · 이론적 · 개념적인 주제를 위주로 지식을 습득하는 과정이며, 훈련은 특정한 직무 또는 한정된 주제에 대해 기술을 향상시키는 과정이라 볼 수 있다. 또 교육은 근로자의 일반적인 지식 · 기능 · 태도를 육성하는 것으로서 전체적 · 객관적 · 체계적인 입장에서의 능력개발을 목적으로 하며, 기업에서 이루어지는 것이 아니라 정규교육제도에 주로 국한되는 것으로 생각할 수 있다. 이에 비하여 훈련은 특정한 직무의 수행에 필요한 지식과 기술을 높이기 위하여 문제해결의 태도, 관행, 행동을 변경하는 것으로서 개별적 · 실제적 · 구체적인 입장에서 실제 직무수행에 있어서 부족한 점이나 개선할 점에서 출발하는 것으로 볼 수 있다. 이 두 개념은 구분할 것이 아니라 상호보완적 관계에 있다고 보고 실시하는 것이 좋다.

| 표 3-11 | **교육훈련의 목적**

직접목적(1차적 목적)	직접목적(2차적 목적)	간접목적(궁극적 목적)
- 지식 향상 - 기능 향상 - 태도 개선	- 능률 향상 - 인재 육성 - 인성 함양 - 생활 향상	- 기업의 유지발전 - 기업의 목적과 개인의 목적 통합

자료: 이정실, 외식기업경영론, 기문사, 2007. p.277.

1) 교육훈련의 전개과정

교육훈련은 아무 때나 하는 것이 아니라 다음과 같은 전개과정을 거친 후 경영자가 필요하다고 생각하게 되면 실시해야 한다.

(1) 교육훈련의 필요성 분석

교육훈련 실시를 위한 필요성 분석은 외식기업의 목표를 달성하기 위해 요구되는 직무수행 능력과 태도, 그리고 이를 달성하기 위해 현재 외식기업의 종사원이 지닌 능력과 태도가 기업이 지향하는 목표를 달성할 수 없다고 판단될 때 필요한 것이다.

일반적으로 교육훈련이 요구되는 시점은 기업의 시장점유율 저하, 상품의 불량률 증가, 종사원의 이직률 증가, 중요한 환경의 변화, 새로운 직무의 출현, 종업원의 사기 저하, 나태한 조직문화 등과 같은 현상을 경험할 때 주로 실시한다. 예를 들어 현재 경영하고 있는 점포의 매출이 지속적으로 하락하는데 하락의 이유가 조리능력이라고 한다면 경영자는 조리능력을 키울 수 있는 교육훈련을 실시할 필요가 있을 것이다. 이렇듯 교육훈련은 필요성 분석이 신중히 이루어져야 교육훈련 프로그램 자체가 목표했던 것들을 달성할 수 있을 것이다.

(2) 교육훈련의 목표설정

교육훈련의 필요성에 대한 분석은 목적에 따라 달라질 수 있으나 본질적으로 종사원의 능력개발과 의욕개발을 중심으로 이루어져야 한다. 그 이유는 종사원이 직무수행을 통해 창출하는 성과는 바로 종사원의 능력과 의욕에 따라 좌우되기 때문이다. 다시 말해서 교육훈련의 궁극적인 목적이라고 할 수 있는 개인의 성과지향은 종사원의 의욕과 능력이 향상될 때 가능하다는 것이다. 하지만 이와 더불어 기업 전체의 목표달성이 병행되어야 한다.

일반적으로 교육훈련의 목표는 조직차원에서 측정한 결과로서 매출액 향상의 목표와 원가절감 및 생산성 향상 등의 영업목표, 교육훈련 후 훈련 대상자에게 기대되는 지식이나 기술, 태도변화의 정도와 관련된 학습목표, 개인의 자신감과 개인의 이미지 향상 및 자기실현을 의미하는 개인성장목표 등이 있다.

(3) 교육훈련 프로그램의 설계 및 방법

첫째, 교육훈련 프로그램의 설계는 궁극적으로 교육훈련의 실용성과 유효성 증대를 위해 실시되어야 한다. 이를 위해 경영자의 강력한 지원이 요청되어야 하며 교육훈련의 성과를 고려해야 한다.

둘째, 교육훈련이 해당 기업의 필요성에 의해 설정되어야 하며 교육훈련의 대상자 및 담당자, 장소, 내용에 따라 기업의 실정에 맞도록 유기적으로 편성되어야 한다.

이러한 교육훈련의 종류는 대상자에 따라 신입사원교육, 직원교육, 관리자교육으로 나눌 수 있으며 장소에 따라서 현장교육훈련, 직장 외 교육훈련, 온라인 교육훈련 등으로 구분할 수 있다.

① 현장교육훈련(On the Job Training)

흔히 OJT(On the Job Training)라 부르며 일하는 과정에서 직무에 관한 지식과 기술을 습득하는 교육훈련을 의미한다. 즉 해당 직무의 상사나 선배, 동료 등 작업집단 구성원으로부터 직무수행에 필요한 기능이나 지식에 대하여 교육훈련을 받는 방법으로 개인에게 가장 적절한 지도를 받을 수 있으며 단기간에 배울 수 있다는 장점이 있으나 직무를 교육훈련하는 선배나 상사 등의 능력에 따라 성과가 다를 수 있으며 다수의 종사원을 동시에 교육훈련하기에는 적절치 않다는 단점도 있다.

② 직장 외 교육훈련(Off the Job Training)

직장 외 교육훈련은 전문가에 의한 교육훈련으로 종사원을 직무로부터 분리시켜 일정기간 교육에만 전념할 수 있도록 교육훈련 전문가에게 교육을 받는 형태를 의미한다.

교육훈련 전문가에게 직접 교육을 받음과 동시에 직무에서 벗어나 교육훈련에만 몰두함으로써 교육효과를 높일 수 있으며 동시에 다수의 종사원 교육훈련이 가능하다. 하지만 현실적인 직무와 거리가 있는 교육훈련이 이루어질 가능성이 있으며 비용이 많이 들고 개별적인 교육훈련이 어렵다.

③ 온라인 교육훈련(On Line Training)

온라인 교육훈련은 인터넷을 통해서 강의가 이루어지는 것을 말한다. 이 교육방법은 시간적 · 공간적 제약이 없어 언제든지 교육이 가능한 교육훈련이라는 장점이 있으나 형식적으로 교육훈련할 수 있다는 단점도 지니고 있다.

④ 신입사원교육훈련(Orientation Training)

신입사원에게 기업의 소속감을 높이고 기업의 본질, 문화, 특성을 이해시키며 이에 적응시킴으로써 기업의 구성원으로서 바람직한 행동과 태도 등을 습득시키기 위한 교육훈련이다. 즉 신입사원 개개인의 능력과 태도 등을 외식기업의 목적달성을 위한 방향으로 다듬어가는 과정이라고 할 수 있다.

(4) 교육훈련 평가

교육훈련은 피교육자의 직위와 직종에 따라 다르며, 또한 직장교육과 직장 외 교육, 사내교육과 사외교육 등에 따라서도 그 방법이 다르다. 따라서 본 단계는 교육훈련이 끝나면 그 성과 여부를 알아보기 위해 시행하는 단계로 종합적인 인적자원관리 시스템과의 연계성은 물론 교육훈련의 모든 영역에서 이루어지도록 해야 한다. 예를 들어 장기적인 경영계획과의 관련성이나 교육훈련방법의 적합성과 좋은 효과를 얻기 위한 개선책, 교육훈련의 결과로서 업적향상의 유무와 인사고과반영 문제 등이다.

2 인사고과(Performance Appraisal)

인사고과는 일반적으로 직무수행평가, 성과평가, 업무평가, 근무평정(근무성적 평정) 등과 동일한 용어로 쓰이며 종사원이 기업의 목적 달성에 얼마나 기여하고 있는지 혹은 기여할 수 있는지에 대한 기업의 평가활동을 의미한다. 즉 종사원의 가치를 객관적으로 정확히 측정하여 합리적인 인사관리의 기초를 부여함과 동시에 직원의 노동능률을 형성하는 데 목적이 있으며, 승진이나 배치전환, 급여, 해직, 채용순위 및 복직순위 등에 사용된다.

인사고과는 종사원이 기업의 목적달성에 얼마나 기여하고 있는지에 대한 평가인 '성과고과'와 종사원이 기업의 목적달성에 얼마나 기여할 수 있는지에 대한 평가인 '능력고과'로 구분될 수 있다. 성과고과는 이미 발휘된 업적을 평가한다는 의미에서 업적고과 혹은 발휘업적고과라고도 불리며 능력고과는 종사원이 보유 · 발휘할 수 있는 잠재적 업적을 평가한다는 의미에서 보유업적고과라고 한다.

그림 3-6 인사고과의 구분

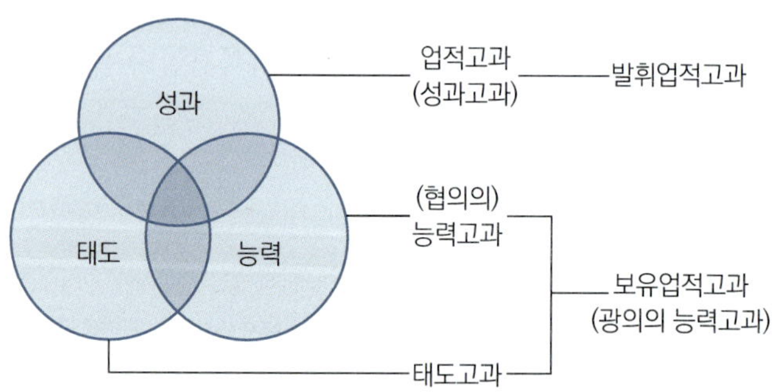

자료: 이수광, 이재섭, 서비스산업의 인적자원관리, 대왕사, 2003, p.319.

1) 인사고과의 목적

인사고과는 종사원의 가치를 객관적으로 정확히 측정하여 인적자원관리상의 문제해결에 필요한 기초자료를 마련함과 동시에 종사원의 자질향상과 동기유발을 하는 데 목적이 있다. 이를 체계적으로 요약해 보면 다음과 같다.

첫째, 인적자원을 확보할 수 있다.

충분한 기간에 축적 · 정리된 성과고과는 바람직한 종사원, 즉 성과를 창출하는 종사원에 대한 정보를 제공할 수 있다. 예를 들면 어떤 능력을 지닌 종사원은 높은 실적이나 성과를 나타내고 어떤 능력을 지닌 종사원은 근무태도가 좋다 등에 관한 정보를 알려줌으로써 바람직한 인적자원 확보가 가능해질 수 있다.

둘째, 인적자원을 개발 · 유지할 수 있다.

인사고과 중 능력고과는 외식기업의 목적달성을 위해 종사원에게 요구되는 능력 및 태도의 수준과 종사원이 현재 지니고 있는 능력 및 태도의 수준 차이를 알려줌으로써 적재적소에 배치, 직무이동, 교육훈련 등 인적자원의 개발 · 유지를 위한 중요한 기초자료가 될 수 있다.

셋째, 종사원에게 보상을 결정할 수 있다.

인사고과 중 성과고과의 본질적인 목적은 종사원이 기업의 목적달성에 기여한 정도를 평가하여 이에 대한 보상을 결정하는 기초로 삼는 것이다. 목적달성에 기여한 정도가 큰 종사원에게는 높은 임금과 승진 등의 보상을 제공하고 그렇지 못한 종사원에 대해서는 낮은 임금이나 징계 등을 결정하는 데 사용될 수 있다.

넷째, 인적자원을 방출할 수 있는 근거가 된다.

해당 기업에 종사하는 직원이 충분한 기간이 지나도 지속적으로 성과를 내지 못한다든지 성과창출을 위한 잠재적인 능력이나 태도를 갖추지 못했다면 기업으로서는 해당 종사원을 지속적으로 근무시켜야 할 이유가 없는 것이다. 따라서 성과창출을 내지 못할 종사원에 대해 미리 알려줌으로써 효율적인 인적자원방출의 기초자료가 될 수 있다.

2) 인사고과의 방법

인사고과의 구체적인 방법은 고과자와 활용되는 인사고과기법 등을 기준으로 다양하게 구분할 수 있다.

(1) 고과자(Rater)

고과자란 정해진 인사고과의 방법과 절차에 따라 고과대상자를 평가함으로써 인사고과를 수행하는 사람을 의미한다. 고과자는 인사고과에서 매우 중요한 의미를 지닌다. 왜냐하면 누가 고과자가 되는가에 따라 인사고과의 신뢰성, 수용성 등이 달라질 수 있기 때문이다.

인사고과의 신뢰성을 확보하기 위한 고과자 선정에서 가장 중요한 기준은 '고과대상자에 대한 충분한 정보를 갖고 있는가?'이다. 고과내용에 대한 정보를 충분히 갖지 못한 사람이 인사고과에 임한다면 인사고과의 신뢰성은 낮아질 수밖에 없기 때문이다. 대부분의 외식기업에서는 해당 부서의 책임자가 고과를 부여한 후 이를 인사부서에서 취합하여 고과를 부여하는 방식을 사용하고 있다. 고과자는 크게 내부 고과자와 외부 고과자로 구분할 수 있다.

(2) 인사고과의 시기와 빈도

일반적으로 우리나라 외식기업의 경우 1년에 한 번 실시하며 주로 연말에 실시하여 3월 이전에 종사원 본인이 알 수 있게 된다. 하지만 1년에 한 번 실시하는 인사고과의 방법이 바람직한 방법인가에 대해서는 의문의 여지가 있다. 즉 인사고과는 고과 목적에 따라 성과고과, 능력고과, 태도고과 등으로 구분되는데 이들 모두를 한 시점에서 동시에 평가하는 것이 적절하다고 할 수 없다는 것이다.

성과고과의 경우 1년 동안의 성과를 측정하기 때문에 1년 단위의 평가가 맞을 수 있으나 능력이나 태도는 종사원이 해당 직무를 수행하는 과정 중 언제든지 발휘될 수 있는 문제이기 때문에 기업의 환경에 맞도록 정기적인 평가와 병행하여 사용할 필요가 있을 것이다.

(3) 인사고과의 기법

인사고과기법은 기업의 규모, 업종, 업태, 관리수준, 사용목적, 고과자의 평가능력, 고과대상자의 직종 등을 고려하여 기업의 상황에 맞게 선정하는 것이 중요하며 대표적으로 활용되는 기법은 다음과 같이 서열법, 평정척도법, 체크리스트법, 강제선택법, 중요사건법, 목표관리법 등이 있다.

① 서열법(Ranking Method)

서열법은 고과대상자의 성과, 능력 및 태도 등 고과내용을 비교하여 상대적 순위를 부여하는 방법으로 다른 인사고과기법에 비해 간단하므로 실시하기 쉽고, 비용과 노력이 상대적으로 적게 소요되므로 양적 실용성의 측면에서 장점이 있다. 그러나 고과대상자에 대한 포괄적인 판단에 근거하므로 인사고과의 개별적인 목적에 맞는 구체적인 정보를 제공하는 데 한계가 있어 다른 집단과 비교할 수 있는 객관적 자료를 제시하기 어려우며, 집단의 인원수가 많을 경우 서열을 매기는 것이 매우 어려우므로 비교적 작은 규모의 집단에서만 사용이 가능하다. 또한 구체적인 서열의 기준이 제시되지 않아 종사원의 반발을 살 가능성이 있다.

이러한 단점을 보완하기 위해 발전된 형태의 방법으로는 단순서열법(Simple Ranking Method), 교대서열법(Alteration Ranking Method), 쌍대비교법(Paired Comparison Method) 등이 있다.

단순서열법은 평가자가 피평가자의 능력이나 업적을 전체적으로 비교하여 피평가자의 순서를 단순하게 결정하는 방법이다. 피평가자의 수가 적을 때는 직관적으로 서열을 정하기 쉽지만 많을 경우 서열을 정하는 것이 쉽지 않다.

교대서열법은 피평가자들 중에서 능력이나 성과가 가장 우수한 사람과 가장 저조한 사람을 정하고 나머지 다른 피평가자들 중에서 그 다음으로 우수한 사람과 그 다음으로 저조한 사람을 정하는 방식으로 순차적으로 서열을 정하는 방법이다.

쌍대비교법은 교대서열법보다 더 정교하게 피평가자를 2명씩 짝을 지어 비교한 결과를 토대로 전체 서열을 판정하는 방법이다.

예를 들어 〈표 3-12〉와 같이 A, B, C, D, E라는 5명의 직원을 평가할 경우 A-B,

A–C, A– D, B–C, B–D 등 쌍으로 묶어 두 직원의 성과를 비교한 후 성과가 더 높은 사람에게 높은 점수를 부여하여 최종 점수를 각 개인별로 합산하는 방식을 말한다. 즉 아래 예시의 최종점수를 보면 A는 2점, B는 3점, C는 4점 등으로 나타나는데 여기서 높은 숫자를 가진 직무부터 서열을 결정하게 되어 1순위 직무는 C, 2순위 직무는 B의 순서로 결정된다.

| 표 3-12 | **쌍대비교법 예시**

대상자	A	B	C	D	E	최종점수
A	–	B	C	A	A	2
B	B	–	C	B	B	3
C	C	C	–	C	C	4
D	A	B	C	–	D	1
E	A	B	C	D	–	0

② 평정척도법(Rating Scale Method)

서열법 중 대인비교법과 비슷한 방법이지만 대인비교법이 서열을 매기는 반면 평정척도법은 사전적 기준에 근거하여 등급을 매긴다. 즉 고과대상자의 성과, 능력, 태도 등 구체적인 고과내용에 따라 고과요소를 선정하고 사전적으로 고과요소별로 등급화된 기준에 따라 피고과자를 평가하는 방법이다.

평정척도법은 고과목적에 따른 고과요소의 개발로 인사고과의 타당성을 확보할 수 있으며 고과결과의 계량화와 보상의 결정 등 의미 있는 활용이 가능하고 사전적 기준에 따른 등급화로 실시가 간편한 장점이 있으나 고과요소와 등급의 개발 등 고과기준을 개발하는 데 많은 비용과 시간이 소요되며 고과자의 의도적인 왜곡을 막을 수 있는 방법이 없다는 단점이 있다.

| 표 3-13 | **평정척도법 예시**

요소 \ 등급	1등급	2등급	3등급	4등급	5등급
조리능력	매우 뛰어남	뛰어남	보통	떨어짐	매우 떨어짐
대인관계 친화력	모두 환영함	모두 만족함	보통	모두 불만	모두 기피
---	---	---	---	---	---
메뉴 개발능력	매우 뛰어남	뛰어남	요구수준 충족	떨어짐	매우 떨어짐

③ 체크리스트법(Checklist Method)

체크리스트법은 성과, 능력, 태도 등 구체적인 고과내용과 관련된 표준행동(Standard Behavior)을 제시하고 표준행동을 이행했는지의 여부 및 어느 수준으로 이행했는지를 평가하는 방법이다. 이 방법은 기업의 목적에 부합하는 바람직한 표준행동의 개발로 종사원의 전략적 통합과 피드백을 통한 성과 · 능력 등의 개선효과를 기대할 수 있고, 고과 목적에 따른 표준행동의 개발과 가중치의 부여로 고과의 타당성을 확보할 수 있으며 신뢰성이 확보될 수 있다. 그러나 표준행동 및 가중치와 체크리스트 개발에 많은 비용과 시간, 노력이 소요되어 낮은 실용성을 지니는 한계가 있다.

| 표 3-14 | **체크리스트법 예시**

평가	표준행동	가중치
1 2 3 4 5	메뉴에 있는 품목을 모두 조리할 수 있다	+5
1 2 3 4 5	재료 품절 시 대처능력이 뛰어나다	+8
1 2 3 4 5	---	---
1 2 3 4 5	동료와의 관계에서 감정 기복이 심하다	-5

④ 강제선택법(Forced Choice Description)

고과자로 하여금 동일한 고과내용에 대한 상반된 서술문 중 고과대상자에 해당하는 문항 중 반드시 하나를 선택하게 하거나 고과내용에 대한 복수의 서술문 중 하나를 강제로 선택하게 하는 방법을 통해 고과대상자를 평가하는 방법으로 평가지에 있는 점수와 가중치는 고과자가 알 수 없도록 제시한다. 이 방법은 목적에 맞는 서술문의 개발과 가중치의 부여를 통해 높은 수준의 타당성을 확보할 수 있고 적절한 서술문은 종사원의 바람직한 행동 및 능력, 태도를 개발하게 하여 전략적 통합에 기여할 수 있으나 서술문 및 가중치 개발 등 강제선택법의 실행을 위한 준비에 많은 비용과 시간이 든다는 단점이 있다.

| 표 3-15 | **강제선택법 예시**

문장	고과 대상자 선택	점수	가중치
메뉴를 조리하는 데 전혀 문제가 없다	v	+5	3
메뉴를 조리하는 데 어느 정도 문제가 있다		−2	5
재료를 절감하려는 노력을 보인다	v	+3	2
출퇴근 시간을 정확히 잘 지킨다		+2	2
---		---	
---		---	
동료들과의 관계에 매우 노력을 한다	v	+2	1
새로운 메뉴개발을 위한 노력을 하지 않는다		−3	2

⑤ 중요사건법(Critical Incident Method)

일상적인 직무수행과정에서 기업의 목적달성에 중요한 영향을 미치는 종사원의 행동, 능력 및 태도를 기록하였다가 고과 시점에서 이를 평가하는 방법으로 비교적 적은 비용이나 노력이 요구되고 기록된 사건의 신뢰성이 높으며 사건 자체에 대한 종사원의 수용성이 높다는 장점이 있다. 그러나 개별적인 고과목적에 적합한 사건 혹은 사건에 관한 기록이 없거나 충분치 않아 타당성에 제약이 있을 수 있으며 개별적 · 독립적인 사건에 치중하므로 전략적 통합에는 한계가 있을 수 있다.

⑥ 목표관리법(Management By Objective)

목표관리법(MBO)은 피터 드러커(P. Drucker)에 의해 개발되었으며 스스로 목표를 세우고 이를 달성하려고 노력할 때보다 높은 수준의 성과를 창출할 수 있다는 전제에서 부하직원으로 하여금 스스로 목표를 세우게 하는 경영관리기법의 하나이다. 실시방법은 종사원(고과대상자)에게 스스로 다음 직무수행기간 동안 직무수행을 통해 달성할 수 있는 성과목표를 계획하게 하고 상사와의 협의를 통해 목표를 확정한다. 이후 종사원은 스스로 세운 목표를 달성하기 위해 노력하고, 그 달성 정도를 1차적으로 평가하며, 이를 고과자에게 보고하여 최종적인 평가가 이루어지게 하는 것이다.

이 방법은 성과고과를 측정할 때 유용하고 분명한 목표의 설정과 이익 평가로 신뢰성이 제고되며 고과자와 고과대상자의 협의를 기반으로 한 목표설정과 평가로 수용성이 증대될 수 있으나, 고과자와 고과대상자의 담합(Collusion)이 있을 수 있으며 성과에 한정된 고과의 한계가 있을 수 있다.

3) 인사고과의 신뢰성을 저해할 수 있는 요인

인사고과 과정에서 고과자의 지각상 오류가 발생될 수 있으며 이는 고과대상자의 신뢰성과 수용성에 영향을 미칠 수 있다. 이러한 오류의 유형에는 연공 오류, 시간적 오류, 고정관념 오류, 후광효과 오류, 대비효과 오류, 상동적 오류, 관대화 오류, 중심화 오류 등이 있다.

(1) **연공 오류**(Seniority Error)

종사원의 직무수행과는 관계없이 연공, 즉 근속연수나 나이 등으로 평가하는 오류로 예를 들면 나이가 많고 근속연수가 많으면 해당 직무를 잘 수행했을 것이라 판단하여 고과를 부여하는 경우를 말한다.

(2) **시간적 오류**(Recent Error)

시간적 오류는 평가기간 동안의 모든 정보를 바탕으로 평가하기보다는 평가 시점에 가까운 최근 정보만을 대상으로 평가함에 따라 발생되는 오류를 말하는데 예를 들면 동일한 판매실적을 지닌 종사원은 업적고과의 점수가 동일해야 함에도 불구하고 고과평가 시점에 판매실적이 좋은 종사원을 상대적으로 높게 평가하는 경우를 말한다.

(3) **고정관념 오류**(Stereotype Error)

고과자의 특정한 가치관 등에 기인한 선입견으로 고과대상자의 평가가 왜곡되는 오류를 말하는데 예를 들면 평소 술과 담배를 좋아하는 사람들에 대한 인식이 좋지 않은 고과자는 술과 담배를 좋아하는 고과대상자를 부정적으로 평가할 수 있다.

(4) 후광효과 오류(Halo Effect)

후광효과 오류는 개인이 가진 능력이나 지능, 용모 또는 사회관계 능력 같은 특성들 중 하나에 기초하여 그 사람 전체에 대한 일반적 인상을 형성하는 것을 말한다. 즉 고과자의 심리적 현상에서 오는 오류로 고과자가 고과대상자의 하나의 특성에 근거해서 나머지 다른 모든 특성을 평가하는 오류이다. 예를 들면 특정 대상자의 인상이 좋다는 이유로 대인관계 부분에서도 좋은 평가를 할 수 있다.

(5) 대비효과 오류(Contrast Error)

대비효과 오류란 평가를 함에 있어 고과대상자 자체만을 평가해야 함에도 불구하고 비교가 되는 다른 사람과 대조하여 평가함으로써 발생하는 오류를 말한다.

예를 들면 요리를 매우 잘하는 주방장을 평가하는데 해당 주방장의 동료와 비교하여 평가하는 경우, 만일 비교 대상인 동료 주방장이 더욱 잘하는 요리사일 경우 해당 고과자는 낮은 평가를 받을 수 있다.

(6) 상동적 오류(Similar to Me Error)

고과대상자의 특성에 기초하기보다는 고과대상자가 속해 있는 집단의 특성에 기초해 판단하는 오류를 말한다. 예를 들면 고과자와 동일한 지역의 사람이거나 동일한 학교를 나왔을 경우 높거나 낮은 평가를 할 수 있는 오류를 말한다.

(7) 관대화 오류(Leniency Error)

관대화 경향이란 타인을 다소 긍정적으로 평가하려는 경향을 말하는데 이러한 경향은 고과대상자로부터 비난을 피하려는 심리에서 비롯된다.

(8) 중심화 오류(Central Error)

중심화 오류란 고과대상자를 평가할 때 긍정과 부정의 양극단을 피하고 중간 점수를 주는 경향으로 이러한 경향은 정보가 부족할 때 또는 고과대상자로부터 비난을 줄이기 위해 나타나는 오류이다.

3 인사이동

1) 인사이동의 목적

외식기업의 환경은 기술의 발달과 소비자 욕구의 변화 등으로 인하여 빠르게 변화되고 있다. 급격한 환경변화에서 외식기업이 존속, 유지, 발전하기 위해서는 환경변화에 능동적이고 창조적으로 적응해야 하며 이에 따라 직무도 변화되고 직무가 최적합 상태로 유지될 수 있도록 종사원들에 대한 계획적, 조직적 조정이 불가피하다. 이러한 조정을 인사이동이라고 할 수 있다. 인사이동의 목적을 보면 다음과 같다.

첫째, 적재적소의 배치이다.

종사원의 능력과 경험을 고려하지 않은 인사이동은 종사원의 근로의욕을 감소시킬 수 있으므로 종사원이 보유한 능력을 최대한 발휘할 수 있는 곳에 배치한다.

둘째, 환경변화에 적응하기 위한 것이다.

기업의 대내외적 변화에 창조적으로 적응하기 위해서 조직을 변화시키거나 보다 효율적으로 기업목적을 달성하기 위해서 합리적이고 일관성 있는 정책을 수립하기 위한 것이다.

셋째, 종사원의 사기향상을 위한 것이다.

인사이동은 내부 인적자원의 보충과 조달을 통하여 조직구성원의 근로의욕과 노력을 유발시키고 권태감에 빠지지 않도록 사기를 고양시키는 데 있다.

넷째, 인재의 육성을 위한 것이다.

종사원들의 경력개발을 위한 직무순환을 실시함으로써 종사원들의 다기능 다역화가 가능해지고 기업의 대내외부 환경변화에 대처하기 위한 신속하고 유연한 능력을 체험하게 함으로써 새로운 직무나 보다 책임성 있는 직위로 이동할 수 있는 경영자로서의 자질을 기를 수 있다.

다섯째, 경쟁의 유발과 동기유발을 위한 것이다.

동일직무의 정착화를 배제하여 능력정체 내지 퇴보현상이 일어나지 않도록 상호경쟁심을 진작시키고 종사원의 신상필벌을 위한 승진과 강등 등을 실현하는 데 있다.

2) 인사이동의 주요 유형

(1) 전환배치(Transfer)

전환배치는 기업 내의 한 직무로부터 동일수준 또는 다른 수준의 직무로 옮기는 것을 말한다. 이때 직무의 내용과 각 직무 간의 공통성 · 연관성을 고려하여 당사자에 대한 납득 및 이해 혹은 주위의 사람에 대한 영향을 충분히 고려하여 실시해야 한다. 전환배치를 실시할 경우 적재적소의 원칙을 준수하고 균형주의 원칙, 인재육성주의 원칙을 반드시 준수해야 한다.

전환배치의 유형에는 수요와 공급의 조절을 위한 전환배치가 있으며 종사원의 동기부여를 목적으로 계획된 순서에 따라 다양한 직무를 순환적으로 담당하게 하는 직무순환배치, 교대근무제를 실시하는 직무의 경우 종사원 간 근무시간을 전환하는 교대근무 전환배치가 있다.

(2) 승진(Promotion)

승진은 종사원이 보다 유리한 직무로 이동하는 것을 말하며 승진으로 인한 권한과 책임의 영역이 커지며 그에 따른 임금상승효과도 수반된다.

합리적인 승진은 종사원의 능률과 사기를 진작시키고 잠재적 종사원들에게 조직에 참여하고자 하는 동기부여를 제공하므로 적재적소, 업적, 인재의 육성, 동기부여의 기회 제공 등 기본원칙에 따라 실시해야 한다.

승진한 종사원은 성장욕구를 충족할 수 있으며 기업으로부터 인정받는다고 인식하여 인정감과 안정감이 증대된다. 기업의 입장에서는 종사원의 만족감을 기반으로 기업은 성과 향상이라는 경제적 효율성을 기대할 수 있으며, 인적자원의 효율적 확보와 운영이 가능하다.

(3) 강등(Down Grading)

강등은 승진과는 반대되는 개념으로 종사원의 권한 및 의무, 임금이 축소되며 현재의 직무보다 좋지 않은 조건의 직무로 옮기는 것을 말한다. 강등은 해당 종사원에게 지나친 사기저하를 일으킬 수 있으며 인격적인 모욕으로 받아들여질 수 있으나 다른 한편으로는 능력계발의 기회를 갖게 하고 다른 종사원에게 직무수행과 관련된 긴장감을 부여함으로써 성과를 자극할 수 있다는 장점도 있다.

제5절 인적자원의 유지관리

1 임금관리

임금이란 종사원의 정상적인 노동력 제공에 대한 직접적인 대가로 기업이 지급하는 경제적 보상의 한 형태라고 정의할 수 있다. 효과적인 임금관리는 우수한 인재를 확보하고 육성하는 데 중요한 역할을 한다. 따라서 합리적인 임금수준을 결정하기 위해서는 여러 측면에서의 신중한 고려가 요구된다.

외식기업의 입장에서 임금수준은 기업의 경쟁력, 특히 가격경쟁력을 좌우하는 중요한 비용요인임과 동시에 종사원들에게 동기를 부여하여 기업의 목적달성에 공헌하게 하는 성과창출요인이 되기도 한다.

한편 종사원의 입장에서 임금수준은 생계의 원천이다. 사회적으로는 건전한 사회의 유지 및 발전을 위한 토대가 되기에 신중히 고려되어야 한다.

일반적으로 임금수준은 노동수요자인 외식기업의 지불능력과 노동력을 공급하는 종사원의 생계 및 노동시장에서의 사회적 균형을 고려하여 결정된다. 이때 외식기업의 지불능력은 임금수준의 상한선이 되고 종사원의 생계비는 하한선이 된다.

1) 임금체계

외식기업이 임금을 통하여 종사원들에게 적절한 보상을 제공하고 성과창출 및 동기부여를 시키기 위해서는 반드시 임금에 대한 지급이 공정하다는 것을 인지시켜야 한다. 또한 경쟁기업과의 비교에서는 물론 기업 내 다른 종사원들과의 비교에서도 공정해야 임금의 공정성이 확보될 수 있다. 하지만 이러한 공정성이 확보되지 않는다면 기업은 임금을 통하여 추구하는 목적을 달성하기 어렵다.

예를 들어 아무리 높은 임금을 지급한다고 해도 다른 종사원과 비교했을 때 자신이 불공정하게 임금을 지급받았다고 지각하면 해당 종사원은 근무의욕 및 사기 하락으로 근무에 대한 몰입도 및 직무만족도가 떨어져 결국 기업이 달성하고자 하는 목적을 이루기 어렵다는 것이다. 따라서 기업은 종사원들이 임금에 대하여 공정하다고 인식할 수 있도록 노력하고 합리적인 임금관리를 위해 여러 임금체계를 복합적으로 활용하거나 수당과 같은 부분을 활용할 필요가 있다.

2) 수당

수당이란 종사원이 정규노동 이외의 노동력을 제공한 경우 또는 종사원의 생활을 보장하기 위해 기업이 자발적으로 지급하는 직접보상의 한 형태이다. 특히 외식기업은 이직률이 높아 각 기업마다 이직을 막고 우수한 인재를 확보하기 위해 보상에 많은 노력을 기울이고 있다.

기업이 수당을 지급하는 주된 이유는 임금의 공정성을 보완하고 보상의 안정성을 향상시키며, 임금관리의 유연성을 향상시키기 위해서이다.

수당은 지급하는 회사마다 명칭도 다르고 급여 포함여부도 다르지만 일반적으로 기준 내 수당과 기준 외 수당으로 구분된다.

기준 내 수당은 법적 구속력을 갖지 않는 임의수당, 즉 비법정수당으로 임금의 공정성, 안정성, 유연성을 향상시켜 종사원 생활을 보호할 목적으로 실시되는데 이러한 예로는 직무수당, 장려수당(모범근속수당, 정근수당 등) 및 생활보조 수당이 등이 있다. 한편 정규노동 이외의 노동력을 제공한 대가로 지급되는 기준 외 수당은 법적 구속력을 지니는 강제수당, 즉 법정수당이 된다.

대표적인 법적수당으로는 해고예고수당, 휴업수당, 주휴수당, 시간외 근무수당(연장근무수당, 휴일근무수당, 야간근무수당 등) 등이 있다.

법정수당은 5인 이상의 모든 사업장에 적용되며 사업주가 법정수당 미지급 시 임금체불로 인해 형사처벌이 가능하니 주의해야 한다. 법정수당의 구체적인 내용은 다음과 같다.

(1) 해고예고수당

근로기준법에 의해 기업은 근로자를 해고(경영상 이유에 의한 해고 포함)하려면 최소 30일 전 예고를 해야 하는데 그렇지 못한 경우 30일분 이상의 통상임금(해고예고수당)을 지급해야 한다. 단, 일용근로자로 3개월을 계속 근무하지 아니한 사람, 2개월 이내의 기간을 정하여 사용된 사람, 계절적 업무에 6개월 이내의 기간을 정해 사용된 사람, 수습 중인 근로자 등은 예외이다.

(2) 휴업수당

휴업수당은 기업(사용자)의 귀책사유로 인해 임금을 받지 못하면 근로자의 생활이 위협받을 수 있기에 근로자의 최저생활을 보장하려는 취지에서 시행되며 이런 경우 사용자는 휴업기간 동안 해당 근로자에게 평균 임금의 100분의 70이상의 수당을 지급해야 한다. 다만, 평균임금의 100분의 70에 해당하는 금액이 통상임금을 초과하는 경우에는 휴업수당으로 지급할 수 있으며 부득이한 사유로 인하여 사업계속이 불가능하여 노동위원회 승인을 얻은 경우에는 그 범위 이하의 휴업지불을 할 수 있다.

(3) 주휴수당

기업(사용자)은 근로계약서에 규정된 1주 동안의 근로일수를 모두 채운 근로자에게 유급주휴일을 부여한다. 즉 1일분의 임금을 지급받을 수 있는데 월급 근로자의 경우 월급에 포함하여 지급하고 일용 근로자의 경우 별도 계산하여 지급한다.

주휴수당은 '1일 근로시간×시급'으로 계산하는데 예를 들어 근로자가 계약에 따라 하루 6시간씩 주 5일을 모두 근무했다면 사용자는 근로자가 하루를 쉬더라도 하루분 급여(6시간×시급)를 별도 산정하여 추가로 지급해야 한다. 단, 퇴직할 때의 마지막 주는 만근과 상관없이 주휴수당으로 인정하지 않는다.

(4) 시간외 근무수당

시간외 근무수당은 연장근무, 휴일근무, 야간근무 등에 대해 발생하는 수당을 말하며 지급기준은 다음과 같다.

항목	내용	비용
연장근무수당	일소정근무시간 이상 근무 시 지급	• 5인 이상 사업장 - 통상시급×1.5×연장근무 시간 • 5인 미만 사업장 - 통상시급×1×연장근무 시간
휴일근무수당	의무적인 근무시간이 아닌 휴일 근무 시 지급	• 5인 이상 사업장 - 통상시급×1.5×휴일근무 시간 • 5인 미만 사업장 - 통상시급×1×휴일근무 시간
야간근무수당	22시~익일 06시 사이에 발생한 근무에 지급	• 5인 이상 사업장 - 통상시급×1.5×야간근무 시간 단, 야간근무와 연장근무를 동시 실시 시 - 통상시급×2×야간근무 시간 • 5인 미만 사업장 - 통상시급×1×야근근무 시간

※ 일소정근무시간: 근로계약에 따라 정해진 1일 근로시간
※ 통상시급: 기본급(총 월급여에서 비과세금액이 제외된 금액)을 209시간으로 나눈 값

2 복리후생

복리후생은 일반적으로 임금이나 근로조건과 무관하게 종사원에게 편익(Benefit)을 제공하기 위하여 기업이 추가로 제공하는 보상으로 정의한다.

복리후생은 임금이나 수당과는 달리 종사원의 노동력 제공과 직접적인 관계없이 모

든 종사원의 경제적 안정과 생활의 질을 향상시키기 위해 지급되는 일종의 간접보상 형태이다. 기업들이 다양한 복리후생을 실시하는 목적은 첫째, 종사원의 사기를 높이고 정신적 · 육체적 성과창출능력을 제고하여 높은 수준의 성과를 달성하기 위함이고 둘째, 종사원들의 사회적 · 인간관계적 욕구 충족을 돕는 것이며 셋째, 좋은 복리후생을 제공하여 노동시장에서 보다 유리하게 신규인력을 확보하기 위함이다.

일반적으로 복리후생 프로그램은 법적인 강제성을 기준으로 하여 법정복리후생과 법정 외 복리후생(자율복리후생)으로 구분할 수 있다. 법정복리후생은 국가가 사회적약자인 종사원을 보호하고 국가기능의 일부분인 사회복지 일부를 기업에 분담시키기 위하여 법률로 강제하는 복리후생으로 우리나라는 1995년 7월 고용보험이 실시됨에 따라 국민연금, 건강보험, 산재보험과 함께 4대 사회보험체제가 구축되면서 퇴직금제도, 유급휴가제도와 함께 법정복리후생으로 정착되었다.

이와는 다르게 법정 외 복리후생은 기업이 자율적으로 제공하는 복리후생으로 급식제공이나 통근버스 제공, 주택지원, 의료검사지원, 운동 및 여가생활을 위한 지원 등 다양한 종류의 복지를 종사원에게 제공하기도 한다.

일부 기업의 경우 카페테리아에서 자신이 원하는 음식을 선택하듯 기업이 제공하는 복리후생 항목 중 일정 금액 한도 내에서 종사원 자신이 필요로 하는 복리후생 항목을 선택하게 하는 선택적 복리후생제도(카페테리아식 복리후생제도: Cafeteria Benefit Plans)를 운영하기도 한다.

CHAPTER 04

외식산업의 메뉴관리

CHAPTER 04

외식산업의 메뉴관리

제1절 메뉴의 개념

1 메뉴의 정의 및 유래

메뉴의 어원은 라틴어 'Minutus'에서 유래하여 'Minute', 영어의 Small, 즉 Small List에 해당하는 말로 '상세히 기록한다'라는 의미를 나타낸다. 그러므로 메뉴는 '작고 자세한 목록'이라고 할 수 있으며 흔히 사용되는 메뉴라는 용어는 식단 목록표라는 말로 고객에게 식사로 제공되는 요리의 품목이나 명칭, 가격 등을 체계적으로 알기 쉽게 설명해 놓은 상세한 목록을 말한다.

영국에서는 메뉴의 또 다른 표현으로 'Bill of Fare'라고도 하는데 'Bill'이란 상품목록을 의미하고 'Fare'는 음식을 의미하는 말로 음식의 상품목록이라고 부른다.

웹스터사전(Webster Dictionary)에 의하면 메뉴란 'Detailed list of the foods served at a meal' 즉, 식사로 제공되는 음식의 상세한 목록이라고 설명하고 있다.

메뉴의 유래는 정확하지는 않으나 1514년 프랑스의 브룬스윅 공작(Duke Henry of Brunswick)이 연회행사에서 여러 가지 음식을 제공할 때 순서가 틀리거나 하는 번거로움과 불편함을 해소하기 위해 음식에 관한 내용과 순서를 메모하여 식탁 위에 놓고 그 순서대로 요리를 제공하기 시작한 데서 비롯되었다고 전해진다. 그 이후부터 19세기에 이르러 파리 레스토랑의 집단발생지에서 사용되기 시작하면서부터 일반화되어 오늘날 일반대중에게 제공할 수 있는 요리의 명칭을 기록한 목록표가 되었다.

그러나 메뉴에 대한 개념은 관리자의 관점이나 시대에 따라 변화되어 왔으며 차림표라는 단순한 정의와는 달리 현재는 마케팅과 관리의 개념이 가미되어 강력한 마케팅과 내부통제의 도구로 정의되고 있다.

2 메뉴의 중요성

메뉴는 외식기업의 경영자와 수요자인 고객을 연결해 주는 역할을 수행할 뿐 아니라 이윤의 창출 및 고객의 욕구를 충족시켜 줄 수 있는 마케팅 도구이다. 또한 메뉴의 내용에 따라 식자재의 구매나 저장, 재고관리, 음식의 조리, 서비스나 작업계획 등 여러 가지 형태의 메뉴관리 내용이 결정되고 결과적으로 식음료 원가에 큰 영향을 미치게 된다. 즉 메뉴는 구매, 식재료 관리, 시설 및 장비의 배치, 공간의 배분, 원가관리, 최종수익에 이르기까지 모든 분야에 영향을 미친다고 할 수 있다.

따라서 메뉴는 다음과 같은 중요성을 지니고 있다.

1) 최초의 판매수단

메뉴는 고객과 커뮤니케이션하게 되는 최초의 판매도구로서 매우 중요한 판매수단이 된다. 즉 고객이 레스토랑을 방문하여 처음으로 접하게 되는 주요 상품이 바로 메뉴라는 것이다. 이러한 메뉴는 고객에게 무언(無言)의 메시지를 전달하고 고객은 이에 따라 행동하게 된다. 따라서 메뉴는 고객과 상호 커뮤니케이션을 하게 되는 최초의 판매도구라고 할 수 있다.

2) 마케팅도구

마케팅이란 개인이나 조직의 목표를 충족할 수 있는 교환을 창조하기 위해 제품이나 서비스, 가격, 촉진, 유통 등을 계획하고 수행하는 과정을 의미하는데 이러한 관점에서 본다면 메뉴는 레스토랑 경영의 모든 활동을 메뉴와 함께 시작한다고 할 수 있다. 즉 외부적으로는 고객에게 음식이나 서비스, 가치, 가격 등을 전달하고 내부적으로는 레스토랑의 콘셉트(Concept)나 상품, 시설, 설비 등을 통제하고 관리하는 역할을 하게 된다. 이처럼 메뉴는 단순히 품목과 가격을 기록한 것이 아니라 고객과 레스토랑을 연결해 주는 마케팅 도구로서의 역할을 수행하고 있다.

3) 고객과의 약속

레스토랑의 상품은 고객이 직접 눈으로 모든 것을 확인하고 음식을 구매하기가 어렵다. 이러한 어려움을 해결해 줄 수 있는 도구가 바로 메뉴이다. 즉 고객은 메뉴를 통하여 자신이 구매하고자 하는 가치를 확인하고 주문하게 된다. 또한 메뉴는 레스토랑에서 판매하는 상품에 대하여 고객에게 그 가치를 보장한다는 고객과의 중요한 약속의 매개 수단이기도 하다.

4) 내부통제수단

메뉴는 레스토랑의 식재료 구매 및 저장 · 재고 등의 식재료 관리는 물론 가격정책 및 원가관리와 관련이 있어 레스토랑의 내부통제 수단으로 활용되는 도구가 된다. 즉 고객에게는 레스토랑의 이미지를 전달하고 내부적으로는 주방부서와 서비스부문의 생산, 시설, 구매, 마케팅 시스템 등이 효율적으로 운영될 수 있는 내부통제수단이 된다.

그림 4-1 메뉴의 중요성

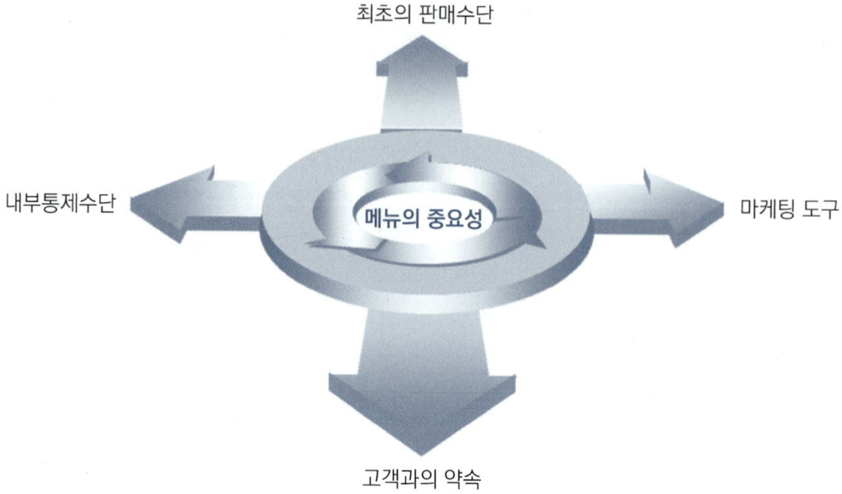

3 메뉴의 역할

메뉴의 기본적인 역할은 외부적으로는 판매 가능한 음식이나 가치, 가격을 고객에게 전달하고 내부적으로는 생산, 판매하는 상품이 무엇인가를 직원들에게 공유하는 것이다.

메뉴의 주된 역할을 보면 레스토랑을 창업 또는 경영할 때 처음 시장조사를 시작해서 콘셉트(Concept)나 주제(Theme)를 결정한 후 메뉴를 결정하게 되는데, 이때 메뉴에 따라서 레스토랑의 경영방식이나 운영형태가 달라질 수 있다. 즉 메뉴에 의해서 다른 것들이 모두 영향을 받는다는 것이다. 따라서 메뉴는 레스토랑 경영의 상징적인 사명을 가지고 있을 뿐 아니라 무언의 판매자로서 가장 중요한 판매수단이되며, 레스토랑의 개성과 분위기를 창출할 수 있고, 서비스의 형식 및 주방규모, 식자재 재고량, 제공할 음식의 종류, 기술수준 및 직원수, 주방설비 등 레스토랑의 운영형태를 결정하는 매우 중요한 역할을 한다.

그림 4-2 메뉴의 역할

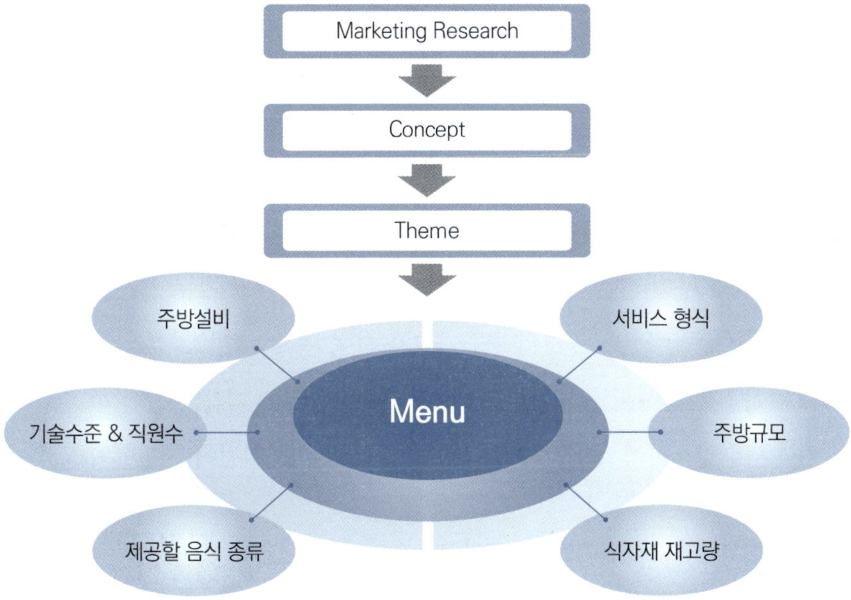

자료 : 신재영 외, 호텔, 레스토랑 식음료서비스 관리론, 대왕사, 2005, p. 287.

4 메뉴의 종류

메뉴는 크게 변화되는 기간에 따른 분류와 식사가격 및 내용에 따른 분류로 구분할 수 있다.

1) 변화되는 기간에 의한 메뉴

(1) 고정 메뉴(Fixed Menu)

고정메뉴란 몇 개월 또는 그 이상의 일정기간 동안 메뉴가 바뀌지 않고 반복적으로 판매되는 메뉴를 의미한다.

고정메뉴는 같은 아이템을 반복하여 제공하기 때문에 구매 및 저장, 주방의 관리가 용이하여 원가가 절감될 수 있다. 동일한 메뉴를 생산하고 서비스하기 때문에 메뉴에 대해 숙달되어 빠른 생산 및 서비스가 가능하므로 노동력 감소와 전문적인 상품지식을 보유할 수 있다. 또한 메뉴관리에 대한 통제나 관리가 용이하다는 장점이 있다. 자주 방문하는 고객은 메뉴에 싫증을 느낄 수 있으며 대부분의 고정메뉴는 1년 정도를 유지하기 때문에 계절별로 메뉴조정이 어렵다.

(2) 순환 메뉴(Cycle Menu)

순환메뉴는 일정한 주기, 즉 월 또는 계절에 맞추어 변화하는 메뉴로 주로 단체급식이나 병원, 회사의 구내식당, 군대 등에서 많이 사용되고 있는 메뉴이다.

순환메뉴는 계절별, 월별, 일별의 변화가 가능하여 메뉴의 권태로움을 제거할 수 있지만 재고가 증가될 가능성이 있으며 메뉴가 수시로 변경되어 이를 생산할 수 있는 고도의 숙련된 종사원이 필요하여 이에 따른 인건비 상승이라는 문제점이 발생할 수도 있다.

(3) 일시적 메뉴(Changing Menu)

일시적 메뉴는 특별한 행사기간 등에 판매되는 메뉴로 고정메뉴를 오래 사용하는 데서 오는 싫증을 해소할 수 있으며 식자재의 흐름이나 계절 등에 맞추어 판매할 수 있다는 장점이 있다. 하지만 일정 수량을 준비해서 해당 기간 동안 모두 판매하지 못하면 식재료가 모두 재고화될 수 있어 주의해야 한다.

이러한 메뉴의 형태로는 데일리 메뉴(Daily Special Menu), 페스티벌 메뉴(Festival Menu), 계절 메뉴(Seasonal Menu) 등이 있다.

2) 식사구성에 의한 메뉴

(1) 정식 메뉴(Full Course Menu)

정식메뉴는 아침, 점심, 저녁 등을 막론하고 어느 때든지 사용할 수 있으며 미각, 영양, 분량의 균형을 참작하여 구성된 메뉴로 코스에 따라 가격이 일정하게 정해지거나 주메뉴가 어떤 것이냐에 따라 가격이 달라지기도 한다.

이 메뉴의 장점으로는 풀코스(Full Course)로 주문 시 가격이 저렴하며 고객의 선택이 용이하다. 또한 조리과정이 일정하여 인력 절감효과 및 효율적인 서비스 제공이 가능하다.

(2) 일품요리 메뉴(A La Carte Menu)

일품요리 메뉴는 주문에 따라 조리사의 독특한 기술로 만들어진 요리가 품목별로 가격이 정해져 제공되는 요리를 말한다. 메뉴의 구성은 대부분 정식 메뉴의 순으로 되어 있어 각 코스별로 여러 가지 종류를 나열해 놓고 고객으로 하여금 기호에 맞는 음식을 선택하여 먹을 수 있도록 만들어진 메뉴이다.

일품요리 메뉴는 한번 만들어지면 장기간 사용하게 되므로 요리준비나 재료구입 업무에 있어서 단순화되어 능률적이라 할 수 있으나 원가상승에 의해 이익이 줄어들 수 있고, 단골 고객에게는 신선한 매력을 주지 못하고 지루함을 주어 판매량이 감소할 수 있으므로 고객의 욕구를 감안하여 지속적인 메뉴개발을 실시해야 한다.

3) 식사시간에 따른 메뉴

식사시간에 따른 메뉴의 유형은 기본적으로 조식, 중식, 석식으로 구분되며 이 외에도 고객의 욕구와 마케팅 전략에 따른 다양한 특별 메뉴가 있을 수 있다. 중식과 석식 메뉴는 흔히 볼 수 있는 대부분의 메뉴가 속할 수 있으며 영업의 형태 및 운영방식 등에 따라 다를 수 있으므로 본 장에서는 조식 메뉴에 대해서만 언급하기로 한다.

(1) 조식 메뉴(Breakfast Menu)

조식 메뉴는 하루에 처음 제공되는 식사이며 메뉴품목이 간단하고 음식제공이 빠르며 가격이 저렴한 편이다. 조식 메뉴는 대표적으로 미국식 조식 메뉴(American Breakfast), 유럽식 조식 메뉴(Continental Breakfast Menu)가 있으며 아침과 점심 식사의 중간 정도에 있는 브런치 메뉴(Brunch Menu)가 있다.

① 미국식 조식 메뉴(American Breakfast Menu)

미국식 조식 메뉴는 대부분의 호텔이나 레스토랑에서 사용되고 있으며 주요 메뉴로는 달걀요리와 과일, 주스, 시리얼(Cereals), 팬케이크(Pancake), 와플(Waffle), 베이컨(Bacon), 소시지(Sausage) 등으로 구성되어 있다.

② 유럽식 조식 메뉴(Continental Breakfast Menu)

유럽식 조식 메뉴는 달걀요리와 시리얼이 포함되지 않으며 빵과 커피 또는 주스류 정도만 선택하는 간단한 아침식사이다. 유럽식 메뉴는 주로 호텔의 객실료 지불방법 중 객실료에 아침식사 요금이 포함된 콘티넨탈 플랜(Continental Plan)에서 제공되는 조식 메뉴로 유럽에서 많이 사용하고 있다.

③ 건강식 조식 메뉴(Healthy Breakfast Menu)

사람들의 건강에 대한 욕구가 높아짐에 따라 영양식 대신 건강식 아침식사로 특별히 만든 메뉴이다. 메뉴의 구성은 주로 비만과 각종 성인병을 염려하는 고객을 위해 각종 미네랄과 비타민이 풍부하고 고단백, 저지방 식품인 생과일주스나 오트밀(Oatmeal) 등과 같은 메뉴로 구성된다.

그림 4-3 미국식 조식 메뉴 사례

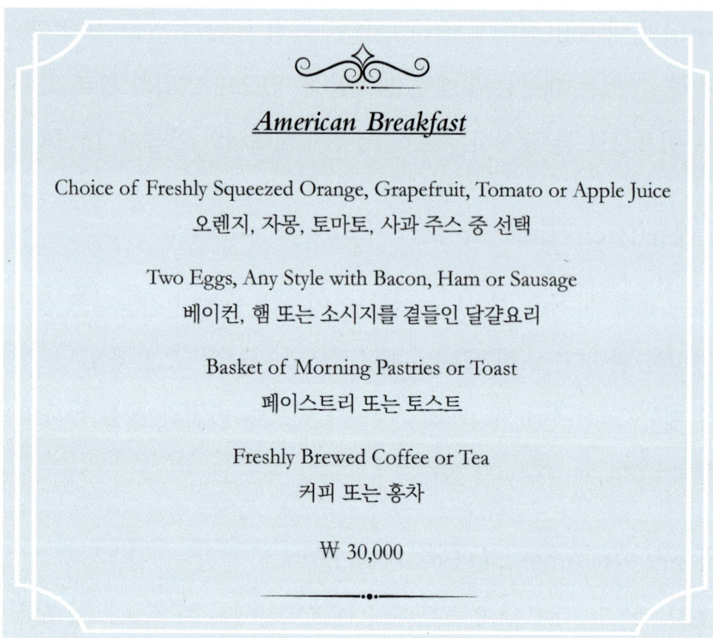
American Breakfast

Choice of Freshly Squeezed Orange, Grapefruit, Tomato or Apple Juice
오렌지, 자몽, 토마토, 사과 주스 중 선택

Two Eggs, Any Style with Bacon, Ham or Sausage
베이컨, 햄 또는 소시지를 곁들인 달걀요리

Basket of Morning Pastries or Toast
페이스트리 또는 토스트

Freshly Brewed Coffee or Tea
커피 또는 홍차

₩ 30,000

그림 4-4 유럽식 조식메뉴 사례

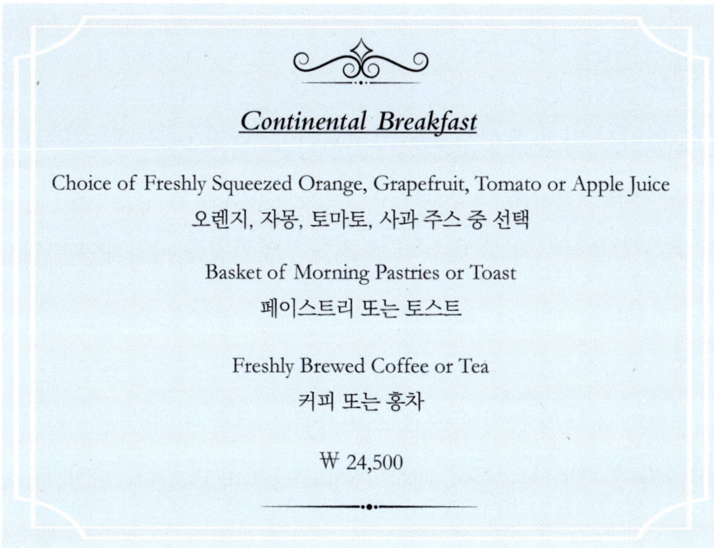

자료 : 호텔신라 메뉴 참조

제2절 메뉴 계획

메뉴계획은 메뉴작성이라고 부르기도 하며 고객에게 제공될 여러 가지 음식에 대한 메뉴를 미리 결정하는 것을 말한다. 이러한 메뉴계획은 레스토랑의 콘셉트를 반영하는 것으로 고객만족을 통한 이익의 극대화라는 목표에서 시작되는 마케팅의 출발점이 된다. 따라서 고객의 욕구 파악 및 원가와 수익성과의 관계, 구입 가능한 식재료, 조리시설의 수용력, 다양성과 매력도, 영양적 요인을 포함해야 한다.

1 메뉴 계획 시 고려사항

1) 고객의 욕구 파악

메뉴계획에 있어서 가장 우선적으로 고려되어야 할 것은 그 메뉴가 누구를 대상으로 하며 그들이 좋아하는 것이 무엇인가를 분석하는 것이다. 즉, 현재 우리의 고객이 누구이며 그들의 욕구를 충족시켜 줄 메뉴의 종류가 무엇인지를 파악해야 한다.

2) 영양적 요구

가치관의 변화와 소득의 증가 등으로 소비자들은 건강에 대한 관심과 더불어 질 좋은 먹거리, 친환경적 유기농산물 등에 대한 관심도 증가하고 있다. 또한 초고령시대를 맞이해 연령대를 고려한 고령 친화적 메뉴나 1일 권장 섭취량 등 영양적 요소를 고려한 메뉴기획이 필요하다.

3) 습관 및 선호

음식에 대한 습관이나 선호는 인종, 종교, 환경 등에 따라 영향을 받을 수 있다.

예를 들어 고기를 먹지 않는 고객들이나 건강에 대해 신경을 쓰는 고객, 식재료의 원산지에 관심을 갖는 고객 등 레스토랑을 찾는 주요 고객들의 습관 및 선호를 고려하여 메뉴를 계획해야 한다.

4) 원가와 수익성

아무리 좋은 메뉴라고 해도 원가가 높으면 이와 함께 메뉴 가격도 높아지므로 고객이 부담을 느낄 수밖에 없다. 따라서 원가 목표율을 염두에 두고 계획하여 적절한 이윤과 매출을 올릴 수 있도록 메뉴를 구성해야 한다.

5) 식재료 구입여부

메뉴에 사용되는 식재료가 무엇인가를 알고 시장에서 원하는 만큼 경제적인 가격에 구입이 가능한지 또는 지속적으로 구입이 가능한지 파악하여야 한다. 따라서 시장에서 재료의 가격변화추이나 구입경로 및 난이도 등을 지속적으로 파악해야 한다. 예를 들어 메뉴에는 구성되어 있으나 재료를 구할 수 없다면 고객에게 제공할 수 없어 신뢰를 잃을 수 있으며 희귀 재료 사용 시 원자재 가격의 급상승과 같은 상황 발생으로 수익성에 큰 타격을 입을 수 있기 때문이다.

6) 조리기구 및 시설의 수용능력

메뉴에 사용하는 조리기기와 장비, 인력 등을 효율적으로 운영하여 생산성을 높일 수 있도록 주변기기를 효율적으로 배치하고 또한 어떤 조리기기를 사용할 것인지, 어떤 작업공정을 통해 완성할 것인지 등도 구체적으로 검토한다.

7) 다양성과 매력성

모든 고객의 욕구를 충족시켜 줄 수 있는 메뉴는 없을 것이다. 또한 그런 레스토랑이 존재하지도 않을 것이다. 하지만 한정된 메뉴로 끊임없이 변화하는 고객의 욕구를 충족시키기 위해서는 다양한 메뉴가 필요하다. 다양성은 많은 품목을 만든다는 의미도 있겠지만 한정된 식재료를 사용하여 조리법을 달리하거나 외형에 변화를 주어 풍부한 느낌을 줄 수도 있다.

8) 가격

고객은 자신이 지불하는 가격 대비 얻는 가치를 고려하기 때문에 가격은 메뉴결정의 중요한 요소이다. 따라서 가격과 고객이 해당 메뉴에 대해 평가할 가치를 잘 고려하여야 할 것이다.

2 세트메뉴 계획 시 주의사항

메뉴에 대한 계획은 레스토랑을 경영하는 데 매우 중요한 사항으로 단기간에 임의로 결정할 것이 아니라 체계적이고 계획적인 판단이 필요하다. 또한 메뉴를 계획하기 전에 반드시 고려해야 할 주의사항은 다음과 같다.

첫째, 동일한 재료를 두 가지 이상의 요리에 사용하지 않는다. 예를 들면 양식의 경우 해산물 샐러드 이후의 코스에 해산물 수프를 넣는 것은 좋지 않다.

둘째, 요리의 곁들임이나 장식에 주의한다. 즉 요리의 재료에 알맞은 가니쉬(Garnish)를 선택하여 색의 조화를 이룰 수 있도록 한다.

셋째, 비슷한 색의 요리를 반복하지 않는다.

넷째, 동일한 조리방법을 반복해서 사용하는 것은 피한다. 예를 들면 튀김요리 다음에 또다시 튀김요리를 제공하는 것은 좋지 않다.

다섯째, 요리 코스의 균형을 맞추도록 한다. 즉 양식의 경우 전채요리를 시작으로 수프, 생선요리, 육류요리, 후식 등 일련의 코스가 잘 어울리도록 배열한다.

여섯째, 계절의 감각에 맞는 메뉴를 작성한다. 예를 들면 계절에 맞는 과일이나 야채를 이용한 요리를 만들거나 지방 특산물을 이용한 요리를 작성하는 것이 좋다.

일곱째, 영양배합의 메뉴를 구성해야 한다. 연령별, 성별, 직업별에 알맞은 식품의 양과 질을 배합하여 열량공급을 충족시킬 수 있도록 한다.

여덟째, 식품위생을 충분히 고려한다. 신선한 식품을 사용하고 부패, 식중독 등의 위험성이 있는 식품은 특별히 주의하며 식품 저장방법 등에도 주의한다.

제3절 메뉴디자인

1 메뉴디자인의 개념

우리가 흔히 부르는 메뉴 북(판)이란 고객이 선택할 수 있는 품목의 내용을 특별한 재질의 판을 이용하여 인쇄해 놓은 것으로 레스토랑의 스타일과 분위기 및 음식의 질에 대한 심리적 기대감과 함께 음식들이 어떻게 제공되는가에 대해 설명하는 도구이다.

메뉴는 광고와 마찬가지고 고객에게 무엇을 살 수 있는가를 직접적으로 알려주며 매출을 높이고 고객에게 만족을 줄 수 있는 유용한 광고 및 판매도구가 된다.

따라서 메뉴 북이 유용한 판매수단이 되기 위해서는 레스토랑이 추구하는 콘셉트가 표현되어야 하는데 언어, 정확성, 메뉴품목의 배열, 활자체 등의 요소들이 조화를 이루어야 한다.

이러한 메뉴 북은 글씨, 메뉴의 배열방법, 사용되는 색채와 재질의 종류에 따라 레스토랑의 성격을 나타낼 수 있으므로 아름답고 깨끗하게 만들어야 긍정적인 인상을 심어줄 수 있다.

2 메뉴디자인의 구성요소 및 주의사항

1) 언어

메뉴에 표기되는 언어는 레스토랑의 형태와 특성을 반영하는 것이 좋다. 예를 들어 일본식 레스토랑이라고 한다면 일본어를, 중국식 레스토랑이라고 한다면 중국어를 표기하는 것이 좋다. 하지만 외국어를 사용하는 경우 정확한 번역을 밑에 덧붙이도록 한다.

2) 정확성

고객은 메뉴로부터 음식의 가격과 특성에 대한 정보를 얻을 수 있으며 메뉴를 믿고 주문을 한다. 하지만 메뉴에 있는 내용과 서비스된 상품의 내용이 다를 경우 고객은 불쾌감을 느낄 뿐 아니라 속았다는 느낌마저 받을 수 있다. 따라서 관리자는 항상 메뉴를 사전에 검사하고 실제와 차이가 있는지 확인하여야 한다. 그리고 간혹 인쇄된 메뉴를 손으로 쓰거나 스티커를 이용하여 수정하는 경우가 있는데 이런 경우는 좋지 못한 행동이며 레스토랑의 품위를 떨어뜨릴 수 있으므로 주의해야 한다.

사례 **'곰탕'이 'Bear Tang? 한식메뉴 외국어 표기 정비한다.**

외국인 관광객이 많이 찾는 한 식당의 메뉴판에는 '곰탕'이 'Bear Tang'으로 표기돼 있다. 곰탕의 '곰'은 고기, 뼈 등을 고아내다 라는 뜻에서 유래됐는데 동물 '곰'으로 번역한 결과다.
날로 먹는 고기를 뜻하는 '육회'를 '여섯 번'을 의미하는 'Six Times'로, '돼지 주물럭'은 'Massage Pork' '방어구이'는 'Fried Defence'로 표기한 곳도 있다.
이처럼 국내외 외식업체에서 사용하는 한식 메뉴의 외국어 표기가 제대로 이뤄지고 있지 않아 외국인들이 혼란스러워 하는 경우가 많다는 지적이 제기되고 있다.
농림축산식품부와 한식재단은 한식 메뉴의 올바른 외국어 표기법을 홍보하기 위해 '한식 메뉴 외국어 표기법 50선'을 마련해 관련 업체들에 배포했다고 밝혔다.
이번에 마련된 표기법은 국립국어원이 지난해 발표한 '주요 한식명(200개) 로마자 표기법 및 번역 표준안(영 · 중 · 일)'을 바탕으로 한식재단이 제안한 세계인을 위한 한국음식 75선 및 한국관광공사가 발간한 '방한 외국인관광객 음식관광 실태조사(2014)' 등을 참고했다.
농식품부 관계자는 우리나라를 찾는 외국인들에게 우리 음식을 정확하게 알리고 제대로 맛볼 수 있도록 노력해야 한식이 세계음식문화를 선도해 나갈 수 있다면서 한식 메뉴를 외국어로 정확하게 표기하는 것은 우리 음식문화를 제대로 소개하는 것은 물론 잘못된 표기는 손님에게 주인의 수준까지도 평가받는 것임을 알아야 한다고 말했다.

자료 : 이데일리(www.edaily.co.kr), 2015. 10. 5

3) 가격

가격은 고객이 자신이 먹는 음식에 대한 금액을 확인할 수 있도록 정확히 명시해야 한다. 또한 가격은 비용을 충당하고 적정 이익을 낼 수 있어야 하고 경쟁력을 갖추고 있어야 한다.

4) 메뉴품목의 배치

메뉴품목의 배치는 고객이 처음 메뉴를 보았을 때를 기준으로 해서 시선이 집중되는 곳에 인기메뉴 또는 주력메뉴를 배치하는 것이 좋다. 한 연구에 의하면 고객이 메뉴를 처음 보았을 때 〈그림 4-5〉와 같이 시선이 이동한다고 한다. 물론 모든 사람이 그런 것은 아니지만 보편적이라 할 수 있으므로 그림과 같이 화살표 위에 수익성이 높은 품목을 배치하는 것이 좋다. 예를 들면 이익 기여도가 높은 품목은 주로 오른쪽에 배치하고 이익 기여도가 낮은 품목은 주로 왼쪽 하단에 배치하는 것이 좋다.

그림 4-5 메뉴의 고객 시선

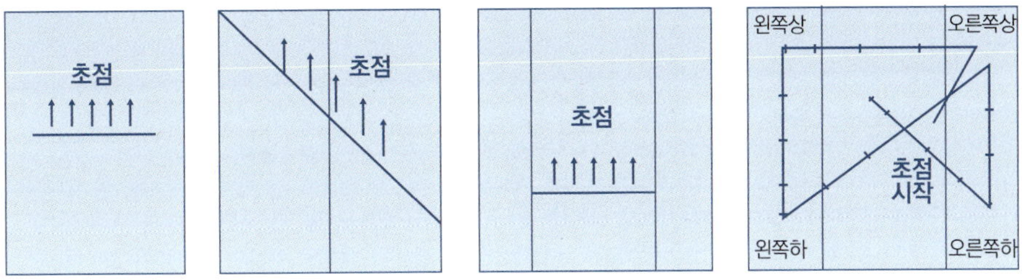

5) 글자

메뉴의 글자는 고객이 읽을 수 있도록 적절한 활자와 크기를 사용해야 한다. 메뉴의 글자를 정할 때는 글자와 글자 사이의 간격이라든지 문장과 글자 사이의 간격, 메뉴 품목 간의 간격 등에 신경을 써야 하고 강조할 부분의 품목에 대한 글자의 크기나 밝기를 조정하는 것이 좋다. 단, 요란하거나 다양한 글자체를 사용하는 것은 자제하는 것이 좋다.

일반적으로 모던타입(Modern Type)과 로만타입(Roman Type), 스크립트 타입(Script Type)을 가장 기본으로 사용한다.

모던타입은 굵고 진한 타입으로 주로 메뉴의 표지에 쓰는 타이틀 같은 문구에 사용하고 로만타입은 얇고 진해서 읽기 쉽기 때문에 주로 메뉴의 제목이나 부제목을 적는 데 사용한다. 로만타입은 주로 잡지나 책에 있는 내용들의 글씨체에 많이 사용된다. 스크립트 타입은 흔히 '필기체'라고 하며 주로 메뉴를 설명하는 문구에 많이 사용된다.

글자의 크기는 보통 6포인트(Point)에서 192포인트까지 사용하나 메뉴에 사용되는 포인트는 최소 12포인트 이상 되어야 고객이 식별하기 쉽다.

그림 4-6 **메뉴 글자의 3가지 형태**

자료 : Paul J. Mcvety, Bradley J. Ware & Claudette Levesque, Fundamentals of Menu Planning, John Wiley & Sons, 2001, p. 134.

6) 메뉴의 크기와 형태

메뉴의 크기는 일정한 기준은 없지만 레스토랑이 추구하는 목표와 메뉴의 특징, 테이블의 크기, 레스토랑의 분위기나 수준 등을 표현할 수 있는 크기가 좋다.

레스토랑의 특성에 따라 다르지만 평균 30~40cm의 크기가 적당하고 페이지 수는 보통 6~15페이지 정도이다.

메뉴의 형태는 한 장에서부터 가운데 부분이 접히는 것 등 대부분 책의 형태로 되어 있는 것이 많으며 이 외에도 메뉴의 속을 갈아 끼울 수 있는 바인더 형식이나 행사 등에 주로 사용되는 1페이지로 된 메뉴 등도 있다.

주요 메뉴의 형태는 〈그림 4-7〉과 같다.

그림 4-7 **메뉴의 형태**

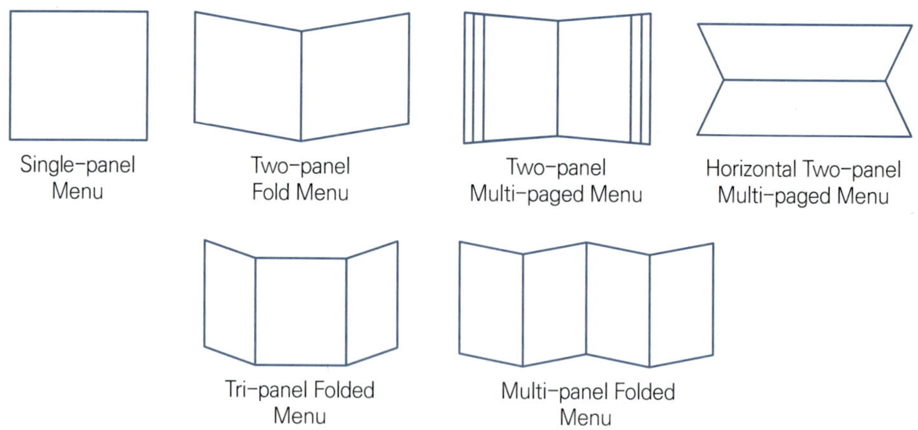

7) 메뉴의 외형

메뉴의 외형은 실내장식이나 분위기가 조화를 이루어야 한다. 예를 들면 휴양지의 경우 작고 가벼운 것이 좋으며 물이나 습기 등에 강한 래미네이트(Laminate)된 용지를 사용하고 시원한 느낌이 들 수 있는 메뉴가 실용적일 수 있다.

또한 고급화를 추구하는 레스토랑이 아니라면 메뉴가 깨끗하게 보존될 수 있도록 코팅(Coating)을 하거나 실용성을 추구한다면 링 바인더 형식을 사용하는 것도 좋다. 이 밖에도 메뉴 북의 색은 고객이 메뉴를 읽기 쉽도록 도와주는 역할을 한다. 예를 들면 하얀색의 종이 위에 검은색 글자로 인쇄되어 있다면 쉽게 메뉴를 읽을 수 있지만 검은색 종이 위에 하얀색 글자로 인쇄되어 있다면 42% 정도 읽는 속도가 느려진다는 연구결과도 있다. 따라서 독특한 이미지를 추구하는 것도 좋지만 너무 요란스럽고 거부감을 줄 수 있는 메뉴는 피하는 것이 좋다.

사례 레스토랑 메뉴판에 숨겨진 비밀 8가지

미국 유명 온라인 잡지 멘탈 플로스(Mental Floss)에 보도된 레스토랑 메뉴판에 숨겨진 비밀들을 소개한다.

1. 선택사항 제안하기

소비자들에게 메뉴 선정은 가장 선택이 어려운 동시에 즐거운 순간이다. 이는 심리학에서 '선택의 역설(Paradox of Choice)'로 이해할 수 있는데 메뉴에 음식 종류가 많을수록 소비자는 선택장애를 느끼게 된다. 예를 들어 7개 이상의 음식이 메뉴에 있을 때 소비자들은 어떤 것을 선택할지 고민하며 '내가 선택한 음식이 다른 음식보다 맛이 없으면 어쩌지?'라는 불안감을 느끼고 혼란해 한다.

2. 사진 추가하기

근사하게 나온 음식 사진을 메뉴 옆에 놓아두는 것만으로도 매출의 30%를 높일 수 있다.
아이오와 주립대의 한 연구결과에 따르면 디스플레이에 나타난 샐러드 이미지를 본 사람들은 그렇지 않은 사람들보다 70%나 더 많은 샐러드를 주문하는 것으로 나타났다. 이미지가 더 선명하거나 색상이 강렬한 사진이 그냥 출력된 사진보다 소비자들의 시선을 더 끌어당기기 때문이다.

3. 교묘한 가격 노출 방법

소비자들은 메뉴판에 적힌 가격을 보고 부담을 느낀다. 돈을 나타내는 표기들은 소비자들에게 돈을 써야 한다는 사실을 상기시키기 때문에 소비자들은 그 기호를 바라보는 것만으로도 불쾌해 한다. 코넬대학이 발표한 연구결과에 따르면 숫자를 사용하지 않고 글자로 가격을 써넣은 것이 훨씬 더 많은 돈을 쓰도록 유도하는 것으로 나타났다. 가격은 따로 부각하지 않는 선에서 메뉴 이름 아래에 음식 설명에 녹아들도록 배치해야 소비자들이 한눈에 훑어 읽고 지나가도 거부감을 느끼지 않는다.

4. 비싼 메뉴 미끼 만들기

메뉴판에 음식의 위치를 선정하는 것은 매우 중요한 일이다. 이에 따라 소비자들의 눈길이 자연스럽게 흘러갈 수 있도록 메뉴판 상단 가장 우측 구석부터 가장 비싼 음식을 놓아야 한다. 이어 바로 아래에 첫 번째보다 덜 비싼 메뉴를 놓아 그 음식의 가격이 적절해 보이도록 구성해야 한다. 이는 메뉴판 가장 상위에 다른 메뉴보다 약간씩 비싼 메뉴를 배치함으로써 '음식의 질이 전체적으로 높다'는 느낌을 심어주고 다른 모든 메뉴가 합리적인 가격으로 보이게 유도한다.

5. 고객의 눈 이해하기

메뉴판에도 '명당자리'가 있다. 대형마트에서 가장 수익성이 좋은 상품을 고객의 눈높이에 맞춰 진열하는 것처럼 메뉴판의 우측 상단에 가장 수익성이 좋은 메뉴를 배치한다. 예를 들어 애피타이저를 좌측 상단에, 그 아래에는 샐러드를 놓는다면 고객들은 모든 메뉴를 위에서 아래로 자연스럽게 흐르듯 읽을 수 있기 때문이다. 또 가장 수익성이 높은 메뉴에 이목을 끌기 위해서는 주변 여백을 비워두는 것도 유용하다 할 수 있다.

6. 색상의 활용

메뉴판에 다양한 색상을 조화롭게 활용하는 것도 매출 증가에 도움이 된다. 예를 들어 부드러운 브라운색이 마음을 위로해주는 색상으로 마음을 진정시키는 효과를 주는 것처럼 말이다. 색상이 우리 마음에 어떤 영향을 미치는지 결정적인 증거는 찾기 어렵지만 붉은색이나 노란색 계열의 색상은 보는 이들의 시선을 끌어 식욕을 돋우는 효과가 있다. 레스토랑 대부분이 빨간색과 노란색을 브랜드 색상으로 사용하는 데에는 이 같은 이유가 있는 것이다.

7. 매혹적인 어휘 사용

대부분 레스토랑에 갔을 때 메뉴판에 적힌 생소한 어휘들을 보고 당황하거나 감탄해 본 경험이 한 번쯤 있을 것이다. 요리에 대한 이름뿐 아니라 이에 대한 자세한 설명들이 보는 이로 하여금 마음에 감동을 준다. 코넬대학의 한 연구결과에 따르면 메뉴에 대한 설명을 많이 붙일 경우 손님이 지급한 가격에 대비해 더 많은 것을 제공하고 있다는 상황을 형성시킬 수 있다고 한다. 예를 들면 메뉴판에 단순히 '초콜릿 푸딩'이라고 적던 것을 '윤기가 매혹적인 초콜릿 푸딩'으로 적을 때 손님들은 실제로 그 음식을 더 맛있게 느낀다.

8. 향수 자극하기

누구나 어린 시절의 추억을 떠올리게 하는 특정한 음식들이 있다. 레스토랑은 고객들의 감성을 자극해 수익을 내는 방향으로 이용한다. 과거 시점을 언급하는 것은 향수를 자극하는 데 도움이 된다. 여기에는 '외할머니가 만든' 같은 '전통', '가족' 등 민족주의적인 것들이 포함된다. 지역을 명시한 것도 전략 중 하나다. '제주도산 흑돼지', '파주 장단콩으로 만든 두부' 등과 같은 전통적인 단어를 언급하면 마치 이러한 음식을 먹으면 건강해질 것 같은 느낌을 심어준다.

자료 : 인사이트, 곽한나, 레스토랑 '메뉴판'에 숨겨진 비밀 8가지, 2015. 8. 19

제4절 메뉴 평가

1 메뉴 평가의 중요성

외식산업에 있어서 메뉴분석은 고객의 선호도에 따른 최고의 만족, 직원의 능력에 따른 최대 매출증대, 레스토랑 경영자에게 순이익을 증가시키기 위한 행위로 정의할 수 있다.

메뉴는 레스토랑의 경영목표를 결정하는 대표적인 상품임과 동시에 매출에 직접적인 영향을 미치는 요소이기 때문에 지속적인 관리가 요구된다. 따라서 상권의 변화 및 경쟁상황, 고객욕구의 변화, 식재료가격의 변동 등 외식산업의 내 · 외적요소를 확인하여 기존 메뉴품목의 삭제 또는 신규메뉴의 개발 등이 필요하다.

레스토랑 운영 초기에는 메뉴를 성공적으로 설계한 후 출시하였다고 해서 메뉴관리가 끝난 것은 아니다. 어느 레스토랑이나 사업을 시작했을 때의 메뉴 완성도는 매우 낮기 때문에 실제 영업을 해 본 후 고객이 선호하는 메뉴를 파악할 수 있는 것이다. 따라서 일정기간 레스토랑을 운영한 후 가격정책이나 상품구성, 고객욕구와의 차이점을 발견하고 메뉴 평가를 통해서 메뉴를 개선해야 한다.

메뉴 평가는 고객의 수요, 전체 판매량에서 각 메뉴품목이 판매된 수량을 나타내는 메뉴 믹스분석, 수익성이 어떠한가에 그 초점이 맞춰진다. 이러한 메뉴 평가를 통해 메뉴품목이 제대로 판매되고 있으며, 이익 여부에 대한 분석과 함께 그 결과에 따라 메뉴품목의 위치를 조절하고 전략을 수립해야 한다.

2 메뉴 엔지니어링(Menu Engineering)

메뉴 엔지니어링이란 레스토랑 경영자가 현재 또는 미래의 메뉴를 평가하는 데 활용될 수 있도록 단계적으로 체계화시킨 평가방법으로 협의로는 메뉴가격결정을 위한 새로운 접근방법이라고 할 수 있다. 이것은 미국의 카사바나와 스미스(Michale Kasavana &

Donald Smith)에 의해 개발된 방법으로 고객들이 선호하는 메뉴품목의 인기도를 나타내는 메뉴믹스(Menu Mix)와 수익성(Contribution Margin)을 평가하여 메뉴에 관한 의사결정을 하기 위한 방법이다.

메뉴 엔지니어링은 단순히 식재료비율이 어느 정도인가를 확인하는 것이 아니라 현재의 메뉴구성으로 레스토랑이 얼마나 이익을 내고 있는가를 분석하는 것이다.

예를 들면 식재료비율이 무조건 낮아야 좋은 것인지? 아니면 높아도 경영자에게 이익을 줄 수 있는지 등을 파악하여 메뉴에 대한 적합한 평가를 내리는 것이다.

아래의 〈표 4-1〉을 보면 식재료비율이 낮음에도 불구하고 높은 품목보다 수익성이 낮은 것을 볼 수 있다. 이때 경영자는 어떤 결정을 내릴 것인지 판단해야 한다.

| 표 4-1 | **식재료비율과 수익성 관계 예시**

메뉴품목 (Menu Items)	메뉴품목 식재료비 (Item Food Cost)	판매가격 (Selling Price)	식재료비율 (Food Cost %)	판매량 (Selling)	수익성 (Contribution Margin)
Kalbi	2,400원	5,000원	48	500개	2,600원
Bulgogi	4,500원	8,500원	53	300개	4,000원
Veal Cutlet	5,500원	10,000원	55	300개	4,500원
Tenderloin	4,100원	6,600원	62	600개	2,500원

메뉴 엔지니어링 분석 시 주의할 사항은 레스토랑을 오픈하여 1개월이 지난 후 최소 3개월 정도의 매출을 기준으로 평가하는 것이 좋다. 오픈 당시는 오픈 프리미엄으로 인하여 매출의 폭이 상당히 차이를 보일 수 있기 때문이다. 또한 동일한 범주의 메뉴로 분석을 해야 한다. 예를 들면 주요리는 주요리와, 전채요리는 전채요리끼리 비교 · 분석해야 정확한 평가를 할 수 있다.

1) 메뉴 엔지니어링 계산방법

메뉴 엔지니어링은 고객 선호도와 공헌이익을 두 축으로 하여 Star, Plowhorse, Puzzle, Dog의 4가지 메뉴로 구분하는데 〈표 4-2〉의 메뉴 엔지니어링 분석표를 보면서 이해하기로 한다.

| 표 4-2 | 메뉴 엔지니어링 분석표 예시

NO	메뉴 품목	판매 수량	메뉴 믹스 (%)	판매 원가	판매 가격	이익	품목당 총원가	품목당 총매출	품목당 총이익	이익 분석	인기도 분석	메뉴성향
	(A)	(B)	(C)	(D)	(E)	(F)	(G)	(H)	(I)	(J)	(K)	(L)
1	햄버거	300	30	500	900	400	150,000	270,000	120,000	저	고	Plowhorse
2	샌드위치	100	10	250	500	250	25,000	50,000	25,000	저	저	Dog
3	스파게티	50	5	200	900	700	10,000	45,000	35,000	고	저	Puzzle
4	비빔밥	150	15	500	950	450	75,000	142,500	67,500	저	고	Plowhorse
5	스테이크	400	40	560	1,200	640	224,000	480,000	256,000	고	고	Star
합계		1,000	100				총원가	총매출	총이익			
		(N)					(M)	(O)	(P)			
							484,000	987,500	503,500			
							총평균 원가율	평균이익	평균 인기도 비율(%)	평균 인기도(S)는 1 / 품목 수×70% (70%는 절대기준이 아님)		
							(Q)	(R)	(S)			
							49%	503.5	14% (140개)			

상기의 분석표 중 '햄버거' 아이템을 기준으로 설명해 보면 다음과 같다.

(1) 메뉴믹스 비율(C)(Item Menu Mix %)

공식: 판매수량(B) ÷ 판매수량 합계(N) × 100

= (300개 ÷ 1,000개) × 100 = 30%

(2) 이익(F)(Item Contribution Margin)

공식: 판매가격(E) − 판매원가(D) = (900원 − 500원) = 400원

(3) 품목당 총원가(G)(Item Cost)

공식: 판매수량(B) × 판매원가(D) = (300개 × 500원) = 150,000원

(4) 품목당 총매출(H)(Item Total Revenue)

공식: 판매수량(B) × 판매가격(E) = (300개 × 900원) = 270,000원

(5) 품목당 총이익(I)(Item Total Contribution Margin)

공식: 판매수량(B)×이익(F)=(300개×400원)=120,000원

(6) 총원가(M)(Menu Total Cost)

공식: 각 아이템 품목당 총원가의 합계

=(150,000원+25,000원+10,000원+75,000원+224,000원)=484,000원

(7) 총매출(O)(Menu Total Revenue)

공식: 각 아이템 품목당 총매출의 합계

=(270,000원+50,000원+45,000원+142,500원+480,000원)=987,500원

(8) 총이익(P)(Menu Total Contribution Margin)

공식: 총매출(O)−총원가(M)=(987,500원−484,000원)=503,500원

(9) 총평균원가율(Q)(Menu Total Average Cost)

공식: 총원가(M)÷총매출(O)×100=(484,000원÷987,500원×100)=49%

(10) 평균이익(R)(Menu Total Average Margin)

공식: 총이익(P)÷판매수량(N)=(503,500원÷1,000개)=503.5원

(11) 평균인기도 비율(S)(Popularity Index)

공식: (100%÷메뉴품목(A)의 수)×70%={(100%÷5)×70%}=14%,

또는 판매수량(N)÷메뉴품목 수(A)×70%={(1,000개÷5품목)×70%}=140개

이때 70%의 비율은 정해진 수치가 아니라 레스토랑의 상황에 맞게 변경할 수 있다. 다만 일반적으로 판매량의 70%가 넘었을 때 인기가 있다고 해석한다.

2) 메뉴 엔지니어링 분석

메뉴 엔지니어링 계산방법에 의해서 도출된 수치를 가지고 먼저 평균이익(R)과 평균인기도(S)를 기준으로 매트릭스(Matrix)를 작성한 후 해당 아이템을 위치시킨다.

그림 4-8 메뉴 엔지니어링 매트릭스

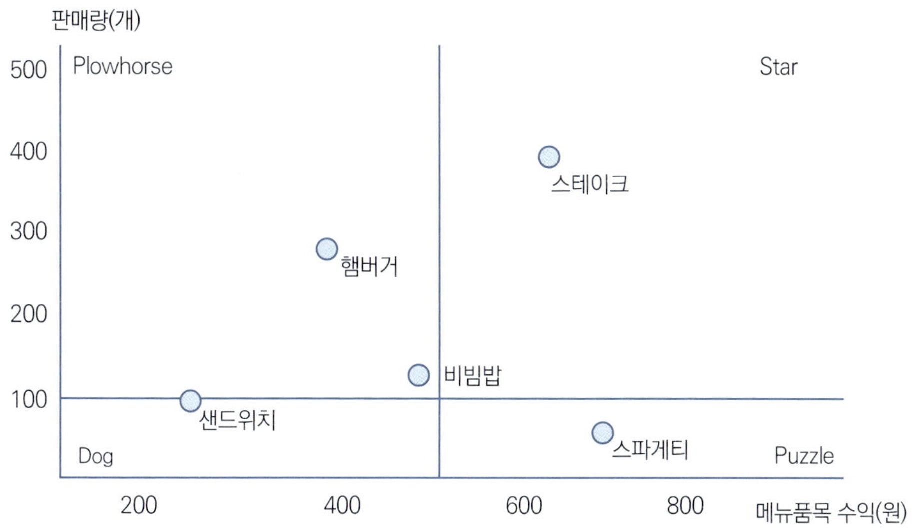

(1) 대표상품(Star)

인기도와 수익성이 모두 높은 품목으로 레스토랑을 대표할 수 있는 품목이다. 메뉴에서 가장 눈에 잘 띄는 위치에 배열하고 가격에 대한 민감도가 높지 않은 품목으로 탄력성 있게 인상할 방안을 고려한다.

(2) 인기상품(Plowhorse)

고객에게 인기도가 높으나 평균수익에 미치지 못하는 상품이다. 인기도가 높아 고객을 유인할 수 있는 품목으로 수익성을 높이기 위하여 가격을 인상하거나 상품의 가치를 감소시키지 않는 범위 내에서 재료의 양을 조절하는 방법을 사용하는 것을 검토한다.

(3) 수익상품(Puzzle)

고객에게 인기는 없는 편이나 레스토랑에 주는 이익이 평균이상의 상품으로 가급적 메뉴에서 가장 잘 보이는 곳에 위치시키도록 한다. 가격이 높게 책정되었을 가능성이 있으므로 가격에 대한 책정을 고려해보고, 특별한 품목이라는 인식을 줄 수 있도록 메뉴의 이름이나 장식에 변화를 주는 것도 좋다.

(4) 문제 상품(Dog)

고객에게 인기도 없으며 레스토랑에 이익도 가져다주지 못하는 상품이다. 메뉴에서 삭제를 고려하거나 평균치에 가까운 품목은 가격조정이나 메뉴의 위치를 조정하여 수익 또는 인기를 얻을 수 있도록 고려한다. 단, 레스토랑의 상징성을 주는 상품이나 어쩔 수 없이 보유해야 하는 품목들은 제외한다. 예를 들면 커피숍에서 에스프레소의 메뉴분석이 'Dog'로 나왔다고 하더라도 이런 품목은 분석에서 제외해야 한다.

C·H·A·P·T·E·R

05

외식산업의 원가 및 재무관리

CHAPTER 05

외식산업의 원가 및 재무관리

FOOD SERVICE INDUSTRY MANAGEMENT AND MARKETING

제1절 원가관리(Cost Control)의 개념

1 원가관리의 정의

원가(Cost)란 상품의 제조, 판매, 서비스 제공 등을 위하여 투입된 경제적 가치를 의미한다. 이러한 원가는 식음료 급식을 위한 식재료의 구입방법, 보관과정, 생산과정, 판매과정에 따라 원가를 달리할 수 있다. 따라서 레스토랑 경영에서 원가관리는 경영 그 자체라고 할 수 있다.

원가를 정의하기 위해서 원가는 생산량(Output)과 관련이 있어야 하며, 경제적 가치가 소비되어야 하고, 경영목적과 관련이 있어야 한다. 또한 원가는 정상적인 상태에서 소비되어야 하고, 화폐단위로 측정될 수 있어야 한다.

원가관리(Cost Control)라는 용어는 여러 가지 개념으로 사용되고 있으나 통일된 개념은 최대의 이윤을 얻는 데 있으므로 효율적인 원가관리를 위해서는 책임과 권한을 명확하게 하고 부문관리사가 명백하게 선정되어 각 관리부분에서 원가발생의 책임을 표시하며 균형적으로 관리되어야 한다.

원가관리는 원가절감을 목적으로 하는 원가계획과 이러한 계획의 달성을 목적으로 하는 원가통제로 크게 나누어진다. 원가계획은 기업의 구조적 변화까지를 전제로 하여 다각적으로 검토된다.

다시 말하면 원가계획은 이익계획의 일환으로 시행되는 경우가 적지 않다. 그 방법으로는 우선 일에 대한 책임분담을 명확히 한 후, 그것에 대한 표준원가를 설정 · 지시하게 된다. 반면에 원가통제는 원가계획에 의하여 결정된 구체안을 실천하는 과정에서 발생하는 관리기능으로, 보통 계획에 의하여 원가의 표준치와 실제치를 비교하고 양자의 차이를 분석함으로써 수행된다.

원가통제 방식은 다음과 같다.

첫째, 원가관리 구분을 정하고 그것을 담당하는 원가관리 책임자를 두고, 둘째, 각 원가관리 책임자의 관점에서 관리 가능 비용과 관리가 불가능한 비용을 구별하며, 관리 가능 비용에 대하여 달성이 가능한 표준을 표시한다. 셋째, 표준원가와 실제원가를 비교하여 문제의 소지가 될 수 있는 것과 개선책 등을 검토한다. 즉, 원가관리의 책임 구분마다 업적평가와 그것에 근거한 개선대책을 수립하고, 다음의 목표원가를 세워 나간다. 이렇게 하여 표준원가와 실제원가와의 차이를 점차 줄여나가는 과정을 원가관리라고 한다.

2 원가관리의 목적

원가관리는 레스토랑의 체계적인 관리를 위한 업무수행과 그에 따른 이익의 극대화를 목적으로 한다. 식자재는 레스토랑의 운영비 중에서 차지하고 있는 비중이 높아 매우 중요하며, 식자재의 특성상 훼손 또는 손실될 가능성이 높기 때문에 체계적인 관리가 어렵다.

원가관리의 목적을 살펴보면, 첫째, 식음료 상품의 가격결정을 위한 기초자료로 활용하고, 둘째, 경영자의 원가절감을 위한 원가관리목표를 세우며, 셋째, 예산편성의 기초자료를 위한 목표로 활용되고, 넷째, 손익계산서를 작성할 때 매출원가를 뽑고 대차대조표에 있어서 재고품의 원가를 산출하는 데 자료를 제공하기 위한 재무제표에 목적이 있다고 할 수 있다.

레스토랑 원가관리의 근본적인 목적은 고객의 권익을 보호하는 한편, 기업경영의 목적에 부응한 적정의 이익을 확보하고, 동시에 서비스기업으로서 사회성과 공익성을 추구하는 기업가의 올바른 경영이념의 실현에 기여하는 데 있다.

1) 재무제표 작성에 필요한 원가자료의 제공

기업의 재무제표 작성에 필요한 원가자료를 제공하는 기능이 있으며, 대차대조표상의 식음료 재고자산 금액과 손익계산서상의 식음료 매출원가 및 기타 비용들의 계속적 원가자료를 제공하는 기능을 갖는다.

2) 원가통제에 필요한 원가정보의 제공

원가통제라는 것은 경영활동을 수행하는 데 필요한 원가에 대하여 실제로 발생한 원가가 소정의 원가표준 내지는 예산에 일치하지 않을 때 경영자가 필요한 조치를 강구할 수 있는 유용한 경영정보가 된다.

3) 예산편성 및 예산통제에 필요한 원가자료의 제공

경영관리의 도구로 다음에 수행할 업무를 위한 예산을 편성함에 있어 체계적이고 논리적인 재무계획을 세우기 위한 기준을 정하는 데 필요한 정보를 제공하는 목적이다.

4) 판매가격결정에 필요한 원가자료의 제공

합리적인 가격으로 구매하고자 하는 고객에게 가격에 대한 심리적 부담감을 제거하는 목적과 가능한 서비스 수준을 극대화하면서도 일정한 가격에 판매하고자 하는 상호 배반적인 기대에 대해서도 합리적인 조합을 형성하기 위해 필요한 자료이다.

또한, 원가자료의 제공과 메뉴의 판매가를 결정하기 전에 표준량 목표에 의한 사전원가를 계산함으로써 식음료 가격결정에 기초가 되는 원가자료를 제공한다.

5) 경영의 기본계획 설정에 필요한 원가정보의 제공

경영의 구조적 변화를 가져오게 하는 장 · 단기 의사결정에 대해 정보를 제공해 주는 역할이다. 즉 메뉴 디자인과 조리, 판매, 매출구성, 재고수준 등이며 계획 설정과 관련된 영업활동 진행과정에서 의사결정을 할 수 있도록 정보를 제공해 주는 것을 포함한다.

3 원가의 분류

원가는 특정한 용역이나 재화를 산출하기 위해 치르는 경제적 희생을 말하며 이를 통해 나타난 것을 화폐단위로 환산한 것이라 할 수 있다. 이러한 원가는 다시 직접비와 간접비로 세분화될 수 있는데 이렇듯 원가에는 수많은 유형이 존재하며 경영자의 관리목적에 따라 상이하게 구분할 수 있다.

1) 발생형태에 따른 분류

원가는 발생형태에 따라 재료비, 노무비, 경비로 분류할 수 있다. 즉 외식기업의 입장에서는 메뉴를 생산하기까지 재료비, 노무비, 경비라는 경제적 가치를 희생하게 되는데 이 세 가지를 원가의 3요소라 하며 추적가능성에 따라 직접원가와 간접원가로 구분할 수 있다.

(1) 재료비

재료비는 제품을 제조하는 데 소요되는 재료의 가치라고 할 수 있다. 예를 들어 커피 한 잔에 들어가는 원두의 가격은 직접재료비, 제공되는 스트로(Straw)는 간접재료비에 속한다.

(2) 노무비

제품을 제조하는 데 소비된 노동력의 가치로 임금, 상여금, 수당 등이 이에 해당된다. 예를 들어 커피 한 잔을 판매할 때마다 100원을 종사원에게 비용을 지급하기로 했다면 직접노무비, 매월 일반 종사원에게 지급되는 월급은 간접노무비가 된다.

(3) 경비

경비는 재료비와 노무비 이외에 제품에 소요된 가치로 외주가공비와 같은 직접경비와 보험료, 연구개발비, 감가상각비 등과 같은 간접경비로 구분할 수 있다.

2) 추적가능성에 따른 분류

특정 메뉴를 만드는 데 투입된 원가를 역으로 추적할 수 있는 직접원가와 추적할 수 없는 간접원가로 구분된다. 여기서 추적가능성은 어떤 원가가 실질적 또는 경제적으로 원가집적대상인 특정제품 또는 특정부문에 직접 관련시킬 수 있을 때 추적가능하다고 하며 직접적인 관련성이 없거나 있더라도 그 원가를 추적하는 데 따르는 비용이 효익보다 큰 경우는 간접원가로 분류할 수 있다. 다만 어떤 특정원가가 직접원가인지 아니면 간접원가인지를 구분하는 것은 항상 고정되어 있는 것이 아니므로 이를 파악하기 위해서는 먼저 특정 원가집적대상을 명확히 파악하고 원가를 추적하는 데 수반되는 효익과 비용을 고려해서 결정해야 한다.

(1) 직접원가

어떤 원가가 실질적으로 또는 경제적으로 특정메뉴 또는 특정부문에 직접 관련시킬 수 있는 원가이다. 예를 들어 피자를 만들 때 투입되는 밀가루의 양이나 치즈의 양 등은 완성된 피자메뉴로 추적할 수 있으므로 피자에 대한 직접원가에 해당된다. 즉 제품에 더해주는 원가이다.

(2) 간접원가

간접원가는 소비된 경제가치 중 특정상품과 직접 연관시키기 어려운 비용이나 다른 상품에 공통적으로 발생하여 특정메뉴를 통해서 추적하기 어려운 원가를 말한다. 예를 들어 피자를 만드는 데 투입되는 전기세나 가스비 등은 반드시 필요한 비용이지만 다른 메뉴를 만드는 데에도 투입이 되어 피자에 어느 정도 소요되었는지 실질적인 추적이 어려워 간접원가라 할 수 있다. 즉 전체를 취합 후 제품에 분배하는 원가이다.

3) 원가행태(Cost Behavior)에 따른 분류

원가행태는 일정기간 동안 조업도 수준의 변화에 따른 총원가발생액의 변동상태를 말한다. 즉 조업도 수준이 증가함에 따라 원가발생액이 일정한 패턴으로 변화할 때 그 변화되는 패턴을 원가행태라고 한다. 여기서 말하는 조업도(Volume)란 기업이 보유한 자원의 활용정도를 나타내는 수치로서 산출량인 생산량, 판매량 등으로 표시하거나 투입량인 직접노동시간, 기계가동시간 등으로 표시한다.

원가행태에 따라서는 크게 순수변동원가, 순수고정원가, 준변동원가, 준고정원가의 4가지 유형으로 분류할 수 있다.

(1) 순수변동원가

순수변동원가는 조업도 수준이 증가 또는 감소함에 따라 원가의 총액이 직접적으로 비례하여 증가 또는 감소하는 원가로 조업이 중단되었을 경우에는 전혀 발생하지 않는 원가를 말한다. 즉 순수변동원가는 조업도 수준이 증가함에 따라 변동원가 총액은 증가하나 단위당 변동원가는 조업도 수준의 변동과 상관없이 일정하다. 예를 들어 커피전문점의 커피원두는 주문이 들어오는 경우에만 비용이 발생되고 주문이 없는 경우 비용은 발생하지 않기 때문에 순수변동원가라 할 수 있다.

그림 5-1 순수변동원가

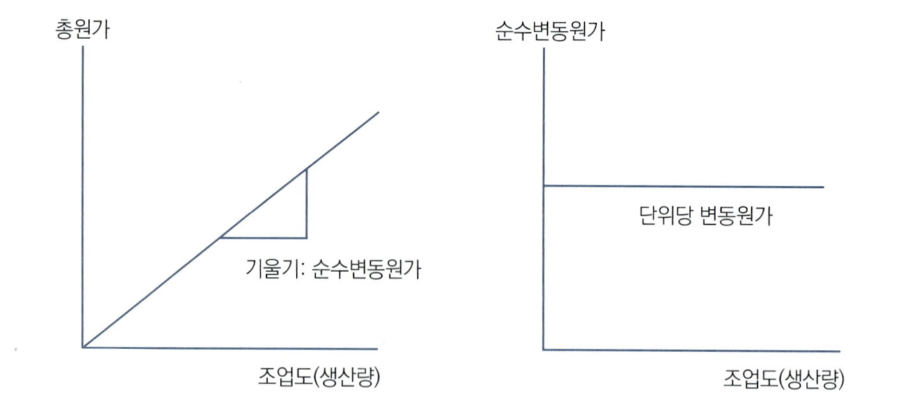

(2) 준변동원가

준변동원가는 조업도 수준이 '0'(Zero)인 상황에서도 고정원가 부분만큼 원가가 발생하며 이후 조업도 수준이 증가함에 따라 비례적으로 증가하는 형태의 원가를 말한다. 즉 준변동원가는 조업도 수준의 변화와 관계없이 일정한 금액의 고정원가와 조업도 수준이 증가함에 따라 단위당 일정한 비율로 증가하는 변동원가 두 가지가 혼합된 원가라 할 수 있다. 예를 들어 전화 요금이나 전기세 같은 경우 일반적으로 기본요금이 책정되어 있고 그 이상을 사용하게 되면 추가적인 비용이 발생하게 된다. 이와 같이 준변동원가는 조업도가 0(Zero)일지라도 기본요금이 정해져 있고 정해진 범위를 초과한 조업도에 대해 발생되는 원가라 할 수 있다.

그림 5-2 준변동원가

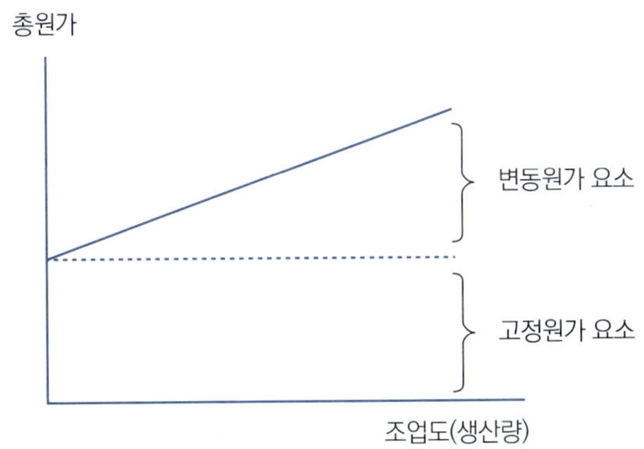

(3) 순수고정원가

순수고정원가는 조업도 수준의 증가나 감소와 관계없이 일정하게 발생되는 원가를 말한다. 그러나 조업도 수준이 증가하면 단위당 순수고정원가는 점차 감소한다. 여기서 단위당 순수고정원가는 상품 1개를 만들 때 들어가는 비용을 말한다.

순수고정원가의 대표적인 예로는 임차료나 종사원에게 지급하는 임금(고정급), 정액법에 의한 감가상각비 등을 들 수 있는데 예를 들어 스테이크를 10개 판매하든, 1,000개 판매하든 순수고정원가는 변하지 않는다. 다만 조업도 수준(스테이크의 생산량)이 증가하게 되면 단위당 순수고정원가는 감소하는 효과를 볼 수 있다. 즉 1,000만 원의 순수고정원가가 발생할 때 스테이크 10개를 생산했다면 단위당 순수고정원가는 100만 원이지만 스테이크 1,000개를 생산했을 경우 단위당 순수고정원가는 10만 원이 되기에 단위당 순수고정원가는 감소한다는 것이다.

그림 5-3 **순수고정원가**

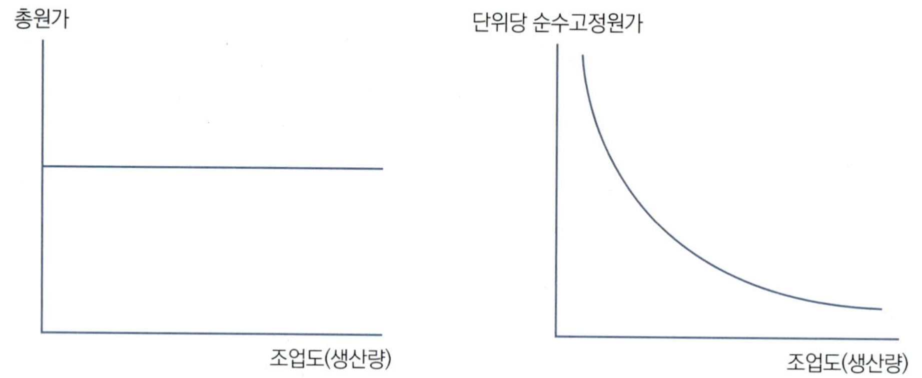

(4) 준고정원가

특정범위의 조업도에서는 일정한 비용이 발생되지만 해당 범위를 벗어나게 되면 일정액만큼 증가 또는 감소하는 원가를 준고정원가라고 한다. 예를 들어 피자를 하루에 10개까지만 생산할 수 있는 기계가 있다고 하면 11개부터는 무조건 1대를 더 구매해야 한다. 즉 10개까지는 기계 1대의 비용이 발생되지만 11개부터는 기계 2대의 비용이 발생된다. 이렇듯 비용이 발생되는 필요한 만큼만 추가할 수 없기에 계단원가라고도 한다.

그림 5-4 **준고정원가**

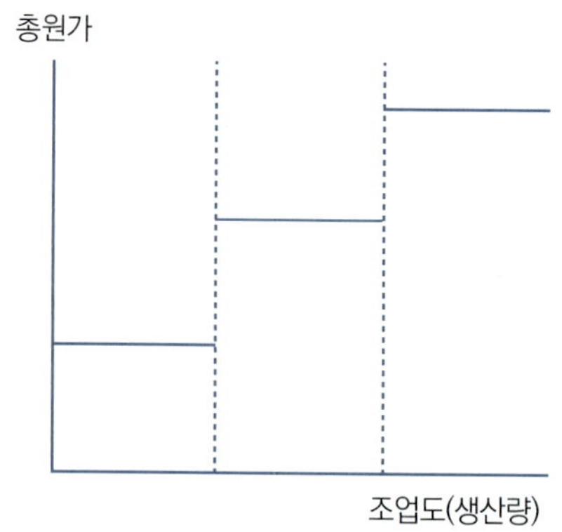

4) 제조활동에 따른 분류

제조활동에 직접적인 관련이 있는지 아니면 간접적인 지원 등의 활동에 관련이 있는지에 따라 제조원가(재료비, 노무비, 경비)와 비제조원가(판매비, 일반관리비) 등으로 구분한다.

(1) 제조원가

제조원가는 제품을 만드는 데 발생하는 모든 원가를 총칭하며 제품원가 또는 생산원가라고도 한다. 일반적으로 제조원가는 직접재료원가, 직접노무원가, 제조간접원가로 구분하는데 직접재료원가는 완성품을 생산하는 데 반드시 필요한 원재료의 사용액 중 특정제품에 직접 추적할 수 있는 원가를 말하고 직접노무원가는 특정 제품에 직접 추적할 수 있는 노동에 지출된 원가를 말한다. 제조간접원가는 직접재료원가와 직접노무원가를 제외한 모든 제조원가를 말하는데 이는 간접재료원가와 간접노무원가, 기타 제조원가로 구성되어 있다.

(2) 비제조원가

비제조원가는 기업이 제품을 만드는 활동과 직접적인 관련이 없으며 오로지 판매 활동과 일반관리 활동에서 발생하는 원가로 보통 고객으로부터 주문받아 상품을 제공하는 데 소요되는 판매비와 기업을 운영하고 유지하기 위해 소요되는 일반관리비로 구성되어 있다.

5) 의사결정에 따른 분류

사용자의 의사결정에 있어 직접 또는 간접적인 영향을 주는 원가로 관련원가, 비관련원가, 매몰원가, 기회원가 등이 있다.

(1) 관련원가

경영자의 의사결정과 관련이 있는 원가로 선택 가능한 대체안 간의 차이를 발생시키는 미래 지출 원가를 말하며 차액원가라고도 한다. 관련원가는 변동원가인지 고정원가인지에 관계없이 대체안 간에 차이가 있는 미래원가를 의미한다.

(2) 비관련원가

비관련원가는 특정의사결정과 관련이 없는 원가로 이미 발생했기 때문에 현재의 의사결정에 아무런 영향을 미치지 못한다. 즉 특정의사결정 시 고려대상이 되지 않는 원가를 말한다.

(3) 매몰원가

경영자가 통제할 수 없는 과거의 의사결정으로부터 발생한 역사적 원가로서 현재 또는 미래의 의사결정과 관련성이 없는 원가를 말한다. 일반적으로 사람들은 선택할 수 있는 대안을 규명하고 각각의 대안에 대한 원가와 수익을 평가하여 의사결정에 반영한다. 하지만 매몰원가 때문에 종종 잘못된 의사결정을 내리는 경우가 있는데 예를 들면 음식점을 창업할 때 5천만 원의 주방기기를 구매 후 6개월이 지난 어느 날 모든 주방기기 시설이 완비된 장소로 이전을 하게 되었다고 가정하자. 이에 기존의 주방기기를 팔기 위해 중고가게에 문의해 본 결과 모두 합해서 2천만 원 이상으로는 매입하지 않겠다고 한다. 이런 경우 주방기기에 투입된 원가 5천만 원은 매몰원가이다. 미래 의사결정에서는 그냥 팔지 않고 가지고 있을 때 들어가는 비용과 팔았을 때 들어오는 2천만 원을 고려해서 의사결정을 해야한다. 즉 아깝다 하더라도 과감히 팔아야 하는 것이다. 왜냐하면 의사결정은 미래를 대상으로 하기 때문에 과거에 이미 발생한 원가는 현재의 의사결정과는 관계없이 이미 발생되어 발생사실 자체를 변경하거나 부인할 수 없으며 다시 돌려받을 수 없으므로 연연하지 말고 새로운 미래를 위해 가능성을 찾는 것이 현명할 수 있다.

(4) 기회원가

기회원가(비용)는 하나의 재화를 선택했을 때 그로 인해 포기한 다른 재화의 가치, 즉 포기된 재화의 대체(代替) 기회 평가량을 의미하는 것으로서, 어떤 생산물의 비용을, 그 생산으로 단념한 다른 생산기회의 희생으로 보는 개념이다. 즉 현재 대안을 선택하지 않았으므로 포기한 대안 중 최대금액 또는 최대이익을 기회원가(비용)라 한다. 예를 들어 회사에서 야근을 하는 상황과 친구들을 만나 저녁식사를 해야 하는 상황에서 친구들을 선택했다면 회사에서 야근을 통해 벌 수 있었던 야근수당과 당일 친구들과의 식사자리에서 지불한 음식 값의 합계가 기회원가(비용)가 된다. 그러나 기회원가(비용)는 항상 화폐적 가치로만 측정할 수 있는 것은 아니며 어떠한 선택을 함으로써 포기한 선택들 중 최선의 선택을 의미한다.

제2절 원가의 구성 및 원가관리방안

1 원가의 구성

원가는 직접원가, 제조원가, 총원가로 구성되어 있으며 이를 거쳐 시장가격의 적정성을 판단 후 판매가격을 결정하게 된다.

1) 직접원가

직접원가는 직접재료비, 직접노무비, 직접경비로 구성되는데 원가구성의 기초를 이룬다는 의미에서 기초원가라고도 한다. 일반적인 외식기업의 경우 간접비가 차지하는 비율이 적어 직접원가가 제품원가의 대부분을 차지하며, 특히 직접원가 중 직접재료비와 직접노무비를 합한 것을 프라임 코스트(Prim Cost)라고 하는데 이는 매출 및 수익증대를 위한 직접원가 지출의 효율적 관리를 위해 활용되는 절대 지표로 보통 65%가 넘으면 경영상의 문제가 발생될 수 있어 지속적인 관리가 필요하다.

직접원가=직접재료비+직접노무비+직접경비
프라임코스트(Prim Cost)=직접재료비+직접노무비

2) 제조원가

제조원가는 직접원가에 시설 투자에 대한 감가상각이나 보험료, 전기세 등 제조간접원가를 포함한 원가로 제2원가라고도 한다. 즉 원재료(직접재료비)에 가공비(직접노무비+제조간접비)가 투입되어 제품을 완성하게 되는데 제품 생산과정에서 발생된 제조원가는 미완성상태의 재공품계정을 거치고 완성품의 원가는 제품계정으로 집계된다. 이후 제품이 판매되면 판매된 제품원가는 매출원가계정으로 대체되어 비용으로 처리한다. 한편 직접노무비와 제조간접비를 합하여 가공원가라 한다.

제조원가=직접원가+제조간접비
가공원가=직접노무비+제조간접비

3) 총원가

총원가는 제품의 제조원가에 판매비와 일반관리비를 가산한 금액으로 제품의 제조 및 판매를 위해 발생한 모든 원가요소를 포함한다. 또한 총원가는 제품의 판매가격을 결정하는 기초가 되는 것이므로 판매원가라고도 하며 제3원가라고도 한다.

판매비는 특정제품의 판매에 직접 발생하는 직접판매비와 모든 제품의 판매에 대하여 공통적으로 발생하는 간접판매비가 있으며, 일반관리비는 대부분 간접비가 된다.

총원가=제조원가+판매 및 관리비

그림 5-5 원가의 흐름

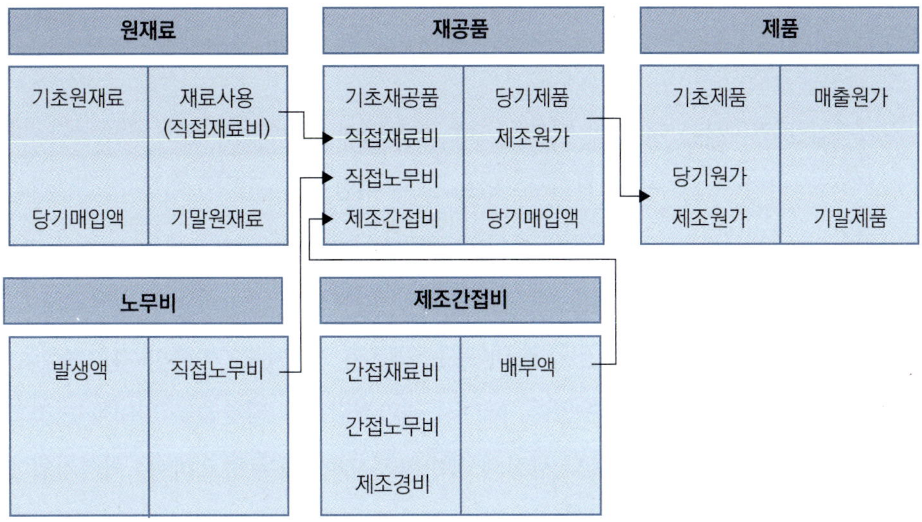

4) 판매가격

판매가격이란 총원가에 판매이익을 가산한 합계로 제품의 매출가격을 말한다. 일반적으로 총원가를 기초로 일정한 이익을 가산하여 판매가격을 결정한다.

그림 5-6 원가구성도

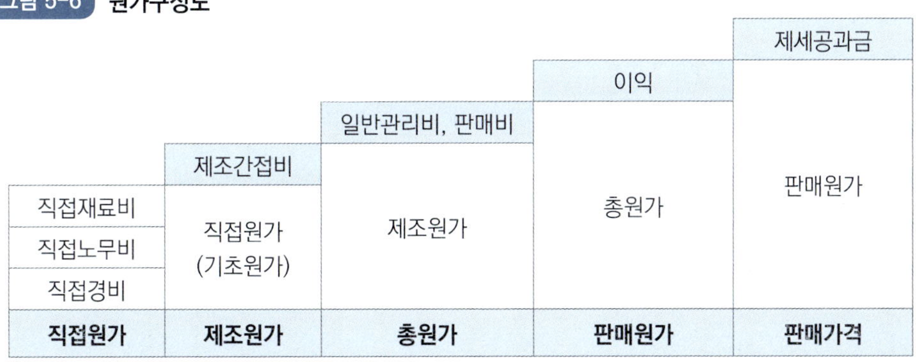

2 원가 상승의 주요 요인

1) 원가의 상승요인

외식기업을 관리하는 데 있어 원가는 매우 중요하며, 전 부문에 걸쳐 존재한다. 따라서 모든 외식기업은 원가를 절감할 수 있는 모든 수단을 강구하여 이를 집중관리하고 있는 것이 현실이다.

원가관리를 광의적으로 해석할 때 '원가수치에 의해서 경영목적을 효과적으로 달성하기 위해서 경영 시스템 내지 이들의 하부시스템(Sub-system)을 통해서 기회손실을 최소화하는 관리방식'이라고 할 수 있다. 따라서 원가절감은 이익창출을 의미하는 것으로 원가가 상승되는 부문을 찾아내서 사전에 예방하는 것이 매우 중요하다. 외식기업에서의 원가 상승요인을 부문별로 살펴보면 다음과 같다.

(1) 메뉴 계획 시 원가상승 요인

메뉴 계획이란 미래에 판매하게 될 상품을 복합적인 상황을 고려하여 결정하는 것으로 음식의 종류 및 가격 등을 결정하여 고객에게 제공하고 이를 통한 기업의 영업목표를 달성하는 것이다. 하지만 잘못된 메뉴구성 및 소비자의 선호도를 고려하지 못한 메뉴 계획 시 결국 판매 저조로 이어지고 이는 원가상승의 요인으로 작용할 수 있다. 주요한 사항은 다음과 같다.

첫째, 자연, 지역적 요인, 계절, 요일 등과 같은 마케팅 환경에 부적합한 메뉴 계획으로 예를 들어 계절적 요인을 고려하지 않는 메뉴의 구성으로 해당 계절에 식재료를 구입하기 어려운 경우 높은 가격으로 구입해야 하는 상황이 발생되고 유통되는 지역이 원거리일 경우 상대적으로 물류비용이 높게 발생해 원가 상승요인으로 작용할 가능성이 높다.

둘째, 식재료의 공급여건이 부적합한 메뉴를 계획하는 경우 적시에 공급되지 못하는 상황에서 발생하는 매출감소와 특히, 공급량이 적은 식재료의 경우 공급자의 힘이 강해져 원가상승에 영향을 줄 수 있다.

셋째, 음식의 분량과 판매가격이 조화를 이루지 못하는 경우 식재료는 많이 투입됐지만 상대적으로 낮은 가격으로 인해 원가가 상승한다.

넷째, 주방기구와 장비 및 운용비용을 고려하지 않는 메뉴 계획으로 예를 들면 가격이 낮은 메뉴를 만드는 데 고가의 주방기구가 투입되면 감가상각에 따른 비용이 고스란히 원가에 반영이 되어 원가상승 요인으로 작용한다.

(2) 구매 시 원가상승 요인

외식기업에 있어서 식재료는 전체 구매의 대부분을 차지한다고 할 정도로 매우 비중이 높고 중요하기에 철저한 식재료 구매관리가 필요하다. 식재료 구매관리란 생산계획에 따른 재료계획을 기반으로 생산활동을 수행할 수 있도록 생산에 필요한 식재료를 적정한 가격에 외식기업에 유리한 조건으로 최소한의 비용으로 수량을 확보하는 것을 의미한다. 따라서 정확한 구매관리가 이루어지지 않을 시 원가에 큰 영향을 미칠 수 있다. 구매 시 원가상승 요인을 살펴보면 다음과 같다.

첫째, 식재료를 일시에 대량구매하는 경우로 예를 들어 가격이 저렴하다고 많은 식재료를 구입하면 사용하지 못했을 경우 유통기한으로 인해 모두 폐기해야 하는 상황이 발생하게 된다. 대량구매를 통한 원가절감도 가능하지만 식재료의 신선도 및 품질관리를 위해 무조건적인 대량구매는 삼가고 유통기한을 고려한 생산량에 따른 구매가 이루어져야 원가상승을 방지할 수 있다.

둘째, 높은 단가로 식재료를 구입하는 경우이다. 이는 일반적으로 식재료에 대한 시장조사를 실시하지 않는 경우나 공급자가 독점인 경우, 유통경로가 지나치게 많은 경우, 계절에 맞는 식재료가 아닌 경우, 구매자의 수뢰 및 부적절한 행위 등으로 인해 발생될 수 있어 구매관리에 대한 프로세스 정립 및 철저한 시장조사, 경쟁입찰을 통해 단가를 낮추도록 노력해야 한다.

셋째, 부적절한 투기구매로 인한 재고 증가이다. 투기구매는 가격변동에 의한 이익을 도모할 목적으로 장기간의 수요량을 예측하여 사전에 구매한 후 재고로 보유하는 방식이다. 하지만 이는 어디까지나 예측에 의한 구매로 향후 가격이 상승했을 경우 긍정적인 측면으로 작용할 수 있지만 가격이 하락했을 경우 큰 손실을 볼 수 있다.

넷째, 구입재료에 대한 표준재료명세서의 미설정 또는 사용하지 않는 경우이다. 예를 들어 스테이크를 만들 때 투입되는 표준재료의 양이 정확하게 설정되어 있다면 해당 스테이크의 판매량을 고려하여 식재료를 구입할 수 있으나 그렇지 못한 경우 실제 판매되는 양보다 더 많은 식재료가 발주되어 재고로 남아 식재료 단가 상승의 요인으로 작용할 수 있다.

(3) 검수 시 원가상승 요인

검수는 반입되는 모든 식재료에 대해 계약과 주문 내용, 품질의 수량, 가격의 적합성 등에 대한 확인작업이라 할 수 있다. 이에 검수를 실시하는 담당자들은 주문한 식재료에 대한 표준구매명세서를 정확히 숙지하고 있어야 하고 품질이나 수량, 가격, 계약조건 등을 파악한 후 반입할 것인지, 반납할 것인지를 결정해야 한다. 검수방법은 납품된 모든 식재료를 검사하는 전수검사법과 납품된 식재료 중 일부 식재료를 검사하는 발췌검사법이 있다. 검수 시 원가상승 요인을 살펴보면 다음과 같다.

첫째, 검수업무의 불이행이다. 주로 업장이 바쁜 경우 또는 검수업무를 담당할 수 있는 직원이 없는 경우 발생될 가능성이 높으며 이로 인해 일부 상품이 납품되지 않거나 맛, 냄새, 당도 등이 기준에 맞지 않아 사용하지 못하게 되면 원가상승 요인으로 작용할 수 있다.

둘째, 불량 및 파손품의 반품처리 결여로 이는 상품으로서의 가치가 떨어져 결국 사용을 하지 못한다. 일반적으로 불량 및 파손품의 경우 납품을 중시시키고 납품된 물품은 보관 후 관계부서에 해당 사실을 알려야 한다. 또한 불량품을 처리할 때는 그 이유를 반드시 공급자에게 밝혀 이해하도록 해야 한다.

셋째, 가변성 식음료 재료의 장기간 방치로 인한 원가상승이다. 외식기업의 식재료는 신선도를 중요시하는 상품들이 많다. 특히 유제품이나 채소류 등은 고온의 장소에 보관하면 쉽게 상하거나 변질되는 상황이 발생한다. 이에 식재료의 저장조건을 확인하여 손실을 방지할 수 있도록 안전하게 보관해야 한다.

(4) 조리 시 원가상승요인

외식산업은 인적의존도가 높은 산업으로 조리사가 직접 메뉴를 조리 및 가공하는 과정에서 언제든 실수가 발생할 수 있다. 예를 들어 표준화된 레시피(Recipe)를 준수하지 않거나 조리사의 역량에 따라 고객이 원하는 메뉴가 만들어지지 않을 경우 해당 메뉴는 상품 가치 하락으로 결국 판매할 수 없게 되고 이는 식재료의 낭비뿐 아니라 다시 메뉴를 만들기 위한 수도세, 광열비 등 또 다른 낭비가 발생하게 되어 원가상승으로 이어질 수 있다. 제품을 생산하거나 조리 시 발생하는 원가상승요인은 다음과 같다.

첫째, 과다한 식재료 손질이다. 예를 들면 제공되는 스테이크의 양이 180g인데 이를 초과하여 200g으로 준비한다면 이미 20g의 원가손실이 발생되는 것이다. 물론 20g을 더 줄 수 있고 다른 용도로 활용할 수도 있지만 이미 스테이크를 한 개 더 판매할 수 있는 기회를 잃게 되는 것이다.

둘째, 부적합한 조리방법 및 기술이다. 달걀요리나 스테이크의 경우 익힘 정도 또는 굽기 정도를 선택할 수 있다. 만일 고객이 달걀요리를 'Sunny Side Up'으로 주문했는데 너무 익혀 'Over Easy'가 나왔다면 해당 계란요리는 재사용할 수 없어 원가손실이 발생된다.

셋째, 주문 내용에 대한 잘못된 이해이다. 외식업의 특성상 주문이 동시에 들어오는 경우가 대부분이다. 이런 바쁜 상황에서 주문 내용을 잘못 이해하게 되면 다른 음식이 만들어져 결국 원가손실이 발생되는 것이다.

상기와 같은 원가손실을 줄이기 위해 조리과정에서도 철저한 판매예측이나 필요한 양만 조리할 수 있는 능력을 갖추고 필요시 사용하지 않는 부위를 이용하거나 만들다 남은 자투리 음식을 활용해 새로운 메뉴를 개발하는 것도 원가를 절감할 수 있는 방안이 될 수 있다.

3 원가절감을 위한 식재료 관리방안

외식기업은 최대한 원가를 낮추고 고객에게 효율적으로 상품을 제공할 수 있는 방안이 필요하다. 일반적으로 인건비나 임대료와 같은 고정비용을 줄이는 방법도 있겠지만 변동비용의 대부분을 차지하는 식재료를 잘 구매하고 관리하느냐에 따라 원가를 조절할 수 있다. 다만 원가절감에만 목적을 두고 관리하게 되면 메뉴의 가치가 훼손될 수 있으니 원가는 낮추면서 메뉴의 맛이나 고객의 만족도는 높일 수 있어야 한다. 이렇게 하기 위해서는 필요한 식재료를 구입하여 적당한 양을 조달하고 가능한 저렴한 가격으로 구입하여 조리 및 생산을 원활히 할 수 있도록 해야 한다.

특히, 여기서 주의해야 할 사항은 경영자와 종사원이 원가절감에 대한 인식을 같이 해야 한다는 것이다. 경영자의 입장에서 아무리 원가절감을 위해 노력하더라도 종사원이 중요성을 인식하지 못한다면 오히려 잔소리로만 느껴지게 되고 마찰이 발생할 우려가 높다. 따라서 원가절감에 대한 마인드를 심어주는 것뿐 아니라 원가절감의 중요성과 필요성에 대한 교육이 지속적으로 실시되어야 한다.

외식기업의 원가절감을 위한 식재료 관리방안은 다음과 같다.

1) 구매 시점 식재료 관리방안

레스토랑의 재료를 구매하는 사람은 일반적으로 해당 레스토랑의 경영자나 구매업무를 전담하는 구매부서의 담당자인 경우가 많다. 따라서 구매자는 최적의 재료를 최저의 가격으로 구매하기 위한 상품지식이나 시장동향, 구매기술이 요구된다.

특히 원재료의 가격에 대한 등락 폭이 심할 경우 수시로 시장조사를 실시하여 기회손실을 방지할 필요가 있다.

다양한 식재료 구매방법을 통해서도 원가를 절감할 수 있다. 식재료를 자체적으로 생산하거나 산지 발굴을 통한 직거래, 공동구매 등 자신들의 업장에 맞는 구매 방법을 선택할 필요가 있다. 또한 유통단계가 많아질수록 식재료의 단가가 높아지기에 유통단계를 최소화할 수 있는 방안을 모색할 필요도 있다.

다만 주의할 점은 상기 방법이 모든 외식업에서 원가절감이 되는 것은 아닐 수 있다는 것이다. 예를 들어 대량으로 구매 시 원가가 낮아질 수 있지만 보관비용의 문제점이나 재료의 신선도 문제 등이 발생될 수 있어 작은 규모의 외식업을 하는 경우 도매시장이나 소매시장을 이용해 필요한 수량만큼만 구매하는 것이 더 좋을 수 있다. 이 외에도 적절한 구매 수량 파악을 위해 표준구매명세서를 작성하는 방법도 있다. 표준구매명세서란 어떤 특정의 요리를 생산하는 데 요구되는 식재료의 품명, 가격, 품질, 크기, 중량 등에 관한 사내표준으로 정해진 내역의 기술서를 말하는데 이를 통해 구매 수량 파악에 도움이 될 수 있다.

2) 검수 시점 식재료 관리방안

검수는 주문에 따라 구매된 재료를 검사하고 받아들이는 관리활동을 말한다. 검수관리의 목적은 계약된 가격에 의해 주문된 내용의 품질과 수량에 일치되는 식재료를 구입하려는 데 있으며 확인 검수하여 창고나 주방으로 입고시킨다.

검수단계에서 원가를 절감하는 방안으로는 가장 우선적으로 검수업무를 수행하기 위한 전문지식과 책임감 있는 검수요원이 필요하다.

검수요원의 자격으로는 검수해야 할 식재료에 대한 세부명세 및 품질, 특성 등에 대한 전반적인 지식과 경험이 필요하고, 이와 더불어 구매 및 생산업무에 대해서도 일정부분의 지식을 갖추고 있어야 한다. 또한 검수절차나 클레임(Claim) 등을 명확하게 처리해야 하고, 거래처를 파악할 수 있는 정보력 및 식재료의 취급, 저장방법 등에 대한 전문지식을 갖추어야 한다.

이렇게 결정된 검수요원은 구매명세서와 공급처의 거래명세서를 대조하여 식재료의 검사를 수행하는데 다음과 같은 사항을 중심으로 실시해야 원가절감에 도움이 될 수 있다.

첫째, 구매명세서와 거래명세서를 대조하여 납품된 식재료의 품목 및 수량이 일치하는지 확인한다. 이는 외식기업에서 주문한 식재료와 동일한지를 파악하여 일부 식재료가 납품되지 않아 발생할 수 있는 원가손실을 방지할 수 있다.

둘째, 납품된 식재료의 크기, 중량, 당도, 선도, 유통기한, 위생상태 등을 확인한다.

식재료는 음식의 맛을 결정하는 가장 중요한 사항으로 요청한 내용과 적합한지를 반드시 파악해야 한다. 예를 들어 디저트로 제공될 멜론(Melon)의 당도가 너무 낮아 마치 무와 같다면 고객에게 컴플레인(Complain)이 발생할 수 있으며 이로 인해 해당 멜론은 폐기되어 원가상승 요인으로 작용할 수 있다. 따라서 계측기를 통해 식재료의 당도나 염도 등을 파악하는 것도 필요하고, 이 외에도 뼈나 지방 등 불가식부(폐기율)가 많은지를 파악하여 실제 사용량을 늘리는 것도 원가를 절감하는 데 도움이 될 수 있다.

셋째, 불량 및 파손상품에 대해서는 정확한 반품처리를 실시해야 한다.

검수 시 나타난 불량 및 파손상품은 공급자에게 정확한 이유를 설명하고 반품 처리해 상품의 가치하락으로 발생될 원가손실을 방지할 수 있다.

이때 반품되는 식재료에 대해서는 즉시 입고가 불가능할 시 해당 부서에 통보하여 음식을 제공하는 데 문제가 발생하지 않도록 해야 한다.

3) 저장 시점 식재료 식재료 관리방안

저장이란 식재료 검수 후 즉시 사용하지 않을 경우 고객에게 메뉴로 제공될 때까지 일정 기간 합리적인 방법으로 보존 관리하는 것을 말한다. 즉 식품을 구입하여 조리할 때까지 영양손실을 줄이고 부패되지 않도록 관리하는 것이다.

부적절한 저장방법은 식재료의 손상이나 부정 유출 등으로 원가상승의 원인이 될 수 있다. 이에 다음과 같은 원칙을 준수함으로 원가 절감 효과를 볼 수 있다.

첫째, 저장된 식재료를 표식화 하는 것이다.

입고된 식재료는 품목별, 규격별, 품질 특성별 등으로 분류하여 적재하고 네임택(Name Tag)이나 스티커 등을 활용하여 모든 사람이 쉽게 볼 수 있도록 하는 것이 좋다. 이러한 식재료의 표식화를 통해 무분별한 발주를 방지하여 효율적 관리가 이루어질 수 있다. 또한 입 · 출고가 빈번한 식재료는 출입구와 가까운 곳에 적재하여 동선을 줄이는 것도 업무의 효율을 높일 수 있을 것이다.

둘째, 선입선출(First-In, First-Out)의 원칙을 준수한다.

모든 식재료는 입고된 순서에 의해 분출하는 것이 식재료의 신선도를 유지할 수 있고, 이로 인해 유통기한이 지난 식재료가 보관되는 것을 방지할 수 있다. 따라서 새로 입고된 식재료가 있으면 기존의 식재료보다 더 안쪽에 보관하여 먼저 입고된 식재료를 사용할 수 있도록 조치해야 한다.

셋째, 식품저장 방법에 따른 보관이다.

식재료는 상품군에 따라 저장 방법이 다르며, 납품 당시의 상태를 그대로 보존하는 것이 좋다. 예를 들면 곡류, 건어물, 양념류 등은 상온에서 보관해야 하고 생선류, 어류,

어패류, 육가공품, 버터 및 유제품 등은 냉장상태로 보관하는 것이 적절하다.

또한 냉동어류 및 육류 등은 냉동상태로 보관해야 하고 일단 해동된 식재료는 다시 냉동하지 않도록 한다. 이러한 저장 방법을 준수한다면 잘못된 저장 방법으로 폐기되는 식재료의 낭비를 막아 원가절감에 도움이 될 수 있다.

4) 재고 시점 식재료 관리방안

재고(Inventory)는 불확실한 수요와 공급을 만족시키기 위해 적절한 수량의 물품을 보관하는 것을 의미한다. 재고관리의 중요 기능은 식자재의 재고량 부족으로 생산계획에 차질이 발생하지 않도록 하고 최소의 가격으로 질 좋은 식자재를 구매하기 위함이다. 또한 재고 식재료의 도난과 부패에 의한 손실을 최소화하고 생산부서에서 요구하는 수량와 일치하는 수준에서의 재고량 보유에 노력해야 한다.

만일 미래의 수요예측이 가능하다면 재고를 보유할 필요가 없겠지만 레스토랑을 운영하는 데 있어 정확한 수요예측을 한다는 것은 거의 불가능할 것이다. 특히 외식기업의 식재료 재고 관리는 저장기간이나 수입의존도, 계절적 제약 등으로 인해 정확한 시기에 물량을 공급하기 어렵고 시장의 수급변동과 가격변동이 심해 관리하는 데 많은 어려움이 존재한다. 또한 레스토랑의 주요 상품인 음식의 경우 생산 · 판매 · 소비의 동시성으로 인해 미리 만들어서 보관하다가 수요가 있을 때 판매하기가 어렵다. 이에 비용을 최소화하고 적정재고를 유지 · 관리하여 수량 부족으로 인한 기회비용 상실과 과잉재고로 인한 손실비용을 방지할 수 있는 방안이 필요하다.

외식기업에서 주로 사용하는 일반적인 재고관리 기법은 다음과 같다.

(1) 80/20 재고관리법

80/20 재고관리기법은 재고관리와 원가관리 측면에서 접근한 이론으로 특정 식재료 20%가 전체 식재료 구매액의 80%를 차지하기에 20%를 차지하는 식재료 품목을 나머지 80%에 해당하는 품목에 비해 집중적으로 관리하는 기법이다. 주로 식재료 품목 수가 많아 모든 품목을 관리하기 어려우며 품목에 따라 가격 차이가 많이 나는 경우 활용하는데 식재료 중에서도 가격이 높고 원가에 미치는 영향이 큰 품목을 선정하여 집중관리

하는 기법으로 외식기업의 재고관리에 효과적이다.

(2) ABC 재고관리법

ABC 재고관리기법은 외식기업이나 백화점, 호텔 등과 같이 재고관리 품목 수가 많거나 식재료 품목별 가격 차이가 크거나 사용금액이 큰 품목 순으로 기입할 때 주로 활용한다. 즉 구매 및 물품에 대해 연간 사용금액을 산출해서 사용금액별로 A등급, B등급, C등급으로 분류하여 재고 물품의 중요도나 가치에 따라 차등적으로 관리하는 방법을 말한다.

재고물품을 그룹별로 분류하는 목적은 물품의 중요도에 따라 적절한 통제 및 다수의 물품보다는 소수의 가격이나 가치가 높은 물품을 중점관리하기 위함이다. 여기서 중요도를 파악하기 위한 방법은 파레토분석을 활용한다.

그림 5-7 파레토분석을 활용한 ABC 분석 도표

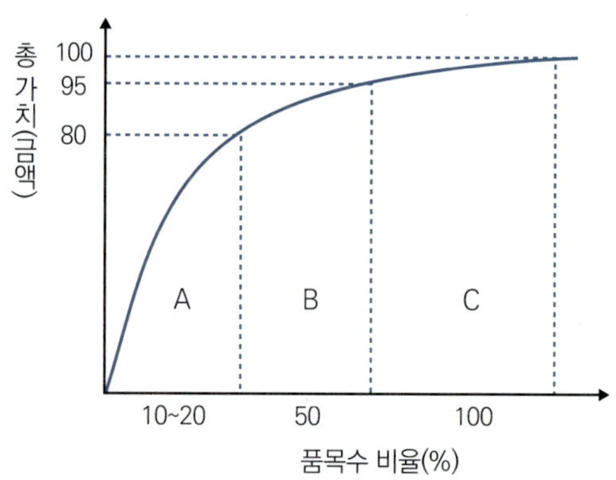

외식기업의 경우 규모에 따라 다를 수 있지만 일반적인 A,B,C 등급 분류는 다음과 같다.

① A형 품목

A형 품목은 총재고량 중 점유율이 10~20% 정도의 수량이지만 총재고금액 중 점유율은 70~80%를 차지하는 품목들이다. 주로 고가치 · 고가품으로 육류나 생선류, 어패

류, 주류 등이 해당된다. 따라서 A형에 해당하는 품목에 대해서는 필요량을 정확하게 산출하고 보유재고량을 확인하여 발주량을 확정할 필요가 있으며 최소한의 재고수준 유지 및 도난방지 등에 신경써야 한다.

② B형 품목

B형 품목은 총재고량 중 점유율은 20~40% 정도의 수량이고 총재고금액 중 점유율은 15~20%를 차지하는 품목들이다. 주로 중가치 · 중가품으로 과일류 및 채소류 등이 해당된다.

③ C형 품목

C형 품목은 총재고량 중 점유율은 40~60%를 차지하지만 총재고금액 중 점유율은 5~10%를 차지하는 품목들이다. 주로 저가치 · 저가품의 상품으로 양념류, 조미료류, 밀가루, 설탕, 유제품 등이 해당된다.

| 표 5-1 | A·B·C 등급의 분류

등급	가치	총재고량 중 점유율	총재고금액 중 점유율
A	고가치 품목	10~20%	70~80%
B	중가치 품목	20~40%	15~20%
C	저가치 품목	40~60%	5~10%

(3) 최소-최대(Minimum-Maximum) 재고관리법

최소-최대(Minimum-Maxinum) 재고관리법은 예기치 못한 상황을 대비해 안전재고 수준량을 유지하면서 재고량이 안전재고 수준인 최소치에 도달하면, 주문 후 물품이 조달되는 시점까지의 사용량을 고려하여 적정량을 주문해 최대의 재고량을 확보하는 방법으로 주로 단체급식에서 사용한다.

그림 5-8 **최소-최대(Minimum-Maximum) 재고관리법**

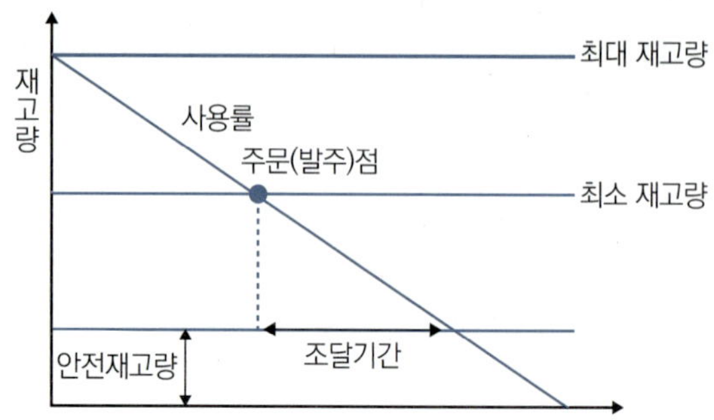

5) 기타 식재료 관리방안

(1) 표준산출고(Standard Yield Test) 작성

구매된 식자재로부터 자재의 작업손실 결과로 얻어진 순 중량을 의미하는 것으로 조리나 준비과정에서 발생되는 감손이나 낭비를 최소화하여 재료비 원가를 관리하는 것이다. 표준산출고는 외식기업에서 작성한 표준구매명세서에 따라 구입된 일정량의 재료로부터 얼마만큼의 요리가 완제품으로서 생산될 수 있는가를 결정해 주며, 고객 예측을 통한 식재료의 원재료 소요량 예측을 정확하게 해주므로 원재료 공급부족에 따른 생산상의 문제를 해결할 뿐만 아니라 재료 낭비를 관리할 수 있는 기초를 마련해 준다.

(2) 표준원가 산출

메뉴구성을 위한 초안이 작성되면 각 메뉴별 표준조리표가 주방장에 의해 작성되고 원가관리 책임자에 의해 표준원가가 산출되어 메뉴가격이 작성된다. 따라서 표준조리표는 상품가격을 결정하는 근거가 되고 공정과정에 재료의 낭비가 없도록 정한 지시서로 메뉴품목별 원가를 정확하게 예측할 수 있고, 실수나 낭비로 인한 손실을 최소화할 수 있는 도구역할을 한다.

(3) 조리 프로세스 준수

모든 메뉴는 총주방장이 작성한 표준조리법에 의하여 조리되어야 한다. 조리에 임하는 조리사는 교육훈련에 만전을 기하여 업무지식의 숙달과 원가절감에 대한 투철한 의식으로 무장되어야 한다. 조리단계에서는 메뉴가 준비될 때마다 항상 동일한 분량과 재료가 사용되도록 철저하게 관리하는 것도 원가관리의 한 부분이다. 예를 들어 수프를 요리할 때 조리사는 표준조리표에 의해 항상 같은 양의 양파나 당근, 셀러리 등을 사용해야 한다.

(4) 실제원가 산출

실제원가 산출은 실제 조리를 하는 데 투입된 원가를 산출하는 것으로 운영의 책임소재를 밝힐 수 있도록 체계를 확립함과 동시에 이에 해당하는 세부부분을 주방단위로 설정해야 한다. 또한 운영의 활동결과로 발생한 실제원가를 표준원가와 비교하여 차이를 분석하고, 이에 따른 개선의 조치를 취한다. 실제원가와 표준원가의 비교는 제조 시 표준조리표에 지시된 양이나 방법을 정상적으로 수행하였는지를 확인하는 자료가 된다. 실제원가가 표준원가를 초과하게 되는 원인은 주로 과도한 요리의 단위당 분량을 사용했거나 과잉생산, 부적합한 조리 절차 및 방법, 잔여분의 식자재 활용 미숙, 도난이나 절도 행위 등에 의해 발생될 가능성이 있으므로 철저하게 확인하는 것이 좋다.

제3절 재무관리 이해

1 재무관리의 개념

외식기업의 경영활동은 음식을 조리하여 생산하고 서비스와 판매를 하는 일련의 순환과정으로 요약된다.

외식기업이 제품과 서비스를 생산하기 위해서는 설비, 건물, 토지 등의 유형자산과 노하우(Know-how), 상표권, 특허권 등의 무형자산을 필요로 한다. 이러한 외식기업은 규모와는 관계없이 어떤 외식기업일지라도 자금을 조달하고 운용하는 재무관리가 기업의 성공여부를 결정할 수 있는 매우 중요한 기능을 지닌다.

일반적으로 재무관리는 기업의 경영활동에 필요한 자금을 합리적으로 조달하고, 조달된 자금을 경영목표에 알맞게 합리적으로 운용하는 것을 의미하나 두 가지 측면에서 개념을 정의할 수 있다. 우선 협의의 의미로 재무관리는 기업의 재무활동에 국한하여 관리하는 활동을 말하며, 광의의 의미에서의 재무관리는 기업의 재무적인 활동이 무대가 되는 시장, 즉 금융시장(Financial Market)과 자본시장(Capital Market)까지 포함한다. 따라서 광의의 재무관리 영역은 재무관리의 핵심 업무영역인 기업재무(Corporate Finance) 뿐 아니라 투자론(Investment Theory), 금융론(Finance Theory)을 포함한다.

따라서 재무관리란 기업의 제반 투자안에 대하여 경제성을 평가하고, 조달한 자본으로 기업의 자산을 최적 구성할 뿐만 아니라 이를 뒷받침하기 위한 자금계획의 수립 및 통제 등 경영활동 전반에 걸쳐 경영목표를 효과적으로 달성하기 위하여 자료를 분석, 통합, 실천하는 것이다.

2 재무관리의 목표

끊임없는 경영환경의 변화로 인해 재무적 불확실성의 위험은 점차 높아지고 있으며, 경쟁력을 갖춘 외식기업으로의 유지를 위해 재무관리는 핵심역할을 한다고 할 수 있다. 외식기업들은 불경기 또는 예기치 않은 경제적 상황에 의하여 심각한 재무적 곤경으로 도산하는 상황이 발생될 수 있는데 외식기업이 재무관리에 실패하는 주요 이유는 자금부족과 현금흐름의 잘못된 관리, 그리고 부적절한 비용통제 등으로 볼 수 있다. 이렇듯 재무관리는 외식기업의 생존을 위해 매우 중요한 분야이면서 어려운 분야라 할 수 있다.

재무관리의 목표는 다음의 두 가지 관점에서 볼 수 있다.

1) 이익의 극대화

기업을 운영하는 데 있어 이익은 기업을 지속적으로 유지할 수 있는 중요한 요인이 될 수 있다. 만일 이익이 나지 않는다면 기업의 입장에서는 직원들에 대한 보상이나 재투자 등에 대한 결정을 할 수 없으며 심지어 도산하는 경우까지 발생된다. 따라서 전통적인 기업의 경우 이익의 최대화(Profit Maximization)를 기업의 목표로 간주하였으나 현재에 와서는 다음과 같은 이유로 인하여 이익의 극대화가 기업의 목표로 적합하지 않다는 의견이 많다. 이러한 이유를 살펴보면 다음과 같다.

첫째, 이익의 최대화에서 이익은 회계방법을 통한 측정수치로서 기업의 경제적 성과를 정확하게 나타내지 못한다. 이익은 일정한 회계절차에 따라 기록, 정리된 장부상의 이익으로서 기업의 실제 현금흐름(Cash Flow : 기업의 활동을 통해 나타나는 현금의 유입과 유출)을 나타내는 것이 아니다. 이익은 감가상각방법, 재고자산평가방법 등에 대한 회계처리 방법의 선택에 따라 그 크기가 달라질 수 있는 자의적인 수치이기 때문이다.

둘째, 이익의 극대화라는 목표는 현금흐름의 발생 시기를 무시하고 있다는 것이다. 즉 이익의 극대화 목표에 의하여 서로 다른 시점에서 발생하는 이익을 정확하게 평가할 수 없다. 예를 들어 현재 1억 원의 수입이 있으나 5년 후에 1억 2천만 원의 비용이 발생되는 경우와 현재 2억 원의 비용을 지출하여 5년 후에 2억 2천만 원의 수입을 얻을 수 있는 경우가 있다면, 상기에서 언급한 이익의 극대화라는 목표에 의해 당연히 후자의 2억 2천만 원의 수익이 생기는 대안을 선택할 것이다. 하지만 이러한 평가는 현금흐름의 발생시기에 따라서 그 가치가 달라지는 현실을 고려할 때 타당하지 못하다.

셋째, 이익의 극대화는 미래 이익의 불확실성의 정도가 서로 다른 미래 이익을 정확하게 평가할 수 없다. 예를 들어 현재 1억 원을 투자하여 1년 후에 1억 2천만 원을 얻을 수 있다고 예상되는 두 가지의 투자기회가 있다고 가정했을 때, 한 투자기회는 위험부담이 없는 정기예금이고 다른 투자기회는 미래결과가 불확실한 첨단제품의 개발일 경우, 위험을 싫어하는 이성적인 투자라면 당연히 정기예금을 선호할 것이다. 그러나 이 두 가지 투자안의 기대이익이 동일하기 때문에 이익의 극대화라는 목표에 의해서는 우열을 가릴 수 없다는 의미이다.

CHAPTER 05

2) 기업가치의 극대화

전통적 이익의 극대화라는 목표는 상기에서 언급한 바와 같이 많은 문제점을 지니고 있기에 현재의 기업들은 재무관리의 목표를 기업가치의 극대화에 두고 있다.

기업가치는 그 자산을 보유함으로써 얻게 될 미래 현금흐름을 그 현금흐름의 위험이 반영된 적절한 할인율로 할인한 현재가치로 구할 수 있다. 기업의 현재가치 계산 방법은 다음과 같다.

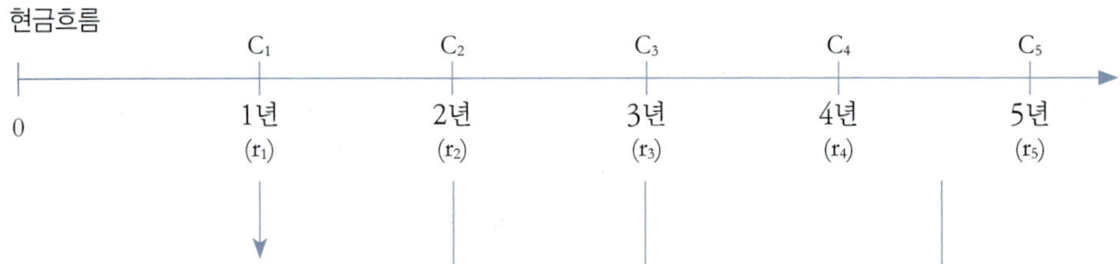

$$PV = \frac{C_1}{1+r_1}$$

$$PV = \frac{C_2}{(1+r_2)^2}$$

$$PV = \frac{C_3}{(1+r_3)^3}$$

$$PV = \sum_{t=1}^{n} \frac{C_t}{(1+r_t)^t}$$

PV : 현재가치

C_t : t년 후의 현금흐름

r : 현금흐름의 위험이 반영된 이자율(할인율)로 가정한 기호임

상기 계산방법에서 'C_t'는 기업이 미래에 얻게 될 현금흐름으로 기업이 보유 중인 자산의 수익성을 의미하며, 분모의 'r'은 현금흐름의 위험도가 반영된 할인율로 기업의 자

본비용을 의미한다. 여기서 말하는 자본비용이란 기업이 자본을 사용하는 대가로 자본 제공자들에게 지급되는 비용을 의미한다.

기업의 투자의사결정은 자본조달 결정과 더불어 재무관리의 핵심 분야이다. 이러한 투자의사결정방법은 화폐의 시간가치를 고려하지 않는 방법과 화폐의 시간가치를 고려하는 방법으로 구분될 수 있으며, 여기에서는 시간의 가치를 고려한 순현가법(NPV: Net Present Value)과 내부수익률법(IRR: Internal Rate of Return)에 대해 알아보기로 한다.

(1) 순현가법(NPV: Net Present Value)

일반적으로 투자결정을 비롯한 기업의 모든 의사결정은 현재시점을 기준으로 이루어지지만 얻어지는 대가는 미래에 실현되는 것이 보통이므로 이러한 투자안을 평가하기 위해서는 화폐의 시간가치를 고려해야 한다.

순현가법(NPV : Net Present Value)은 자본예산기법의 하나로 투자금액을 투자로부터 산출되는 순현금흐름의 현재가치로부터 차감한 것이며 이 순현가가 0보다 크면 투자안을 선택하고, 0보다 작으면 투자안을 기각하는 의사결정기준을 말한다. 이 방법은 기업의 할인율로 현금흐름을 할인한다는 점, 가치가산원칙에 부합된다는 점 등에서 다른 어떠한 자본예산기법보다 우월한 방법으로 평가되고 있다.

이와 같이 순현가법은 투자로부터 발생되는 현금유입의 현재가치와 현금유출의 현재가치를 비교하여 투자여부를 결정하는 방법이다. 순현가법을 구하는 계산방법은 다음과 같다.

$$NPV = CF_0 + \frac{CF_1}{(1+r)} + \frac{CF_2}{(1+r)^2} + \cdots + \frac{CF_n}{(1+r)^n} = \sum_{i=1}^{n} \frac{E_t}{(1+r)^t}$$

CF_t : t년 후의 현금흐름

r : 현금흐름의 위험이 반영된 이자율(할인율)로 가정한 기호임

이러한 계산방법으로 다음의 사례를 보고 투자의사결정 여부를 결정해 보자.

예를 들어 'A' 외식기업이 1억 원을 투자하여 새로운 세척설비를 설치하려고 할 때 세척설비로 인해 기대되는 현금흐름(현금 유입 또는 유출)은 1년차에 6천 5백만 원, 2년차에 3

천만 원, 3년차에 3천만 원, 4년차에 1천만 원이다. 이때 이자율이 10%라고 한다면 'A' 외식기업은 세척설비를 투자해야 할 것인가?

상기의 계산식을 기준으로 계산해 보면 다음과 같다.

$$NPV(\text{세척설비}) = -1\text{억} + \frac{6,500}{(1+10\%)} + \frac{3,000}{(1+10\%)^2} + \frac{3,000}{(1+10\%)^3} + \frac{1,000}{(1+10\%)^4}$$
$$= 1,325\text{만 원}$$

이 경우 NPV가 0보다 크므로 세척설비를 투자함으로써 기업의 가치를 증가시킬 수 있다는 결과가 나온다.

(2) 내부수익률법(IRR: Internal Rate of Return)

내부수익률법(IRR : Internal Rate of Return)은 투자안의 순현재가치(NPV)를 '0'으로 하는 할인율을 구하여 이를 요구수익률(투자자가 자금의 투자나 공여에 대하여 요구하는 최소한의 수익률)과 비교하여 투자여부를 결정하는 방법이다.

여기서 내부수익률(IRR : Internal Rate of Return)이란 투자자로부터 기대되는 현금유입의 현재가치와 현금유출의 현재가치를 같게 하는 할인율을 말하는데 내부수익률(IRR)을 계산하는 방식은 다음과 같다.

$$NPV = CF_0 + \frac{CF_1}{(1+IRR)} + \frac{CF_2}{(1+IRR)^2} + \cdots + \frac{CF_n}{(1+IRR)^n} = \sum_{t=0}^{n} \frac{CF_t}{(1+IRR)^t} = 0$$

상기의 계산식을 기준으로 계산해 보면 다음과 같다.

예를 들어 1억 5천만 원을 투자하여 5년간 매년 5천만 원의 수익을 얻을 때, 이자율이 10%라고 한다면 현재가치(NPV)는 3,954만 원이 되고, 현재가치를 '0'으로 만드는 내부수익률(IRR)은 19.86%가 된다. 따라서 이 투자안은 요구수익률 10%보다 크므로 채택하는 것이 좋다는 결과가 나온다.

3 재무제표의 이해

재무제표는 재무보고의 중심적인 수단으로서 이를 통합하여 기업에 관한 재무정보를 외부의 이해관계자에게 전달하게 된다.

재무제표는 기업이 회계기간 동안 수행한 경영활동의 결과를 간략하게 만든 회계보고서로서 기업의 성적과 평가가 기록된 성적표라고 할 수 있다.

가장 일반적으로 사용되며, 우리나라 기업회계기준에서 규정하고 있는 재무제표로는 대차대조표, 손익계산서, 현금흐름표, 이익잉여금처분계산서 등이 있다.

1) 대차대조표

대차대조표란 일정시점에서 기업의 재무상태를 표시하기 위하여 작성된 것으로 기업의 일정기간 동안의 성과를 관찰할 수 있는 것이 아니라 현시점에서 기업의 상태를 한눈에 알아볼 수 있는 재무제표이다. 예를 들면 2020년 12월 31일의 대차대조표는 2021년 전체의 재무상태를 나타낸 것이 아니라 해당일, 즉 2020년 12월 31일의 재무상태를 나타낸 것이다.

대차대조표는 자금의 운용상태가 되는 자산(Assets)과 조달원천이 되는 부채(Liabilities)와 자본의 관계, 즉 재무상태를 나타낸다. 자산항목은 기업이 조달한 자금을 어떻게 활용하고 있는가 하는 자금의 운용상태, 즉 경영활동을 나타낸다. 그리고 부채와 자본항목은 이와 같은 자산의 조달원천을 표시하여 기업이 자본을 어떻게 조달하였는가 하는 자본구조, 즉 재무활동을 나타낸다.

| 표 5-2 | **대차대조표**

대차대조표
제×기 2020년 12월 30일 현재

(단위 : 천 원)

항목	제X(당)기 금액	제X(전)기 금액	항목	제X(당)기 금액	제X(전)기 금액
자산	XXX	XXX	부채		
Ⅰ. 유동자산			Ⅰ. 유동부채	XXX	XXX
1. 현금 및 현금등가물			1. 매입채무		
2. 단기금융상품			2. 단기차입금		
3. 재고자산			3. 유동성 장기채무		
Ⅱ. 고정자산	XXX	XXX	Ⅱ. 고정부채	XXX	XXX
1. 투자자산			1. 사채		
1) 장기금융상품			2. 장기차입금		
2) 투자부동산			3. 퇴직급여충당금		
3) 장기대여금					
			부채총계	XXX	XXX
2. 유형자산					
1) 토지			자본		
2) 건물			Ⅰ. 자본금	XXX	XXX
3) 구축물			Ⅱ. 자본잉여금	XXX	XXX
4) 기계장치			Ⅲ. 이익잉여금	XXX	XXX
			1. 이익준비금		
3. 무형자산			2. 기타 적립금		
			Ⅳ. 자본조정	XXX	XXX
			자본총계	XXX	XXX
자산총계	XXX	XXX	부채와 자본총계	XXX	XXX

대차대조표를 구성하고 있는 요소로는 자산, 부채, 자본 세 가지가 있다.

(1) 자산(Assets)

자산(Assets)은 기업이 보유하고 있는 경제적 자원으로 건물, 설비, 토지, 비품, 차량 등과 같이 기업의 영업활동에 사용되는 유형자산을 포함하여 특허나 영업권 등과 같은 가치를 지닌 무형자산도 포함된다. 이러한 자산은 다시 유동자산과 고정자산으로 구분된다.

① 유동자산

대차대조표에서 자산항목을 배열하는 순서는 자산항목들의 유동성에 따라 결정된다. 유동성이란 현금으로 얼마나 빨리 전환될 수 있느냐를 나타내는 것으로 현금화속도가 빠른 자산항목을 유동성이 높은 자산이라 할 수 있다.

유동자산이란 1년 이내에 현금화될 수 있는 자산이나 현금, 예금, 일시 소유의 유가증권, 상품, 제품, 원재료, 저장품 등을 말한다. 관습상 유동자산은 대차대조표로부터 1년 이내에 현금으로 실현되거나 판매될 자원을 나타내는 것이 보통이므로 당기의 영업활동에 사용되지 않을 자산은 유동자산에 포함되어서는 안 된다.

유동자산은 당좌자산과 재고자산, 기타 유동자산으로 분류되며, 당좌자산 항목에는 현금, 예금, 유가증권, 외상매출금, 받을 어음, 단기대여금, 미수금, 미수 수익 등이 포함되고 재고자산 항목에는 상품, 제품, 반제품, 원재료 등이 있으며 기타 유동자산에는 선급금과 선급비용이 포함된다.

② 고정자산

고정자산(Fixed Assets)은 1년 이상 장기간에 걸쳐 현금화가 이루어지는 자산으로, 즉시 판매 또는 처분을 목적으로 하지 않고 비교적 장기간에 걸쳐 영업활동에 사용하고자 하는 자산을 말한다. 고정자산은 형태에 따라 유형고정자산, 무형고정자산, 투자자산, 이연자산 등으로 분류된다.

유형고정자산은 건물, 기계장치, 토지, 차량 등 구체적인 형태가 있는 것을 말하며 기업의 설비규모를 나타낸다.

무형고정자산은 구체적인 형태는 없지만 법률상으로 인정되고 있는 권리라든가 영업권 등 기업의 영업활동을 위해 1년 이상 사용되는 것을 이른다. 영업권, 의장권, 특허권, 어업권, 광업권, 상표권 등이 여기에 속한다.

이연자산은 당기에 지출한 비용 가운데 그 비용의 효과가 장래에까지 미치는 자산으로 창립비용, 개업비, 시험연구비, 개발비 등이 포함된다.

투자자산은 장기금융상품, 투자유가증권, 장기대여금, 장기성매출채권, 투자부동산, 보증금, 이연법인세차, 기타 투자자산 등을 말한다.

(2) 부채(Liabilities)

부채(Liabilities)는 일반적인 용어로 채무와 같은 말이다. 하지만 회계학으로 볼 때 부채는 채무라는 성격보다 훨씬 넓어 타인자본이나 채권자 지분 등으로 해석된다.

부채는 기업이 상품이나 원재료를 외상으로 구매하거나 금전을 차입하였을 때, 기업이 소비한 전력이나 용수의 대가를 지불하지 않았을 때, 종업원에 대하여 임금을 지불하지 않았을 경우 발생되며, 상환 또는 의무의 이행시기가 언제인가에 따라 유동부채와 고정부채로 나눌 수 있다. 유동부채는 1년 이내에 상환기간이 도래하는 부채로 지급어음이나 외상매입금, 단기차입금 등이 있다. 고정부채는 단기부채에 해당되지 않는 것으로 상환기간이 1년 이상인 것을 말하며 주로 사채나 장기차입금, 관계회사 장기차입금 등이 있다.

(3) 자본(Capital)

자본(Capital)이란 기업의 자산에서 부채를 차감한 잔여지분이다. 기업의 소유자 즉, 주주가 기업의 자산에 대하여 가지는 순청구권의 가치로서 자기자본 또는 주주지분이라고도 한다. 자본은 자본금, 자본잉여금, 이익잉여금으로 구분되는데 자본금은 발행된 주식의 액면총액을 나타내며, 자본잉여금은 주식의 발행 및 증자, 감자(Capital Reduction) 등 자본거래에서 발생한 잉여금으로 자본준비금과 재평가적립금으로 구분된다. 이익잉여금은 회사가 벌어들인 이익 중 주주들에게 배당하지 않고 회사 내에 유보시킨 금액으로 이익준비금, 기타 법정적립금, 임의적립금 등으로 구분된다.

2) 손익계산서(Profit and Loss Statement)

손익계산서(Profit and Loss Statement)란 일정기간 동안의 기업의 성과를 나타내는 동태적인 재무제표로서 기업의 이익창출능력에 관한 정보와 경영자의 수탁책임 및 경영성과에 관한 정보를 수익과 비용으로 구성한 재무제표이다.

회사의 업적은 매출액과 비용을 비교해 이익(손실)으로 나타낸다. 사람이 1년에 한 살을 먹는 것처럼 회사도 원칙적으로 1년 단위로 업적을 계산한다. 그러나 하루가 다르게 급변하는 시대에 1년이라는 시간이 너무 길다고 판단하여 재무회계에서는 반기 또는 분기 단위로 결산을 해 업적을 보고하도록 요구하고 있다. 또한 경영자나 관리자는 더 짧은 간격으로 업적을 파악할 필요가 있어 보통 1개월마다 결산을 하고 이를 '월별결산'이라고 한다. 우리나라의 기업회계기준에서는 이익항목을 매출총이익, 영업이익, 경상이익, 법인세비용차감전순이익, 당기순이익으로 구분하여 표시하도록 규정하고 있다.

그림 5-9 손익계산서의 구조

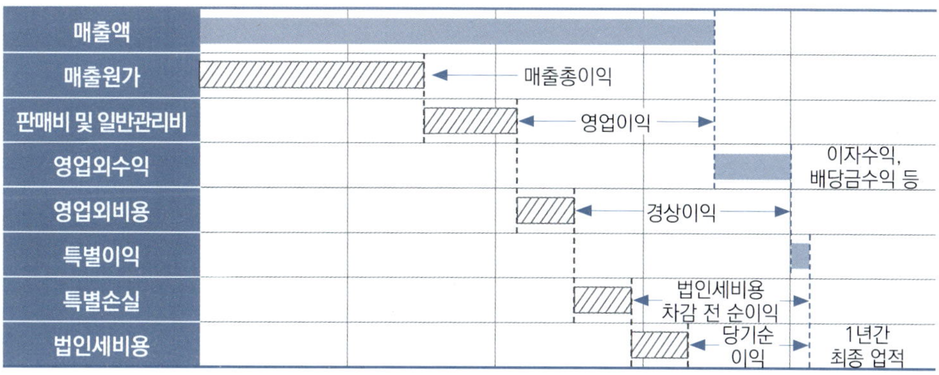

자료 : 하야시 아츠무 외, 회계학콘서트 1, 한국경제신문, 2021, p. 32.

손익계산서에서 매출총이익은 매출액에서 매출원가를 차감한 잔액을 말하며, 영업이익은 영업활동의 결과 발생한 이익으로서 매출총이익에서 판매비와 일반관리비를 차감한 차액을 말한다.

경상이익은 영업이익에 영업외수익을 가산하고 영업외비용을 차감한 것이다.

법인세비용차감전순이익은 경상이익에 특별이익을 가산하고 특별손실을 차감하여 산출되며, 당기순이익은 법인세비용차감전순이익에서 법인세비용을 차감한 잔액으로 당해연도의 최종적인 경영성과를 나타낸다.

| 표 5-3 | **손익계산서**

손익계산서
2020년 1월 1일부터 2020년 12월 31일까지

(단위 : 천 원)

항목	제X(당)기 금액	제X(전)기 금액
Ⅰ. 매출액	XXX	XXX
Ⅱ. 매출원가	XXX	XXX
1. 기초상품재고액	XXX	XXX
2. 당기상품매입액	XXX	XXX
3. 기말상품재고액		
Ⅲ. 매출총이익		
Ⅳ. 판매비와 관리비		
1. 인건비		
2. 복리후생비		
3. 여비교통비		
4. 임차료		
5. 보험료		
6. 소모품비		
7. 광고선전비		
Ⅴ. 영업이익	XXX	XXX
Ⅵ. 영업외수익	XXX	XXX
1. 이자수익		
2. 임대료		
Ⅶ. 영업외비용	XXX	XXX
1. 이자비용		
2. 외환차손		
Ⅷ. 경상이익	XXX	XXX
Ⅸ. 특별이익	XXX	XXX
Ⅹ. 특별손실	XXX	XXX
XI. 법인세비용차감전순이익	XXX	XXX
XII. 법인세비용	XXX	XXX
XIII. 당기순이익	XXX	XXX

(1) 수익(Revenue)

수익(Revenue)은 재화를 판매하거나 용역을 제공하고 받은 대가이다. 수익의 대표적인 예는 상품을 판매하고 고객들로부터 받은 금액, 즉 매출액이다. 기업의 수익이 매출액만 있는 것이 아니라 다른 활동으로부터도 수익을 얻을 수 있다. 예를 들어 다른 기업에게 자금을 대여하고 받은 이자수익이나 임대료수입, 금융기관의 이자수입 등도 수익의 예이다. 따라서 매출과 수익을 혼동하지 말아야 한다.

매출액에서 매출원가를 차감하면 매출총이익이 산출되는데 기업이 거래에서 얼마나 벌었는가를 나타내준다.

영업이익은 기업이 본래의 영업활동으로부터 나타난 것으로 상품의 판매활동에서 나타난 매출액을 말하고, 영업외수익은 기업 본래의 영업활동 이외의 활동으로부터 나타난 것으로 이자수익, 임대료 수입 등을 말한다. 특별이익은 영업이익이나 영업외수익과 같이 규칙적으로 발생되는 것이 아니라 특별한 상황에 따라 발생되는 수익을 말한다. 즉 기업 본연의 영업활동 이외에 우발적 원인에 따라 발생하는 이익이다. 예를 들어 자동차 제조를 주업으로 하는 회사에서 부동산 매매에 따른 이익이 발생한다면 손익계산서에는 특별이익으로 회계처리하게 된다. 특별이익에 속하는 항목으로는 투자자산 이익, 채무면제 이익, 보험차익, 그리고 기타 특별이익 등이 있다. 특별이익은 회사가 지속적으로 창출해낼 수 있는 수익과 무관한 것이므로 이익을 중심으로 기업가치를 평가할 때는 순이익 중에서 특별이익은 빼고 해주는 것이 보통이다.

(2) 비용(Expense)

비용(Expense)이란 수익을 얻기 위하여 기업이 소비한 재화 또는 용역으로서 소멸된 원가를 말한다. 이는 경제적 효용의 유출이라고 할 수 있다. 소멸된 원가가 당기의 영업활동과 관련되어 수익에 공헌하지 못한 손실이라고 하는 것과 구분된다. 기업회계기준상 비용은 그 지출 유무에도 불구하고 발생주의 원칙에 의하여 인식되는데, 매출원가, 판매비와 관리비 등과 같이 수익창출과정과 직접 대응하는 비용과 감가상각비 등의 기간적 대응에 의한 것, 사무원 급여, 광고선전비와 같이 간접 대응되는 것으로 세분될 수 있다.

매출원가는 비용 중 가장 중요한 항목으로서 주된 수익을 얻기 위해 투입되는 비용이며, 영업외비용은 본래의 영업활동 이외의 활동으로부터 나타나는 비용으로서 지급이자 등의 금융비용이 해당될 수 있다.

3) 현금흐름표(Statement of Cash Flow)

현금흐름표(Statement of Cash Flow)는 일정기간 동안 경영자의 의사결정으로 인한 현금의 변동을 나타내는 표이다. 즉, 현금의 변동내용을 명확하게 보고하기 위하여 당해 회계기간에 속하는 현금의 유입과 유출내용을 적정하게 표시한 표를 의미한다.

현재 「주식회사의 외부감사에 관한 법률」에서는 직전 사업연도 말 자산총액이 70억 원 이상인 주식회사는 반드시 현금흐름표를 작성하여 공인회계사의 감사를 받도록 하고 있다. 그러나 법인세 신고서류에는 포함되어 있지 않으며, 상법에서도 기본재무제표의 범위에 포함시키지 않고 있다.

현금흐름표는 일정기간 동안의 현금흐름을 나타내는 보고서이므로 유량(Flow)개념이고 동적 재무제표이다. 대차대조표가 기초에서 기말로 변천해 간 과정을 현금흐름의 측면에서 관찰한 것이 현금흐름표라고 할 수 있다.

| 표 5-4 | **현금흐름표**

현금흐름표
2020년 1월 1일부터 2020년 12월 31일까지

(단위 : 천 원)

항목	제X(당)기 금액	제X(전)기 금액
Ⅰ. 영업활동으로 인한 현금흐름	XXX	XXX
1. 당기순이익		
2. 현금의 유출이 없는 비용 등의 가산		
3. 현금의 유입이 없는 수익 등의 차감		
4. 영업활동으로 인한 자산·부채의 변동		
Ⅱ. 투자활동으로 인한 현금흐름	XXX	XXX
1. 투자활동으로 인한 현금유입액		
2. 투자활동으로 인한 현금유출액		
Ⅲ. 재무활동으로 인한 현금흐름	XXX	XXX
1. 재무활동으로 인한 현금유입액		
2. 재무활동으로 인한 현금유출액		
Ⅳ. 현금의 증가(감소)(Ⅰ+Ⅱ+Ⅲ)	XXX	XXX
Ⅴ. 기초현금	XXX	XXX
Ⅵ. 기말현금	XXX	XXX

(1) 현금흐름표의 유용성

현금흐름표를 작성하는 목적은 일정기간 동안 기업의 현금흐름을 경영활동별(영업활동, 투자활동, 재무활동)로 구분하여 현금의 유입과 유출을 나타내 줌으로써 기업의 영업, 투자 및 재무활동에 관한 정보를 제공하는 것이다. 따라서 현금흐름표는 기본적으로 다음과 같은 의문점에 대한 해답을 제공한다.

첫째, 현금은 어디에서 얼마만큼 조달되었는가 하는 현금의 조달원천과 둘째, 현금은 어디에 얼마만큼 사용되었는가 하는 현금의 사용내역, 셋째, 현금은 기간 중에 얼마만큼 변동하였는가 하는 현금의 증감액이다.

현금흐름표는 위와 같은 물음에 대한 해답을 제시함으로써 구체적으로 다음과 같은 유용한 정보를 제공한다.

첫째, 기업의 미래현금흐름의 창출능력에 관한 정보를 제공한다. 즉, 역사적 현금흐름정보는 미래현금흐름의 금액, 시기 및 확실성에 대한 지표로 자주 사용되며, 과거에 추정한 미래현금흐름의 정확성을 검증하고, 수익성과 순현금흐름 간의 관계 및 물가변동의 영향을 분석하는 데 유용하다.

둘째, 다른 재무제표와 같이 사용되는 경우 순자산의 변화, 재무구조(유동성과 지급능력 포함), 그리고 변화하는 상황과 기회에 적응하기 위하여 현금흐름의 금액과 시기를 조절하는 능력을 평가하는 데 유용한 정보를 제공한다.

셋째, 현금흐름정보는 동일한 거래와 시간에 대하여 서로 다른 회계처리를 적용함에 따라 발생하는 영향을 제거하기 때문에 영업성과에 대한 기업 간의 비교가능성을 제고한다.

넷째, 현금흐름표는 기업의 가치를 평가하는 데 필요한 기초자료를 제공한다. 즉, 기업가치를 평가하는 경우 일반적으로 기업의 미래현금흐름을 할인하여 추정하는데, 이때 미래현금흐름으로 영업활동흐름에서 투자활동현금흐름(현금순증감액 포함)을 차감한 현금흐름을 주로 사용한다.

(2) 현금흐름표의 기본구조

① 영업활동으로 인한 현금흐름

외식기업 본래의 사업인 판매, 구매, 생산활동 등에서 발생한 현금, 예금 등의 실질적인 흐름을 말한다. 매입대금을 현금으로 지급하고 매출대금이 현금으로 입금되는 등의 현금흐름이 발생한다. 이러한 영업순환과정에서 증가한 현금을 '영업현금흐름'이라고 하는데 이는 당기이익(매출-비용)에 감가상각비 등 비현금성 비용을 더한 후 운전자본(재고+외상매출금-외상매입금)의 증가액을 뺀 값이다. 여기서 이익에 감가상각비 등을 더하는 이유는 감가상각비 등이 현금 지출을 동반하지 않는 비용이기 때문이다. 다시 말해 이익+감가상각비 이상으로 운전자본이 증가하면 영업현금흐름은 마이너스가 되어 '계산상으로는 맞는데 현금이 모자라는 형태'가 된다.

영업활동으로 인한 현금유입은 재고자산 판매와 용역제공에 따른 현금유입, 로열티나 수수료, 중개로 인한 현금유입, 이자 수입과 배당금 수입, 기타 영업활동으로 인한 현금유입이 발생할 수 있으며 현금유출로는 재고자산과 용역 등의 구입에 따른 현금유출이나 종사원에 대한 현금유출(퇴직금 포함), 이자 지급, 법인세 및 기타 세금, 공과금 납부, 기타 영업활동 등으로 인한 현금유출이 발생될 수 있다.

② 투자활동으로 인한 현금흐름

점포나 사옥 등을 짓거나 설비를 교체하는 등의 설비투자, 영업에 필요한 자산에 대한 투자, 여유자금을 유익하게 사용하기 위한 기업외부 투자 등과 같이 미래를 위한 현금과 예금의 사용과정을 나타낸다.

투자활동으로 인한 현금유입은 금융상품 처분에 따른 현금유입, 대여금 회수에 따른 현금유입, 투자자산 처분에 따른 현금유입, 유형자산 처분에 따른 현금유입 등이 있다. 현금유출로는 금융상품 취득에 따른 현금유출, 단기매매증권 취득에 따른 현금유출, 대여금 지급에 따른 현금유출, 투자자산 취득에 따른 현금유출, 유 · 무형자산 취득에 따른 현금유출 등이 있다. 구체적으로는 기계설비, 건물, 토지, 자회사 주식의 취득과 매각, 투자목적으로 보유하는 주식의 매각, 자회사 등에 실시하는 자금의 대출이나 상환 등을 의미한다.

건전한 회사의 경우 적극적인 투자로 인하여 투자현금흐름의 값이 마이너스가 될 수 있다.

③ 재무활동에 의한 현금흐름

금융기관으로부터 장 · 단기 자금조달이나 사채발행을 통한 자본시장에서의 자금조달, 증자에 의한 자본금 증가, 차입금 상환 등을 재무제표식으로 표현한 것이다.

투자활동으로 인한 현금유입은 장 · 단기 차입에 따른 현금유입, 사채발행에 따른 현금유입, 주식발행에 따른 현금유입 등이 있으며 현금유출로는 사채와 차입금의 상환에 따른 현금유출, 유상증자 및 감자에 따른 현금유출, 배당금 지급에 따른 현금유출, 자기주식취득에 따른 현금유출 등이 있다.

CHAPTER 05

4) 이익잉여금처분계산서(Surplus Appropriation Statement)

이익잉여금처분계산서(Surplus Appropriation Statement)는 일정기간 동안의 미처분이익잉여금(주주에게 배당 가능한 이익)의 변동내용을 보여주는 보고서이다.

즉, 기업의 이익잉여금(영업활동 결과 획득한 이익의 합계액으로서 사외로 유출되지 않고 기업 내에 유보되어 있는 부분)의 처분사항을 명확히 보고하기 위하여 이월이익잉여금의 총 변동사항을 표시한 재무제표이다.

이익잉여금처분계산서를 통해 기업의 이해관계인들은 기업의 누적이익이 어떻게 형성되고 사용되었는지를 알 수 있게 된다.

| 표 5-5 | 이익잉여금처분계산서

이익잉여금처분계산서
제×기 2020년 1월 1일부터 2020년 12월 31일까지
처분확정일 2021년 2월 28일

(단위 : 천 원)

항목	제X(당)기 금액	제X(전)기 금액
Ⅰ. 미처분이익잉여금	XXX	
1. 전기이월미처분이익잉여금	XXX	
2. 당기순이익	XXX	
Ⅱ. 임의적립금등의 이입액		XXX
1. 배당평균적립금	XXX	
Ⅲ. 이익잉여금처분액		XXX
1. 이익준비금		
2. 임의적립금	XXX	
3. 현금배당	XXX	
4. 주식배당		
Ⅳ. 차기이월이익잉여금	XXX	

(1) 미처분이익잉여금

아직 사용되지 않은 누적이익을 의미한다. 전기(전년도)에서 이월되어 넘어온 미처분이익잉여금에 당기(당해연도)의 당기순이익을 가산하여 산정된다. 이는 대차대조표상의 '자본항목의 미처분이익잉여금'과 일치한다. 이익잉여금은 회계기간(상기에서는 2020년 1월 1일~2020년 12월 31일)의 다음연도(2021년)의 주주총회에서 승인이 이루어져야 처분(사용)될 수 있다. 따라서 재무제표 작성 기준일(2020년 12월 31일)에는 이익잉여금의 사용 등에 대한 회계처리가 이루어지지 않기 때문에 'Ⅳ. 차기이월이익잉여금'이 아닌 'Ⅰ. 미처분이익잉여금'이 대차대조표에 반영되는 것이다.

(2) 임의적립금 이입액

과도한 현금배당으로 기업의 재무상태가 악화되는 것을 방지하기 위해 기업이 자율적 · 임의적으로 적립해 놓은 이익잉여금을 다시 배당의 재원으로 사용할 수 있도록 미처분이익잉여금으로 대체(이입)하는 것을 말한다.

(3) 이익잉여금처분액

사용가능한 이익잉여금(미처분이익잉여금+임의적립금 등의 이입액)의 처분(사용)내용을 말한다.

이익잉여금의 처분은 주주총회의 승인을 요한다. 따라서 처분기준일(결산일), 처분결의일(주주총회승인일), 처분지급일별로 회계처리하여야 한다.

4 재무비율 분석

1) 재무비율분석의 개념

재무분석은 재무관리의 기능인 투자결정과 자본조달 결정을 수행하기 위한 기본적 분석을 말한다. 외식기업이 목표를 달성하기 위해서 재무관리자는 적절한 자본조달을 통하여 자본구조를 최적으로 하고 조달된 자금으로 자산운영과 투자결정을 최적으로 한다. 이러한 의무를 효과적으로 수행하기 위한 수단으로 재무비율분석이 사용된다.

재무비율은 경제적 의미와 논리적 관계가 분명한 재무제표상에서 서로 대응하는 항목으로 분류하여 그 총체적 구성비나 개별항목 간의 연관비율을 산출하고 이를 과거의 평균비율이나 표준비율과 비교함으로써 재무상태와 경영성과를 분석 · 평가하는 것을 말한다.

2) 재무비율의 종류

재무비율의 종류는 정태비율과 동태비율, 관계비율과 구성비율, 이용목적에 따라 유동성비율, 성장성비율, 레버리지비율, 수익성비율 등으로 구분할 수 있다.

다음의 대차대조표와 손익계산서를 이용하여 재무비율의 종류에 따른 계산과정을 살펴보자.

| 표 5-6 | 재무비율 계산과정을 위한 대차대조표

대차대조표
제×기 2020년 12월 30일 현재

(단위 : 천 원)

항목	제X(당)기 금액	제X(전)기 금액	항목	제X(당)기 금액	제X(전)기 금액
자산			부채		
Ⅰ. 유동자산	42,200	39,600	Ⅰ. 유동부채	33,400	32,000
1. 현금 및 현금등가물	15,000	14,000	1. 매입채무	11,000	10,000
2. 유가증권	6,000	5,200	2. 단기차입금	22,400	22,000
3. 매출채권	14,000	13,800			
4. 재고자산	7,200	6,600	Ⅱ. 고정부채	39,600	36,800
			1. 사채	23,500	21,400
Ⅱ. 고정자산	71,200	62,000	2. 장기차입금	16,100	15,400
1. 투자자산	14,600	13,200	부채총계	73,000	68,800
2. 유형자산	54,300	47,700	자본	40,400	32,600
1) 토지	32,200	25,400	Ⅰ. 자본금	10,400	8,400
2) 건물	22,100	22,300	Ⅱ. 자본잉여금	24,000	20,600
3. 무형자산	2,300	1,100	Ⅲ. 이익잉여금	6,000	3,600
자산총계	113,400	101,600	부채와 자본총계	113,400	101,400

자료: 김민환, 재무관리, 홍, 2000. p.963.

(1) 유동성비율(Liquidity Ratio)

유동성비율은 단기부채를 상환할 수 있는 능력을 측정하는 비율로 유동비율과 당좌비율 등이 있다.

유동비율은 유동부채에 대한 유동자산의 비율, 즉 1년 내에 현금으로 전환될 자산과 1년 내에 상환해야 할 부채를 비교하는 것이다. 유동비율은 단기 채무에 충당할 수 있는 유동자산이 얼마나 있는가를 나타내는 비율로서 주로 은행에서 기업의 단기지급능력을 판단하는 데 사용된다. 이 비율이 높으면 양호한 편이며, 일반적으로 200% 이상이면 유동성이 양호한 것으로 판단한다.

유동비율=(유동자산÷유동부채)×100=42,200÷33,400×100=126%

당좌비율은 유동부채에 대한 당좌자산의 비율로 현금화의 불확실성이 높은 재고자산을 제외한 순수한 유동자산만을 대응시키므로 단기적인 지급능력을 평가하는 비율이다. 이 비율이 높을수록 양호한 편이며 일반적으로 100% 이상이면 양호한 것으로 판단한다.

당좌비율={(유동자산−재고자산)÷유동부채}×100

={(42,200−7,200)÷33,400}×100=105%

(2) 성장성비율(Growth Ratio)

성장성비율은 일정한 기간 중 기업의 경영규모 및 경영성과가 얼마나 증가되었는가를 나타내는 비율로 재무제표 각 항목에 대한 일정기간 동안의 증가율로 측정한다. 성장성비율은 기업의 외형이나 자산규모, 주당이익, 주당 배당의 성장속도를 파악할 경우 기업의 이해관계자는 해당기업의 경쟁력이나 투자수익을 기대할 수 있게 되는 등의 여러 가지 중요한 정보를 얻게 된다.

성장성비율을 분석할 때 주의해야 할 점은 성장률이 높을 경우 일시적으로 유동성 부족이 발생하여 기업이 어려움을 겪을 수 있으므로 유동성 분석을 병행하여 실시해야 한다. 또한 성장률 자체의 측정뿐 아니라 산업 내의 특성, 산업 내의 경쟁구조, 제품수명주기 등 성장률에 큰 영향을 미치는 질적 요인에 대한 분석이 있어야 한다. 성장성비율에는 매출액증가율, 총자산증가율, 순이익증가율 등이 포함된다.

① 매출액증가율(Growth Rate of Sales)

매출액증가율은 일정기간 동안에 매출액이 어느 정도 증가하였나를 측정하는 비율이다. 성장성을 나타내는 비율을 해석할 때에는 물가변동의 효과를 감안하여 해석해야 한다. 매출액은 물가변동률 이상으로 성장해야 경제적 활동이 실제로 성장한 것이라고 볼 수 있다. 만일 매출액이 25% 성장하였으나 당해연도의 물가상승률이 5%라고 한다면 당해연도의 실질적인 매출액 증가율은 25%보다 낮은 수준이 될 것이다. 즉, 매출액증가율은 매출수량의 증가뿐만 아니라 물가상승분도 포함되어 있다는 것을 감안해야 할 것이다.

매출액증가율={(당기매출액－전기매출액)÷전기매출액}×100

={(68,730－64,490)÷64,490}×100=6.6%

② **총자산증가율**(Growth Rate of Total Assets)

총자산증가율은 일정기간 동안 기업의 자산규모가 어느 정도 증대되었는가를 나타낸다. 총자산증가율이 높다는 것은 기업의 투자활동이 적극적으로 이루어져 기업규모가 빠른 속도로 성장하고 있다는 것을 의미한다. 총자산증가율을 해석할 때는 기업의 자산재평가 여부를 먼저 확인해야 한다. 만일 증가율을 추정하는 기간 동안에 자산재평가가 일어난 경우에는 신규투자 없이도 자산규모가 증가한 것으로 나타날 수 있기 때문이다.

총자산증가율={(당기총자산－전기총자산)÷전기총자산}×100

={(113,000－101,600)÷101,600}×100=11%

③ **순이익증가율**(Growth Rate of Net Income)

순이익증가율은 일정기간 동안에 순이익이 어느 정도 증가하였는가를 측정한 비율이다. 순이익증가율을 계산할 때에는 전년도에 당기순손실이 발생한 경우와 같이 마이너스 금액이 기준연도 금액이 된다거나, 기준연도 금액이 아주 작은 값을 취할 때는 비율의 값을 구할 수 없거나 비정상적인 값이 되어 의미가 없어진다는 점을 유의할 필요가 있다.

순이익증가율={(당기순이익－전기순이익)÷전기순이익}×100

={(2,400－1,434)÷1,434}×100=67%

(3) 레버리지비율(Leverage Ratio)

레버리지비율은 기업의 재무유동성과 안정성을 나타내는 비율로 조달한 자본이 기업자산에 얼마나 적절히 배분되어 있는가를 나타내는 비율이다. 일반적으로 고정자산에 대한 투자는 장기자본의 범위 내에서 이루어져야 안정성이 높다고 할 수 있다. 레버리지비율을 측정하는 것으로는 부채비율과 자기자본비율, 고정장기적합률 등이 있다.

① 부채비율(Debt Ratio)

부채비율은 기업의 안정성을 측정하는 대표적인 지표로 부채비율이 높을수록 재무적 안정성은 떨어진다고 할 수 있다. 예를 들어 자기자본이 100이고 부채가 120이라면 자기자본을 다 처분해도 20%의 부채를 상환하지 못한다는 의미이다.

부채비율=(부채총계÷자기자본)×100=(73,000÷40,400)×100=180%

② 자기자본비율(Stockholder's Equity to Total Assets)

자기자본비율은 총자본에서 자기자본이 차지하는 비중을 나타내는 비율로 금융비용을 부담하지 않고 이용할 수 있는 자본으로 이 비율이 높을수록 안정성은 높아진다.

자기자본비율=(자기자본÷총자산)×100=(40,400÷113,400)×100=35%

③ 고정장기적합률(Fixed Assets to Long Term Capital Ratio)

고정장기적합률은 기업자산의 고정화로 인하여 장기적 지급능력 악화로까지 이어질 수 있는 위험성을 측정하는 비율이다. 예를 들어 대규모 설비를 필요로 하는 업종에서는 자기자본만으로 생산설비를 마련하기에 부담이 클 수 있다. 이 때문에 소요자금의 일부를 부채의 형식으로 빌려오는데 가능한 한 상환기간이 1년 이상인 비유동부채로 빌려야 한다. 따라서 이러한 현실을 감안하여 기업의 장기안정성을 측정하기 위한 수단으로 활용한다.

고정장기적합률은 100% 미만일수록 재무구조가 건실하다고 평가할 수 있다.

고정장기적합률={고정자산÷(자기자본+고정부채)}×100

={71,200÷(40,400+39,600)}×100=89%

(4) 수익성비율(Profitability Ratio)

수익성비율은 일정한 기간 동안 기업활동의 최종적인 성과, 즉 손익의 상태를 측정하고 그 성과의 원인을 분석, 검토하는 수익성 분석을 행함으로써 재무제표의 내부 및 외부이용자들이 보다 합리적인 의사결정을 할 수 있도록 한다.

수익성비율을 산정하는 데 사용하는 자본은 기초와 기말잔액의 평균치가 된다.

수익성비율로는 매출액 총이익률, 매출액 순이익률, 매출액 영업이익률, 총자산 순이익률, 자기자본 순이익률 등이 있다.

① 매출액 총이익률(Gross Profit on Sales)

매출액 총이익률은 매출총이익을 매출액으로 나눈 비율로서 기업의 판매능력이나 생산효율을 측정하는 비율이다.

매출액 총이익률=(매출총이익÷매출액)×100=(13,200÷68,730)×100=19%

② 매출액 순이익률(Ratio of Net Profit Net Sales)

매출액 순이익률은 당기순이익을 매출액으로 나눈 비율로서 기업의 전체적인 능률과 수익성을 판단하는 비율이다.

매출액 순이익률=(당기순이익÷매출액)×100=(2,400÷68,730)×100=3.5%

③ 매출액 영업이익률(Return on Net Sales)

매출액 영업이익률은 매출액에 대한 영업이익의 관계를 나타내는 비율을 말하며 영업이익은 매출이익에서 영업비를 공제해서 계산한다. 따라서 영업외활동(재무활동)의 영향을 받지 않고 영업활동만의 성과를 나타내는 것으로 중요시된다.

매출액 영업이익률은 영업이익을 매출액으로 나눈 비율이다.

매출액 영업이익률=(영입이익÷매출액)×100=(8,280÷68,730)×100=12%

④ 총자산 순이익률(Return on Assets)

총자산 순이익률(ROA)은 기업의 총자산에서 당기순이익을 얼마나 올렸는지를 판단하는 지표로, 기업의 일정기간 순이익을 자산총액으로 나누어 계산한 수치이다.

즉, 특정기업이 자산을 얼마나 효율적으로 운용했느냐를 나타낸다.

총자산 순이익률은 매출액 대비 이익률이 떨어졌는지 등 자산을 얼마나 효율적으로 영업활동에 연결시켰는지를 알 수 있다. 만일 수익은 상승하는데 총자산 수익률이 감소했다면 자산이 수익보다 빨리 증가했다는 것이고 자산을 효율적으로 활용하지 못하고 있음을 알 수 있는 것이다.

총자산 순이익률은 한 회사가 경쟁회사의 비교도구로 활용된다. 즉, 경쟁회사 간에 자산 1단위당 벌어들인 당기순이익을 동일한 잣대로 비교할 수 있어 수익창출능력을 객관적으로 비교할 수 있다는 장점이 있다.

총자산 순이익률을 높이기 위해서는 매출액 이익률을 높이거나 총자산 회전율을 높여야 하며, 또는 단순 매출액보다는 순이익을 올릴 방법을 찾거나 수익성이 떨어지는 자산을 과감하게 줄인다면 개선할 수 있다.

총자산 순이익률=(당기순이익÷총자산)×100=(2,400÷113,400)×100=2.1%

⑤ 자기자본 순이익률(Return on Equity)

자기자본 순이익률(ROE)이란 투입한 자기자본이 얼마만큼의 이익을 냈는지를 나타내는 지표로 기업이 자기자본(주주지분)을 활용해 1년간 얼마를 벌어들였는가를 나타내는 대표적인 수익성 지표로 경영효율성을 표시해 준다.

자기자본 순이익률이 10%이면 10억 원의 자본을 투자했을 때 1억 원의 이익을 냈다는 것을 보여주는 것으로 자기자본 순이익률이 높다는 것은 자기자본에 비해 그만큼 당기순이익을 많이 내 효율적인 영업활동을 했다는 뜻이다.

자기자본 순이익률=(당기순이익÷자기자본)×100=(2,400÷40,400)×100=5.9%

C·H·A·P·T·E·R

06

외식산업의 체인경영

CHAPTER 06

외식산업의 체인경영

FOOD SERVICE INDUSTRY MANAGEMENT AND MARKETING

제1절 체인경영의 이해

1 체인경영의 개념

체인경영은 동일업종의 여러 점포를 직영하거나 계약에 의해 여러 점포를 지속적으로 경영지도하고 상품을 공급하는 경영방식을 말한다.

외식기업들이 체인화를 지속적으로 실시하는 가장 큰 이유 중의 하나는 규모의 경제화를 추구하는 것이다. 즉 한 단위의 업소를 대형화하는 것도 규모의 경제를 이룰 수 있는 방법이기도 하지만 외식기업의 상품 특성인 상품이동과 저장의 한계로 확보할 수 있는 시장권이 제한되기 때문에 단일외식업소로는 규모의 경제를 이루는 데 한계가 있기 때문이다.

체인화는 적은 점포수로는 규모의 경제화를 제대로 실현할 수 없기 때문에 6개 이상의 점포로 규정하는 경우도 있으나 오늘날 국제기준으로는 11개 이상의 점포를 말한다. 따라서 동일한 유형의 상품을 판매하는 11개 이상의 점포가 중앙본부로부터의 관리를 통해 획일화, 표준화를 달성하면서 전체로서 판매력 및 시장점유율을 강화하는 조직을 체인사업이라 할 수 있다.

2 체인경영의 특징

체인은 표준화, 단순화, 집중화라는 원칙을 상품화하고 점포 정책 및 업무관리, 평가방식, 교육훈련 등에 일관되게 적용하여 수행하는 경영체제로서 다음과 같은 특징을 지니고 있다.

1) 전 점포의 단일자본 운용

임의체인(Voluntary Chain)이나 프랜차이즈 체인(Franchise Chain)과는 달리 체인스토어는 전 점포가 한 개의 기업으로 경영된다. 따라서 회사 체인 또는 법인 체인이라고 불리기도 하며 다른 것과 구분된다.

2) 중앙본부 관리체제 하에 각 점포의 운영

각 점포는 판매기능(상품제공 기능)을 주요기능으로 하고 있으며 점포의 전략수행은 중앙본부로부터 이루어진다.

3) 머천다이징(Merchandising)의 집중화 및 동질화

머천다이징(Merchandising)은 기업의 상품 또는 서비스를 적정한 장소 · 시기 · 수량 및 가격에 판매하기 위해 수립하는 계획으로 체인점포들은 이러한 계획에 의해 각 점포에 제공되는 상품이 정형화되고, 제공방법도 통일되며 표준화된다. 이로 인하여 규모의 이익(Scale Merit)을 통한 대중적인 가격정책과 전 점포가 동일품질을 재현함으로써 동일 브랜드력의 실현으로 브랜드파워를 가질 수 있다.

4) 생산성의 표준화, 단순화, 전문화

종래의 소매업에서는 '생산성'이라는 개념은 없었다. 그러나 이 생산성이라는 개념을 소매점 경영에 적용함으로써 소매업 경영이 지니는 한계를 극복하고 기업의 능력을 확대할 수 있게 되었다. 이 생산성은 체인경영의 경영원칙인 표준화, 단순화, 전문화라는 근대적 경영논리에서 나왔다. 이 원리의 적용 없이는 운영비를 대폭 낮추고 고객에 대한 품질과 가격, 양면에서 보다 매력 있는 상품을 제공할 수는 없다. 이렇게 공업경영의 원리를 적용한다는 의미에서 체인스토어 경영은 상업경영의 '공업경영화'라고도 할 수 있다.

따라서 체인스토어 경영은 경영기능의 본부집중과 판매기능의 점포분산이라는 방식을 통하여 중앙본부로부터 고도의 표준화, 단순화, 전문화를 달성해 가면서 자체의 판매관리, 시장점유율을 강화해 가는 경영방식이라고 할 수 있다.

3 체인경영의 형태

체인사업은 직영점체인, 임의가맹점체인, 프랜차이즈체인, 조합체인으로 구분될 수 있다.

그림 6-1 체인경영의 형태

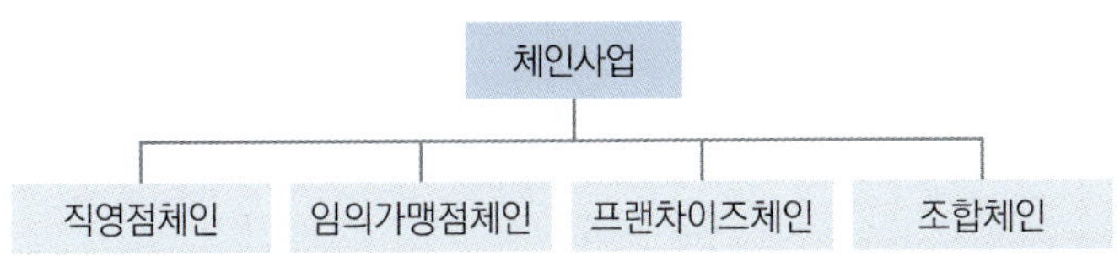

1) 직영점체인(Regular Chain)

직영점체인(Regular Chain)은 가맹본부가 직접 자본을 투자하여 직영점을 개설하고 본사의 직원을 파견하여 관리해 나감으로써 브랜드의 이미지를 보다 강력하고 일관되게 통제하여 소비자에게 좋은 이미지를 심어주기 위한 경영방식이다.

이 방식은 본사의 직원이 파견되어 근무를 하다 보니 경영방침이 그대로 전수되어 상품 및 서비스의 품질을 유지할 수 있고, 브랜드의 이미지를 전달하는 데 도움이 된다. 또한 직영점체인에서 얻어지는 모든 수익은 본사로 귀속되어 수익성이 높은 편이다. 하지만 점포개설에 따른 비용이 많이 들고 직접투자에 대한 위험성이 높다는 단점이 있다.

2) 임의가맹점체인(Voluntary Chain)

임의가맹점체인(Voluntary Chain)은 동일업종의 점포들이 경영의 독립성은 유지하면서 마케팅이나 구매, 물류 등을 공동으로 추진하여 규모의 경제에 따른 이익과 분업의 효율성을 얻기 위한 체인형태이다.

이 방법은 본사와 점포 간의 수평적 관계로 상호나 인테리어, 간판 등 최소한의 이미지만 통일하고 경영은 점포 개개인이 자율적으로 한다.

지역의 특색에 맞는 점포 이미지를 만들고 가격을 조절할 수 있으며 상품 취급 등에 대한 한계를 극복할 수 있고, 노하우 없이 판매위주로 운영하는 소매업종에 유리한 형태이다.

3) 프랜차이즈체인(Franchise Chain)

프랜차이즈체인(Franchise Chain)은 독자적인 상품 또는 판매 및 경영기법을 개발한 체인본부가 상호 및 판매방법, 매장운영 등을 결정하고 가맹점으로 하여금 그에 따르도록 운영하는 방식을 말한다.

가맹본부는 가맹사업자를 지원한다는 명분으로 개점 시에 대가를 받으며, 개점 이후에는 로열티 등을 받아 수입을 올린다. 또한 최종적으로는 자기자본을 들이지 않은 타점포에서 상품을 대량 소비하여 점주는 소매 마진을 얻고, 본부는 도매 마진을 지속적으로 확보할 수 있다.

4) 조합체인(Cooperative Chain)

조합체인(Cooperative Chain)은 동일업종의 소매점들이 「중소기업협동조합법」 규정에 의한 중소기업협동조합을 설립하여 공동구매 및 공동판매, 공동시설활용 등을 통해 사업을 수행하는 방식을 말한다.

제2절 프랜차이즈(Franchise)의 이해

1 프랜차이즈(Franchise)의 개념

프랜차이즈(Franchise)란 상호, 특허상품, 노하우를 소유한 가맹본부(Franchisor)가 계약을 통해 다른 사람(Franchisee)에게 상표의 사용권과 제품의 판매권, 기술 등을 제공하고 그 대가로 가맹비, 보증금, 로열티 등을 받는 시스템을 말한다. 여기서 상호, 상표, 노하우 등을 소유한 사람이나 기업을 프랜차이저(Franchisor)라고 하고 프랜차이저로부터 상호의 사용권, 제품의 판매권, 기술, 상권분석, 점포 디스플레이, 교육훈련 등을 제공받은 사람이나 기업을 프랜차이지(Franchisee)라고 한다.

국제프랜차이즈협회(IFA : International Franchise Association)에서는 프랜차이즈를 '본부가 가맹점의 사업에 대하여 노하우나 교육 등의 분야에서 계속적으로 이익을 제공하거나 유지하고, 그 기간 중 가맹점을 본부가 보유하고 있거나 통제하는 공통의 상호, 양식(Format) 및 기타 절차에 따라 영업을 하며, 자기자본으로 자기 사업에 상당한 자본을 투자한다'고 정의한다.

프랜차이즈 비스니스 개념을 최초로 도입한 기업은 1860년대 미국의 싱거 재봉틀 회사(Singer Sewing Machine Co.)이며 이후 1898년에는 자동차 회사인 제너럴 모터스(General Motors) 등이 탄생하게 되었다. 이러한 프랜차이즈 형태는 그 효율성을 인정받아 급성장하면서 광범위한 분야로 파급되기 시작하였다.

프랜차이즈 시스템의 특징은 가맹본부와 자본을 달리하는 독립사업자인 가맹점이 서로 협력하는 형태로 본부와 가맹점 간에 계약된 범위 내에서만 서로 통제하거나 특정한 요구를 수행한다는 것이다. 프랜차이즈 가맹점의 유리한 점은 본부에서 시스템을 갖추고 구매력이 있는 제품을 개발하여 공급하므로 실패의 위험성이 적고 본부에서 일괄적인 영업, 광고, 판촉활동을 지원하므로 효과가 크다는 것이다.

그림 6-2 **프랜차이즈 용어**

• 프랜차이즈(Franchise)

프랜차이즈는 가맹본부(Franchisor : 프랜차이저)와 가맹점 사업자(Franchisee : 프랜차이지) 간의 합의 또는 지속적인 관계를 의미한다. 가맹본부는 가맹점 사업자에게 동일한 브랜드 및 이미지 사용과 본부에서 개발한 상품이나 서비스를 독점으로 판매할 수 있는 권리부여와 영업을 위한 각종 교육 및 경영지도, 통제를 하는 대신 가맹비, 로열티 등을 받아 판매시장을 개척해 나가는 사업방식을 말한다.

• 가맹본부(Franchisor)

가맹사업과 관련하여 가맹점 사업자에게 가맹점 운영권을 부여하는 사업자를 말한다. 가맹본부는 가맹점 사업자에게 자신의 상호나 상표, 서비스 등을 사용하여 자신과 동일한 이미지로 상품판매의 영업활동을 하도록 허용하고 그 영업을 위하여 교육, 지원, 통제를 하며, 이에 대한 대가를 받는 사업체를 말한다.

• 가맹점 사업자(Franchisee : 프랜차이지)

가맹사업과 관련하여 가맹본부로부터 가맹점 운영권을 부여받은 사업자를 말한다. 가맹본부로부터 그들의 상호나 상표, 서비스 등을 사용하여 동일한 이미지로 상품판매의 영업활동을 허가받고 영업을 위한 교육 및 지원, 통제를 받아 자신의 자금과 노동으로 가맹점을 운영하는 사업체를 말한다.

2 프랜차이즈의 성장요인

프랜차이즈산업은 서비스산업에서도 매우 비중 있는 산업으로 발전의 추세가 날로 더해가고 있다. 특히 본부와 가맹점의 밀착된 상호관계를 통하여 소비자의 기호 변화에 과학적으로 대응하고 다점포로 경쟁력을 확보하는 것 등으로 인하여 급성장할 수 있는 계기가 되었다. 이러한 프랜차이즈의 발전요인을 살펴보면 첫째, 경제적 요인을 들 수 있다. 즉 경제적 성장으로 인한 국민소득과 가처분 소득의 증가로 외식비에 대한 지출이 늘어나게 되었고, 식문화의 질적인 향상은 외식 욕구를 증가시키는 요인으로 작용하였다. 또한 시장개방에 따른 해외업체의 진출이 가속화됨으로 인해 외식기업이 글로벌화될 수 있는 발판을 마련하였다.

둘째, 사회적 요인으로 여성의 사회진출 확대와 맞벌이 부부의 증가로 집에서 식사하는 시간보다 밖에서 식사하는 시간이 늘어나게 되었고 자가용의 증가는 장거리에 있는 외식기업의 발전으로까지 확대되었다. 또한 주 5일제 근무 및 삶의 질 향상을 위한 레저문화의 지향도 성장요인으로 볼 수 있다.

셋째, 문화적 요인으로 식생활 패턴의 서구화 및 외식에 대한 가치관의 변화, 전통메뉴의 개발과 현대화 등이 있다.

넷째, 정보 및 기술적 요인으로 첨단 IT산업의 발달과 기술의 진보는 세계 각국의 음식을 접할 수 있는 계기를 마련하였고 주방기기의 자동화 및 기업들의 선진 경영기법은 소비자를 외식기업으로 이끄는 요인으로 작용하게 되었다.

결과적으로 프랜차이즈 산업의 성장은 사회, 경제, 문화, 기술적 요인의 변화에 따른 결과이지만 무엇보다 소비자가 요구하는 편의성을 제공한다는 점에 의의가 있다.

3 프랜차이즈의 유형

프랜차이즈 시스템은 본사(Franchisor)와 하위단계의 가맹점(Franchisee)이 계약을 근거로 하여 통합되는 계약적, 수직 마케팅 시스템의 형태를 취한다. 이러한 방식은 여러 가지의 형태로 구분될 수 있으나 여기서는 유통경로에 따른 프랜차이즈의 유형과 성격에 따른 유형으로 구분하기로 한다.

1) 유통경로에 따른 프랜차이즈 유형

(1) 제조업자 · 소매업자(Manufacture Sponsored – Retailer)

제조업자 · 소매업자(Manufacture Sponsored-Retailer) 시스템은 오랫동안 사용된 프랜차이즈 시스템으로서 교통이 편리한 경우 제조업자가 일정한 지역에서 판매망을 확보하고 소매상들을 이용하여 영업방법, 상호, 상표 등을 개발하여 가맹점인 소매점에게 제품과 서비스를 유통시킬 수 있는 특권을 부여하여 계열화하는 사업형태이다. 대부분의 주유산업이 이러한 형태로 운영된다.

(2) 제조업자 · 도매업자(Manufacture Sponsored – Wholesaler)

제조업자 · 도매업자(Manufacture Sponsored-Wholesaler) 시스템은 시장이 너무 분산되어 있거나 소량의 제품을 취급하여 규모의 경제성을 확보할 수 없는 경우, 제조업자가 자신을 대신하여 유통기능을 수행할 도매상과 프랜차이즈를 계약하여 운영하는 전통방식의 시스템이다. 대표적인 예로 코카콜라, 펩시콜라 등의 음료제조업자가 도매상에게 음료수의 원료(Beverage Base)를 제공하면 도매업자는 이를 채택하여 소매업에게 판매하는 방식으로 청량음료 매출액의 90% 정도가 이러한 시스템의 형태로 운영된다.

(3) 도매업자 · 소매업자(Wholesaler Sponsored – Retailer)

도매업자 · 소매업자(Wholesaler Sponsored-Retailer) 시스템은 제조업자가 생산하는 제품의 품목수가 제한되어 있으므로 도매업자가 여러 제조업자들로부터 다양한 품목을 제공받아 프랜차이즈를 개발하고 소매상을 체계화하는 방식이다. 즉 도매상이 본부가 되고 소매상이 가맹점이 되어 도매상 중심의 프로그램에 의해 소매상을 모집한다. 주로 스포츠용품점이나 제약업 등에서 운영되는 형태이다.

(4) 서비스제조업자 · 소매업자(Service Firm Sponsored – Retailer)

서비스제조업자 · 소매업자(Service Firm Sponsored-Retailer) 시스템은 서비스회사가 서비스를 소비자에게 효율적으로 제공하기 위하여 소매업자에게 표준화된 상호, 상표, 서비스 제조 및 판매방법 등을 직접 제공하는 방법이다. 여기에서는 유명상호, 상표 또는 경영자가 주요한 자산이 될 수 있다.

대표적인 예로는 맥도날드와 KFC, 버거킹 등 우리나라에 진출한 대부분의 패스트푸드 업종이 여기에 속한다고 할 수 있다.

2) 성격에 따른 프랜차이즈 유형

(1) 상품형태 프랜차이즈(Product Format Franchise)

상품형태 프랜차이즈는 프랜차이저가 제조한 상품을 프랜차이즈의 상호 및 상표하에서 프랜차이지가 소매업자 또는 도매업자로서 판매하는 프랜차이즈 형태를 말한다. 프랜차이저는 프랜차이지에게 상표와 상호 등의 사용을 허락하고 상품만을 공급하며 사업 운영에 필요한 노하우는 제공하지 않는다.

(2) 비즈니스형태 프랜차이즈(Business Format Franchise)

비즈니스형태 프랜차이즈는 상품형태 프랜차이즈에서 기인하는데 편리성과 서비스가 중요시되면서 상품들을 잘 팔기 위해 프랜차이즈를 적용하였다. 이 형태는 프랜차이저가 독자적인 노하우와 제품을 개발하여 시스템화하고 프랜차이지에게 사용을 허락하는 프랜차이즈 형태이다. 이러한 시스템은 일관성을 유지하게 만들며 그 일관성은 프랜차이즈가 성공하는 데 가장 중요한 근간이 되기도 한다.

즉, 가맹본부의 직영점이나 가맹점 사업자나 국내에서 영업을 하거나 해외에서 영업을 하거나 관계없이 모든 매장을 동일하게 보이거나 느낀다는 것이다.

오늘날 대부분의 프랜차이즈 사업이 비즈니스 형태의 프랜차이즈로 운영되고 있다.

(3) 전환 프랜차이즈(Conversion Franchise)

전환 프랜차이즈는 표준적인 프랜차이즈 관계를 조금 수정한 형태로 전환 프랜차이즈에서 가맹본부는 동일한 산업에서 독립적으로 사업을 하고 있는 사람들을 모집하여 자신의 가맹점 사업자로 바꾸는 것이다. 이러한 형태의 프랜차이즈는 부동산이나 호텔과 같은 서비스산업에서 체인을 확장하기 위해 널리 사용된다. 즉 가맹본부는 같은 사업을 하는 독립사업자들이 가맹본부의 서비스나 상표 그리고 시스템을 이용하여 수익의 극대화를 기대한다. 또한 가맹점 사업자는 가맹본부의 우수한 운영시스템이나 높은 브랜드인지도 그리고 차별화된 마케팅 능력의 도움을 받아 매출액의 증가를 기대한다.

하지만 관련 산업에 사업경험이 없는 새로운 가맹점 사업자는 그 시스템의 다른 가맹점 사업자와 동일성을 유지하기 위해 중요한 변화나 전환을 꺼려하며, 가맹본부 역시 이러한 변화에 대해 요구를 할 수 없다.

제3절 프랜차이즈 사업의 특성

1 프랜차이즈 사업의 성격

1) 계약관계

프랜차이즈 사업은 가맹본부와 가맹점 간의 상호 신뢰와 공동투자에 의한 분업의 협력계약을 기반으로 상호 계약된 범위 내에서 통제하거나 특정한 요구를 수행한다.

프랜차이즈 계약은 양자의 합의에 의하여 결정된 것이 아니라 가맹본부가 미리 결정한 사업의 계약내용을 사업을 하고자 하는 가맹점에게 설명한 후, 동의할 경우 계약이 성립되는 부합계약의 성격을 갖는다.

2) 독립된 사업자

프랜차이즈 사업은 자본을 달리하는 가맹본부와 가맹점이 장기계약에 의해 독립된 사업자로서 사업을 영위한다.

프랜차이즈 시스템은 가맹본부와 가맹점의 자율성이 인정되고 각자는 독립된 이윤의 흐름을 보장받는다는 점에서 일반적인 제품이나 용역의 거래와는 다른 특징을 보인다. 거래빈도가 일반적으로 낮다는 부분도 하나의 특징으로서 가맹본부가 가맹점에게 허가하는 상호나 기술전수, 경영기법은 계약기간 동안 언제든지 사용할 수 있다.

3) 상품의 동질성

프랜차이즈 사업은 독립적인 경영자와 사업 주체들로 구성되어 있지만 소비자들은 사업 전체를 동질적인 것으로 인식한다. 따라서 마케팅 활동에서 얻는 효과 역시 일반적인 기업의 경우보다 훨씬 높다고 할 수 있다.

4) 불확실성의 감소

가맹본부 입장에서 프랜차이즈 사업은 가맹점이 자본투자를 하기 때문에 사업을 구축하고 확장하는 데 필요한 자본투자가 많지 않다. 따라서 소규모 투자와 최소의 인력으로 사업을 빠르게 확장할 수 있으며 가맹비나 로열티, 식재료 공급을 통해 수익을 얻을 수 있다. 이러한 금전적인 부분 이외에도 가맹본부가 영업을 지속적으로 확장하고자 할 때 해당 지역의 시장성 및 문화적 특성 등을 정확하게 예측할 수 없는 데 반하여 해당 지역에서 가맹점을 모집하여 영업활동을 허가해 줌으로써 정보의 부족에서 생기는 전반적인 불확실성을 감소시킬 수 있다.

그림 6-3 프랜차이즈의 이해관계도

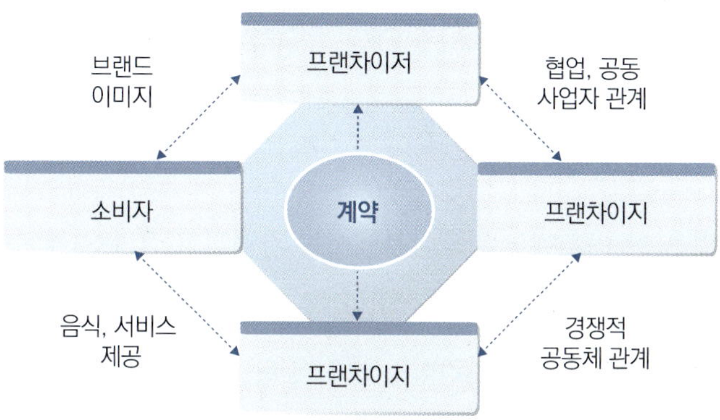

자료: 한국프랜차이즈협회, 프랜차이즈 가맹점 창업 및 운영실무, 2004. p.7

CHAPTER 06

2 프랜차이즈의 성공요소

프랜차이즈가 성공하기 위해서는 많은 요소들이 있지만 대표적인 요소로는 다음의 3가지를 들 수 있다.

1) 상표인지도

상표인지도라는 것은 가맹본부의 브랜드가 소비자들에게 얼마나 잘 알려져 있으며, 인정받고 있는가에 대한 문제이다. 브랜드에 대한 고객의 충성도가 높아지면 가맹점으로서는 영업에 큰 도움이 되기 때문이다. 따라서 가맹본부에서는 상표의 인지도를 높이기 위한 광고 및 홍보 전략을 잘 수립해야 할 것이다.

2) 효율적인 운영시스템 확립

효율적인 운영시스템 확립은 개점 후 가맹본부에서 영업활동을 위하여 운영하는 영업시스템이 얼마나 잘 구축되어 있는가 하는 문제이다. 가맹점 사업자의 영업을 활성화하기 위한 가맹본부의 전반적인 운영시스템이 체계적으로 구축된 프랜차이즈 본사가 가맹점 사업자의 지원 면에서도 우수할 수 있기 때문이다.

이러한 효율적인 운영시스템은 인력 및 재료의 낭비를 줄일 뿐 아니라 영업과 직결되기 때문에 지속적으로 개발, 유지해야 한다.

3) 프로그램의 지속적인 제공

가맹점이 창업을 한 이후에도 가맹본부에서는 가맹점이 잘 유지될 수 있도록 영업상태에 관심을 기울여야 한다. 즉 슈퍼바이저나 전문 지도요원들을 통하여 점포의 문제점이나 고충사항 등을 해결해 주고 관리하는 것이 좋다.

예를 들면 직원들의 교육이나 매뉴얼, 매장 관리방안 등이 이에 해당될 수 있다. 만일 프로그램이 지속적으로 제공되지 못해 매장의 상황이 유지되지 못한다면 고객은 사업을 동일하다고 생각하기 때문에 프랜차이즈 전체 사업에 나쁜 영향을 미칠 수 있다.

3 프랜차이저와 프랜차이지의 역할

프랜차이저와 프랜차이지의 역할은 상호 계약관계에 따라 다소 차이는 있지만 각자 수행해야 할 역할이 있다.

1) 프랜차이저의 역할

(1) 원 · 부자재의 개발

프랜차이즈 사업이 경쟁력이 있기 위해서는 가격이나 품질, 맛 등 다양한 방면에서 원 · 부자재가 우수해야 한다. 따라서 프랜차이저는 다른 기업과 차별화될 수 있는 원부자재의 개발로 기술적 수준을 유지할 수 있어야 한다.

(2) 제품 및 서비스의 개발

소비자가 선호하는 독창적인 제품과 서비스 체계를 개발하여야 한다. 즉 경쟁업체에서 모방할 수 없는 제품이나 서비스를 갖추어 가맹점에게 제공하면 많은 고객을 확보할 수 있어 안정된 경영이 가능하게 된다.

(3) 교육 및 훈련

프랜차이즈 사업은 특성상 동일한 이미지를 확보할 수 있도록 가맹점 사업자들에게 영업활동을 지도 및 통제하고 가맹점 사업자들은 이러한 지도에 따라 영업활동을 하는 관계이다. 따라서 계약의 내용대로 가맹점에서 필요한 정보를 제공할 뿐 아니라 교육을 함께 진행해야 한다. 가맹본부에서 아무리 훌륭한 상품을 개발했다고 하더라도 결과적으로 상품을 고객에게 판매하는 것은 가맹점의 일이다. 따라서 가맹본부는 가맹점이 소비자들에게 확실한 판매활동과 서비스 활동을 할 수 있도록 꾸준한 교육과 훈련을 해야 한다.

(4) 판매촉진 기능 및 광고제공 기능

가맹본부에서 지원해야 할 기능 가운데 판매촉진 기능과 전국 광고제공 기능이 있다. 판매촉진은 프랜차이즈 개발 시점부터 종료될 때까지 계속되는 것으로 제품판매와 직접적으로 관련이 있으며 이에 대한 결과가 매출로 나타나기 때문에 판매촉진은 가맹점의 경영이 계획대로 실현되도록 지원할 때, 또는 프랜차이즈 사업 전체의 이미지 변신을 할 때, 신상품을 보급할 때 등 신문이나 방송 등의 대중매체를 통하여 적극적으로 임해야 한다.

(5) 경영관리 기능

가맹본부의 경영관리 기능이란 실제 점포에서 실시하는 반복적인 작업, 예를 들면 매출계산이나 원가계산, 비용, 이익계산, 영업 분석 등을 말한다. 즉 점포에서는 최소한의 필요한 작업을 제외하고 오직 영업에만 노력을 기울일 수 있도록 하고 나머지 부분에 대해서는 가맹본부에서 일괄적으로 처리함으로써 프랜차이즈 사업 전체의 효율성을 높일 수 있게 된다.

2) 프랜차이지의 역할

(1) 판매대행 역할

프랜차이지는 본사의 아이템과 브랜드를 로열티를 지불하고 사용하는 가맹점으로 본사로부터 제공받은 노하우를 바탕으로 본사를 대신하여 영업 일선에서 판매를 실시한다. 즉 가맹본부에 의해 제공되는 지속적인 지원서비스를 활용하여 보다 능률적이고 효과적으로 이익을 낼 수 있도록 노력해야 한다.

(2) 브랜드이미지 유지

브랜드이미지는 본사 차원에서도 유지하기 위해 노력하지만 아무리 본사에서 노력한다고 해도 결국 소비자를 만나는 곳은 가맹점이다. 하나의 가맹점이 잘못한 경우 그 이미지가 프랜차이즈 전체로 번지기 때문에 브랜드의 가치를 인식하고 좋은 방향으로 증대시키기 위해 노력해야 한다.

(3) 고객 확보 및 유지 노력

상품의 서비스나 원재료, 시설 등은 가맹본부에서 제공할 수 있다. 하지만 영업을 시작한 후부터 고객확보 및 유지는 가맹점 스스로 해결해야 한다. 즉 가맹본부에서는 고객을 확보해 주는 것이 아니다. 가맹점은 브랜드를 보고 찾아온 고객을 지속적으로 유지하고 더 많은 고객을 유치하기 위해 노력해야 한다.

4 프랜차이즈 사업의 장·단점

프랜차이즈는 프랜차이저와 프랜차이지 모두에게 좋은 사업기회를 제공한다. 하지만 상호 추구하는 방향이 다를 수 있어 양자의 입장에 따라 나타날 수 있는 장 · 단점은 다음과 같다.

1) 프랜차이저 측면

(1) 장점

① 사업 확장

한정된 자본으로 독자적인 기업들보다 빠르게 사업을 확장할 수 있는 방법이 프랜차이즈 사업이다. 자신이 가맹점을 창업하는 것이 아니라 사업의욕이 있는 사람들을 가맹점으로 모집함으로써 적은 투자비용으로 넓은 지역에 단시간 내에 판매망을 확보할 수 있다.

또한 프랜차이즈 사업의 지명도가 높아지면서 실적이 올라가면 가맹사업에 대한 전개를 가속화할 수 있다.

② 안정된 사업 추진

가맹본부의 노하우를 바탕으로 가맹점으로부터 들어오는 가맹비, 로열티 등을 지속적으로 확보할 수 있어 안정된 사업을 수행할 수 있다.

③ 편리한 운영

가맹점의 스타일이나 종사원의 유니폼, 서비스 방법 등을 통일된 방법으로 사용할 수 있고, 비상경영이나 위기상황을 제외하고는 가맹점들이 독립적인 경영을 하기 때문에 직원들에 대한 채용이나 복지, 노사문제 등이 다른 사업에 비하여 비교적 쉬운 편이다.

(2) 단점

① 경영에 대한 직접 통제의 어려움

프랜차이저는 프랜차이지에 대한 직접적인 통제권이 없기 때문에 프랜차이즈의 발전을 느리게 하고 때로는 방해가 되기도 한다. 즉 경영변화에 따라 목표와 전략을 변화시켜야 하고 이를 위해서는 프랜차이지의 협력이 필수지만 단기적인 이익을 추구하는 습성으로 인해 장기적인 이익을 보지 못하고 피하는 경향이 있다. 이 외에도 가맹점이 급증한 경우 통제가 어려울 수 있다.

② 커뮤니케이션의 오해

프랜차이지는 가맹본사의 지도 및 통제를 받아야 함에도 불구하고 운영방법이나 영업시간 등에 대해 독립적으로 운영하거나 계약 내용에 대해 프랜차이저의 요구를 잘못 이해해 다른 견해나 성격차이의 문제로 발생되어 갈등이 심화될 수 있고 심지어 법적인 소송으로 이어질 수도 있다.

③ 프랜차이지 선별의 어려움

프랜차이지에 대한 선별은 유능한 인재를 선별하는 것만큼 중요한 일이다. 만일 프랜차이지들이 사업에 대한 의욕이 부족하거나 노력, 위험부담 등을 이해하지 못하고 단지 프랜차이즈 시스템이라는 권리 위에 안이한 생각으로 사업을 하게 되면 사업 전체에 활력을 잃을 수 있다.

④ 이미지 손상가능

프랜차이지의 사소한 실수로 인하여 오랫동안 유지해 온 브랜드에 손상을 줄 수 있다. 예를 들어 고객과의 다툼이라든지 서비스 불량 등은 해당 점포에만 영향을 주는 것이 아니라 프랜차이즈 사업 전체에 대한 불신으로 이어질 수 있기 때문이다.

2) 프랜차이지 측면

(1) 장점

① 낮은 리스크

프랜차이즈는 가맹본부가 합리적인 방법으로 사업 패키지를 개발하여 가맹점을 지도하고 통제하기 때문에 사업 실패의 위험성이 낮다.

② 확립된 콘셉트

개인이 사업을 시작했을 경우 가장 어려운 부분 중 하나가 바로 인지도이다. 하지만 프랜차이즈는 이미 성공한 사업의 아이템이나 성장하고 있는 아이템으로 사업을 할 수 있어 일정수준의 브랜드 파워를 확보할 수 있다.

③ 소자본 창업

프랜차이즈는 개인이 독립레스토랑을 창업했을 경우보다 운영자금이 적게 든다. 이러한 원리는 규모의 경제성으로 들 수 있는데 프랜차이저가 대량구매나 신용구매를 통하여 원재료의 가격을 낮춰 공급할 수 있기 때문이다. 또한 경험이 풍부한 프랜차이저가 계획한 설비는 서비스의 효율성과 생산성을 높여줄 수 있다.

④ 기술 및 경영지원

프랜차이지는 프랜차이저가 공급하는 기술이나 경영지원에 대해서도 공급을 받을 수 있도록 대부분 계약하고 있다. 이렇게 제공되는 기술이나 경영지원을 자체적으로 개발하기 위해서는 많은 노력과 시간을 투자해야 하지만 프랜차이즈 사업을 통하면 이러한 비용을 절감할 수 있다. 예를 들면 개인이 창업을 하기 위해서는 시장조사를 비롯하여 입지선정, 건축, 구매, 주방기기, 설비, 운영방법 등을 습득해야 하지만 프랜차이즈의 경우 기술이나 경험이 없이도 프랜차이저의 도움을 통해 창업이 가능하다는 것이다.

⑤ 광고 및 판촉효과

프랜차이지는 점포 스스로가 광고 및 판촉활동을 할 필요가 없다. 각각의 가맹점들로부터 모인 자금을 가지고 가맹본사가 광고와 판매촉진을 실시하기 때문이다. 특히 많은 자금이 투입되는 대규모의 상업성 광고는 개인점포에서는 할 수 없으나 프랜차이즈 사업에서는 가능하며 효과를 극대화할 수 있다는 장점이 된다. 예를 들면 개인 사업자가 1억 원을 들여 광고를 한다면 프랜차이즈의 경우 각각의 가맹점에서 나누어 부담하면 되기 때문에 비용적인 절감을 하면서도 광고효과는 극대화될 수 있다는 것이다.

⑥ 연구와 개발에 따른 이익

프랜차이저는 프랜차이즈 사업을 발전시키기 위해 지속적으로 연구개발을 실시한다. 이러한 연구개발은 결국 프랜차이지에게 돌아가게 된다. 개인 사업자의 경우 따로 연구개발 팀을 운영하게 되면 막대한 비용이 소요되지만 프랜차이즈의 경우는 메뉴나 서비스 등 다양한 분야에서 적은 비용으로 연구개발이 이루어질 수 있다.

(2) 단점

① 계약의 불평등성

프랜차이즈 계약은 본질적으로 상호 협의를 통해 작성되는 것이 아니라 프랜차이저에 의해 일방적으로 작성되기 때문에 프랜차이지는 계약 내용에 조건 등을 첨부하는 것이 쉽지 않다.

② 서비스에 대한 비용지출

프랜차이지는 프랜차이저가 제공하는 서비스에 대해 계속적으로 일정액의 비용을 지불해야 하는데 제공받는 서비스가 평균수준에 미달되면 그에 대한 지출은 의미가 없어진다. 따라서 가맹비나 로열티 등의 일정액을 지불하는 것에 대한 불만이 발생될 수 있다.

③ 자체 노력 및 자율성 결여

프랜차이저의 노력에 의해서 새로운 상품이나 패키지가 개발되면 프랜차이지들은 지원을 받을 수 있기 때문에 의존도가 강해지고 스스로 문제해결이나 경영개선의 노력을 게을리하다 보면 자율성이 결여될 수 있다.

④ 고객 및 지역적 특성의 미반영

프랜차이즈 사업의 특성 중 하나는 바로 상품구입이나 판매방법, 점포, 디자인 등이 모두 표준화되고 통일화되어 있다는 것이다. 가맹점주 스스로가 능력이 있고 좋은 방법을 개발했다고 해도 독자적으로 사용이 불가능하고 가맹본부의 허락을 받아야 한다. 이로 인해 문제가 발생되는 경우도 있다. 예를 들면 도시에 위치한 맥도날드와 도시 외곽에 위치한 맥도날드의 개점시간이나 메뉴에 대한 소비자의 선호도 및 욕구가 다를 수 있음에도 불구하고 프랜차이즈는 통일성 및 표준화로 인하여 지역적인 특색을 고려하지 못해 소비자 불만을 야기할 수도 있다.

⑤ 공동체적 책임

프랜차이지는 다른 여러 업체들의 모임으로 이루어진 가맹점으로 혼자서 아무리 잘한다고 해도 다른 동일한 가맹점의 실수로 인하여 동일시될 수 있다. 예를 들어 동일한 다른 가맹점에서 음식을 먹은 고객이 식중독에 걸렸다고 한다면 이러한 소문은 구전 또는 매체를 통하여 다른 고객들이 접할 수 있게 되므로 본인은 아무런 관계가 없음에도 불구하고 나쁜 영향을 받을 수 있다.

5 우리나라 프랜차이즈 산업의 문제점

선진국의 경우 프랜차이즈 산업은 대형화, 대기업화의 추세를 보이며 발전하고 있지만 우리나라 프랜차이즈의 경우 지속되는 저성장 기조와 가맹사업법 등 관련법의 개정, 최저임금 인상, 일부 가맹본부의 부적절한 행동 등으로 인해 곱지 않은 시선과 함께 다음과 같은 문제점도 지니고 있다.

1) 외식업종의 비중 과다

우리나라는 대부분의 소자본 창업자들이 손쉽게 접근할 수 있는 외식업 중심의 자영업을 선택하고 있다. 2018년 기준 외식프랜차이즈 가맹본부 수는 67%, 가맹점 수 기준 41%로 독점하고 있으며 선진국에 비교하여 30% 정도가 높은 수치로 나타나고 있다. 또한 프랜차이즈 업종별 분포도를 보면 외식업종의 비중이 전체 74.7%, 서비스업 19.1%, 도소매업 6.2%의 순으로 나타났다.

이러한 현상은 프랜차이즈 시장에서 업종의 다양성이 낮아 안정적인 산업 성장이 저하될 수 있고, 유사 업종 간의 경쟁이 치열하여 향후 외식업 프랜차이즈의 경쟁 심화로 인한 부실화 가능성이 높아질 수 있어 주의해야 한다.

2) 프랜차이즈 본사 경영관리 미흡

프랜차이즈 사업이 성공하기 위해서는 가장 먼저 본사의 경영관리가 체계적이어야 한다. 즉 인적자원관리나 생산관리시스템, 재무관리, 마케팅 관리 등 경영 전반에 걸친 효율적인 경영관리 시스템이 부족하다는 것이다. 대부분의 프랜차이즈 본사들은 시스템이 체계적이지 못하고 조직과 인력 측면에서 정예요원의 확보가 어렵고 업무영역이 광범위하여 시스템적인 활동이 이루어지지 못하고 있다.

3) 프랜차이즈 전문 교육 및 운영 데이터 부재

프랜차이즈 본사에서 핵심적으로 양성해야 할 분야는 사업기획, 상권분석 및 점포개발, 상담 및 전문 인력, 슈퍼바이저, 프랜차이즈 매뉴얼 작성 등 다양하다. 하지만 이와 같은 교육을 체계적으로 운영하는 회사는 매우 부족한 상태이며 외부에서 체계적인 교육프로그램을 개발하여 운영하는 기관도 거의 전무한 실정이다. 또한 예비창업자들이 프랜차이지가 되기 전에 충분히 프랜차이즈 사업에 대한 정보를 제공 받고 검토 후 계약이 이루어져야 하나 이러한 정보 관련 데이터를 제공할 수 있는 기회 역시 미흡하다. 따라서 전문적인 교육을 실시할 수 있는 프로그램의 개발 및 전문기관이 절실히 요구되는 상황이다.

4) 낮은 신뢰도

프랜차이저와 프랜차이지 간에 신뢰도 부족으로 분쟁이 일어나는 경우도 많다.

특히, 가맹점 오픈 후 본사의 점포관리 소홀이나 협력시스템 부족, 높은 원가 및 수수료, 강제적인 물류 공급, 과도한 인테리어 비용, 본사의 갑질 등이 대표적인 분쟁 요소들이다.

실제 일부 외식 프랜차이즈 가맹사업본부에서는 재료를 시중 가격보다 비싸게 받는 경우나 본사가 지정한 업체에게 식재료를 구매하도록 강요한 경우, 인테리어 개·보수 등 점포 환경 개선 권유로 공사를 하면서 가맹점에 부담을 안기는 경우, 가맹사업본부가 진행하는 광고나 마케팅 비용 대부분을 가맹점에 전가하는 경우 등 다양한 사례들이 발생하기도 한다.

또한 가맹금 반환 등에 대한 문제도 자주 발생되고 있으나 이러한 분쟁이 신속하게 조정되지 않고 있으며, 분쟁이 지속되는 경우 소비자의 입장에서도 프랜차이즈를 신뢰하지 못하게 되어 프랜차이즈의 이미지 하락에 영향을 줄 수 있다.

5) 글로벌화 미흡

프랜차이즈 사업은 근본적으로 글로벌 비즈니스라고 할 수 있다. 즉 국내에서 성공한 사례를 해외에 진출시켜 더 큰 부가가치를 만드는 것이다. 우리나라의 경우도 중국 등에 진출하는 프랜차이즈 기업들이 늘고 있지만 아직 많은 문제점을 지니고 있으며 보다 성공적인 프랜차이즈 사업을 위해서는 글로벌화에 많은 연구가 필요할 것이다. 프랜차이즈의 글로벌화를 위한 고려사항은 다음과 같다.

(1) 정치적 환경과 법적 규제

해외에 프랜차이즈 사업을 실시할 때에는 그 나라의 정치적 환경과 법적 규제의 충분한 검토가 필요하다. 특히 정치적 안정을 측정하기는 쉽지 않지만 위험을 방지하기 위해서는 과거의 역사와 정치적 환경을 잘 파악해야 한다.

또한 재정적인 측면에서의 규제 여부도 관심을 가져야 한다. 예를 들어 사업을 통해 수익을 얻었지만 해외로의 자금 유출이 어렵다면 기업으로서는 많은 낭패를 볼 수 있다.

(2) 언어

해외시장에 진출하기 위해서는 그 나라 언어에 대한 지식은 필수라고 할 수 있다. 특히 사업에 대한 철학이나 전략, 기능 등을 가맹점을 운영하는 점주들에게 정확하게 전달하고 커뮤니케이션 할 수 있어야 한다.

아무리 좋은 기술이라고 할지라도 언어가 통하지 않아 습득할 수 없다면 기술은 쓸모 없을 뿐 아니라 잘못 전달되면 소비자에게까지 피해를 입힐 수 있게 된다. 이 외에도 언어는 직원과 개인을 관리하기 위한 교육프로그램의 올바른 성과를 나타내고 발전에 도움을 줄 수 있기 때문에 반드시 익혀야 할 것이다.

(3) 문화

문화는 프랜차이즈가 진출하는 나라가 어떤 나라인지, 어떤 메뉴를 제공하고 어떤 서비스를 제공해야 하는지 알게 해 준다.

예를 들어 이슬람교도가 많은 지역의 경우 돼지고기의 판매를 금해야 할 것이고, 인도의 경우 신분제도로 인하여 고객들의 출입에 제한을 해야 하는 경우도 생길 것이다. 이러한 사항 이외에도 어떤 경우는 상호명도 규제를 받을 수 있다. 예를 들면 미국의 레스토랑 처치스(Church's) 치킨은 대만과 사우디아라비아에서 처치(Church)라는 상호로 등록하고자 했지만 종교적인 이유로 거절당해 상호명을 변경하기도 하였다. 이처럼 프랜차이즈는 외식사업에 영향을 줄 수 있는 식습관과 문화적 요인을 파악해야 한다.

(4) 식생활 습관

해당 국가의 식생활 습관은 메뉴에 영향을 미친다. 음식은 맛이 중요하지만 맛이라는 것은 주관적이기 때문에 맞춘다는 것이 쉽지 않다. 예를 들어 특정 국가에서 인기 있는 메뉴라고 할지라도 다른 국가에서는 그렇지 못한 경우가 발생할 수 있다.

예를 들어 치킨의 경우 멕시코나 남미의 국가에서는 매운맛을 좋아하기 때문에 미국에서 판매하는 치킨보다 매콤한 맛을 내는 칠리소스를 함께 제공하기도 한다.

(5) 자원의 이용가능성

프랜차이즈의 표준화와 규격화를 위해서는 이용해야 할 자원 확보가 가능해야 한다. 예를 들어 우리 기업에서 사용하고 있는 식재료가 해당 지역에서 제대로 공급되지 못하면 사업을 지속적으로 유지하기 어려워진다.

또한 어떤 국가에서는 동력이나 물의 공급이 제한되거나 규제되어 제품과 서비스에 영향을 주기도 한다. 이러한 문제를 해결하기 위해서 프랜차이저들은 해외로 진출 시 합작투자 또는 마스터 프랜차이징을 선호하기도 하는데 이러한 이유는 합작하려는 파트너가 해당 지역에 대한 상황을 잘 알고 해결방안도 갖고 있기 때문이다.

C·H·A·P·T·E·R

07

외식산업의 창업경영

CHAPTER 07

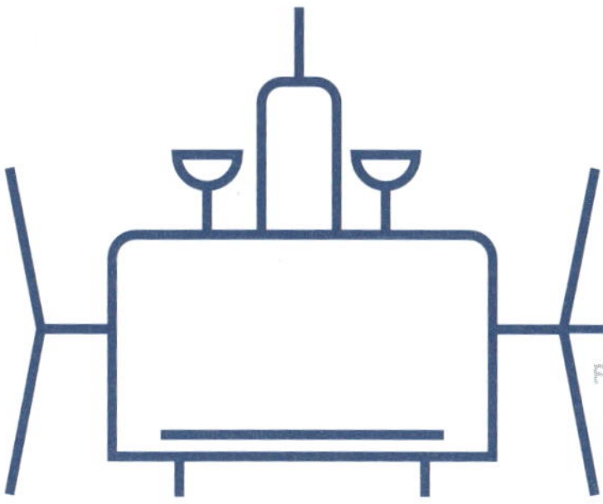

외식산업의 창업경영

FOOD SERVICE INDUSTRY MANAGEMENT AND MARKETING

제1절 외식창업의 이해

1 창업의 개념

미국 GE의 최고경영자인 잭 웰치(J. F. Welch) 회장은 '정확하게 미래를 전망하는 것보다 변화의 흐름을 가장 빨리 읽는 경영자가 돼야 한다'고 조언한다.

정보통신 혁명의 발전 속도를 감안할 때 기업이 미래를 정확하게 예측한다는 것은 불가능할 뿐 아니라 무모할 수 있지만, 변화의 흐름을 잘 읽고 변화의 틈새마다 숨어 있는 사업기회를 포착하는 것이 더욱 중요해진다.

창업이란 이러한 변화의 불확실성과 위험의 상황에서 성장과 이윤의 추구를 목적으로 혁신적인 경영조직체를 탄생시키는 것이다. 즉 기업가의 능력을 갖춘 개인이나 집단이 사업 아이디어를 가지고 사업목표를 세운 후, 적절한 사업기회에 자본, 인력, 설비, 원자재 등 경영자원을 투입하여 재화를 생산하거나 또는 용역을 제공하는 기업을 설립하는 것이다.

창업을 하는 동기는 크게 경제적 동기와 비경제적 동기로 나눌 수 있다. 경제적 동기란 돈을 벌기 위한, 즉 이윤을 추구하기 위해 창업을 하는 경우를 말한다.

비경제적 동기란 크게 세 가지로 나눌 수 있는데 첫째, 개인의 경력을 쌓거나 하고 싶은 일을 해 보려는 동기, 즉 자아실현을 이루려는 욕구에서 창업을 하는 경우이다. 둘째, 자신의 능력을 발휘해 기업을 성장시키고 사회적 책임을 다해 사회에 봉사하려는 의도에서 창업을 한다. 셋째, 개인적인 생각이나 아이디어를 상업화하려는 모험정신이 생겨 창업하게 되는 경우가 있다.

하지만 창업은 무엇보다도 신념과 경영철학을 바탕으로 생성되고 이루어져야 하며 단지 돈벌이만을 위한 창업보다는 분명한 기업이념과 기업가정신, 기업윤리를 가지고 창업을 해야 한다.

2 창업 배경

1) 생계형 소자본 창업

오늘날 창업의 가장 큰 특징은 생계형 소자본 창업이 증가하고 있다는 점이다. 생계형 소자본 창업은 전체 창업의 약 70% 이상을 차지하고 있으며 그중에서도 서비스 유형의 창업이 전체의 60%를 차지하고 있다. 정부에서도 이러한 창업열기에 부응하기 위하여 전국에 약 50여 개의 소상공인지원센터를 두고 예비창업자들을 위한 자문과 애로사항을 해결하기 위한 활발한 활동을 전개하고 있다.

2) 직장관의 변화

전통적인 우리의 직장관은 평생직장의 개념으로 한 번 입사하면 천직으로 여기고 평생 근무하는 개념이었으나 이러한 직장관은 사회 · 경제적 상황으로 인하여 점차 변화되고 있다. 이에 따라 현재의 회사에서 평생 근무하겠다는 생각보다는 지금의 경험을 바탕으로 창업을 해서 경영자가 되어보겠다는 꿈을 가진 사람들이 계속적으로 증가하는 추세이다.

3) 대학생 창업의 증가

경기가 어려워짐에 따라 창업에 대한 관심은 직장인뿐만 아니라 대학에서도 관심을 기울이고 있다. 정부에서도 활동이 우수한 창업동아리를 신규발굴하고 학생 창업활동을 장려함으로써 창의적이고 도전정신을 갖춘 대학생들에게 기업가 정신 배양 및 창업 관련 활동을 지원하고 있다.

4) 여성 창업의 증가

여성의 사회진출 확대와 맞벌이가 당연시되고 있는 최근의 사회분위기 속에서 여성의 창업이 증가하는 추세이다. 여성의 창업은 주로 도 · 소매업과 서비스업을 중심으로 전개되고 있으며 남성들이 생각하지 못하는 감각적인 아이디어를 내세워 여성 창업의 주역이 되고 있다.

CHAPTER 07

5) 정부의 창업지원정책

최근 정부의 정책은 창업을 촉진하고 중소기업을 육성하는 데 초점을 맞추고 있다. 정부의 창업초기기업의 육성시책 또한 중소기업의 역할에 대한 정책적인 변화를 반영한다. 정부의 지원제도는 자금이나 입지, 기술, 인력, 세제 등으로 매우 다양하다.

3 창업의 기본요소

창업이란 사업 아이디어를 가지고 자본을 동원하여 특정한 재화나 용역을 생산하는 체계를 만드는 과정으로 이해할 수 있다. 즉 창업이란 기업 형태나 사업장의 위치에 관계없이 기존의 사업을 상속, 증여, 합병, 영업 등으로 승계하지 않고 사람, 원료, 기계, 자금을 투입하여 고객의 욕구를 만족시키기 위하여 창업 아이디어를 가지고 특정한 제품이나 서비스를 생산하는 시스템을 구축하는 것이다.

따라서 창업을 하기 위해서는 자금이나 사업아이템, 동업자와 종사원 등 여러가지 요소들이 필요한데 가장 기본이 되는 요소로 창업자, 사업 아이디어, 창업 자본을 들 수 있다.

1) 창업자

창업을 하는 데 있어서 가장 핵심적인 요소 중 하나가 바로 창업의 주체인 창업자이다. 창업자는 직접 기업운영을 주관하는 사람으로 개인사업의 성패는 창업자의 사업가로서의 자질, 사업계획 수행능력에 의해 좌우된다고 해도 과언이 아니다. 왜냐하면 사업을 성공적으로 이끌기 위해서는 창업자 본인의 경험이나 선행지식, 성공에 대한 집념, 리더십, 의지력, 성격, 체력 등이 뒷받침되어야 하기 때문이다.

창업자의 역할이 사업에 얼마나 중요한가를 살펴보기 위하여 실패한 창업자의 유형을 조사한 결과 무계획적이고 자신의 감정에 치우치거나 과거에 집착하는 유형, 불성실한 유형, 주변 환경이나 주위사람에게 의지하는 유형, 자신의 자존심을 지나치게 내세우는 유형들로 나타났다.

창업자가 지켜야 할 사항으로는 자기의 적성에 맞는 사업을 하여야 하고 쉽게 돈 벌 생각을 하지 말아야 하며, 많은 정보를 수집 · 활용하고 돈에 알맞은 사업 및 체면과 자존심을 버리고 고객 위주로 생각을 바꿔야 할 것이다.

사례 창업자 자질 테스트(Baumback Test)

NO	질문 항목	응답		
		그렇다 (3점)	가끔 그렇다 (2점)	그렇지 않다 (1점)
1	다른 사람과의 경쟁 속에서 희열을 느낀다			
2	보상이 없어도 경쟁이 즐겁다			
3	신중히 경쟁하지만 때로는 허세를 부린다			
4	앞날을 생각해 위험을 각오한다			
5	업무를 잘 처리해 확실한 성취감을 맛본다			
6	일단 하기로 결심한 일은 뭐든 최고가 되고 싶다			
7	전통에 연연하긴 싫다			
8	일단 일을 시작하고 나중에 상의하곤 한다			
9	칭찬 받기 위함이 아니라 업무 자체를 중요하게 생각한다			

10	남의 의견에 연연하지 않고 내 스타일대로 한다			
11	나의 잘못이나 패배를 잘 인정하지 않는다			
12	남의 말에 의존하지 않는다			
13	웬만해서는 좌절하지 않는다			
14	문제가 발생했을 때 직접 해결책을 모색한다			
15	호기심이 강하다			
16	남이 간섭하는 것을 못 참는다			
17	타인의 명령을 듣기 싫어한다			
18	비판을 받고도 참을 수 있다			
19	일이 완성되는 것을 보겠다고 고집한다			
20	동료나 부하들이 나처럼 열심히 일하기를 바란다			
21	사업에 관한 지식을 넓히기 위해 독서를 한다			

자료 : jobitoday. com, 2019. 11. 24.

*상기 테스트의 21개 문항을 '그렇다, 가끔 그렇다, 그렇지 않다'로 체크하고 '그렇다' 3점, '가끔 그렇다' 2점, '그렇지 않다' 1점으로 계산하여 63점 이상인 경우 창업가로서의 자질이 완벽함, 52~62점은 창업가로서의 자질이 우수함, 42~51점은 창업가로서 자질이 부족함, 42점 미만은 창업가로서의 자질이 매우 부족함으로 판단한다. 52점 이상의 경우 창업환경이 성숙되어 있고 창업자로서의 자질이 충분하여 업종선택과 필요한 정보 수집을 마쳤다면 창업을 해도 좋으며 42~51점 이하의 경우 성공적인 창업을 위해 좀 더 폭넓은 자료 수집과 고민을 해야 하며, 41점 이하인 경우 과장된 수익광고에 현혹될 위험성이 있기 때문에 창업을 자제하는 것이 좋다.

2) 사업 아이디어

훌륭한 창업자와 창업자금이 있다고 해도 분명하고 정확한 아이디어가 있어야 성공적인 사업으로 연결될 수 있기 때문에 창업 아이디어가 어떤 것이냐에 따라 기업의 성공여부가 달려 있다고 할 수 있다.

창업 아이디어란 기업에서 무엇을 생산할 것인가를 결정하는 것으로 구체적인 형태의 재화일 수도 있고 형태가 없는 무형의 재화일 수도 있다.

이러한 창업 아이디어의 원천은 전문적 기술이나 노하우로부터 창출되거나 시장수요로부터 발생되기도 한다.

창업 아이디어를 선정하는 핵심요소는 다음과 같다.

첫째, 제품과 시장의 조화이다.

성공형 제품이란 욕구충족형 제품, 경쟁력 있는 제품, 성장성이 있는 제품을 말하며 성공형 제품이 유망한 아이디어가 되기 위해서는 목표시장과 조화를 이루어야 한다. 즉, 신제품을 신시장에 팔거나 기존제품을 기존시장에 파는 경우에 비해 신제품을 기존시장에 팔거나 기존제품을 신시장에 파는 경우가 시장성이 있다. 따라서 제품과 시장이 조화를 이루어야만 성공가능성이 높다.

둘째, 창업자 연령에 맞는 창업유형이다.

창업자는 각각의 연령에 맞는 창업을 하는 것이 안정적이다. 즉 50대 이후의 창업은 노후보장이 우선시될 수 있으며, 수입이 적더라도 안정성 있는 창업 아이디어를 선택하는 것이 좋다. 30대 중반 이전의 창업은 모험적 분야의 창업, 향후 전망이 밝은 21세기형 창업 아이디어로 창업을 하는 것이 좋다.

3) 창업 자본

창업 자본은 사업에 필요한 설비, 재료, 기술 등을 확보하는 데 필요한 가장 원천적인 자원이다. 성공적인 창업이 되기 위해서는 충분한 창업자금의 확보가 선행되어야 하며 이는 곧 성공창업의 결정적 요인이 된다.

창업 자본은 창업자 자신이 출자하는 경우와 창업 팀에 속한 사람들이 제공하는 경우, 창업과정에 직접 참여하지 않은 제3자로부터 조달되는 경우가 있다.

그림 7-1 창업에 필요한 3요소

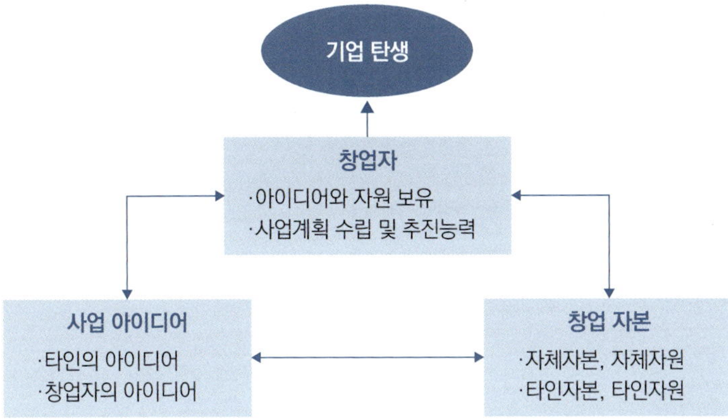

자료: 한국프랜차이즈협회, 프랜차이즈 경영원론, 2004. p.105.

CHAPTER 07

제2절 외식사업의 창업계획

1 창업 아이디어 선정

창업 아이디어 선정은 창업을 준비하는 예비창업자가 가장 먼저 선택해야 할 첫 번째 관문이라고 할 수 있다. 아이디어 선정은 창업의 성패가 달려 있다고 할 수 있을 만큼 큰 비중을 차지한다. 따라서 창업 희망자가 자신에게 맞는 창업업종을 선택함에 있어 실패율을 낮출 수 있는 요령은 다음과 같다.

첫째, 자신의 성격을 먼저 파악하고 그에 맞는 업종을 선택한다. 특히, 자신의 경력이나 전문지식, 인맥을 활용할 수 있는 업종을 선택하면 더욱 좋다.

둘째, 시대의 변화를 반영하되 자신이 할 수 있는 업종을 선택한다.

셋째, 자금 및 기술 등 경영자원의 관점에서 이상적인 기준과 너무 큰 차이가 없는 업종을 선택하는 것이 좋다. 즉 현실성을 고려하여 선정한다.

2 창업 아이디어 선정 절차

창업을 준비하는 입장에서 아이디어를 선정하기 위해서는 다음과 같은 과정을 거치는 것이 좋다.

1) 창업 아이디어 선정을 위한 정보수집

(1) 신문 · 방송

신문과 방송은 창업 아이디어를 제공하는 정보 제공처 가운데 가장 대표적인 곳이라 할 수 있다. 이곳에는 창업에 관한 모든 초기 정보가 모여 있다. 관심 있는 뉴스나 기사를 찾게 되면 기사에 소개된 장소나 사람 그리고 관련 기관을 찾아 더 자세한 정보를 얻을 수 있기 때문이다.

(2) 검색엔진의 창업관련 사이트

검색엔진도 창업과 관련된 정보를 수집하는 좋은 창구가 된다. 검색엔진은 창업과 관련된 사이트를 알려주는 등대의 역할을 하며 인터넷을 통해 찾은 유용한 창업정보제공 사이트에서는 더 많은 창업정보를 제공해 준다.

(3) 창업관련 도서

창업과 관련된 서적은 그 독자층에 따라 수록된 내용과 형식이 매우 다르다. 먼저 창업 전반의 절차나 핵심요소들을 소개하는 종합안내서가 있다. 이러한 도서는 대학교수나 창업컨설턴트 등의 전문가들이 창업절차, 창업지원제도, 사업타당성 분석, 사업계획서 작성요령 등 창업 전반을 소개해 놓고 있으니 참고하는 것이 좋다.

그림 7-2 창업 아이디어 선정 절차

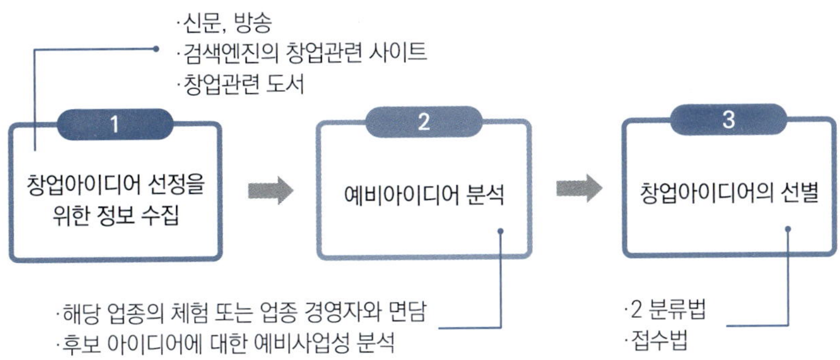

3 창업 아이디어 선정의 기본원칙

1) 성장 및 발전 가능성이 있는 업종 선택

모든 상품이나 산업에는 생명주기가 있다. 만일 성장이 정지되었거나 저하된 분야의 산업은 경쟁이 격화되어 이윤이 감소하게 되므로 창업하는 분야는 성장성이 있어야 한다. 또한 관련 사업과 연계하여 발전가능성이 큰 사업이어야 시너지효과를 기대할 수 있다.

2) 경험이나 특징을 잘 활용할 수 있는 업종 선택

창업 시 창업자의 경험이나 지식, 기술, 특징 등과 결합될 때 사업성공 확률이 높아지며 실패를 줄일 수 있다. 특히 사회생활을 통하여 배우고 익힌 경험이나 지식 등이 창업에 있어서는 매우 중요한 자산이 될 수 있다.

실제로 창업자의 50% 정도는 전 근무지에서 얻은 창업 아이디어로 사업을 시작했다고 할 정도로 경험의 중요성을 인식할 수 있다.

3) 인·허가 유무

창업 시 중요 확인사항 중 하나가 바로 제도적인 절차이다. 이러한 제도적인 절차에 소홀하여 창업 시기를 놓치는 경우도 있다. 즉 법적인 허가 및 인가, 면허등록 등이 없으면 창업할 수 없는 업종이 있으므로 사전에 확인해야 한다.

4) 실패의 위험이 낮은 업종 선택

위험이 큰 사업일수록 사업 성공 시에 이득이 많은 것은 사실이다. 즉 위험성이 높기 때문에 도전하는 창업자는 적고, 이런 상황에서 성공하면 경쟁자가 없어 성공 가능성은 높다. 그러나 이와 같은 업종은 실패율이 성공률보다 훨씬 높다는 데 한계가 있다. 따라서 이익이 적어서 큰돈을 벌 수 없는 사업이라도 성공이 확실하다면 그 사업을 선택하는 것도 좋다.

4 창업의 일반적 절차

창업은 여러 기본요소를 사업운영이 가능한 형태로 결합하여 이루어진다. 즉 창업자는 자신이 창업하기에 적합한가를 판단하고, 적합하다면 사업목적과 아이디어를 검토한 후 자본을 투자하여 인적 · 물적 자원을 조직화하고 실제 경영관리를 착수하기 위한 다양한 의사결정을 수립한 후 실행하는 과정을 거치게 된다. 일반적인 창업의 절차는 다음과 같다.

1) 창업 예비분석

창업희망자는 먼저 자신의 창업자질 및 적성 등을 파악하여 창업이 바람직한 것인가를 알아보아야 한다. 또한 자신이 가진 자원이 창업하기에 충분한지, 창업 시기는 적당한지에 대해서도 미리 생각해 보아야 한다.

2) 사업목적의 정의

창업을 하기 위해서는 이 사업을 하는 기본적인 이유와 운영방향에 대하여 명확하게 정의할 수 있어야 한다. 오늘날의 창업은 다원화된 사회 속에서 단순히 이윤 극대화에만 있는 것이 아니라 여러 가지 목적이 동시에 추구되거나 이윤이 수단화되는 경우가 많기 때문이다. 이러한 사업목적은 창업자에게는 창업이념이 되며 그에 따라 업종 선택이나 기업 활동의 내용이 달라질 수 있다.

3) 사업 분야 결정 및 사업 아이디어 모색

사업이 성공적으로 운영되는가의 여부는 얼마나 유망하고 자신에게 적합한 업종을 선택하였는가에 따라 결정될 수 있다. 나아가 사업 아이디어가 얼마나 시장조건에 잘 일치했는가 하는 점도 매우 중요하다.

사업 아이디어를 발휘함에 있어서는 어떤 상품, 서비스를 생산 · 판매할 것이며 그 시기를 언제로 할 것인가에 관한 고려가 중요하다. 따라서 이를 위해 시장조사 특히, 소비자 조사를 통하여 소비자 수요의 동향을 파악하고 이를 충족할 수 있는 제품으로는 어떤 것이 있는가를 발견해야 한다.

4) 사업성 분석

모든 사업은 시행 전 반드시 사업을 통해서 발생하게 될 손해와 이익에 대하여 분석을 해야 한다. 사업성 분석은 흔히, 수익성 분석, 시장성 분석, 기술성 분석을 주요 내용으로 분석하며 이외에도 필요시 공익성 분석과 같은 추가 분석이 이루어질 수도 있다.

5) 인적 · 물적 자원의 조달과 구성

사업성 분석을 통하여 유망하다고 판단되면 이를 실행하기 위한 인적 · 물적 자원을 조달해야 한다. 인적자원의 조달은 창업 팀을 만드는 데서 시작하는데 창업 팀은 주로 활동목표 및 범위를 결정하고 상품을 설계하며 사업규모와 입지 선정, 인테리어, 설비, 건물의 선정, 소요자금액 및 자금조달계획 등과 같이 새로운 사업시작에 관련한 의사결정을 수립해야 한다.

물적 자원의 조달 중 가장 중요한 것이 바로 자금의 조달문제이다. 자금은 자기자본으로 충당하거나 타인자본을 조달하는 방법이 있다.

6) 사업계획서 작성 및 조직구조 설정

사업계획서에는 서비스계획을 비롯하여 시장성과 판매계획, 생산 및 설비계획, 수익계획, 인원계획, 자금계획, 일정계획 등이 구체적인 활동의 내역별로 포함되어야 한다. 또한 기업의 기능에 따라 업무, 책임, 권한 등을 체계적으로 구분하고 이를 담당할 인력을 선발 · 배치하여야 한다.

7) 사업개시

사업을 실시함에 있어 필요한 점포를 구하고 인테리어 및 설비에 대한 구매와 배치를 통하여 영업을 실시하게 된다.

그림 7-3 창업절차

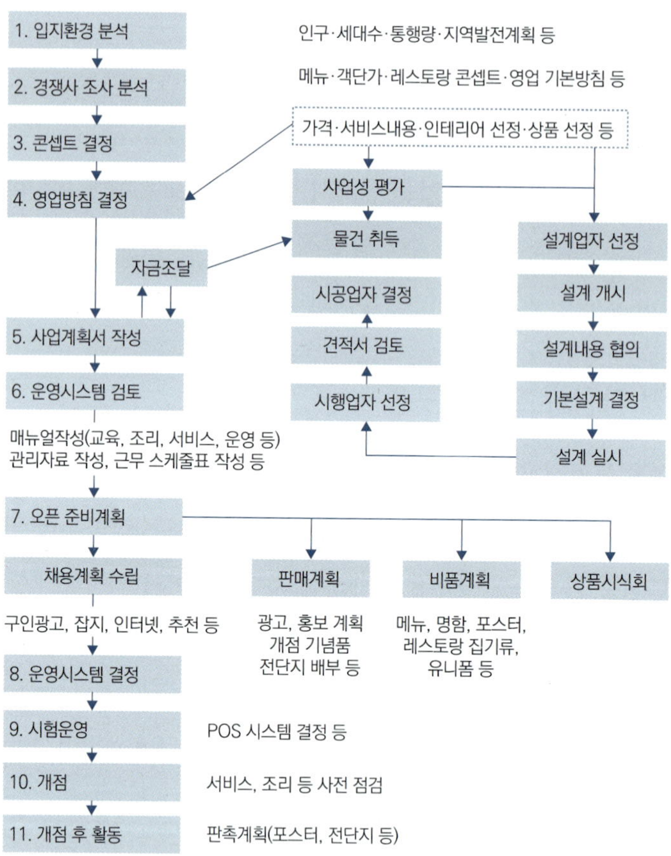

자료 : 박기용, 외식산업경영학, 대왕사, 2009, p. 536.

제3절 입지와 상권의 이해

1 입지의 개념

입지는 흔히 점포가 소재(所在)하는 외형적 조건이다. 구체적으로는 입지조건을 말한다. 예를 들면 상업지구에 속해 있는지 아니면 일반주거지에 속해 있는지, 도로와의 거리는 얼마나 되는지, 중심부로부터 얼마나 떨어져 있는지, 가시성은 좋은지, 아파트단지와의 거리는 얼마나 되는지 등이 입지조건을 평가하는 기준이 된다.

입지에 있어서는 지점(Point)이 평가척도로 작용한다. 흔히 1급지, 2급지, 3급지로 상권을 평가하는데, 보다 엄밀히 말하자면 입지조건을 구분한 것으로 이해하는 것이 옳다고 할 수 있다.

입지를 평가하는 일반적인 척도로는 임대료의 수준을 토대로 한다. 임대료의 차이는 차별적 지대의 원리가 작용하는데, 수확체감의 원리에 따라 중심부로부터 멀어질수록 임대료가 떨어지게 마련이다.

고객의 입장에서 중심에 가까울수록 접근성이 높아지기 때문에 경쟁관계에 놓여 있는 판매자의 선택은 중심을 향할 수밖에 없다.

결국 점포의 수요와 공급에 영향을 미치게 되며 중심일수록 과(過)수요상태가, 중심에서 멀어질수록 과(過)공급상태가 형성되기 마련이다. 이러한 원리로 임대료의 차이가 발생하며 바닥 권리금이라는 일종의 프리미엄이 형성된다.

입지조건은 외형적인 조건의 가치화가 중요한 변수가 된다. 하지만 업종특성을 제대로 반영하지 못한다는 측면에서 자칫 속단의 빌미를 제공하기도 한다. 이해를 돕기 위해 사례를 들어보자. 대학가에 편의점이 들어갈 자리를 찾는다고 하면, 우선 유동인구가 가장 많은 횡단보도와 버스정류장과 인접해야 하며, 전면이 넓은 실평수 20평 이상의 모퉁이 점포가 최적의 입지조건이라 할 수 있다. 만약 이런 입지조건을 만족할 수 있는 최적의 점포를 구해 입점했다고 했을 때, 성공을 보장할 수 있을까? 성공확률은 반반이다. 성공을 보장하기 위한 전제조건이 있다.

앞서 언급한 조건에 대하여 고객의 니즈(Needs)가 변하지 않는다는 전제가 그것이다. 버스정류장이 인접해 있다는 것 자체는 적지 않은 반사이익을 가져다준다. 잠시나마 기다리는 동안 편의점을 방문할 수 있는 기회를 제공하기 때문이다. 하지만 버스노선이 변경되거나 지하철노선이 들어서는 경우에는 상황이 돌변하게 된다. 정체해 있어야 할 인구가 흘러가게 된다.

시간대와 고객층, 목적이 달라질 수 있다. 결국 편의점 역시 자리를 옮겨야 하는 상황으로 몰리게 된다. 이처럼 단순히 미시적인 입지조건만을 따지게 되거나, 정적인 상황만을 전제로 한다면, 분명 향후에 예기치 못한 상황이 발생했을 때 극복하지 못하게 된다. 입지조건은 보다 거시적인 측면에서 이해해야 한다는 뜻이다.

고객의 니즈와 이를 둘러싼 환경적인 요인, 경제사정, 접근성, 경쟁업체의 기술수준이나 마케팅능력, 임대료수준 등 보다 포괄적인 접근이 필요하다는 것이다.

2 입지선정 시 주의사항

입지는 지리적으로 일정한 장소를 중심으로 자신의 경영자원을 활용하여 사업성을 높이는 곳으로 중요한 전략적 과제가 된다. 이러한 입지의 중요성에 따라 입지를 선정할 때 고려해야 할 사항을 보면 다음과 같다.

1) 접근과 가시성

고정된 입지에서 매출을 기대하기 위해서는 자신의 레스토랑이 고객들에게 충분히 보여지는 가시성이 있어야 한다. 이러한 가시성은 풀서비스를 하는 레스토랑보다는 패스트푸드 레스토랑에 있어서 더욱 중요하다고 할 수 있다.

이러한 가시성과 더불어 고객들이 방문하기에 용이하도록 교통편이나 도보 등으로부터의 접근성도 매우 중요하다고 할 수 있다.

2) 통행량

입지를 선정함에 있어서는 통행량이 중점이 된다. 통행량은 단지 하루의 통행량을 조사하는 것이 아니라 최소한 일주일 이상의 통행량을 조사해야 한다. 또한 하루를 조사하는 방식에서도 아침, 점심, 저녁 등 또는 시간대별로 잠재고객의 통행량을 분석해야 한다. 이와 더불어 고객들의 이동방향에 대해서도 면밀하게 조사해야 한다.

3) 경쟁자

어느 곳에 위치하더라도 주변에는 많은 경쟁자가 존재하게 되어 있다. 경쟁자 파악은 자신의 지위를 파악할 수 있고 더 나아가서는 해당 상권에서의 점유율을 파악할 수 있게 된다. 상권점유율은 상권 내 구매력에 대한 자사의 판매비율을 말하는데 경쟁이 치열한 환경에서는 점유율이 시장 내에서의 지위를 나타내기 때문이다.

경쟁자에 대한 조사는 고객층, 명성, 가격, 분위기, 서비스 등을 파악하여 자신의 레스토랑과 비교 분석하는 것이 좋다.

소매업에서의 상권점유율은 보통 7% 정도면 시장에서의 존재를 어느 정도 인정받는 단계, 11% 정도면 해당 시장에서 어느 정도 영향을 미칠 수 있는 단계, 26% 정도면 시장에서 리더를 바라볼 수 있는 상태, 42% 정도면 안정적인 과점상태, 74% 정도면 절대안정권으로 경쟁시장이 아니라 독점시장이라고 할 수 있다.

상권점유율 = (레스토랑 매출÷상권 내 레스토랑 매출)×100

4) 임차료

임차료는 남의 물건을 빌려 쓰는 대가로 내는 돈을 의미하는데 즉, 레스토랑을 운영하기 위해 점포를 빌린 대가로 지불하는 비용을 말한다.

임차료가 어느 정도가 적당한지를 알아보기 위해서는 가장 먼저 주변의 시세를 확인하는 것이 좋다. 하지만 주변 시세만 의존하다가는 자신이 운영하는 업종의 특성을 반영하기 어려우며 수익구조에 문제가 생길 수 있다. 이를 위해 외식업에서 쉽게 계산할 수 있는 방법을 제시하면 우선 3, 5, 12, 2, 8이라는 숫자를 활용하는 것이다.

다시 말해 3일치 매출은 임차료, 5일치 매출은 인건비, 12일치 매출은 식재료, 2일치 매출은 공과금, 8일치 매출은 수익으로 구분하는 것이다.

예를 들어 예상 하루 매출이 50만 원이라고 한다면 월 임차료는 150만 원 선이 적당하다고 할 수 있다. 따라서 입지를 선정할 때 상기 금액을 기준으로 최대 10~15% 정도를 넘지 않아야 수익구조를 맞출 수 있다.

그림 7-4 예상 수익구조

임차료	인건비	식재료비	공과금	수익
예상매출 × 3일	예상매출 × 5일	예상매출 × 12일	예상매출 × 2일	예상매출 × 8일

3 상권의 개념

1) 상권의 정의

상권(Trading Area, Market Area)이란 점포와 고객을 흡인하는 지리적 영역이며, 모든 소비자의 공간선호(Space Preference)의 범위를 의미하기도 한다. 따라서 상권은 판매액의 비율을 고려하여 생각할 수 있는데, 대표적인 상품 판매액의 약 70%를 차지하는 지역을 1차 상권, 다음 25%가 거주하는 지역을 2차 상권, 그 나머지를 3차 상권이라 한다.

일반적으로 '상권'이라 함은 상거래의 세력이 미치는 범위를 말한다. 사업주의 입장에서 본다면 고객의 공간적 분포와 관련이 있는데, 쇼핑거리를 면으로 확산한 개념으로 이해하면 된다. 이러한 논리는 일종의 폐쇄경제(Closed Economy)를 전제로 하는데, 독점적인 상황에서 1개의 점포가 고객을 흡수할 수 있는 공간적 범위를 상권이라 한다.

2) 상권의 범위

(1) 1차 상권

1차 상권은 점포 고객의 60~70%가 거주하는 지역이라고 보면 되는데 고객들이 점포에 가장 근접해 있으며 고객수나 고객 1인당 판매액이 가장 높은 지역이다.

1차 상권은 식료품과 같은 편의품의 경우에는 걸어서 500m 이내가 되며, 선매품(Shopping Goods : 제품에 대한 완전한 지식이 없어 구매를 계획·실행하는 데 비교적 시간과 노력을 소비하는 제품)의 경우에는 버스나 승용차로 15분에서 30분 정도 걸리는 지역이 된다.

(2) 2차 상권

2차 상권은 점포 고객의 20~25%가 거주하는 지역으로서 1차 상권의 외곽에 위치하며 고객의 분산도가 아주 높다. 편의점의 경우 2차 상권에서는 약간의 고객밖에 흡인하지 못하게 된다.

선매품의 2차 상권은 버스나 승용차로 30~60분 정도 걸리는 지역이 포함된다.

(3) 3차 상권

3차 상권은 1, 2차 상권에 포함되는 고객 이외에 나머지 고객들이 거주하는 지역으로 고객들의 거주지역이 매우 분산되어 있다.

편의점의 고객들은 거의 존재하지 않으며 선매품이나 전문품을 취급하는 점포의 고객들이 5~10% 정도 거주한다. 이 외에도 호텔 내의 점포, 쇼핑센터 내의 스낵바(Snack Bar)와 같은 점포는 독자적인 고객흡인력이 없기 때문에 독자적인 상권을 가지지 못한다. 이러한 점포들의 상권은 호텔이나 쇼핑센터 상권의 절대적인 영향을 받는다. 그리고 업종에 따라 동일한 입지에 있는 점포라고 하더라도 고객흡인력은 달라질 수 있다.

그림 7-5 상권의 범위

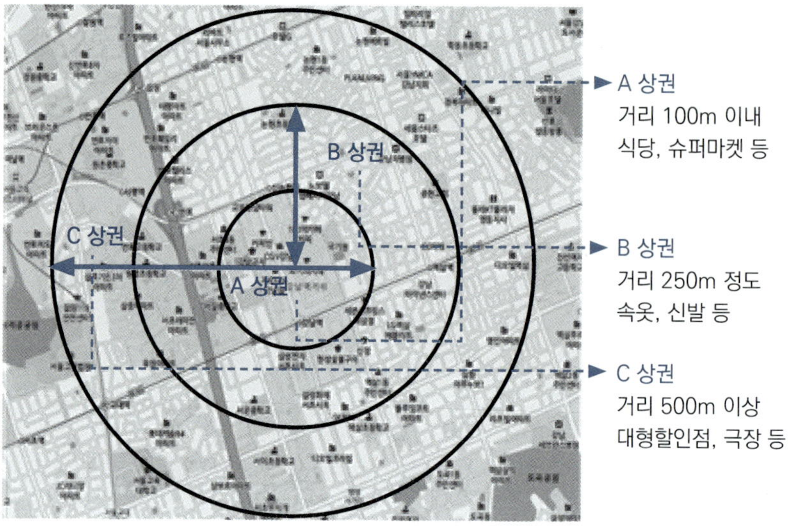

4 상권별 특성

1) 아파트 상권

아파트 상권의 경우 완전히 폐쇄된 상권에 속한다. 서로 다른 단지로 쇼핑을 하는 고객은 거의 드물다. 따라서 최대 수요자가 해당 아파트단지 이외에는 없다.

아파트 상권에서 점포를 운영하기 위해서는 생활패턴이 유사한 5천 세대 이상으로 구성되어야 하며, 구매형태가 거의 일정하기 때문에 고가품이나 사치품이 아닌 일상생활용품 위주로 판매를 하는 것이 좋다. 또한 가능한 단지 주민과 유동인구를 흡수할 수 있는 점포여야 한다. 물론 모든 아파트 상권이 동일한 것은 아니다. 주거특성이나 거주민의 직종, 소득, 문화, 학력수준 등에 따라 달라지기도 하기 때문에 고객의 특성을 잘 파악해야 한다.

음식점의 경우 주로 집에서 배달해 먹을 수 있는 음식 위주로 판매하는 것이 유리하다.

2) 지하철역 역세권 상권

지하철 역세권의 경우 도심의 교통체증이 지하철역 상권을 강화시킬 수 있으며 통행 인구의 습성과 특성을 고려하여 중, 저가상품을 취급하는 것이 좋다.

인근에 사무실이 밀집되어 있으면 유리하고 대체적으로 5평 규모의 점포가 적당할 수 있다. 유동인구가 많은 관계로 테이블 회전율이 높은 업종을 선택하는 것이 효율적일 수 있다.

3) 학교 주변 상권

학교 주변 상권의 경우 판매대상이 항상 고정적이기 때문에 구매단위 역시 고정적이다. 학생들의 취향과 구매형태를 고려해야 하고 반드시 중저가의 상품을 취급하는 것이 좋다. 또한 방학이 있는 관계로 매출을 올릴 수 있는 시기가 한정되어 있다는 것을 고려해야 한다.

음식점의 경우는 주로 점심식사를 할 수 있는 간편식 위주가 좋으며, 커피숍이나 일반음식점 형태의 주점도 무난하다.

4) 주택가 진입로 상권

배후지 세력이 다소 유동적이어서 생활수준 정도를 반드시 관찰한다. 소비형태가 도보로 이루어지기 때문에 입지가 매우 중요하며 가능한 동일한 상가 내에 위치하여 업종 간의 협력을 고려한다.

5) 중심지 대로변 상권

화려하고 특색 있는 사업장은 어렵지 않게 영업이 가능하며 간판이나 상품 진열 등에서 사업장의 특색을 최대한 개성화시킨다. 대부분의 경우 고정고객보다는 유동고객이 많으므로 직원들의 친절이 중요할 수 있다.

6) 오피스 상권

사무실이 밀집되어 있는 지역으로 외식업 분야가 50% 이상을 차지한다. 단, 토요일이나 일요일에 판매대상이 없다는 것을 인지하고 주간업무 인구가 대부분이므로 퇴근시간에 영업을 맞추는 것도 좋다.

인테리어의 경우 지루한 느낌을 주지 않도록 변화를 추구하면서 영업을 전개한다.

5 점포 선정 시 주의사항

입지와 상권을 분석한 후 점포를 선정할 시에는 여러 가지 요소들을 점검한 후 선정해야 한다. 주의사항은 다음과 같다.

1) 점포선정 시기

점포를 선정할 때에는 해당 업종의 비수기에 구입해서 영업 준비를 한 후 성수기로 진입하려는 회복기에 개점하는 것이 가장 현명하다.

대부분의 업종에는 성수기와 비수기가 있다. 예를 들면 목욕탕의 경우 성수기는 겨울철이고 비수기는 여름철이 될 것이다.

비수기에 점포를 구하는 것은 성수기를 대비한다는 의미도 있지만 권리금이나 임차비용을 줄일 수 있는 이점도 있으므로 업종에 대한 성수기와 비수기를 잘 확인하여 점포를 구입한다.

2) 건물의 층수

소매업의 경우 1층 점포가 2층이나 3층에 있는 점포보다 유리한 것은 당연할 것이다. 즉, 고객들이 쉽게 접근할 수 있기 때문이다. 하지만 모든 업종이 다 1층에 있어야 유리한 것은 아니다. 오히려 독서실이나 고시원 같은 경우에는 높은 곳에 위치하여 조용한 분위기를 유지할 수 있기 위해 3층 이상에 입점하는 경우도 많다. 하지만 액세서리나 화장품, 충동구매가 많은 의류 등은 사람들이 많이 다니고 손쉽게 드나들 수 있는 1층을 선택하는 것이 좋다.

3) 조심해야 할 점포의 유형

(1) 주인이 자주 바뀌는 점포

장사가 잘 되는 점포는 주인이 자주 바뀌는 경우가 별로 없다. 따라서 점포를 구할 때는 주변사람들로부터 탐문하여 점포의 주인이 자주 바뀌었는지 아닌지를 확인하고 판단하는 것이 좋다. 즉, 주인이 자주 바뀌었다는 말은 영업이 잘 안된다고 볼 수 있기 때문이다.

(2) 임대료가 유난히 낮은 점포

장사를 하는데 있어서 공짜는 없다고 한다. 점포의 경우 입지 및 상권이 좋은 점포는 가격이 높을 수밖에 없다. 하지만 임대료가 다른 점포에 비해 별다른 이유없이 낮다면 다시 한번 확인하는 것이 좋다.

(3) 맞은편에 상권이 형성되지 않은 점포

맞은편에 점포가 형성되지 않은 지역은 대체적으로 대중교통이 비켜가는 지점이거나 상권의 끝 지점일 경우가 많다. 아무래도 점포가 밀집되어 있지 않은 상권은 소비자를 불러 모으는 힘이 약한 상권일 가능성이 높다.

(4) 주변에 대형점이 있는 점포

경쟁점포를 이기기 위해서는 경쟁점포보다 더 큰 규모로 더 풍부한 상품력으로 승부를 걸면 이길 수 있다. 하지만 주변에 대형점이 있다면 경쟁력에서 불리하기 때문에 사전에 확인해야 할 것이다.

제4절 사업타당성 분석과 사업계획서

1 사업성 분석의 개념

사업성 분석이란 실행하고자 하는 사업 아이디어를 사업으로 실행했을 때 어느 정도의 이윤을 얻을 수 있는가를 조사하는 활동이라고 할 수 있다.

사업성 분석의 세부적인 분석활동은 3가지로 볼 수 있는데 이는 제품의 마케팅 및 판매와 관련된 시장분석(Market Analysis), 생산과 관련된 기술분석(Technical Analysis), 수익성을 평가하는 재무분석(Financial Analysis)이다.

사업성 분석의 유용성은 다음과 같이 요약할 수 있다.

첫째, 체계적인 사업성 분석은 고려하는 사업의 형성요소를 정확하게 파악하는 데 도움을 준다. 즉 기업을 설립하기 위해서는 수많은 물적 요소와 관리활동이 필요한데 사업성 분석을 통하여 이들의 필요요소와 활동을 파악할 수 있다.

둘째, 체계적인 사업성 분석은 사업계획에 도움을 준다. 사업성 분석을 통하여 가장 유리한 조건을 탐색하게 되므로 사업성 분석은 창업하는 사업이 어떠한 조건하에서 가장 유리하게 운영될 수 있는가를 파악하는 데 도움을 준다.

셋째, 기업의 경영능력을 향상시킬 수 있다. 사업성 분석과정을 통하여 기업의 경영상 문제점을 사전에 검토하고 이해하게 되어 경영상의 오류를 방지할 수 있어 경영능력을 향상시킬 수 있다.

2 사업성 분석의 기본과제

사업성 분석은 사업의 종류와 필요에 따라 조사하는 형식이 다를 수 있지만 가장 기본적인 요인을 4가지로 보면 다음과 같다.

1) 판매량

모든 기업은 생산하는 상품이 판매되는 것을 시점으로 사업이 시작된다고 할 수 있다. 따라서 사업성 분석의 시작은 상품이 어느 정도 팔릴 수 있는가에 대한 추정이다. 판매를 추정하기 위해서는 시장조사 및 마케팅과 관련된 많은 조사를 기반으로 실시해야 한다.

2) 기술의 실현가능성

기업이 판매하고자 하는 상품이 실제 기술적으로 완성이 가능한지를 조사하여야 한다. 대부분의 사업에서 기술적 실현가능성은 큰 문제가 되지 않으나 첨단기술사업 등에서는 중대한 문제가 될 수 있다. 외식사업의 경우도 마찬가지이다. 예를 들어 조리방법이나 맛을 내는 부분에서 이론적으로는 가능하지만 실질적으로 너무 많은 시간이나 자금이 소요된다면 적합하지 못한 경우이다.

3) 소요자금

창업을 하는 데 가장 큰 어려움 중의 하나가 바로 자금문제이다. 성공할 것으로 보이는 사업이 자금부족으로 인하여 중도에 포기하거나 도산하는 경우가 발생한다. 자금부족을 예방하는 데 가장 중요한 정보는 소요자금에 대한 추정치이다.

즉, 소요자금을 너무 적게 예상하면 자금부족으로 사업운영에 어려움을 겪게 될 것이고, 너무 많은 자금을 책정하면 수익성이 낮아지는 결과로 나타날 수 있다.

4) 수익성

사업성 분석의 최종적인 결과물은 바로 수익성이다. 즉, 창업자 및 투자자들 역시 해당 사업에 대한 수익성을 고려하여 본 사업에 투자를 할 것인가, 말 것인가를 결정하게 된다. 따라서 수익성 여부를 반드시 조사해야 한다.

3 사업성 분석의 절차

사업성 분석의 절차는 시장분석과 기술분석, 재무분석으로 나누어볼 수 있다.

1) 시장분석

시장분석은 매출액과 판매비용에 대한 추정치를 분석하며 이 외에도 사업의 시작과 운영에 관련된 정보를 수집하고 분석해야 한다. 시장분석에 포함되어야 할 사항으로는 시장의 특성이나 수요분석, 공급분석, 매출추정, 판매비 추정 등이 있다.

2) 기술분석

기술분석에서는 시장분석의 결과에 의거하여 설정한 매출수량을 만족시키기 위한 생산활동의 기술적 실현가능성과 제품원가에 대한 추정이다. 따라서 기술분석에서는 제품의 특성이나 제조공정, 기계와 장비, 원자재, 건물, 대지 및 위치, 폐기물, 인력, 원가 및 설비투자 비용 추정 등을 실시한다.

3) 재무분석

재무분석을 실시하기 위해서는 먼저 판매계획 및 일반관리계획을 수립해야 한다. 재무분석에서 수행해야 할 조사와 분석은 다음과 같다.

(1) 총소요자금 추정

창업의 사업성 분석과 사업계획에 있어서 총소요자금 추정은 매우 중요하다. 사업실패의 주요 원인 중 하나가 바로 자금부족인데 자금부족을 초래하는 원인 중 하나가 바로 부정확한 소요자금 추정 때문이다.

(2) 자금조달계획

총소요자금이 추정되면 자금조달계획을 수립해야 한다. 자금조달방법에 따라 지불될 이자의 크기 등이 결정되며 이에 따라 사업의 수입성도 영향을 받게 된다.

(3) 추정재무제표 작성

추정손익계산서, 추정대차대조표 등은 보통 3~5년의 미래에 대하여 작성한다. 추정재무제표를 작성하기 위해서는 추정제조원가, 예상 판매비용, 일반관리비 추정치, 지급이자 추정치 등이 필요하다.

(4) 수익성 지표계산

사업의 내부수익률, 프로젝트의 현가 등 사업의 전체적인 수익성을 나타내는 지표를 구하여 사업의 수익성을 평가하여야 한다. 이와 같은 수익성을 계산하기 위해서는 관심대상이 되는 기간에 대한 현금흐름표를 작성해야 한다.

(5) 미래의 경영상태 지표계산

미래의 사업 경영상태를 나타내는 지표들, 예를 들면 유동성비율, 수익성비율 등을 구하여 미래의 경영상태를 검토해야 한다.

CHAPTER 07

4 사업타당성 분석의 체계

1) 자료수집

자료를 수집하는 방법에는 여러 가지가 있지만 과거 자료 이용법, 관찰방법, 실험방법, 조사방법 등이 사용된다.

자료의 종류에는 1차 자료와 2차 자료로 구분할 수 있는데 1차 자료는 시장 조사자가 자신의 목표를 위하여 수집하는 자료로 설문조사나 실험 등을 통하여 얻게 되는 자료를 말하고 2차 자료는 특정한 목적을 위하여 이미 수집 정리된 자료로 각종 통계 자료집에 나타난 자료나 정부의 간행물, 연구논문에 발표된 자료, 협회 등 전문기관에서 발표하는 자료 등을 말한다.

2) 시장분석

시장분석은 사업의 준비와 경영에 가장 중요한 활동이라고 할 수 있다. 시장분석을 통하여 고객의 특성이나 경쟁자, 시장의 변화, 동향 등에 대한 정보를 수집하고 분석하여 변화에 대응할 능력을 갖추게 된다.

이러한 정보는 창업자에게는 사업타당성 분석의 기초자료가 되며, 기존의 사업자에게는 시장 변화를 감지 또는 예측하여 지속적인 성장능력을 갖게 한다. 그래서 적절한 시장 정보 없이 기업의 창업을 준비하거나 경영을 하는 것은 매우 불안할 수 있다.

시장분석의 목표는 미래에 발생할 수 있는 마케팅 문제의 해결에 필요한 정보를 제공하는 것이다.

3) 자료수집 방법

(1) 우편조사

우편조사는 특정하게 제한된 응답이 필요한 경우에 효과적이다. 우편조사의 장점은 비용이 적게 들고 편리하다는 점이다. 또한 넓은 지역을 조사할 수 있고 응답자가 필요한 자료를 수집할 수 있는 시간이 충분하며, 면접보다 빠른 시간에 자료 수집을 할 수 있다는 점이다.

단점으로는 응답을 하지 않는 경우가 많으며, 우편물 수취인 명부가 오래되어 부정확하거나 특정인의 이름이 나와 있지 않은 경우로 인하여 회신이 되지 않을 수 있다.

(2) 면접

면접방법에는 표준화 면접과 준표준화 면접, 비표준화 면접의 세 가지 유형이 있다.

표준화 면접은 미리 준비된 질문지에 따라 내용과 순서를 지키면서 진행되는 면접으로 이때 면접자는 추가 설명을 해서는 안 된다. 따라서 표준화 면접을 할 때에는 특정한 정보를 파악할 수 있으며 또 그 결과를 비교할 수 있다. 하지만 융통성의 결여로 유용한 정보의 손실이 발생할 수 있다.

준표준화 면접은 타당성 분석 시 시장분석을 하는 경우에 가장 적합한 방법이다. 면접자가 질문을 미리 작성하기는 하지만 질문의 순서와 시기는 면접자가 적당히 조정할 수 있다. 또 미흡한 응답에 대해서는 추가질문을 할 수 있다.

비표준화 면접은 하나의 주제에 대해 면접자와 피면접자가 광범위한 대담을 하는 면접방법이다. 이와 같은 방법은 타당성 분석의 초기단계에서 시장에 대한 감을 잡는 데 유용하다. 어느 형태의 면접을 하더라도 유의할 점은 면접은 간단하고 요점을 충분히 다룰 수 있도록 하고 적절한 응답자를 선택해야 한다.

면접법의 장점으로는 자료를 수집하는 데 융통성이 있으며, 면접시간의 조절이 가능하고 응답률이 높으며, 내용이 복잡한 경우에는 시각적 보조자료를 활용할 수 있다는 점 등이 있다. 단점은 응답자와 접촉하고, 면접하는 데 시간과 비용이 많이 든다는 점이다.

(3) 전화조사

전화조사는 시장에 관한 자료를 가장 신속하게 수집할 수 있는 방법으로 비용측면에서 보면 면접방법과 우편 조사방법의 중간 정도에 해당한다.

전화조사의 장점은 다른 방법으로 접촉할 수 없는 응답자와 접촉할 수 있다는 점이다. 소비자 연구에 있어서 판매 기준이 전화의 소유를 기준으로 하는 경우가 아니면 전화조사 방법으로 인하여 초래되는 시장조사 결과의 편견은 심각한 문제가 될 수 있다. 하지만 고객이 기업일 때는 기업 대부분이 전화를 가지고 있으므로 큰 문제가 되지 않는다. 전화조사는 면접이나 우편조사와 병행하여 사용하는 경우가 많다.

4) 소비자 연구

소비자 연구를 하기 위해서는 대상이 되는 세분시장을 결정해야 한다. 시장세분화를 위해 주로 사용하는 요인으로는 소비자 특성이나 지리적 범위, 제품요인 등이 있다.

소비자 특성은 라이프스타일이나 사회계층, 성별, 나이, 소득 등의 요인들을 분석하고 지리적 범위는 국제시장, 전국시장, 지역시장, 거주지역 시장 등으로 구분하여 분석할 수 있다.

제품 요인과 관련된 세분방법으로는 제품의 사용처, 혜택의 종류, 가격민감도, 제품의 용도, 브랜드 충성도 등이 있다.

5) 경쟁자 연구

경쟁자를 파악하는 방법 중 하나는 경쟁의 정도에 따라 3가지 그룹, 즉 직접경쟁자, 2차 경쟁자, 간접경쟁자로 나눌 수 있다.

직접경쟁자는 유사한 기술을 보유하고 이를 통하여 고객을 확보하기 위한 공격적인 경쟁을 하는 대상을 말한다. 예를 들어 맥도날드와 직접경쟁상대는 버거킹이나 웬디스, 롯데리아 등이 될 수 있다.

2차 경쟁자는 유사한 기술을 보유하고는 있지만 동일한 고객을 목표로 경쟁을 하는 상대가 아닌 경우이다. 예를 들어 맥도날드의 2차 경쟁상대는 고급 햄버거 레스토랑이 될 수 있다.

간접경쟁자는 같은 고객을 위한 경쟁을 벌이는 것은 아니지만 식사라는 개념으로 볼 때 함께 경쟁하는 일반 또는 고급 레스토랑 등이 될 수 있다. 즉 맥도날드와 레스토랑이 경쟁상대는 아니지만 고객은 식사를 통한 욕구를 충족하고자 할 때 햄버거를 먹을지 아니면 레스토랑에서 다른 음식을 먹을 것인지 결정하게 된다. 이때 고객의 입장에서 본다면 두 곳 모두 경쟁의 상대가 될 수 있다는 것이다.

6) 점포분석

점포분석이란 고객에게 제품과 서비스를 판매하는 데 필요한 물리적 공간과 설비에 대한 분석이다. 점포분석에서 결정하거나 결정된 내용에 따라 추정해야 하는 내용들은 주로 취급할 상품의 종류와 재고수준의 결정이나 필요한 공간의 넓이, 내부장식, 소요인력, 외부장식 등이 있다.

(1) 상품의 종류와 재고 수준

시장분석단계에서 수행된 입지선정과 상권분석의 결과에 따라 표적 고객의 특성을 규명하고 그에 의하여 취급할 상품의 종류와 수량을 추정한다.

취급할 상품의 재고 수준을 결정할 때에는 자본금의 규모나 점포의 크기 등을 고려해야 한다.

(2) 외부장식

점포의 외부장식을 잘 갖추는 것은 고객을 효과적으로 유인하기 위한 것이다. 점포의 외양은 고객들에게 상점의 개방성, 활기, 안정, 일관성이 있다는 인상을 심어줄 수 있어야 하고 목표 고객에게 상점의 특별한 이미지를 전달할 수 있어야 한다. 외부장식으로 주로 고려해야 할 사항은 간판, 입구, 진열장, 주차장 등이다.

(3) 소요 인력

인력계획에 있어서 고려할 사항은 소요 인원수, 기능, 성별, 나이, 급여 등이다. 특히 소매점의 경우는 어떤 기능을 지닌 사람이 필요한가를 파악하는 것이다. 예를 들면 어느 정도의 지식과 관심이 있는지, 대인관계 능력은 있는지, 판매경력은 있는지 등을 파악하는 것이다.

(4) 내부시설의 구조

내부시설의 구조는 구상한 점포의 계획이 실제로 실현 가능한가를 확인하고 점포에 가장 부합하는 공간 활용 계획을 세우기 위한 것이다. 따라서 내부시설의 구조를 검토할 때 통로나 진열, 집기와 장비, 수금 카운터, 점포 내 휴식공간 등을 확인해야 한다.

(5) 소요자금 추정

점포 분석을 하기 위해서는 점포의 운영에 들어가는 비용을 추정해 봐야 한다. 소요자금으로는 크게 고정자본, 운전자본, 초기비용(개업 준비비용, 창업비) 등이 있다.

제5절 사업계획서 작성

1 사업계획의 정의

사업계획서는 사업을 시작하기 전에 창업을 위해 모아 놓은 각종 자료들과 메모들, 그리고 그동안 기획한 내용을 총정리해 보는 것이다. 즉 사업계획서는 사업을 검토하는데 타당성이 인정되는 경우에 한하여 작성하는 것으로서 사업의 내용, 경영방침, 기술문제, 시장성, 판매전망, 수익성, 소요자금 조달 및 운영계획, 인력 충원계획 등을 정리한 일체의 서류를 말한다.

사업계획서는 창업자 자신을 위해서 사업성공의 가능성을 높여주는 동시에 계획적 창업을 가능하게 해주고, 창업기간을 단축하여 주며, 계획사업의 성취에도 긍정적인 영향을 미친다. 또한 창업에 도움을 줄 제3자에게 투자의 관심 유도와 설득자료로 활용도가 매우 높다.

따라서 사업계획서 작성은 정확성과 객관성이 유지되어야 하며, 전문성과 독창성을 갖춘 보편타당한 사업계획서를 완성해야 한다.

2 사업계획서 수립의 목적

창업을 준비하면서 사업계획서를 작성해 보는 것은 반드시 필요한 사항이다. 사업을 할 때 생각하고 구체적으로 문서화하지 않는 경우가 많은데 이런 경우 계획한 방향으로 진행되지 않을 수 있다. 따라서 문제를 해결하고 효과적인 창업을 위해 체계적인 사업계획은 반드시 필요하다.

1) 사업의 지침 역할

창업 준비를 하다 보면 처음의 구상과 다르게 엉뚱한 방향으로 흐르는 경우가 있다. 이런 경우 잘 정리된 사업계획서는 사업의 기본 방향과 목적을 명쾌하게 알려주는 지침서의 역할을 할 수 있다.

2) 창업 진행상의 결점 파악과 대처방안의 마련

사업계획서를 작성하다 보면 어려운 부분이나 서로 연결이 안 되는 부분, 기타 결점을 발견하게 된다. 이 경우 전체적인 사업계획으로 묶다보면 창업계획의 장 · 단점을 알게 되고 이를 보완하기 위한 대처방안을 수립할 수 있게 된다.

3) 투자 유치나 대출을 받을 때 유용한 도구로 사용

사업을 시작하려는 사람들이 겪는 문제 중 하나가 바로 자금조달인데, 부족한 자금을 조달하기 위한 방법으로는 투자를 유치하거나 금융기관에서 대출을 받아야 한다. 이럴 때 가장 유용한 도구로 사용되는 것이 바로 사업계획서이다.

투자자나 금융기관의 경우 수익이 나는 사업에 투자를 하게 되어 있다. 즉 논리정연하고 설득력 있으며 사업의 달성 가능성을 반영한 사업계획서는 투자자나 금융기관에게 매력적인 도구로 작용할 수 있다.

3 사업계획서 작성방법

사업계획서는 사업의 목적과 기본방향을 염두에 두고 사업계획서 안에 담아야 할 내용을 체계적으로 작성해 나가야 한다. 일정한 작성순서와 방법에 의하여 작성해 나가다 보면 짧은 시간 내에 좋은 사업계획서를 만들 수 있다.

1) 사업계획서 형태 결정

사업계획서를 작성하는데 이미 정해진 양식이 있으면 소정양식에 의해 작성해야 하며, 만일 소정양식이 없으면 어떤 형태로 작성할 것인지 먼저 결정하고 글자체의 결정이나 그림, 도표의 활용, 표지, 디자인 등을 결정해야 한다.

2) 기본 내용의 결정

사업계획서의 형태가 결정되면 어떠한 내용을 적을 것인가를 생각하며 기본 내용의 목차를 정리해야 한다. 예를 들어 일반현황, 사업개요, 시장현황과 분석, 판매계획, 조직 및 인원계획, 재무계획 등 주요 내용들을 정리하는 것이다.

3) 시장조사

구상하고 있는 사업과 관련하여 시장규모 및 전망, 경쟁상황, 유통경로, 매입처, 매출처 등 시장조사를 실시한다. 조사된 내용 중에서 사업계획서 구성상 반영이 필요한 사항은 별도로 표시해 두고 계획서에 반영한다.

4) 본문내용 작성

수집된 정보나 자료를 토대로 본문내용을 작성한다. 작성방법은 기본내용에서 결정한 순서에 따라 작성하며 세부적인 항목들은 보유한 자료나 표현 가능한 사업구상의 범위 내에서 결정한다.

5) 첨부서류 준비

모든 사업계획서에는 사업계획의 내용을 증명할 수 있는 참고자료가 첨부되어야 한다. 특히 자금이나 사업의 인 · 허가 기관에서는 규정에 의하여 필요한 구비서류를 요구하는 경우가 있다. 이러한 구비서류들은 신청자격 여부의 결정과 사업심의과정에서 평가요소로 반영되기 때문이 반드시 준비해 두어야 한다.

6) 내용 재검토

작성된 사업계획서는 최소 2~3회 정도 재검토를 실시한다. 내용관련 부분뿐 아니라 잘못된 글자나 특히 자금조달을 위한 내용에서는 숫자를 정확하게 재검토해야 계획서의 오류로 인한 피해를 막을 수 있다.

그림 7-6 사업계획 수립절차

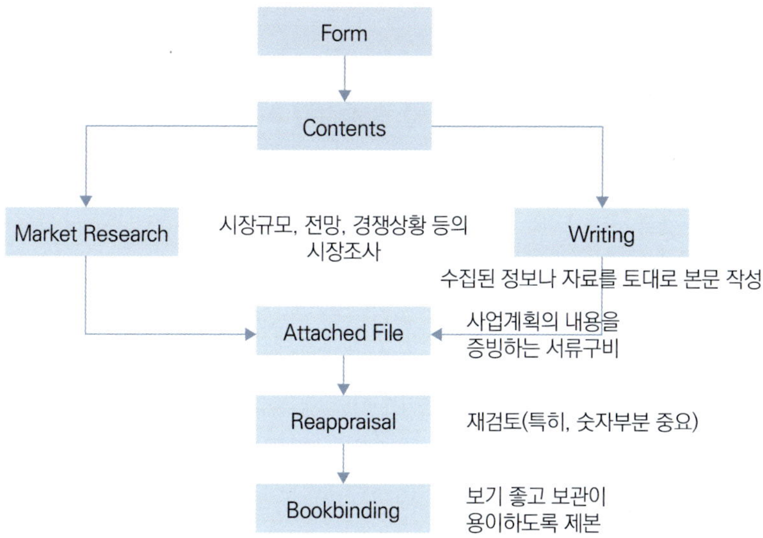

4 사업계획서의 주요 내용

사업계획서의 구성내용은 사업계획서의 용도 또는 목적에 따라 그 내용이 달라질 수 있다. 소정양식의 사업계획서는 정해진 양식에 충실하되 필요한 경우 보완사항을 추가하도록 하고 일반 사업계획서의 경우는 다음의 구성내용을 참조하여 적절한 변화를 주어 작성한다.

첫째, 일반현황에서는 업체명, 대표자, 설립일자, 업종 등 일반적인 회사의 개요를 기록한다. 여기서 대표 또는 임원은 사실적으로 소개하는 것이 좋다.

둘째, 사업개요에서는 기업과 사업내용의 성장가능성 및 기대효과 등에 관하여 관심을 유발하도록 한다. 만일 그렇지 못하면 사업계획이 평범하다고 판단하여 나머지 부분에 흥미를 느끼지 않게 된다.

사람들에게 이미 알려진 기업이라면 그 기업이 무엇을 하고 어떻게 성장했는지 서술할 필요는 없다.

셋째, 시장현황과 분석에서는 잠재적 구매자에 대한 조사 및 시장규모, 경쟁과 도달 가능한 시장점유율 등의 정보를 제공한다. 그리고 시장분석에 근거한 전략도 명확하게 기술한다.

넷째, 판매계획에서는 제품과 서비스를 충족시킬 시장욕구를 파악하는 마케팅 노력에 대해서 기술한다. 제품에 대해 가능성 있는 수요가 있다는 것을 설명하고 가격, 광고 전략, 유통전략, 상품전략 등을 기술한다.

다섯째, 조직 및 인원계획에 대해서 대표자와 경영진, 직원현황 등을 기술한다.

여섯째, 재무계획에서는 3~5년 정도의 추정대차대조표, 추정손익계산서, 비용과 매출 및 이익 등을 분석한다.

이 외에도 자금운용 및 조달계획에서 소요되는 자금과 조달계획, 문제점과 해결방안 등에 대하여 기술한다.

| 표 7-1 | **사업계획서의 주요 내용**

항목	주요 작성 내용
1. 일반현황	대표자 및 회사의 일반 현황
2. 사업개요	사업목적과 내용, 성장가능성, 기대효과
3. 시장현황과 분석	시장규모와 전망, 경쟁자 분석, SWOT 분석, 시장점유율
4. 판매계획	상품, 가격, 유통, 촉진, 상권개요, 입지분석
5. 조직 및 인원계획	조직도, 직무 또는 직위별 인력현황
6. 재무계획	추정대차대조표, 추정손익계산서, 매출 비용
7. 자금운용 및 조달계획	소요자금, 조달계획
8. 사업추진일정	사업추진에 대한 일자별 일정

C·H·A·P·T·E·R

08

외식산업 마케팅의 이해 및 환경분석

CHAPTER 08

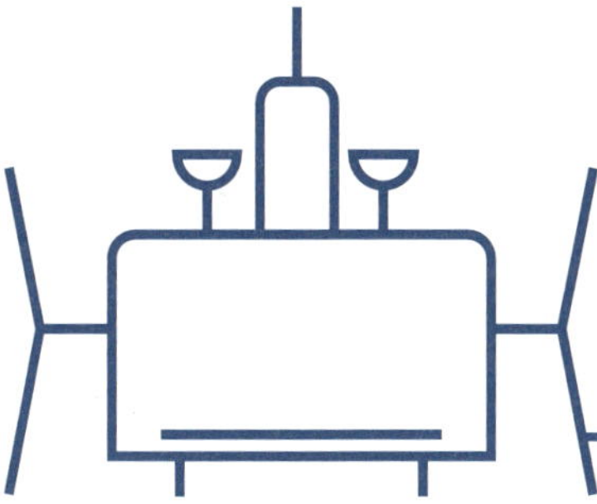

외식산업 마케팅의 이해 및 환경분석

FOOD SERVICE INDUSTRY MANAGEMENT AND MARKETING

제1절 마케팅의 이해

외식산업이 발달함에 따라 소비자의 외식에 대한 욕구와 목적이 다양해지고 레스토랑을 선택하는 기준도 달라지고 있다. 기업의 관리활동에서 시작된 마케팅은 1970년대까지만 해도 레스토랑을 운영하는 데 있어 하나의 옵션에 불과했지만 외식기업들의 대거 등장에 따른 경쟁 심화와 더불어 경쟁우위를 유지하고 수익성을 확보하기 위해서 반드시 필요한 레스토랑의 도구로 발전하게 되었다.

이처럼 오늘날은 마케팅시대라고 할 정도로 마케팅은 조직이나 기업, 개인 등 사회 전반에 걸쳐 목표달성을 위한 핵심활동으로 인식되고 있다.

1 마케팅의 정의

마케팅은 매우 구체적이고 다양하게 정의되고 있다. 한국마케팅학회(KMA : Korean Marketing Association)에서는 마케팅을 '조직이나 개인이 자신의 목적을 달성하기 위해 교환을 창출하고 유지할 수 있도록 시장을 정의하고 관리하는 과정'이라고 했으며, 미국마케팅학회(AMA : American Marketing Association)에서는 '개인이나 조직의 목적을 충족시켜 주는 교환을 창조하기 위하여 아이디어, 제품, 서비스의 창안, 가격결정, 촉진, 유통을 계획하고 실행하는 과정'이라고 정의하였다. 마케팅이라는 용어의 본질적인 특성을 유추해 보면 마케팅은 'Market+ing'의 형태로 구성되어 있다. 여기서 'Market'은 소비자를 의미하며 'ing'는 기업의 활동을 의미한다. 따라서 마케팅은 '소비자를 위한 활동'이라고 간단하게 정의할 수 있다. 이러한 마케팅의 기본 원리는 마케팅활동의 주체가 될 수 있는 개인과 비영리조직이나 단체에도 적용된다.

마케팅의 가장 기본적인 활동은 '이해당사자 간의 교환'이다. 마케팅의 기본활동인 교환은 산업의 분업화와 전문화가 가속됨에 따라 그 필요성이 증가된다.

이러한 상황을 종합하여 마케팅을 정의해 본다면 마케팅이란 '개인과 조직의 목표를 충족할 수 있는 교환을 창출하기 위해 제품이나 서비스, 가격, 촉진, 유통 등을 계획하고 수행하는 과정'이라고 할 수 있다. 즉, 기업의 상품을 구매할 소비자에게 어떻게 하면 원활한 교환활동(How to Exchange?)이 일어날 수 있는가를 계획하는 과정이라고 할 수 있다.

2 마케팅의 등장배경

마케팅은 1930년대 미국의 대공황으로 인하여 구매력이 저하되고 수요가 감소한 시기에 시작되었다. 그 후 1945년 제2차 세계대전이 마무리되면서 전쟁 중에 발달한 기술과 군수산업의 생산시설이 일반소비자 시장으로 전환되면서 공급능력이 증가하여 수요를 크게 초과하는 상황에 이르렀다. 즉, 공급이 부족했던 판매자 지배시장(Seller's Market)에서 구매자가 지배하는 구매자 지배시장(Buyer's Market)으로 전환되는 시기를 맞이하게 되었다.

구매자가 지배하는 시장에서는 수요보다 제품의 공급량이 많으므로 판매자는 구매자의 욕구와 욕망을 보다 잘 충족시켜 주기 위해 노력하지 않으면 판매에 어려움을 겪게 된다. 따라서 제품기획부터 판매 후 서비스는 물론 기업의 모든 활동을 소비자의 요구에 맞추어야 하는 시대가 도래된 것이다.

그림 8-1 마케팅의 등장배경과 관점의 변화

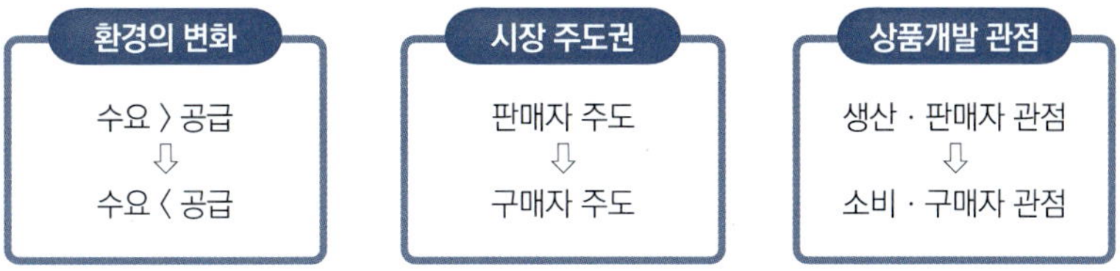

3 마케팅 관리개념

마케팅 관리개념은 시대적 상황과 그 강조점에 따라 다섯 단계로 발전되어 왔다. 하지만 변화된 개념을 그대로 따르는 것이 아니라 자사의 제품이 처한 시장상황을 평가한 후 단계에 맞는 마케팅 방법을 활용하는 것이 중요하다.

1) 생산개념(Production Concept)

생산개념은 산업의 생산능력이 부족하고 소비자의 구매력이 취약한 시장상황에서 시작되었다. 소비자 입장에서는 저렴한 가격으로 양적으로 충분한 제품을 생산하여 공급해 주는 것이 바람직한 것이다. 즉, 생산자나 판매자는 생산과 유통의 효율을 높여 원가를 줄이고 공급량을 늘려주는 것이 소비자를 위한 기업의 관리개념이라는 것이다. 이러한 개념의 대표적인 사례는 포드자동차의 'T 모델'로 1903년 당시 포드자동차는 생산량이 적고 가격이 비싸며 고장도 빈번하여 극히 일부의 부유층만이 소유할 수 있는 사치품에 속하였다.

포드는 컨베이어벨트 시스템에 의해 이동하는 조립식라인을 만들고, 철저한 분업을 통해 생산성 향상 및 불량률을 감소시켜 자동차의 가격을 인하하는 성과를 거두었다. 이러한 노력의 결과 1908년에 개발되어 1909년에 시판될 당시 850달러에 판매되던 자동차가 1914년 이후에는 333달러 이하로 인하되었다.

2) 제품개념(Product Concept)

생산개념에 입각한 기업들은 주로 생산성 향상에 주력하여 제품의 공급량이 증대되어 기업 간의 제품이 유사해지는 현상이 나타나게 된다. 결국 기업은 공급량의 과대 경쟁에 따라 자사의 제품에 기능을 더하거나 개성 있는 디자인 등으로 경쟁제품과의 차별화를 시도하려고 노력하게 된다.

이렇듯 경쟁사의 제품보다 차별화된 제품으로 고객에게 접근하는 개념을 제품개념이라 한다.

제품개념은 소비자가 제품에 대한 양적인 욕구가 충족되면 질적으로 우수한 제품을 원하게 될 것이라는 가정에서 출발하였다. 즉 이러한 시장상황에서는 가격인하나 원가의 절감보다는 고품질, 고성능, 다양한 제품을 제공하는 것이 소비자의 욕구에 부합되는 것이라는 의미이다. 하지만 이러한 제품개념을 너무 강조하다 보면 마케팅 근시안(Marketing Myopia)을 유발할 수 있다. 마케팅 근시안은 1960년대 하버드 비즈니스 리뷰에서 테드 레빗(Ted Revit)에 의해 등장하였는데 이는 경영자가 눈에 보이는 제품에만 집중하다보니 고객이 제품을 통해 충족하려고 하는 욕구 즉, 본원적 욕구(Needs)를 보지 못하는 문제점을 의미한다.

예를 들면 미국에서 100여 년 동안 수많은 양념류를 생산해 왔던 맥코믹사(McCormick社)는 1980년 중반까지 'Make the Best, Someone Will Buy It'이라는 모토 아래 우수한 품질의 제품을 만들면 저절로 판매가 될 것이라는 제품지향적인 사고에 입각하여 사업을 실시했으나 1984년 매출과 시장점유율이 크게 하락하는 결과를 맞게 된다.

맥코믹사의 주된 실패 원인은 직업주부가 증가하면서 사용이 간편한 양념을 원하는 고객의 욕구변화에 적절히 대응하지 못하고 제품의 품질만을 중시한 나머지 효과적인 마케팅 활동을 전개하지 못한 데서 비롯된 것이다. 즉 제품개념의 마케팅 방법이 잘못된 것이 아니라 제품의 품질에 신경을 쓰는 것은 당연하지만 다른 마케팅 활동도 병행해야 한다는 의미이다.

또 한 가지의 예를 들면 1888년 최초의 카메라를 발명한 이후 이미지 사업을 주도하고 있는 회사인 이스트먼 코닥(Eastman Kodak)은 1990년대 들어 외부적으로는 디지털 이미지가 전통적 주력사업인 필름을 대체하기 시작하여 수익성이 급격히 저하되었음에도 불구하고, 내부적으로는 발명을 통해 발전했던 과거의 성공신화에 안주하여 시장성 없는 방만한 연구개발이 회사 내에 산재하였고 공유비전도 없었다. 즉 창사 이래 필름, 카메라 시장에서 독점적 지위를 유지했던 과거에 안주하여 경영효율과 스피드가 저하되었던 것이다.

1980년대에 다각화를 위해 인수한 전자출판, 플로피디스크, 의약품, 가정용품 사업이 시너지효과를 발휘하지 못하고 경영부담만 가중되고 있었다. 고질적인 저효율을 극복하기 위해 1980년대에만 다섯 차례에 걸친 리스트럭처링(Restructuring)을 시도했으나 실패하면서 1991년 들어 경영실적이 크게 하락하였으며 이후 수익성이 악화된 코닥은 결국 2012년 파산보호신청을 하게 되었다. 이 신청으로 인하여 코닥은 미연방정부에서 844만 달러의 지원을 받으며 Chapter 11에 따라 인쇄의 기술적 지원, 전문가들을 위한 그래픽 커뮤니케이션 서비스 분야만을 남겨두게 되었고 카메라 사업부는 코닥의 라이센스와 함께 중국의 JK Imaging으로 매각되었으며, 필름 사업부는 상업 영화 필름만을 남겨두고 전부 매각하게 되었다. 이후 미국 정보는 코닥의 수익성이 성공적으로 재고됨을 인정하여 2013년 9월 파산보호에서 벗어나게 되었다.

3) 판매개념(Selling Concept)

제품의 생산기술이 확산되고 많은 경쟁회사에서 다양한 제품을 생산 · 판매하게 되면, 아무리 우수한 제품을 만들더라도 판매노력을 기울이지 않으면 소비자가 스스로 찾아서 구매해 주지 않는다.

이러한 시장상황에서는 다양한 판매촉진 수단과 판매노력의 강화를 통해 보다 적극적으로 제품에 대한 정보제공과 구매설득을 실행해야 판매목적을 달성할 수 있다.

판매개념은 판매자 중심의 관점에서 이미 만들어진 제품을 판매하는 데 주력하여 기업의 이익을 달성하려는 개념이다. 즉, 소비자 욕구조사와 같은 판매 전(Pre-Selling) 활동이나 판매 후의 고객만족, 판매에 따른 수익에 대해서는 별로 생각하지 않는 개념이다.

4) 마케팅개념(Marketing Concept)

마케팅개념은 판매 전(Pre-Selling) 활동을 간과하는 판매개념의 문제점을 해결하기 위한 개념이다. 즉 판매개념이 제품이 생산된 후에는 적극적으로 판매 노력을 하는 것에 비해 판매 전에 이루어지는 소비자 욕구 조사나 제품기획 활동은 간과하는 것을 해결하기 위한 것이다. 구체적으로는 제품을 생산하기 전에 소비자 조사를 통해 고객이 원하고 만족할 수 있는 제품의 개발에서 출발하여 고객의 입장과 관점에서 사고하는 관리활동을 말한다.

판매개념이 '팔 제품'을 생산하고 판매노력을 기울이는 것이라고 하면 마케팅개념은 고객의 관점에서 '팔릴 수 있는 제품'을 기획하고 모든 활동을 조정 및 실행하는 관리개념이다. 또한 판매개념의 목표가 매출을 통한 이익달성이라고 한다면 마케팅개념은 고객만족을 통한 이익달성이 목표라고 할 수 있다.

5) 사회지향적 개념(Social Marketing Concept)

사회지향적 개념은 소비를 통해 만족을 추구하는 '소비자' 관점에서 소비와 더불어 쾌적한 환경 속에서 삶의 질을 추구하는 '생활자'의 개념이 강조되었다. 이에 따라 생태 및 자연환경과, 사회 · 문화적 환경을 포함한 생활환경과 생활의 질 향상에 공헌할 수 있는 방식으로 소비자의 욕구를 충족해야 한다는 관리개념을 말한다. 예를 들면 웰빙(Well-being)의 추구나 그린마케팅, 친환경상품 등이 이에 해당된다.

사회지향적 마케팅의 대표적인 사례로는 '유한킴벌리'의 경우 1984년부터 매출액의 1%를 환경보존을 위한 기금으로 조성하여 '우리강산 푸르게 푸르게'라는 그린마케팅과 생명의 숲 가꾸기 운동을 통한 조림사업에 노력하고 있으며, '탐스 슈즈(TOMS shoes)'의 경우 소비자가 한 켤레의 신발을 구매하면 한 켤레의 신발을 제3세계의 어린이들에게 기부하는 캠페인을 통하여 가난해서 맨발로 다니는 어린아이들에게 신발도 기부하고 소비자들에게 인지도도 상승하는 일석이조의 효과를 거두기도 하였다. 이 외에도 'BC카드'의 경우 일반 플라스틱 카드와는 달리 소각할 때 다이옥신이 발생되지 않으며 매립해도 완전분해가 가능해 환경보존에 기여할 수 있는 한지로 만든 카드를 출시하여 사회지향적 개념의 마케팅을 실현하기도 하였다.

그림 8-2 마케팅개념의 변화과정 및 중점사항

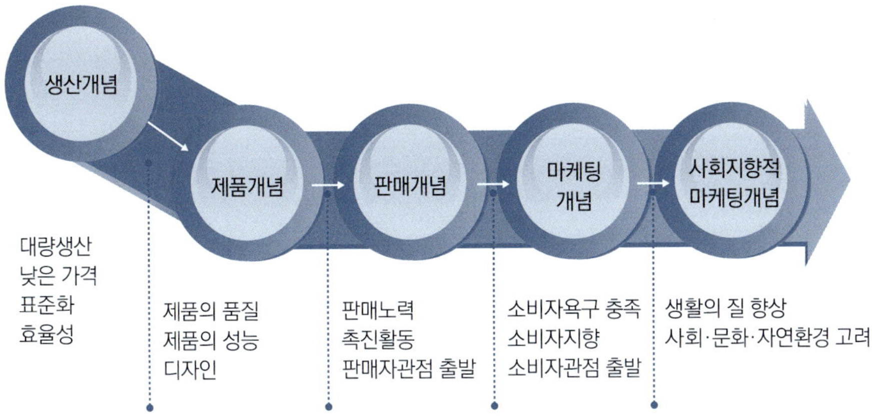

호텔이나 외식기업에서도 이러한 사회지향적 마케팅 개념이 지속적으로 도입되고 있는 실정이다. 예를 들면 호텔이나 레스토랑 내에 금연구역을 설치하거나, 고객에게 과도한 알코올을 판매하는 것을 금지하는 법을 입법화하는 등의 사례를 들 수 있다.

사례 커피전문점의 제품개념 마케팅

한 잔 1만 원 넘어도 난 프리미엄 커피를 즐긴다…스페셜티 커피 '불티'

최고급 스페셜티 커피를 파는 커피전문점이 빠르게 늘고 있다. 커피 값이 비싸도 내가 원하는 맛과 향의 커피를 골라 마시겠다는 젊은 층 소비자가 증가하면서다. 스타벅스를 비롯한 커피전문점은 매출 증가뿐 아니라 브랜드 이미지 제고에도 도움이 된다고 판단해 스페셜티 커피점을 늘리고 있다.

스페셜티 커피는 미국 스페셜티커피협회(SCAA) 평가에서 80점 이상 점수를 받은 상위 7% 커피를 말한다.

주요 커피전문점의 스페셜티 매장 현황

업체명	스페셜티 커피 매장	사업시작	매장 수
스타벅스	리저브	2014년 3월	51개
SPC	커피앳웍스	2014년 7월	9개
탐앤탐스	탐앤탐스블랙	2013년 5월	9개
엔제리너스	엔제리너스 스페셜티	2014년 11월	8개
할리스	커피클럽	2014년 6월	4개
투썸 플레이스	로스터리	2016년 3월	1개
이디야	이디야 커피랩	2016년 4월	1개

자료: 각사

◆ **30대 젊은 층이 주요 고객**

스페셜티 커피 가격은 6,000원에서 1만 2,000원으로 일반 커피의 두 배 정도다.

스타벅스가 스페셜티 커피 시장을 가장 적극적으로 공략하고 있다. 스타벅스는 2014년 대형 커피 전문점 중에선 처음으로 스페셜티 커피를 판매하는 '스타벅스 리저브' 매장을 열었다. 스타벅스 창립자인 하워드 슐츠가 맛보고 감탄했다는 전용커피 추출기기 '클로버'를 사용해 커피를 내려주기 시작했다. 매장에서 향을 직접 맡아본 뒤 마음에 드는 원두를 고르도록 했다. 바리스타가 커피를 내리면서 원두의 특징과 향 등도 설명해준다. 커피 마니아들이 이 매장을 찾기 시작했다.

주요 고객층은 30대. 여성이 많은 편이다. 박현숙 스타벅스 카테고리 음료팀장은 '스타벅스 카드로 리저브 구매 경험이 있는 고객을 대상으로 분석한 결과 30대 젊은 층의 구매 비율이 가장 높았다'고 전했다. 이들이 한 달 안에 리저브 매장을 다시 찾은 비율은 50%가 넘는다고 덧붙였다. 스타벅스가 리저브 매장에서 판매한 커피는 누적기준으로 약 70만 잔에 이른다. 올 들어 5월까지 누적 매출은 전년 동기 대비 40%나 늘었다. 일반 스타벅스 매장 매출 증가율(24%)의 두 배 가까이 된다.

스타벅스는 올해 안에 리저브 매장을 60개까지 늘릴 계획이다. 스타벅스 관계자는 '리저브 매장에 오는 손님들이 원두 종류나 커피 맛에 대해 바리스타와 토론하는 것을 흔하게 볼 수 있을 정도로 커피 마니아층이 두터워졌다'고 말했다.

◆ 마니아에서 대중적 취향으로

다른 커피전문점들도 스페셜티 사업을 확대하고 있다. SPC그룹은 커피전문점 파스쿠찌와 차별화한 커피전문점 커피앳웍스를 2014년 7월 열었다. 중간도매상을 거치지 않고 콜롬비아나 과테말라 등 산지에서 직접 생두를 구매, 국내에서 로스팅한 원두를 사용해 커피를 추출한다. 탐앤탐스, 할리스, 엔제리너스 등도 각각 탐앤탐스블랙, 커피클럽, 엔제리너스 스페셜티 등 스페셜티 원두를 취급하는 전문 매장을 운영하고 있다. 2014년부터 스페셜티 매장을 운영한 엔제리너스커피는 올해 들어서만 6개의 스페셜티 매장을 추가로 열 만큼 적극적이다.

커피전문점뿐 아니라 백화점 등도 해외 유명 스페셜티 커피 브랜드를 입점시켜 판매하고 있다. 현대백화점은 동대문시티아울렛, 송도아울렛 등에 미국 3대 커피로 손꼽히는 인텔리젠시아를 입점시켰다. 이재원 현대백화점 커피 바이어는 '스페셜티는 충성도가 높아 일반 커피 브랜드보다 재구매율이 두세 배 높다'고 말했다. 브랜드 이미지 제고에도 효과적이다. 업계 관계자는 '고급 커피, 원두를 판매한다는 점이 부각돼 그 브랜드의 커피 맛이 좋다는 이미지를 얻을 수 있다'고 설명했다.

한국보다 커피 시장이 성숙한 미국 커피업계에서는 '제3의 물결'이라고 불릴 만큼 스페셜티 커피의 인기가 높다. 제1의 물결은 네슬레와 같은 인스턴트커피, 제2의 물결은 스타벅스와 같은 대형 체인 커피전문점이 등장한 것을 말한다. 신유호 SPC그룹 음료사업본부장은 '미국 스페셜티커피협회에 따르면 미국 커피 시장의 51%가 스페셜티 커피'라며 '국내 커피 시장도 같은 방향으로 변화해 나갈 것'이라고 내다봤다.

자료 : 한경닷컴(http://www.hankyung.com/news/app/newsview.php?aid=2016071151881), 2016. 7.

사례 유한킴벌리 사회지향적 마케팅 개념 '우리강산 푸르게 푸르게'

숲과 인간의 공존

유한킴벌리는 1984년부터 국내 황폐화된 산림 복구의 중요성을 확인하고 이를 위해 우리강산 푸르게 푸르게 캠페인을 전개하며 나무를 심고 숲을 가꾸는 일을 시작했다.

우리강산 푸르게 푸르게 캠페인을 통해 생태환경보존을 위한 국 · 공유림 나무심기, 숲가꾸기, 자연환경 체험교육, 숲 · 생태 전문가 양성, 연구조사, 해외 사례연구 등 숲을 중심으로 하는 다양한 활동을 펼쳐오고 있다.

올해 30주년을 맞아서는 5,000만 그루의 나무를 심고 가꾸는 결실을 거두게 되며 미래 비전에 발맞춰 캠페인 심볼도 새롭게 변신했다. 이제 숲을 '멀리에 존재하고 있는 숲', '접근이 어려운 숲'이 아니라 사람에게 가까이 있는 숲, 크지 않으나 친근한 숲으로 받아들여야 하는 관점의 전환이 필요하다.

우리강산 푸르게 푸르게는 숲과 인간의 공존을 통한 더 나은 생활을 만들어가기 위해 숲을 키우고, 사람을 키우고, 그 가치를 나누어 건강한 우리사회의 미래를 만들어 갈 것이다.

자료 : 유한킴벌리(http://www.yuhan-kimberly.co.kr), 2016. 7.

제2절 외식마케팅의 특성

1 외식마케팅의 목적

기업이 마케팅을 실시하는 목적은 크게 기업 자신을 위한 목적과 소비자를 위한 목적으로 구분하여 설명할 수 있다.

1) 기업 관점에서의 목적

기업의 궁극적 목표는 이윤창출을 통한 계속기업으로 성장하며 생존하는 것이다.

기업의 목표를 달성하기 위한 기능으로 볼 때 마케팅의 목적은 '고객을 창조하고', '고객을 만족시키며', '고객으로부터 얻을 수 있는 생애가치(Lifetime Value)를 극대화'하는 것이다.

여기서 말하는 고객 창조라는 것은 충족되지 않은 소비자 욕구를 찾아내고 이를 효과적으로 충족할 수 있는 제품이나 서비스를 창조함으로써 이루어진다. 따라서 1차적인 욕구(Needs)를 효과적으로 충족할 수 있는 2차적인 욕구(Wants)를 찾아내는 것이 효과적일 수 있다.

소비자의 충족되지 않은 욕구를 찾아낸다는 것은 확률적으로는 희박하지만 엄청난 새로운 시장을 발견하는 성과를 가져온다고 할 수 있다. 즉 사람들은 동일한 1차적 욕구를 가지고 있더라도 2차적 욕구는 사람마다 다르고 변화되기 때문에 항상 시장기회로 생각해야 한다.

고객만족을 위해서 기업은 고객의 2차적인 욕구를 충족할 수 있는 구체적인 활동을 기획해야 한다. 여기서 말하는 구체적인 활동이란 소비자가 원하는 상품을 기획하고 원하는 시기와 원하는 장소에서 고객이 생각하는 적절한 가격에 교환하는 활동을 말한다.

고객만족은 재구매의 필요조건이 되지만 기업의 궁극적인 목적인 지속적 이익의 확보를 위해서는 우량 단골고객의 확보와 이탈방지 및 유지를 통하여 고객의 생애가치 극대화를 이루어야 한다.

이를 위해 기업은 고객확보와 유지에 투입되는 기대비용과 고객으로부터 얻을 수 있는 기대수익을 고려한 표적고객을 선정 · 획득 · 이탈방지 · 유지관리 등의 전략을 개발하고 지속적으로 실행해 나가야 한다.

2) 소비자 관점에서의 마케팅 목적

소비자 관점에서의 마케팅 목적은 먼저 소비자에게 제한된 소득으로 보다 양질의 제품과 충분한 양의 제공, 서비스를 소비할 수 있도록 해주는 소비량의 극대화를 들 수 있다.

소비량의 극대화는 과거와 같이 경제상황이 좋지 않거나 제품의 공급상황에 따라 적합한 목적이 될 수 있다.

또한 소비생활과 관련하여 소비자 선택의 폭 극대화도 소비자 관점에서 마케팅 목표가 될 수 있다. 보다 많은 대체품이 존재할 때 소비자는 자신의 욕구를 보다 정확하게 충족할 수 있는 상품을 구입할 가능성이 높아지기 때문이다.

선택의 폭이 넓어지면 보다 정확하게 욕구를 충족할 수 있는 상품을 고를 수 있을 뿐 아니라 구매상품을 바꿔봄으로써 새로운 것을 다양하게 경험하고 싶어 하는 다양성 추구(Variety Seeking) 욕구도 충족할 수 있다.

또한 최근에 일고 있는 웰빙과 윤리경영이 강조됨에 따라 소비자의 생활환경과 삶의 질을 향상시키는 데 공헌하는 것이 마케팅 목적이 될 수 있다.

2 외식마케팅의 기본요소

마케팅 활동의 출발점은 소비자의 충족되지 못한 욕구(Needs)와 욕망(Wants)을 발견하는 것에서 시작된다. 즉 충족되지 못한 욕구가 있다는 것은 무엇인가 결핍되어 있다는 것으로 이러한 결핍을 보충할 수 있는 것을 필요로 하는 상태로 표현할 수 있다. 따라서 충족되지 않은 욕구와 욕망을 발견하고 이를 충족시켜 줄 수 있는 상품을 찾는 것이 바로 마케팅의 출발점이라고 할 수 있다.

앞서 언급하였듯이 마케팅은 개인과 조직의 목표를 충족할 수 있는 교환을 창출하기 위해 제품이나 서비스, 가격, 촉진, 유통 등을 계획하고 수행하는 과정이라고 할 수 있다. 이는 기업이 소비자와의 커뮤니케이션을 통하여 원활한 교환활동(Exchange)이 일어날 수 있도록 계획하는 과정이라고 할 수 있다.

이러한 정의를 설명하기 위해서는 다음과 같은 용어에 대한 설명이 필요하다.

1) 욕구(Needs)

욕구(Needs)란 인간이 무엇인가 결핍을 느끼는 상태로 흔히 1차적 욕구 또는 원초적 욕구라고 말한다. 이러한 인간의 원초적 욕구는 외부의 자극에 의해서 발생되는 것이 아니라 인간 내부에서 자연스럽게 발생하는 인간형성의 기본적 부분이다.

원초적 욕구는 인간의 최저 수준의 욕구로서 생리적 · 본능적 욕구를 의미한다. 예를 들면 배가 고픈 사람은 무엇인가 먹고 싶다는 욕구를 느끼게 되는데 이를 원초적 욕구라고 할 수 있다.

인간은 여러 가지 복잡한 욕구들을 가지고 있다. 이러한 인간의 욕구에 대해 행태 심리학자였던 에이브러햄 매슬로(Abraham H. Maslow)는 『인간의 동기와 성격(Motivation and Personality)』이라는 저서에서 인간의 내재적 욕구에 초점을 맞추어 인간이 보편적으로 지닌 공통적 욕구를 알아내고, 그 욕구의 강도와 중요성에 따라 5단계로 분류하였다.

욕구들을 저차원부터 배열해 보면 생리적 욕구, 안전의 욕구, 소속과 사랑의 욕구, 존경의 욕구, 자아실현의 욕구이다. 기본적으로 저수준의 욕구가 충족되면 한 단계 더 높은 욕구를 추구하거나 동기가 부여된다. 이러한 인간의 욕구 단계는 경영학적 의미와 마케팅 분야에서 활용될 수 있다.

경영학 측면에서는 사원들의 동기부여를 위한 방안으로 승진이나 성과급 등의 다양한 보상방법을 통하여 회사생활에 대한 만족도를 높이는 데 활용할 수 있다.

마케팅 측면에서는 소비자의 욕구를 채우기 위해 각 단계별로 다른 마케팅 전략을 활용할 수 있다. 예를 들어 아이들과 함께 외식을 즐기는 부모가 안전의 욕구를 지니고 있다고 가정할 때 레스토랑의 입장에서는 아이들의 건강과 관련된 전략을 구상한다면 고객의 욕구를 충분히 충족시켜줄 수 있는 기회가 될 것이다.

하지만 일부에서는 매슬로의 욕구 5단계가 모든 소비자들에게 적용되는 것은 아닐 수 있다고 제언하기도 한다. 예를 들어 클레이턴 알더퍼(Clayton P. Alderfer)는 ERG(Existence Relatedness Growth Theory)이론에서 매슬로의 욕구 5단계 이론을 존재 욕구(Existence needs), 관계 욕구(Relatedness needs), 성장 욕구(Growth needs)로 단순화하고 욕구의 우선순위에 대한 이론을 부정하였다. 즉, 욕구는 한 단계가 이루어진 후 다음 단계가 생성되는 것이 아니라 한 시점에 동시에 두 가지 욕구가 일어날 수도 있다는 것이다.

예를 들어 고급 레스토랑에서 식사를 즐기는 사람은 인간의 가장 기본적 욕구인 생리적 욕구를 충족시킴과 동시에 존경의 욕구나 자아실현 욕구를 함께 실현하는 경우가 될 수도 있는 것이다.

이렇듯 매슬로의 욕구이론은 한계를 지니고 있지만 경제, 심리, 마케팅 등의 다양한 부분에서 인간의 욕구를 이해하고자 한 부분은 높은 평가를 받고 있다.

매슬로의 '욕구단계이론(Maslow's Hierarchy of Needs Theory)'은 다음과 같다.

(1) 생리적 욕구(Physiological Needs)

욕구단계이론의 첫 단계는 인간에게 가장 기본이라 할 수 있는 생리적 욕구이다. 구체적으로는 식욕이나 수면욕, 성욕 등을 말한다. 즉 따뜻함이나 거주지, 먹을 것을 얻고자 하는 욕구이다.

욕구계층의 출발점이 되는 최하위 욕구인 생리적 욕구는 다른 욕구에 비해 강도가 가장 높은 욕구이다. 이는 인간의 생활을 가장 강하게 지배하는 욕구로서 모든 것을 박탈당한 극한적 상황이거나 모든 욕구가 전혀 충족되지 않을 때 지배적으로 나타난다.

인간은 빵만으로 사는 것은 아니지만 정말로 굶주리고 있는 사람에게는 빵 한 조각이 전부인 것이다. 춥고 배고픈 문제가 해결되지 않는 한 다른 욕구는 모습을 나타내지 않는다.

(2) 안전의 욕구(Safety Needs)

안전의 욕구는 근본적으로 신체적 및 감정적인 위험으로부터 보호되고 안전해지기를 바라는 욕구이다. 즉 위험 대상으로부터의 보호나 경제적 여유와 같이 정신적 · 육체적으로 자신을 안전하게 지키려는 욕구이다.

안전에 대한 욕구는 유아와 어린아이들이 많이 가지는데, 가정 내에서 부모들이 가지는 어느 정도의 엄격성은 아이들의 안전에 대한 욕구를 충족시켜 주는 역할을 한다.

기업에서는 조직구성원들의 안전의 욕구를 충족시켜 주기 위해 건강보험, 생명보험, 재해보험, 퇴직연금과 같은 후생복지제도를 실시하기도 한다.

(3) 소속과 사랑의 욕구(Belongingness and Love Needs)

소속과 사랑의 욕구는 집단에 대한 소속감이나 타인과의 친밀에 대한 욕구이다. 즉 집단을 만들고 싶어 하고 동료들에게 받아들여지고 싶어 하는 욕구이다.

인간은 사회생활 속에서 다른 구성원들과 상호작용하면서 생활하는 사회적 동물이기 때문에, 소외 · 고독 · 고립감 등에서 오는 고통을 회피하고자 한다. 따라서 소속감을 느끼는 상호관계를 유지하길 원하며, 자기가 원하는 집단에 소속되어 다른 사람과 함께 있기를 바라게 된다.

(4) 존경의 욕구(Esteem Needs)

인간은 어디에 속하려는 욕구가 어느 정도 만족되기 시작하면 어느 집단의 단순한 구성원 이상의 것이 되기를 원한다. 이에 따라 다른 사람들로부터 존경받고 싶어 하는 욕구가 발생하는데 내적으로는 자존 · 자율을 성취하려는 욕구(내적 존경욕구)가 발생하고 외적으로는 타인으로부터 주목받고 인정받으며, 집단 내에서 어떤 지위를 확보하려는 욕구(외적 존경욕구)가 발생한다.

내적 존경욕구란 개인 스스로 가치 있다고 생각하며 능력, 신뢰감, 개인적인 힘, 성취, 독립, 자유 따위의 개념을 가지는 것으로 이러한 욕구들이 충족되면 사람들은 자기가치감 · 확신감을 가지며 자신이 능력 있고 유용하며 중요한 사람이라고 느낀다. 반면에 자존감의 욕구를 충족하지 못하면 열등의식, 무력감, 나약함 따위를 경험하게 된다.

외적 존경욕구란 수용 · 주목 · 평판 · 인정 따위의 개념을 포함하며, 타인으로부터 좋게 인식되고 평가받음으로써 자신이 가치 있는 사람이라고 느끼는 것이다.

매슬로는 건전한 자존감이란 개인의 실제 능력을 바탕으로 타인들로부터 얻어낸 존경에 근거한다면서 타인으로부터 존경받기보다는 자신에 대한 자존감이 더욱 중요하다고 하였다. 이러한 욕구충족은 허황된 명성이 아닌 실력과 다른 사람들로부터 마땅히 받아야 할 정당한 존경에 기초를 둘 때 안정적이고 바람직한 것이 될 수 있다.

(5) 자아실현의 욕구(Self-Actualization Needs)

자아실현의 욕구는 제일 위의 계층에 위치해 있기 때문에 본능적인 욕구의 힘이 가장 약하다고 할 수 있다. 대부분의 사람들은 생리적 욕구, 안전의 욕구, 소속과 사랑의 욕구, 존경의 욕구를 충족시키기 위해 많은 시간을 보내지만, 소수의 사람들은 4단계까지의 욕구에 머무르지 않고 자아실현 욕구를 충족하기 위해서 동기화된다.

자아실현이란 자아증진을 위한 개인의 갈망이며, 자신의 잠재력을 최대한으로 발휘하는 것이다.

그림 8-3 매슬로의 욕구단계이론

자료: Abraham H. Maslow, Motivation and Personality, 2nd ed., New York: Harper and Row, 1970.

조직이 조직구성원들의 자아실현의 욕구를 충족시키기 위해서는 조직구성원들의 자율성 보장 · 도전 · 보람을 느낄 수 있는 직무의 제공, 능력 개발의 기회제공, 성취적 행동에 대한 관심 및 승진 등의 기회제공이 필요하다.

2) 욕망(Wants)

욕망(Wants)은 원초적 욕구가 좀 더 체계화되어 나타나는 구체화된 2차적 욕구를 말한다. 욕망은 원초적 욕구와는 달리 개인의 성향과 가치관 그리고 환경 등에 따라 다르게 나타나는 특징이 있다. 예를 들어 배가 고파서 무엇인가 먹고 싶다는 원초적 욕구가 발생하면 개인이나 각 나라의 사회 · 문화적 특성에 따라 원초적 욕구를 해결하려는 방법이 다르게 나타날 수 있다.

예를 들면 한국 사람들은 배가 고프면 주로 쌀밥이나 김치, 국 등과 같은 음식을 원하지만 미국 사람들은 햄버거나 감자튀김, 콜라 등으로 배고픔이라는 원초적 욕구를 해결할 것이다. 이렇게 원초적 욕구를 해결할 구체적 생각을 하는 것이 바로 2차적 욕구 즉, 욕망이라고 할 수 있다.

마케팅의 출발은 충족되지 않은 욕구와 욕망을 발견하여 이를 충족시켜 줄 수 있는 상품을 개발하는 것에서 시작한다고 할 수 있다.

3) 상품(Products)

상품(Products)이란 '소비자의 욕구를 충족시킬 수 있는 유형 · 무형의 욕구 충족물'이라고 할 수 있다. 흔히 제품이라고도 하는데 엄밀히 말하면 제품에 서비스가 결합된 것을 상품이라 할 수 있으며 고객의 욕구를 효과적으로 충족시킬 수 있는 상품은 성공할 가능성이 높으므로 고객의 욕구를 잘 파악하고 그 욕구를 잘 충족시킬 수 있는 상품을 공급해야 할 것이다.

여기서 말하는 상품의 개념은 유형적인 것에만 해당되는 것이 아니라 소비자의 욕구를 충족시킬 수 있는 것은 무엇이든 상품이라고 할 수 있다. 예를 들어 휴가기간 동안 휴식을 위해 해외여행을 하는 경우 비행기의 편안함을 비롯하여 승무원의 친절한 서비스, 기내식, 휴양지의 안락함 등 모든 것이 상품에 속할 수 있다.

4) 수요(Demands)

사람들의 욕망은 끝이 없지만 욕망을 충족시켜 줄 자원은 한계가 있기에 그들은 자신이 가지고 있는 금액으로 가장 큰 만족을 가져다 줄 수 있는 제품을 선택하게 된다. 이러한 욕구가 구매력을 수반하게 되는 경우를 수요(Demands)라고 한다. 즉 수요란 구체적 욕구에 구매력이 추가된 욕구라고 할 수 있다.

구매력이란 금전적 능력을 포함하여 시간적 능력, 공간적 이동 능력이 합쳐진 것을 말한다. 예를 들어 배고픈 사람이 햄버거가 먹고 싶다면 이러한 욕망을 채울 수 있는 금액과 햄버거를 구매하러 갈 수 있는 시간이나 적합한 거리 등이 결합된 상태라고 할 수 있다.

5) 교환(Exchange)

교환(Exchange)은 마케팅의 핵심개념으로 사람들은 교환을 통하여 욕구나 욕망을 충족시키려 하며 이때 교환 마케팅이 발생하게 된다.

교환이란 자신이 원하는 혜택을 얻기 위해 어떠한 대가를 지불하고 서로 주고받는 것을 의미한다. 즉 상대방과의 합의를 통하여 상호 유익한 가치를 제공하는 마케팅의 기본활동으로 이러한 활동을 위해서는 상대방에게 가치 있는 것을 서로 소유하고 있어야 하고, 최소한 2인 이상의 대상자가 있어야 하며, 상대방의 제의를 자유롭게 승낙 및 거부할 수 있어야 한다.

교환은 단기적인 의미의 거래(Transaction)와 장기적 의미의 관계(Relationship)를 모두 포함하는 의미로 사용될 수 있다.

현대의 마케팅은 단기적인 거래의 성격보다는 장기적인 관계 구축의 성격으로 변해 가고 있기에 장기적인 관점에서 교환의 이익을 목표로 설정해 나가야 할 것이다.

3 서비스 특성에 따른 외식마케팅 방안

외식산업은 음식이라는 제품과 서비스가 결합되어 제품과 서비스가 동시에 생산되는 산업이다. 따라서 일반 제품에 대한 마케팅과는 다소 차이가 있다. 서비스의 특성과 그에 따른 고려 사항은 다음과 같다.

1) 무형성(Intangibility)

무형성(Intangibility)이란 제품과 서비스의 가장 큰 차이 중 하나로, 객관적으로 누구에게나 보이는 형태로 제시할 수 없는 것을 말한다.

외식산업은 서비스 의존도가 높은 산업으로 서비스는 실체가 아닌 수행(Performance)이기 때문에 소유할 수 있는 것이 아니라 경험을 통해서 감각적 또는 심리적으로 느껴야 하는 무형의 가치재이다.

제품의 경우 소비자가 구매하고자 할 때 유통업체에 가서 직접 만져보고 구매할 수 있으나 서비스 상품은 유형의 실체가 없으므로 소비자가 구매하기 전에는 볼 수도 맛볼 수도 만질 수도 냄새를 맡아볼 수도 없다.

서비스를 공급하는 기업의 입장에서도 고객에게 서비스를 제공하기 전에 서비스 상품에 대한 설명이나 품질에 대한 측정이 어려워 확신할 수 없다.

따라서 외식업에게 마케팅은 이러한 무형성으로 인해 발생되는 불확실성을 줄이기 위해 유형화하려는 노력을 해야 한다. 예를 들면 레스토랑의 상품은 주문하기 전에 만지거나 볼 수 없으므로 메뉴에 사진을 넣거나 모형음식을 만들어 진열하는 것이 불확실성을 줄이는 방법이 될 수 있을 것이다.

2) 이질성(Heterogeneity)

외식상품의 품질은 서비스를 제공하는 사람뿐 아니라 언제, 어디서, 그리고 어떻게 제공되는가에 따라 달라진다.

외식상품은 제공자와 장소 및 시간에 따라 변할 수 있으며 인간적인 요소가 포함되어 있어 제품과 같이 표준화가 어렵다.

이러한 이질성을 일으키는 몇 가지 원인을 살펴보면 외식상품은 생산과 소비가 동시에 일어나기 때문에 질적 수준을 관리하는 데 한계가 있고, 수요의 변동 폭이 큰 경우 성수기에 일관성 있는 메뉴의 품질을 유지하는 데 어려움이 있다. 또한 서비스 종사원과 고객 간의 빈번한 접촉이 있어야 하기에 상품의 일관성이 교환시점에서 서비스 종사원의 기술과 수행도에 달려 있다.

예를 들어 동일한 종사원으로부터 서비스를 받았지만 어떤 날은 만족스러웠다고 느꼈지만 어떤 날은 불만족스러웠다고 느꼈을 수도 있다.

불만족스러운 서비스를 받은 날은 해당 종사원의 기분이 좋지 않았거나 감정적 문제가 있었을지도 모른다는 것이다. 다른 한편으로 종사원의 입장에서 동일한 서비스를 실시했음에도 불구하고 서비스를 받은 고객의 기분에 따라 상품의 품질을 다르게 느낄 수 있을 것이다. 이러한 상황으로 인해 외식기업에서는 이질성을 해소하기 위하여 조리방법 및 서비스에 대한 매뉴얼을 만들어 종사원을 지속적으로 교육하고, 외식상품의 품질이 일관성 있게 유지될 수 있도록 노력해야 한다.

3) 비분리성(Inseparability)

레스토랑의 서비스는 서비스 제공자가 사람이든 기계이든 간에 제공자와 분리될 수 없다는 것을 의미한다. 즉 일반 제조업의 제품과 달리 제품의 생산과 소비가 동시에 발생한다는 특성으로 인하여 종사원이 서비스를 제공하는 순간 그 종사원도 서비스의 한 부분이 된다는 것이다.

이러한 비분리성으로 인하여 서비스에서 가장 중요한 것은 서비스 제공자와 고객 간의 상호작용이라 할 수 있으며, 이러한 상호작용이 발생하는 고객 접점서비스(Service Encounter)는 레스토랑의 경영성과에도 영향을 줄 수 있다.

즉, 소비자의 입장에서 레스토랑의 서비스를 구매하려 할 때 자신들이 판단할 수 있는 객관적인 요소들이 부족하기 때문에 유형적 단서들과 항상 접촉하는 종사원들에게 의지하게 된다. 이렇다 보니 서비스가 제공되는 순간 레스토랑의 물리적 환경을 비롯해 종사원의 서비스에 대해서도 평가를 하게 되는 것이다.

따라서 레스토랑의 입장에서는 이러한 서비스접점을 마케팅 관점에서 접근하여 다음과 같은 사항에 노력해야 한다.

첫째, 서비스 종사원에 대한 신중한 선발이다.

일부 레스토랑의 경우 인적자원을 선발할 때 간단하게 이력만 확인한 후 채용하는 경우가 있는데 종사원은 그 자체가 레스토랑 상품을 형성하는 결정적인 요소로 작용하기 때문에 선발 자체에서부터 신중해야 한다. 따라서 가능하다면 선발하고자 하는 종사원의 페이스북, 블로그, 트위터 등의 SNS(Social Network Service)를 참조하여 평소의 생활이나 언행, 습관 등을 참조한다면 좋은 인력을 선발하는 데 도움이 될 수 있다.

둘째, 고객관리 및 서비스에 대한 교육이다.

레스토랑의 서비스 대부분이 종사원에 의해 수행된다고 생각하면 고객만족경영을 위한 종사원의 역할은 절대적이라 할 수 있다. 또한 고객만족과 반복구매는 종사원의 개인적 접촉의 질에 의해서 결정될 수 있기에 고객에 대한 인식과 서비스 교육은 필연적이라 할 수 있다.

셋째, 내부마케팅 측면에서의 종사원 만족에 노력해야 한다.

외식업을 비롯한 대부분의 서비스업의 경우 만족한 종사원이 소비자들을 만족시킬 수 있다. 예를 들어 레스토랑에 만족한 종사원은 외부에서도 자신이 근무하고 있는 레스토랑의 긍정적인 면을 이야기를 하게 되고 결국 입소문을 통하여 자연스러운 홍보효과를 발휘하게 되는 것이다.

이러한 관점에서 볼 때 외식업에서 종사원만족은 궁극적으로 소비자 만족으로 이어지고 더 나아가 레스토랑의 매출과 연계되는 출발점이라 할 수 있다.

4) 소멸성(Perishability)

제품은 당일 판매가 되지 않으면 재고로 보관하여 다음 날 반복판매가 가능하고 고객이 구매하면 소유권이 이전되는 특징이 있지만 서비스는 추후 사용할 목적으로 보관 또는 저장이 되지 않으며, 시간과 함께 자동으로 소멸되어 반복사용이나 소유권의 이전이 불가능하다.

즉 제공된 서비스는 소비자에 의해 즉시 사용되지 않으면 사라지고 만다. 만약 서비스가 필요할 때 서비스를 사용할 수 없다면 서비스 능력은 소멸된다. 이처럼 서비스는 재료로 보관하는 것이 불가능하므로 계획생산이나 주문생산을 해야 하는 어려움이 따르게 된다.

호텔이나 영화관의 경우 당일 판매해야 하는 부분이 고객이 없어서 판매되지 않으면 해당 상품은 영원히 소멸되므로 경우에 따라서 초과예약(Over-booking)을 하는 경우도 있다.

따라서 외식기업은 소멸성을 해소하기 위해 서비스에 대한 수요예측이 필요하다.

수요예측을 하기 위한 쉬운 방법으로는 시계열 분석과 같이 과거의 데이터를 가지고 분석하는 것이다. 예를 들어 발렌타인데이나 크리스마스 등의 특수한 날에는 전년도의 매출이나 고객수를 파악하여 예상되는 소비량을 준비한다면 생산 및 재료관리에 도움이 될 것이다.

이 외에도 외식업은 날씨에 많은 영향을 받기 때문에 한 주간의 일기예보를 파악하는 것도 도움이 될 수 있다.

5) 일시성(Temporary)

외식산업은 계절적인 영향을 비롯하여 시간적인 영향을 받는다.

계절성은 일반적으로 기상조건에 의해 영향을 받는 것을 말하고 시간성은 레스토랑을 찾는 주요 시간대, 예를 들면 음식을 먹기 위해 레스토랑을 방문하는 점심 · 저녁 등의 시간을 의미한다.

휴양지에 위치한 레스토랑은 여름철과 겨울철의 고객차이로 인하여 성수기와 비수기의 매출에 확연한 차이가 있을 것이다. 또한 사무실이 밀집한 곳에 위치한 레스토랑의 경우 주말과 휴일 등에는 고객의 수요가 급격히 감소할 것이고, 평일 점심시간에는 고객들로 붐빌 것이다. 따라서 성수기와 비수기, 또는 시간적인 영향을 고려하여 가격정책이나 영업전략 등을 계획해야 한다.

제3절 외식기업의 마케팅 경영환경

마케팅 환경은 항상 변화하며 그에 따라 소비자와 시장이 변화된다. 따라서 항상 변화되는 외식기업의 환경적 흐름을 검토하고 외식기업에 미치는 영향을 간파한 후 조직의 목표를 효과적으로 달성하기 위한 노력을 해야 한다. 하지만 여기서 주목해야 할 것은 기업이 원하는 것처럼 세상이 움직여주지 않는다는 것이다. 즉 기업이 통제할 수 있는 내부자원과 더불어 통제할 수 없는 외부자원이 존재하고 있다는 것이다. 따라서 기업은 내 · 외부 환경요인에 대하여 끊임없이 관심을 기울이고 환경분석을 실시하여 새로운 전략을 수립해야 할 것이다.

환경분석(Environmental Analysis)이란 마케팅 활동과 관련된 환경요인들의 현황이나 변화추세를 파악하여 마케팅 전략을 수립하기 위해 분석하는 것을 의미한다. 환경은 크게 거시환경과 미시환경으로 구분되며 기업은 이러한 환경으로부터 유리한 기회를 얻기도 하고 때로는 큰 위협에 직면할 수도 있다.

환경분석을 실시할 때 주의할 점은 기업이나 마케터들이 자신의 제품과 직접적으로 관련된 환경요인에만 관심을 갖는다는 것이다. 하지만 이러한 분석은 마케팅의 근시안적 관점이라 할 수 있으므로 좀 더 폭넓은 분석을 실시해야 할 것이다.

그림 8-4 거시환경과 미시환경의 구성요소

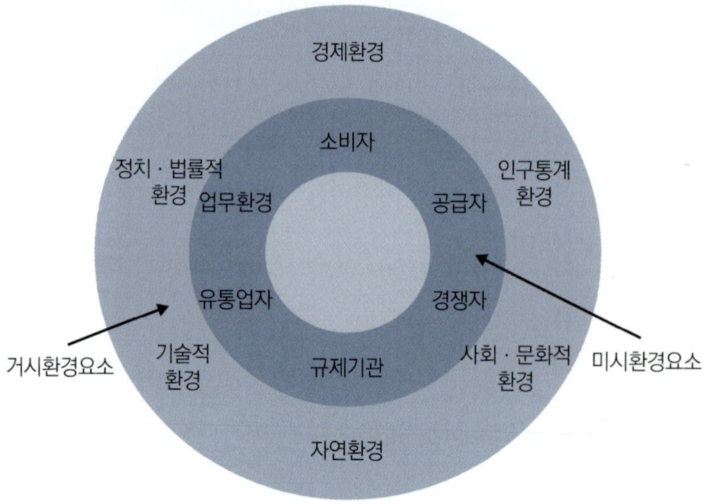

1 거시적 환경(Macro Environment)

거시적 환경이란 기업에서 통제할 수 없는 환경요인으로 인구통계학적 환경, 경제적 환경, 사회 · 문화적 환경, 기술적 환경, 정치 · 법률적 환경으로 나눌 수 있다.

거시환경 분석은 특별한 방법론이나 분석도구를 사용하는 것이 아니라 각 분야에 대한 전문기관이나 연구보고서, 언론보도자료 및 시장조사기관의 보고서 등을 활용한다. 이러한 분석은 많은 비용을 수반하지는 않지만 많은 시간이 필요하다. 따라서 매일 주변 환경에 대한 관심을 갖고 주의를 기울여야 할 것이다.

1) 인구통계학적 환경(Demographic Environment)

인구통계학적 환경은 사회 · 문화적 환경의 일부분으로 인종이나 직업, 연령구조, 성별분포, 인구의 분포 및 이동 등 인구와 관련된 모든 사항이 여기에 속하며 더 나아가서는 가족생활주기(Family Life Cycle)까지도 이 범주 내에 포함될 수 있다.

인구통계학적 환경은 마케팅의 대상이 되는 소비자들의 가장 기본적인 특성을 말하며 특히 외식기업의 마케팅에서는 가장 기본이 되는 환경이기에 절대 간과해서는 안 된다. 예를 들어 최근 1인 가구의 급증은 가족과 식구의 의미를 무의미하게 만들고 있으며 결혼의 필요성에 의문을 제기하고 자신의 삶을 중요하게 생각하는 환경이 하나의 트렌드로 자리 잡고 있어 외식업의 소비전반에 많은 영향을 주고 있다.

'2016 청년세대 1인 가구 라이프스타일 조사' 따르면 1인 가구의 편의점 의존도가 다인 가구보다 높게 나타났고 식료품을 구입하는 구매처로 편의점을 선택한 비율이 20대 1인 가구(9.1%), 30대 1인 가구(6.6%)로 20대 다인 가구(1.8%), 30대 다인 가구(0.4%)에 비해 훨씬 높게 나타났다.

이렇듯 20대, 30대 1인 가구가 편의점에 의존하게 된 주된 이유로는 사회생활로 인한 잦은 외식 및 식료품이 필요할 때 소량구매가 편리한 것으로 풀이할 수 있다. 실제로 편의점 CU(씨유)는 지난해 1월, 1인 가구를 타깃으로 업계 최초로 선보인 '1리터 PB 생수'를 판매하여 5배 넘게 성장하는 등 생수시장 평균 신장률 23%에 비해 가히 폭발적인 반응을 보이고 있다. 이는 500ml 생수는 부족하고, 2L 생수는 혼자 마시기에 다소 양이 많아 개봉 후 보존기간이 길어지는 점, 1인 가구들이 소유하고 있는 소용량 냉장고에 맞는 상품이라는 점에서 인기요인으로 작용한 것으로 분석하고 있다.

또한 불필요한 지출이나 요리 후 잔반이 부담스러운 1인 가구를 위해 '990원 시리즈'와 같이 소포장 청과류와 혼자 먹기 적당한 양의 과일을 담은 믹스 과일 등도 매년 두 자릿수 이상 성장하는 등 호응을 얻고 있다.

2) 정치·법률적 환경(Political·Legal Environment)

정치적 환경요인은 정부와 기업의 관계에서 기업에 대한 금융정책, 세금부과, 노조활동 등에 대한 정부의 규제나 간섭을 의미하며, 법률적 환경요인은 구속력 있는 형태로 구체화된 법률 · 법규 등의 실천방안을 의미한다. 정치 · 법률적 요인은 각 기업의 보호는 물론 부당한 사업행위로부터 소비자와 사회적 이익보호를 목적으로 한다. 기업에 영향을 미치는 법률과 규제는 세 가지 이유에서 제정되고 있다.

첫째, 불공정한 경쟁으로부터 기업을 지키기 위한 것이다.

부당한 경쟁을 방지하기 위하여 공정거래법이라든지 트러스트(Trust: 기업들이 이익을 목적으로 자본에 의해 결합한 독점 형태) 방지 등을 관리 · 감독한다. 예를 들면 경쟁사를 비방한다든지, 기밀을 유출하거나 지나치게 값비싼 사은품 등을 통하여 공정하지 못한 경쟁을 하게 되면 결국 자본력이 강한 기업에게 약한 기업이 잠식당하는 경우가 생길 수 있으므로 이러한 것을 관리 · 감독하기 위한 것이다.

둘째, 부당한 사업행위로부터 고객을 보호한다.

만일 부당한 사업행위를 규제하지 않는다면 기업들은 고객들을 생각하지 않고 저질 제품을 만들거나 신뢰할 수 없는 허위광고 및 과대포장, 가격담합 등을 통해 고객을 기만할 수 있다.

셋째, 기업행위로부터 사회적 이익을 보호하기 위한 것이다.

기업의 이익을 위한 활동이 항상 삶의 질 향상을 가져오는 것은 아니다. 예를 들어 기업의 이익을 위하여 소비자의 삶을 파괴시킬 수 있는 행위(쓰레기 방치, 오폐수, 지역 내 시설의 과밀 등)를 할 수 있기 때문에 이러한 것을 규제함으로써 소비자의 사회적 이익을 보호하기 위한 것이다.

이러한 정치 · 법률적 환경의 급격한 변화는 외식기업의 경영활동에 큰 영향을 미치게 된다. 예로 2013년 대기업 중 가장 먼저 한식뷔페 시장에 뛰어든 CJ푸드빌의 '계절밥상' 매장은 2015년 26개의 점포를 새로 열었지만 2016년 5월 기준으로 7개의 매장을 오픈하는 데 그쳤으며, 이랜드 '자연별곡' 역시 2016년 5월까지 2개 매장만 신규 출점하였다.

이는 동반성장위원회가 대기업 한식뷔페 사업을 중소기업적합업종으로 지정하면서 신규 출점에 제동이 걸렸기 때문이다. 이에 따라 신규 오픈할 경우 수도권 및 광역시 역세권에서는 교통시설 출구로부터 반경 100m 이내, 그 외 지역은 교통시설 출구로부터 반경 200m 이내만 출점이 가능하다. 이를 벗어나 출점할 때는 대기업은 연면적 2만㎡ 이상, 중견기업은 1만㎡ 이상의 복합 건물에만 매장을 낼 수 있다. 다만 본사 및 계열사가 소유하고 있는 건물이나 신도시와 신상권에선 연면적 관계없이 예외적으로 출점이 가능하다.

이처럼 정치적인 환경의 영향으로 한식뷔페가 골목상권을 침해하는 사업으로 분류돼 롯데리아는 그동안 검토했던 한식뷔페 사업을 철수하고 이랜드도 '자연별곡'을 국내가 아닌 해외에서 확장하기로 사업 방향을 전환했다.

2015년 3월 제정된 「부정청탁 및 금품 등 수수의 금지에 관한 법률(일명 김영란법)」은 회사의 비즈니스나 고위 관료들의 모임 장소로 활용되던 고급한정식과 일식집 등의 매출에 큰 영향을 주기도 했다.

외식기업에 영향을 미치는 주요 정치 · 법률적인 환경 다음과 같다.

(1) 근로기준법

「근로기준법」 개정에 따른 주 5일근무제의 시행으로 여가활동의 다양화와 대중화는 물론 국민생활 전반에 걸쳐 많은 변화가 나타났다. 이러한 국가의 정책적 변화는 외식기업에게도 많은 영향을 미친다. 예를 들면 종사원의 근로시간 단축과 휴무일 증가에 따른 임금인상 등 기업에 직접적으로 영향을 미치는 부분에 대한 경영체질 개선을 위해 많은 노력이 필요하기 때문이다.

2018년 3월 OECD 최장 수준인 근로시간을 단축하고, 그만큼 소요 인력을 추가로 고용해 일자리를 나눠 갖기 위해 공포된 근로시간 단축 관련 개정 내용 일부가 300인 이상 사업장 대상으로 시행에 들어갔다. 이에 따라 외식기업들은 할증임금 등에 대한 부담이 가중될 수 있어 인력운영에 있어서 근로시간을 단축시킬 수 있는 서비스형태의 개선(셀프서비스 확대, 무인자동화 서비스 등), 파트타임 근로자와 같은 다양한 고용형태를 확대하는 대안을 마련해야 할 것이다.

이 외에도 비정규직법의 제정으로 2년 이상 근무한 비정규직 근로자의 정규직 전환 의무에 대한 부담도 외식기업에게는 해결해야 할 문제가 될 수 있다.

(2) 식품위생법

외식산업은 국민건강을 책임지는 것은 물론, 레저와 문화생활에 직결되는 사회복지적 성격을 지니고 있으며 법적 규제가 소비자보호 차원에서 점차 강화되고 있다.

2020년 식품의약안전처는 코로나19 확산 방지를 위한 식품 · 외식업계의 대응지침과 함께 음식점 등 식품 취급시설 종사자 마스크 의무화 등의 내용을 포함하는 '식품위생법 시행규칙 일부개정안'을 입법예고 했다. 이 개정안에 따르면 비말(침방울) 등을 통해 전파될 수 있는 감염병 예방과 식품 오염을 막기 위해 식품을 제조 · 가공 · 조리하는 등 직접 취급하는 종사자는 마스크를 의무적으로 착용해야 한다. 또한 음식점 등 식품접객업 영업장에는 손님이 손을 씻거나 소독할 수 있는 시설 · 장비 또는 손소독제 등 위생용품을 의무적으로 구비해야 한다. 이를 위반할 경우 1차 20만 원, 2차 최대 60만 원까지의 과태료를 부과한다. 즉, 이러한 「식품위생법」을 통해 외식기업은 국민건강예방과 위해방지를 위한 책임을 지고 있다.

(3) 원산지표시제

원산지표시제는 원산지 및 품종을 소비자들이 쉽게 알 수 있도록 표시하는 것을 의무화한 제도를 말하는데 소비자의 알 권리를 보장하고, 공정하고 투명한 유통질서 확립을 위해 농수산물의 경우 1994년도에 도입했으며, 음식점에는 2007년부터 도입했다.

2021년 원산지 표시 기준은 쇠고기, 돼지고기, 닭고기, 오리고기, 양고기, 염소고기(유산양 포함), 쌀(밥, 죽, 누룽지), 배추김치(배추와 고춧가루), 콩(두부류, 콩국수, 콩비지), 넙치, 조피볼락, 참돔, 미꾸라지, 뱀장어, 낙지, 명태, 고등어, 갈치, 오징어, 꽃게, 참조기, 다랑어, 아귀, 쭈꾸미 등 총 24개 품목이다.

원산지를 거짓 표시할 경우 7년 이하의 징역 또는 1억 원 이하의 벌금이 부과되며, 미표시 할 경우 품목에 따라 30만 원에서 150만 원까지 과태료가 부과된다.

이러한 제도를 통해 외식기업은 소비자들에게 상품이 국내산인지 또는 수입산인지를 구분할 수 있도록 해야 하며 수입산의 경우에도 수입 국가명을 표시해야 하는 등의 법적 규제를 받고 있다.

(4) 환경관련법

전 세계의 사회적 문제로 대두되고 있는 기후변화 및 친환경정책에 따른 정부의 환경관련 규제로 인하여 외식기업들 역시 빠른 대처를 해야 한다. 정부에서는 모든 식품접객업소에서 사용하는 일회용 컵이나 접시, 젓가락 등의 사용을 규제하고 있다.

2018년 정부는 2030년까지 플라스틱 배출량을 50% 줄이고 재활용률을 34%에서 70%까지 끌어올린다는 내용의 '재활용 폐기물 관리 종합대책'을 발표하였다. 이에 커피전문점 등에서 일회용컵 사용 제한이 강화되고 테이크아웃 컵 회수를 위한 컵 보증금제도가 도입되며, 슈퍼마켓과 제과점 등에선 비닐봉지를 사용하지 못하게 되었다. 또한, 택배 · 전자제품 등의 포장 기준을 신설하고, 과대포장 검사를 의무화하도록 법 개정을 추진하였다.

이러한 환경관련법은 외식기업에게 자칫 비용부담의 문제가 발생될 수 있으며, 장기적 관점에서 소비자에게 일정 부분 비용 분담이 전가될 수도 있다. 일부 커피 전문점은 플라스틱 빨대 대안으로 종이 빨대를 사용하고 있지만 대부분 수입에 의존하고 있어 이러한 원재료 값의 인상은 결국 제품 가격인상으로 이어져 외식산업에 큰 영향을 미칠 수 있다.

사례 **2021년부터 카페서 종이컵 못 쓴다…일회용컵 보증금제도 부활**

오는 2021년부터는 카페에서 종이컵 사용이 금지되고, 테이크아웃 잔 재활용을 촉진하기 위해 일회용 컵 보증금제 부활도 추진된다. 또 2022년부터는 빵집, 편의점에서 비닐봉지 사용도 금지된다. 이를 통해 정부는 2022년까지 1회용품 사용량을 35% 이상 줄인다는 계획이다. –중략–

로드맵에 따르면 머그잔 등 다회용 컵으로 대체할 수 있는 경우 식당, 카페, 패스트푸드점 등에서 2021년부터 종이컵 사용이 금지된다. 또 매장에서 머그잔 등에 담아 마시던 음료를 테이크아웃 해 가져가려는 경우 일회용 컵 사용에 따른 비용을 추가로 내야 한다.

테이크아웃 잔 재활용을 촉진하기 위해 소비자가 일회용 컵에 담아 음료를 살 때 일정 금액의 보증금을 내고 컵을 반환하면 보증금을 돌려주는 '컵 보증금제' 도입도 추진된다. 현재 관련 법안은 국회에서 논의 중이다.

현재 백화점, 대형마트 등에서 사용할 수 없는 비닐봉지는 2022년부터 편의점과 같은 종합 소매업, 제과점에서도 사용이 금지된다. 정부는 2030년까지 모든 업종에서 비닐봉지 사용을 전면 금지한다는 방침이다.

포장 · 배달 음식을 먹을 때 사용하는 일회용 숟가락 · 젓가락도 2021년부터 사용할 수 없다. 필요시 일정 비용을 지불하고 구매해야 한다.

일부 커피전문점에서 종이로 대체한 플라스틱 빨대는 2022년부터 식당, 카페, 패스트푸드점 등에서 사용이 금지된다.

배송용 포장재의 경우 2022년까지 스티로폼 상자 대신 재사용 상자를 이용, 회수 · 재사용하는 사업을 추진한다. –이하 생략–

자료: 데일리안(www.dailian.co.kr/news/view/845916/?sc=naver) 2019. 11. 22

3) 경제적 환경(Economic Environment)

외식산업의 성장과 발전은 곧 경제의 성장과정을 의미한다. 경제발전에 따른 소득증가로 외식의 기회가 증가하고 레저, 문화생활의 대중화가 외식산업을 성장, 발전시키는 계기가 되었기 때문이다. 또한 경제적 환경은 고객의 지출액, 구매상품 및 구매점포를 결정하는 데 영향을 미치므로 고객의 구매활동을 결정지어 주는 가장 중요한 요소이기도 하다. 이러한 경제적 요인으로는 국민소득, 소비성향, 산업구조 등이 있다.

소득의 증가는 개인이 처분할 수 있는 가처분소득의 증가로 이어지면서 외식을 포함한 문화생활 등 비생계적 부문의 소비활동을 촉진시켰다. 즉 경제적 발전에 따른 소득의 증가는 외식의 기회로 확대되고 레저, 문화생활의 대중화를 통해 외식산업을 성장 발전시킬 수 있다. 하지만 이와는 반대로 경제적 환경이 좋지 않을 때에는 소비자의 소비심리가 위축되고 가계절약 방법으로 외식비를 먼저 줄이게 되므로 외식기업에게는 매우 중요한 부분이라 할 수 있다.

경제학자들은 개별 가구의 필수 지출 항목이라 할 수 있는 식비를 통해서도 다양한 시사점을 얻을 수 있음에 주목하여 이를 경제지표화 하였다. 그중 하나가 엥겔지수(Engel's Coefficient)로 이는 총가계지출액 중 식료품비가 차지하는 비율을 의미하며 이 지수에 의하면 저소득 가계일수록 식료품비가 차지하는 비율이 높고 고소득 가계일수록 식료품비가 차지하는 비율이 낮아지는데 이를 엥겔의 법칙(Engel's Law)이라고 한다.

식료품은 인간이 살아가는 데 있어 반드시 지출해야 하는 필수항목이지만 일정 수준 이상은 소비하지 않는다. 예를 들면 소득이 증가한다고 해서 하루 세끼를 다섯 끼, 열 끼로 늘리지는 않는다는 것이다. 즉, 경제환경이 좋아지면 소득이 증가하고 이에 따라 엥겔지수는 낮아지게 된다. 다만, 이러한 지표를 통해 경제적 환경을 파악할 수는 있지만 해당 지표가 지니고 있는 한계점을 명확히 인식하고 해석할 필요는 있다.

4) 사회·문화적 환경(Social-Culture Environment)

사회 · 문화적 환경은 기업을 둘러싸고 있는 사회 · 문화적 조건 전반을 의미한다. 이러한 사회 · 문화적 환경은 외식산업과 매우 밀접하게 관련되어 있다.

사회 · 문화적 환경에 영향을 주는 대표적인 요인은 인구통계학적 환경으로 인구의 규모, 출생률, 사망률, 결혼 및 이혼율이나 개인의식의 변화, 라이프스타일의 변화 등을 들 수 있다.

2016년도 사회적 현상으로 '혼밥', '혼술' 문화가 새로운 트렌드로 등장하였으며 이는 자신만의 시간을 갖고 여유와 편안함을 찾기 위한 수단으로 인식되고 있다.

이러한 혼밥, 혼술 문화는 인구통계학적 배경은 물론 사회문화적 요인이 작용한 결과이다. 즉 혼자 외식하는 소비자가 증가하는 이유는 단순히 1인 가구가 증가한 결과일 뿐 아니라 연애나 결혼, 출산을 포기하는 세대의 흐름에서 비롯된 것이라 할 수 있다. 이러한 혼밥, 혼술, 개인주의 문화의 확산은 가족 위주로 최적화되었던 패밀리 레스토랑의 매출 하락에 영향을 주는 반면 HMR 상품이나 배달 음식을 판매하는 레스토랑의 매출은 상승시키는 영향을 주기도 한다.

1인 가구의 증가 및 혼밥을 즐기는 나홀로 문화의 트렌드로 인해 외식업계와 달리 편의점 업계는 혼밥족을 끌어들이며 최대 호황기를 누리고 있다. 특히 도시락 상품의 인기로 일부 업체에서는 유명 스타를 내세운 도시락과 HMR 상품을 출시하며 공격적인 마케팅에 나서기도 했다.

이에 외식업계도 메뉴변경 및 구조변화를 통해 단체 손님 위주에서 1인 고객을 위한 테이블과 메뉴를 마련하는 등 기존의 틀에서 탈피하려는 노력을 하고 있다.

이 외에도 과거 소속감을 중시하는 경향에서 개인주의 문화가 확산되고 있는 실정으로 직장의 회식문화도 빠르게 변화되고 있다. 기존의 늦은 시간까지 직장 상사의 지시에 따라 억지로 참여하는 문화에서 점심을 활용한 회식이나 단체 연극 · 영화 관람 등의 문화행사로 대체하는 경향으로 변화되었다. 반면 이러한 직장 회식문화의 변화는 주점을 하는 외식기업의 매출 하락에 영향을 주기도 한다.

2020년은 '코로나19'라는 전 세계적 바이러스 감염증으로 인해 사람들 간 접촉을 회피하는 비대면화로 고객을 직접 대면하는 외식산업은 큰 타격을 입은 반면, 배달 플랫폼 등 온라인 기반의 기업들은 큰 폭으로 성장하는 기회를 마련하기도 했다. 외식기업은 이러한 사회문화적 요인들에 대해 적극적으로 대처할 수 있도록 소비자 트렌드를 지속적으로 파악할 필요가 있다.

사례 **'英 백종원' 제이미 올리버 파산···그를 무너뜨린건 '혼밥'**

제이미 올리버는 전 세계에 스타 셰프 돌풍을 일으킨 주인공이다. 백종원 등 많은 스타 셰프들이 있지만, 원조는 역시 제이미 올리버다.
24살이었던 1999년, 이 무명의 영국 요리사 청년은 BBC 방송에 나와 일약 스타덤에 올랐다. 지난 5월 25개가 넘는 그의 레스토랑이 파산했다는 소식은 전 세계 요식업계에 충격을 던졌다. –중략–
건강한 음식을 직접 만들어 먹는 것이 남녀노소를 불문하고 재미있는 일이라는 게 그의 메시지였다. 마늘을 절구에 빻다 말고 갑자기 공중제비를 돌거나 스쿠터를 타고 시장을 누비는 그의 쇼 '네이키드 셰프'는 한국에서도 인기를 끌었다.
올리버는 요식업계 거물이 됐고, 2003년엔 영국 왕실에서 5등급 대영제국 훈장까지 받았다. 이후엔 학교급식을 건강 식단으로 구성하는 캠페인을 진행하며 '개념 셀러브리티'로 입지를 다지기 시작했다. '피프틴'이라는 자선 재단을 설립해 비행청소년 등을 셰프로 교육하고 자신의 동명 레스토랑에 취업시키기도 했다.
하지만 지난 10년간 그의 레스토랑 사업은 줄곧 하락세를 걸었다. 2015년 올리버가 소유한 주식의 가치가 40% 하락하면서 첫 적신호가 켜졌다. 2017년 레스토랑 사업이 부도 위기에 처하자 사재 1,650만 달러(199억 원)를 긴급 수혈해 파산 사태를 면했다. 그러나 이후에도 사업 하락세는 계속됐고 결국 지난 5월 그의 레스토랑 25곳은 회계법인 KPMG에 관리 대상으로 넘어갔다. 1,000명이 넘는 셰프들과 스태프들이 일자리를 잃게 됐다. 올리버는 런던의 쿠킹 스튜디오로 찾아온 NYT의 기자에게 파산에 대해 '내가 했던 일 중 가장 힘든 일이었다'며 끔찍하고 지독했다고 말했다.
승승장구하던 그가 왜 무너졌을까. BBC 등 영국 언론은 '올리버가 시장 트렌드에 뒤처졌기 때문'이라고 지적했다.
배달음식이 인기인 한국처럼 영국 역시 최근엔 레스토랑에서 거하게 외식하는 게 아니라 레스토랑에서 테이크아웃을 해 집에서 '혼밥'을 하는 트렌드가 번지는데 이와 같은 흐름을 읽지 못했다는 것이다. 치솟는 임대료와 세금 또한 감당하지 못했다는 점에선 한국의 상황과 겹쳐진다.
NYT는 '세금도 오르고 임대료도 오르는데 올리버가 원하는 (좋은) 재료의 가격도 올랐다'며 그럼에도 올리버는 계속해서 사업을 확장했다고 지적했다. 요식업계에 누구나 뛰어들면서 경쟁이 심해진 것도 한몫했다. –이하 생략–

자료: 중앙일보(https://news.joins.com/article/23568980), 2019. 9. 3

5) 기술적 환경(Technological Environment)

외식기업의 환경은 새로운 방법과 새로운 기술을 사용하는 것으로 바뀌어 가고 있으며 항상 새로운 변화의 가능성으로 가득 차 있다.

외식산업은 인적서비스에 의존하는 노동집약성과 다품목 소량생산 및 입지산업 등의 특성으로 타 산업에 비해 과학기술적 영역이 넓지 않다고 볼 수 있으나 외식산업은 다른 산업의 발전 없이는 성장하기 힘든 산업이다. 예를 들면 전자산업이나 기계산업이 발전하면 냉동, 냉장고 및 각종 주방설비, 주방기기 등이 발달하게 되고 이는 곧 외식산업에게 대량생산과 표준화에 영향을 줄 수 있는 것이다.

이러한 결과 맥도날드는 조립라인식 생산기술력으로 제품과 서비스를 표준화하였으며 대부분의 패스트푸드 업체들도 생산기술의 확대를 반영하였다. 또한 유통 및 물류산업의 발전은 식재료를 구매, 공급, 저장할 수 있는 계기를 마련하여 각 레스토랑들이 점포를 확장하고 지역에 관계없이 동일한 품질을 유지할 수 있는 역할을 할 수 있었다.

IT기술의 발달은 인터넷과 마케팅 정보시스템 등의 기술발전으로 운영과 고객관리의 효율성을 통한 경영통제의 강화와 편의성에 많은 영향을 주었다. 또한 이를 통해 집중적 마케팅 관리를 가능하게 하였는데, 개별 고객의 신상정보와 구매경력 등을 데이터베이스화(Data Base)하여 마케팅 전략에 활용하게 되었다.

이러한 사례로 미국의 피자헛은 데이터베이스를 이용하여 고객의 피자 식사습관을 프로파일링한 후 전산화하여 이렇게 구축된 데이터를 이용해 해당 스타일의 피자를 선호하는 고객에게 맞춤형 피자를 권할 수 있는 마케팅 방법으로 적극 사용하였다.

2015년 세계경제포럼의 창시자 중 하나인 클라우스 슈바브(Klaus Schwab)에 의해 사용된 4차 산업혁명이라는 개념은 외식시장에도 큰 영향을 미칠 것으로 예상했다.

4차 산업혁명은 인공지능(AI), 로봇공학, 나노기술, 3D프린팅, 유전공학 등 서로 단절돼 있던 산업 분야 간 경계를 넘어 산업의 융·복합을 통해 일어나는 기술혁신의 패러다임으로 제조업에서 혁신적인 산업환경과 구조변화를 일으킨 후 서비스산업에도 영향력을 확대하기 시작했다. 특히 호텔 및 레저산업, 외식산업 등 노동집약적인 산업이 자동화·무인화되면서 업무량 및 조직구조 등에서 전반적인 변화가 시작되었다. 기술의 발달은 단순 반복적인 업무를 수행하던 서비스 인력을 빠르게 대체함으로써 외식기업이 큰 문제로 안고 있던 인건비에 대한 부담을 해결해주고 있다.

글로벌 프랜차이즈 맥도날드는 'BigMac ATM'이라는 무인 주문 시스템 키오스크를 도입해 비정규직 근무자를 대체해 2016년도에 전년 대비 26%의 매출이 증가했고 도미노피자는 스마트폰 앱을 사용해 즐겨 먹는 메뉴와 결제 등의 정보를 한번 입력하면 추후 주문할 경우 다시 입력하지 않아도 되는 '제로 클릭 앱'을 개발해 연간 20억 달러 이상의 디지털 기반 매출을 창출하고 있다.

롯데리아는 고객이 키오스크를 이용해 주문결제한 금액이 전체 매출의 41%를 차지하고 있으며 무인 주문 기기 운영으로 매장 직원의 단순주문접수 업무량이 줄어 매장관리 및 고객 주문 제품 세팅과 테이크아웃 작업 등에 집중하게 됐고, 주문 고객의 대기시간 감소 및 인력 활용의 효율성이 높아졌다.

스타벅스커피코리아는 스마트폰 앱으로 원격 주문이 가능한 '사이렌오더' 서비스로 주문 서비스의 상당량을 자동화 한 결과 2018년 하루 평균 7만 8천 건의 주문이 해당 앱을 통해 이루어졌다.

향후 기술적 환경의 변화는 외식산업의 발전과 함께 큰 변화를 불러올 것이다. 이는 높은 인건비와 이직률, 위험한 직무를 대체할 수 있다는 긍정적인 측면도 존재하지만 인적자원 대체라는 실업률 증가의 원인도 제공할 수 있기에 외식기업은 능동적인 대처 방안이 필요할 것이다.

이렇듯 기술적 환경요인은 기업의 운영방식이나 사업방식까지도 변경하게 만드는 등 많은 영향을 미치고 있다.

| 표 8-1 | 외식산업의 거시환경을 구성하는 주요 요인들

경제적 환경	정치·법률적 환경
- 실업률 - 금리, 환율, 인플레이션 등 - 가처분 소득수준 - 경제성장률	- 고용, 환경, 세금, 식품 등 외식 관련 법규 - 정치적 안정성 - 정부의 정책 및 국회의 입법 - 소비자보호 및 전자상거래
사회·문화적 환경	**기술적 환경**
- 인구성장률 - 라이프스타일의 변화 - 가치관, 신념 - 전통, 관습, 문화	- 기업의 R&D 활동 - 기술의 발달 수준 - 기술 관련 인센티브 - 기술 혁신

사례 배달앱 '배달의 민족' 출범 6년… '라이프스타일 바꿨다'

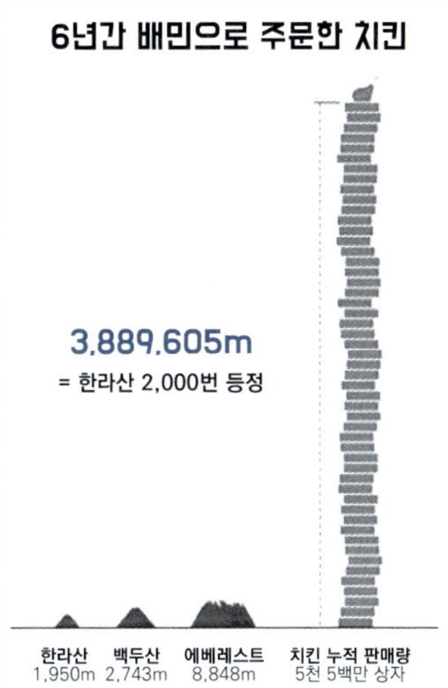

배달앱 '배달의 민족'을 운영하는 우아한형제들은 배달의 민족 서비스 출범 6주년을 맞아 그간의 발전 및 변화상을 정리한 인포그래픽을 공개했다.

배달의 민족이 첫 선을 보인 것은 2010년 6월 25일. 이후 6년, 수많은 배달 음식점 전단지가 스마트폰 앱으로 들어왔다. 이제 치킨, 한식, 짜장면, 피자, 보쌈 등 배달 음식을 제공하는 업소 중 80%가 배달앱을 통해 광고를 하는 시대다.

그보다 더 중요한 변화가 있다. 이용자들의 삶의 방식, 라이프스타일 자체가 바뀐 것. 업소 검색에서부터 메뉴 선택, 주문 그리고 결제에 이르기까지 단 몇 번의 스마트폰 클릭으로도 '좋은 음식을 먹고 싶은 곳에서' 즐길 수 있게 된 것이다.

우아한형제들이 공개한 인포그래픽에는 배달의 민족이 그간 성장해 온 역사와 함께 이용자의 삶을 어떻게 변화시켜 왔는지 재미있는 수치들과 함께 갈무리돼 있다. 출시와 동시에 '앱스토어 1위'를 차지하며 화려하게 데뷔한 배달의 민족은 이후 안드로이드 및 아이폰(iOS) 합산 누적 앱 다운로드 1000만 건(2014년 3월), 2000만 건(2015년 9월)을 연이어 돌파한 것은 물론 월간 순 방문자 수 300만 명, 연간 거래액 1조 원(2015년) 등 배달앱 시장 선두주자로서 수많은 '업계 최초' 기록을 써 왔다.

2016년 5월 기준 배달의 민족은 모바일 앱 누적 다운로드 2300만여 건, 전국 등록업소 수 약 18만 개, 월간 순 방문자 수 약 300만 명에 월간 주문 수 750만 건으로 올해 연간 예상 거래액 2조 원을 바라보는 명실상부한 국내 1위 서비스로 성장했다.

한편 배달앱으로 시작한 우아한형제들은 2015년 7월과 8월 외식 배달 서비스 '배민라이더스'와 신선식품 배송 서비스 '배민프레시'를 연이어 출범시키며 사업 영역을 확장해 왔으며, 올가을 '요리하는 즐거움'이라는 콘셉트로 시장에 선보일 예정인 '배민쿡'까지 더해 종합적인 '푸드테크' 기업으로 진화하고 있다.

지난 6년 동안 배달의 민족을 통해 판매된 음식의 양도 어마어마하다. 대표적인 배달 음식인 치킨의 경우 누적 판매량이 5,500만 건을 넘어섰다. 판매된 치킨 상자를 하나하나 포개어 쌓으면 약 389만km로 세계에서 가장 높은 에베레스트 정상(8,848m)을 439번 오른 것과 같은 높이다. 한라산으로 따지면 거의 2,000번 가까이 등정한 셈이다....(중략)

우아한형제들 김봉진 대표는 '배달의 민족은 음식에 IT 기술을 접목한 '푸드테크' 개념을 만들어내며 고객의 라이프스타일까지 변화시켜 왔다'며 '앞으로도 더 나은 고객경험가치를 제공하기 위해 끊임없이 고민하고 노력해 나가겠다'고 밝혔다.

자료: 데이터넷(http://www.datanet.co.kr), 2016. 6. 24

2 미시적 환경(Micro Environment)

미시적 환경은 특정 기업이 특정 산업이나 시장에서 독특하게 접하게 되는 환경요인들로서 마케팅 수행에 직접적인 영향을 미치는 환경요인을 말한다. 즉 기업이 소속된 산업과 관련된 환경요인으로 기업조직 자체, 경쟁사, 유통업체, 규제기관, 공급자, 소비자 등이 미시적 환경에 해당된다.

미시적 환경 구성요소의 변화는 마케팅 활동에 직접적인 영향을 미치게 되므로 매우 세밀한 주의와 변화의 추적을 통해 외식기업에 미칠 영향을 분석해야 한다.

1) 고객 환경(Customer Environment)

고객은 기업이 생산하는 제품과 서비스를 이용하기 위해 비용을 지불하는 사람을 의미한다. 이러한 고객은 라이프스타일과 소비패턴, 소득수준 등에 따라 욕구가 다르게 나타나며 지속적으로 변화한다. 즉 고객이 외식을 하는 목적과 동기, 외식의 필요성, 외식의 내용은 결코 단순하거나 획일적이지 못하다. 따라서 외식기업이 고객의 욕구와 외식활동에 대한 가치관을 정확하게 이해하지 못하면 고객으로부터 외면당하고 그 고객은 언제든지 해당 기업을 떠나게 될 것이다. 이에 외식기업은 고객만족을 극대화할 수 있는 상품과 서비스를 제공해야만 경쟁자들 사이에서 경쟁우위에 놓일 수 있을 것이다. 2010년 이후 다양한 콘텐츠를 통한 1인 미디어 시대로 진입하면서 소비자들은 많은 정보에 노출되고 있는 상황이다. 특히 온라인 검색과 SNS의 발달은 정보검색을 통한 다양한 관점에서 실시간으로 정보에 접근하는 것이 가능해지다 보니 고객 충성도는 점점 약해졌다.

외식산업의 경우 다른 산업에 비해 더 심할 수밖에 없는 상황이다. 예를 들면 메뉴를 수시로 변경하기 어려워 고객의 입장에서는 상품이 진부하다는 평을 받을 수 있고, 낮은 진입장벽으로 인해 신규 경쟁 브랜드들이 새롭고 더 맛있는 가치를 제공하는 경우가 많아 고객들의 이탈은 더 심해지고 있다. 이러한 상황을 탈피하기 위해 외식기업은 고객의 욕구를 파악하는 것이 무엇보다 중요하며, 상품과 서비스 차별화를 통한 고객 만족 및 전환비용을 높일 방법을 모색해야 한다.

2015년 첫 서비스를 시작한 마켓 컬리는 신선식품을 좋은 상태로 배송하기 위해 최적화한 '샛별 배송'으로 차별화된 서비스를 제공해 소비자들은 신선한 아침 밥상을 맛볼 수 있게 되었다. 삼성물산 온라인 쇼핑몰 SSF샵은 온라인 구매의 가장 큰 어려움인 피팅(Fitting) 문제를 고객이 직접 입어보고 선택할 수 있도록 서비스를 제공했다. 세계에서 가장 유명한 훠궈 레스토랑 중 하나인 하이디라오의 경우 고객들이 기다리는 동안 지루하지 않도록 제공하는 다양한 서비스 프로그램이 인기를 끌었는데 예를 들면 기다리는 동안 지루하지 않도록 음료, 과일 등을 제공하거나 대형 스크린을 통한 상대방과의 게임 유도, 네일 케어 서비스, 15분 간격의 물수건 제공 등 진정성이 담긴 서비스로 고객 차별화를 시도했다. 즉 외식기업들은 이러한 차별화된 서비스를 통해 유대관계를 유지하고 고객 충성도를 높여 고객의 이탈을 줄일 수 있는 노력을 기울여야 할 것이다.

사례 온라인몰 옷 입어보고 산다… 피팅 서비스 개시

삼성물산 패션 부문 온라인몰 SSF샵은 집에서 상품을 직접 입어보고 결정할 수 있는 '홈 피팅(Home Fitting)' 서비스를 구축했다고 18일 밝혔다. 홈 피팅 서비스는 고객 편의성과 올바른 구매 문화를 정착하기 위한 것으로 고객이 선택한 상품의 크기와 색깔을 최대 3개까지 배송해 고객이 직접 입어보고 선택할 수 있도록 한 온라인 서비스다. SSF샵은 일단 전국 단위로 연간 구매액 100만 원 이상, 구매 횟수 3회 이상인 VIP 회원에게만 이번 서비스를 제공하기로 했다. '홈 피팅' 아이콘이 표기된 상품을 선택하고, 추가로 다른 색깔과 사이즈를 고르면 최대 3개 상품을 배송받을 수 있다. SSF샵은 빈폴, 남성복 등 대표 브랜드 상품의 의류부터 이번 서비스를 적용하고 있다며 앞으로 선택 상품과 매칭이 가능한 다른 아이템까지 배송해주는 서비스도 할 계획이다. –이하 생략–

자료: 연합뉴스, https://www.yna.co.kr, 2018. 12. 18

2) 경쟁자 환경(Competitor Environment)

외식기업은 전반적 시장구조와 함께 경쟁환경에 크게 영향을 받는다. 이러한 경쟁자 환경은 경쟁자의 범위와 시장의 경쟁구조를 살펴볼 필요가 있다.

먼저 경쟁의 범위를 보면 경쟁자는 동일 또는 유사한 제품을 가지고 경쟁관계에 있는 집단이나 조직을 의미할 수도 있지만 거시적 관점에서 보면 동종업계만 해당되는 것이 아니라 모든 업체가 경쟁상대라고 생각해야 한다. 특히 외식산업은 진입장벽이 낮아 경

쟁자의 범위가 넓게는 다른 업계에 이르기까지 경쟁자의 폭이 넓고도 깊다.

경쟁자를 파악할 때에는 경쟁자의 위치, 규모, 좌석 수, 제공되는 시설의 다양성, 가격, 품질, 메뉴 등 레스토랑의 운영과 관련된 모든 사항에 대하여 조사를 하고 그에 따른 전략을 수립해야 하는데 주로 상품형태에 의한 경쟁, 상품 범주에 의한 경쟁, 본원적 효익에 의한 경쟁, 고객의 예산 내에서 어느 부분에 지출하는가에 따른 경쟁 등의 차원에서 파악이 이루어질 수 있다.

예를 들어 상품형태를 가지고 살펴보면 김밥을 만드는 김밥천국은 동일한 상품을 판매하는 김밥나라, 종로김밥 등의 업체 등이 경쟁상대가 될 것이다.

상품 범주를 기준으로 살펴보면 라면요리 전문점의 경우 스파게티 전문점, 우동 전문점, 메밀 소바 전문점 등 유사한 속성을 보유한 상품의 면 요리를 판매하는 업체가 경쟁자가 될 수 있다.

본원적 효익을 기준으로 살펴보면 라면요리 전문점의 경우 면 요리 전문점 외에도 고객의 배고픔이라는 욕구를 충족시켜 줄 수 있는 모든 레스토랑이 경쟁자가 될 수 있다.

예산을 기준으로 살펴보면 고객이 어떤 상품에 얼마의 예산을 사용할 것인가에 따라 달라지는데 예를 들어 하루 식사비용이 1만 원이라고 가정한다면 1만 원에 해당하는 모든 레스토랑뿐 아니라 1만 원이라는 비용으로 영화를 보거나, 책을 구매하는 데 사용할 수도 있기 때문에 영화관이나 서점까지도 경쟁자가 될 수 있다는 것이다.

다음은 시장의 경쟁구조에 따라 경쟁자 환경을 살펴볼 수 있는데 이러한 시장의 경쟁구조는 완전경쟁시장, 독점시장, 독점적 경쟁시장, 과점시장 등 4가지로 구분할 수 있다.

(1) 완전경쟁시장

완전경쟁시장은 경제학에서 말하는 이론적 시장모형으로 생산자와 소비자가 시장의 가격 결정에 어떠한 영향도 미칠 수 없는 시장을 말하는데 현실적으로는 존재할 수 없는 이론적인 모형이다. 이러한 완전경쟁시장이 성립되기 위해서는 다음의 네 가지 가정이 있어야 한다.

첫째, 다수의 수요자와 공급자가 존재하며 이들 모두 시장의 원리에 따라 결정된 가격을 주어진 것으로 받아들이는 가격수용자로 행동해야 한다.

둘째, 시장에서 거래되는 모든 제품은 대체 가능하며 아무런 차이가 없는 동질적인 제품이어야 한다.

셋째, 생산요소의 완전 이동성이 가능하므로 기존 생산요소를 이용해 다른 재화를 생산하는 데 아무런 제약이 없어야 한다. 즉 특정 산업으로의 진입과 퇴거가 완전히 자유로워야 한다.

넷째, 모든 경제주체가 완전한 정보를 보유하고 있으므로 정보 비대칭성이 발생하지 않고, 일물일가(Law of One Price: 동일한 상품은 오로지 하나의 가격만 있음)의 법칙이 성립해야 한다.

(2) 독점시장

독점시장은 어떠한 상품이나 서비스의 공급이 단일기업에 의해서만 이루어지는 시장을 말하는데 이러한 독점시장은 경쟁이 실종된 상태로 다른 대체재를 구할 수 없다. 독점시장이 완전경쟁시장과 가장 크게 다른 점은 공급자가 마켓파워(Market Power)를 갖는다는 것인데 이는 제품의 가격에 영향을 미칠 수 있다는 의미이다.

완전경쟁시장에서는 공급자가 가격을 올리면 다른 공급자를 찾아 대체하면 된다. 하지만 독점시장에서는 독점기업이 가격을 올리면 가격이 비싸서 구매하지 못하는 소비자를 제외하고는 모두 해당 제품을 높은 가격으로 구매해야 할 것이다.

독점기업들이 마켓 파워를 가지게 되는 이유는 진입장벽이 높아 다른 경쟁기업들이 진입할 수 없기 때문인데 이러한 독점은 다음의 세 가지에 의해 구축된다.

첫째, 규모의 경제에 의한 자연독점이다.

자연독점은 1974년 리처드 포스너(Richard Posner)라는 경제학자에 의해 주창된 개념으로 예를 들어 한국전력의 전력공급망을 설치한다고 가정할 때 초기 설치 시에는 큰 비용이 들지만 설치 후에는 사용자가 늘어날수록 평균 생산비가 급감한다. 이는 전력생산을 위한 발전소 건설비용과 전력공급망 설치에 든 막대한 고정비용이 많은 사용자에 의해 분산되기 때문에 가능하다. 이후 어느 단계를 지난 뒤부터는 한국전력이 전력을 공급하는 데 소요되는 평균비용은 아주 낮은 수준이 된다. 그리고 전력을 공급받는 수요자가 늘어날수록 전력 생산 및 공급을 위한 평균비용은 계속해서 떨어지게 된다. 이처럼 생산량의 증대에 따라 평균비용이 하락하는 산업을 비용체감산업이라고 하며 이러한 현상을 경제학 용어로 '규모의 경제(Economies of Scale)'라고 한다. 이러한 상황에서 다른 민간기업이 전력공급망을 구축하기 위해 진출한다면 이전의 한국전력과 같이 많은 비용을 투자해야 하는데 기존의 사용자가 큰 폭으로 늘거나 옮겨오지 않는 이상 평균비용은 한국전력보다 훨씬 더 높을 수밖에 없다.

이에 타 기업의 진입은 어려워지고 한국전력은 자연적으로 독점이 되는 현상이 나타나게 되는 것이다.

둘째, 정부가 독점을 허용하는 경우이다.

특정한 재화나 서비스의 경우는 공공의 이익을 위해 정부가 의도적으로 일정 기간 독점적 지위를 보장해 주는 경우가 있다. 예를 들면 특허권, 저작권, 지적 소유권 등은 정부가 인정하는 합법적인 독점권이다. 이 외에도 지역 케이블 TV나 담배, 홍삼사업 등에도 배타적 독점 공급권을 부여하기도 하는데 이는 수요가 크게 늘지 않는 상황에서 또 다시 큰 비용을 투자하게 되면 중복투자가 발생해 사회적으로 손실이 발생할 수 있기 때문이다.

독점은 소비자들에게 일정 기간 손해가 될 수도 있지만 배타적 권리를 보장해 줌으로써 더 많은 특허와 좋은 저작물이 만들어질 수 있도록 독려하는 효과가 생겨 사회 전반적으로 긍정적인 효과를 볼 수 있다.

셋째, 잠금효과(Lock-In Effect)에 의한 독점 발생이다.

잠금효과(Lock-In Effect)란 자사의 특정 제품이나 서비스를 고객이 계속해서 이동하도록 의도적으로 묶어두는 마케팅 전략을 의미하는데, 고객이 다른 신제품으로 이동하기 위해 필요한 기회비용이나 전환비용에 투자하는 것을 귀찮아하거나 싫어할 때 효과적이다. 대표적인 사례로 모바일 메신저 '카카오톡'을 들 수 있다. 예를 들어 카카오톡의 경우 대다수의 소비자들이 사용하고 있고, 소중한 가족, 친구들과 함께 나눈 대화와 이미지가 존재하고 있어 만일 새로운 모바일 메신저로 옮기게 되면 기존의 데이터 소멸은 물론 모든 관계된 사람들이 새로운 모바일 메신저로 이전해야 하는 기회비용이 발생되기에 지속적으로 카카오톡을 사용할 수밖에 없는 잠금효과가 발생되는 것이다. 이로 인해 다른 경쟁사의 진입이 사실상 불가능해지는 상황이다.

(3) 독점적 경쟁시장

독점적 경쟁시장은 완전경쟁시장과 독점시장의 성격을 혼합한 형태로 진입장벽이 거의 없으며 다수의 경쟁기업이 존재하고 있다. 즉, 제품의 품질이 제공하는 기업에 따라 다르기 때문에 가격 및 제품의 차별화가 일어난다. 이로 인해 광고경쟁 등 비가격경쟁이 치열해질 수밖에 없다. 소비자의 입장에서는 제품에 대한 구체적인 정보가 많이 제공되어야 합리적인 선택을 할 수 있기 때문이다. 독점적 경쟁시장의 특징은 다음과 같다.

첫째, 공급자별로 제품이 다르다. 공급자는 일정 수준의 독점적 영향력 및 마켓 파워를 지닌다. 예를 들어 국내 음반 시장의 경우 수많은 아이돌 그룹이 존재하지만 '방탄소년단(BTS)'의 음반 판매는 거의 독점적이라 할 수 있다. 방탄소년단의 마니아(Mania)들은 다른 아이돌 그룹의 음반은 사지 않더라도 방탄소년단의 음반은 가격에 구애받지 않고 구매하기에 공급자는 'Price Take(가격수용자)'가 아닌 'Price Setter(가격결정자)'가 될 수 있다.

둘째, 진입장벽이 없으며, 진 · 퇴출이 용이하다. 즉, 이윤만 생긴다면 누구나 진입할 수 있으며, 이로 인해 다수의 공급자가 존재한다.

이처럼 독점적 경쟁시장은 독점시장과 완전경쟁시장의 특징을 동시에 나타내면서 소수의 공급자만이 활동하는 과점시장과는 또 다른 형태라고 할 수 있다.

외식기업에서 독점적 경쟁시장이라 하면 맛집으로 소문이 나서 몇 시간씩 줄을 서가면서 기다리는 외식기업을 들 수 있다.

(4) 과점시장

과점시장은 소수의 대기업에 의해 지배되고 있는 시장으로 상품의 특성이 대부분 많은 자본을 요구하고 진입장벽이 높아 쉽게 접근하기 어려워 대기업들이 주를 이룬다. 예를 들어 우리나라의 경우 가전제품, 자동차, 휴대폰, 이동통신 서비스 등은 일부 대기업만 진출해 있는 대표적인 품목들이다. 이 중에서 이동통신 서비스는 SK텔레콤, KT, LG라는 3개 회사만이 공급을 하고 있어서 대표적인 과점시장으로 볼 수 있다. 이 외에도 항공사는 대한항공, 아시아나항공 등이 있으며, 외식기업에서는 콜라시장의 코카콜라와 펩시콜라를 들 수 있다. 이들 과점시장에서는 상품의 차이가 크게 없기 때문에 상품의 이미지 개선을 위해 막대한 광고비가 투입되어 비가격경쟁이 잘 나타난다.

과점시장의 일반적 특징으로는 치열한 경쟁으로 인한 상품차별화가 실시되고, 상대회사의 반응을 고려해 자신의 행동을 결정해야 하는 전략적 상황과 한편으로는 경쟁을 피하기 위한 담합의 가능성 등이다. 즉, 시장 내에 소수의 회사만 존재하는 과점시장에서는 소수의 회사들이 각자 자기 이익을 추구하는 방향으로 갈 것이냐, 아니면 서로 협력해 이익을 추구할 것이냐는 선택의 문제에 직면하게 된다.

2020년 기준 배달앱 시장은 배달의 민족(우아한형제들)과 요기요 · 배달통(딜리버리히어로)이 시장의 98%가량을 점유하고 있어 과점시장의 형태를 지니고 있으나 실제 2019년 세계 배달 애플리케이션(앱) 1위(중국 제외)인 독일계 딜리버리히어로(DH)가 국내 1위인 배달의 민족(우아한형제들)을 40억 달러(약 4조 7500억 원)에 인수하면서 사실상 독점시장으로 진입하는 것이 아니냐는 우려의 상황도 나타났다.

| 표 8-2 | 시장의 종류와 특징

구분 \ 시장 종류	완전경쟁시장	독점시장	독점적 경쟁시장	과점시장
생산자 수	다수	단일	다수	소수
상품의 질	동질	동질	이질	동질/이질
진입장벽	없음	높음	낮음	높음
특징	·다수의 수요자와 공급자 존재 ·거래자들의 시장에 대한 완전한 정보 공유	·공급자의 마켓 파워 ·높은 진입장벽	·가격 및 제품의 차별화 ·특정 고객에 대한 독점능력 발휘	·가격선도기업과 추종기업이 존재 ·기업 간 비경쟁행위 발생

3) 공급자 환경(Supplier Environment)

공급자는 외식기업이 제품과 서비스를 창출하는 데 필요한 자원을 제공하는 기업이나 개인을 의미하는데 외식기업은 공급자의 환경변화에 상당한 영향을 받을 수 있다. 물론 일방적 관계가 존재하기는 어렵지만 일시적 또는 단기적인 관점에서 공급의 독과점이 행해지고 있는 경우 기업에 많은 영향을 미칠 수 있다. 즉 공급자가 영향력이 강한 경우나 공급자를 변경하기 위한 전환비용이 높은 경우 공급자는 공급단가를 높일 수 있으며 이에 따라 기업은 시장점유율 유지를 위하여 이익을 줄일 것인지, 아니면 가격을 올릴 것인지 등을 고민해야 할 것이다. 예를 들어 밀가루를 수입하는 업체가 가격을 높이면 제빵업체에서는 가격을 올리거나 자사의 수익을 포기해야 한다. 물론 밀가루를 공급받을 업체가 많이 존재한다면 다르겠지만 그렇지 못한 경우 기업은 독과점적인 공급자에게 많은 영향을 받을 수밖에 없다.

외식기업은 고객에게 좋은 서비스를 제공하기 위하여 원재료의 품질을 중요하게 생각한다. 따라서 입고되는 재료는 좋은 상태로 공급받아야 하며, 신선한 재료들이 변함없이 꾸준하게 들어올 수 있는 재료 공급업체를 확보하는 방안이 필요하다. 이를 위해 일부 외식기업에서는 공급자와의 B2B(Business to Business: 기업 간 거래) 부분을 강화하는 방안을 선택하기도 한다. 이는 기업 간 거래를 통해 물품이나 재료를 대량 구매함으로써 구매 횟수와 처리 기간을 줄이고, 이로 인해 유통비용을 감소시키고 규모의 경제에 의한 원가절감 폭의 확대, 효율적인 재고관리와 기업 간의 거래로 인한 마케팅 비용을 절감할 수 있다는 큰 장점을 지니고 있다.

대표적인 사례로 매일유업과 맥도날드의 B2B의 모범 사례로 꼽힌다. 맥도날드가 국내에 입점한 이후 1988년부터 식재료 공급을 시작한 매일유업은 유제품뿐만 아니라 양상추, 빵 등 주요 재료를 공급해 왔다. 특히 매일유업은 맥도날드의 공급량을 맞추기 위해 양상추 전처리 시설을 세우는 등 오랜 시간 신뢰를 바탕으로 거래를 지속하고 있는 것으로 알려져 있다.

오뚜기의 경우 KFC, 맥도날드, 미스터피자, 피자헛, 버거킹 등 대부분의 패스트푸드점에 마요네즈와 케첩(Ketchup) 등 소스류를 공급하고 있다.

이러한 외식기업과 공급자의 B2B는 힘의 논리에 의해 지배되는 것이 아니라 신뢰를 바탕으로 형성되어야 하고 원활한 소통과 협조를 통해 상호 윈윈(Win-Win)할 수 있는 자세가 필요하다.

4) 공중 환경(Public Environment)

공중 환경은 기업의 활동과 바람직한 목표 달성에 이해관계를 갖거나 영향을 미칠 수 있는 집단을 말하며 크게 정부규제기관과 이해자 규제기관으로 나눌 수 있다.

정부규제기관의 경우는 보건복지부나 교육인적자원부, 소비자보호원 등을 들 수 있다. 예를 들면 보건복지부는 종사원의 위생 및 업소의 위생 점검 등을 통하여 기업의 잘못된 활동들을 규제하고 교육인적자원부는 종사원의 성희롱교육 등을 실시하도록 권고하고 이를 규제할 수 있다.

이해자 규제기관의 경우 공권력은 없으나 언론이나 매체를 통해 힘을 행사하기 때문에 무시할 수 없는 중요한 규제기관에 속한다. 특히 신문사와 방송국과 같은 대중언론 매체들의 영향력이 커짐에 따라 매우 중요한 공중으로 인식되고 있다. 특히 지역사회에서의 역할이 중요한 외식기업은 일정한 상권 내의 지역 주민을 주 고객으로 경영활동을 하는 사업이기 때문에 해당 점포가 위치한 지역단체나 사회단체 등과의 관계에도 신경을 써야 한다. 실제 대형마트가 운영되고 있는 어느 지역에서는 해당 마트의 수익금이 모두 서울로 올라간다는 매체의 소식으로 인해 지역 주민들이 불매운동을 벌여 일정 금액을 지역의 복지와 사회공헌비용으로 지출하기로 한 경우가 생기기도 했다.

이 외에도 자금조달과 신용에 중요한 영향을 미치는 금융기관, 경제와 산업정책을 시행하고 각종 규제 및 지원활동을 하고 있는 정부도 기업이 관리해야 할 공중이다. 기타 기업 내의 종사원이나 경영자, 이사회, 노동조합 등과 같은 내부공중 역시 기업활동과 성과에 영향을 미치며 외부에 있는 공중에게 미치는 파급효과가 크다는 점에서 중요한 환경으로 보고 적극적으로 관리해야 한다.

제4절 외식기업 마케팅을 위한 전략적 환경분석 방법

환경분석이란 경영자가 자신의 사업 활동과 관련된 다양한 환경요인들의 변화추세를 파악하여 전략적인 시사점을 분석하는 활동으로 외식기업에서의 환경분석은 새로운 외식트렌드가 출현하거나 기존의 트렌드가 변화되었을 경우 자신의 기업뿐 아니라 거시적, 미시적 환경을 포함해 경영활동에 영향을 미치는 요인들을 조사할 필요가 있다. 이러한 분석을 통해 외식기업은 어떤 사업을 유지하고 철수할 것인지 또는 새로운 트렌드를 반영하여 구축할 것인지 등에 대한 의사결정을 실시해야 한다. 환경분석의 대표적인 방법으로는 거시환경을 분석하는 PEST(Political, Economic, Social, Technological) 분석, 미시환경을 분석하는 3C(Customer, Competitor, Company) 분석, PEST 분석과 3C 분석을 통해 내부환경인 자사의 강점과 약점을 분석하고 외부환경에 속하는 기회와 위협요소를 평가하여 자사의 강점을 활용한 사업기회를 확보하고 위협에 대한 대안을 수립하기 위한 SWOT(Strength, Weakness, Opportunity, Threat) 분석, 산업구조 분석 등이 있다.

1 PEST 분석

PEST 분석은 거시적 사회환경을 분석하는 것으로 기업의 활동 및 성과에 영향을 줄 수 있는 외부환경(정치적, 경제적, 사회적, 기술적 요인)을 파악하는 분석을 의미한다. PEST 분석은 상황분석에 사용되는 간단하면서도 효과적인 분석도구로 제품 또는 시장을 둘러싼 여러 가지 환경요인들의 변화를 파악해 외식사업을 위한 장기적인 전략방향을 설정하는 데 도움이 된다.

PEST 분석을 실시하는 주된 목적은 기업에 영향을 미치는 현재의 외부요인이나 미래에 변화될 수 있는 외부요인, 기회를 이용해 경쟁사보다 먼저 위협으로부터 탈피하기 위해 실시한다. PEST 분석은 특별한 방법이나 분석도구를 사용하는 것이 아니라 전문기관이나 민간기관의 연구보고서, 언론보도자료, 인터넷상의 정보들을 활용한다. 하지만 이러한 자료를 잘 활용하기 위해서는 외식기업의 경영자로서 기회와 위협요인을 도출해 낼 수 있는 통찰력과 함께 실행력이 필요할 뿐 아니라 매일 조금씩이라도 변화되는 환경요인에 관심을 기울여야 한다. PEST 분석 시 고려할 사항은 다음과 같다.

그림 8-5 PEST 분석 시 고려사항

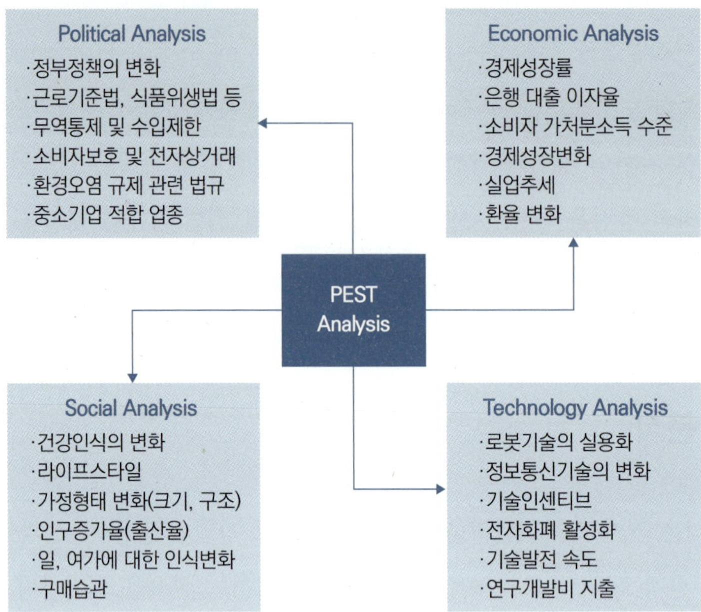

2 3C 분석

3C 분석은 일본의 전략전문가이자 경영컨설턴트인 오오마에 켄이치(大前 研一)에 의해 개발된 모델(Model)로 고객(Customer), 경쟁사(Competitor), 자사(Company)에 대해 분석하는 방법으로 다른 마케팅 분석을 위한 기초자료로 활용되는 경우가 많다.

그림 8-6 3C 모델

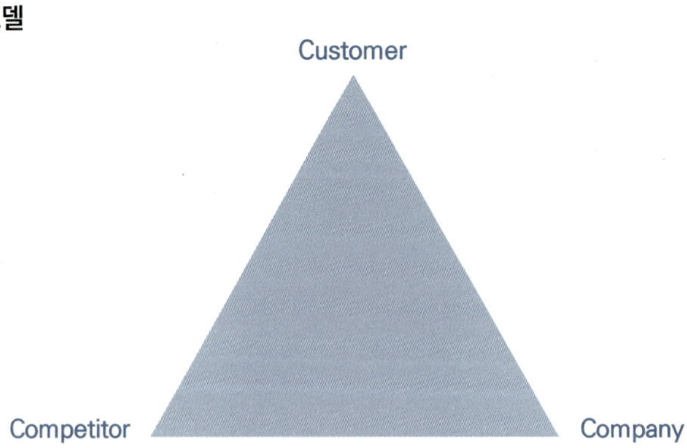

1) 고객(Customer)

고객은 자사의 제품이나 서비스를 구매하는 소비자에 대한 구체적인 구분과 니즈(Needs) 등의 요소를 분석하는 것이다. 즉 자사의 제품이나 서비스를 구매하는 소비자의 소비행태 및 특징, 성별, 연령대, 직업, 거주지역 등을 분석하는 것이다.

예를 들어 우리 레스토랑을 찾아오는 고객은 20대인가? 아니면 30대인가?, 남성인가? 여성인가?, 주로 몇 시에 방문하는가?, 소득수준은 어느 정도 되는가? 등의 내용을 기반으로 그룹핑하는 것도 좋은 방법이다.

고객 영역에서 반드시 분석해야 하는 사항으로는 구매력, 소비규모, 성장가능성, 잠재고객 존재여부 등이며 이를 종합적으로 분석하여 미래의 마케팅 성과까지 유추할 수 있다.

2) 경쟁사(Competitor)

경쟁사는 자사와 동일하거나 유사한 제품으로 경쟁관계에 있는 기업 또는 현재 시장 점유율을 두고 경쟁하는 기업(제품)이라고 할 수 있다. 경쟁사 분석은 경쟁회사의 제품과 자사 제품의 장·단점을 파악하고, 마케팅 전략의 차이, 경쟁자의 취약한 부분 등에 대해 분석하는 것으로 경쟁사가 다수인 경우 이들을 목록화하고 각 경쟁사마다의 기술력이나 인지도, 점유율 등을 파악하여 경쟁사 대비 차별화를 강화하게 되면 경쟁우위를 점할 수 있다.

3) 자사(Company)

자사에 대한 분석은 외부요인이 아닌 내부자원을 분석하는 것으로 SWOT 분석과 연결되기도 한다. 즉 우리기업이 보유하고 있는 인적자원, 물적자원 및 핵심역량에 대해 파악하는 것이다. 예를 들어 우리기업이 지닌 자원이나 능력을 가지고 기회를 이용하거나 외부위협을 대체할 수 있는가? 우리기업이 지닌 기술력은 다른 기업이 모방하기 어려운가? 등에 대한 분석 및 가용 가능한 자원의 종류와 규모 등을 파악하여 강점은 부각시키고 약점은 보완할 수 있는 마케팅 전략을 수립해야 한다.

3 SWOT 분석

SWOT 분석은 외부환경에 대한 정보를 평가하여 위협요인과 기회요인을 발견하고 기업내부의 인사 및 조직, 재무, 기술 분야 등으로부터 기업의 주요자원과 기술수준의 정도를 평가하여 강점 및 약점으로 대내외 환경요인을 규명하고 보기 쉽게 도표화하여 전략을 수립할 수 있도록 하는 방법이다. 1960~1970년대 미국 스탠포드 대학에서 연구프로젝트를 이끌었던 알버트 험프리(Albert S Humphrey)에 의해 고안된 전략개발 도구로 마케팅 전략수립에서 SWOT 분석은 외부환경과 내부환경 분석, 유통채널과 미디어 분석을 거쳐 도출해 낸 결과들을 통합하고 이를 바탕으로 마케팅 전략의 방향을 도출해 내는 분석체계이다.

그림 8-7 마케팅 전략수립 단계에서의 SWOT 분석 위치

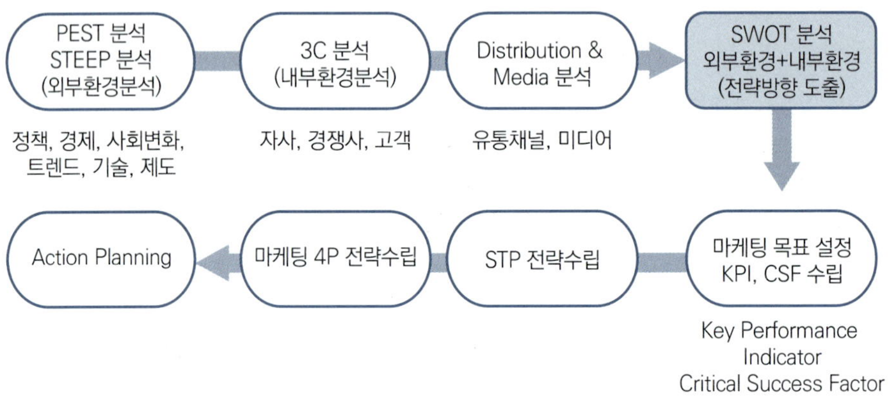

자료: 마케팅전략연구소(www. msrkorea.co.kr)

SWOT 분석은 상황을 전략적으로 접근하기 위해 개발된 도구로서, 시장에 주어진 위협요인(Threat)과 기회요인(Opportunity)을 파악하고, 이를 극복하기 위해 자사의 강점(Strength)을 활용하거나 약점(Weakness)을 보완하도록 돕는 역할을 한다. SWOT 분석은 기업의 외부환경과 내부환경 가운데 중요한 요인들을 바탕으로 작성되며, 특별히 복잡한 작업이나 계량화 없이 기존에 수행한 상황분석만으로 전략을 수립할 수 있다는 실용

성 때문에 널리 사용된다. SWOT 분석의 구체적 단계는 다음과 같다.

1) 외부환경

외부환경은 기회와 위협요인으로 기업을 둘러싸고 있는 요인을 말하는데 크게 거시환경과 미시환경으로 구분할 수 있다. 즉 외부의 환경으로 인해 자사에 기회와 위협요인이 어떤 것인가를 분석하는 것이다.

거시환경은 기업에 광범위하게 영향을 미치는 경제적 · 사회적 · 인구학적 · 정치적 요인들을 말하고 미시환경은 경쟁자, 고객, 공급자 등 기업 활동에 직접적 영향을 미치는 요인들을 말한다.

기업은 높은 성과를 달성하기 위하여 외부환경에 적합한 전략을 선택할 필요가 있다. 만일 기업이 과거의 전략에 집착하여 새로운 환경변화에 적절하게 대응하지 못한다면 기업의 경영성과는 궁극적으로 떨어지게 된다. 따라서 기업은 외부환경의 추세를 면밀하게 분석하여 이에 적절한 전략적 대응을 해야 한다.

경쟁기업의 상황은 외부환경에서도 가장 직접적으로 기업의 활동에 영향을 미치는 요소이다. 따라서 경쟁기업에 비하여 우리 회사의 장점을 극대화시킬 수 있는 전략을 수립하기 위해 철저한 분석이 이루어져야 한다.

2) 내부환경

어떠한 기업이든지 그 조직의 문화나 가치관에 영향을 받아 조직구성원들이 행동하게 되어 있다. 이러한 기업문화는 최고경영자에 의해 영향을 받는 경우가 많다.

내부환경은 크게 강점과 약점으로 구분하여 강점은 경쟁기업과 비교하여 차별화될 수 있는(평판, 입지, 종사원, 분위기, 전망 등) 부분을 분석하고 약점은 경쟁기업과 비교하여 약점으로 인식 또는 주의와 개선이 요구되는 부분을 분석하여야 한다.

3) SWOT Matrix 작성

기업의 외부요인과 내부요인이 파악되었다면 SWOT Matrix를 작성해야 한다. SWOT Matrix를 작성하는 이유는 단순히 요인들을 파악하기 위한 것만이 아니라 이들을 상호 연관 지어 전략을 수립하기 위함이다. 즉, SWOT Matrix를 통해서 4가지의 서로 다른 S/O전략, S/T전략, W/O전략, W/T전략을 구상하기 위함이다. 따라서 내부요인에는 강점과 약점을, 외부요인에는 기회와 위협요인을 정확히 표기해야 한다.

그림 8-8 SWOT 분석 사례

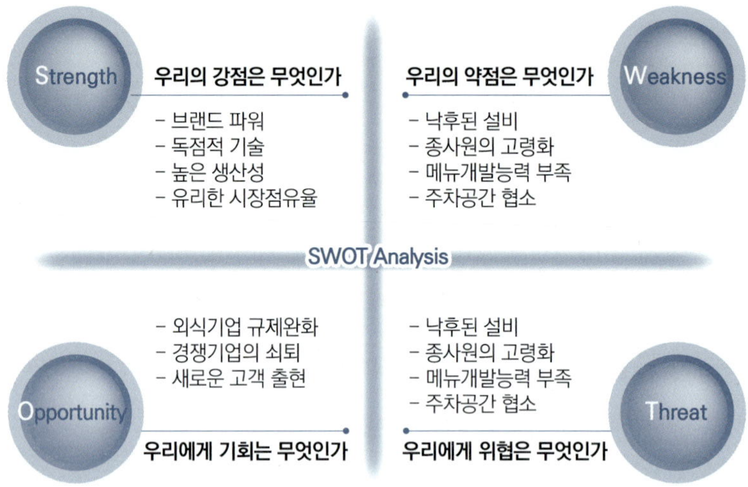

4) SWOT 분석을 통한 마케팅 전략 수립

기업들은 내·외부환경 분석의 결과를 가지고 전략을 수립하는데 SWOT 분석을 통해 도출할 수 있는 마케팅 전략은 크게 SO전략, ST전략, WO전략, WT전략으로 구분할 수 있다.

그림 8-9 SWOT 분석을 통한 전략

내부환경 요인 / 외부환경 요인	Strength	Weakness
Opportunity	SO 전략	WO 전략
Threat	ST 전략	WT 전략

SO전략은 기업이 지닌 강점을 가지고 기회를 살리는 전략이다. 즉 기업이 지닌 강점과 시장의 기회를 결합하여 사업영역이나 시장, 사업포트폴리오 등을 확장하는 공격적인 전략이다.

예를 들어 Hertz나 Avis가 출장이나 여행목적의 고객을 위해 공항에서 경쟁을 벌이는 동안 엔터프라이즈 렌터카는 출장이나 여행 목적보다는 차가 갑자기 고장나거나 사정상 차가 1대 더 필요한 일반 고객들을 목표로 공략하여 공항보다는 도심에 사무실을 차렸고 이러한 전략이 맞아떨어지면서 Hertz나 Avis와 경합하는 북미 최대 업체로 성장하였다.

ST전략은 강점으로 시장의 위협을 회피하거나 최소화하는 전략이다. 예를 들어 애경은 10대를 위한 여드름 치유 화장품을 출시하고자 했으나 당시 「약사법」 및 「화장품법」에 의하여 화장품이 의약품처럼 광고, 홍보되는 것이 금지되어 있었다. 하지만 애경은 아주대학교 의과대학 피부과와의 산학협력 관계를 활용하여 대학에서 여드름 화장품이 개발되었다는 홍보방식을 사용하였고, 여드름을 직접 표현하지 않고 '멍게'를 내세워 피부사춘기라는 단어로 간접표현을 실시하는 방식으로 외부의 위협요인을 벗어날 수 있었다.

WO전략은 약점을 보완하여 기회를 살리는 전략이다. 신라호텔과 홈플러스는 전략적 제휴를 통하여 서로의 약점을 보완하고 전국적인 판매망을 보유하게 된 사례라고 할 수 있다. 즉 신라호텔은 약점인 유통망을, 홈플러스는 베이커리 기술력을 보완하여 기회를 살릴 수 있었다.

WT전략은 약점을 보완하면서 위협을 회피, 최소화하는 전략이다. 이 경우 대부분의 기업들은 원가절감이나 사업축소, 사업철수 전략으로 방어적인 형태를 취한다.

피자헛은 3~4년간 매출이 급격하게 하락하고 있는 상황에서 경영위기를 맞이하게 되었고 이에 반해 경쟁사인 미스터피자는 2~3년간 30% 이상의 매출 성장을 달성하여 업계 1위인 피자헛을 강하게 압박하고 있는 상황이었다. 이에 피자헛은 2008년 '투스카니 파스타'를 기반으로 한 '파스타 헛'을 런칭하고 저가의 상품을 출시하여 비싸다는 소비자의 선입견을 깨고 방문횟수를 증가시키고자 하였다.

4 산업구조 분석(Five-Force Model)

산업의 경쟁구조는 여러 환경요인 중에서 기업 활동에 가장 큰 영향을 미치는 요인이다.

따라서 경쟁전략을 수립하기 위해서는 반드시 산업구조 분석이 이루어져야 한다.

산업이란 서로 유사한 대체품을 생산하는 기업군인 동시에 경쟁이 일어나는 기본영역이라 할 수 있다. 그리고 이러한 산업 내에서 유리한 경쟁적 지위를 확보하기 위하여 기업이 추구하는 전략이 바로 경쟁전략이다.

경쟁전략의 수립은 기업과 그 기업을 둘러싼 주변 환경을 연결시키는 데 본질적인 의미가 있다. 그러나 기업과 그 기업을 둘러싸고 있는 주변 환경을 연결시켜 경쟁전략을 수립하는 일이 쉽지는 않다. 이러한 이유는 기업 활동에 영향을 미치는 환경요인은 경제적 요인뿐만 아니라 사회 · 문화 · 기술 · 정치적 요인까지 너무도 다양하고 넓기 때문이다. 따라서 기업에 영향을 미치는 환경 변화를 모두 파악하는 것이 가능하지 않기에 몇 가지에 집중해서 분석하는 것이 바람직하다.

외식기업은 자신이 속한 산업의 경쟁 집단 세력에 의해 궁극적인 잠재이익이 결정되며 또한 경쟁압력의 원인을 이해할 때 기회와 위험을 예측할 수 있다.

산업구조를 분석하는 목적은 다음과 같다.

첫째, 경쟁이 기업의 장기적인 수익성을 결정하기 때문에 전략을 수립하기 위해서는 경쟁이 일어나는 원인을 밝힐 필요가 있다.

둘째, 경쟁요인에 대한 이해를 통해 경쟁요인들이 지닌 경쟁강도를 파악할 수 있으며 기업이 고려해야 할 주요 경쟁요인을 도출할 수 있다.

셋째, 각각의 요인에 대한 경쟁강도뿐 아니라 산업의 이윤 잠재력, 즉 업종이나 업태의 매력도를 파악할 수 있다.

넷째, 경쟁구조분석은 현재의 상황뿐 아니라 경쟁요인들이 어떻게 상호작용하여 미래에 어떻게 변화해 나갈 것인가를 밝혀냄으로써 향후 발생될 산업구조 환경을 예측할 수 있다.

기업이 속한 산업의 경쟁구조를 분석하는 체계로는 마이클 포터(Michael E. Porter)의

산업구조 분석이 널리 사용된다.

포터는 산업에 참여하는 주체들을 기존 기업들과 잠재적 진입자, 대체재, 구매자, 공급자 등 다섯 가지 경쟁요인으로 구분하고 서로간의 경쟁관계에서 우위에 따라 각 기업과 산업의 수익률이 결정된다고 하였다.

그림 8-10 산업구조와 경쟁요인

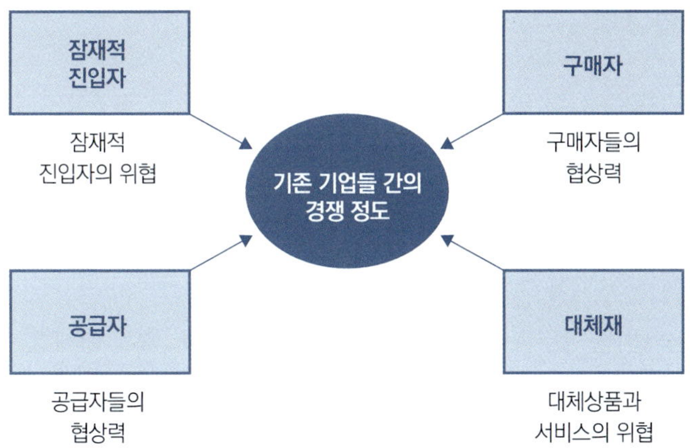

자료: Michael E. Porter, The Competitive Strategy, The Free Press, 1980.

1) 기존 기업들 간의 경쟁

기존 경쟁기업들 간의 경쟁은 경쟁에서 유리한 위치를 차지하려는 여러 가지 전략, 즉 가격인하 및 광고, 신제품 출시, 고객서비스 강화 등의 형태로 나타난다.

외식기업에서 수익률은 기존 기업들 간의 경쟁에 의해 많은 영향을 받으며 이들의 경쟁이 치열할수록 산업 및 기업수익률은 낮아지게 된다. 따라서 이러한 기업 간의 경쟁이 심화될수록 서비스 및 가격, 상품에 대한 차별화가 실시될 수 있다.

2) 잠재적 진입자의 위협

잠재적 진입자는 어느 산업에서나 위협으로 다가올 수 있다. 이들 새로운 기업이 진출할 때에는 좋은 자원이나 능력을 확보하고 이를 이용하여 시장을 점유하려는 의지를 가지고 있다.

잠재적 진입자의 시장진출에 따른 위협은 산업의 수익률에 영향을 미친다. 특히 외식산업의 경우 시장진출입이 용이하여 경쟁이 더욱 심화될 수밖에 없다.

이에 따라 잠재적 진입자가 진출하면 가격이 하락하거나 마케팅 비용 등의 부대비용이 상승하여 수익성이 낮아질 수 있다. 따라서 기존의 기업들은 잠재적 진입자의 시장진출을 막기 위하여 차별화된 상품을 개발하여야 한다.

3) 구매자의 협상력

구매자들은 가격인하 및 품질향상, 서비스의 증대를 항상 요구하여 경쟁기업들 간에 대립의 양상을 유발한다고 할 수 있다. 즉 구매자의 협상력이 강할수록 외식산업의 수익률은 낮아질 수 있다.

구매자들의 협상력이 강해지는 경우는 대부분 기업으로부터 고객들이 대량구매를 할 때, 제품이 표준화되어 있거나 차별화가 전혀 이루어지지 않아 대체할 수 있는 상품이 많은 경우, 공급자를 바꿀 때 전환비용이 낮은 경우 등이 있다.

예를 들어 단체급식을 먹는 학생들의 수가 증가할수록 학부모나 학교에서는 단가를 낮추기 위해 압력을 가할 수 있다.

4) 대체재의 위협

대체재는 특정한 상품을 대신하여 동일한 효용을 얻을 수 있는 재화를 의미한다.

외식기업은 넓은 의미에서 대체품을 생산하는 산업들과 경쟁을 벌이고 있다. 예를 들어 레스토랑의 경우 우리가 편의점에서 쉽게 구할 수 있는 각종 인스턴트식품이 가장 대표적인 예라고 할 수 있다. 비록 모양이나 형태는 다르지만 고객의 허기를 채울 수 있다는 점에서는 큰 위협이라 할 수 있다.

또 다른 예로는 설날 대표음식인 떡국의 맛을 더하기 위해 꿩고기를 넣었지만 가격적인 측면에서 비싸고 구하기 어려워 대신 닭고기를 사용했다면 이는 서로 대체가 가능한 상품으로 닭고기가 대체재로서의 역할을 한다고 볼 수 있다. 이런 경우 꿩고기의 가격과 닭고기의 수요는 동일한 방향으로 움직이는 정(+)의 관계를 나타내고, 꿩고기의 수요와 닭고기의 수요는 부(-)의 관계를 나타낸다.

이러한 대체품은 기존 산업의 수익률에 영향을 미치지만 한편으로는 기존 기업들이 차별화된 방안을 도출할 수 있는 원동력이 될 수도 있다.

5) 공급자의 협상력

공급자의 협상력이 강해지면 공급자로부터 납품받는 기업은 원재료 값의 인상 등으로 인하여 수익이 낮아질 수 있다.

즉, 공급자의 힘이 강해지면 공급자는 단가를 높이려 할 것이고, 만일 기업에서 공급자를 바꾸기 위한 전환비용이 높다면 어쩔 수 없이 높은 공급단가에 원재료를 받아 가격을 올려야 하는 부담을 가지게 된다.

예를 들어 우리나라에 밀가루를 수입하는 기업이 몇 개 안 되는 경우 대부분의 기업들은 해당 공급자에게 재료를 공급받을 것이고, 이들이 가격을 인상하게 되면 판매가격을 올리기 전에는 자신들의 수익을 포기해야 하는 경우가 발생하는 것이다.

CHAPTER 08

제5절 글로벌 환경에 따른 외식사업경영

전 세계의 외식시장은 국가 간 무역장벽이 철폐되고 시장이 세계화(Globalization) 되면서 국경 없는 경영활동을 하게 되었다. 세계화된 산업은 한 시장에서 경쟁우위가 다른 나라의 시장에서도 중대한 영향을 미치는 경쟁형태를 띠게 되고 이런 산업에서 경쟁하는 기업들은 자국에서 얻어낸 경쟁우위를 다른 나라에서 활용함으로써 규모의 경제와 전 세계 고객에 대한 서비스 제공능력, 브랜드 명성 등을 통해 경쟁우위를 창출하게 된다.

1990년대 국내 외식기업의 해외진출을 시작으로 2000년대 이후 경쟁력 있는 외식기업들의 해외진출을 본격화했다.

2010년 정부의 해외진출 기업 지원 및 한식세계화사업 등 국가지원 확대 및 정부의 중소기업 적합업종 선정, 프랜차이즈 업계 관련 규제 등으로 국내시장의 한계를 느낀 외식기업들이 해외로 눈길을 돌리기 시작했다. 특히 동남아시아 시장의 문화개방으로 인해 다양한 문화를 받아들이고 있고 외식시장이 아직 발달하지 않아 사업 확대 가능성이 크다는 점도 매력으로 작용했다. 또한 글로벌 리더로 성장하기 위해 세계 진출에 더욱 힘쓰고 있는 외식기업들도 있다.

2016년 2월 미국, 중국, 일본 등 14개국 6,500명을 대상으로 실시한 해외 한류실태 조사에 따르면 한식은 '인기 있는 한국 문화콘텐츠' 항목에서 1위를 차지해 한류 문화의 큰 축을 담당하는 것으로 나타났으며, 뉴욕시민을 대상으로 실시한 한식 인지도 조사결과에서도 2011년 28.5%에서 2016년 64.3%로 상승하는 등 국제적 위상도 강화된 것으로 나타났다.

2019년 기준 해외진출이 확인된 국내 외식기업은 160개, 매장수는 4,319개이며 해외진출 형태는 48.5%가 '마스터 프랜차이즈'로 나타났다.

외식기업들의 해외진출은 국가적인 측면에서도 매우 긍정적인 효과를 볼 수 있다. 우선 외화수입으로 국제 수지개선 효과가 나타나고, 진출국의 통제를 적게 받게 되므로 수출구조 변화에도 기여하게 된다. 또한 국가 이미지 제고에 도움이 되고, 서비스 산업의 발전뿐 아니라 연관 산업의 대한 파급 효과도 기대할 수 있다.

반면 리스크도 매우 높은 편이다. 특히, 현지 법 · 제도에 대한 정보 부족, 문화적 정서 차이로 인한 제품 현지화, 인력과 원재료 조달에 대한 문제 등으로 인해 시행착오를 겪는 외식기업들도 있기에 정부 차원에서 해외 시장에 대한 정보 제공 기반을 마련할 필요성도 대두된다.

1 외식산업의 세계화 촉진 요인

1) 수요의 동질화

세계화의 가장 큰 요인 중 하나는 이질적이었던 각 나라의 고객 기호가 점차 동질화되어 간다는 것이다. 예를 들어 코카콜라와 같은 음료나 맥도날드의 햄버거는 우리나라를 비롯하여 중국, 러시아 등에서도 젊은 세대를 중심으로 수요가 이루어져 각광 받는 식품으로 자리 잡았고 리바이스(Levi's) 청바지가 한국에서 유행하고 있다는 것은 전 세계적으로 고객의 수요나 구매형태가 동질화되고 있다는 것을 의미한다.

2) IT(Information Technology)기술의 발달

고객수요의 동질화를 이룰 수 있었던 것은 바로 인터넷을 비롯한 커뮤니케이션의 발달이다. 즉, 지금까지는 해당 국가를 방문해야 알 수 있었던 정보를 인터넷이라는 매체를 통하여 전 세계 어디서라도 모든 상품에 대하여 보고, 듣고, 경험할 수 있는 현상이 발생하게 된 것이다. 예를 들어 한류열풍(K-POP)의 중심에 있는 탤런트나 가수들의 음악을 인터넷 또는 전 세계에 동시에 방송되는 커뮤니케이션 매체를 통해 접하게 되고 서로 다른 문화권에서 살지만 점차 동질화된 취향을 갖게 되는 것을 볼 수 있다. 또한 IT기술의 발달을 통해 구매자와 공급자 간의 효과적인 커뮤니케이션을 통해 탐색비용을 절감하는 효과를 볼 수 있다.

3) 규모의 경제성 실현

국내 외식시장은 경제발전과 더불어 외식업체들 간 고객유치 경쟁 또한 매우 치열하다. 이러한 환경 상황에서 외식산업은 음식이라는 상품뿐만 아니라 서비스, 분위기, 고객 가치 등을 동시에 제공하는 종합산업으로 확대되고 있어 같은 종류의 상품을 공급하는 외식 브랜드 및 기업들이 극심한 경쟁을 하고 있으며 여기에 더불어 외식업계를 위협하는 가정간편식, 대용식 시장도 무시할 수 없는 속도로 성장하고 있다. 특히, 외식기업들은 소비자의 변화되는 욕구를 충족하기 위해 새로운 메뉴나 상품을 개발하는 데 많은 비용을 투자하고 있다. 이렇게 막대한 투자자본이 소요되는 중요한 신제품 개발 및 장기투자의 경우 국내의 내수 수요만으로는 투입된 자본을 회수하기 힘들어질 수 있다. 이에 외식기업은 해외시장 진출을 통해 보다 많은 소비자를 대상으로 판매하여 규모의 경제성을 실현할 수 있다.

우리나라의 경우 SPC그룹의 파리바게뜨, 제너시스 BBQ 그룹, CJ푸드빌의 뚜레쥬르 등은 규모의 경제를 실현하는 대표적인 프랜차이즈로 꼽힌다. 이러한 외식기업들은 외부환경의 변화에 따른 위기를 스스로 극복하는 자생력을 갖추고 있으며 대형 외식 프랜차이즈 기업이 내수 부진으로 활력을 잃은 국내시장에서 벗어나 글로벌시장 진출에 역량을 집중하고 있다.

4) 무역장벽의 감소

전 세계적으로 무역장벽이 낮아지고 자본의 이동이 자유롭게 변화됨에 따라 외국자본이 들어오고 기술에 대한 특허권이나 이전이 자유롭게 된 것을 들 수 있다.

특히 세계무역기구(World Trade Organization) 체제의 출범에 따라 각 나라의 무역장벽이 제거되어 자본시장 역시 점차 활발한 자본이동이 이루어지는 것을 볼 수 있다. 특히 해외직접투자가 가능해짐에 따라 자본과 기술의 이전이 용이해지고 자국 내 고용창출 및 재정수입의 증대를 가져와 경제성장을 가능하게 한다. 또한 전 세계에 산재한 각종 자원을 총체적으로 활용하여 경쟁력을 높을 수 있다는 장점도 있다.

2 외식기업의 해외진출 방법

1) 마스터 프랜차이즈(Master Franchise)

프랜차이즈 사업 유형 중 하나로 중간가맹사업자가 가맹희망자에게 가맹점 운영권을 판매할 수 있는 권리를 부여하는 것을 의미한다. 마스터프랜차이즈는 다국적 프랜차이즈 기업 확장의 주요 방법 가운데 하나로 가맹사업자와 중간가맹사업자 간에는 권한 부여 계약이 체결되고, 중간가맹사업자와 가맹자 간에는 라이선스 계약이 체결된다.

마스터 프랜차이즈 방식의 경우 현지 법률이나 시장 동향에 어두워 실패의 가능성이 비교적 큰 직접 진출의 위험성을 줄일 수 있으며, 초기 투자가 거의 없는 상태에서 지속적인 로열티 수입을 기대할 수 있다는 장점이 있으나 해외 매장의 고객 서비스와 상품품질, 브랜드 이미지 관리는 현지 파트너사에 의존하다 보니 파트너사의 경영능력이 부족하거나 상품의 품질 저하 시 본사의 브랜드도 동일하게 피해를 입을 수 있는 단점이 있다.

패스트푸드 체인점인 맘스터치는 2019년 필리핀 현지 법인인 맘스터치 필리핀과 마스터프랜차이즈 계약을 체결하여 10년간 맘스터치 필리핀 법인에 마스터프랜차이즈 권한을 부여하고 브랜드 사용에 대한 수수료 100만 달러와 매출액의 일정 비율을 로열티로 받기도 했다. CU를 운영하는 BGF리테일은 2018년 8월 몽골에 진출해 '간편한 식사', '다양한 한국 상품이 있는 매장'이란 현지화 전략으로 1년 만에 50개 매장을 오픈하기도 했다.

2) 합작투자(Joint Venture)

합작투자는 직접투자의 한 형태로 현지 자본과 공동으로 투자하여 기업을 경영하는 것을 말한다. 즉 상호보완적인 노하우와 자원을 가진 기업들이 새로운 기회를 탐색하기 위해서 각자 일정 지분의 자본을 투자하여 기존 또는 새로운 기업을 운영하는 방법이다.

합작투자는 사업 시작 시 소요되는 비용이나 인적, 물적 자원을 타인과 분담하여 비용투자 위험을 분산할 수 있고, 단독으로 조달하기 어려운 자금이나 기술을 쉽게 조달할 수 있으며, 해당 사업에 직접 투자한 합작 파트너들로부터 적극적인 협력을 기대할 수 있다는 장점이 있으나 현지 파트너의 목표와 욕구가 상이할 시 갈등유발의 동기가 될 수 있고, 발생한 이익에 대해 파트너들과 분배해야 하므로 배당받는 이익이 제한된다.

외식 프랜차이즈 기업 놀부NBG는 2014년 5월 중국 외식전문업체 '맥 브랜즈(MAK BRANDS)'사와 합작투자(Joint Venture) 계약 체결하여 현지 합작법인 '맥 브랜즈 앤 놀부(MAK BRANDS&NOLBOO)'를 설립했다. 롯데리아는 2011년 말 자카르타 첫 개점을 통해 인도네시아 시장에 진입 시 이슬람 문화가 강한 인도네시아 시장에 효과적으로 진입하기 위해 단독투자 대신 파트너와의 협력이 가능한 합작투자(Joint Venture) 형태의 사업방식을 택하기도 했다.

3) 위탁경영계약(Management Contract)

위탁경영이란 기업체가 경영에 관한 노하우가 있는 제3자에게 회사의 경영을 위탁하는 것으로 소유회사와 경영회사가 위탁경영계약을 체결함으로써 경영을 전문으로 하는 회사가 경영에 대한 전권을 가지고 소유회사는 자산관리에만 전념하면 된다.

위탁경영을 하는 경영회사의 입장에서는 높은 수익발생과 재무위험에서 회피할 수 있고 경영에 관한 모든 권한을 가지고 있어 자신만의 경영방침을 그대로 적용함으로 일정 수준 경영권을 유지할 수 있다는 장점이 있는 반면, 문제발생 시 소유회사와의 법정 분쟁의 소지가 있고 소유회사로부터 운영자금을 지원받아야 하기에 소신있는 경영을 하기 어려울 수 있다.

소유회사의 입장에서는 경영회사가 지니고 있는 경영노하우를 쉽게 전수받을 수 있다는 장점이 있으나 모든 경영과 관련된 권한이 경영회사에 있기에 경영에 직접 참여할 수 없고 위탁경비에 대한 투자비용과 영업부진으로 인한 손해를 감수해야 하는 단점도 있다.

주로 병원이나 호텔, 급식업체에서 많이 도입하는 방식으로 세계적 호텔 체인 브랜드 '힐튼'의 모회사 힐튼월드와이드홀딩스(힐튼홀딩스)는 미국 뉴욕 맨해튼의 대표 호텔 월도프아스토리아를 100년간 운영하는 조건으로 19억 5000만 달러(2조 835억 원)에 매각했다. 호텔신라는 국제적 경쟁력을 갖춘 차별화된 호텔 운영 역량과 브랜드 파워를 바탕으로 해외 호텔 투자사들의 운영 요청을 수용해 위탁경영 방식으로 해외진출을 확대해 2019년 베트남 다낭에 진출하면서 '신라 모노그램(Shilla Monogram)'이라는 새로운 호텔 브랜드를 선보였다.

4) 직접투자(Direct Investment)

직접투자는 해외에 신규 법인 · 공장 설립 및 지분인수를 통해 현지 투자대상 기업의 직접경영 및 사업관리에 참여함을 목적으로 시장에 진입하는 방식이다.

해외직접투자는 소유권 정도에 따라 단독투자(Wholly-Owned Subsidiary), 합작투자(Joint Venture)로 구분되며, 단독투자는 진출형태에 따라 신설(Greenfield)과 인수합병(M&A)으로 분류된다.

| 표 8-3 | 해외직접투자의 유형

구분	내용
단독투자	모기업이 현지 투자대상 기업의 의결권주 95% 이상을 소유하는 형태로 해외에 진출하는 경우
합작투자	2개 이상의 기업, 개인 또는 정부기관이 영구적인 기반 아래 특정 기업체의 운영에 공동으로 참여하는 경우
신설	과거에 존재하지 않았던 기업을 새롭게 설립하여 해외시장에 진출하는 경우

인수합병	투자대상국에서 가동되고 있는 기업의 주식이나 자산 등을 매입하여 경영권을 확보하는 것으로 결합형태에 따라 신설합병 또는 흡수합병으로 분류됨

자료: Korea Trade-Investment Promotion Agency, 해외투자진출 종합가이드, 2018.

직접투자는 자회사에 대한 통제가 용이하고 다른 기업과의 불필요한 통합비용이 발생하지 않는다는 장점이 있다. 반면, 국내투자와는 달리 국경을 벗어나 타국에 투자하는 것으로 법제도나 문화, 여건, 경제여건, 산업발달 정도 등과 같은 투자환경이 우리나라와 다르고 현지 정보 입수도 제한적일 수밖에 없어 투자리스크가 높고, 단독진출에 따른 해외시장에서의 적응력 저하와 시행착오의 위험이 있다는 단점도 있다.

이 외에도 해외에 직접투자를 할 때 해당 외국환은행에 해외직접투자 신고를 한 후 투자를 해야 한다.

그림 8-11 해외직접투자 신고절차

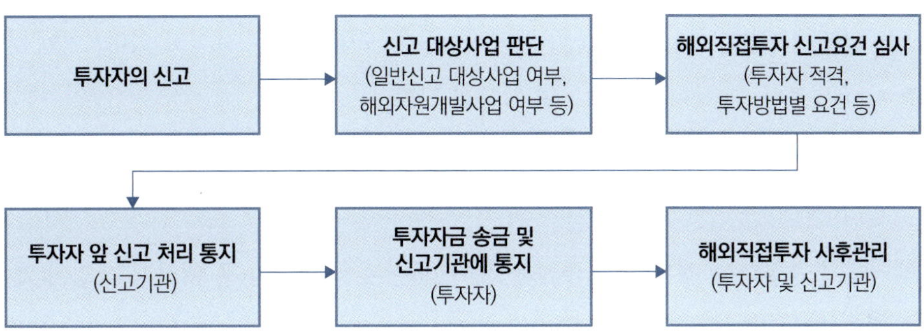

자료: Korea Trade-Investment Promotion Agency, 해외투자진출 종합가이드, 2018.

3 외식기업의 해외진출 시 검토 사항

국내 외식산업은 주 52시간 근무제 및 최저임금인상에 따른 인건비 상승 등 많은 어려움에 직면해 있으며, 특히 경제불황에 따른 경기침체, 1인 가구의 증가, 배달시장의 호황, 외식업 포화로 인한 경쟁 심화, 임대료 및 식재료 비용 상승 등은 국내 외식기업들의 어려움을 가중시키고 있는 실정이다. 또한, 국내 외식 프랜차이즈 산업이 포화상태로 접어들면서 국내에서 확장의 한계에 직면한 브랜드를 중심으로 새로운 시장을 개척하기 위한 움직임이 활발하다.

외식기업의 해외진출은 브랜드의 양적 성장뿐 아니라 이미지 개선이라는 질적 성장에도 도움이 되고 규모의 경제에 의한 매출증대 효과를 볼 수 있어 국내 프랜차이즈의 해외진출은 점차 가속화되고 있다.

커피 프랜차이즈 달콤커피는 국내 식음료 프랜차이즈 최초로 북아프리카 모로코에 진출해 모로코 카사블랑카에 현지 마스터 프랜차이즈 1호점을 '오션 스토어'를 개점했으며, 굽네치킨은 한국식 오븐구이 치킨이라는 차별화된 메뉴와 한국식 서비스 콘셉트를 조합해 싱가포르 1호점을 그레이트 월드 시티 쇼핑몰에 총 42석 규모로 오픈했다. 한식웰빙 프랜차이즈 '죽이야기'는 2006년 중국에 첫 매장을 연 이후 미국, 일본, 베트남, 싱가포르 등 해외매장을 늘리면서 현재 42개 해외매장을 보유하고 있다. 이렇듯 많은 국내 프랜차이즈들이 해외진출을 통한 성공적 안착을 계기로 사업확장을 실시하고 있는 추세로 향후에도 많은 외식기업들이 해외진출을 도모할 것으로 보이고 있다. 이에 해외진출 시 유념해야 할 사항을 살펴보면 다음과 같다.

1) 해외진출 목적(목표)의 명확화

해외에 진출한다는 것은 많은 투자를 해야 하는 것을 의미한다. 따라서 기업이 왜 해외에 진출해야 하는지, 진출한다면 지금이 시기적으로 맞는지 등 현상적인 파악은 물론 단순히 희망을 담은 기업의 목표가 아니라 특정 지역의 '한식 분야 NO. 1'이 되겠다는 질적 목표나 '영업이익 1천억 원을 달성'하겠다는 등의 양적인 목표를 명확하게 정할 필요가 있다. 또한 목표고객 역시 명확화해야 할 필요가 있다. 예를 들어 현지인이 우리기업의 목표 고객인 경우 현지인의 사회 · 문화적인 차이를 사전 조사하고 이를 통한 상품개발 및 시장세분화를 실시해야 한다.

2) 다양한 현지의 정보력 파악

해외사업의 경우 국내에서와는 다르게 많은 정보들이 제한되어 있는 경우가 많다. 이는 해외진출의 성공과 실패의 가장 중요한 요인으로 반드시 철저하게 준비할 필요가 있다. 따라서 해외시장에 대한 정보 부족과 정보 교류문제를 해결하기 위하여 해외에 진출을 계획하고 있는 기업 간 교류나 정부 부처의 협조를 통해 신뢰할 수 있는 정보를 수집하는 방안이 필요하다.

3) 세계화된 전문인력 확보

외식기업의 해외진출 시 가장 큰 애로사항으로는 국제경영활동에 필요한 적합한 능력을 지닌 인적자원 확보이다. 특히 현지인과 소통할 수 있는 언어능력을 지닌 종사원들을 선발하고 선발 후 해외에서의 임금이나 보상문제 등에 대한 충분한 협의가 이루어져야 한다. 또한 적절한 보상과 동기부여를 통해 인력의 지속적인 관리 및 본국에서 파견되는 인재의 육성, 유능한 현지 출신 관리자 · 종업원 채용 등도 중요한 과제이다. 특히 현지인을 종사원으로 채용하는 경우 문화적 차이로 인한 갈등 해소 역시 해결해야 한다.

4) 신뢰성 있는 현지 파트너 탐색

현지 파트너는 진출하고자 하는 지역의 문화와 시장 트렌드를 파악하는 데 소비되는 시간을 단축시켜줄 뿐 아니라 긴밀한 협력관계를 통해 진출 초기 시장에 안정적으로 정착할 수 있도록 연결해 주는 유일한 네트워크일 수 있다. 이에 파트너십 진행 시 반드시 현지 회사가 신뢰할 수 있는 곳인지를 중점적으로 살펴야 하고 현지 출점에 따른 인허가 문제 및 법률적 문제 등을 해결해줄 수 있는 능력 있는 파트너 선별이 필요하다. 피자전문점 미스터피자의 경우 해외에서의 빠른 정착을 위해 국가별 진출형태를 달리하고 그에 따른 해외파트너를 선정하는 전략을 구사했다.

또한, 해외 파트너의 기준을 자본과 네트워크가 우수한 현지 유력기업으로 선정하고 자본 조달 및 매장 입지 선정과 확보 등 다양한 인프라를 지닌 기업과 합자투자, 혹은 마스터 프랜차이즈 형태로 해외에 진출하고 있다.

C·H·A·P·T·E·R

09

외식기업 소비자 행동의 이해

제1절 소비자 행동의 중요성과 개념

제2절 소비자의 심리적 영향 요인

제3절 소비자의 구매의사결정과정

CHAPTER 09

외식기업 소비자 행동의 이해

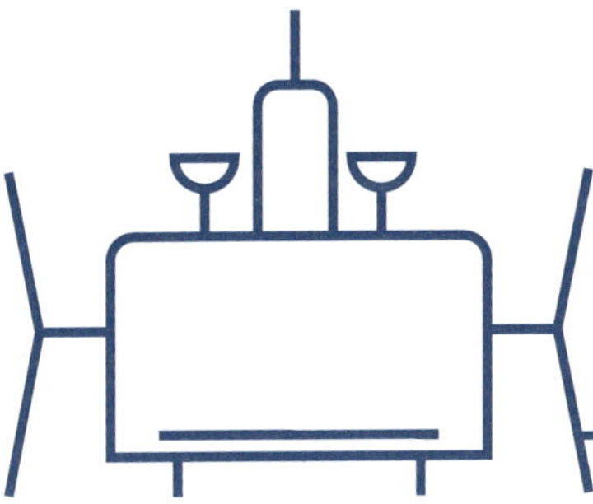

FOOD SERVICE INDUSTRY MANAGEMENT AND MARKETING

제1절 소비자 행동의 중요성과 개념

1 소비자 행동의 중요성

인간의 행동은 매우 다양하고 그중에서 소비자 행동은 인간의 욕구를 충족하기 위한 소비와 관련된 행동을 다루는 것이다.

소비자 행동은 심리학 · 사회학 · 행동과학 · 의사결정과학 등 여러 학문이 결합된 특성을 지니기 때문에 소비자 행동을 이해하기 위해서는 먼저 소비자 개인에 초점을 둔 심리적 과정, 개인적 특성, 이들에 영향을 받는 의사결정과정, 소비자가 속한 사회 · 문화적 환경까지도 알아야 한다.

오늘날 기업의 성공을 위해서는 소비자 행동을 이해하는 것이 매우 중요하다. 만일 소비자 행동을 이해하지 못하고 이에 효과적으로 대응하지 못한다면 기업의 생존을 보장받을 수 없을 것이다. 왜냐하면 소비자 행동이 제품개발에서 가격 결정, 유통, 촉진에 이르기까지 마케팅 전략의 제반 측면에 직접적인 영향을 미치기 때문이다.

경제학적 관점에서 소비자는 생산된 제품이나 서비스를 획득 또는 사용하기 위해 금전적 지출을 하는 개인이나 가정 · 조직으로 정의한다. 하지만 이러한 경제적 관점과는 달리 마케팅에서는 소비자와 관련하여 구매자(Buyer), 사용자(User), 의사결정자(Decision Maker), 고객(Customer) 등 다양한 용어로 표현하고 있다.

실제 소비자는 구매자가 될 수도 있고 사용자가 되기도 하며, 구매와 사용 의사결정자가 되기도 한다. 따라서 효과적인 마케팅을 실시하기 위해서는 소비자 행동에 대한 이해를 복합적인 관점에서 이해해야 한다.

마케팅 관리자는 소비자 행동을 분석하는 데 세심한 주의와 관심이 필요하다.

마케팅 분야에서 소비자 행동이 중요한 이유를 소비자 만족, 마케팅 콘셉트의 수용, 사회적 책임의 확보, 기업 활동의 글로벌화 측면에서 살펴보면 다음과 같다.

1) 소비자 만족

소비자 만족은 기업에게 많은 유익을 가져다준다.

특정 상표에 만족한 소비자는 그 상표를 반복구매할 가능성이 높으며 구전의 확산과 기업이 위기에 처했을 때 극복할 수 있도록 한다. 또한 소비자를 만족시킨 기업이 새로운 제품을 출시했을 경우 시장 진입이 용이하고 소비자 만족도가 높은 제품은 기업의 입장에서 가격을 높게 책정하여 이익을 달성할 수 있어 상표의 자산가치를 증대시킨다.

2) 마케팅 콘셉트의 수용

기업이 장기적이고 이익지향적인 관점에서 고객의 욕구만족을 경영철학으로 내세운 경우 소비자가 마케팅 콘셉트를 수용하게 하기 위한 노력은 필수적이다. 기업은 소비자의 동질적인 욕구를 집단화하는 시장세분화와 이들 시장에서 기업에게 가장 유리하고 적합한 시장을 선정하는 시장표적화, 선정된 표적고객의 마음속에서 경쟁상표와 관련하여 자사 상표를 특정한 위치에 위치시키기 위한 포지셔닝이 전략적으로 구현되지 않으면 안 된다.

이러한 마케팅 전략이 성공적으로 이루어지기 위해서는 소비자의 특성이나 심리적 과정, 소비자의 환경, 소비자의 반응을 이해하는 것이 필수적이라 하겠다.

3) 사회적 책임의 확보

기업 활동으로서 마케팅은 소비자의 욕구만족을 위한 활동으로 끝나지 않는다. 소비자는 욕구충족을 넘어서 삶의 질을 높이려는 단계까지 나아가고 있다. 기업도 이에 부응하기 위하여 소비자가 살아가고 있는 사회 · 문화적 환경과 자연 · 생태적 환경까지도 고려한 사회 생태적 마케팅을 전개해 나가야 한다.

이러한 새로운 마케팅 활동은 소비자 욕구의 변화 트렌드(Trend)를 이해할 때 비로소 높은 성과를 가져올 수 있다.

정보화 사회에서 소비자들은 생활의 양보다는 생활의 질을 추구한다. 생활의 양을 추구하는 소비생활은 물질적 풍요를 사회적 가치나 사회적 복지로 간주하여 소비의 양적 측면을 강조한다. 하지만 물질적으로 풍요로운 생활은 희귀자원의 사용이나 자원 사용의 부산물이 사회복지에 부정적인 효과가 있기 때문에 사회복지를 향상시키는 것만은 아니다.

최근 마케팅 개념은 사회지향적 마케팅의 실현으로 소비자들의 삶의 질 향상과 자연환경에 대한 중요성까지도 고려하고 있다. 이러한 현상은 소비자 행동의 변화에 따른 기업의 사회적 책임을 고려한 것이라고 할 수 있다.

4) 기업 활동의 글로벌화

자원의 효과적 이용과 국가 간 비교우위를 기초로 시장의 기회를 확장하기 위하여 기업의 활동이 점차 글로벌화되고 있다.

기업의 국제적 활동을 효과적으로 전개하기 위해서는 진출하고자 하는 국가의 경영환경 특성을 파악하는 것은 물론 해당 국가의 소비자 특성과 행동을 파악하여 이들을 만족시키지 않으면 안 된다.

동일한 제품이라 할지라도 국내의 소비자를 대상으로 하는 경우와 외국 소비자를 대상으로 하는 경우 그들의 소비자 행동 특성과 마케팅 환경이 매우 상이하므로 접근방법도 달라야 한다.

예를 들어 삼성전자는 전자레인지를 판매하기 위해 해당 국가에 대한 수많은 조사와 현지 디자이너를 고용하여 제품을 개발하고 지역별로 차별화된 촉진활동을 통해 성공을 거두었다. 즉 동일한 기능을 가지고 있더라도 대만 시장에서는 소비자들이 선호하는 노란색 디자인으로 제품을 생산하고 유럽에서는 고급스러운 이미지의 제품을, 동남아시아의 경우 사람들이 아침에 죽을 즐겨 먹는다는 점에 착안하여 죽요리 기능을 추가한 제품을 시판하여 다른 외국제품들을 물리치고 제1의 브랜드로 자리 잡기도 하였다.

이러한 사례에서 보듯 소비자 행동의 이해는 기업의 글로벌화를 전개하는 데 매우 중요한 역할을 한다고 볼 수 있다.

2 소비자 행동의 개념과 특징

1) 소비자 행동의 개념

소비자 행동을 어떤 관점에서 이해하고 연구하느냐에 따라 개념에 대한 정의는 다양하다.

소비자 행동은 소비자가 자신의 욕구충족에 합당한 제품이나 서비스를 탐색, 구매, 사용, 평가, 처분하는 과정을 말한다. 즉 소비자 행동은 소비자가 소비와 관련된 항목들에 돈이나 시간, 노력 등의 자원을 어떻게 배분하기로 결정하는가에 관련된 것으로 소비자에게 의미 있는 대상물의 교환을 용이하게 완성시키는 행위라고 할 수 있다.

잘트만(Zaltman)은 소비자 행동을 '개인 · 집단 · 조직이 제품과 서비스 및 그 밖의 자원을 획득하고 사용하며, 또 사후의 경험을 통하여 나타내 보이는 행동 · 과정 및 사회적 관계'로 정의하여 이의 활동 및 사회적 의미를 강조하였다. 또 개인뿐만 아니라 집단 조직까지 소비자의 범주에 포함시켜 폭넓은 개념 정의를 하고 있으며 사후 경험을 중요하게 인식하고 있다.

쉬프만(Schiffman)은 소비자 행동을 '소비자들이 자기욕구를 충족시키기 위하여 제품, 서비스, 아이디어 등을 선택하여 구매, 사용, 평가 및 처분하는 데 나타나는 행동'으로 정의하였다. 이 밖에도 엥겔(Engel)은 '의사결정 과정을 통하여 상품과 서비스를 획득, 소비 및 처리하는 데 직접적으로 관련된 행위'로 정의하였다.

소비자 행동의 형태로는 특정 브랜드에 대한 선호, 광고에 대한 소비자의 반응 및 태도 변화, 특정 서비스의 사용, 투표행위, 정보탐색, 구매 후의 만족, 구전 등으로 다양하게 나타난다.

다른 한편으로는 소비자 행동이란 제품이나 서비스 또는 기타의 자원을 획득 · 사용하고 그 결과에 대해 개인이나 집단 · 조직이 보이는 여러 가지 행위, 과정, 사회적 관계로서 개인의 행동뿐 아니라 결정과정, 집단이나 조직의 행동, 타인과의 사회적 관계까지를 소비자 행동의 정의에 명시적으로 포함시키고 있는 경우도 볼 수 있다.

2) 소비자 행동의 특징

일반적으로 소비자는 어떤 제품을 사겠다고 결정하게 되면 해당 제품에 대해 실질적으로 금액을 지불하고 자신이 소유하기까지 어떤 일정한 과정을 거치게 되는데 이러한 과정에서 소비자 행동은 다음과 같은 몇 가지 특징을 지닌다.

첫째, 소비자는 동기에 근거한 행동을 한다.

소비자는 자신의 욕구나 욕망을 충족하기 위하여 행동한다. 즉 소비자는 어떤 특정한 목표나 목적을 달성하기 위하여 자신의 동기에 따라 행동하는 것이다. 이러한 행위는 목적을 위한 수단으로서 자신의 욕구나 욕망을 만족시키기 위한 것이다.

둘째, 소비자는 개인, 집단, 조직 등 모두를 포함한다.

소비자는 시장에서 욕구를 만족시키기 위하여 행동하는 개인이나 집단 그리고 조직 등을 모두 포함한다.

생산된 상품이나 서비스의 교환상대가 되는 소비자를 보다 구체적으로 살펴보면 개인소비자, 가족, 친구, 단체 같은 집단소비자, 교회, 소비자보호단체 같은 비영리조직, 기업과 같은 영리조직 등도 모두 소비자에 포함될 수 있다. 단지 이들 소비자들은 제품을 구매하거나 소비하는 동기나 목적이 다를 뿐이다.

셋째, 소비자 행동의 대상에는 제품이나 서비스, 이념, 경험 등이 포함된다.

소비자는 자신의 욕구나 욕망을 충족시키기 위하여 마케팅 주체가 제공하는 제품, 서비스, 이념은 물론 마케팅 과정에서 소비자가 경험하는 모든 것을 욕구충족을 위한 소비자 행동의 대상물로 삼는다.

또한 이러한 소비자의 행동은 구매 이전의 행위와 구매행위, 구매 후 행위로 나누어지는 일련의 과정을 거치게 된다. 따라서 이러한 일련의 과정을 이해함으로써 소비자가 어떤 구매결정을 하는가를 이해하는 것이 중요하다.

넷째, 소비자 행동에는 접촉, 획득, 소비, 처분 등의 정신적 · 신체적 활동이 포함된다.

소비자는 제품을 선택하기 위해 상표에 대한 접촉을 시도하거나 수동적으로 여러 매체를 통하여 상표에 노출되는 과정을 거치게 된다. 즉 기업에서 실시하는 이벤트나 각종 커뮤니케이션 행사 등에 참여하면서 마케팅 자극에 접촉하게 된다. 이러한 접촉을 통하여 소비자의 욕구에 맞는 제품에 대한 정보탐색, 대안적 제품의 상표 평가 및 구매활동을 하게 된다.

구매활동을 통하여 획득하게 된 제품은 언제, 어디서, 어떻게 그리고 어떤 상황에서든 소비하게 되며 소비가 끝난 제품에 대해서는 폐기 및 재사용, 재활용, 재판매 등의 처분을 하게 된다.

휴대폰을 예를 들어 설명하면 소비자가 휴대폰을 구매하고 싶다는 생각을 하게 되면 휴대폰 매장에 들러 제품을 관찰하거나 인터넷, 대중매체 등을 통해 직 · 간접적인 관찰을 시도하여 상표에 노출(접촉)되는 과정을 거친다. 이러한 과정 후 소비자는 자신의 욕구를 충족시켜 줄 수 있는 휴대폰을 구매(획득)하게 되고 통화를 하거나 문자를 하는 등의 사용(소비)을 한다.

휴대폰을 지속적으로 사용하다 보면 오래되거나 파손 등의 이유로 소비자는 휴대폰을 버리거나 다른 사람에게 사용 권리를 넘기는(처분) 등의 행동을 하게 된다.

다섯째, 소비자 행동에는 많은 사람들이 관여한다.

소비자가 구매행동을 하는 데에는 많은 사람들의 의견이나 조언 등이 포함된다. 예를 들어 컴퓨터를 구매하는 데 친구나 가족이 의견을 제시하여 영향을 미칠 수 있고 또는 구매하는 과정에 함께 참여하여 구매결정을 도와주기도 한다.

여섯째, 소비자 행동에는 여러 가지 의사결정이 포함된다.

소비자 행동에는 제품이나 서비스의 구매여부뿐만 아니라 구매한다면 언제, 어디서, 어떻게, 어느 정도의 수량을 구매할 것인가 등에 대한 의사결정을 해야 한다.

일곱째, 소비자 행동은 시간과 상황에 따라 다를 수 있다.

같은 소비자 또는 동일한 특성과 행동을 보이던 소비자도 시간의 흐름에 따라 소비자 행동이 변화되며, 소비자 행동이 일어나는 환경 · 사회적 상황에 따라서도 바뀔 수 있다. 따라서 소비자 행동이 일어나는 시점과 상황적 특성을 고려한 통합적 접근이 필요하다.

여덟째, 소비자 행동은 변화시킬 수 있다.

기업의 노력에 따라 기업이 원하는 방향으로 소비자의 태도와 행동을 변화시킬 수 있으며 이를 통해 구매를 설득할 수 있다. 즉 자신들이 대상으로 하는 소비자들의 욕구와 선호를 정확하게 이해하고 이에 맞는 효과적인 마케팅 수단을 적용시킴으로써 그들의 태도와 행동을 변화시킬 수 있다.

그림 9-1 소비자 행동개념

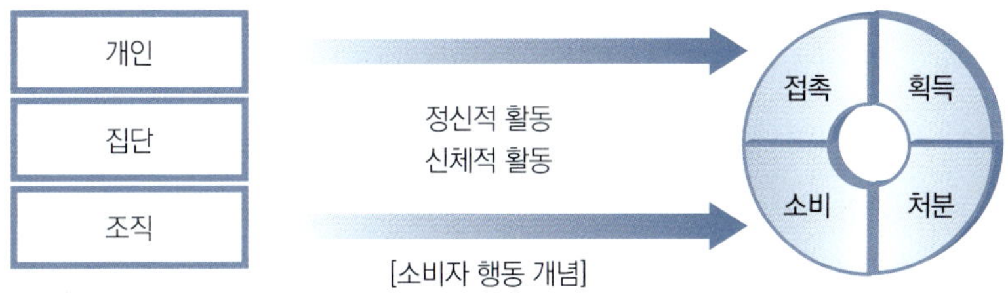

자료: 황병일 외, 소비자행동 이해와 적용, 대경, 2009, p. 24.

CHAPTER 09

3 소비자 행동의 적용

소비자 행동은 인간의 소비생활 관점을 본 것으로 인간의 기본적 특성이 소비행동에 반영되어 나타나는 것이다.

소비자 행동은 마케팅 및 공공정책, 소비자 정보, 소비자 보호 등 다양한 분야에 적용시킬 수 있기에 기업에서는 소비자 행동에 대한 이해를 통해 효과적인 접근과 적용이 필요하다.

1) 마케팅 전략에 적용

기업이 소비자 욕구만족을 목표로 하는 마케팅 콘셉트나 소비자와의 관계구축을 중요시하는 관계마케팅 콘셉트를 실현하는 데 있어 소비자 행동에 대한 이해는 필수적이다.

치열한 경쟁에서 경쟁기업보다 효과적인 마케팅 전략을 전개하고, 높은 소비자 가치를 창출하기 위해서는 소비자 행동에 대한 이해가 전제되어야 한다.

소비자 행동의 이해는 시장세분화와 표적고객을 식별하는 데 중요한 정보를 제공하고 구체적인 마케팅 믹스 계획을 수립하기 위한 단서를 제공한다. 따라서 소비자의 특성과 행동에 대한 정확한 이해는 효과적인 마케팅 프로그램을 실행하는 데 필수적이다.

2) 소비자 교육 및 보호에 적용

소비자 관점에서 볼 때 소비자 행동에 관한 지식이 제품이나 서비스를 보다 많이 구매하도록 하는 데 적용된다면 소비자는 불합리하다고 인식할 수 있지만 한편으로는 소비자 행동에 대한 이해를 바탕으로 합리적인 소비생활에 대한 교육과 소비자 기만이나 제품의 오남용을 방지할 수 있으며, 소비자는 비용을 절약하는 방법을 터득할 수 있다.

소비자 행동은 경영학뿐만 아니라 가정경제학이나 소비자보호 문제를 다루는 분야에서도 중요한 연구영역인데 이러한 학문에서의 연구결과들은 소비자 관점에서 과잉소비, 충동구매, 낭비, 도박, 마약사용 등의 행위를 예방하거나 줄이는 데 기여하고 있다.

3) 올바른 공공정책 실현에 적용

공공정책을 실행하는 공적 조직은 공공정책에 대해 일반 대중이 어떤 태도를 가지고 있으며 어떤 욕구와 욕망을 가지고 있는지를 알 때 소비자들이 만족할 수 있는 정책을 실현할 수 있다.

정부가 의료정책이나 주택정책 등을 수립할 때 정책의 수혜자인 소비자의 욕구와 행동을 이해할 수 있다면 보다 합리적이고 만족할 만한 정책수립이 가능하다. 예를 들어 소비자보호원은 소비자 보호를 위하여 여러 가지 정책을 수립하는 데 제품에 대한 소비자 불만을 이해하여 이를 예방하는 프로그램을 개발할 수 있으며 제품안전에 대한 소비자 행동을 이해함으로써 소비자 안전을 위한 프로그램을 개발할 수 있다.

TV와 같은 대중매체의 방송광고에서 어린이 비만과 관련하여 패스트푸드 광고 시간대를 제한하거나, 어린이 보호를 위하여 주류광고의 제한 및 표현방법을 제한하는 것도 소비자 행동의 이해에 근거를 두고 있다. 실례로 해외 선진국에서도 유아, 어린이 프로그램 전후 편성하는 광고를 엄격하게 규제하고 있는데 스웨덴의 경우 1991년부터 '라디오와 텔레비전 관련법'에 따라 밤 9시 이전에는 어린이 프로그램 전후 또는 중간에 패스트푸드, 비디오게임 등 12세 이하 어린이 대상 TV광고를 전면 금지하고 있다.

4) 개인의 정책을 이해하는 데 도움

소비자가 추구하는 삶의 질은 제품과 서비스를 구매하고 소비하는 개인의 정책과 관련이 있다.

소비자 개인의 경제적 삶의 질은 개인의 정책(Personal Policy)에 의하여 영향을 받으며 또한 개인의 정책은 삶에 있어 성공에 대한 정의를 내리는 데에도 적용된다. 예를 들어 어떤 소비자는 경제적으로 부유하지만 할인점이나 재래시장을 이용하고, 어떤 소비자는 경제적으로 부유하지는 않지만 품위 있는 소비를 하기도 한다. 또한 성공이 높은 소득과 부를 의미하는 것으로 이해하는 소비자는 고급 자동차와 주택, 고급상표 등에 소비할 것이다. 하지만 합리적인 구매를 개인적 정책으로 고집하는 소비자는 상표와 속성을 잘 요약해 주는 소비자 관련 보고서들을 이용하여 의사결정을 내리기도 한다.

이와 같이 소비자 행동에 관한 지식은 소비자가 삶의 질을 위하여 제품과 서비스를 어떻게 구매하고 소비를 해야 하는지에 대한 의사결정을 내리는 데 도움을 준다.

제2절 소비자 행동의 심리적 영향 요인

소비자의 구매행동은 수많은 외적 요인과 내적 요인에 대한 반응의 결과라고 할 수 있다. 즉 소비자들은 다른 사람들이 기대한다고 믿는 것에 기초하여 구매를 결정하기도 하고 개인의 내부요인에 의하여 영향을 받기도 한다.

소비자의 행동은 크게 개인적 영향과 대인적 영향으로 구분할 수 있으며, 개인적 영향으로는 구매 동기나 지각, 학습, 태도, 개성, 가족 등이 있고 대인적 영향으로는 가족, 사회계층, 준거집단, 문화, 하위문화 등이 있다.

1 개인적 영향

소비자의 구매의사 결정은 동기, 지각, 학습, 태도, 개성 등의 내부요인에 의하여 영향을 받기도 한다.

1) 동기유발(Motivation)

(1) 동기유발의 의미

프로이트(Sigmund Freud)는 인간행동을 형성하는 실제의 심리적 영향요소는 전반적으로 무의식적이라고 가정하고 있다.

인간은 성장해 가면서 많은 충동을 억압한다. 이러한 충동은 완전히 제거하거나 통제할 수 없으며, 꿈속이나 대화하는 중 또는 망상적 행동으로 그리고 궁극에 이르러서는 정신병으로 발현된다고 하였다.

동기(Motive)는 소비자 행동을 유발하는 원동력으로 현재 충족되지 않은 욕구를 충족시키기 위해 행동이 일어나도록 하는 요인을 말하며 이러한 동기가 욕구 충족을 위해 행동으로 나타나는 상태를 동기유발(Motivation)이라고 한다.

동기는 소비자들이 필요로 하는 기본적 노력을 개발해 줌은 물론 그것을 식별할 수 있도록 소비자들에게 영향을 준다. 이러한 기본적 노력에는 안전이나 친교, 성취 혹은 달성하려고 하는 바람직한 상태와 같은 극히 일반적인 목표의 추구가 포함될 것이다.

소비자들은 흔히 제품이나 서비스를 그들의 동기를 성취시킬 수 있는 수단으로 보려하고 어떠한 경우에는 제품이나 서비스가 그들의 동기를 충족시키는 수단에 불과함에도 마치 그러한 것들이 목표물인 것처럼 착각하는 경향이 있다.

소비자는 동기유발이 되면 동기유발이 발생되기 전에 비하여 마케팅 변수에 보다 높은 관심과 주의를 기울이게 된다.

예를 들면 노트북을 구매하려는 동기가 유발되기 전에는 노트북에 별로 관심을 갖지 않지만 노트북을 구매해야 한다는 동기가 유발된 후부터는 노트북의 가격이나 성능, 광고, 홍보, 이벤트 등 많은 마케팅 변수에 관심을 갖게 된다.

(2) 동기유발의 갈등

동기가 유발되어 욕구충족을 위한 목표 지향적인 행동을 하게 되면 소비자는 긍정적인 결과를 기대하며 목표 및 대상에 접근한다. 이러한 소비자의 목표 및 대상에 대한 접근행동은 긍정적인 목표를 촉진하는 방향으로 접근하는 경우와 부정적인 결과를 회피하는 방향으로 동기유발되기도 한다.

예를 들어 구강 청정제를 구매하는 것은 개인의 구강건강을 촉진하기 위하여 구매동기가 유발되는 경우와 다른 사람에 대한 불쾌감(사회적 위험, 부정적 결과)을 줄이기 위해 구매동기가 유발되기도 한다.

이러한 동기유발의 목표와 방향의 양면성으로 인하여 소비자는 동기유발의 방향성을 놓고 다음과 같은 갈등을 겪을 수 있다.

CHAPTER 09

① 접근 · 접근 갈등(Approach-Approach Conflict)

접근 · 접근 갈등은 동일한 목표에 대해서 바람직한 두 가지 이상의 목표 및 대상 중에서 선택해야 하는 경우에 발생할 수 있다. 예를 들면 중국 레스토랑에서 음식을 선택할 때 자장면도 좋아하고 짬뽕도 좋아해서 고민을 하는 경우가 있다. 이 경우 두 가지 목표 및 대상이 모두 바람직한(긍정적인) 대안이 될 수 있으므로 이 중에서 어떤 것을 선택하는 것이 좋은지 갈등하게 된다.

이런 경우 소비자는 자장면을 선택했을 때 얻을 수 있는 결과(맛, 배부름 등)와 짬뽕을 선택했을 때 얻을 수 있는 결과를 비교함으로써 보다 긍정적인 성과를 가져올 것으로 기대하는 대안을 선택하게 된다.

자사와 타사의 제품이 선택되는 경우에도 발생한다. 예를 들면 삼성컴퓨터와 LG컴퓨터를 구매하고자 할 때 두 가지 대안 모두 컴퓨터를 구매함으로써 발생되는 긍정적인 효과를 기대할 수 있으나 둘 중 한 가지만 선택해야 하는 경우가 발생할 수 있는 것이다. 따라서 접근 · 접근 갈등을 하고 있는 소비자에게 자사의 상품이 선택받기 위해서는 자사의 제품을 선택하는 경우 타사의 제품을 선택하지 못함으로써 발생될 수 있는 소비자의 인지부조화를 감소시킬 수 있는 정보제공이나 자사제품의 매력도를 높일 수 있는 추가적인 효용이나 편익을 제공해 주는 것이 필요하다.

② 접근 · 회피 갈등(Approach–Avoidance Conflict)

접근 · 회피 갈등은 동일한 목표에 대해서 긍정적인 동기유발과 부정적인 동기유발이 복합되어 있을 때 나타나는 갈등을 말한다.

예를 들면 운동 후 갈증해소를 위하여 콜라를 마시는 것은 갈증해소라는 긍정적인 부분이 있지만 콜라의 높은 칼로리로 인하여 체중이 늘 수 있다는 부정적인 생각을 가질 수 있다.

접근 · 회피 갈등이 발생되는 경우에는 부정적인 결과에 대해 회피하고 싶은 동기유발을 감소시킬 수 있는 방향을 모색해야 한다. 즉 콜라를 마시고 싶은데 높은 칼로리가 문제가 된다는 것을 가정하여 칼로리가 없는 콜라(Zero Coke)를 출시한 것도 이러한 접근 · 회피 갈등을 해소하려는 것이다.

③ 회피 · 회피 갈등(Avoidance–Avoidance Conflict)

회피 · 회피 갈등은 동일한 목표에 대해서 부정적인 두 가지 이상의 동기유발 중 대안을 선택해야 하는 경우에 발생한다. 예를 들면 소비자는 오래된 자동차를 새 차로 교체해야 하는 목표를 달성하기 위해 수리비가 많이 들어가는 중고차를 구입하는 경우와 목돈이 많이 들어가는 새 차를 구입하는 대안을 놓고 갈등하는 경우가 이에 해당된다. 즉 소비자로서는 처음에 목돈이 들어가는 것을 피하기 위해 중고차 구입을 선택하거나 중고차에 대한 유지관리비를 피하기 위해 새 차를 선택해야 하는 갈등상황에 놓이게 되는 것이다.

이런 경우 새 차를 판매하는 마케팅 관리자들은 할부판매나 보상판매 등을 통하여 목돈이 들어가 중고차를 구매한다는 부정적 동기유발을 감소시켜 새 차 구입에 대한 동기유발을 강화시킬 수 있다.

2) 지각(Perception)

(1) 지각의 개념 및 과정

지각(Perception)이란 인간이 오감을 통해서 유입된 자극에 부여하는 의미로 개인이 주변 환경에서 얻게 되는 정보를 선택하고 조직화하며 해석하는 과정이라고 할 수 있다.

소비자들은 일상생활 속에서 많은 마케팅 자극과 접하게 된다. 즉 기업에서 실시하는 수많은 광고와 전단지, 신상품, 판매촉진물, 판매원, 상점 간판 등의 자극들에 노출되게 된다. 하지만 소비자는 모든 자극에 주의를 기울이는 것이 아니라 그중에서 자신이 관심 있는 것에만 주의를 기울이며 또 자세히 알고자 한다.

이러한 과정에서 자신에게 의미 있는 정보는 기억 속에 저장하게 된다. 이처럼 자극에 대한 노출로부터 시작되는 일련의 정보처리과정이 소비자의 구매행동과정에서 일어나며 소비자 행동에 영향을 미치게 되는데 이러한 과정을 지각이라고 할 수 있다.

여기서 말하는 정보처리는 자극을 정보로 전환하여 저장하는 일련의 활동을 일컫는 것으로 일반적으로 노출 · 주의 · 해석 · 기억의 과정을 거치게 되며, 이 중에서 노출 · 주의 · 해석하는 과정을 넓은 의미의 지각과정이라고 볼 수 있다.

노출(Exposure)은 상품이나 광고와 같은 자극이 소비자의 감각수용신경과 접촉하는 것을 말하고 주의(Attention)는 감각수용신경이 자극정보에 대해 정보처리능력을 할당하는 것을 뜻한다.

해석(Interpretation)은 받아들인 자극정보에 의미를 부여하는 과정으로서 협의의 지각이라고 할 수 있다.

기억(Memorization)은 의사결정을 위해 해석된 정보를 단기적 또는 장기적으로 저장하는 과정을 말한다.

지각과정은 노출로부터 주의, 해석, 기억의 단계적 진행과정을 거치는 경우도 있지만 노출이 바로 기억에 영향을 주기도 한다.

그림 9-2 **소비자 지각과정**

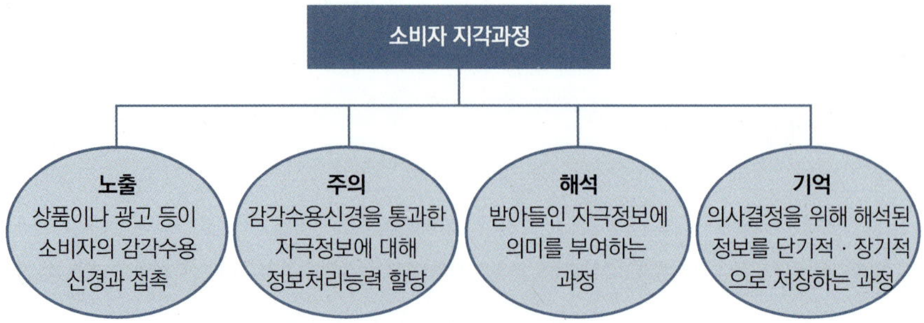

그렇다면 사람들은 동일한 상황에서 왜 서로 다른 지각을 하게 되는가?

인간은 시각, 청각, 후각, 촉각 그리고 미각 등의 오감을 통하여 들어오는 정보를 이용하고, 외부의 자극을 경험한다. 그러나 인간의 이러한 감각적 정보를 자기방식에 의하여 수용, 조직화 그리고 해석한다. 즉 소비자는 선택적 지각을 통하여 개인이 정보를 선택, 조직화 그리고 해석한다는 것이다. 이것을 심리학적 용어로 칵테일파티 효과(Cocktail Party Effect)라고도 하는데 1953년 영국 왕립 런던대학에 근무하던 인지심리학자인 콜린 체리(Colin Cherry)박사는 인간이 어떻게 많은 소리가 들리는 상황에서도 상대방과의 대화에 집중할 수 있는가에 대한 여러 가지 실험을 하였다.

그 결과 인간은 여러 개의 소리 중 하나의 소리에만 집중해서 듣는 것을 알게 되었는데 이는 인간의 뇌가 한 번에 처리할 수 있는 정보량에 한계가 있기 때문이라는 것이다.

즉, 인간은 여러 개의 대화 중 자신에게 필요한 것에만 집중하기 위해 소리가 들려오는 방향정보를 이용하여 어떤 때는 왼쪽에서 들려오는 소리에 집중하고, 어떤 때는 오른쪽에서 들려오는 소리에 집중하는 방식으로 자신에게 필요 없는 소리에 대해서는 필터를 끼운 것처럼 걸러 낸다는 것이다.

서양의 칵테일파티에서는 많은 사람들이 어울려 대화를 하지만 수많은 사람들이 시끄럽게 대화를 할지라도 내 귀에는 나에게 필요한 말을 전달하는 사람의 이야기만 들리게 되는 것이다. 예를 들어 자신이 어떤 종류의 휴대폰을 구매하려는 마음이 있기에 그 휴대폰을 대리점에서 보고, 인터넷상에서 정보를 찾는 등의 노력을 하다가 길거리를 나갔더니 이상하게도 그 휴대폰이 눈에 많이 띄는 경험을 한 적이 있을 것이다. 즉 우리는 무의식적으로 우리가 보고 싶어 하는 것을 보고, 우리의 뇌가 중요하지 않다고 판단하는 정보들은 시각적으로 보았음에도 불구하고 인지할 수 없게 되는 것이다. 다음 〈그림 9-3〉의 내용을 아주 빠르게 읽어보자.

그림 9-3 선택적 지각 테스트

캠브리지 대학의 연결구과에 따르면, 한 단어 안에서 글자가 어떤 순서로 배되열어 있는가 하것는은 중하요지 않고, 첫째번과 마지막 글자가 올바른 위치에 있것는이 중하요다고 한다. 나머지 글들자은 완전히 엉진창망의 순서로 되어 있지을라도 당신은 아무 문없제이 이것을 읽을 수 있다. 왜하냐면 인간의 두뇌는 모든 글자를 하나 하나 읽것는이 아니라 단어 하나를 전체로 인하식기 때이문다.

자료: http://blog.naver.com/lch0206 참조.

상기의 테스트에서 보듯 우리가 보고 느끼는 모든 정보가 진실이라고 생각하지만 개개인이 보는 세상은 모두 다를 수 있다. 이런 것을 선택적 지각(Selective Perception)이라고 한다. 그 이유는 소비자가 동일한 자극(광고, 상품 등)에 노출된다 할지라도 자극을 어떻게 선택하여 조직화하고, 인식하며 또 해석하느냐에 따라 다르게 나타날 수 있기 때문이다.

소비자가 선택적 지각을 하게 되는 주요 요인은 선택적 노출(Selective Exposure), 선택적 왜곡(Selective Distortion), 선택적 기억(Selective Retention)으로 구분할 수 있다.

(2) 지각과정의 공통된 특징

① 선택적 노출(Selective Exposure)

선택적 노출은 소비자가 모든 자극을 다 받아들이는 것이 아니라 자신이 선택한 자극에 대해서만 노출을 허용하거나 회피하는 것을 말한다.

예를 들어 건강식에 관심이 있는 소비자는 인스턴트 음식 광고에는 관심이 없지만 유기농 식품 등 건강식품과 관련된 광고는 관심을 가지고 볼 것이다.

경우에 따라서는 자신에게 의미 있는 자극에 대해서는 노력을 해서라도 노출행동을 하기도 한다.

관심 있는 홈쇼핑 광고의 경우 인내심을 가지고 시청을 하거나 자신이 필요로 하는 정보를 찾기 위해 장시간 인터넷 서핑(Internet Surfing)을 하기도 한다.

이와는 반대로 선택적 노출을 의도적으로 회피하기도 한다. 예를 들어 자신이 싫어하는 모델이 등장하는 광고를 보게 되면 해당 광고에 대하여 부정적인 시각을 가지고 채널을 바꾸기도 하고(Zapping), 보기는 하되 소리를 없애는 경우(Muting), 비디오의 경우 시작 전 광고가 나오는 것을 원하지 않아 광고부분을 빨리 돌려버리는 행동(Zipping)을 통해 선택적 노출을 회피한다.

선택적 노출이 마케팅 관리자에게 의미하는 것은 소비자의 주의를 환기시키기 위하여 특별한 노력을 기울여야 한다는 것이다. 즉 소비자에게 기업이 전달하고자 하는 메시지를 정확하게 전달하여 주의를 끌어야 한다.

② 선택적 왜곡(Selective Distortion)

선택적 왜곡은 정보를 개인적인 가치관에 적합하게 만들어서 도입하려는 사람들의 경향으로 자신의 생각을 합리화하는 입장으로 해석하는 것을 말한다.

소비자는 새로운 정보를 기존에 저장된 지식이나 준거의 틀과 비교하는데 이때 이들 간에 일관성이 없으면 새로운 정보를 기존의 신념과 일치되도록 왜곡하는 경향이 있다. 예를 들면 자신이 즐겨 먹는 피자 브랜드를 다른 사람이 비평했을 경우 해당 비평자에 대해 피자에 대해 잘 모르는 사람이라고 하며 자신의 생각을 합리화하고 자신이 믿고 있는 것을 지지하는 입장에서 왜곡하여 정보를 해석하려는 경향을 말한다.

③ 선택적 기억(Selective Retention)

사람들은 자신의 경험을 통해 학습한 것을 때때로 잊어버린다. 약 80%의 미국사람들은 바로 전날 보았던 TV 광고를 기억할 수 없다고 한다. 하지만 소비자 자신의 태도나 신념을 뒷받침하는 정보는 오래 기억하는 성향이 있다.

1991년 영국 BBC 방송에서는 흥미로운 실험을 실시했다. '버터를 바른 토스트를 땅에 떨어뜨리면 정말로 버터를 바른 쪽이 더 많이 바닥으로 떨어질까?'에 관한 실험이었다. 특별한 규칙이 없는 이 실험은 무작위로 선발된 사람들에게 동일한 조건으로 300번에 걸쳐 토스트를 공중에 던지게 했다.

실험 결과 버터를 바른쪽이 152번, 바르지 않은 쪽이 148번으로 항상 버터를 바른쪽이 먼저 떨어진다는 사람들의 생각과는 달리 비슷한 확률로 떨어졌다.

이 실험은 일명 '머피의 법칙(Murphy's law)'을 확인하기 위한 실험이었다.

머피의 법칙은 1949년 미국 공군에서 근무하던 에드워드 머피(Edward A. Murphy) 대위가 사용한 것으로 당시 미국 공군에서 조종사들에게 전극봉을 이용해 가속된 신체가 갑자기 정지될 때의 신체 상태를 측정하는 급감속 실험을 하는 도중 한 기술자가 배선을 제대로 연결하지 않은 사소한 실수로 모두 실패하는 상황이 발생하였다. 이때 머피 대위는 고장을 피할 수 있는 여러 방법이 있었음에도 누군가가 반드시 잘못된 방법을 선택해서 고장을 낸다는 것을 발견하게 되었고 그 후로부터 '일어나지 않았으면 하는 일은 꼭 일어난다'라는 느낌을 머피의 법칙이라 부르기 시작했다.

하지만 영국 BBC 방송에서 나타난 것처럼 머피의 법칙은 실제와 다르게 나타나는데 이러한 현상을 과학자들은 '선택적 기억'이라고 부른다.

예를 들어 학교에서 소풍을 갈 때 비가 오지 않는 경우도 많이 있을 것이다. 하지만 사람들은 비가 오지 않은 날에 갔던 소풍을 기억하는 사람은 그리 많지 않다. 그러나 어느 소풍날 비가 내렸다면 이것은 흔하지 않은 일이 되고 이로 인해 비가 내린 소풍날은 특별한 기억으로 남게 되는 것이다.

즉, 이런 일이 몇 번 반복되면 사람들의 기억 속에는 소풍가는 날에는 항상 비가 온다는 생각이 남게 될 것이다.

이러한 상황으로 볼 때 소비자들은 선택적 기억 중 운이 없었다고 생각되는 일이나 특별하게 발생되었던 일들을 머릿속에 깊숙이 남기는 경향이 있다.

(3) 지각에 미치는 영향 요인

지각(Perception)이란 자극에 대하여 설명이나 의미를 부여하는 과정으로 자극을 해석하는 개인적 특성이나 자극이 제시되는 상황적 특성, 자극 특성에 따라 달라질 수 있다.

① 개인적 특성

소비자에 대한 마케팅 자극은 소비자 자신이 그 자극에 대하여 해석할 때 비로소 의미를 지닌다. 하지만 동일한 자극이라고 할지라도 개인의 특성에 따라 또는 신체적 특성에 따라 다른 의미로 해석할 수 있다. 예를 들면 대부분의 나라에서는 음료수 포장용기를 초록색 계통으로 하는 경우 시원하다는 의미로 해석할 수 있지만 열대우림 지역의 나라에서는 밀림과 연관된 죽음의 의미로 해석하여 초록색은 음료수 용기의 색으로 적합하지 못하다.

이러한 자극에 대한 지각의 차이를 가져다주는 개인적 특성에는 성별이나 개성과 같은 선천적 특성과 살아가면서 경험하게 되는 학습과 지식, 개인의 바람이나 희망과 같은 기대가 있다.

㉠ 선천적 특성

선천적 특성은 개인이 타고난 생리적 · 심리적인 특성으로 자극을 지각하는 데 영향을 미치는 중요한 요소이다. 따라서 선천적 특성으로 인하여 자극에 대한 민감도가 다를 수 있다. 예를 들면 일반 사람들에게 복숭아는 맛있는 과일이라고 느껴지는 반면, 선천적으로 복숭아에 대한 알레르기(Allergie)가 있는 사람은 과일이라는 느낌보다는 가려움이라는 느낌이 더욱 강할 것이다.

㉡ 학습과 지식

학습과 지식은 자극을 해석하는 데 있어 중요한 영향을 준다. 예를 들어 동양에서의 숫자 4와 서양에서의 숫자 13은 과학적 근거가 없음에도 불구하고 우리가 생활하면서 학습되어진 근거로 안 좋은 숫자라고 인식하고 있는 경우, 우리나라에서는 까마귀를 흉조로 인식하는 반면, 일본에서는 길조로 인식하는 것은 우리가 생활하면서 학습되어 온 지식을 근거로 해석하기 때문이다.

㉢ 기대

사람들은 대체로 자극을 자신의 기대와 일치하는 방향으로 해석하려는 경향이 있다. 즉 자극을 해석할 때 이전에 자신에게 형성된 기대에 따라 해석하려 한다는 것이다. 예를 들어 사람들은 수박의 속은 항상 붉은색이어야 한다고 기대한다. 만일 수박의 속이 하얀색이라고 한다면 아마도 덜 익었거나 수박이 아닐 거라고 생각할 것이다. 또 다른 예로 동일한 상품을 하나는 황금색으로, 또 하나는 캐릭터가 있는 포장지로 포장했다면 아마도 황금색으로 포장된 상품을 고급스럽고 비싼 상품이라고 인식할 수 있을 것이다. 이것은 포장으로부터 내용물에 대한 기대를 하기 때문이다.

② 상황적 특성

상황적 특성은 개인이 처한 상황에 따라 자극에 대한 지각이 다르게 나타날 수 있는 것으로 심리적 상황과 물리적 상황이 있다.

㉠ 심리적 상황

심리적 상황은 배고픔이나 외로움, 슬픔, 기쁨 등과 같은 일시적인 심리적 상황에 따라 자극을 해석하는 데 영향을 미친다. 예를 들면 배가 부른 상태에서 음식광고를 보는 것과 배가 고픈 상태에서 음식광고를 볼 때 느끼는 자극이 다를 수 있다. 이러한 심리적 상황으로 인해 코카콜라의 경우 뉴스가 방영된 직후에는 광고를 하지 않는다. 뉴스에서 좋은 소식보다는 좋지 않은 소식이 더 많이 전달되기 때문에 상품에 부정적 영향을 줄 수 있다는 판단에서이다.

㉡ 물리적 상황

물리적 상황은 시간이나 기온, 함께 있는 사람의 수, 복잡성과 같은 물리적 상황에 따라 자극을 해석하는 데 영향을 미친다. 예를 들면 승객이 가득 찬 버스를 더운 여름에 보는 느낌과 추운 겨울에 보는 느낌은 다르게 나타날 수 있다.

③ 자극 특성

소비자는 여러 개의 자극요소에 노출되는 경우 자극 특성에 따라 자극요소들을 기억하기 쉬운 상태 혹은 특징 지어질 수 있는 상태로 정리하는 경향이 있다. 즉, 자신이 본 것을 조직화하거나 통합화하려는 경향을 의미하는데 이러한 현상을 게슈탈트(Gestalt)라고 한다.

게슈탈트란 형태, 형상을 의미하는 독일어로 형태(Form) 또는 양식(Pattern) 그리고 부분 요소들이 일정한 관계에 의해 조직된 전체를 의미한다.

이것은 1923년 막스 베르트하이머(Max Wertheimer)에 의해 처음 제시된 것으로 베르트하이머는 이러한 지각현상을 토대로 '전체는 부분의 단순한 합이 아니다'라는 유명한 명제를 내놓으며 인간의 심적 활동은 부분의 인지의 합으로 이루어질 수 없으며, 항상 전체를 보게 된다고 주장하였다.

또한, 베르트하이머는 주로 지각에서 점이나 선으로 된 간단한 도형을 사용해 형태 지각의 원리를 확정했는데 이후 다른 지각 영역, 나아가 기억, 학습, 사고, 집단형성 등에도 이 원리가 적용되는 것을 밝혔다.

형태 지각의 원리는 우리가 사물이나 현상을 지각할 때 기본적으로 떠오르는 어떤 형태를 보는 원리를 의미한다. 이러한 주장은 볼프강 쾰러(Wolfgang Köhler), 쿨트 코프카(Kurt Koffka) 등의 연구를 통해 인간이 형태를 지각하는 원리로 완결의 법칙, 근접성의 법칙, 유사성의 법칙, 연속성의 법칙 등 몇 가지 법칙을 만들어 냈다.

이후 팔머(Palmer)와 락(Rock)은 세 가지 새로운 집단화 원리를 제안했다.

첫째, 공통영역의 원리로 같은 공간 영역에 있는 요소들은 함께 집단화 된다는 것이다.

둘째, 균일 연결성의 원리로 밝기, 색, 질감, 운동과 같은 시각 속성의 연결된 영역은 단일 단위로 지각한다는 것이다.

셋째, 동시성의 원리로 같은 시각에 발생하는 시각 사건들은 함께 속하는 것으로 지각하는 것이다.

그러나 게슈탈트 심리학자들은 지각 문제가 단지 요소들이 집단화되어 물체를 형성하는 것 이상임을 인식하였고 이와 반대되는 현상이 어떻게 일어나는지를 설명할 필요가 있음을 생각하게 되었다.

즉, 사물이 제시된 장면의 나머지 부분과 분리되는 방식을 설명하는 문제인 지각적 분리에 대한 문제로 형상과 배경에 대해 접근하게 된다.

게슈탈트의 지각원리는 완결의 법칙, 근접성의 법칙, 유사성의 법칙, 연속성의 법칙, 형상과 배경 등으로 구분할 수 있다.

㉠ **완결의 법칙(Low of Closure)**

완결이란 개인이 지각을 조직화할 때 의미 있는 완전한 형태로 지각하려는 경향을 말한다. 즉, 기존의 지식을 토대로 불연속적인 형태일지라도 완성시켜 인지한다는 법칙이다.

그림 9-4 완결의 법칙 사례

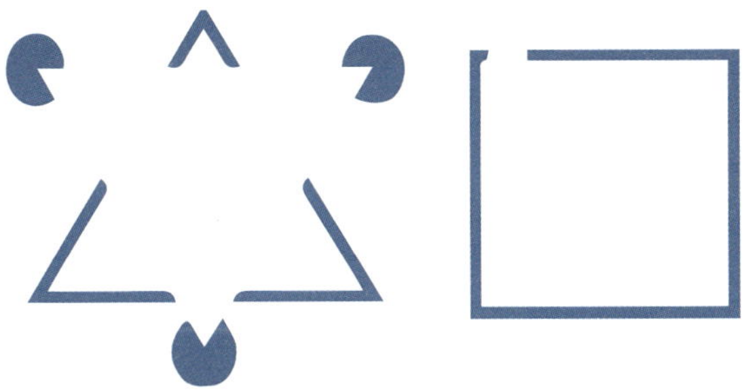

이러한 완결의 원리는 광고물을 제작할 때 광고자극을 불완전하게 제시함으로써 소비자로 하여금 자극을 완결하도록 유도하게 되며 소비자는 완결을 위해 보다 정교한 정보처리를 하려고 할 것이며 그에 따라 광고에 대한 몰입도가 높아지게 된다.

예를 들면 오래 전 '선영아 사랑해'라는 광고가 있었다. 이것을 본 소비자들은 많은 궁금증을 가지고 선영이라는 사람이 누군가를 고민해서 스스로 결정하기에 이르렀다. 이런 광고기법을 티저광고(Teaser Advertising)라고 하는데 '티저(Teaser)'란 짓궂은 사람이라는 의미로 소비자에게 매일 전달되는 신문이나 방송매체를 이용하여 광고주나 제품을 일부러 숨긴 채 의외성으로 주목을 끌기 위해 만들어지는 광고이다.

실제 이 광고로 인하여 헤어진 여자 친구를 위한 재벌 아들의 이벤트성 행사라는 등 수많은 추측이 난무했으나 이후 광고로 밝혀졌으며 해당 포털사이트는 순식간에 엄청난 광고효과를 누리기도 했다.

그림 9-5 **티저광고 사례**

㉡ 근접성의 법칙(Low of Proximity)

근접성(Proximity)이란 하나의 대상이 다른 대상과 긴밀한 관련성 또는 물리적으로 가까이 있는 경우 서로 묶어서 지각하는 것을 말한다. '먼 친척보다 가까운 이웃이 낫다'는 말이 있듯이 대부분의 사람들은 물리적으로 가까이 있을수록 더 친해지고 그 영향력도 커지기 마련이다.

〈그림 9-6〉에서 보는 바와 같이 왼쪽의 그림은 모두 같은 거리에 위치해 있기 때문에 함께 묶어서 지각하지만 오른쪽 그림의 경우 공간적인 차원이 다르게 구성되어 있기 때문에 세 개의 그룹으로 지각하게 된다.

그림 9-6 **근접성의 법칙 사례**

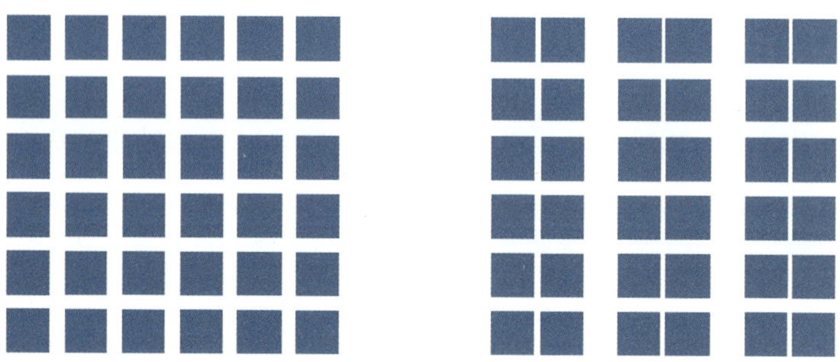

㉢ 유사성의 법칙(Low of Similarity)

유사성(Similarity)이란 사람들은 일반적으로 집중하기 위해서 가장 간단하고 안정적인 형태를 선택하게 되는데 유사한 자극 요소들을 하나의 집합적인 전체나 총합으로 인식하는 경향이 있다.

이러한 유사상은 형태나 색, 크기, 밝기 등의 관계에 따라 다르게 나타난다. 〈그림 9-7〉에서 보는 바와 같이 사각형과 원을 하나씩 지각하는 것이 아니라 수직적으로 놓여있는 사각형 및 원을 같은 모양의 요소끼리 묶어서 지각하게 된다.

그림 9-7 유사성의 법칙 사례

㉣ 연속성의 법칙(Low of Continuity)

연속성(Continuity)은 어떤 형태나 그룹이 일정한 방향성을 가지고 연속되어 있을 때 통합하여 이해하는 경향으로 직선 또는 부드러운 곡선을 따라 배열된 대상을 하나로 보는 것을 의미한다.

〈그림 9-8〉에 있는 원 모양의 경우 위, 아래에 동일한 다섯 쌍이 있다고 지각하기보다는 오른쪽으로 갈수록 작아지는 두 줄의 원 모양으로 지각하는 경향이 있다.

그림 9-8 연속성의 법칙 사례

㉤ 형상과 배경(Figure and Ground)

사람은 두 가지 이상의 자극요소를 지각할 때 형상과 배경(Figure and Ground) 관계로 조직화하려는 경향이 있다. 형상은 자극요소 중에서 두드러진 것을 의미하며 배경은 덜 두드러진 자극요소를 의미한다.

형상과 배경분리에 대한 이론은 덴마크의 심리학자 루빈(Rubin)이 꽃병 그림을 가지고 설명하였는데 이 그림에서는 꽃병과 서로 마주보고 있는 두 얼굴의 실루엣을 볼 수 있다.

주의의 초점을 변경함으로써 꽃병이 형상이 될 수도 있고 마주보는 두 얼굴이 형상이 될 수도 있는 것이다. 그러나 꽃병과 얼굴을 동시에 보기는 어렵다. 이는 꽃병이 전경으로 보일 때는 꽃병과 얼굴을 나누는 윤곽이 꽃병의 윤곽으로 취해지며 얼굴 부분은 꽃병 뒤의 배경으로 지각되기 때문이다.

이처럼 루빈은 그림을 통해 인간의 지각이 하나의 전체와 다른 전체 사이를 재빨리 왔다 갔다 한다는 것을 알게 되었다. 즉, 인간은 형상과 배경을 조직화하여 지각의 장을 마련하고 의식 속으로 받아들이게 된다는 것이다.

이것이 곧 게슈탈트 심리학에서 언급하는 형상과 배경의 상호단계에 의한 감각을 의미한다.

다시 말해 대상이 일정한 환경을 가지고 긴밀하게 짜여 있고 충실한 내용을 나타내며 비교적 강한 인상을 줄 때 이를 형상이라 하고 이에 비해 조직적이지 않고 공허하며 비교적 약한 인상을 줄 때 이것을 배경이라 한다.

그림 9-9 루빈의 꽃병 사진

광고를 예로 들면 상표가 형상이 되고 그 주변의 것들은 배경으로 인식되어야 할 것이다.

〈그림 9-10〉의 운동화 광고와 같이 형상과 배경이 뚜렷하여 자동적으로 운동화를 나타내고 있다. 이에 따라 광고주는 상표나 제품이 형상으로 지각될 수 있도록 배경이 되는 모델이나 음악 등을 잘 계획해야 한다.

그림 9-10 형상과 배경 사례

(4) 지각의 왜곡 요인

지각을 왜곡시키는 여러 가지 영향요인으로 인해 자극에 대하여 올바르게 지각하지 못하는 경우가 많다. 이러한 영향요인으로는 신체적 용모, 정형화된 이미지, 첫인상, 후

광효과 등이 있다.

① 신체적 용모(Physical Appearance)

사람들은 서로 외양이 같으면 품질도 유사한 것으로 보려는 경향이 있다. 때문에 어떤 사람의 성격이나 업무수행 능력 등과 같은 특성을 평가할 때 평가하려는 요소 자체만을 평가하지 않고 그 사람의 신체적 용모를 관련시켜 평가하려는 경향이 있다. 예를 들어 용모가 수려한 사람과 그러지 못한 사람이 상품에 대해 설명하는 경우 사람들은 용모가 수려한 사람의 설명을 더 믿는 경향이 있다.

② 정형화된 이미지(Stereotype)

사람들은 자극이 지닌 의미를 자신이 지닌 어떤 틀에 맞추어 해석하려고 한다. 즉 개인의 경험이나 마음속에 정형화된 이미지를 통하여 자극을 왜곡하여 해석하는 경우가 생기는 것이다. 예를 들어 중국산 제품은 저질이라는 이미지가 마음속에 정형화되어 있다면 'Made in China'라는 원산지 표기만 보고 품질이 떨어질 것이라고 지각하게 된다.

③ 첫인상(First Impression)

어느 연구에 의하면 불과 8초 만에 상대방의 이미지가 결정된다고 한다. 첫인상을 결정하는 요소는 외모, 표정, 제스처가 80%를 차지하고 목소리 톤, 말하는 방법이 13%, 인격이 7%라고 한다. 그만큼 첫인상은 매우 중요하다고 할 수 있다.

첫인상은 상당히 오래가는 특성이 있으며 어떤 상품에 대하여 처음 느꼈던 감정으로 인하여 나머지 다른 상품에 대해서도 동일하게 적용하여 해석하는 경향이 있다. 예를 들어 처음 구매해서 사용해 본 화장품에 만족했다면 해당 상품의 상표에 대해 좋을 것이라는 이미지가 지속되어 재구매로 이어질 것이다.

④ 후광효과(Halo Effect)

후광효과는 어떤 대상의 긍정적 또는 부정적인 측면이 이와는 관련이 없는 다른 대상에도 영향을 미치는 것을 말한다. 예를 들어 외관이 호화로운 레스토랑은 그 레스토랑에서 생산 · 판매하는 모든 식음료 및 서비스가 우수하다고 생각하는 경우가 속할 수 있다.

3) 학습(Learning)

(1) 학습의 의의 및 특징

학습이란 소비자의 경험으로부터 나타나는 장기기억 속의 지식이나 태도, 행동의 변화를 의미한다.

우리가 일상생활에서 보이는 행동의 많은 부분은 학습된 결과이다. 예를 들어 어떤 호텔의 음식은 맛이 있고, 어떤 브랜드의 옷은 착용감이 좋다는 등은 태어날 때부터 알고 있었던 내용이 아니라 후천적으로 소비자가 직접 상점에서 상품을 구매하거나 다른 사람의 경험으로부터 간접적인 학습을 통해 얻은 지식이다.

소비자의 학습은 구매행동과 관련된 지식과 행동의 변화에 영향을 미친다는 점에서 매우 중요하다고 할 수 있으며 다음과 같은 특징을 지니고 있다.

첫째, 학습은 대부분 정신적 과정이 포함되기 때문에 직접적으로 관찰할 수 없다.

학습은 정신적 과정으로 이루어지기 때문에 학습의 효과는 학습결과로 나타난 성과로 측정한다. 따라서 소비자의 학습효과를 제품이나 서비스의 선택여부로 평가할 수 있다. 그러나 모든 학습이 즉각적으로 구매와 연결되는 것은 아니다. 예를 들어 기업이 대중매체의 광고를 통해 소비자의 학습을 실행하더라도 판매가 바로 이루어지는 것은 아니기 때문이다.

둘째, 학습은 경험에 의해 이루어지며 소비자의 행동에 변화를 가져온다.

소비자는 후천적으로 신체적 경험이나 정신, 직 · 간접적 경험 등을 통해 기억구조 속의 지식이나 태도 및 행동에 변화를 가져온다. 또한 신제품이나 새로운 상표처럼 경험대상이 변화할 때에도 학습과 함께 행동의 변화가 일어나게 된다. 이러한 행동의 변화에는 신체적 행동의 변화뿐만 아니라 심리적 변화도 포함한다.

셋째, 학습의 효과는 비교적 장기간에 걸쳐 일어난다.

일반적으로 학습의 효과가 클수록 이로 인해 형성된 태도와 행동은 보다 오랜 기간 지속된다.

소비자가 어떤 상표에 대해 만족감을 가졌다면 재구매를 할 것이며 타인에게 긍정적으로 구전하는 행동으로 이어질 가능성이 크다. 하지만 불만족한 소비자는 다시는 구매하지 않을 것이며 이러한 행동은 단기간에 끝나는 것이 아니라 장기간에 걸쳐 연속적인 행동으로 이어진다.

(2) 학습이론

학습은 전통적으로 행동적 학습(Behavioral Learning)과 인지적 학습(Cognitive Learning)의 두 가지 관점으로 연구되어 왔으며 행동적 학습이론에는 고전적 조건화(Classical Conditioning), 도구적 조건화(Instrumental Conditioning), 대리적 학습(Vicarious Learning)이 있다.

① 행동적 학습

행동적 학습은 소비자를 자극에 반응하는 블랙박스(Black Box)로 본다. 즉, 블랙박스에 자극이 투입되면 블랙박스로부터 자극에 대한 반응이 나오는 것으로 이해하는 것을 의미한다.

행동적 학습이론(Behavioral Learning Theory)을 지지하는 연구자들은 외부환경에서 오는 자극에 대한 반응이 반복해서 일어나는 과정에서 학습이 이루어지는 것으로 본다.

행동적 학습은 고전적 조건화에 의한 학습, 도구적 조건화에 의한 학습, 대리적 학습으로 구분한다.

㉠ 고전적 조건화 학습

고전적 조건화 학습은 반응을 이끌어내는 자극(무조건자극)이 반응을 이끌어내지 않는 다른 자극(중립자극)과 동시에 일정기간 반복하여 노출되면 반응을 이끌어내지 않던 자극이 반응을 이끌어내는 자극(조건자극)으로 변화되는 학습과정을 의미한다. 여기서 말하는 무조건자극은 아무런 조건 없이 반응을 자동적으로 유발하는 자극을 말하고, 중립자극은 학습되기 전에는 반응이 유발되지 않는 자극을 말하며, 조건자극은 중립자극이 학습을 통해서 반응을 유발할 수 있는 자극으로 변화된 상태를 말한다.

이것은 러시아 심리학자인 파블로프(Pavlov)의 개 실험 결과로 잘 알려져 있다.

파블로프는 개들이 음식에 노출되었을 때 침 흘리는 것을 관찰하고 음식과 함께 종소리를 들려주는 실험을 한 결과 음식과 종소리를 반복해서 일정기간 들려준 후

종소리만으로도 개가 침을 흘리게 되는 것을 발견하였다.

즉 〈그림 9-11〉에서 보는 것과 같이 개는 무조건자극(음식)에 대해서 무조건반응(침 흘림)이 자동적으로 나온다. 그러나 중립자극(종소리)만으로는 반응(침 분비)을 유도할 수 없지만 무조건자극(음식)과 관련시켜서 음식을 제공할 때마다 종 흔들기(조건화시킴)를 일정 기간 반복하면 조건화되어 음식(무조건자극)을 주지 않고 종(중립자극이 학습에 의해 조건자극화됨)을 흔드는 것만으로도 침을 흘리는 반응(조건반응)을 만들어낼 수 있다.

그림 9-11 파블로프의 고전적 조건화 학습

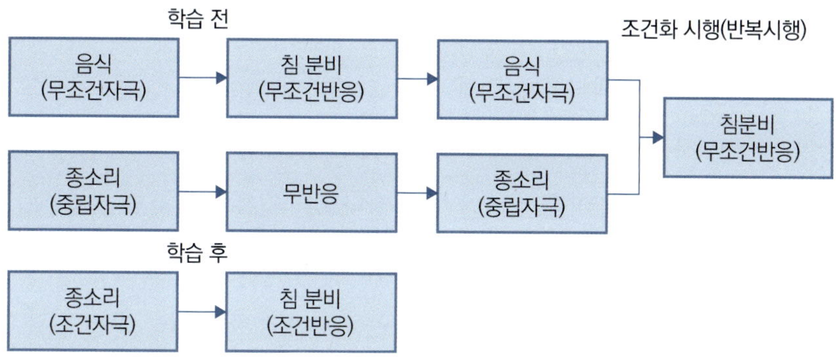

자료: 황병일 외, 소비자행동 이해와 적용, 대경, 2009, p. 140.

㉡ 도구적 조건화 학습

도구적 조건화 학습은 자극에 대한 반응결과 어떠한 보상이나 벌이 주어지는지에 따라 자극에 대해 반응이 달라지도록 하는 학습을 말한다.

도구적 조건화는 행동의 결과가 반응의 확률에 영향을 미친다는 점에서 고전적 조건화와는 다르다. 반응과 관계없이 결과가 발생하면 고전적 조건화, 반응에 따라 결과가 달라진다면 이는 도구적 조건화라 할 수 있다.

도구적 조건화는 행동주의 심리학의 이론으로 대상자가 어떤 결과들을 얻거나 회피하기 위하여 반응을 만들어 내는 것을 의미하는데 왓슨(John B. Watson)의 주장에 의해 에드워드 손다이크(Edward Thorndike)의 효과의 법칙(Law of Effect)을 기반으로 스키너(B. F. Skinner)가 도구적 조건화라는 패러다임으로 제시하였다.

효과의 법칙은 동물이 어떤 반응을 했을 때 그 반응이 결과적으로 동물에게 즐거움을 초래할 경우 다음의 상황에서 그 반응이 일어나기 쉽다는 것이다. 스키너(Skinner)는 이러한 손다이크(Thorndike)의 생각을 발전시켜 동물의 행동을 단순하고 관찰하기 쉽도록 상황을 설정한 스키너 상자(Skinner Box)를 고안하여 쥐의 행동에 대한 실험을 실시하였다.

스키너 상자에서 가장 중점적으로 관찰되는 내용은 쥐가 레버를 누르는 행동이다. 왜냐하면 이 상자는 쥐가 레버를 누르면 자동적으로 먹이가 하나씩 나오게 고안되어 있기 때문이다.

배가 고픈 쥐는 벽을 긁기도 하고 먹이가 나오는 구멍에 입을 대기도 하는데 시간이 지나면서 우연히 레버를 누르게 된다. 그때마다 먹이가 나오면 쥐는 그 먹이를 맛있게 먹곤 하는데 처음에는 그 레버를 누르면 먹이가 나온다는 것을 인식하지 못했으나 어느 순간 레버를 누르면 먹이가 나오는 것을 인식하고 그때부터는 자연스럽게 레버를 누르고 먹이를 받아먹는 수준에 도달한다.

이를 두고 스키너는 쥐가 자신의 레버를 누르는 행동과 먹이를 받는 결과 간의 인과관계를 다수의 시행착오를 거쳐 점진적으로 학습하였으며, 이는 쥐의 행동이 먹이(강화물)에 의해 강화가 되었기 때문이라고 설명한다.

그림 9-12 스키너 박스 실험 사례

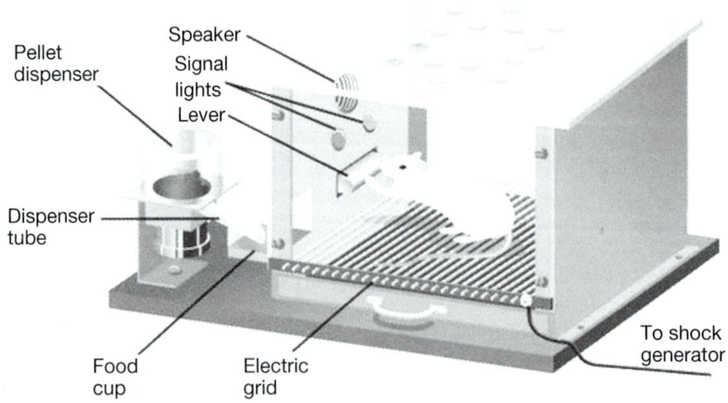

자료: http://www.simplypsychology.org/operant-conditioning.html

이러한 학습은 어떤 인지적 사고작용에 의해 이루어진 것이 아니라 행동적 시행착오를 거쳐 이루어진 것이다.

이러한 학습결과가 나온 원인은 쥐의 내적인 동기보다는 스위치라는 자극에 대한 반응(누름)의 결과 나타난 외적인 보상에 의한 것이다.

어떤 자극에 대한 반응이 보상을 가져오는 경우에는 동일한 반응(행동)을 반복할 가능성이 높아지고, 벌이 가해지면 반응(행동)을 보일 확률이 낮아진다. 이처럼 어떤 자극에 대한 반응을 했을 때 보상과 같이 긍정적 결과가 나오는 것을 긍정적 강화라고 하며, 처벌과 같이 부정적인 결과가 나오는 것을 부정적 강화라고 한다.

이처럼 어떠한 행위를 변화시키는 데는 4가지 방법이 있는데 그 유형은 긍정적 강화, 부정적 강화, 소멸, 처벌이 있다.

여기서 강화(Reinforcement)란 반복되는 행동의 확률을 증가시키는 것으로 긍정적이거나 부정적인 강화를 통하여 특정행동(바람직한 행동)이 증가할 수 있도록 하는 것을 의미한다.

이데 반해 소멸은 기존에 제공되는 긍정적인 강화를 철회하고, 처벌은 부정적인 결과를 제공하여 환경에 대한 반응이 감소될 수 있도록 하는 것을 의미한다.

그러나 처벌의 경우 더 이상 처벌이 가해지지 않으면 행동이 원래대로 돌아가거나, 바람직하지 않은 행동을 일반화 할 수 있는 두려움이 생기거나(예를 들어 처벌로 인해 학교에 가지 않는 것을 정당화 함), 공격성이 증가하는 등 몇 가지 문제점을 지니고 있다.

그림 9-13 도구적 조건화와 강화

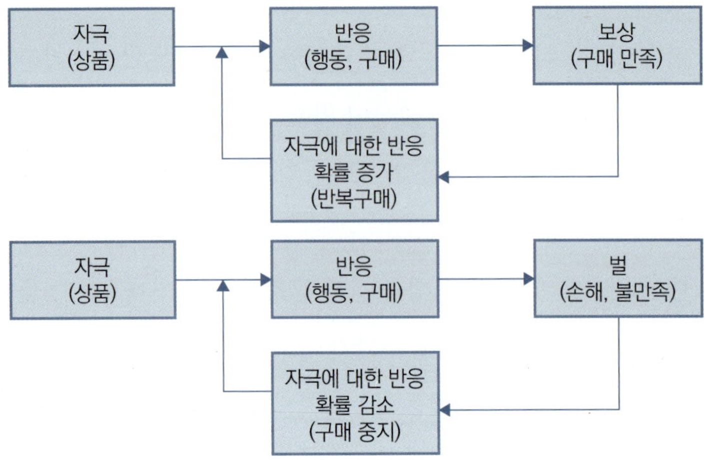

자료: 황병일 외, 상게서, p. 145.

(가) 긍정적 강화(Positive Reinforcement)

긍정적 강화는 반응행동의 결과가 만족스러울 때 자극과 반응의 관계를 강하게 해주는 것을 말한다. 즉 어떤 특정 행동을 했을 때 긍정적인 반응(칭찬, 보상 등)을 주어 그 행동을 더욱 반복하게 하는 것이다. 예를 들어 강아지가 '앉아'라는 명령에 따라 앉았다고 가정하자. 이때 강아지가 앉자마자 맛있는 간식을 준다면 강아지는 다음 번에도 '앉아'라고 명령했을 때 앉을 가능성이 높아진다. 간식이 생각나기 때문이다.
이렇듯 반복하다 보면 습관화되어 간식을 주지 않아도 명령에 따라 앉게 된다.

(나) 부정적 강화(Negative Reinforcement)

부정적 강화는 반응행동을 하지 않았을 때 불만족스러운 결과를 가져올 수 있음을 보여줌으로써 반응행동을 강화시키는 것을 말한다. 즉 어떤 지시에 따른 반응행동을 하지 않았을 때 부정적인 결과를 주어 반응행동을 하게 하는 것이다.
예를 들어 목줄을 채운 강아지에게 '앉아'라고 명령한 후 주인은 아무 말도 하지 않고 조용히 일어선다. 강아지는 주인을 따라 일어서려고 할 것이다. 이때 목줄을 잡아당기며 앉아 있으라고 야단을 친다. 즉 강아지가 주인의 명령 없이 일어서려는 행동을 못하게 하는 것이다.

이것이 습관화되면 주인이 일어서라는 명령이 있을 때까지 강아지는 얌전히 앉아 있는 행동을 하게 된다.

(다) 처벌(Punishment)

처벌은 바람직하지 않은 행동에 대하여 불쾌한 결과를 주는 것을 말한다. 즉 특정 행동이 바람직하지 못했을 때 처벌을 주어 해당 행동을 하지 못하도록 하는 것이다. 예를 들어 강아지가 자주 짖는 행동을 보일 때 강아지가 싫어하는 향을 뿌려 행동을 멈추게 한다. 다시 말해 강아지가 짖으면 시트로넬라(Citronella) 향이 있는 스프레이를 뿌려 짖는 행동을 멈추게 하는 것이다.

레스토랑의 경우 뷔페식당에서 '음식을 남길 시 벌금'이라는 문구를 볼 수 있는데 여기서 주의해야 할 사항이 있다.

코브라 효과(Cobra Effect)라고 하는 것이 있는데 19세기 영국이 인도를 점령했을 때 맹독성 코브라 개체 수를 줄이기 위해 보상 프로그램을 만들었다. 처음에는 인도인들이 코브라를 많이 잡아 들여 놀라운 효과를 봤지만 나중에는 아예 코브라 농장을 지어 코브라를 사육하기 시작하면서 코브라 숫자는 더 늘어났다는 것이다. 이처럼 자칫 고객들에게 '벌금을 냈으니 내 마음대로 음식을 남겨도 된다'는 인식이 들 수 있으니 고객의 심리를 간파한 신중한 판단이 필요하다.

(라) 소멸(Extinction)

소멸은 행동을 감소시키기 위하여 기존에 제공되었던 긍정적인 강화를 철회하는 것이다.

예를 들어 두 마리의 강아지가 간식을 먹으면서 서로 짖거나 싸우려고 한다면 강아지가 좋아하는 간식을 빼앗아 서로 싸우지 못하게 하는 방법이다. 즉 강아지도 자신이 좋아하는 것을 잃거나 빼앗기게 된다는 것을 알게 되면 그 행동을 멈추게 된다.

ⓒ 관찰(모방) 학습

인간의 학습은 조건 형성을 통해서만 이루어지는 것은 아니라 때로는 타인의 행동

결과를 관찰함으로써 자신의 학습이나 행동에 영향을 받는 부분도 있기에 학습의 중요성이 강조된다. 이에 소비자 학습은 소비자 자신이 직접 경험하지 않고 다른 사람들의 행동을 관찰하거나 대중매체, 친구로부터 제품에 관한 정보를 습득함으로써 간접적으로 이루어지는 경우도 있다.

예를 들어 최근 출시된 음식을 먹는 친구를 보거나 해당 음식을 먹은 친구로부터 그 음식에 대한 이야기를 듣게 됨으로써 제품에 대한 태도가 형성되어 자신의 구매행동에 영향을 받기도 한다.

즉, 직접적인 강화(Reinforcement)의 경험이 없어도 모방을 통해서 충분히 학습이 가능하다는 것이다.

관찰(모방)학습은 알버트 반두라(Albert Bandura)의 보보인형 실험에서 알려졌는데, 어른이 보보인형을 발로 차고 때리는 모습을 본 아동들이 그렇지 않은 아동들보다 혼자 남겨졌을 경우 그 인형에 대해 유사한 공격적 행동을 할 확률이 훨씬 더 높다는 것이 발견했다. 이러한 것을 모델링(Modeling)이라고 한다.

모델링은 다른 사람의 행동을 모방하거나 수용함으로써 자신이 어떤 보상(효용)을 얻을 수 있다고 판단할 때 일어난다. 예를 들어 피부결이 좋은 연예인이 화장품을 바르는 모습을 보고 자신도 고운 피부를 유지할 수 있을 것으로 생각하여 해당 상표의 화장품을 구매하는 경우를 들 수 있다. 이때 모방이나 관찰의 대상이 되는 모델은 지적 수준이나 사회적 지위가 높은 사람, 특정 분야에서 우수하거나 인기 또는 매력이 있는 사람이 된다. 따라서 모델이 하는 행동의 결과를 통해 자신도 그러한 행동을 하면 동일한 결과를 가져올 것이라고 믿게 되어 모델의 행동을 모방하게 된다.

상기의 상황을 토대로 마케팅 관리자는 표적시장의 소비자가 특정 제품과 관련하여 누구를 대상으로 모델링하고 있는지를 파악하여 모델을 선정하는 것이 효과적이다.

② 인지적 학습

인지적 학습이론은 학습을 자극과 반응 간의 연결관계로 파악하는 대신에 지각이나 문제해결, 통찰력 등 인간의 인지활동의 중요성을 강조하고 있다.

이 이론에 따르면 대부분의 학습은 시행착오와 반복학습의 결과가 아니고, 문제를 해결할 수 있게 해주는 의미 있는 패턴을 발견함으로써 이루어질 수 있다.

소비자가 문제를 인식할 때 문제해결을 위한 정보를 기억 속에 충분히 보유하지 못한 경우 외적 탐색을 하게 되는데 제품이나 서비스를 직접 사용해 본 사람의 경험을 듣거나 직접 관찰하는 방법, 신문 또는 잡지 등의 대중매체나 친구, 가족 등 인적 정보원으로부터 제품관련 정보를 처리함으로써 배우게 된다. 이렇듯 사고과정을 통해 이루어지는 학습을 인지적 학습이라고 한다. 즉 생각을 통하여 학습하는 것이다.

인지적 학습이론(Cognitive Learning Theory)은 콜러(Kohler)가 실시한 원숭이 실험에서 제시되었다. 이 실험에서 원숭이 우리에 상자를 놓고 우리 꼭대기에 바나나를 매달아 원숭이가 어떻게 바나나를 따먹는지 관찰하였다.

원숭이가 여러 차례 바나나를 따기 위해 시도하였지만 바나나를 따는 것에 실패하자 원숭이는 바나나 밑에 상자를 놓고 상자 위에서 점프하여 바나나를 따서 문제를 해결하였다.

이 실험에서 알 수 있는 바와 같이 원숭이의 학습은 시행착오의 결과가 아니었고 심사숙고와 갑작스러운 통찰력의 결과였음을 알 수 있다.

이러한 과정은 자극에 대한 반응으로 설명될 수 없으며 인지적 사고작용인 통찰에 의해서 설명될 수 있다. 즉 인지적 학습은 문제해결 행동과 직면하고 있는 상황에 대한 학습자의 능동적 이해를 강조하고 있다.

그림 9-14 인지적 학습

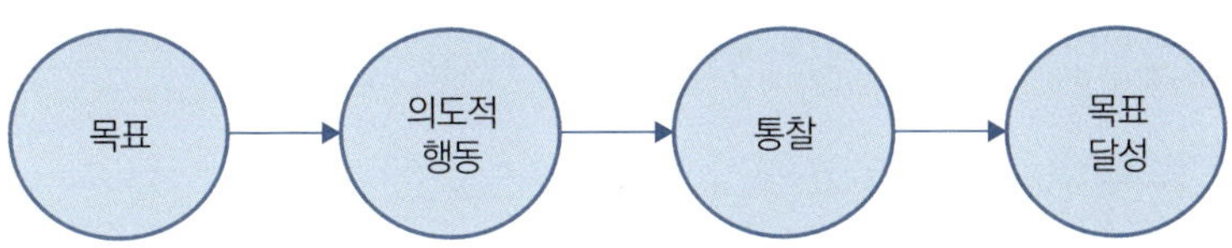

인지적 학습은 소비자들이 그들의 욕구를 가장 잘 충족시킬 수 있는 상표의 선택방법이나 쇼핑방법 또는 제품선택 방법 등을 어떻게 학습하고 있는가에 대해서 유용한 시

사점을 제공해 주고 있다. 예를 들면, 인지적 학습은 혁신 정도가 많은 신제품의 용도와 이점 등에 대한 학습의 형태를 취할 수도 있고, 최근에 관심과 욕구가 생겨난 기존 제품에 대해서 소비자들이 어떻게 학습하고 있는가를 설명할 수도 있다.

신제품에 대한 학습이건 기존제품에 대한 학습이건 간에 인지적 학습은 목표 지향적이고 의식적인 문제해결 과정을 포함하고 있다.

인지적 학습(Cognitive Learning)은 기존 지식구조에 새로운 정보를 첨가 · 조율 · 재구조화함으로써 수행된다.

㉠ 첨가(Accretion)

소비자의 인지적 학습은 대부분 첨가(Accretion)에 의하여 일어난다.

소비자는 제품과 서비스에 대한 정보처리 결과 기존의 지식구조에 새로운 지식이나 신념을 덧붙이게 된다. 첨가의 예로 연상관계를 확립하는 것을 들 수 있는데 소비자들에게 어떤 욕구가 발생될 때마다 특정 상품이나 브랜드가 생각나도록 욕구와 브랜드 간의 연관 또는 연상관계를 학습시키는 것이다. 이것을 연상적 학습이라 한다. 연상적 학습의 예를 보면 박카스의 경우 '피로회복에는 박카스'라는 메시지를 통해 '피로회복은 곧 박카스'라는 강한 연상이 이루어져 자동적으로 박카스를 찾게 되는 경우이다.

㉡ 조율(Tuning)

소비자가 어떤 제품에 대한 새로운 경험과 지식을 기존의 지식구조에 첨가하게 될 때 지식구조를 보다 정교화하고 일반화의 범위를 넓힐 수 있도록 조정하게 되는데 이것을 조율이라고 한다. 예를 들면 SK텔레콤의 서비스와 관련된 여러 가지 특성들이 연관되어 '고품질'이라는 지식구조로 조율될 수 있다.

㉢ 재구조화(Restructuring)

재구조화는 새로운 의미구조를 만들거나 기존의 지식구조를 재조직함으로써 지식의 전반적인 연상 네트워크 구조를 재편하는 것을 말한다. 예를 들면 SK텔레콤의 서비스가 다양해짐에 따라 TTL, Ting, Leaders Club 등으로 별개의 지식구조를 형성하는 것이나 LG건설의 '자이'가 고품격 아파트라는 단일 지식구조에 경쟁 아파트인 두산의 위브나 현대의 힐 스테이트, 롯데 캐슬 등 여러 경쟁상표가 등장함으로써 이들에 대한 지식을 학습하는 과정에서 경쟁상표와 연계하여 '자이'가 갖고 있는 지식이 재구조화될 수 있다.

4) 태도(Attitude)

(1) 태도의 개념 및 특성

태도란 어떤 대상에 대하여 일관되게 호의적 또는 비호의적으로 반응하려는 학습된 내적 느낌의 표현이라고 할 수 있다.

사람들은 태도에 의하여 사물을 좋아하고 싫어하는 마음이 생기고 그에 따라서 대상을 받아들일 것인가, 거부할 것인가를 결정한다. 외식상품이나 상표에 대한 태도가 호의적일수록 구매행동으로 이어질 가능성이 높기 때문에 태도는 매우 중요한 관리부분이라고 할 수 있다. 태도는 다음과 같은 특성을 지니고 있다.

첫째, 태도는 대상이 있다.

태도는 어떤 대상에 대하여 갖는 것으로 그 대상이 제품이나 사람, 상표 등의 유형적인 것일 수도 있으며 노사분규나 정책, 사건 등 무형적인 것일 수도 있다.

둘째, 태도는 방향, 정도 및 강도를 지니고 있다.

태도는 특정 대상에 대하여 호의 또는 비호의적이라고 할지라도 정도나 강도가 다를 수 있다. 예를 들면 특정 자동차를 '그냥 좋아하는 것'과 '최고로 좋아하는 것'은 태도의 정도나 강도를 나타내는 것이다.

셋째 태도는 학습된 결과이다.

소비자의 태도는 제품의 구매와 사용경험, 구전정보, 대중매체의 광고나 인터넷 등 다양한 경험적 학습과 인지적 학습의 결과로 형성된다. 만일 어떤 사람이 스테이크를 먹지 않는다면 그 사람은 스테이크에 대한 과거 사용경험이나 다양한 학습을 통해 먹지 않는 것일 수 있다.

넷째, 태도는 상황에 따라 다르게 나타난다.

예를 들면 특정 연예인을 싫어했지만 드라마나 영화 속의 캐릭터로 인해 해당 연예인이 좋아질 수 있고, 노래 부르는 것을 싫어하지만 회사의 회식자리에서 상사에게 잘 보이고 싶어 노래 부르는 것을 좋아한다고 말할 수 있다.

(2) 태도의 구성요소

태도의 구성요소는 인지적 요소, 감정적 요소, 행동적 요소로 구분할 수 있다.

① 인지적 요소(Cognitive Component)

인지적 요소는 소비자가 태도의 대상이 되는 제품을 직접 경험하거나 여러 정보원천으로부터 얻은 지식이나 지각을 바탕으로 한 신념을 의미한다. 예를 들어 특정 레스토랑은 서비스도 좋고, 음식의 질도 좋다는 광고를 보고 해당 레스토랑이 실제 서비스와 음식이 좋을 것이라는 신념을 갖게 된다.

② 감정적 요소(Affective Component)

감정적 요소는 어떤 대상에 대한 느낌이나 정서적 반응으로서 대상에 대한 소비자의 전반적 평가를 나타내는 것이며 평가가 정서적인 면에서 이루어질 수 있는 것이다. 예를 들면 어떤 가수의 노래를 좋게 평가하고 있었는데 '기부천사'라는 인터넷의 메시지를 통해 감동을 받고 더욱 좋게 평가할 수 있다.

③ 행동적 요소(Behavioral Component)

행동적 요소는 특정 대상에 대해 행동으로 반응하려는 경향을 말한다. 예를 들어 특정 호텔을 가고 싶다고 말하거나 다른 사람에게 특정 호텔을 추천하는 경우 그 호텔에 대한 호의적인 태도를 행동적 요소로 표현한 것으로 간주할 수 있다.

(3) 태도와 관여도의 관계

관여도(Involvement)란 주어진 상황에서 특정 대상에 대한 개인의 중요성 지각정도나 관심도 또는 주어진 상황에서 특정 대상에 대한 개인의 관련성 지각정도라고 정의할 수 있다.

관여도는 개인에 따라 다르며 개인이 어떤 제품에 대해 지속적으로 갖는 관여를 지속적 관여라고 한다.

지속적 관여는 제품이 자신의 중요한 가치와 관련되거나 자아와 관련될수록 높아진다. 또한 관여도는 연속적이며 상대적인 개념이지만 보통 고관여와 저관여로 구분된다.

① 고관여 제품

고관여는 자극대상물에 대한 개인적인 관심과 중요성의 수준이 높은 상태로 소비자의 자아나 가치관, 관심도 또는 현재의 욕구와 밀접하게 연관되어 있다.

고관여 상황에서의 의사결정은 확장된 문제해결 과정이므로 의사결정의 다섯 단계(문제인식, 탐색, 대체안 평가, 선택 및 결과)를 모두 포함하는데 특히 정보 탐색과정이 매우 활발하게 나타난다. 따라서 이들은 저관여 구매자들보다 제품 관련 메시지에 대해서 부정적인 인지적 반응을 강하게 보이거나 상표 충성도가 높고 의견 선도력이 높게 나타난다.

고관여 제품이란 제품에 대한 중요도가 높고 가격이 비싸 구매할 때 소비자들의 의사결정과정이나 정보처리과정이 복잡하고 시간이 오래 걸리는 제품군을 말하며 이러한 제품들은 일반적으로 소비자의 관심도가 높고 잘못된 구매의사결정을 내렸을 경우 지각된 위험이 높으며, 가격이 높고, 복잡한 특성을 지닌 경우가 많다.

따라서 소비자들은 가격이 비싸거나 자신에게 중요한 영향을 미치는 제품, 잘못 구매했을 때 많은 위험이 따르는 제품은 구매 전 많은 사람들에게 조언을 구하기도 하고 오랜 시간과 노력을 소비하면서 구매과정에 깊이 관여하는데 이러한 제품을 고관여 제품이라고 한다. 예를 들면 자동차나 아파트 등은 적극적으로 정보를 탐색하고 노력하여 선택할 것이므로 고관여 제품이라 할 수 있다.

고관여 제품을 구매하는 소비자들은 제품에 대해 구체적으로 알고자 하는 의지나 노력이 강하므로 제품에 대한 자세한 설명이나 주변인의 소개 및 추천을 선호하는 편이다. 따라서 고관여 제품을 구매하는 소비자들에게는 제품의 차별성이나 제품이 주는 가치, 믿을 수 있는 구전효과 등을 강조하는 것이 좋다.

② 저관여 제품

저관여는 자극대상물에 대한 개인적 관심과 중요성의 수준이 낮은 상태를 말하며 소비자들은 구매의사결정에서 고관여 상황과 같은 최적구매를 추구하기보다는 만족스럽거나 적당한 대안을 선택한다.

저관여 상황에서의 정보처리과정은 적극적 탐색이 없으므로 비자발적으로 노출되는 경향이 많은데 이 경우 주의를 기울이고 이해만 하면 순종과 수용의 과정을 거치지 않고 장기 기억에 유보된다.

저관여 제품이란 개인적 관심도가 크지 않아 구매결정을 잘못 내렸더라도 위험성이 거의 없는 제품군으로 소비자들이 깊이 생각하지 않고 간단하며, 신속한 구매결정, 낮은 가격, 낮은 중요도로 상표 간 차이가 크지 않아 잘못 구매했을 경우 큰 피해를 입지 않는다.

이러한 제품군으로는 라면, 음료수 등과 같은 간단한 식품류와 세제, 샴푸, 면도기 등 소비자가 습관적으로 구매하는 제품들이 해당된다.

저관여 제품의 경우 브랜드를 반복적으로 알려 소비자들에게 각인시키거나 브랜드를 적절히 활용해 CM송 등을 재미있게 만들어 광고하는 경우가 일반적이다.

특히 저관여 상황에서는 단순노출효과(Mere Exposure Effect) 이론을 통해 태도를 형성시키는 경우가 있는데 단순노출효과란 개인이 별로 의미를 갖지 않는 어떤 대상이라도 반복적으로 노출하게 되면 그 대상에 대해 호의적인 태도가 형성된다는 것이다.

제이욘스(Zajonce)의 단순노출효과 연구에 의하면 A, B, C, D라는 보통 이상의 인물이 되는 사람의 사진을 A는 한 번, B는 세 번, C는 다섯 번, D는 열 번을 보여주고 실험자들에게 호감도를 평가한 결과 노출이 많을수록 호감도가 상승한다는 연구결과가 나왔다. 즉 노출이 많으면 그로 인해 친밀감이나 온정감이 발생하여 호의적인 태도가 형성될 수 있다는 것이다. 하지만 일정 수준 이상으로 과다하게 노출되면 오히려 부정적인 태도가 형성될 수 있음에 유의해야 한다. 따라서 마케팅 관리자는 소비자가 반복해서 노출되는 자극으로부터 지루함을 느끼지 않도록 콘셉트는 유지하면서 창의적인 메시지를 구상해야 하며 주기적으로 변화를 주는 것이 효과적이다.

(4) 소비자의 태도 변화

① 구매 전 태도 변화

㉠ **피시바인(Fishbein)의 다속성 태도모델(Multi Attribute Attitude Model)**

피시바인(Fishbein)의 다속성 태도모델(Multi Attribute Attitude Model)이란 어떤 대상에 대한 전반적인 태도가 여러 가지 속성에 대한 신념들과 소비자의 욕구 기준을 반영하는 가중치의 결합에 의하여 결정된다는 견해의 태도모델을 말한다. 또한 대안이 평가되는 평가기준 또는 속성이 하나 이상, 즉 다수이며 소비자들은 다수의 속성을 동시에 고려하여 대상에 대한 태도를 형성하게 되는 것을 기본 가정으로 하는 모델로서, 이를 통해 대상에 대한 전반적인 호감과 비호감에 대한 평가를 나타내는 수치가 산출된다.

〈표 9-1〉을 보면 'A화장품'은 (5×2)+(4×4)+(4×4)+(2×5)+(2×3)=58이라는 점수가 나오고 다른 화장품의 경우도 동일한 방법으로 계산 시 'B화장품'은 51점, 'C화장품'은 44점, 'D화장품'은 78점으로 소비자는 'D화장품'을 구매할 수 있다.

| 표 9-1 | **다속성 태도모델에 의한 분석 사례**

부각 속성	속성 평가	신념의 강도			
		A화장품	B화장품	C화장품	D화장품
가격	+5	2	3	4	4
브랜드 인지도	+4	4	4	2	5
기능성	+4	4	2	2	5
디자인	+2	5	3	2	4
구매후기	+2	3	3	2	5

다속성 태도모델에 의해 형성되는 태도는 다음과 같은 변화로 상표에 대한 태도를 변화시킬 수 있다.

첫째, 속성에 대한 중요도를 변화시킨다.

즉 자사 상표가 지니고 있는 유리한 속성의 중요도를 부각시키고 불리한 속성의 중요도를 낮추어 인식하도록 커뮤니케이션한다. 예를 들어 치약의 경우 '맛'에 대한 중요성이 낮게 평가된다면 맛이 '프라그 제거와 관련이 있음'을 강조하여 '맛'이라는 속성의 중요성을 높여 태도를 변화시킬 수 있다.

둘째, 새로운 속성의 추가로 자사 상표에 대한 태도에 유리한 결과를 가져오도록 한다.

자사 상표만이 지니고 있는 독특한 특성이나 속성을 상표평가 기준 속성이 되도록 인식시키는 것이다. 치약의 경우 경쟁제품에는 없는 '미백효과'라는 속성을 추가하여 호의적인 태도를 강화할 수 있다.

셋째, 기존의 속성에 대한 신념을 변화시킨다.

기존에 인식하고 있던 신념강도보다 더 높게 인식하도록 속성을 개선하거나 정확한 정보를 제공하여 낮게 평가된 자사 상표의 속성을 높이도록 한다.

㉡ 하이더(Heider)의 균형이론(Balance Theory)

하이더(Heider)의 균형이론(Balance Theory)에 따르면 여러 대상이 상호관련이 있고 각 대상에 대한 소비자의 태도들 간에 불균형이 발생하면 심리적 긴장감을 느끼게 되며, 이러한 심리적인 긴장감을 해소하기 위해서 각 대상에 대한 기존의 태도를 변화시켜 태도들 간의 균형을 이루려고 한다.

균형이론에 의한 상표태도의 변화는 소비자와 상표, 제3의 대상 등 세 요소들 간의 태도관계를 적용하여 설명할 수 있다. 예를 들어 'A'라는 상표에 대한 표적소비자의 태도가 비호의적인(-) 경우 표적소비자들이 호의적인(+) 태도를 가지고 있는 사람이나 대상을 광고모델로 등장시켜 해당 상표와 서로 긍정적인 방향으로 연관시킴으로써 'A'라는 상표에 대한 태도를 긍정적인(+) 방향으로 변화시키는 것이다.

이러한 태도 변화가 일어나는 이유는 'A'라는 상표에 대한 태도와 'A' 상표에 연관된 대상(모델)에 대한 태도가 서로 불일치하여 태도의 불균형이 발생하고 그 결과 심리적인 불편함을 느끼고 있기 때문에 이러한 심리적 불편함을 해소하기 위해 'A' 상표에 대한 태도를 긍정적으로 변화시켜 태도의 균형화를 꾀하게 되는 것이다.

그림 9-15 **균형이론에 의한 태도 변화 과정**

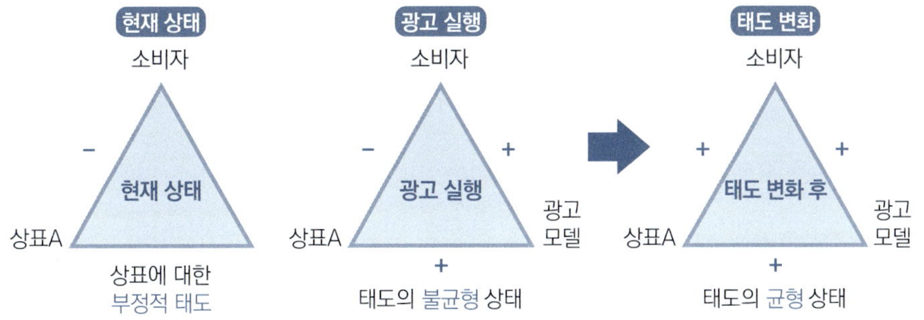

자료: 황병일 외, 상게서, p. 225.

② 구매 후 태도 변화

㉠ 인지부조화 이론(Cognitive Dissonance Theory)

인지부조화 이론(Cognitive Dissonance Theory)은 1957년 사회심리학자 페스팅거(Festinger)가 제기한 이론으로 현상의 실체에 대한 지각 및 판단, 사고 등의 지식이 결합되어 형성된 하나의 인지가 다른 인지들과 논리적으로 불일치하여 발생한 부조화관계를 말한다. 쉽게 말하자면 소비자가 인식한 두 가지 이상의 인지 간에 불일치가 발생하면 심리적으로 불안감을 느끼게 되는 것이다.

1950년대에 미국 중서부 일대에서 한 사이비 종교집단에 의한 소동이 있었다. 그 해 12월 21일 밤에 대서양이 갑자기 융기해서 유럽과 미국 전체가 물에 잠기고 로키산맥 꼭대기에 바닷물이 찰랑거리게 될 것이라는 일종의 '종말론'이었다. 언제나 공포는 전염성이 높기 마련이다. 전업주부에서부터 대학교수까지 다양한 사람들이 이 종말론에 몰입되어 평생 동안 일군 가정과 일터를 버리고 모여들었다.

그들은 끼리끼리 모여 자신들을 태우러 온다는 우주선을 기다렸다. 그러나 운명의 그날 밤은 아무 일도 없이 지나가버렸다. 물론 우주선도 오지 않았다. 그 새벽에 교주의 발표가 있었다. '우리 신도들의 믿음에 신께서 감동하셔서 대홍수로 인간을 멸하려던 계획을 철회하셨다'는 교시였다.

신도들은 감동에 휩싸였고 교주의 예언이 틀리지 않았다는 굳은 신념으로 더 맹목적으로 충성했다.

페스팅거는 이 기이한 현상에 주목하여 그 신도들에게 그토록 불합리한 확신을 불어넣은 것은 과연 무엇일까에 대한 고민을 한 결과 세운 가설이 바로 '인지 부조화 이론(A Theory of Cognitive Dissonance)'이다.

이 이론을 요약하면, 사람들은 상반되는 인지요소들 사이의 불일치(혹은 부조화)를 줄이기 위해 노력 한다는 것이다. 즉, 자신의 믿음이나 태도에 반대되는 증거가 드러났더라도 자신의 생각을 수정하기보다는 그 증거를 부인함으로써 심리적 부조화 상태를 회피한다는 이론이다.

페스팅거는 이러한 가설을 입증하기 위해 다음과 같은 실험을 했다.

우선 실험집단을 두 그룹으로 나누고 A집단 실험대상자에게 1달러, B집단 실험대상자에게 20달러의 보수를 지급했다. 그런 다음 각 그룹에게 구슬 꿰기와 같이 재미없고 무의미한 단순 반복 작업을 한 시간 정도 수행하게 했다. 이후 실험대상자에게 주최 측 직원이 사고로 오지 못했으니 직원 대신에 이 작업은 재미있다는 말을 다음 실험대상자에게 말해 달라고 제안했다.

실험대상자 모두 이 제안을 수락했다. 이들은 다음 실험대상자에게 자신이 경험한 반복 작업을 소개하며 재밌다라고 거짓말했다.

여기서 흥미로운 점은 실험 후 1달러를 받은 쪽이 20달러를 받은 쪽보다 이 작업이 꽤 가치 있고 재미있었다고 평가했다는 것이다.

결론적으로 보수를 덜 받은 쪽에서 자신의 거짓말을 합리화하는 경향이 나타난 셈이다. 이는 자신들이 1달러를 받기 위해 오랜 시간동안 하찮은 일을 하고 있었다는 사실을 스스로 인정하기 싫었던 것이다.

이렇듯 인지부조화가 발생하면 이를 해소하기 위한 방법으로 태도 변화를 꾀하게 된다. 예를 들어 홈쇼핑에서 20만 원에 구입한 휴대폰이 다음 날 다른 홈쇼핑에서 공짜로 판매된다면 소비자는 상당한 심리적 불안감을 느끼게 될 것이다.

이러한 불안감(인지부조화)을 해소하는 방법으로는 다음과 같은 것들이 있다

첫째, 문제가 있다는 사실 자체를 부인한다.

즉 정보의 출처를 무시하거나 과소평가함으로써 문제의 존재를 부인하거나 사실을 알면서도 일부러 모르는 척한다. 즉 휴대폰 광고에 대해 그냥 무시하거나 회피한다.

둘째, 자신의 기존 사고를 변경하여 일관성을 획득하고자 한다.

이는 대개 자신이 잘못했다는 사실을 인정하고 자신의 실수를 만회하기 위해 변화하는 것을 포함한다.

휴대폰을 구매하기 전에 좀 더 알아보지 못한 것을 후회하고 추후에는 구매 시 참고하겠다고 생각한다.

셋째, 상대방의 입장에서 오류를 발견하고 그 출처를 의심하며, 자신의 관점이 사회적으로 확실한 지지를 받을 수 있는 방법을 찾겠다고 결심한다.

그 원인을 찾을 수 있는 경우, 자신이 실수를 저지르게 된 원인을 이해하려고 한다. 예를 들면 홈쇼핑에서 판매하는 휴대폰의 원산지를 의심하고 문제가 있는 것이라고 생각한다.

넷째, 자기합리화로 자신의 기대치를 수정하거나 실제로 일어난 일을 변경하려 한다. 또한 자신의 행동이나 의견을 정당화할 수 있는 이유를 찾는다.

예를 들면 가격을 지불해야 제대로 된 휴대폰을 구매할 수 있다고 생각하거나 먼저 구입했기 때문에 그 기간 동안 효용을 누릴 수 있었다는 생각을 한다.

ⓛ 귀인이론(Attribution Theory)

귀인이론(Attribution Theory)은 1950년대를 기점으로 환경에 의한 인간의 행동변화가 급속히 악화되고 인지를 중심으로 한 인간행위를 설명하려는 시도로 등장하였다.

귀인이론은 인간행동의 원인은 개인의 특성이나 환경이 아닌 자신이 어떻게 생각하느냐에 따라 달라진다는 관점에서 출발한다. 인간에게는 타인들의 행위를 보고 그 행위의 원인을 추리하려는 경향이 있다는 점에 주목하고 원인을 생각하는 이유가 타인에 대한 평가와 함께 그 사람의 행위와 방향을 예측하여 자신에 대한 본능적인 방어뿐만 아니라 또 다른 행위에 대한 준비라고 본다.

이러한 추리과정, 즉 타인의 행위에 대한 관찰을 통하여 그 행위의 원인을 이해하고 찾는 과정을 귀인과정(Attribution Process)이라 한다.

귀인이란 사람들이 자신과 다른 사람의 특정 행동에 대한 이유를 어떤 외부적 상황(Situation)으로 돌리거나 내부적 성향(Disposition)으로 돌리는 것을 말한다. 다시 말하면 귀인이란 자신이 행한 행위를 정당화할 수 있는 어떤 근거를 찾아 그것에 탓을 돌리는 것을 말한다.

예를 들어 자신이 구매한 상품이 기대에 부응하지 못해 불만족하게 되면 소비자들은 잘못된 구매에 대해 구매과정 중에 있었던 특정한 일의 탓으로 돌린다.

행운, 불운, 어려운 과업, 쉬운 과업, 주위의 친한 사람들, 적대적인 관계의 사람들, 자신이 어려워하는 일, 자신이 갖고 있는 능력의 정도 등과 같은 것들이 모두 그러한 예이다.

귀인에는 잘못된 원인을 자신의 탓(능력, 동기, 성격 등)으로 돌리는 내적 귀인과 상황이나 외부적 · 환경적 요소, 운 등의 탓으로 돌리는 외적 귀인이 있다.

귀인의 결과가 내적 원인이라고 생각하는 경우와 외적 원인이라고 생각하는 경우 소비자들의 행동은 다음 행동에 차이를 가져온다.

내적 귀인을 하는 경우 기대불일치를 축소하는 경향이 있는 반면 외적 귀인의 경우에는 기대를 확대하는 경향이 나타나 구매 후 상표에 대한 태도가 더욱 악화될 수 있다.

귀인이론의 주된 구성요소로는 운, 능력, 노력, 과제난이도를 들 수 있다.

5) 개성(Personality)

(1) 개성의 개념

소비자의 심리적 특성은 겉으로 드러난 외모보다도 소비자 행동에 더 중요한 영향을 미친다.

개성이란 개인만이 지니고 있는 독특한 심리적 특성으로 외부환경이나 자극에 대해 일관되고 지속적으로 반응하려는 성향을 말한다. 즉 개성이란 '좋다 또는 나쁘다'라는 판단이 들어가는 것이 아닌 가치중립적인(Value-Free) 것으로 그 사람의 행위를 설명할 수 있는 요소이다.

이와 같이 개인의 행위를 설명할 수 있는 개성을 형성하는 데는 유전(Heredity), 환경(Environment), 상황(Situation)의 세 가지 요소가 주요한 영향을 준다.

그리고 '자신만의 개성'이라고 할 수 있기 위해서는 남들이 지니지 않은 유일무이한 것(Uniqueness)이어야 하고, 바꾸기 매우 힘들고(Stability), 개인의 부수적인 부분을 설명하는 것이 아닌 포괄적인(Comprehensiveness) 부분을 설명해 줄 수 있는 것이어야 한다. 따라서 개성은 한번 형성되면 쉽게 변화되지 않으며 비교적 일관되게 행동에 반영되어 나타나는 경향이 있으며, 상품이나 점포를 선택하는 데 영향을 주기 때문에 소비자 행동 연구에 있어서 중요하다고 할 수 있다.

(2) 개성의 특징

개성을 구성하고 있는 심리적 특성은 독특한 요소들의 집합으로 이루어져 있기에 모든 사람들의 개성이 같을 수 없지만 유사한 개성을 갖는 집단으로 세분화할 수는 있다. 개성은 다음과 같은 특징을 지니고 있다.

① 독특성(Unique)

독특성(Unique)이란 쉽게 말해 특별하게 다른 성질을 의미한다. 즉 개성을 구성하는 심리적 특성은 개인의 내면적 특성 중의 하나이며, 독특한 요소들의 집합으로 이루어져 동일한 개성을 갖지 않는다. 단, 유사한 집단으로 구분될 수는 있다.

② 일관성(Consistent)

일관성(Consistent)이란 하나의 방법이나 태도로 처음부터 끝까지 한결같은 성질을 의미한다.

개성은 개인이 살고 있는 환경에 대하여 지속적으로 변화되는 것이 아니라 일관되고 지속적인 패턴을 지니게 된다. 그러므로 마케팅 관리자는 자사의 제품에 적응하도록 개인의 개성을 변화시키기보다는 표적시장의 개성특성과 어울릴 수 있는 제품을 개발하여 고객의 욕구를 충족시킬 수 있어야 한다.

③ 정태성(Statics)

정태성(Statics)이란 '비동태성'이라고 할 수 있다. 즉 쉽게 변화되지 않는 것을 의미한다. 이렇게 기본적인 특성은 변화되지 않지만 개성은 사회적 경험과 지식의 습득으로 점차 성숙되어진다. 예를 들면 평생 청바지만을 고집하던 학생이 취업하여 기업에 입사한 후 해당 기업의 조직문화에 맞게 자신만의 개성을 포기하고 정장을 입는 경우가 생길 수 있다.

2 대인적 영향

소비자들의 구매결정은 개인적 영향뿐 아니라 대인적 영향에 대해 반응한 결과라고 할 수 있다. 소비자들은 다른 사람들이 기대한다고 믿는 것에 기초하여 구매를 결정하기도 한다.

대인적 영향에는 가족, 준거집단, 사회계층, 문화 등이 있다.

1) 가족(Family)

(1) 가족의 개념

가족(Family)은 혈연, 결혼, 입양 등으로 함께 생활하는 두 사람 이상으로 구성된 개인들의 집단을 의미한다.

가족구성원들 사이에는 친밀한 상호작용이 지속되어 가족집단은 소비자 행동을 결정하는 가장 중요한 요인이라 할 수 있다.

고전적 의미에서의 가족을, 미국의 인류학자 머독(Murdock)은 '공동의 거주, 경제적 협동, 생식(재생산)의 특징을 갖는 집단으로서 사회적으로 인정받은 성관계를 유지하고 있는 최소한의 성인 남녀와 한 명 이상의 자녀로 이루어진 집단'이라고 정의하였고, 스트라우스(Strauss)는 '가족구성원은 법적 유대, 경제적 · 종교적, 그 외에 다른 권리와 의무, 성적 권리와 금지, 애정, 존경, 경외 등 다양한 심리적 정감으로 결합된 집단'이라고 하였다.

현대적 의미에서의 가족을, 유영주(1993)는 '부부와 그들의 자녀로 구성되는 기본적 사회집단으로서 이들의 이익관계를 떠난 애정적 혈연집단이며, 같은 장소에서 기거하고 취사하는 집단이고, 그 가족만의 고유한 가풍을 갖는 문화집단이며, 양육과 사회화를 통하여 인격 형성이 이루어지는 인간발달의 근원적 집단'이라고 정의하였다.

가족의 유형은 가족을 구성하는 식구의 수나 혈연관계, 거주형태 그리고 가족 내에서의 권위 및 부부의 결합형태 등에 의해서 분류된다.

가족의 크기나 범위를 기준으로 대가족, 소가족 또는 핵가족, 확대가족으로 나눌 수 있다. 소가족 및 핵가족의 전형적 형태는 부부와 그들의 미혼 직계자녀들로 구성되어 부부가 중심이 되는 가족인 데 반해 대가족 및 확대가족은 혈연관계가 중심이 되는 가족이다.

(2) 가족 소비자 행동의 특징

① 준거집단으로서의 행동

가족은 구성원들 간에 상호작용이 빈번히 일어나고 행동에 대한 준거적 기준이나 가치를 형성하는 소비자의 중요한 환경적 요소이다. 특히 가족구성원은 해당 가족의 문화, 전통, 관습, 다른 가족구성원의 가치관 및 소비자 행동을 준거로 행동하는 경우가 많다. 예를 들어 부모님이나 가족구성원들이 보수적인 성향이 많다면 가구를 구입할 때 점잖은 모델을 선택할 가능성이 높고, 개방적이라면 현대적이고 세련된 이미지의 가구를 구입할 가능성이 높다.

② 소비생활의 공유

일부 제품에 대해서는 개인적으로 구매하여 사용하는 경우도 있지만 가족구성원이 공동으로 구매하여 사용하는 경우가 많다. 예를 들면 주택이나 TV, 냉장고, 가구, 치약 등은 서로 공유하여 사용하고 음식의 경우도 특별한 경우가 아니라면 가족 전체가 동일한 음식을 함께 먹는 경우가 많다.

③ 구매 시 역할분담

가족구성원들은 구매의사결정의 다섯 가지 역할 중에서 하나 또는 둘 이상을 수행한다.

첫째는 제안자로 서비스나 상품의 구매를 처음 생각하는 역할, 둘째는 영향자로 서비스나 상품 구매 시 의사결정에 영향을 주는 역할, 셋째는 결정자로 최종으로 상품의 구매여부 및 방법, 품목을 결정하는 역할, 넷째는 구매자로 실제 해당 상품에 대한 금액을 지불하는 역할, 다섯째는 사용자로 상품이나 서비스를 사용하는 역할을 하게 된다.

그림 9-16 가족구매자의 역할

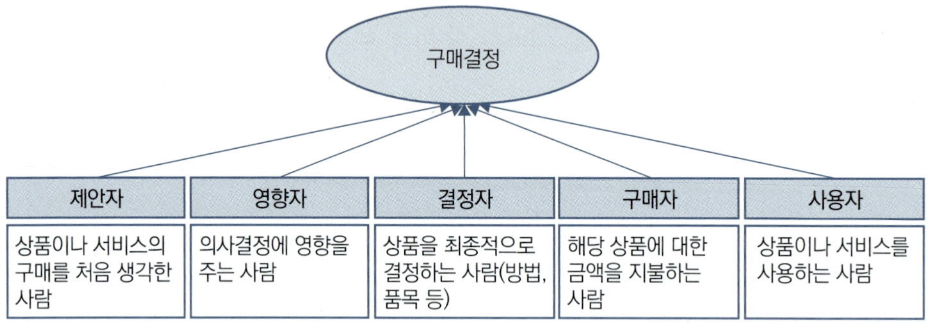

④ 개인 욕구의 부분적 희생

가족이 구매한 제품은 구성원이 공동으로 사용하기 때문에 일부 구성원의 욕구는 충족되지 않을 수 있다. 예를 들어 다이어트 중인 엄마는 채식위주의 식사를 하지만 자녀들의 음식에 대한 욕구를 충족시켜 주기 위해 외식 시 탕수육을 주문해 자신이 먹고 싶은 채소류의 음식을 자제하는 경우를 볼 수 있다.

(3) 가족구성원의 영향력

가족 구매의사결정 과정에서 구성원들이 제품 구매에 미치는 영향력은 상황에 따라 다를 수 있다. 예를 들어 자동차를 구매하는 경우 크기와 가격대에 대하여 남편이 지배적인 영향을 미칠 수 있으나 싱크대 및 가구에 대해서는 아내가 더 지배적인 영향력을 미칠 수 있다. 이러한 유형은 다음과 같이 정리할 수 있다.

① 남편주도형

남편주도형은 특정 제품을 구매할 경우 남편의 영향이 가장 크다고 생각되는 것으로 자동차나 카메라 등의 기계 관련 제품이 있으며, 구매에 있어 예산이나 시기, 제품의 명세와 관련된 결정을 주로 수행한다.

② 아내주도형

아내주도형은 특정 제품을 구매할 경우 아내의 영향이 가장 크다고 생각되는 것으로 식료품, 자녀 의류, 잡화, 장난감 등으로 가정생활에 밀접한 관계가 있는 제품으로 구매에 있어 색상이나 스타일, 디자인과 같은 집단의 규범과 관련된 표현적 역할에 관계하는 정도가 높다.

③ 공동결정형

공동결정형은 특정 제품을 구매할 경우 남편과 아내가 유사한 정도의 영향력을 지니는 것으로 주택이나 여행, 휴가시기, 외식장소 등이 있다.

④ 개인결정형

개인결정형은 특정 제품에 대해 스스로 결정하는 제품으로 기호식품(술, 담배 등)이나 옷(신사복, 숙녀복 등)이 있다.

(4) 가족 구매의사결정과 마케팅 전략

① 제품개발 전략

마케팅 관리자는 제품개발 시 가족구성원 간의 영향력과 역할을 고려하여 누구를 표적으로 할 것인지를 판단한 후 개발해야 한다. 예를 들어 아동의류의 경우 실제 입는 대상은 아동이 되지만 구매에 영향력을 미치는 사람은 아마도 부모(엄마)일 것이다. 따라서 아동의 취향과 함께 엄마의 취향도 반영해야 할 것이다.

② 가격 전략

상품을 구입하는 사람도 중요하지만 결과적으로 해당 상품에 대한 금액을 누가 지불하는가에 따라 가격 전략이 달라질 수 있다. 예들 들어 밸런타인데이(St. Valentine's Day)와 같은 기념일에 남자 친구가 여자 친구에게 장미꽃을 선물한다면 가격을 크게 고려하지 않을 수 있다. 즉 비용을 지불하는 대상에 따라 가격에 대한 탄력성이 다를 수 있다.

③ 유통 전략

유통 전략은 실제 상품을 구매하러 오는 사람이 누구인가에 따라 유통경로와 시설이 달라질 수 있다. 예를 들어 맥도날드의 경우 구매하는 사람이 주로 자가용을 타고 오는 사람이라면 바로 구매해 갈 수 있는 드라이브 스루(Drive-Thru: 차에 탄 채로 이용할 수 있는 식당)로 고객의 편의를 고려하는 것이 좋고, 어린아이와 부모들이 함께 방문하는 곳이라면 놀이방과 같은 휴게시설을 마련하는 것도 좋다.

④ 커뮤니케이션 전략

광고 및 홍보와 같은 마케팅 커뮤니케이션 전략에 있어서도 구매의사결정과 관련된 가족구성원의 역할을 충분히 이해해야 한다. 예를 들어 어린이 치약의 경우 어린이를 대상으로 한 제품이지만 의사결정과 비용에 대한 지불은 부모가 하게 되므로 광고매체와 메시지를 계획할 때 부모를 표적으로 선정해야 한다.

2) 준거집단(Reference Group)

(1) 준거집단의 정의

준거집단이라는 용어는 1942년 미국의 심리학자인 하이먼(H. Hyman)에 의해 처음 사용되었으며 사회심리학의 연구에 의하면 '개인은 스스로가 동일화하고 있는 특정한 집단규범에 따라 행동하고 판단한다'고 하였는데 여기서 말하는 집단을 개인의 준거집단이라고 한다.

다시 말해 준거집단이란 개인의 행동에 직접 또는 간접적인 영향을 미치는 집단으로 개인이 어떻게 생각하고 행동하는가에 대한 기준이나 가치를 제공한다.

준거집단은 소속집단과 중복되는 경우도 있으나 반드시 그 집단의 구성원은 아닐 수도 있으며 또 그렇게 되길 바라지 않을 수도 있다.

(2) 준거집단의 유형 및 특징

준거집단은 소속여부에 따라 회원집단과 비회원집단으로 구분된다.

회원집단은 접촉빈도에 따라 1차 집단과 2차 집단으로 나누어지고 조직구조에 따라 공식집단과 비공식집단으로 나누어진다.

비회원집단은 열망집단과 회피집단으로 나누어진다.

예를 들어 가족의 경우 자연적으로 발생되는 집단으로 비공식집단이면서 인간적인 관계가 중심이 되는 1차 집단으로 구분할 수 있고, 회사동료의 경우 2차 집단이면서 공식집단에 해당된다.

① 1차 집단(Primary Group)

1차 집단은 소규모의 사회집단으로 구성원들이 서로 친밀하고 자주 접촉하는 가족이나 친구들이 여기에 해당된다.

② 2차 집단(Secondary Group)

2차 집단은 구성원끼리 가끔 만나는 집단으로 서로의 사고나 행동에 미치는 영향력이 작은 편이다. 지역단체나 협회, 클럽 등이 해당된다.

③ 공식집단(Formal Group)

공식집단은 구성원의 자격이 명확하게 정의되고 구성원들의 명단이 있으며 조직구조가 체계화되어 있는 집단이다.

집단의 기준에 순응할 것인지에 따라 영향력이 달라지며 교회나 학교, 동창회 등이 해당된다.

④ 비공식집단(Informal Group)

조직구조가 명확하지 않고 우정이나 친분 등에 의해 자연스럽게 형성되는 집단이다. 규범이 엄격할 수도 있지만 기록이나 문서화되지 않는 것이 보통이며 스포츠동호회, 쇼핑집단 등이 해당된다.

⑤ 열망집단(Aspiration Group)

열망집단은 현재 소속되지 않은 비회원집단으로 소속되고 싶어 하는 집단을 말한다.

⑥ 회피집단(Avoidance Group)

회피집단은 현재 소속되지 않은 비회원집단으로서 소속되고 싶지 않은 집단을 말한다.

(3) 준거집단이 소비자에게 미치는 영향

준거집단이 소비자에게 미치는 영향은 다음과 같이 다양하게 나타난다.

① 정보적 영향

준거집단의 전문적 힘에 의해 그들이 제공하는 정보나 의견을 신뢰하여 구매의사결정에 영향을 미치는 것을 말한다. 즉 해당 집단을 신뢰성 있는 정보원천 및 전문지식이라고 생각하거나 정보가 제품선택에 대한 지식을 향상시켜 준다고 믿는 경우 집단으로부터 정보를 수용한다.

예를 들어 매운맛을 좋아하는 사람은 매운맛 동호회와 같은 준거집단으로부터 나온 맛집 정보에 대해 신뢰성을 가지고 해당 맛집을 찾아갈 확률이 높을 것이고, 컴퓨터나 카메라와 같은 기계를 구입하고자 하는 소비자는 먼저 구매해 본 경험이 있는 준거집단(컴퓨터 동호회, 카메라 동호회 등)으로부터 정보를 제공받을 수 있으며, 이들의 정보를 신뢰하여 구매행동으로 이어질 수 있다.

② 규범적 영향

준거집단의 규범적 영향은 준거집단의 가치, 규범, 행동양식의 순응에 따르는 보상과 벌에 의해 순응하게 되는 영향력을 의미한다.

특히 준거집단이 보상과 벌을 가할 수 있다고 판단할 때, 순응하면 보상이 따르고 순응하지 않으면 처벌받을 수 있다는 사실이 동기유발 요인으로 작용할 때 규범적 영향이 강하게 나타난다.

예를 들어 회사에서 회식을 하는데 참석하기 싫어도 회식에 참여하지 않을 시 받게 될 불이익 등으로 인해 부득이하게 참석하는 경우 등이 해당될 수 있다. 구매와 관련된 사항을 예로 들면 스포츠모임에서 테니스 경기를 하는 경우 만일 다른 사람들은 테니스 용품을 준비했는데 혼자만 갖추지 못했을 경우 경기에 참여하지 못하거나 참여한다 해도 심한 심리적 부담감을 느끼게 될 것이다.

③ 자아 표현적 영향

준거집단의 자아 표현적 영향은 소비자 자신의 가치표현과 자아개념의 형성에 미치는 영향을 의미한다. 즉 자아 이미지를 유지 보존하기 위해 준거집단의 규범이나 행동을 받아들이는 경우를 말하는데 예를 들면 연예인들의 헤어스타일이나 의상은 일반인들에 비해 유행을 따르는(Stylish) 경우가 많은데 이러한 것들은 자신이 연예인이라는 자아 표현을 하고 다니는 경우라 할 수 있다.

④ 비교기준적 영향

준거집단은 비교기준적인 영향을 소비자에게 미치기도 한다. 소비자들은 준거집단을 비교하여 자신과 일치하는 집단의 가치와 행동을 받아들이려 하고 회피하고자 하는 집단과는 자신을 분리시키려고 한다.

예를 들어 대학교에 입학하게 된 경우 이성이나 강의에 대한 관심, 선호하는 기호식품, 사회문제 등에 대한 견해가 자신과 비슷한 사람들과 쉽게 어울리게 된다. 즉 이러한 집단 구성원의 태도를 비교함으로써 자신의 태도와 행동을 강화할 수 있기 때문이다.

3) 사회계층(Social Stratification)

(1) 사회계층의 개념

인간의 과거 역사를 살펴보면 어떠한 사회에서나 사회구성원의 맡은 바 역할을 분담하기 위해 어떤 형태로든 사회적 계급이나 계층이 존재해 왔음을 알 수 있다.

현대사회 역시 그 사회가 민주적이든 귀족적이든 전체주의적이든 간에 다수의 개인들과 집단의 수평적이고 수직적인 상황으로 이루어져 있다. 그러므로 사회계층현상은 모든 인간사회에 편재하는 보편적인 것이나 항상 고정적인 것이 아니라 역사적으로 형태를 달리하는 역동적인 것이라 할 수 있다.

사회계층이란 사회구성원을 구분 가능한 신분계층으로 나눈 것으로 다른 계층과는 차별화하려고 하는데 사회구성원을 사회계층으로 분류하는 과정을 사회적 계층화(Social Stratification)라고 한다. 이때 사회적 계층화의 기준이 되는 특성을 예로 들면 소득의 원천, 직업, 주거지역, 교육수준, 가정배경 등이 있다.

사회계층과 유사한 의미로는 사회계급(Social Class), 신분(Status) 등이 있지만 개념에 있어서는 분명한 차이가 있다.

사회계급(Social Class)은 경제적 차이에 의한 종적 계층만을 나타내는 것으로 비연속적 대립과 단절을 전제로 한 집단 개념이다.

신분(Status)이란 그 사회의 다른 사람들이 지각하고 있는 사회시스템에서의 지위를 지칭하는 것으로 한 개인의 신분은 그가 속한 사회계급은 물론 그의 사회적 특성의 함수라고 할 수 있다. 따라서 사회계층이란 사회계급과 신분을 포함하는 상위개념으로 생각할 수 있다.

그림 9-17 사회계층, 사회계급, 신분의 상관성

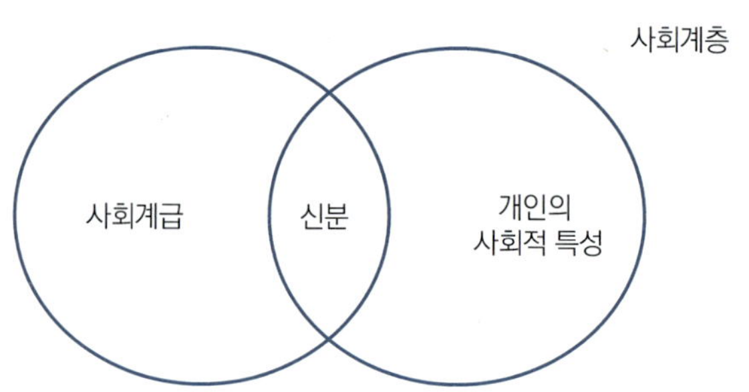

(2) 사회계층의 결정요인

사회계층이 소비자 행동에서 중요한 이유는 각 사회계층에 속한 사람들이 소비자로서 역할을 할 때에는 같은 사회계층의 소비자들과 유사한 소비행동을 할 가능성이 높으며 다른 사회계층의 소비자와는 상이한 소비행동을 할 가능성이 있기 때문이다. 사회계층을 결정하는 요인에 대한 학자들의 견해는 다양하나 아직 통일된 견해가 없는 실정이지만 기본적으로 소득이나 소유물, 직업, 교육, 주거지역 등을 들 수 있다.

① 소득 및 소유물

소득은 사회계층을 결정하는 데 중요한 변수가 될 수 있다. 하지만 소득이 높다고 해서 반드시 사회적 지위가 높아지는 것은 아니다. 왜냐하면 사회계층은 소득 이외에도 다른 요인들과의 관계에 의해서 결정될 수 있기 때문이다.

예를 들어 교회의 목사는 수입은 적을 수 있지만 수십 억 원을 버는 운동선수보다 사회적 존경을 더 받을 수 있다. 만일 소득만 가지고 사회계층이 형성된다면 혼자 버는 가정보다 맞벌이를 통해 돈을 더 많이 버는 가정의 사회계층이 향상되어야 하는데 실제 그렇지 않다는 것이다.

또한 소유물을 가지고 사회계층을 판단해 볼 수 있다. 예를 들어 고급주택이나 고급자동차, 명품 의상 등을 가지고 있으면 높은 사회계층으로 이해될 가능성이 높다.

미국의 사회학자이자 사회평론가인 베블런(Veblen)은 귀족 같은 세습부자는 소유물을 통해 풍요함을 나타내고, 경제상황이 악화되어도 단지 자신의 부를 과시하거나 허영심을 채우기 위해 소비하는 경향이 있다고 언급했다. 이를 베블런 효과(Veblen Effect) 또는 소비편승효과라고 한다.

즉 유행에 따라 상품을 구입하는 소비현상으로 과시욕이나 허영심을 채우기 위해 고가의 상품을 구입하는 사람들의 경우, 값이 오를수록 수요는 증가하고 값이 떨어지면 누구나 손쉽게 구입할 수 있다는 이유로 구매를 하지 않는 경향을 말한다.

이러한 현상은 우리나라 대학생들 사이에 명품 소비 열풍이 불면서 흔히 명품족으로 불리는 럭셔리 제너레이션(Luxury Generation)의 등장을 불러오기도 했다.

그러나 소유물 역시 반드시 사회계층을 결정하는 요인으로 볼 수 없다. 어떤 사람은 사회적 계층의 열등감을 방어하는 방법으로 사용하지 않는 소유물을 과시의 수단으로 사용할 수 있으며 또한 사회계층을 구성하는 중요한 요소인 직업이나 가치관 같은 요소가 반영되지 않았기 때문이다.

② 직업

사회계층을 판단하는 좋은 지표 중 하나가 바로 직업이다. 예를 들어 건설노동현장에서 일하는 사람과 국회의원, 의사, 법률가와는 사회적 지위가 분명히 다르게 인식된다.

또한 같은 경영자라고 할지라도 삼성이나 현대와 같은 대기업의 사장과 슈퍼마켓을 운영하는 사장의 사회적 지위는 다르게 인식된다.

이러한 이유는 직업이 소득과 관련성이 높으며 직업에 따라 가치관이나 의식구조가 다르게 형성되기 때문이다.

③ 교육

교육수준은 직업과 소득을 결정하는 요인이고 사람들로 하여금 공식적인 교육을 선호하게 하는 작용을 한다.

현대의 지식정보사회에서는 과거의 단순노동을 통한 이윤의 창출이 아닌 창의성과 전문성에 근거한 지식이 더욱 중요하게 여겨져 그러한 전문성과 지식을 키우는 교육의 중요성이 더욱 커지고 있다.

특히 대학교육의 이수여부는 보다 높은 사회적 지위의 직업을 얻는 데 중요한 요소라고 할 수 있으며 관리직이나 전문직의 상당수가 대학을 졸업한 사람이며 그렇지 않은 사람과의 격차는 점점 벌어지고 있다.

또한 학교 교육을 받기 위해서는 경제적인 뒷받침이 필요하기 때문에 사회적 계층과 밀접한 관련을 갖는다.

④ 주거지역

서울의 강남지역이라고 하면 부와 명성을 얻은 사람들이 거주하는 것으로 인식되는 경우가 많다. 즉 강남에 거주하는 자체가 지위의 상징이 되고 있는 것이다.

사람들은 일반적으로 부와 지위가 높아지면 보다 나은 주거지로 옮기려는 경향이 나타나고, 또 주변에 유사한 계층의 사람들이 있기를 원한다. 이처럼 일상생활을 하기 위해 거주하는 지역이 사회계층을 나타내기도 한다.

(3) 사회계층의 특징

① 상대적으로 열등 또는 우월한 지위를 갖는다고 인식한다

사회계층은 보이지 않는 층(Status)을 지니고 있으며 이들은 서로 열등하다고 인식하거나 우월한 지위를 갖고 있다는 인식을 한다. 예를 들면 상위계층에 있는 사람들은 하

위계층에 있는 사람들보다 자신들이 뛰어나고 능력이 있다고 인식할 수 있다.

② 구성원들의 관심이나 활동양식 등에서 동질성을 보인다

각 계층별 구성원들은 행동양식이나 관심 등에 있어서 동질성을 지닌다고 할 수 있다. 예를 들면 상위계층의 구성원들은 골프, 승마, 재테크, 그림, 오페라 등에 관심을 보이는 반면, 하위계층의 구성원들은 비교적 경제적이고 생계유지를 위한 활동에 관심을 보일 수 있다.

③ 타 계층과 유대관계를 갖지 않는다

유유상종(類類相從)이라는 말이 있다. 같은 부류의 사람들끼리 어울린다는 의미로 사회계층은 구성원들의 행동을 구속하기 때문에 다른 계층의 구성원들과 유대관계를 갖지 않으려는 특징이 있다. 예를 들어 의사나 판사, 변호사 등의 직업을 가진 사람들은 그와 유사한 직업군과 어울리려고 한다.

④ 사회계층은 여러 가지 요소에 의해 분류된다

사회계층은 단일요소에 의해 분류되는 것이 아니라 직업이나 소득, 재산, 학력, 거주지역 등과 같은 많은 요소들에 의해 분류된다. 예를 들어 돈만 많다고 해서 상류층에 들어가는 것이 아니라 그에 맞는 직업이나 가치관, 학력 등을 지니고 있어야 한다. 실제 일부 골프장의 경우 아무리 돈이 많아도 직업이나 신분에 따라 가입여부가 결정되기도 한다.

⑤ 사회계층은 동적으로 변경될 수 있다

사회적 신분은 처음부터 타고나는 경우도 있지만 인생을 살아가면서 바뀌는 경우가 많다. 예를 들어 대학생의 신분에서 졸업 후 사회인으로서의 사회계층이 형성되는 경우, 처음에는 소위 잘나가는 기업가에서 사업실패로 인하여 사회계층이 바뀌는 경우 등 본인의 노력이나 환경의 변화로 인하여 사회계층은 변경될 수 있다.

4) 문화(Culture)

(1) 문화의 개념

문화(Culture)에 대한 정의는 매우 다양해서 어느 하나의 정의로만 언급하기는 어렵다. 예를 들어 전통문화, 교통문화, 대학문화, 음식문화, 청소년문화 등 다른 용어와 접목되어 광범위하게 사용되고 있다. 그러나 일반적으로 문화를 정의하자면 한 사회를 다른 사회와 구분 지을 수 있으며 사회구성원이 공유하는 사회적 규범과 생활양식의 총체이자 사회적 유산, 한 사회의 특유한 라이프스타일이라고 할 수 있다. 예를 들어 인사의 경우만 해도 각 나라마다 다르게 인사하고 있는 것을 볼 수 있다.

외식 소비자 행동에서 문화가 중요한 이유는 소비자 행동에 일방적으로 영향을 미치는 환경적 요소로 작용하기 때문이다.

세계적으로 유명한 디즈니랜드는 1992년에 막대한 투자로 유럽디즈니랜드를 프랑스에 건설했다. 하지만 개장 첫 해를 제외하고는 관광객의 현격한 감소로 인해 적자를 면치 못했다. 이렇게 된 배경에는 많은 이유가 있겠지만 대표적인 이유가 바로 문화적 충격이었다.

유럽인들의 경우 대부분 식사 시 와인을 함께 마시는데 이러한 문화를 이해하지 못한 디즈니사는 테마파크 내에서 금주를 실시한 것이었다. 이와 더불어 여기저기 돌아다니면서 핫도그나 햄버거를 먹는 미국인들과는 달리 정해진 시간에 식사를 해야 하는 습관이 있어 레스토랑은 12시 30분만 되면 북새통을 이루게 되었고 기다리는 것에 익숙지 않았던 유럽인들은 어느덧 프랑스의 디즈니랜드를 외면하게 된 것이다.

이러한 사례에서 보듯이 마케팅 관리자는 문화에 대한 이해를 토대로 전략을 적용할 필요가 있다.

(2) 문화의 특성

① 문화는 학습된다

한 사회의 구성원이 갖게 되는 문화는 태어날 때부터 선천적으로 갖고 있는 것이 아니라 생활 속에서 학습하는 것이다. 작게는 태어나는 가정환경에서 시작되고 크게는 그 사회가 지닌 규범 및 행동규칙을 익혀 이를 사회생활에 적용하는 과정도 학습을 통하여 익히게 된다.

예를 들면 우리나라는 음식을 먹을 때 숟가락과 젓가락을 모두 사용하지만 미국이나 유럽 등은 포크와 나이프를 사용한다. 또 자신들의 문화를 배우기도 하지만 외부의 새로운 문화를 학습하기도 한다.

② 문화는 공유된다

문화는 사회구성원들에 의해 공유되는 특성을 지니고 있다. 즉 한 사람만 행하는 것이 아니라 해당 국가의 대다수가 공유할 수 있어야 문화라고 할 수 있다.

문화를 공유할 때 사회구성원들은 서로 말을 하지 않아도 생각과 행동을 유사하게 함으로써 일체감을 느끼고 동질성을 갖게 되며 쉽게 커뮤니케이션할 수 있게 된다.

최근 간접흡연이 건강에 해를 끼칠 수 있다는 연구에 따라 정부에서는 공공장소에서의 흡연을 금지하게 되었고 이에 따라 구성원들은 타인에 대한 배려와 함께 흡연에 대한 위험을 서로 공유했기 때문에 공공장소에서의 흡연을 자제하고 있다.

또 영화관이나 박람회 등 차례를 기다려야 하는 상황에서 사람들은 누가 말하지 않아도 질서 있게 줄 서는 모습을 볼 수 있는데 이러한 것이 바로 구성원들 사이에 신념이나 가치, 관습 등을 공유함으로써 상호 커뮤니케이션을 하기 때문이라고 할 수 있다.

③ 문화는 변화한다

문화는 지속적으로 유지되기보다는 주위환경과 상호작용하면서 끊임없이 변화한다. 단 한 번에 변화되는 것이 아니라 오랜 시간이 지나면서 변화된다.

예를 들어 1970년대 이전의 가정은 가부장적인 가족문화였는데 산업화 및 핵가족시대로 인하여 남성과 여성이 따로 식사를 하던 방식에서 함께 식사하는 방식으로 변화되었고, 차례나 제사를 지낼 때에도 남성만 예를 갖추는 것이 아니라 여성도 참여하여 예를 갖추는 남녀평등의 문화로 변하게 되었다.

이 밖에도 레스토랑의 문화는 음식이나 음료만을 즐기는 공간에서 컴퓨터를 하고 책을 읽고, 타인과 교류할 수 있는 자유로운 공간으로 변화하고 있는 것 또한 문화의 변화를 의미할 수 있다.

(3) 하위문화

하위문화는 전체 사회 속에서도 존재하지만 특정 집단만이 갖는 차별적인 문화를 의미한다. 즉, 어떤 사회에서 일반적으로 볼 수 있는 행동양식과 가치관을 전체문화라고 할 때, 그 전체문화의 내부에 존재하면서 어떤 부분에서는 독자적 특징을 나타내는 부분적 문화로 '문화 속의 문화'라고 할 수 있다.

구체적으로는 상류계층의 문화, 농민문화, 청소년문화, 지역문화 등이 이에 해당된다. 예를 들면 우리나라에는 김치를 담가 먹는 전통문화가 있다. 하지만 김치를 담그는 방법은 각 지역마다 특색이 있는데, 북쪽지방의 경우 기온이 낮으므로 간을 싱겁게 하거나 양념도 담백하게 하여 채소의 신선미를 그대로 살리는 반면, 남쪽지방은 기온이 높으므로 보통 간을 짜게 한다.

젓갈도 영남과 호남지방은 멸치젓을 사용하는 데 반해 중부지방에서는 조기젓과 새우젓을, 동해안지방에서는 갈치나 고등어 등을 사용한다.

상기의 내용에서 보듯이 김치문화는 우리나라의 전체적인 문화이면서 각 지역마다 차별화된 문화가 존재한다고 볼 수 있다.

하위문화의 개념은 1950년대 후반, 미국 사회학에서의 비행연구(非行研究: 비행소년들이 형성하고 있는 독특한 비행하위문화의 연구)에서 발전하였으며 오늘날에는 계층문화, 연령층문화, 직업문화, 지역문화 등 여러 영역에서 두루 쓰이고 있다.

하위문화는 전체문화로부터 세분화된 차별성을 지닌 문화이기에 전체문화에서는 채울 수 없는 욕구를 충족시켜 주는 역할과 그들에게 심리적인 지주(支柱) 구실을 하는 경우도 적지 않다. 동시에 다양한 하위문화의 존재는 문화의 획일화 방지 및 동태성과 활력을 불어넣는 작용을 하기도 한다.

하위문화는 독특성 · 동질성 · 배타성의 특성으로 시장세분화의 도구로 사용할 수 있다.

제3절 소비자의 구매의사결정과정

소비자는 구매의사결정을 내리기 위해 문제인식, 정보탐색, 대안평가, 구매결정, 구매 후 행동 등과 같이 단계적인 과정을 거치게 되는데 구매 시 성과가 경제적으로 큰 영향과 중요성을 수반하는 의사결정을 고관여(High-Involvement) 구매의사결정이라 하고 위험이 거의 없는 일상적 구매에 해당하는 의사결정을 저관여(Low-Involvement) 구매의사결정이라고 한다.

그림 9-18 소비자의 구매의사결정과정

1 문제인식(Problem Recognition)

문제인식은 소비자가 제품을 구매하는 출발점은 충족되지 않은 욕구에 대한 내적 자극으로부터 시작되거나 외부로부터의 외적 자극에 의해서 발생된다.

내적 자극은 소비자 스스로가 문제를 인식하는 것으로 예를 들어 오래된 중고 승용차를 소유하고 있는 운전자가 운전 중 소음이 점점 더 심해지고 자주 고장이 난다는 것을 아는 것과 같이 스스로 지각하여 문제를 인식하는 것이다.

외적 자극은 소비자 자신은 문제를 인식하지 못하고 있지만 광고나 주변 사람 등으로부터 자극을 받아 문제를 인식하는 것이다.

따라서 마케팅 관리자들은 미래의 구매자로 하여금 잠재적인 욕구를 확인하고 문제를 인식하도록 만들어야 한다.

2 정보탐색(Search for Alternative Solution)

구매의사결정의 두 번째 단계는 소비자가 열망하는 상태를 성취하기 위해 정보를 수집하는 단계이다.

정보수집 방법으로는 내부탐색과 외부탐색으로 구분할 수 있는데 실제 자신의 경험 및 관찰, 타인과의 대화, 마케팅 메시지에 대한 기억 등 개인에게 저장되어 있는 내적 정보를 검토하는 것이 내부탐색이라 할 수 있고, 가족이나 친지, 상점의 진열, 판매원, 신문, 잡지, 광고 등의 외적인 요소로부터 정보를 수집하는 것을 외부탐색이라 할 수 있다.

예를 들어 컴퓨터를 구매하고자 하는 인식이 된 후 소비자는 인터넷이나 광고, 친구의 추천 등을 통해 정보를 탐색하게 된다.

정보탐색 시 일반적으로 광고가 많은 영향을 준다고 생각하지만 실제로는 투입된 비용에 비해 소비자에게 영향력 있는 정보탐색 소스가 되지 못하는 경우가 대부분이다. 오히려 소비자들은 인터넷이나 신문, 잡지, 기사 등의 매체를 통해 정보를 입수하고 광고에 비해 더욱 신뢰하는 경향이 있다.

이 외에도 특히 우리나라와 같이 역사와 가치를 사회구성원들이 공유함으로써 상호관계가 밀접한 사회의 경우 주변 사람들을 통한 정보수집이 매우 보편화되었을 뿐 아니라 높은 신뢰성을 지니게 된다.

3 대안평가(Evaluation of Alternatives)

구매의사결정의 세 번째 단계는 정보를 탐색하면서 유입되는 정보를 평가하는 것인데 수집된 정보는 이미 소비자가 가지고 있는 지식이나 믿음, 상황과 조건, 선호도 등을 기준으로 평가하게 된다.

평가단계에서 만족스러우면 제품을 선택하게 되지만 불만족스러울 경우 소비자는 다른 대안을 추가적으로 탐색하게 된다.

예를 들어 컴퓨터를 구매하기로 한 경우 서로 다른 브랜드 컴퓨터의 속도나 메모리,

그래픽카드의 종류, 모니터 사이즈, 가격, 소프트웨어 등에 대해 평가하게 된다. 즉 각각의 대안들이 자신에게 얼마나 가치 있고, 비용이 발생되는지 등에 대한 평가가 이루어진다.

4 구매결정(Purchase Decision)

구매결정단계에서는 평가된 정보에 따라 소비자에게 가장 높은 가치와 가장 낮은 비용이 발생되는 상품을 선택하여 구매행동으로 이루어진다.

구매의사결정에는 지금까지 분석한 전체적인 부분이 이용될 수도 있고, 그중에서 소비자에게 가장 중요한 하나의 항목에 의해 결정되는 경우도 있다.

예를 들어 A/S에 불편함을 느꼈던 소비자가 컴퓨터를 선택할 때 조립식 컴퓨터가 가장 비용이 저렴하고 성능이 뛰어나다는 것을 알고 있지만 이러한 성능이나 가격과는 무관하게 대기업 제품의 컴퓨터를 구매하는 경우가 이에 해당된다고 할 수 있다.

CHAPTER 09

5 구매 후 행동(Post-Purchase Behavior)

구매 후 소비자는 해당 상품이나 브랜드를 사용함으로써 다양한 경험을 얻게 된다. 우선 자신이 원하던 상품을 구매했다는 뿌듯함이나 사용하기 전 설명서나 포장에 대한 느낌 등 자신이 선택한 상품에 대해 만족 또는 불만족을 경험하게 된다. 이러한 경험을 한 소비자는 구매 후 소비자 행동을 결정짓게 되는 경험과 감정이 발생하게 된다.

소비자의 만족 또는 불만족은 제품에 대한 구매 전의 기대와 구매 후의 지각된 차이에 의해 결정되는데, 제품의 성과가 소비자의 기대수준에 미달하면 소비자는 불만족하게 되고, 성과가 기대수준을 충족시키면 만족하게 된다.

한편, 소비자는 구매 후 자신이 선택한 브랜드나 제품이 다른 브랜드나 제품보다 좋은지에 대한 심리적 저항감을 느낄 수 있다. 이로 인해 나타나는 현상이 바로 인지부조화(Cognitive Dissonance)이다.

인지부조화는 현실보다 믿음을 택하려고 하는 인간의 본능에서 나타나는 현상으로 소비자는 부조화를 감소시키기 위해 노력하게 된다. 즉 자신이 선택한 상품에 대해서는 의식적으로 장점을 강화시키고, 단점을 약화시키지만 선택하지 않은 상품에 대해서는 장점을 약화시키고 단점을 강화시키려고 한다. 이러한 과정이 모두 일어나는 것은 아니지만 현대사회처럼 수많은 브랜드 속에서 자신에게 맞는 상품을 구매하기 위해서는 대부분 겪게 되는 일반적인 과정이라고 할 수 있다.

예를 들어 컴퓨터를 구매한 지 일주일 만에 동일한 컴퓨터가 홈쇼핑에서 자신이 구매한 가격보다 낮은 가격으로 판매되고 있다면 소비자는 심리적 저항을 겪게 되고 이에 따라 자신이 구매한 컴퓨터가 홈쇼핑에서 판매 중인 컴퓨터보다 성능이나 다른 면에서 뛰어나다고 생각하고, 홈쇼핑에서 판매 중인 컴퓨터는 어떤 문제가 있어 싸게 판다는 생각을 하는 등 부조화를 감소시키려고 한다. 이 외에도 소비자는 구매의 잘못된 원인을 어디로 돌리느냐의 문제인 귀인(Attribution)행동도 경험할 수 있다.

그림 9-19 구매 후 평가과정

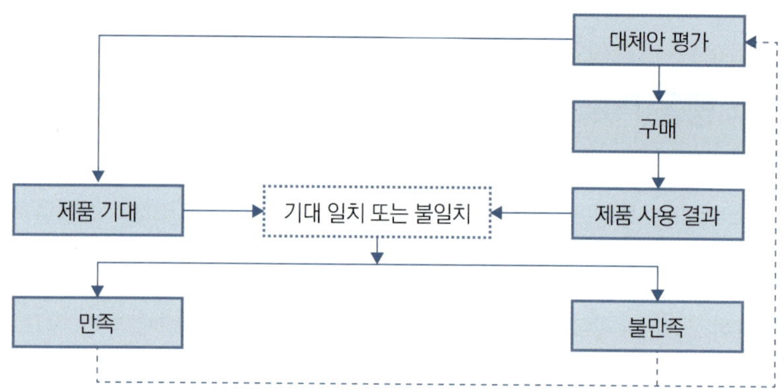

C·H·A·P·T·E·R

10

시장세분화와 표적시장

CHAPTER 10

시장세분화와 표적시장

FOOD SERVICE INDUSTRY MANAGEMENT AND MARKETING

제1절 시장세분화(Marketing Segmentation)의 개념

1 시장세분화의 발생원인

산업혁명 이후 과학기술의 발달과 대량생산체제는 소비자의 욕구보다는 한 가지 상품을 대량생산하여 낮은 가격으로 공급하는 데 초점을 맞추고 있었다. 또한 생산자는 원가를 낮추며 대량 유통에 중점을 두는 매스마케팅(Mass Marketing)의 시기였다.

1999년 생수시장의 발달과 함께 펩시(Pepsi)는 'Unisex'와 'Mainstream'을 강조하면서 아쿠아피나(Aquafina)라는 생수를 판매하기 시작했다. 하지만 마케팅 방법에 있어서는 다른 브랜드들이 구체적인 목표고객을 정해서 판매하는 데 반해, 불특정 다수를 대상으로 한 매스마케팅(Mass Marketing)을 추구하였다.

Mass Marketing이란 불특정 다수를 대상으로 한 마케팅 방법으로 개개인의 욕구를 충족시키기보다는 다수를 목표시장으로 한 마케팅 방법이라고 할 수 있다.

이 방법은 전형적인 상품지향적 마케팅 방법으로 불특정 다수를 목표로 동일한 마케팅 믹스전략을 사용하는 것이다. 즉 매스마케팅에서는 모든 사람이 동질적이고, 잠재적

고객이라 가정하고 대기업에서 주로 사용하는 소품종 대량생산을 중심으로 한다. 하지만 매스마케팅은 다양한 욕구를 가진 소비자를 충족시킬 수가 없다. 따라서 여러 가지 장점과 특징을 강조한 생수가 많이 출시되고 있고 그에 따라 소비자의 선택 기준도 다양해지면서 단순히 매스마케팅 전략만으로는 펩시도 한계점에 부딪힐 수 있을 것이다.

상기의 사례에서 보듯 외식산업의 성장과 경쟁의 심화, 기술의 발달과 다양한 메뉴의 출시, 소득의 향상과 상품 소비에 대한 경험의 증가로 고객의 욕구는 더욱 다양화 및 세분화되고 있다.

매스마케팅(Mass Marketing)을 통해서는 모든 소비자를 만족시키기 어려웠고, 효율적인 접근을 하기에는 시장의 규모가 너무 크고 전달방법이 어려웠다.

이러한 상황에서 기업은 다른 경쟁자를 이기기 위해 고객 개개인의 차별화된 욕구를 정확히 충족시켜 주기 위한 노력을 해야 한다. 특히, 외식기업을 찾는 고객들은 욕구와 선호도, 행동 등 다양한 차이를 보이고 있기에 동일한 방법으로 접근하게 되면 경쟁 또는 차별화가 될 수 없다. 그래서 시장을 세분화할 필요성이 대두되었다.

2 시장세분화의 정의

시장세분화는 기본적으로 모든 사람이 똑같지 않다는 사실에서 출발한다. 즉 사람들은 생긴 모습이 다른 것처럼 그들의 욕구나 선호도, 소비자 행동에도 차이가 있다. 하지만 그렇다고 해서 전 세계의 모든 사람들을 하나하나 개별시장으로 볼 수는 없다. 그래서 비슷한 유형의 사람들로 적절히 분할하는 방법이 필요한 것이다.

시장세분화(Market Segmentation)란 전체 시장을 적당한 기준에 맞추어 동질적인 몇 개의 세분시장으로 나누는 행위를 말한다. 그러나 소비자의 욕구를 세분화하면 할수록 이를 충족하기 위한 비용이 증가하게 되므로 세분화에 따르는 경제성을 고려해야 한다.

경제성을 추구하기 위해 모든 소비자의 욕구를 동질인 것으로 간주하여 표준화된 하나의 제품을 대량으로 생산하고 판매하는 경우 원가는 낮아질 수 있으나 다양하고 차별화된 개별 소비자의 욕구를 정확하게 충족할 수 없다.

이러한 두 가지 측면, 즉 소비자 욕구의 정확한 충족과 비용의 경제성을 달성하기 위한 방법이 바로 시장세분화이다.

그림 10-1 **미국마케팅협회(AMA)의 시장세분화 정의**

Market Segmentation

The process of subdividing a market into distinct subsets of customers that behave in the same way or have similar needs. Each subset may conceivably be chosen as a market target to be reached with a distinct marketing strategy. The process begins with a basis of segmentation-a product-specific factor that reflects differences in customer's requirements or responsiveness to marketing variables(possibilities are purchase behavior, usage, benefits sought, intentions, preference, or loyalty). Segment descriptors are then chosen, based on their ability to identify segments, to account for variance in the segmentation basis, and to suggest competitive strategy implications(examples of descriptors are demographics, geography, psychographics, customer size, and industry). To be of strategy value, the resulting segments must be measurable, accessible, sufficiently different to justify a meaningful variation in strategy, substantial, and durable.

시장세분화(Market Segmentation)는 동질적 욕구를 지닌 고객을 찾아내어 규모의 경제성을 제고할 수 있는 크기의 집단으로 다시 묶어 차별화된 욕구의 충족과 동시에 마케팅의 경제성을 달성하기 위한 것이다. 마케팅의 입장에서는 시장세분화를 통해 바람직한 세분시장과 매력적인 시장기회를 발견하여 해당 세분시장에서 경쟁사보다 유리한 경쟁우위를 누릴 수 있으며, 차별화를 통한 독점적 지위를 누릴 수 있게 된다. 시장세분화의 효과를 살펴보면 다음과 같다.

첫째, 새로운 마케팅 기회를 발견할 수 있다.

시장을 세분화하여 접근하게 되면 평균적인 고객을 통해서는 발견할 수 없는 중요한 마케팅 기회를 발견할 수 있다. 또한 시장세분화를 통해 각 표적시장에 가장 적합한 제품을 개발할 수 있고, 마케팅 노력을 집중하여 보다 효율적으로 그 시장을 공략할 수 있다.

둘째, 경쟁우위를 확보할 수 있다.

시장세분화를 통해 고객의 욕구를 더욱 잘 충족시킬 수 있기 때문에 매스마케팅을 하는 경쟁자에 비해 경쟁우위를 확보할 수 있다.

예를 들어, 단일색상의 모델 하나만을 생산한 포드자동차에 비해 후발주자이지만 다양한 차종을 내놓은 GM이 선두를 차지하게 된 사례가 이를 잘 나타내준다.

셋째, 차별화를 통해 가격경쟁을 완화할 수 있다.

같은 제품이라도 서로 다른 세분시장의 욕구를 공략함으로써 경쟁자와 동일한 소비자를 놓고 직접적으로 경쟁하지 않아도 된다. 즉, 경쟁상품과의 차별화를 통해 소모적인 가격경쟁을 피할 수 있다.

사례 타코벨(Taco Bell)의 시장세분화 성공 사례

1980년대 후반까지 다른 패스트푸드 체인점과 마찬가지로 Taco Bell(멕시코 음식을 주로 판매하는 패스트푸드 체인점)은 연령에 따라 제품시장을 세분화하였다. 맥도날드가 이미 어린이 및 가족시장에서 강력한 포지션을 구축하고 있었기에 Taco Bell은 13세부터 24세 사이의 젊은 소비자집단을 표적시장으로 하여 마케팅노력을 기울였다. 1980년대 후반 Taco Bell의 경영층은 기존 고객층에 대한 시장조사를 통해 이들의 욕구를 파악하기로 결정하였다.

시장을 세분화한 결과 두 개의 유망한 세분시장(저렴한 메뉴 선호 고객층과 신속한 서비스 선호 고객층)이 발견되었다. 저렴한 메뉴 선호시장은 18세에서 24세 사이의 소비자들로, 점포방문빈도가 높으며, 가장 저렴한 메뉴 중 3개 또는 4개의 품목을 함께 구매하였다. 한편 신속한 서비스를 선호하는 시장은 까다로운 맞벌이부부 가구로 구성되었으며, 점포방문빈도가 그리 높지 않고, 가격이 높더라도 고품질의 맛있는 메뉴를 원하였다.

이들 두 세분시장은 Taco Bell 전체 고객의 30% 정도에 불과하지만 총매출액의 70% 이상을 차지하였다. Taco Bell은 두 세분시장을 목표세분시장으로 선정하고 이들의 욕구에 맞는 제품과 서비스를 개발하였다. 먼저 저렴한 메뉴를 선호하는 집단을 위해 주 메뉴의 가격대를 이전보다 25% 낮추었고, 신속한 서비스를 선호하는 집단을 위해 Taco Bell을 쇼핑몰이나 주유소, 공항 등에 개설하였으며, 인기품목에 대한 재고를 유지함으로써 고객수요가 가장 높은 시간에 즉각적인 품목공급이 가능하도록 하였다.

이러한 Taco Bell의 재포지셔닝 노력 결과 1988년과 1994년 사이에 매출이 16억 달러에서 45억 달러로 상승하였으며, 이익은 8,200만 달러에서 2억 7,300만 달러로 증가하였다.

자료: http://blog.naver.com/klatoo/70001679864

3 시장세분화의 전제조건

시장세분화를 위해서는 먼저 이질적인 소비자의 욕구층이 존재해야 하며 소비자 개인의 욕구는 다양하고 이질적인 동시에 몇 개의 동질적인 집단으로 다시 묶일 수 있어야 한다. 만일 소비자의 욕구가 모두 동질적이라면 시장을 세분화할 필요가 없으며 차별화된 마케팅을 실시할 것이 아니라 표준화된 제품이나 마케팅 믹스를 적용하는 것이 생산과 관리측면에서 효율적일 수 있다.

이러한 전제하에 시장세분화를 성공적으로 하기 위해서는 다음과 같은 요건을 충족시켜야 한다.

첫째, 세분시장에 대한 규모의 측정이 가능해야 한다.

외식기업은 각 세분시장에 속하는 고객을 정확히 확인하고 세분화 근거에 따라 그 규모나 구매력에 대한 크기를 측정할 수 있어야 한다. 즉, 지역적 특성에 따라 세분화된 시장은 구체적으로 그 지역에 거주하는 주민의 규모를 파악할 수 있고 소득수준이나 라이프스타일에 따라서 구매력에 대한 구체적인 측정이 가능해야 한다.

둘째, 세분시장의 규모가 경제적이어야 한다.

표적으로 선정된 세분시장에 속해 있는 소비자의 수가 일정규모 이상이 되어 마케팅의 경제성(수익성)이 달성될 수 있어야 한다. 즉 외식기업이 지속되기 위해서는 기업의 노력에 대한 이익이 보장될 정도의 시장규모를 지니고 있어야 한다.

셋째, 마케팅 믹스의 개발이 가능해야 한다.

동질적 욕구를 갖는 시장의 규모가 크다고 하더라도 욕구를 충족시켜 줄 마케팅 믹스를 개발하기 어려운 경우에는 시장세분화의 의미가 없다.

예를 들어 메뉴의 품질은 매우 높은 것을 요구하면서 가격은 매우 낮은 상품을 원하는 세분시장이 존재하는 경우 이들의 욕구를 충족시키기 어려울 것이다.

과거로 여행하고 싶어 하는 사람들은 많지만 이러한 사람들의 욕구를 충족시켜 줄 타임머신을 실제로 만들 수 없다면 필요 없는 세분시장이라고 할 수 있다.

넷째, 마케팅 수단의 접근이 가능해야 한다.

외식기업은 각 세분시장에 별도의 상이한 마케팅 노력을 효과적으로 집중시킬 수 있어야 한다. 즉, 외식기업의 마케팅 노력이 세분시장에 접근할 수 있어야 한다.

만일 법규나 사회적인 제약, 유통상의 제약요인으로 인해 접근이 불가능한 경우가 발생하면 이러한 시장은 외식기업에게는 불필요한 시장일 것이다.

그림 10-2 세분시장의 전제조건

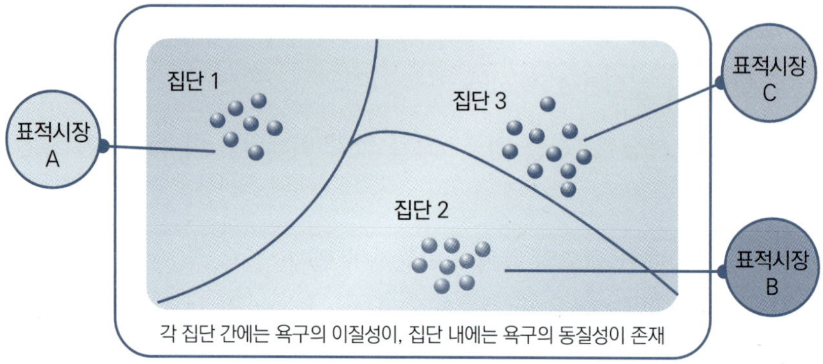

4 시장세분화의 기준

시장세분화의 기준은 고객의 욕구나 행동에 차이가 있는 집단을 구분할 수 있는 분류기준을 말하며, 이러한 세분화의 기준은 특정제품의 구매나 소비와 관련하여 적용되는 것이므로 제품이 달라지면 세분화 기준과 결과도 달라진다.

시장세분화 초기 마케팅 관리자들의 목표는 시장 구성원들의 공통점을 기준으로 몇 개의 그룹으로 세분화하는 것이다.

세분화 방식에도 여러 가지가 있다. 초기에는 '인구학적 기준'을 중심으로 시장을 세분화하였다. 이 방법이 쉽게 이용할 수 있는 데이터였기 때문이다. 이 당시 연구자들은 연령이나 직업, 교육, 소득이 다르면 서로 다른 소비패턴을 보인다고 가정했다. 이후 소비자들이 사는 장소나 주택의 형태 같은 변수들을 추가하여 '지리학적 · 인구학적' 기준으로 시장을 세분화하였다. 그러나 인구학적 데이터에 의해 동일집단으로 분류된 소비자들이라 해도 그들이 반드시 동일한 소비패턴을 갖고 있지는 않은 것으로 밝혀졌다. 따라서 연구자들은 구매할 마음의 준비, 구매동기, 구매태도에 따라 소비자들을 다시 분류하게 되었다. 즉, 행동을 기준으로 시장을 나누는 '행동에 따른 세분화(Behavioral Segmentation)'를 시도했던 것이다. 본서에서는 가장 일반적으로 사용되는 세분화의 기준으로 인구통계학적 기준, 지리적 기준, 심리적 기준, 행동적 기준으로 구분하여 살펴보고자 한다.

| 표 10-1 | **시장세분화 기준 분류**

세분화 기준	변수	예시
인구통계학적 기준	성별	남자, 여자
	연령	6세 미만, 6~11세, 12~17세, 18~30세
	소득	100만 원 미만, 100~200만 원 미만, 200~300만 원 미만, 300만 원 이상
	직업	정치인, 기업가, 전문직, 공무원, 학생, 주부, 회사원, 농부, 어부
	가족생애주기	기혼, 미혼, 독신, 신혼가정, 자녀가 있는 가정, 자녀가 없는 가정, 자녀가 독립한 중년 가정
지리적 기준	거주 지역	서울, 부산, 대구, 대전, 광주, 인천, 울산
	인구밀집도	50만 명 이하, 50~100만 명 이하, 100만 명 이상
	지형	산악지형, 해안지형, 사막지형, 협곡
	기후	아열대기후, 온대기후
심리적 기준	개성	외향성, 내향성, 공격형, 사교형
	사회계층	상류층, 중류층, 하류층
	라이프스타일	활동적, 낙천적, 보수적, 권위주의적
행동적 기준	제품의 사용량	소량사용자, 보통사용자, 대량사용자
	구매경험	있음, 없음
	상표충성도	부정적, 적극적, 절대적

1) 인구통계학적 기준

인구통계학적 기준으로는 성별이나 연령, 결혼여부, 세대(Generation), 직업, 가족구성 등을 들 수 있다. 이러한 인구통계학적 변수는 측정하기는 쉽지만 소비자 행동의 차이를 확인하지 못하는 경우가 있을 수 있다.

예를 들어 자녀와 엄마가 유행하는 스타일의 옷을 같이 입고 다니고 남녀가 같은 스타일의 옷을 입고 다니는 경우 연령대와 성별이 다르지만 동일한 행동을 보일 수 있으므로 무조건적으로 인구통계학적 변수를 적용하는 것은 바람직하지 못하며 다른 기준들과 병행하여 적용해야 할 것이다.

(1) 성별

남자와 여자는 유전적인 체질로 사회화 실행에서 서로 다른 태도와 행위적 지향성을 갖는 경향이 있다.

여자들의 경우 보다 공통적인 기질을 갖는 경향이 있지만 남자들은 자기 표현적이며 목표지향적인 경향이 있다. 외식에서도 여성들의 경우 최근 건강식 웰빙과 더불어 다이어트 등을 위한 채소 위주의 식생활을 하는 반면, 남성들의 경우 육류 위주의 식생활로 대조적인 면을 보이기도 한다.

성별에 의한 시장세분화의 대표적인 예를 보면 미국의 장난감회사인 매틀사(Mattel Inc.)이다.

매틀사는 1959년 처음 출시한 바비(Barbie)인형이 2010년까지 1초에 3개 정도씩 팔려 현재까지 전 세계 150여 개국에서 10억 개 이상 판매된 것으로 추정된다. 이는 바비인형을 가로로 눕혀 연결했을 때 지구를 7번이나 돌 수 있는 분량이라고 한다.

바비인형의 명성은 확고부동해서 인형을 소유한 여자 아이라면 미국의 경우 평균 8개 정도를 가지고 있으며, 전 세계적으로는 6개 정도씩 가지고 있다고 한다. 이러한 일이 가능했던 이유는 매틀사의 성별에 의한 세분화가 성공적이었기 때문이라고 말할 수 있다.

(2) 연령

연령은 구매행동에 중요한 영향을 미친다.

어린이와 청소년, 성인 및 노년층 간의 욕구와 능력에는 큰 차이가 있으며 특히 고객의 참여가 필수적인 외식산업에서는 매우 중요하다. 예를 들어 어린이와 청소년층은 노년층에 비해 상대적으로 햄버거를 좋아할 수 있을 것이다. 이에 따라 맥도날드와 같은 햄버거 가게에서는 이들에 맞는 마케팅 방법을 사용하여 구매를 극대화시키고 있다.

사례 **인구통계학적 세분화 성공 사례**

Y세대 잡아야 불황 안 탄다

'Y세대를 잡아라'

얼마 전까지만 해도 신세대의 대명사로 불리던 'X세대' 대신 이제는 'Y세대'가 뜨고 있다.… (중략)
2월 26일 문을 연 두산타워는 Y세대를 표적으로 한 마케팅 전략이 성공을 거두면서 국제통화기금(IMF) 체제를 비웃기라도 하듯 연일 대성황을 이루고 있다. 지금까지 동대문 재래시장은 주로 20-30대 일반인을 대상으로 마케팅을 벌였다. 그러나 두산타워는 과감하게 목표를 10대로 낮추고 전반적인 건물의 분위기나 이벤트를 이들의 감성에 맞게 펼쳐 나갔다. 두산타워 관계자는 '16-20세의 Y세대가 가장 경기를 타지 않으면서 패션을 이끄는 왕성한 구매력을 가진 세대라고 보고 이를 주요 표적으로 잡은 것이 성공했다'고 말했다. 이 결과 두산타워를 찾는 고객이 하루 평균 4만 명이 넘었으며, 그중 10대가 차지하는 비중이 전체의 30%를 넘어섰다. 이전의 20-30대 일반인을 상대로 마케팅했을 당시와는 매우 대조적인 결과이다. 상기의 내용에서 보듯 시장세분화를 통한 마케팅 전략이 매우 유용하다는 것을 알 수 있다.

자료: 채경옥, 매일경제, 1999. 4. 7.

(3) 소득

소비자는 자신이 활용 가능한 소비자 범위 내에서 구매수준을 결정하는 성향이 있어 소득은 구매활동의 결정적인 방향을 제시한다. 따라서 소득은 구매력을 결정하고 생활방식의 차이를 가져오는 중요한 요인이다.

일반적으로 가족의 수입이 많을수록 외식 확률이 높아지며 자동차나 주택의 경우도 배기량이 높은 차량과 평수가 넓은 주택을 선호하게 된다.

(4) 직업

직업의 유무는 구매행동에 변화를 촉진시키는 변수이다. 직업에 따라 변화를 필요로 하는 제품 및 서비스 선택의 특성을 달리하며, 일상생활 습관, 여가생활 등도 많은 차이를 보인다.

직업은 수입이나 생활유형, 교육수준과 연관성이 높으며 직업에 따라서도 관심사가 다양하다고 할 수 있다.

현대에 이르러 N세대 중심의 골드칼라라는 새로운 계층이 형성되었지만 그전까지는 블루칼라와 화이트칼라로 분류하기도 하였다.

(5) 가족생애주기

가족규모에 따른 결혼상태, 자녀의 수와 연령 등의 가족생애주기는 가족이라는 단위의 형성과 성장, 그리고 쇠퇴단계를 반영하며 각 단계에 따라 소득과 소비형태 및 추구하는 편익 등이 상이하게 나타난다.

예를 들면 아이가 없는 신혼가정의 경우 음식에 소비하는 비용보다는 가구와 자동차 등 내구재 구매와 저축의 비중을 늘리며, 미혼 독신의 경우 소득의 대부분을 취미, 오락, 여행, 신제품 구매에 사용하며 가격에 민감한 것을 알 수 있다.

2) 지리적 기준

지리적 기준에 의한 세분화에는 거주 지역, 인구밀집도, 지형, 기후대에 의한 세분화 등이 속한다.

지리적 기준은 각 시장들에 대한 인구 · 통계적, 사회 · 경제적 자료도 얻기 쉬워 가장 편리하게 이용할 수 있으며 가장 많이 사용되는 세분화 기준이다. 예를 들어 미국의 경우 지역 간에 선호하는 커피가 다르다. 미국 서부지역은 진한 커피를 좋아하며, 동부지역은 연한 커피를 즐겨 마신다. 이에 따라 맥스웰하우스 커피는 지역에 따라 다른 커피를 판매하고 있다.

또한 R. J. Reynolds 담배회사는 시카고 지역을 3개로 구분하여 담배를 판매하고 있다. 북쪽지역은 높은 교육수준으로 건강에 많은 관심이 있기 때문에 타르(Tar)의 함유량이 적은 담배 판매에 주력하고, 남동쪽지역은 공장 근로자들이 많아 보수적이기 때문에 윈스턴(Winston)을 집중적으로 판매하고, 흑인이 많이 사는 남쪽지역은 흑인용 신문 등에 살렘(Salem)을 광고하고 있다. 이러한 지리적 기준은 기후와도 밀접한 관계가 있다.

3) 심리적 기준

심리적 기준은 개성이나 사회계층 라이프스타일에 따라 시장을 세분화하는 것이다. 특히 라이프스타일에 의한 세분화를 심리분석적 또는 심리묘사적 세분화라고도 한다.

심리적 기준의 가장 큰 단점은 환경과 소비자가 변화함에 따라 분류된 세분시장도 지속적으로 변화하게 되며, 각 세분시장 간에 중복되는 성향이 많다는 것이다.

또한 지리적 변수나 인구통계학적 변수에 비해 정확한 측정이 어렵다.

(1) 개성

개성은 특정대상(제품, 사람, 사건 등)에 대해 일관된 반응을 나타내도록 하는 개인의 독특한 심리적 특성이다. 이러한 개성이 시장세분화의 기준으로 적용될 수 있는 것은 자신의 개성과 부합되는 제품이나 상표를 선호하는 경향이 나타나기 때문이다. 예를 들어 동물애호가들은 가축을 재료로 하는 레스토랑은 회피하는 경향이 나타날 수 있을 것이다.

(2) 사회계층

사회계층은 소득이나 학력, 혈통, 종교, 직업, 거주지 등 다양한 요소의 복합체로 이루어진다. 인도의 카스트 제도(Caste System)처럼 신분제도가 존재하는 경우가 아니더라도 사회 내에 암묵적으로 사회계층이 존재하며 이에 따라 소비자의 행동과 구매행태는 달라질 수 있다.

우리나라의 경우 소득수준이 사회계층을 나타내는 지표인 것처럼 보이는데 그 이유는 소득과 학력, 직업 등이 서로 높은 상관성을 갖고 있으며 소득이 소비자 행동에 크게 영향을 미치기 때문이다.

사례 인도의 신분제도 '카스트 제도'와 음식문화

2,000여 년의 역사를 자랑하는 인도의 카스트(caste) 제도는 1947년 법적으로 금지되기는 했지만, 인도인의 정체성을 규정하는 가장 중요한 요소로 인도 사회에 여전히 강하게 살아 있다. 석가모니도 마하트마 간디도 카스트만은 건드리질 못했다.

간디는 카스트가 각기 다른 인간의 차이에 의한 자연스러운 반영일 뿐이라고 주장하기도 했다.

카스트 제도는 브라만(승려계급), 크샤트리야(무사계급), 바이샤(工商계급), 수드라(노예계급) 등 4개 계급 외에 수드라 이하의 계층으로 구성돼 있다.

전체 인구 중 브라만은 7% 가량이며, 20% 이상이 수드라 이하의 계층에 속한다.

'다리트(Dalit)'로 불리는 불가촉천민(Untouchables)은 온갖 멸시와 배척을 받으면서 이른바 3D 업종에 종사하는데, 이들은 인도 인구의 15%를 차지한다.

이보다 더 낮은 계급은 '부족민' 또는 '트리발(Tribal)'로 일컬어지는 토착민들로 약 5,000만 명에 이른다. 다리트와 트리발은 아예 카스트에 끼지도 못하는 열외 인간으로 사람대접을 못 받는다. 인도에서 인간 생명 경시 풍조가 매우 심각한 이유가 바로 카스트 제도 때문이라고 말한다.

인도 사람 중 힌두교인은 카스트 제도로 인해, 자기나 토기로 된 부엌용구 및 그릇은 한번 더럽혀지면 완전히 청결해지지 않는다고 생각해서 깨어 버려야 하고, 포크와 스푼도 다른 사람이 사용했을지도 모르기 때문에 그 사용을 꺼려한다. 따라서 음식은 보통 손가락으로 집어먹지만, 화상을 입을 정도로 뜨거운 경우에는 나무 스푼을 사용하기도 한다.

손으로 식사 시 왼손은 오염된 손으로 생각하기 때문에 반드시 오른손만 사용하고, 식사 후 핑거볼에 손을 닦아 낸다. 또 침이 음식을 오염시키는 주범이라고 생각하기 때문에, 음식을 먹을 때는 개인 그릇을 사용해 준비된 음식을 자기 그릇에 덜어 먹어야 하며 물을 마실 때에도 컵에 입을 대고 마시지 않고 물을 컵으로 입안에 부어 넣는다. 또한, 자기의 음식이 한 조각이라도 옆 사람의 바나나 잎에 떨어지지 않도록 세심한 주의를 기울인다. 그리고 남은 음식은 천민이나 조리한 사람보다 낮은 카스트에게는 주지 않으며, 보통 개나 새에게 던져주고 치워 버린다.

자료: 네이버 지식백과, 글로벌 시대의 음식과 문화, 2006. 7. 30, 학문사, 인도에서 보물찾기, 2004, 아이세움.

(3) 라이프스타일

라이프스타일이란 단순한 기호나 태도를 의미하는 것에 그치지 않고 사회생활에서 하나의 통합원리이기도 하며, 스타일이 공유되고 있는 집단에 대해서는 객관적 의미를 갖는 표현이나 양식이라고 함으로써 집단적 개념을 포함시키고 있다. 즉, 라이프스타일은 그 집단에 소속된 구성원들이 동조해야 할 규범인 동시에 해당 집단을 대표하는 상징이기도 하다.

오늘날에는 기업이 라이프스타일 연구를 보다 활동적으로 전개하여 소비자의 라이프스타일을 올바르게 파악하고 이러한 라이프스타일을 충족시켜 줄 수 있는 상품이나 서비스를 개발하는 것이 마케팅 관리자의 중요한 과제라고 할 수 있다.

라이프스타일에 관한 시장세분화는 기존의 인구통계학적, 사회경제적, 개성적 기준에 의한 시장세분화를 전개했을 때 소비자의 차이가 존재하지 않는 곳에서도 라이프스타일의 차이가 발생할 수 있다는 가능성에서 출발한다. 즉 구매 및 소비행동과 밀접한 관계에 있는 소비자의 일상적인 행동, 욕구, 관심, 태도, 의견 및 가치관 등은 기존의 시장세분화의 기준으로는 만족스럽게 규명할 수 없다는 것이다.

라이프스타일은 사람이 살아가는 방식으로서 개인의 행위, 관심, 의견의 총체로 측정되며 라이프스타일에 의해 시장을 세분화한 후 인구통계학적 특성 및 소비자 행동 특성을 함께 분석하게 된다. 이러한 라이프스타일에 의한 세분화는 많은 측정변수들에 의해서 포괄적인 접근이 이루어지므로 소비자 행동에 대한 보다 풍부한 정보를 제공해 준다.

4) 행동적 기준

행동적 기준에 따른 세분화는 소비자들의 구매행동과 밀접한 관련이 있는 변수를 기초로 세분화하는 방법이다.

행동적 변수에는 소비자가 특정제품(군)으로부터 추구하는 편익, 특정제품의 사용량, 상표충성도 등과 같이 해당 제품의 구매, 소비, 사용에 관련된 소비자 행동과 직접 관계가 있다.

(1) 추구하는 편익

편익에 의한 세분화는 고객이 상품으로부터 얻고자 하는 편익을 기준으로 시장을 세분화하는 방법이다.

편익이란 소비자의 욕구를 충족시켜 주는 제품상의 특성 또는 이점을 말하는데 제품 속에는 다수의 편익이 존재한다. 예를 들면 치약의 경우 미백효과, 풍치예방, 잇몸치료, 냄새제거 등 다양한 편익이 내재한다. 이처럼 각 제품마다 다양한 편익을 내재하고 있지만 한 가지로 압축되는 편익이 있는데 이를 핵심적 편익이라고 하고 이는 품질 수준을 결정하는 중요한 요소가 된다. 핵심적 편익 이외에 제품 속에 내재된 다른 여러 가지 편익을 부차적 편익이라고 하는데 시장을 보다 다양하게 세분화하기 위해서는 이 부차적 편익을 활용해야 한다.

이러한 대표적 예로는 헤일리(Haley)가 실시한 치약시장 세분화에서 살펴볼 수 있다. 헤일리는 치약시장을 경제성을 추구하는 시장(Economy Segment)과, 충치예방을 추구하는 시장(Medicinal Segment), 하얀 이를 추구하는 시장(Cosmetic Segment), 치약 향기를 추구하는 시장(Taste Segment)으로 세분화하였다.

| 표 10-2 | **편익에 의한 치약시장 세분화**

추구하는 편익	인구통계학적 특성	행동적 특성	심리적 특성
경제성 (저렴한 브랜드)	남자들	치약의 다량사용	독립적, 가치지향적
충치예방	대가족집단	치약의 다량사용	보수적, 우울증
미백 치아	청소년	흡연자	활동적, 사교적
치약 향기	어린이	향기 나는 치약 선호	쾌락추구, 자아몰입

자료: Russel, Haley, Benefit Segmentation: A Decision-Oriented Research Tool, Journal of Marketing, 1968, pp. 30-35.

상기에서 보는 바와 같이 우리가 흔히 이를 닦는다는 개념의 치약이지만 사람들은 자신들이 추구하는 편익에 따라 선호하는 치약들도 각각 다르다는 것을 알 수 있다. 따라서 기업에서는 소비자들이 추구하는 다양한 편익에 대한 분석을 실시한 후 시장을 세분화하고, 세분시장에 맞는 상품개발과 마케팅 프로그램을 실시하여야 한다.

(2) 사용량

어떤 제품의 사용량을 기준으로 시장을 세분화하는 것으로 대량소비자, 보통소비자, 소량소비자로 구분할 수 있다. 하지만 제품에 따라서는 상대적으로 소수의 사람들이 제품 전체 매출에 많은 부분을 차지하고 있다는 것을 발견할 수 있다.

이것을 흔히 80/20법칙 또는 파레토법칙(Pareto's Law)이라고 하는데 약 20%의 소비자가 전체 매출액의 80% 정도를 소비하는 현상을 말하는 것이다.

파레토법칙에서 나타나듯 대량 사용자를 찾아내서 표적시장으로 선정하는 것이 좋을 수도 있다. 예를 들어 우리나라에서도 대부분의 사람들이 커피를 이용하고 있다. 하지만 이 중에서 커피를 가장 많이 마시는 고객층은 어떤 층인가를 구분하여 세분화하는 것이다. 즉 전체 소비량의 80%를 차지하는 소비자층을 선택하여 세분화하고 이에 맞는 마케팅을 시행해야 할 것이다.

그림 10-3 파레토법칙

파레토법칙이란 이탈리아의 경제학자 빌프레도 파레토(Vilfredo Pareto)의 이름에서 따온 것이다. 파레토는 개미를 관찰하면서 일하는 개미와 일하지 않는 개미의 비율이 2 : 8인 것을 발견하고, 이러한 원리를 벌통으로 가서 관찰한 결과 동일한 현상이 나타나는 것을 알게 되었다. 이후 파레토는 이러한 현상이 자연에서만 발생되는 것이 아니라 인간 세상에서도 적용될 수 있다는 생각에 연구를 시작하면서 사용하게 되었다. 연구 결과 이탈리아 인구의 20%가 이탈리아 전체 부의 80%를 가지고 있다고 밝혔다. 이 용어를 경영학에서 처음으로 사용한 사람은 조셉 주란(Joseph M. Juran)이다. 예를 들어, 20%의 고객이 백화점 전체 매출의 80%에 해당하는 만큼 쇼핑하는 현상을 설명할 때 이 용어를 사용한다.

(3) 상표충성도

상표충성도란 소비자가 특정상표를 일관성 있게 선호하는 것을 말한다.

소비자 중에는 상표충성도가 높아서 한 가지 상표만을 일관성 있게 고집하는 사람이 있고 이보다는 낮으나 어느 정도 충성도가 있어서 두 가지 또는 세 가지 정도의 상표만을 사용하는 사람도 있다. 반면 상표에는 관계없이 저렴한 상품을 구매하거나 새로운 상품만을 구매하는 사람도 있다.

이러한 구매 습관을 살펴보고 상표충성도가 높은 소비자와 낮은 소비자로 세분화할 수 있는데 상표충성도가 높은 소비자가 항상 바람직한 표적시장이 되는 것은 아니다.

브랜드 인지도가 낮은 제품을 출시할 경우 기존 제품에 대한 상표충성도가 높은 고객보다는 상표 전환을 자주하는 소비자를 표적으로 하는 것이 효과적일 수 있다.

5 시장세분화 기준의 적용방법

시장세분화의 기준은 제품의 특성이 아니라 소비자의 특성을 말하며, 시장을 세분화하는 방법에는 하나의 기준으로 세분화하는 방법과 2개 이상의 복수 기준으로 세분화하는 방법이 있다.

또한 세분화 기준을 사전에 규정하고 세분화하는 사전적 세분화 방법과 소비자 행동의 동질성을 고려하여 세분화한 뒤 공통적 특성인 기준변수를 찾는 사후적 세분화 방법이 있다.

1) 단일기준 시장세분화

단일기준 시장세분화란 해당 제품에 대한 소비자의 행동이 구별될 수 있는 하나의 기준으로 시장을 구분하는 방법이다. 예를 들면 삼성전자는 전자레인지 사업 포기를 고려할 정도로 경영실적이 좋지 않았다. 하지만 지역별 시장세분화 전략을 통하여 지역별로 차별화된 촉진활동을 실시하였다. 즉, 중국시장의 경우 부(富)를 상징하는 황금색 제품을 판매하고, 동남아시아의 경우 소비자들이 죽을 즐겨 먹는다는 점에 착안하여 죽요리 기능을 추가한 제품을 시판하였다.

이처럼 지역이라는 단일 기준을 통하여 시장을 세분화함으로써 성공한 사례이다. 하지만 단일기준으로 시장을 세분화하는 것은 소비자 행동을 한 가지로 이해한다는 점에서 쉽지 않으며 성공 가능성이 낮을 수도 있다.

2) 복수기준 시장세분화

복수기준 시장세분화는 두 개 이상의 세분화 기준을 동시에 적용하여 시장을 세분화하는 방법이다. 예를 들면 GM사는 연령층과 소득을 기준으로 시장을 4개로 세분화하였다. 즉 소득수준이 높고, 연령대가 높은 소비자들에게는 품위와 안전을 추구하는 자동차, 소득수준은 높으나 연령대가 낮은 소비자들에게는 내구성과 경제성을 추구할 수 있는 자동차, 소득수준이 높은 젊은 층 소비자들에게는 성능과 스타일을 추구할 수 있는 자동차, 소득수준이 낮은 젊은 층 소비자들에게는 연비가 높고 경제성을 추구할 수 있는 자동차를 판매하는 전략을 수행하였다.

3) 사전적 시장세분화

사전적 시장세분화는 미리 정해진 세분화 기준으로 소비자를 집단화한 후 세분시장에 속해 있는 소비자들의 행동 및 특성을 분석하는 방법이다.

상기의 복수기준 시장세분화에서 연령과 소득에 의한 세분화는 사전적 세분화에 해당된다.

시장세분화 절차는 기준변수를 선정한 다음 기준변수의 특성이 같은 소비자들을 같은 세분시장으로 분류한다. 예를 들어 연령대가 50대이면서 월 평균 소득수준이 500만 원 이상인 집단과 연령대가 50대이면서 월 평균 소득수준이 500만 원 이하인 집단 등으로 세분화하여 이들을 동일한 집단으로 간주하는 것이다.

이러한 세분화 이후에 각 세분시장별로 소비자 욕구나 소비자 행동상의 특성을 분석하고 같은 세분시장 내에 있는 소비자들 간에 유사성이 없으면 세분화 기준이 적절하지 못한 것으로 생각하고 기준변수를 변경하여 다시 실행한다.

4) 사후적 시장세분화

사후적 시장세분화는 제품과 관련된 소비자 행동변수들을 측정하고 유사한 행동특성을 보이는 소비자들끼리 묶어서 세분시장을 도출하는 방법이다.

먼저 세분시장을 도출한 다음 각 세분시장에서 성별이나 연령, 소득 등 다양한 소비자 특성을 분석하고 공통점을 발견해 사후적으로 시장세분화 기준을 찾아내는 방법이다.

사후적 시장세분화를 위해서는 특정한 특성변수 값의 유사성에 의해 소비자들을 묶는 군집분석(Cluster Analysis)과 같은 통계분석이 이루어져야 한다.

6 틈새시장(Niche Market)

니치(Niche)란 대중시장이 붕괴된 후의 세분화된 시장 및 소비상황을 설명하는 말로서 '빈틈' 또는 '틈새'로 해석되며 본래 '남이 아직 모르는 좋은 낚시터'라는 은유적인 의미를 지니고 있다.

틈새시장(Niche Market)이란 하나의 산업 내에서 다수의 기업이 동일한 마케팅 전략을 구사한다면 과열경쟁이 생기게 되고 이로 인하여 수익성이 낮아지며 소규모의 세분시장에는 기업들의 마케팅 활동이 전혀 미치지 않게 된다. 이에 특정한 성격을 가진 소규모의 소비자나 경쟁사들이 관심을 두고 있지 않은 규모가 작은 시장 중 현재의 세분시장 규모는 작지만 앞으로 크게 성장할 가능성이 높은 시장을 틈새시장이라고 한다.

일반적으로 틈새시장을 블루 오션(Blue Ocean)이라고 생각할 수 있느나 개념상으로 보면 같은 의미는 아니다.

틈새 시장은 시장에서 특정 계층을 집중적으로 공략하는 것을 의미하고, 블루 오션은 아이디어의 변화와 혁신으로 기존에 존재하지 않았던 수요를 창출하고 새로운 시장을 개척하는 것이라 할 수 있다. 즉 틈새 시장은 A라는 제품을 A−1, A−2, A−3와 같이 나눈 후 한 곳에만 집중 투자하는 방식인 데 반해 블루 오션은 A라는 제품을 A+로 변화시키거나 B라는 새로운 제품을 만들어내는 것이라 할 수 있다.

사우스웨스트(Southwest) 항공사의 니치마케팅 성공 사례를 살펴보면 1970년 당시 항공사들은 주로 중장거리 여행자를 대상으로 높은 가격을 지불하고 많은 기내식을 제공하는 마케팅을 실시하고 있었다. 하지만 사우스웨스트 항공사는 단거리를 비행기로 이동하고자 하는 고객시장이 존재한다는 것을 발견하게 되었고, 또 이들은 낮은 가격으로 정시에 출발을 원한다는 사실을 알게 되었다. 이에 따라 출퇴근 이용자에 대한 시장을 개척하게 되었고 그 결과 16명으로 시작한 사업이 3만 명이 넘는 종업원을 거느린 회사로 성장하게 되었다.

최근 들어 우리나라 식품업계의 경우도 유가공 제품 분야에서 우유, 식용유, 조미료를 비롯하여 세제에 이르기까지 그 기능과 용도를 달리하는 세분화한 다양한 제품들을 생산하여 특정 소비계층을 상대로 활발한 판촉활동을 벌이고 있다.

예를 들면 양념류에서는 마늘, 생강 등을 원료로 한 과립 양념제품, 유제품에서는 모유, 우유 등에 알레르기 반응을 보이는 유아용 분유, 세제의 경우 목 부위 세탁을 위한 부분 세탁제 등이 여기에 속한다.

틈새시장을 성공적으로 공략하기 위해서는 첫째, 대형업체가 진출하지 않은 시장을 찾아 그곳에 경영자원을 집중해야 하고 둘째, 틈새시장에 맞는 특화된 서비스 개발 및 브랜드 파워를 유지해야 하며 셋째, 시장의 규모가 크지 않기 때문에 전문성으로 승부할 수 있어야 한다.

사례 일본의 가정대용식 틈새시장 마케팅

일본의 '진화하는 가정대용식' 新경향

일본에서는 학원과 연계하여 아이들만을 위한 도시락 제공 업체가 등장했다.
정식명칭은 서포트서비스 'SMART KIDS'로 15년 역사의 푸드코디네이터 육성스쿨을 전개하고 약 1,200명의 졸업생을 배출한 재팬 푸드코디네이터스쿨(JFCS)이 시작하는 새로운 형태의 서비스 사업이다. 영양사나 관리영양사가 칼로리, 영양 밸런스를 고려하여 최신 영양관리론을 접목시킨 메뉴를 개발했다. 한창 자라는 아이들의 뇌와 몸에 필요한 영양을 공급하고 학습능력을 업그레이드할 수 있도록 다양한 반찬으로 구성된 도시락과 간식을 중식 전문업자가 제조한다. 안심하고 믿을 수 있는 음식을 제공하는 가정대용식의 새로운 모델이다. 사용하고 있는 식재나 영양에 대해서는 뉴스레터를 통해 정보를 주어 더욱 안심하고 먹을 수 있게 했다.
신청자는 학원이 배포하는 전용 신청서로 주문할 수 있으며 팩스 혹은 학원 홈페이지에서도 이용 3일 전까지 주문하면 된다. 요금은 도시락이 600엔, 간식은 400엔. 시간에 쫓기는 입시학원이나 일반학원에서 시험 도입했었는데 100명 이상의 학부모들이 '편의점이나 도시락전문점 어른용 도시락과 비교할 때 아이들이 먹기 편한 메뉴라 좋다', '집에서 직접 만든 느낌이다'고 했다. 2007년 기준 수도권의 중학생 수는 5만 명을 돌파하고 있다. 학원을 다니는 초등학생의 비율은 23.6%, 중학생은 59.9%다. 제대로 된 식사를 할 수 없는 아이들과 시간에 쫓기는 바쁜 수험생들을 타깃으로 하여 틈새마켓을 잘 파고들고 있는 셈이다.

자료: 월간외식경영(www.foodzip.co.kr), 2009. 8. 2.

제2절 표적시장(Target Market)

1 표적시장(Target Market)의 개념

표적시장(Target Market)은 시장세분화를 통해 이루어진 세분시장 중에서도 기업이 마케팅 투자에 대한 최대의 이익을 제공하는 하나 또는 그 이상의 시장을 선택하는 것이다. 즉 기업이 시장을 세분화한 후 서비스를 제공하려고 결정한 공통적인 욕구와 특성을 지닌 소비자 집단을 의미한다.

표적시장은 전체시장을 구성하고 있는 소비자들 사이의 공통점 및 차이를 인식하여 그들을 소집단으로 구분하는 시장세분화의 개념을 근거로 한다.

시장을 세분화하면 세분시장별로 기회와 위협을 파악하게 되며 세분화된 시장을 놓고 기업이 충족시키고자 하는 목표시장을 결정하게 되는데 이처럼 시장세분화를 통해 확보된 여러 세분시장들을 평가하여 어떤 세분시장을 목표로 할 것인가를 정하는 과정이 표적시장 선정이라 할 수 있다.

외식기업이 표적시장을 선정하여 마케팅 전략을 수립하기 위해서는 다음과 같은 사항을 고려해야 한다.

첫째, 외식기업은 자신들이 지니고 있는 자원이나 능력을 고려하여 표적시장을 선정해야 한다.

자신들이 지니고 있는 자원이나 능력이 전체 시장을 포괄할 만큼 충분하지 못할 경우 차별적 마케팅보다 특정 세분시장에 대한 집중적 마케팅을 실시하는 것이 효과적이다.

둘째, 세분시장의 규모나 성장률, 구조적 매력도, 수익성 등의 변수들을 분석하여 결정해야 한다.

새로운 시장을 발견했다고 하더라도 성장가능성이 있어야 하고 반드시 수익이 있어야 한다. 기업의 제품이나 능력 및 자원의 이용 가능성에 따라 큰 시장이 작은 세분시장보다 더 많은 이익 창출은 물론 상표 충성도가 높은 고객으로부터 큰 수익을 기대할 수 있다. 반면 상대적으로 소규모의 세분시장이라고 해도 성장을 기대할 수 있는 시장이라면 초기에 세분시장에 진입하여 성공할 수 있는 기회를 만들 수 있으며 그로 인하여 경쟁기업이 해당 세분시장에 진입하기 전에 상표 충성도를 구축할 수 있다는 이점이 있다.

셋째, 세분시장에서 경쟁자보다 높은 경쟁우위를 가지고 있어야 한다. 만일 기업이 세분시장에서 높은 경쟁우위를 확보하지 못하고 있다면 가능한 해당 세분시장의 진입을 피하는 것이 좋고, 경쟁에 필요한 강점을 보유하고 있을지라도 목표시장에서 성공하기 위해서는 마케팅 기법이나 자원, 가치 등의 측면에서 보다 우수해야 한다.

넷째, 세분시장이 자신의 기업문화 및 목표, 마케팅 믹스 등과 높은 적합성을 지니고 있어야 한다.

세분시장이 적정한 규모와 성장성을 지니고 있고 구조적으로 매력적이라고 할지라도 자사의 장기적 목적과 상충되는 표적시장을 선정해서는 안 된다. 예를 들어 기업이 추구하는 목표가 녹색경영이라고 한다면 탄소를 배출하는 시장으로의 진입은 적합하지 않다.

2 표적시장 선정

세분시장에 대한 평가를 한 후 마케팅 관리자들은 어느 세분시장을 표적화할 것인가에 대해 결정해야 한다.

세분시장의 표적화 결정은 기업이 어떤 세분시장에 진출할 것이고, 얼마나 많은 세분시장에 진출한 것인가에 대한 결정이라 할 수 있다. 표적시장을 선정하는 방법에는 다음의 다섯 가지 유형을 고려해야 한다.

1) 단일 세분시장 집중

기업이 자사의 제품을 집중할 하나의 세분시장을 선정하는 것으로 해당 시장에 집중 마케팅 전략을 통하여 소비자의 욕구를 더욱 충족시켜 줄 수 있고, 세분시장에서 강력한 위치를 확보하고 특별한 명성을 구축하는 데 목적을 두고 있다.

집중적 마케팅을 통해 기업은 세분시장의 욕구를 더 잘 알게 됨으로써 그 세분시장에서 강력한 위치를 확보할 수 있다. 또한 생산, 유통 및 촉진을 전문화함으로써 운영의 경제성을 누릴 수 있다. 하지만 단일시장에만 집중하게 되므로 표적세분시장 소비자의 욕구가 변화하거나 새로운 경쟁자가 진입하게 되면 상당한 위험을 수반할 가능성이 높다.

이 방법은 주로 기업의 자원이나 능력이 제한되어 있거나 기업이 새로운 시장에 진입할 때 추가적인 세분시장의 확장을 위한 교두보로서 특정 세분시장을 사용해야 할 때 이용된다.

2) 선택적 시장전문화

여러 세분시장 중 기업이 보유하고 있는 역량을 고려하여 몇 개의 시장을 선정하고 그 세분시장을 중심으로 마케팅 전략을 구사하는 것을 의미한다. 즉 객관적으로 매력이 있고 기업의 목표 및 자원과 부합되는 몇 개의 세분시장에 진입하는 것을 말한다.

세분시장들 사이에는 시너지 효과(Synergy Effect)가 거의 없고 제품개발과 마케팅에 많은 비용이 수반되지만 한 세분시장에서 실패할지라도 다른 세분시장에서 성공한다면 전체적으로는 이익을 얻을 수 있어서 기업의 위험분산에 이점이 있다.

3) 제품 전문화 세분시장

여러 세분시장 가운데 그 세분시장에서 판매할 수 있는 단일제품을 중심으로 마케팅 믹스를 구사하는 전략이다. 단일제품이지만 디자인, 색상, 품질 등을 다양하게 하여 여러 세분시장에서 소비자의 애호도를 높이고 선택의 폭을 넓힐 수 있다.

예를 들어 마이크로소프트(Microsoft)사의 판매 소프트웨어를 보면 개인용 운영체제(Windows XP, Vista 등)뿐 아니라 서버(Server)용 운영체제인 Windows NT, Windows 2000 Server 프로그램 등을 생산하여 판매하고 있다. 그리고 PDA와 같은 이동 단말기(Mobile Device)에는 윈도 CE기반의 운영체제를 지원한다. 이 외에 많은 소비자들이 사용하고 있는 Microsoft Office(Excel, Power Point, Office Word, Outlook) 프로그램 등이 이러한 제품전문화 세분시장의 대표적 사례라고 할 수 있다.

이러한 방법은 강력한 명성을 얻을 수 있지만, 경쟁기업이 기술혁신을 이뤄내 대체품을 개발하면 심각한 위협이 발생될 수 있다.

4) 시장 전문화

다양한 제품에 의하여 특정 고객집단의 여러 가지 욕구를 충족시키려는 전략으로 특정 고객집단에게 강력한 명성을 얻을 수 있다. 예를 들면 웨딩 플래너(또는 웨딩 컨설팅) 사업 등은 결혼을 준비하고 있는 예비부부들을 대상으로 이들이 실제 사용하는 상품을 판매하기 위해 주력한다. 하지만 시장 전문화의 경우 특정 고객집단의 구매예산이 축소되거나 감축하는 경우 큰 위험이 발생될 수 있다.

5) 전체 시장 확보

모든 세분시장들을 표적시장으로 보고 전체고객을 확보하려는 전략으로 다수제품전략과 단일제품전략이 있다.

다수제품전략은 다양한 제품으로 모든 세분시장을 공략하는 전략으로 일종의 차별적 마케팅이다.

시장에서 소비자들의 선호와 욕구가 밀집되어 있으면서 몇 개의 집단으로 구분될 수 있고, 기업이 각 집단에 적합한 제품개발과 마케팅 프로그램을 실행할 수 있는 경우에 이 전략을 선택한다. 제품의 수명주기로 볼 때 주로 성장기 후반에 사용하는 전략이다.

단일제품전략은 시장을 하나의 공통된 시장으로 인식하고 모든 소비자로부터 동일한 욕구를 발견한 후 소비자에게 강력한 이미지를 전달하기 위해 단일제품과 마케팅프로그램으로 공략하는 전략이다.

시장의 선호가 동질적 또는 분산적일 때 선택하는 전략으로 일종의 비차별적 마케팅이다. 이 전략의 근거는 대량의 생산시스템과 유통경로 및 광고매체를 이용하여 비용의 경제성을 추구하는 것이며, 표준화를 통한 최소비용과 최저가격으로 대량의 잠재시장을 개발하는 것으로 원가우위전략과 비슷하다. 제품의 수명주기로 볼 때 주로 도입기에 적용하는 전략이다.

3 표적시장의 마케팅 전략

표적시장으로 모든 세분화된 시장을 선택한 후 각 세분시장의 욕구를 최적으로 충족시켜 줄 수 있는 복수의 마케팅 믹스를 개발할 수도 있으나 이런 경우 많은 경제적 비용과 관리 노력이 필요하게 되고 또 어떤 시장은 규모가 작거나 마케팅 성과가 높지 않을 수도 있다. 따라서 모든 세분시장을 공략하지 않고 유리한 세분시장만을 선별하여 공략하는 것이 바람직할 수도 있다.

이와 같이 전체시장에 대한 시장세분화 여부와 표적으로 선택한 세분시장의 수에 따라 비차별화 마케팅(Undifferentiated Marketing), 차별화 마케팅(Differentiated Marketing), 집중화 마케팅(Concentrated Marketing)으로 구분할 수 있다.

하지만 이러한 표적시장의 선정 전략을 선택하기 위해서는 세분화된 시장의 매력도와 자사의 자원과 능력을 고려해야 할 것이다. 즉, 다양한 제품개발 능력이나 이를 뒷받침해 줄 수 있는 충분한 인적 · 재무적 · 마케팅적 시스템을 갖춘 경우라면 복수의 세분시장을 공략하는 차별화마케팅이 효과적일 수 있으며, 자원능력이 부족한 경우에는 하나의 세분시장에 전문화하는 집중화 마케팅이 효과적일 수 있다.

1) 비차별화 마케팅(Undifferentiated Marketing)

비차별화 마케팅(Undifferentiated Marketing)은 시장 전체 소비자의 욕구와 행동을 동질적인 것으로 보고 시장을 세분화하지 않고 전체 시장을 하나의 표적으로 하여 하나의 표준화된 마케팅 믹스로 공략하는 방법을 말한다.

비차별화 마케팅을 실시한다는 것은 세분시장의 차이를 무시하고 하나의 제품과 하나의 마케팅 믹스를 가지고 전체시장에서 영업하고자 하는 전략을 의미하는 것이다. 따라서 비차별화 마케팅은 구매자의 기본적인 욕구의 차이에 초점을 맞추기보다는 대량생산, 대량유통경로, 대량광고를 통한 무차별적인 시장접근을 시도하고, 원가우위를 추구한다.

예를 들면 소비자의 취향 자체가 시간의 흐름에도 변하지 않는 생수사업과 같은 것이 대표적 예라 할 수 있으며, 성공한 사례로는 과거에 한 가지 종류의 초콜릿만을 판매했던 허쉬(Hershey)와 초기 등장했을 때의 코카콜라(Coca Cola)를 들 수 있다.

비차별화 전략의 장점은 비용의 경제성이 가능하다는 것이다. 즉 마케팅을 표준화·대량화함으로써 규모의 경제성을 획득한다는 것이다. 따라서 시장세분화를 실시하기 위한 시장조사 및 계획수립에 대한 비용을 절감할 수 있다. 하지만 단점으로는 이 방법을 적용할 수 있는 분야가 매우 제한적이라는 것이다.

고객의 욕구는 다양하며 갈수록 더욱 다양해지고 있기 때문에 모든 구매자를 만족시킬 수 있는 하나의 제품을 개발한다는 것은 매우 어려운 일이다. 따라서 비차별화 마케팅 전략을 선택하는 기업들은 규모의 경제를 통한 저가격으로 가격에 대한 중요성이 높은 세분시장을 확보해야 하고 해당 세분시장에서 가장 큰 시장을 목표로 제품을 개발해야 한다.

2) 차별화 마케팅(Differentiated Marketing)

차별화 마케팅(Differentiated Marketing)은 두 개 또는 그 이상의 세분시장을 표적시장으로 선정하고 각각의 세분시장에 적합한 제품과 마케팅 프로그램을 개발하여 공급하는 전략이다.

이 전략은 선정된 각 세분시장의 욕구를 보다 정확하게 충족시켜 주며, 동시에 여러 개의 세분시장을 표적시장으로 선정하여야 하기 때문에 자원과 능력이 우수하며 모든 시장에서 비교우위를 확보하고 있는 대기업에서 주로 사용한다.

이 전략을 채택한 기업은 각 세분시장에서 더 많은 판매 매출을 올리면서 해당 제품과 회사의 이미지를 강화하려고 노력한다.

차별화 마케팅의 장점으로는 다양한 소비자의 욕구에 맞추어 여러 가지 상품을 다양한 가격으로 제공하고, 복수의 유통경로를 사용하며 다양한 촉진을 실시하기 때문에 소비자의 욕구를 정확하게 충족시켜 줄 수 있으며, 세분시장이 위축되어도 위험을 분산할 수 있다는 장점을 지니고 있다.

단점으로는 각각의 세분시장에 대하여 각기 다른 마케팅 전략을 추진하는 데 많은 비용이 든다는 점이다. 즉 다양한 상품을 개발하기 위해서는 개발에 투자되는 비용과 인력에 대한 비용이 매우 높아진다는 것이다. 따라서 차별화 마케팅을 실시하기 위해서는 기업이 지닌 자원능력이 우수한 경우에 사용하는 것이 좋다.

P&G는 모발의 건강을 중시하는 소비자를 표적으로 한 제품계열과 헤어 스타일링을 중시하는 소비자를 표적으로 한 제품계열을 동시에 출시하는 차별화 마케팅으로 매출액의 신장을 가져올 수 있었다.

차별화 마케팅을 실시하고 있는 외식기업으로는 CJ의 외식사업이 대표적이라 할 수 있는데 CJ의 경우 제빵 시장에서는 뚜레쥬르(Tour Les Jours), 패밀리 레스토랑을 겨냥한 빕스(VIPS), 커피와 케이크류를 위한 투썸플레이스(Twosome Place), 아이스크림 분야의 콜드스톤(Cold Stone)으로 세분화하여 공략하고 있다.

3) 집중화 마케팅(Concentrated Marketing)

집중화 마케팅(Concentrated Marketing)은 기업의 자원이 제한되어 있을 때 한 개 또는 소수의 세분시장에서 시장점유율을 확대하려는 전략이라고 할 수 있다. 즉, 시장을 세분화한 후 가장 매력적인 시장을 선택하여 기업이 가진 제한적 자원으로 집중 공략하는 것이다.

집중화 마케팅의 장점은 특정세분시장에 대한 고객의 정확한 욕구충족이 가능하다는 것을 들 수 있으나 특정세분시장이 변화되거나 위축, 경쟁자가 새롭게 진입할 때는 심각한 영향을 받을 수 있다는 단점도 있다.

한정된 자원을 가지고 있는 기업의 경우 자사의 마케팅 능력을 분산시키지 않고 특정세분시장에서 전문적인 브랜드 이미지를 구축하고 강력한 경쟁위치를 확보할 수 있다. 그러나 집중화 마케팅을 적용하는 기업은 신속히 시장점유율을 높이거나 쉽게 모방할 수 없는 기술을 개발하고 경쟁사가 자사의 경쟁적 우위를 침범하지 못하도록 지속적인 제품혁신과 새로운 제품시장을 찾는 노력을 하는 등 진출 전략과 동시에 방어 전략을 강구하여야 한다.

이러한 점을 간과하고 집중화 마케팅을 적용하게 되면 성공했다는 자만심에 빠져 자신도 모르는 사이에 곤경에 처할 수 있다. 예를 들어 비락은 식혜 및 수정과 시장을 새롭게 창출하여 성공을 거두었지만 대기업의 진출로 치열한 경쟁에 직면해 있으며, 다양한 과즙음료와 쌀음료의 출현으로 비락이 집중하던 민속음료 분야가 위축되는 현상을 맞게 되었다.

집중화 마케팅의 대표적인 예로는 저가항공사인 제주항공이나 다양한 면류를 판매하는 레스토랑이 있으며 쌀국수만을 전문으로 하는 '호아빈(Hoabinh)'이나 '포베이(Phobay)' 등을 들 수 있다.

| 표 10-3 | 표적시장 선정과 유형별 마케팅 전략 비교

	비차별화 마케팅	차별화 마케팅	집중화 마케팅
전략 유형	마케팅 믹스 → 전체시장	마케팅 믹스 1 → 세분시장 A 마케팅 믹스 2 → 세분시장 B 마케팅 믹스 3 → 세분시장 C	세분시장 A 세분시장 B 마케팅 믹스 →세분시장 C
특징	- 모든 시장을 동질적으로 보고 시장세분화를 하지 않음 - 하나의 표준화된 마케팅 믹스 사용	- 각 세분시장에 대하여 상이한 마케팅 믹스를 개발하여 공략	- 시장을 세분화한 후 가장 매력적인 시장을 선택하여 최적의 마케팅 믹스 개발 후 집중적 공략
장점	- 대량생산에 따른 원가 절감 - 일관성 있는 이미지 유지	- 각 세분시장의 정확한 욕구 충족 - 세분시장의 위축 시 위험 분산 가능	- 특정 세분시장에 대한 정확한 욕구충족 가능 - 충족자원이 취약한 기업에 유리
단점	- 표준화된 하나의 마케팅 믹스로 모든 고객의 만족 어려움	- 제품개발비용과 관리비용이 높음	- 표적세분시장이 위축되거나 경쟁자 진입 시 심각한 영향
실행 조건	- 소비자들의 선호상태가 동질적이며 대량생산과 판매 시 원가절감 효과가 큰 경우	- 소비자 취향이 이질적이고 기업의 자원능력이 우수한 경우	- 경쟁자가 표적세분시장에 매력을 느끼지 못하여 진입 의사가 없는 경우

자료: 김범종 외, 마케팅 원리와 전략, 대경, 2009, p. 128.

제3절 상품 포지셔닝(Positioning)

1 포지셔닝(Positioning)의 개념

표적시장을 선택한 후에는 원하는 표적고객들에게 자사의 상품을 어떻게 부각시킬 것인가 하는 문제에 직면하게 된다.

포지셔닝(Positioning)이란 1972년 알 리스(Al Ries)와 잭 트라우트(Jack Trout)가 처음 소개한 용어로, 고객의 마음속에 자사의 상품이 경쟁사와 차별화되어 경쟁적 위치를 차지할 수 있도록 인지시키는 전략을 의미한다.

포지셔닝은 자사의 상품 및 서비스를 고객들이 어떻게 인식하느냐와 관련된 지각차원으로, 이때 고객들은 일정한 속성을 기준으로 각 기업의 상품이나 서비스를 비교하여 인지하게 된다. 예를 들어 풀무원의 식품들은 무공해이며 모든 재료는 국산 농산물을 사용하는 것으로 소비자들의 마음속에 인지되고 있는 것이 포지셔닝이다.

포지션은 시장에서의 제품의 위상이라고도 하며 제품에 대하여 소비자가 가지게 되는 지각, 인식, 느낌, 이미지가 통합되어 형성된다.

소비자의 경쟁제품들에 대한 인식의 유사성을 기준으로 경쟁제품들의 포지션을 기하학적 공간에 시각적으로 그려 놓은 것을 포지셔닝 맵(Positioning Map)이라고 한다.

포지셔닝 맵은 소비자 관점에서 지각한 경쟁구조와 차별화 정도를 파악할 수 있다는 점에서 고객지향적인 마케팅 전략 수립과 최적 마케팅 믹스 구성에 매우 유용한 전략적 도구로 이용될 수 있다.

포지셔닝 전략은 소비자를 기준으로 하여 자사제품의 포지션을 개발하려는 '소비자 포지셔닝 전략'과 경쟁자의 포지션을 기준으로 자사제품의 포지션을 개발하려는 '경쟁적 포지셔닝 전략'으로 구분된다. 또한 소비자들의 기준이나 경쟁자의 포지션이 변화함에 따라 기존제품의 포지션을 바람직한 포지션으로 새롭게 전환시키는 전략을 리포지셔닝(Repositioning)이라고 한다.

소비자 포지셔닝 전략은 자사제품 효익을 결정하고 커뮤니케이션하는 활동으로 커뮤니케이션 방법에 따라 구체적 포지셔닝과 일반적 포지셔닝, 정보 포지셔닝과 이미지 포지셔닝으로 구분된다.

구체적 포지셔닝은 소비자가 원하는 기준에 대하여 구체적인 제품의 효익을 근거로 제시하는 방법이고, 일반적 포지셔닝은 제품의 효익에 대해 애매모호하게 제시하는 방법이다.

정보 포지셔닝은 정보제공을 통해 직접적으로 접근하는 방법이고, 이미지 포지셔닝은 심상(Imagery)이나 상징성(Symbolism)을 통해 간접적으로 접근하는 방법을 말한다.

경쟁적 포지셔닝 전략은 경쟁자를 지명한 후 비교 광고를 통해 수행되는데 시장선도자를 경쟁의 기준으로 삼고 직접적인 도전을 통해 자신의 상표를 포지셔닝하는 수단으로 이용된다.

그림 10-4 스타벅스 커피의 포지셔닝 맵 사례

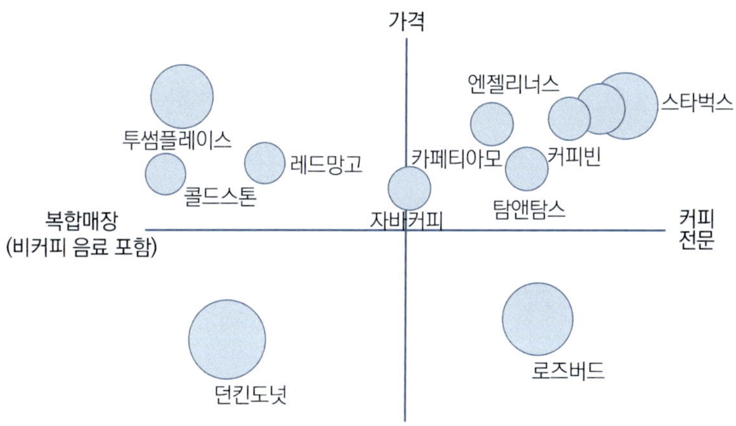

2 포지셔닝의 중요성

포지셔닝은 고객들에 의해 인식되는 방식이다. 포지셔닝을 통한 이미지가 기업의 의도된 방향이든 아니든 간에 고객의 마음속에 자리 잡게 된다. 이때 다른 기업의 상품이나 서비스에 비해 독특하고 고유한 위치를 확보 · 유지하고 있다면 성공적인 포지셔닝이라고 할 수 있다.

소비자의 제품선택은 제품의 속성에 대한 지각, 인식, 느낌, 이미지 등이 통합되어 나타나는 제품의 독특한 포지션에 의해 영향을 받는다. 따라서 기업은 경쟁사와 차별되며 표적고객이 이상적으로 생각하는 포지션을 설정하고 자사 상표를 포지셔닝하기 위해 적합한 마케팅 믹스를 개발하고 실행해야 한다.

포지셔닝의 중요성에 대하여 몇 가지 사례를 살펴보면 우리나라 여성그룹 가수들은 섹시함(Sexy), 귀여움(Vivid), 순수함(Pure) 등 대부분 한정된 이미지를 가지고 있다.

예를 들면 섹시 복고라는 트렌드를 잘 소화시켜 나이에 맞지 않는 성숙한 여성미를 드러낸 원더걸스, 청바지에 티셔츠만 걸치고도 환호성을 불러일으킬 수 있는 소녀시대, 귀여움이라는 이미지로 일본에서도 최고의 인기를 누리고 있는 카라 등이 대표적인 예라고 할 수 있다. 하지만 이러한 여성그룹 가수들도 데뷔 초기에는 포지셔닝에 많은 어려움을 겪기도 했다.

2007년 데뷔한 원더걸스의 경우 'Irony'라는 곡으로 데뷔했지만 그 당시 대부분의 가수들과 큰 차별성이 없었고 음악적인 특성도 다른 그룹들과 유사했다. 그러다 'Tell Me'라는 노래를 시발점으로 복고의 열풍을 일으키게 되었고 '복고' 하면 원더걸스라는 공식을 각인시키며 포지셔닝을 강화하게 되었다. 이어 후속곡으로 'So Hot', 'Nobody' 등이 연속으로 히트하면서 폭발적인 인기를 유지할 수 있는 계기가 되었다.

또 다른 예로는 조미료를 들 수 있다. 조미료의 원조라고 할 수 있는 '미원'은 상표명이 제품명처럼 불릴 정도로 소비자인식이 확고하여 본원제품화(Generic Name)되어 있다.

1970~1980년대에 '미원'과 제일제당의 '미풍'은 조미료 전쟁을 하였다. 당시 미풍은 모기업인 삼성그룹의 전폭적인 후원에 대대적인 광고와 인적 판매, 판촉행사 등을 통해 공세에 나섰지만 '조미료=미원'이라는 공식이 소비자들에게 확고하게 주입되어 있어 별다른 효과를 보지 못했다.

이때 제일제당은 미풍을 과감히 포기하고 '다시다'라는 브랜드로 새롭게 포지셔닝을 실시했다. 즉 미원이 화학조미료의 대명사라고 한다면 '다시다'는 자연조미료의 대명사라는 이미지로 포지셔닝을 실시한 것이다.

'쇠고기 국물 맛, 쇠고기 다시다'라는 카피를 내세우며 제일제당은 다시다를 천연조미료라는 새로운 카테고리에 포지셔닝한 후 성공할 수 있는 계기를 마련하였다.

이러한 사례에서 나타나듯이 포지셔닝은 소비자 관점과 기업의 마케팅 전략 관점에서 중요한 역할을 할 수 있다.

1) 소비자 관점에서의 중요성

첫째, 상품에 대한 선호도와 구매행동에 영향력을 준다는 점에서 중요하다.

소비자는 제품의 특성과 다양한 마케팅 믹스에 의해서 선호도와 구매행동에 영향을 받는다. 하지만 구매하려 할 때 이러한 다양한 속성들에 대한 평가를 일일이 하기보다는 평소에 가지고 있던 제품 속성에 대한 지각이나 인식 등이 통합되어 나타나는 독특한 포지션에 의해서 구매행동을 하기 때문에 포지셔닝이 중요하다.

예를 들어 길거리에서 판매하는 음식의 경우 가격은 싸나 불량식품이라는 느낌을 가질 수 있고, 레스토랑에서 판매하는 음식은 가격은 비싸나 안전하다는 이미지를 지니고 있다.

둘째, 소비자로 하여금 선택과 구매의 편리성을 제공한다.

상품을 구매할 때 선택과 구매의 편리성을 제공한다. 예를 들어 컴퓨터를 구매하고자 할 때 소비자의 마음속에는 각종 컴퓨터 회사의 제품에 대한 가격대비 성능이라든지 디자인, 품질 등에 대한 인식이 있을 것이다.

이러한 포지션이 확립되고 나면 소비자들은 컴퓨터에 대한 비교와 선택이 보다 단순화되고 쉬워지며 이상적으로 생각하는 포지션으로 인식되는 특정 컴퓨터를 선택하는 확률이 높아지게 된다.

현대자동차 회사의 자동차 광고에서 'Guys Only'라는 용어를 사용하여 해당 자동차를 젊은 사람들이 타는 자동차로 인식시키려고 노력하고 있다. 이러한 노력은 소비자들의 정보 과부하를 줄이고 구매 대안으로 쉽고 빨리 떠오르게 할 수 있다는 점에서 매우 중요하다.

2) 마케팅 전략 관점에서의 중요성

기업의 포지셔닝은 고객의 마음속에 자리 잡는 것도 중요하지만 기업의 입장에서도 매우 중요한 일이라 할 수 있다. 포지셔닝을 마케팅 전략 관점에서의 중요성을 살펴보면 다음과 같다.

첫째, 고객관점에서의 경쟁구조와 경쟁적 위상을 파악할 수 있다.

다시 말해 고객이 생각하고 있는 우리 기업의 위치를 파악할 수 있다는 것이다.

경쟁이 심화되고 있는 시장에서 제품을 포지션하기 위해 마케팅 관리자들은 표적고객이 자사의 제품을 인식하는 기준이 되는 속성차원과 경쟁제품을 비교하여 자사의 제품을 어떻게 인식하고 있는지에 대해 이해할 수 있다. 즉 어떠한 제품속성들이 고객의 인식상의 차이를 가져오는 기준이 되는지, 고객은 자사의 제품을 어떻게 인식하고 있는지, 우리 제품과 경쟁제품으로 생각하는 것에는 어떤 것이 있는지 등에 대해 알 수 있게 된다.

둘째, 표적화(Targeting)를 위한 차별화의 지침이 될 수 있다.

고객들이 좋아하는 속성을 파악하여 경쟁사와 차별화할 수 있는 전략의 수립이 가능하다는 것이다. 예를 들어 고객들이 자사제품의 차별성을 인식시키기 위해서 무엇을 해야 하고, 고객의 인식상태를 고려할 때 어떤 표적 세분시장이 가장 매력적인지 알 수 있는 등 마케팅 전략적 의사결정을 위한 많은 지침을 제공해 줄 수 있다.

셋째, 고객과 기업의 인식상태의 차이를 발견할 수 있다.

마케팅 관리자들은 고객과 비고객의 자사제품과 경쟁제품들에 대한 인지상태를 비교할 수 있다. 이에 따라 관리자의 인식상태와 다양한 세분시장의 고객들 간에 인식상태가 일치하는지 아니면 불일치하는지를 확인하고 이를 교정할 수 있는 지침을 제공해 준다.

3 포지셔닝의 유형과 접근방법

소비자에 대한 포지셔닝은 기본적으로 두 가지 개념을 포함한다.

첫째, 소비자의 마음속에 자리 잡고 있는 외식기업의 위치를 의미하는 것으로 이때 외식기업이 생각하는 위치는 별 의미가 없고 오로지 소비자가 생각하는 것만이 중요한 의미를 지닌다.

둘째, 포지셔닝은 항상 경쟁상황에 따라 달라질 수 있다는 점이다. 일반적으로 외식기업에 대한 포지셔닝은 여러 가지 방법을 통해 실시할 수 있는데 내용을 살펴보면 다음과 같다.

1) 제품의 속성에 의한 포지셔닝

속성에 의한 포지셔닝은 자사제품이 경쟁제품과 비교하여 차별적 속성 및 특징을 가지고 있는 것이 일반적이므로 이를 경쟁제품과 상이한 고객 편익을 제공한다는 것을 소비자들의 마음속에 인식시키는 방법이다.

이 방법은 많은 특성을 설명하는 것이 포지셔닝을 하는 데 있어 유리하게 작용할 것이라 생각하지만 오히려 너무 많은 특성을 사용하면 고객에게 혼란을 주어 원래의 목적과 다르게 인식될 수 있다.

고칼슘 우유의 경우 철분과 칼슘이 강화된 우유라는 표현으로 철분이 많다는 속성을 강조하였고, 농심 '신라면'의 경우 매운맛이라는 제품의 속성을 강조해서 소비자들의 인식 속에 매운 라면이라는 위치를 차지할 수 있었다.

2) 제품 사용자에 의한 포지셔닝

사용자에 의한 포지셔닝은 해당 제품을 사용하는 데 적절한 사용자 집단이나 계층의 소비자를 목표로 포지셔닝하는 방법이다.

예를 들면 접대가 많은 비즈니스맨을 위한 숙취해소 음료나 이를 닦기 싫어하는 어린이를 위한 젤(Gel) 타입의 달콤한 냄새가 나는 어린이 전용치약, 아침 출근 준비에 바쁜 직장인을 위한 샴푸와 린스 겸용 제품 등이 있다.

미국 필립모리스의 '말보로(Marlboro)' 담배의 경우 터프(Tough)한 카우보이 남성을 광고모델로 등장시켜 남성적 담배라는 이미지로 포지셔닝한 반면 '버지니아슬림(Virginia Slims)'은 여성을 모델로 하여 여성용 담배로 포지셔닝하였다.

'존슨즈 베이비 로션'의 경우 아기의 연약한 피부를 부각시켜 주로 아기들이 쓰는 화장품 또는 아기와 같이 연약한 피부에 적합한 순한 화장품으로 피부 트러블(Trouble)이 있는 고객들에게 어필하는 예라고 볼 수 있다.

3) 제품 사용상황에 의한 포지셔닝

사용상황에 의한 포지셔닝은 제품의 적절한 사용상황을 묘사하거나 제시하는 것으로서 제품이 사용될 수 있는 상황을 포지셔닝하는 방법이다.

예를 들면 '일요일은 오뚜기 카레'라는 캐치프레이즈로 카레라는 음식을 일요일 식사 상황과 연결시킨 경우나 술 마신 후에 마시는 컨디션, 해변에서 연인과 함께 마시는 카프리(Capri) 맥주, 레저활동에 편리한 종이팩 소주, 결혼이나 기념일을 위한 티파니(Tiffany) 보석, 온 가족이 함께 먹는 투게더 아이스크림 등을 들 수 있다.

4) 경쟁제품을 이용한 포지셔닝

경쟁제품에 의한 포지셔닝은 자사제품과 경쟁제품을 비교하여 자사제품의 우위를 소비자들에게 인식시키는 방법이다.

경쟁제품에 의한 포지셔닝은 주로 시장선도 기업을 대상으로 이루어지는데 소비자들에게 인식되어 있는 시장선도 기업의 이미지를 자사의 포지션과 연관시킴으로써 그 효과를 증대시키는 이점이 있다. 즉 경쟁자의 포지션을 바탕으로 소비자의 니즈(Needs)와 경쟁자와의 차별화를 연결시키는 유용한 포지셔닝 전략이다.

경쟁제품과 대비시켜 포지셔닝하는 방법은 두 가지 관점에서 실행할 수 있다.

한 가지는 우리의 제품이 경쟁사의 제품과 다르다는 관점이고 다른 한 가지는 객관적인 자료를 인용하여 경쟁사의 제품보다 우수하다는 것을 강조하는 방법이다.

몇 가지 사례를 보면 의약품 시장에서 후발주자였던 타이레놀은 시장에 출시되면서 아스피린을 따라잡기 위해 다음과 같은 광고를 실시했다.

"복통을 자주 경험하는 분, 또는 궤양으로 고생하는 분, 천식, 알레르기, 빈혈증이 있는 분은 아스피린을 복용하기 전에 의사와 상담하시는 것이 좋습니다. 아스피린은 위벽을 자극하고 천식이나 알레르기 반응을 유발하며 위장에 출혈을 일으키기도 합니다. 다행히 여기 타이레놀이 있습니다."

타이레놀은 상기와 같은 방식으로 경쟁제품인 아스피린에 대해서 자사의 제품이 우수하다고 포지셔닝을 했다. 이러한 내용은 상당부분 사실이었다. 하지만 처음 이 광고는 소비자들에게 별로 좋은 반응을 불러일으키지 못했다.

대부분 새로운 상품은 이전의 상품보다 좋다고 광고하기 때문에 신제품인 타이레놀이 아스피린보다 좋다고 광고한 것이 사람들에게 흥미를 끌기에는 부족했던 것이다. 한편 아스피린을 만들던 바이엘사(Bayer)는 이 광고에 대하여 다음과 같은 광고를 신문에 게재하면서 적극적으로 대응하였다.

'타이레놀이 아스피린보다 더 안전하다고 판명된 적은 없습니다. 어떠한 정부기관의 발표에서도 타이레놀의 그와 같은 주장의 근거는 찾아볼 수 없습니다(No Tylenol is not found safer than Aspirin, no basis for Tylenol claim in reports by U.S government agency).'

하지만 이러한 아스피린의 반박광고는 오히려 타이레놀에 두통약 시장의 주도권을 넘겨주는 상황으로 역전되었다. 즉, 광고를 대하는 소비자들의 소비심리를 이해하지 못했기 때문이다.

바이엘사의 의도와는 달리 소비자들은 아스피린의 광고를 보고 오히려 아스피린이 어떤 문제가 있어 날카롭게 반응한다고 생각했고 의구심을 갖게 되었던 것이다.

이에 따라 타이레놀은 뜻하지 않은 상황으로 두통약 시장에서 선두적인 포지셔닝을 차지할 수 있게 되었다. 또 다른 사례로는 우리나라에서 인터넷 검색엔진이 성장하고 있을 무렵 야후(Yahoo)는 최고의 위치를 차지하고 있었다. 하지만 후발 주자인 엠파스(Empas: 현재는 네이트(Nate)와 통합됨)는 "야후에서 못 찾으면 엠파스"라는 말로 자신들의 위치를 자리매김하였다. 자칫 비교 광고로 부정적인 이미지를 얻을 수 있었지만 야후가 1인자라는 것을 인정하면서 자신들의 광고를 했기 때문에 부정적인 이미지 없이 고객들에게 포지셔닝될 수 있었다.

이 외에도 미국의 자동차대여 회사인 에이비스(Avis)는 렌터카 시장에서 1위를 하고 있는 허츠(Hertz)를 추월하는 것이 어렵다고 판단하여 "우리는 2위입니다. 그래서 우리는 더욱 노력합니다"라는 문구로 광고하여 자신들의 위치를 인식시켰다.

이 결과 자신들이 1등이 아니고 2등이라는 사실을 스스로 밝힘으로써 신뢰감을 주었으며 2등도 기억해 달라는 내용으로 소비자들의 동정심을 자극하여 매출이 증가하는 결과로 나타났다.

5) 효용 및 소비자 욕구를 이용한 포지셔닝

제품의 효용 및 소비자 욕구를 이용한 포지셔닝은 해당 제품을 사용함으로써 얻을 수 있는 효용을 강조하는 방법으로 제품 속성에 의한 포지셔닝과 더불어 가장 많이 사용되는 전략 중 하나이다.

이 방법은 제품의 속성을 소비자의 편익으로 전환시켜 브랜드와 연관관계를 갖도록 하는 것이다. 예를 들면 운동 후 갈증해소와 체액을 보충해 주는 '게토레이', 충치예방에 효과가 좋은 '브렌닥스 치약', 비만 방지를 위한 '다이어트 펩시' 등이 해당된다.

6) 제품의 추상적인 편익(이미지)에 의한 포지셔닝

제품의 추상적인 편익이란 해당 제품을 사용하면서 느낄 수 있는 정서적인 측면이나 사색적인 측면을 강조하는 포지셔닝을 말한다. 예를 들어 '초코파이'라는 제품은 제품의 속성이나 사용자 등을 강조하는 것이 아니라 '정(情)'이라는 감성적인 측면을 강조한 포지셔닝이라고 볼 수 있고, 맥심커피는 '가슴이 따뜻한 사람과 만나고 싶다', '커피의 명작 맥심' 등 광고 카피를 통해 정서적이고 고급적인 이미지를 형성하려고 오랜 기간 노력하였으며 그 결과 성공적인 포지셔닝을 할 수 있었다.

4 포지셔닝 전략의 수행과정

포지셔닝은 자사제품을 경쟁제품과 차별화시키면서 소비자 마음속에 이상적인 제품으로 위치시키는 것이 핵심이다. 이를 통해 자사제품에 대한 인지도를 높일 수 있고 구매시점에서 높은 상기율과 선택 확률을 높일 수 있다. 이를 위해서는 소비자의 관점에 맞춘 다음과 같은 절차를 통해서 포지셔닝 계획을 수립하고 실행해야 한다.

그림 10-5 포지셔닝 전략 수행과정

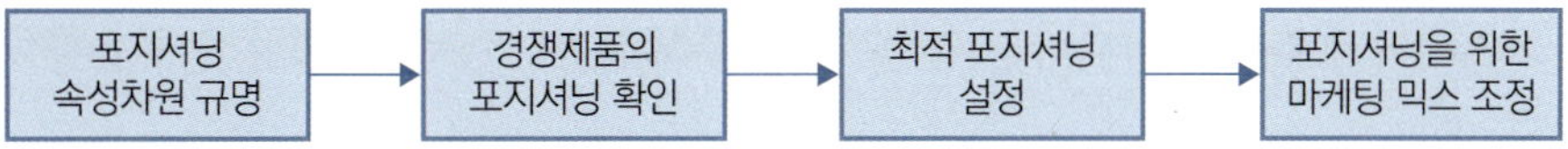

1) 포지셔닝 속성차원의 규명

소비자들이 경쟁제품을 비교하고 인식하는 기준으로 사용하는 속성을 규명하는 것이다. 예를 들어 라면을 선택할 때 국물 맛, 면발, 가격 등의 요소 중 어떤 요소가 가장 중요한 비교기준으로 작용하는지를 파악하는 것이 중요하다.

소비자들이 제품을 비교하고 평가할 때 고려하는 속성이 포지셔닝의 기준으로 작용하기 때문이다.

평가기준이 많아지면 비교가 어렵기 때문에 일반적으로 2~3개의 주요 기준에 의해서 경쟁제품들에 대한 상대적 비교와 인식을 하는 것으로 알려지고 있다.

이러한 제품들 간의 상대적인 비교 기준이 되는 속성차원을 알아내기 위해서 소비자에게 중요한 기준을 직접 확인해 보는 경우도 있으나 경우에 따라서는 여러 개의 경쟁상표 간의 유사성 상대비교를 통해 인지도를 시각적으로 산출하는 다차원척도법과 같은 기법을 적용하여 찾아내는 경우도 있다.

2) 경쟁제품의 포지션 분석과 이상적 포지션 규명

소비자의 인식기준으로 사용되는 결정적 속성을 이용하여 경쟁제품의 속성을 평가하고 평가속성을 기준 차원으로 구성된 좌표공간에 위치시키면 지각도(Perceptual Map), 즉 포지셔닝 맵이 작성된다. 동시에 표적고객들이 이상적으로 생각하는 포지션을 규명하게 되면 경쟁제품별 포지션의 우위를 평가할 수 있다.

3) 최적 포지셔닝 설정

최적 포지션은 표적고객이 이상적으로 생각하는 포지션과 가까우면서 경쟁제품이 없는 포지션이다. 경쟁제품이 집중적으로 몰려 포지셔닝되는 경우 해당 포지션의 매력도는 낮아지기 때문이다. 그러나 자사의 제품력과 광고, 자금능력 등이 우수하면 경쟁제품이 포지션되어 있다고 하더라도 경쟁우위를 확보할 수 있으므로 이상점에 포지셔닝할 수 있다.

이상점이 고객 세분화마다 다른 경우 경쟁제품이 없는 위치를 찾아 포지셔닝하는 것이 바람직하다. 이때 주의해야 할 사항은 소비자의 이상점은 시간에 따라 또는 다른 제품의 출현에 의해 변화될 수 있기 때문에 시간적 간격을 두고 지속적으로 이상점의 변화를 추적하는 것이 중요하다.

4) 최적 포지셔닝을 위한 마케팅 믹스 개발 및 조정

신제품인 경우 경쟁이 심하지 않고 잠재력이 큰 포지션을 규명하고 신제품을 해당 위치에 정확하게 포지션시키기 위해서는 목표 포지션에 부합되는 제품의 특성, 가격, 유통, 광고 등을 소비자가 지각할 때까지 일관성 있게 실행하는 것이 좋다.

상기에서 설명하였듯이 소비자의 이상점은 시간 또는 경쟁제품의 출현에 의해 변화되기 때문에 경우에 따라서는 기존제품의 포지셔닝을 수정해야 할 필요가 있다.

이러한 것을 리포지셔닝(Repositioning)이라 한다.

포지셔닝 맵(Positioning Map)의 가치는 고객이 지각하고 있는 현실을 그대로 반영하는 데 있다. 따라서 고객의 신념과 지각이 결합되어 나타난 기존제품에 대한 인지도는 제품의 포지션을 보다 바람직하게 변화시키기 위해 수정해야 할 제품속성에 대해서도 알려준다.

기존의 이미지가 강하게 인식되어 있는 제품의 경우 현재의 포지션이 이상점과 멀리 떨어져 있다면 리포지셔닝하기가 매우 어렵다. 따라서 이런 경우에는 리포지셔닝하기보다는 신제품으로 새롭게 포지셔닝하는 것이 효과적일 수 있다.

예를 들어 현대자동차의 소나타는 리포지셔닝할 경우 디자인을 변경하고 성능을 변경하는 수준으로 유지할 수 있지만, 만일 가격대를 너무 올려 에쿠스의 가격대로 올린다면 기존의 이미지가 너무 강하게 고착되어 있기 때문에 현재의 포지션에서 고객이 생각하는 이상점과 멀리 떨어져 문제가 발생할 수 있다.

C·H·A·P·T·E·R

11

외식산업의 상품관리

CHAPTER 11

외식산업의 상품관리

FOOD SERVICE INDUSTRY MANAGEMENT AND MARKETING

제1절 상품의 이해

1 상품의 개념 및 정의

마케팅에서 정의하고자 하는 상품이란 마케팅 믹스의 여러 가지 요소들 중 기업이 이윤을 창출하는 가장 기본이 되는 것이다.

상품이 소비자의 욕구를 충족시키지 못한다면 아무리 다른 마케팅 믹스의 요소들을 혼합한다고 하더라도 소비자의 욕구 충족이 어려워지게 되고, 소비자는 이로 인하여 재구매를 하지 않게 될 것이다.

상품은 소비자가 자신의 욕구를 충족하기 위해 구매, 소유, 사용하는 것이므로 소비자의 욕구와 효용을 정확히 충족시켜 줄 수 있도록 만들어져야 한다. 따라서 상품이 충족시켜 주고자 하는 소비자 욕구와 효용에 대한 사전 조사가 실시되어야 하고 이를 바탕으로 상품 특성과 이러한 특성을 표현할 수 있는 상표나 포장, 디자인, 성능, 품질 등의 속성을 결정해야 한다.

일반적으로 사람들은 상품이라고 하면 눈으로 볼 수 있고, 만질 수 있는 것으로만 생각하지만 이러한 형태를 갖춘 상품 이외에도 병원의 진료나 은행의 입출금 서비스, 테마파크에서의 경험 등과 같은 무형의 서비스도 포함할 수 있다.

마케팅 관점에서 상품을 정의하기 위해서는 다음의 두 가지를 이해할 필요가 있다.

첫째, 상품 중에서 물리적 속성을 지닌 상품을 재화(Goods, Tangible Products: 유형상품)라 하고, 물리적 속성을 지니지 않은 상품을 서비스(Service, Intangible Products: 무형상품)라고 한다. 즉, 재화라고 하면 경제학에서 사용 또는 소비 등을 통해 소비자들의 효용을 증가시킬 수 있는 형태를 가진 모든 것(TV, 컴퓨터, 휴대폰 등)을 의미하고, 서비스라고 하면 재화와 같이 소유권이 설정될 수 있는 독립된 실체가 아니고, 생산과 분리하여 거래될 수 없으며, 특정한 형태가 없는 것을 의미한다.

예를 들면 병원에서 의료진의 진료나 레스토랑에서 음식을 가져다주는 종사원의 서비스 등이 해당될 수 있다.

일반적으로 유형상품에 서비스가 결합되어 있는 형태를 띠는 경우가 많다. 예를 들면 컴퓨터라는 재화를 구매했지만 단지 물리적인 속성만을 구매한 것이 아니라 배달이나 AS, 교육 등 다양한 서비스가 동시에 제공된다.

종합적으로 상품을 정의하자면 재화나 서비스, 장소, 사람 등 소비자의 결핍된 욕구를 충족시켜 만족을 줄 수 있는 모든 욕구 충족물(Satisfier)을 상품이라 할 수 있다.

소비자들은 자신의 욕구 충족을 위한 수단으로 상품을 구매하게 된다. 하지만 실제 소비자가 구매하는 상품은 물리적인 속성 자체를 구매하는 것이 아니라 상품이라는 수단을 통해 효용이나 가치를 얻어 자신의 욕구충족과 만족을 위해 구매한다.

예를 들어 립스틱을 구매하는 소비자의 경우 색깔이 있는 화학물질을 구매하는 것이 아니라 자신의 개성을 나타낼 수 있는 만족물을 구매하는 것이고, 사치스러운 스포츠카를 구매하는 소비자의 경우도 편리한 이동이라는 수단을 구매할 수도 있지만 자기 과시, 개성 등 사회 · 심리적 가치를 구매하는 것으로 볼 수 있다.

화장품 회사인 레브론(Revlon)은 '우리가 공장에서 만드는 것은 화장품이지만 우리가 파는 것은 희망이다(In the factory, we make cosmetics; in the store, we sell hope).'는 광고로 자신들이 판매하는 상품의 효용이나 가치를 선전하고 있다. 이러한 관점에서 볼 때 마케팅 관리자는 상품 개발 시 상품을 물리적인 차원에서만 생각할 것이 아니라 소비자가 지각하는 효용이나 가치에 기준을 두고 개발해야 한다.

2 상품의 구성차원

상품은 소비자의 욕구 충족을 위한 효용의 집합체라고 한다. 따라서 상품과 관련된 요소들은 소비자의 욕구와 효용을 충실하게 반영하여 결정되어야 한다.

상품을 구성하고 있는 다양한 속성들은 궁극적으로 상품을 소유하고 사용함으로써 얻고자 하는 고객의 욕구를 효과적으로 충족할 수 있어야 하며, 또한 그 효용을 잘 표출할 수 있도록 구성되어야 한다.

이러한 관점에서 볼 때 상품은 핵심상품, 실제상품, 확장상품이라는 3가지 구성차원으로 이루어진다.

그림 11-1 상품의 구성차원

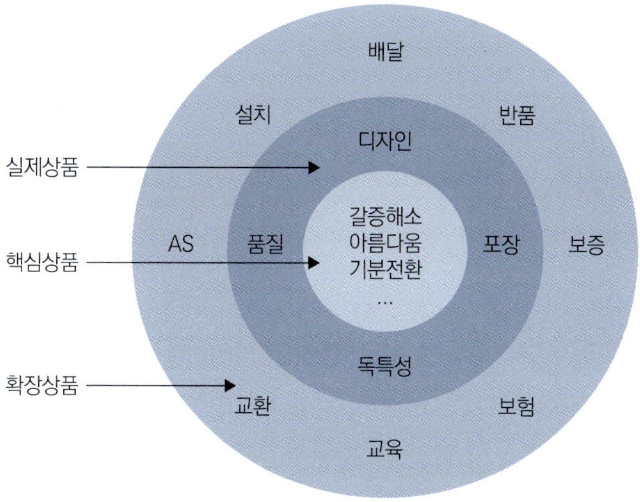

1) 핵심상품(Core Product)

핵심상품은 상품의 가장 근본적인 차원이라고 할 수 있다. 또한 소비자가 실제로 구매하고자 하는 것이 무엇인가에 관한 차원이다.

핵심상품은 소비자들이 상품을 구입할 때 그들이 얻고자 하는 이점이나 문제를 해결해 주는 서비스로 구성된다. 예를 들어 소비자가 화장품을 구매하는 이유는 단순히 화학적 물질을 구매하는 것이 아니라 아름다움을 구매하는 것이다. 만일 음식을 먹는 이유가 배고픔 해결이라고 한다면 맛보다는 음식의 양에 치중해야 고객이 원하는 핵심을 이해할 수 있을 것이다. 따라서 상품을 기획할 때는 가장 먼저 상품이 제공하는 핵심효용을 명확히 하는 것부터 출발해야 한다.

2) 실제상품(Actual Product)

실제상품은 핵심상품을 형상화한 것으로 품질수준이나 특성, 스타일, 상표명, 포장 등의 특징을 포함하고 있다.

외식산업에서의 실제상품은 제공되는 음식, 음식을 담고 있는 포장용기, 종사원의 서비스, 레스토랑의 인테리어 등이 해당될 수 있다.

(1) 품질(Quality)

상품의 품질은 단순히 결함이 없음을 의미하는 것이 아니라 고객이 기대하는 성능이나 특성을 얼마나 잘 충족하는가의 문제이다.

일반적으로 품질이라고 하면 내구성, 신뢰성, 정밀도, 사용의 간편성, 성능 등을 의미할 수 있지만 품질 측정의 기준은 생산자가 아니라 소비자가 지각하는 품질이라는 점에 유의해야 한다.

아무리 기업에서 자사의 상품이 최고의 품질이라며 객관적이고 과학적인 자료를 제시하여도 소비자들이 인식하지 못하는 경우 좋은 품질로 인정받을 수 없게 된다.

또한 소비자마다 품질의 평가기준이 다르기 때문에 표적 세분시장에서 고객이 원하는 품질 기준과 그 수준에 대한 정확한 분석이 요구된다.

이 외에도 품질과 관련된 문제는 가격과 품질이 상관성이 있는 것으로 지각한다는 것이다.

상품에 따라서는 그 상관성의 인식강도가 높은 경우가 있는데 이 경우 가격을 높게 책정할수록 품질이 좋다고 생각하는 경향이 있다. 특히 상품에 대한 객관적인 품질을 평가하기 어려운 상품이거나 권위나 위신과 관련된 상품의 경우 더욱 크게 나타난다. 또한 지불하는 가격에 따라 품질에 대한 기대수준이 달라지므로 품질수준의 결정을 위해서는 가격과의 관계를 잘 고려해야 한다.

(2) 디자인(Design)

디자인은 아름다움과 기능성을 동시에 갖추어야 좋은 평가를 받을 수 있다. 음식의 경우라면 맛도 좋아야 하지만 먹기 전 보는 것에서 즐거움을 찾을 수 있기 때문에 외형적인 장식에도 신경을 써야 한다. 하지만 단순히 겉으로 보이는 스타일과 색상이 우수하다고 해서 좋은 디자인이 될 수 없으며 기능이 너무 많고 복잡하여 사용상에 불편함이 있다면 역시 좋은 디자인이 될 수 없다. 따라서 디자인은 심미성을 바탕으로 한 독특성과 단순함을 바탕으로 한 기능성을 동시에 갖추는 것이 좋다.

(3) 포장(Package)

포장은 상품의 보호기능과 상품가치의 향상 및 포장을 통한 시각적 정보를 전달하는 촉진기능을 동시에 수행한다.

우리나라 속담에 '보기 좋은 떡이 먹기도 좋다'는 말이 있듯이 아름답고 좋은 포장은 고객의 시선을 끌고 상품에 대한 좋은 이미지를 표출하고 바람직한 정보를 제공하는 기능을 효과적으로 수행할 수 있다.

최근 모든 소비재의 경우 상점의 진열대에서 셀프(Self) 판매가 이루어지고 있어 포장의 중요성은 더욱 크다고 할 수 있다.

최근에는 포장디자인에 과학적인 방법을 도입하는 기업들의 수가 증가하고 있다. 인간에 의한 모델이나 소묘가 아니라 숙련된 디자이너들이 수천 가지의 색상, 모양, 활자체를 가지고 3차원의 그래픽 포장 이미지를 창조해 낸다.

일반적으로 포장의 목적은 다음의 세 가지로 구분할 수 있다.

첫째, 훼손과 부패 및 도난으로부터의 보호이다.

많은 상품들이 생산되어 소비자에 이르기까지 몇 단계 취급단계를 거치므로 포장은 내용물이 훼손되지 않으며 부패되지 않도록 보존될 수 있어야 한다.

상품의 훼손을 방지하기 위해 많은 기업들은 포장 디자인을 개선하고 있다. 예를 들면 스파게티 소스나 잼과 같은 유리병에 든 제품은 처음 뚜껑을 열 때 '펑' 하는 소리가 나도록 고안되어 있다.

둘째, 마케팅의 조력자 역할을 한다.

시장에는 다양한 품목들이 출시되어 있기에 마케팅 관리자들은 자신들의 상품이 경쟁자들의 것과 구별되도록 포장을 만들어야 한다. 즉 신제품의 증가, 소비자의 라이프스타일과 구매 형태의 변화, 세분시장에 대한 마케터의 관심 고조 등으로 포장은 촉진수단으로서 매우 중요시되고 있다. 또한 포장은 구매자의 편리성을 향상시켜 준다.

예를 들면 플라스틱으로 만든 튜브형 용기(Squeezable Bottle)는 디저트 토핑이나 케첩(Ketchup)의 사용을 편리하게 하고, 전자레인지에 사용가능한 음식이나 1인용 포장은 소비자의 생활에 편리성을 더해주고 있다.

셋째, 비용측면에서 효과적일 수 있다.

포장은 제조업자, 마케팅 관리자, 소비자를 위한 기능도 있지만 합리적인 비용 측면에서도 기능을 수행한다. 예를 들면 처음에는 CD(Compact Disk)를 디스크 크기의 플라스틱 상자와 레코드 크기의 마분지 상자에 담아 판매했다. 하지만 소비자들이 마분지 상자에 대해 지적하여 현재는 플라스틱 케이스에 담겨 있고 점포들은 CD를 재활용 플라스틱 홀더에 진열하여 판매한다.

이처럼 포장은 제품의 보호와 운반의 편리성이라는 기초적인 기능을 비롯하여 촉진전략의 수단으로 활용되고 있다.

이 외에도 외식기업에서 포장은 고객을 위해서도 중요하지만 종사원, 기업을 위한 포장에도 신경을 써야 한다. 예를 들면 음식을 담는 접시의 경우 모양만 아름답고 너무 무겁거나 잘 파손(Breakage)된다면 종사원의 서비스 측면에서 비효율적일 수 있고, 재정적인 손실로 나타날 수 있기 때문이다.

(4) 독특성(Feature)

독특성 또는 특장이란 기본적인 상품의 모델에 독특한 특성을 추가하여 보다 정확하고 높은 소비자 욕구 충족과 경쟁적 차별화를 꾀하는 요소를 말한다. 이러한 특장을 부가하기 위해서는 사전에 소비자 조사를 통해 특장 요소별 선호도와 특장의 부가에 따른 원가 상승요인에 대한 소비자들의 추가적인 비용 지불의사를 조사해야 한다.

3) 확장상품(Supporting Product)

확장상품은 핵심상품에 가치를 부여하여 경쟁에서 차별화하기 위한 추가적인 상품이라 할 수 있다.

확장상품의 요소로는 보증이나 반품, 배달, 교육, AS 등을 들 수 있으며 실제 상품요소에서 큰 차이가 없는 상품들 간에도 확장상품의 요소가 달라짐에 따라 소비자의 선호도가 크게 달라질 수 있다. 하지만 확장상품을 추가할수록 상품의 원가가 상승하게 되어 소비자들이 가격에 민감한 경우에는 수요의 감소효과로 나타날 수 있으니 주의해야 한다.

이러한 확장상품은 제품에 대한 차별화가 어려워질수록 제품차별화의 경쟁우위를 강화하기 위한 수단으로 그 중요성이 더욱 높아지고 있다.

예를 들어 컴퓨터를 구매하면 컴퓨터 설치는 물론 사용방법에 대한 교육의 실시를 비롯하여 레스토랑의 경우 위생과 청결을 강조하기 위해 전문업체의 상호를 붙이는 것도 소비자에게 레스토랑의 위생을 보증한다는 확장상품의 일종이라고 할 수 있다.

3 제품의 분류

제품의 유형에 따라 소비자들의 구매패턴이나 충족에 대한 욕구가 각기 다르기 때문에 상품의 분류는 마케팅 관리자가 마케팅 전략이나 프로그램을 수립할 때 도움을 준다.

일반적으로 제품은 소비자의 구매목적에 따라 소비재와 산업재, 사용기간에 따라 내구재와 비내구재로 구분할 수 있다.

그림 11-2 제품의 분류

1) 구매목적에 따른 분류

(1) 소비재(Consumer Products)

소비재는 최종소비자들이 자신들의 소비를 위해서 구매하는 제품을 말하며 이는 다시 소비자들이 구매과정에서 보이는 구매행동에 의해 편의품, 선매품, 전문품으로 분류된다.

① 편의품(Convenience Goods)

편의품이란 소비자들이 자주 구입하고 즉석에서 최소한의 쇼핑 노력으로 구매하는 제품이나 서비스를 말한다. 예를 들면 우유나 빵, 음료, 신문, 사탕, 잡지, 자판기 용품 등 24시간 편의점에서 구매할 수 있는 제품들이 모두 편의품이다. 즉 소비자가 일상생활에 항상 필요로 하는 제품들이기에 습관적이거나 충동적으로 구입하는 물건, 경우에 따라서는 긴급히 필요한 물건으로 집이나 직장 근처에서 손쉽게 구할 수 있는 제품들이다.

소비자들은 편의품을 구매할 때 여러 상점을 방문하거나 가격, 품질 등을 비교하지 않는다. 이는 추가적인 정보를 얻는 데 드는 비용이 잠재적인 이득보다 더 많이 들기 때문이다. 어떤 소비자들은 지속적으로 특정상표의 제품을 이용하기도 한다.

소비자들은 편의품 구매결정에 많은 노력을 기울이지 않기 때문에 제조업자들에게는 소비자들이 구매하기 편리하도록 넓은 유통망과 대량촉진의 마케팅 전략이 요구된다. 편의품의 소매업자는 보통 몇 가지 경쟁상품을 함께 취급하며 특정한 상표의 제품을 팔기 위해 노력하지 않으므로 결국 판매촉진은 제조업자의 몫이다. 그러므로 제조업자는 소비자들이 자사제품을 구매하고 지속적으로 이용하도록 광범위한 광고를 해야 한다. 또한 소비자들은 편리한 곳에서 구매하는 습성이 있기에 점포의 위치가 중요하고 충동구매가 가능하도록 진열공간의 확보가 필요하다.

② 선매품(Shopping Goods)

선매품은 소비자가 선택과 구매과정에서 안정성, 가격, 품질, 디자인, 성능, 기능, 스타일 등을 비교한 후 구매하는 제품으로 소비자들이 편의품 구매 때와는 달리 많은 시간과 노력을 들여 여러 상점에 있는 경쟁제품들과 비교한 후 구매하려는 제품이나 서비스이다.

일반적으로 선매품은 편의품에 비하여 대체로 가격이 높고 구매빈도가 낮은 편이다. 예를 들면 옷이나 가구, 냉장고, 보석, 신발 등의 제품과 자동차수리, 집안수선 등의 서비스가 포함된다.

선매품의 구매자들은 쇼핑하기 전에 불완전한 정보를 가지고 있으며 쇼핑하는 동안 정보를 수집한다. 선매품은 상대적으로 가격이 높기 때문에 지역별로 소수의 판매점을 통해 유통되는 선택적 유통경로 전략이 유리하며, 불특정 다수에 대한 광고와 특정 구매자 집단을 표적으로 하는 인적 판매가 사용된다.

③ 전문품(Specialty Goods)

전문품은 독특한 특성이나 상표의 정체성을 지니고 있는 제품으로 소비자들이 각별한 노력을 기울이는 제품을 말한다.

전문품을 구매하는 소비자는 대안을 비교하지 않으며 그들이 원하는 제품을 취급하는 전문점을 찾는 데 시간을 투자한다. 예를 들면 에르메스(Hermes), 구찌(Gucci), 티파니(Tiffany) 보석 등이 해당될 수 있다.

전문품의 구매자들은 자신들이 원하는 것이 무엇인지 잘 알고 있으며, 욕구를 충족시키기 위해 특별한 노력을 할 준비가 되어 있다. 이들은 완벽한 정보를 가지고 쇼핑을 하며 대체품을 거절하고 이에 따라 상표애호도가 높은 편이다.

소비자들이 전문품을 구매하기 위해 기꺼이 상당한 노력을 하기 때문에 생산자는 비교적 적은 수의 소매점포를 통하여 판매할 수 있다. 오히려 이러한 고의적 판로의 제한은 제품의 우수성을 더해준다.

예를 들어 사치품에 속하는 일부 명품들은 경쟁제품이 많음에도 불구하고 공항 면세점에서만 판매하는 경우도 있다.

광고의 경우도 자사제품의 이미지 제고 차원에 중점을 두는 것이 좋으며 이 제품을 어디에서 구매할 수 있는가를 알리는 데 초점을 맞추어야 한다.

(2) 산업재(Business Products)

산업재는 경영을 수행하는 데 이용하거나 더 많은 프로세스를 목적으로 구매하는 제품들을 말한다. 구매자가 제품이나 서비스를 생산할 목적으로 하는 경우의 제품, 즉 다른 제품의 제조나 판매에 직·간접적으로 사용하기 위해서 구매하는 재화를 말한다.

산업구매자는 전문적인 고객으로 합리적·효과적으로 구매 결정을 하며, 구매하는 제품에 따라 구매의사결정 과정에 큰 차이가 없다. 따라서 산업재의 분류는 고객의 구매 행동보다는 제품의 용도에 기준을 둔다.

이러한 산업재는 설비품, 보조장비, 반제품 및 부품, 원자재, 소모품, 산업서비스의 6가지로 분류한다.

① 설비품(Installations)

설비품은 공장, 사무실 등과 같은 건물과 컴퓨터, 엘리베이터, 원동기 등과 같은 고정시설물로 구성되는데 기업의 생산 및 운영규모에 직접적인 영향을 미친다. 이러한 설비품은 내구성이 높아 오래가고 구매하는 데 많은 지출을 해야 하므로 구매결정자들은 조직의 다수 의견에 따르고, 구매자가 생산자로부터 직접 구매하여 협상기간이 대체로 길다.

판매는 수요자들의 욕구에 적응하는 식으로 이루어지며 최고 수준을 지닌 판매원의 판매가 주를 이루며, 경우에 따라서는 설비를 완성하는 데 엔지니어와 같은 전문분야의 조언자가 필요하다.

설비품은 구매자를 위해 특별히 고안되기도 한다.

효과적인 설비품의 운영을 위해서는 A/S와 구매기업의 인력에 대한 기술교육이 필요하다. 또한 설비품은 지역적으로 가까운 구매자에게 판매되고 결과적으로 설비품의 마케팅 관리자는 기술적 능력을 지닌 판매 대리인의 교육훈련을 중요하게 생각해야 한다.

② 보조장비(Accessory Equipment)

보조장비는 기업의 생산공정을 보조하는 것으로 가격은 설비품에 비해 대체로 낮은 편이고 제품의 수명이 짧다. 보조장비는 구매결정에 제품과 서비스도 중요한 역할을 하지만 가격도 구매결정에 중대한 영향을 준다.

보조장비로는 휴대용 드릴, 노트북 컴퓨터, 책상 등과 같은 사무실용 장비가 있다. 판매는 직접 판매가 일부 이루어지지만 주로 중간상을 통하여 이루어진다.

③ 반제품 및 부품(Fabricating Materials and Parts)

반제품 및 부품은 그 단위로서 고유한 기능을 가지고 있으나 그 기능이 다른 제품 또는 부품의 기능에 복합적으로 적응하여 다른 용도로 사용되는 제품이다. 예를 들어 철강은 철판, 실은 천, 반도체 칩은 컴퓨터의 반제품이 된다.

반제품 및 부품은 계약기간이 길고 회수되는 경우가 적어 한 번에 많은 양을 계약하고, 생산자와 소비자가 직접 거래하는 경향이 많다. 또한 생산에 있어서 적기 공급을 위한 최적 재고의 필요성이 중요하며 가격은 생산과정 또는 시장상황에 따라 변동이 심하다.

④ 원자재(Raw Materials)

원자재는 다른 제품의 재료가 되는 것으로 쇠고기, 솜, 가금, 우유, 콩과 같은 농산물과 석탄, 구리, 철과 목재 등이 원자재에 속한다. 원자재의 공급량은 그 판매가 극심한 기복을 나타낼 때를 제외하고는 상대적으로 비탄력적이다.

생산자들의 수는 상대적으로 적고 제품이 표준화되어 있으며 대량으로 판매되기 때문에 운송이 매우 중요하다고 할 수 있다.

원자재의 가격은 대개 중앙시장에서 공개적으로 정해지고 실제로 경쟁자 간에 별 차이가 없기 때문에 원자재의 구매에 있어서 가격은 결정적인 요소가 되지 못한다.

⑤ 소모품(Supplies)

소모품은 산업재의 편의품이라 할 수 있다. 구매하는 데 큰 노력을 들이지 않고 가격은 저렴하고 빨리 소모되어 없어지는 것이 특징이다.

소모품은 업무용 소모품(종이, 연필)과 수선용 소모품(너트, 볼트), 유지용 소모품(빗자루, 전구)으로 구분할 수 있으며 대부분의 소모품이 표준화되어 있기 때문에 가격경쟁이 심하다.

⑥ 산업서비스(Business Service)

산업서비스는 기업이 생산과 영업을 원활하게 하기 위해 구매하는 보이지 않는 제품이다. 예를 들면 금융서비스나 임대서비스, 보험, 담보, 법적 조언, 컨설팅 등이 이에 속한다.

2) 사용기간에 따른 분류

(1) 내구재

내구재란 소비 또는 사용기간이 긴 것으로 자동차나 냉장고, 세탁기, 의류 등과 같이 소비자들이 여러 번 반복해서 사용할 수 있는 제품들이다. 내구재는 인적 판매에 의존하거나 보다 많은 서비스가 수반되어 판매되고 판매에 대한 보증이 잘 이루어져야 한다.

(2) 비내구재

비내구재는 사용기간이 짧은 것으로 보통 1회에서 2~3회 사용하면 소모되는 맥주나 비누, 소금 등과 같은 유형 제품을 의미한다.

비내구재는 소모율이 높고 구매빈도 또한 높기 때문에 여러 장소에서 적은 마진으로 판매되며 소비자의 입장에서 강력한 상표충성도를 갖고 구매되는 것이 일반적이다. 따라서 대량 광고를 통해 상표인지도와 충성도를 높여야 한다.

4 상품의 품질관리

소비자들의 니즈(Needs)가 빠른 속도로 변하고 있고, 소비의 단위가 커지면 재화로부터 얻게 되는 만족이 점점 감소하게 되는 '한계효용 체감의 법칙'으로 인하여 외식상품의 지속적 품질관리는 매우 중요하다.

한계효용은 재화나 서비스를 하나 더 이용할 때 각자가 느끼는 효용(만족)을 말하는데, 한계효용 체감의 법칙이란 독일의 경제학자 헤르만 하인리히 고센(Hermann Heinrich Gossen)이 발견해 '고센의 제1법칙'이라고도 하며 이를 외식산업에 적용해 설명하자면 외식상품(음식 또는 서비스 등)을 처음 이용했을 시 느끼는 만족에 비해 이용하는 횟수가 증가할수록 만족도는 점점 줄어든다는 것을 의미한다.

예를 들어 뷔페 레스토랑을 방문하여 배가 고픈 상태에서 먹는 첫 번째 음식은 큰 만족감을 줄 수 있다. 그러나 두 번째 음식을 먹을 때에는 첫 번째 음식보다 만족도가 감소하게 되고, 세 번째 음식의 만족감은 첫 번째의 만족에 비해 더 크게 감소하게 될 수 있다.

즉, 소비자들은 상품의 여러 가지 세세한 부분에 대해서 불만을 가지고 있음에도 불구하고 어느 정도 충분한 경우에는 그것을 당연하다고 느끼고 다시 새로운 것에 대한 만족감을 느끼지 못하는 한계효용의 법칙을 따르게 된다.

이런 점에 주목하여 상품의 품질에 대해 카노 노리아키(狩野紀昭) 교수는 카노 모델(Kano Model)을 제시하였다.

카노 노리아키 교수의 카노 모델에 따르면 품질에 따라 소비자 만족 수준이 달라진다. 어떤 품질요소는 반드시 충족해야만 소비자가 만족감을 느낄 수 있지만, 어떤 부분은 충족되지 않더라도 소비자 불만이 크지 않다. 흔히 제품의 문제점이나 결함 · 하자 등이 전자에, 디자인 · 기능들은 후자에 포함된다. 따라서 레스토랑은 고객의 요구 수준과 비교해 자신들이 제공하는 상품과 서비스 품질이 어느 수준인지 정기적으로 파악하고 문제가 되는 부분을 개선해야 할 것이다.

카노 모델은 레스토랑의 서비스 품질요소를 매력적 품질(Attractive Quality), 일원적 품질(One-Dimensional Quality), 필수적 품질(Must-be Quality), 무관심적 품질(Indifferent Quality), 역품질(Reverse Quality)로 분류하였다.

그림 11-3 카노 모델(Kano Model)

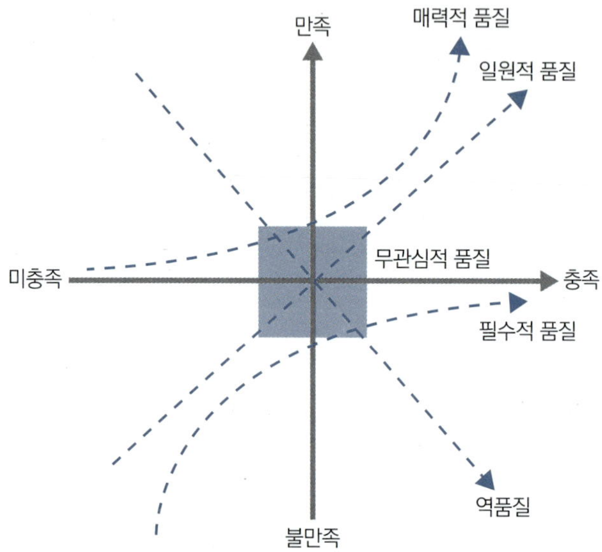

1) 매력적 품질(Attractive Quality)

매력적 품질은 고객이 미처 기대하지 못했던 것 또는 기대를 초과하는 만족을 주는 요소를 말한다. 이것은 고객의 기대치를 초과하여 만족을 주는 품질요소로 충족이 되면 만족을 주지만 충족되지 못하더라도 불만족을 발생하지는 않는다.

예를 들어 더운 여름날 레스토랑에서 식사 후에 시원한 아이스커피를 서비스로 제공하는 경우 소비자들은 기대하지 못했던 상황으로 놀랍게 받아들이고 매력적인 요소라 생각하여 만족도가 높아질 수 있을 것이다.

외식산업 서비스는 모방이 쉬운 관계로 레스토랑들은 이러한 매력적 품질요소를 지속적으로 개발하기 위하여 노력해야 한다.

2) 일원적 품질(One-Dimensional Quality)

일원적 품질은 고객에게 제공하면 할수록 만족도가 높아지는 요소로 충족이 되면 만족하고, 충족되지 않으면 고객들의 불만을 일으키는 가장 일반적인 품질요소이다.

일원적 품질은 제공하면 할수록 고객만족을 시킬 수 있다는 장점이 있는 반면, 이에 따른 원가상승으로 수익이 적어질 수 있다는 단점도 있다.

예를 들어 좋은 식재료를 사용하여 고객들에게 제공하게 되면 고객들은 만족을 할 것이다. 하지만 이로 인해 식재료 비율이 높아져 가격을 상승시키지 않으면 수익성이 악화될 수 있다. 따라서 적절한 수준관리가 필요하다.

3) 필수적 품질(Must-be Quality)

필수적 품질은 기본적으로 제공되어야 할 요소로 충족이 되더라도 당연한 것으로 생각되어 별다른 만족감을 주지 못하지만 충족되지 않으면 불만을 일으키는 품질요소이다. 즉, 반드시 있어야만 만족하는 요소이다.

예를 들어 레스토랑의 테이블은 깨끗해야 하는 게 당연하다. 하지만 테이블 청소가 제대로 되어 있지 않으면 고객은 불만족할 것이다.

매력적 품질과 필수적 품질이 결정되는 기준은 고객이 해당 상품이나 서비스를 '기대했느냐, 그렇지 않았느냐'의 차이로 볼 수 있다.

기대한 경우 그 기대를 충족하면 기본이고 그렇지 않으면 불만족 요인으로 작용한다. 반대로 기대하지 못한 경우 조금만 잘해줘도 매우 만족스러운 결과를 가져올 수 있다.

CHAPTER 11

4) 무관심적 품질(Indifferent Quality)

무관심적 품질은 만족하는 것과 만족하지 못하는 것 사이에서 품질의 차이가 느껴지지 않는 요소로 있어도 그만, 없어도 그만인 요소이다. 즉, 해당 품질로 인하여 만족도 불만족도 주지 않는 요소를 의미한다.

예를 들어 레스토랑 종사원의 높은 학력이나 좋은 재질로 만든 커튼, 물컵의 모양 등은 고객들에게 큰 의미를 부여하지 않고 무관심 요소로 작용한다. 따라서 레스토랑 관리자는 이러한 무관심 요소에 노력을 기울이지 않는지 확인할 필요가 있다.

5) 역품질(Reverse Quality)

역품질은 제공할수록 불만족이 높아지는 요소이다. 레스토랑의 경우 과도한 친절로 인하여 오히려 고객에게 불편을 주는 경우가 발생한다.

예를 들어 고객들이 긴밀한 대화를 나누고 있는데 근접해서 위치해 있거나 필요한 것이 있는지를 자주 물어보는 경우, 또는 프로모션을 실시하는데 기대 이하의 경품을 제공하는 것은 오히려 불만족을 유발할 수 있다.

제2절 상품의 상표(Brand) 관리

1 상표의 유래

상표(Brand) 즉, 브랜드의 어원은 노르웨이의 옛말인 브랜드르(Brandr)에서 유래되었다고 한다. 이는 '달구어 지진다'라는 의미로 이웃 목장의 가축과 내 소유의 가축을 구별하기 위해 가축의 등이나 엉덩이를 불로 달군 인두로 지져 표시했던 것에서 유래되었다고 한다.

브랜드는 시대가 발전함에 따라 그 의미와 기능이 각기 다르게 사용되어 왔다. 브랜드의 역사를 시대적으로 구분해 보면, 먼저 산업혁명 이전의 브랜드는 고대 그리스와 로마시대의 상점 주인들이 상점 이름 대신 팔고 있던 물건에 나타낼 수 있는 그림이나 표시를 상점 앞에 걸어 놓은 것이 시초라고 할 수 있다. 이는 타인의 물건과 자신의 물건을 구별하기 위한 표시로 실제적인 브랜드를 사용한 것이라고 할 수 있다.

중세에는 유럽의 상인 조합인 길드(Guild)를 중심으로 브랜드가 사용되었다. 이 당시 브랜드는 고객들에게 제품의 질에 대한 확신을 심어주고 생산자를 유사모방제품으로부터 보호하기 위한 수단으로 상표를 사용하였다. 실제로 독일 라인강(Rhein River) 주변의 뤼데스하임(Rudesheim)에서는 생산표가 없는 포도주를 판매하였다는 죄로 제조업자가 처벌받았다는 기록이 남아 있어 브랜드가 '식별코드'로서의 기능과 독점적 판매보장을 위한 기능을 수행하고 있었다는 것을 알 수 있다.

산업혁명 이후 근대 자본주의의 발전은 제조업자 브랜드의 탄생을 가져오게 했다. 즉 교통 및 통신수단의 발전, 대량생산과 포장기술, 광고, 유통점의 확대, 인구증가 등은 소비자의 제품수요로 이어져 미국 전역을 대상으로 하는 제조업자 브랜드의 탄생을 가능하게 하였다. 실제로 기업이 상표전략을 경쟁우위로 확보하고 마케팅 도구로서의 중요성을 인식한 것은 19세기 후반부터라고 할 수 있다.

상표의 도입으로 차별적 이미지와 경쟁우위를 확보할 수 있었던 사례로는 P&G의 아이보리 비누가 그 효시로 알려져 있다.

1879년 아이보리 비누가 출시되기 전까지만 해도 큰 비누를 잘라서 무게로 달아 판매하였으나 P&G는 소비자들이 사용하기 편리한 크기로 잘라 포장한 후 희고 깨끗함을 의미하는 'Ivory'라는 상표명을 새겨 넣음으로써 다른 일반 비누와 차별화를 시도하여 성공하였다.

우리나라에서는 1897년 '활명수'라는 최초의 브랜드가 탄생되었고 지금도 100년 넘게 브랜드를 유지하고 있다. 이후 1917년 '유엔성냥', 1922년 '왕자표(고무신 브랜드)', 1924년 '진로(소주)' 등이 탄생하였다.

2 상표의 정의 및 기능

상표(Brand)란 자신의 상품을 타인의 상품과 구별할 수 있게 하는 식별표시로 시각적 · 잠재적 이미지나 가치, 회사명, 상품까지도 포함하는 광역의 의미를 지니고 있다.

우리나라 「상표법」에서는 '상품을 생산, 가공 증명 또는 판매하는 것을 업으로 영위하는 자가 자기의 업무에 관련된 상품을 타인의 상품과 식별하도록 하기 위하여 사용하는 기호, 문자, 도형 또는 이들을 결합한 것'이라고 정의하고 있다.

상표는 크게 상표명(Brand Name)과 상표마크(Brand Mark)로 구성된다.

상표명은 언어나 문자로 표현되는 것을 말하고, 상표마크는 도형이나 심벌(Symbol)

등 시각적으로 표현되는 것을 총칭하는 것이다.

그림 11-4 상표명(Brand Name)과 상표마크(Brand Mark)

상표명의 예

CHANEL Salvatore Ferragamo Coca-Cola

상표마크의 예

결론적으로 상표는 단순한 상품의 이름이 아니라 다른 상품들과 차별될 수 있는 상품과 관련된 모든 것을 총칭하며 소비자 측면에서의 기능과 기업 측면에서의 기능을 동시에 수행하고 있다.

1) 소비자 측면에서의 상표 기능

(1) 상품이나 서비스 품질에 대한 약속 및 보증 기능

상표는 소비자에게 제품의 생산자와 출처를 밝혀주고 어떤 제조업자나 판매업자가 제품에 대한 책임을 지는지에 대하여 알려준다.

소비자들은 자신들이 선택한 상표가 일관성 있는 성능, 적절한 가격, 판매촉진, 유통 프로그램 등을 통한 가치 제안을 실제로 제공할 것이라는 기대를 토대로 상표에 대한 신뢰와 충성도를 형성한다.

예를 들어 삼성이나 LG, 현대, SK 등은 브랜드 자체만으로도 소비자들에게 신뢰감을 줄 수 있으며 이러한 신뢰로 인하여 특정 상표만을 구매하는 경우가 있다.

(2) 상품의 품질과 특징을 알려주는 기본적 기능

상표 그 자체만으로도 소비자에게 그 상품이 무엇인지 알 수 있도록 하는 기능을 한다. 예를 들어 약국에서 '두통약 주세요'라고 하는 대신 '타이레놀 주세요'라고 하는 경우가 있는데 이런 경우는 소비자가 타이레놀이라는 상표 자체를 두통약으로 인식하고 있기 때문이다.

(3) 소비자의 위험부담을 감소시키는 기능

상표는 소비자들이 제품을 구매하고 소비하는 과정에서 발생되는 기능적 위험이나 신체적 위험, 재무적 위험, 사회적 위험, 심리적 위험, 시간적 위험과 같은 위험부담을 줄여준다.

예를 들어 농심 '신라면'의 경우 고객들은 농심이라는 상표와 더불어 '신라면'이라는 상표가 잘 알려진 상품이라 불량식품으로 생각하는 경우는 거의 없고, 안전상에서도 위험부담이 없다고 느끼게 된다.

(4) 상표 식별을 통한 쇼핑의 편의 제공 기능

상표는 소비자의 선택과정에 따른 인지적 노력의 정보탐색비용과 의사결정을 위해 필요한 제품정보의 탐색비용 등에 대한 노력을 줄여준다. 또한 식별기능을 통해 구매자와 판매자의 편의와 구매의 정확성을 높일 수 있어 오늘날 상표전략으로 가장 중요하게 고려되고 있는 차별화와 이미지 가치제고 기능을 한다.

(5) 소비자의 자아를 표현하는 상징적 수단으로서의 기능

상표는 기능적 편익을 제공함은 물론 소비자의 자아를 표현하는 상징적 수단으로서의 역할을 수행한다. 즉 소비자는 특정 상표를 선호하거나 착용함으로써 상표에 대한 만족감을 갖게 되고, 자신의 의사를 간접적으로 표출하는 데 활용한다. 또한 제품의 성능이나 가격, 모양 등에 대한 기능적 만족뿐 아니라 호감이나 특별한 느낌 같은 감정적 효익을 느끼고 그것에 따라 소비자와 상표 간의 특정한 관계가 형성된다.

2) 기업 측면에서의 상표 기능

(1) 기업 자체에 정체성을 부여하는 기능

상표는 제품이나 서비스 또는 기업 그 자체에 정체성을 부여하여 경쟁상표와의 차별성을 이끌어내는 본원적인 기능을 한다. 이는 소비자가 구매결정을 할 때 자사의 제품을 인지하게 할 기회가 증가되고 품질을 지각할 수 있게 한다.

(2) 상표 충성도를 창출하는 기능

명성이 높고 긍정적 이미지를 지닌 강력한 상표는 소비자들에게 감동적이고 설득력을 갖게 하며, 호의를 이끌어내 재구매에 영향을 준다. 즉 상표를 부착함으로 인해 상표가 없을 경우보다 매출과 이익이 증가된다고 할 수 있다.

(3) 기업의 자산가치로서의 기능

상표는 특허청에 등록함으로써 민·형사상 법적 보호와 함께 지적재산권을 보호받을 수 있어 상표자산(Brand Equity)이라는 경쟁적 우위를 만든다.

상표자산이란 어떤 제품이나 서비스가 상표를 가졌기 때문에 발생된 바람직한 마케팅 효과를 의미하는데, 강력한 상표를 가진 경우 경쟁자보다 높은 가격을 받을 수 있고, 다른 기업에 라이선스(License)해 주고 로열티(Royalty) 수입을 올릴 수 있으며, 유통업자들에 의해 많이 취급되고 좋은 위치에 진열하는 등의 혜택을 누릴 수 있다.

예를 들면 조사기관에 따라 유명상표의 상표가치는 다를 수 있는데, 인터브랜드 그룹이 작성한 2019년 기준 상표가치를 살펴보면 애플(2,342억 달러)이 1위를 차지했으며, 구글(1,677억 달러)이 2위, 아마존(1,252억 달러)이 3위를 차지했다.

상표의 자산가치는 그동안 이루어진 마케팅 전략, 투자, 성과가 축적되어 형성되는 무형의 자산이며 오랫동안 위력을 발휘하는 이익창출력을 의미한다. 이러한 가치로 인해 상표는 일단 특허청에 상표권 등록을 하게 되면 독점적으로 사용할 수 있는 법적인 보호를 받을 수 있어 강력한 차별화 수단으로 이용된다. 더욱이 유사한 발음이나 모방할 의도가 있는 유사상표에 대해서도 보호받을 수 있으며 상표권 침해 시 소송을 제기하여 손해배상을 청구할 수 있다.

사례 상표권 침해 소송

말굽모양 쇠고리 모방해 64억 원대 피해

구두 디자인을 둘러싸고 세계적인 해외 브랜드와 국내 1위 제화(製靴)업체 간에 '구두전쟁'이 벌어졌다. 이탈리아 명품 브랜드인 살바토레 페라가모는 16일 국내 업체인 금강㈜이 제작 · 판매하는 리갈 등 구두 브랜드의 일부 제품이 페라가모와 비슷한 외부장식을 달아 상표권을 침해했다며 이 장식의 사용을 금지하는 소송을 최근 서울중앙지법에 냈다고 밝혔다.

페라가모가 문제 삼은 장식은 말굽모양(Ω)의 금속에 가죽이나 금속 끈이 연결된 형태다. 페라가모는 금강의 상표권 침해로 입은 피해액(위자료 포함)이 모두 64억 원에 이르지만, 우선 1억 원을 배상하고 일간지에 상표권 침해 사실을 게재하라고 요구했다. 패션 분야의 유명 브랜드를 많이 보유한 유럽연합(EU)과의 자유무역협정(FTA)이 발효되면 이 같은 지적재산권 관련 소송이 더 늘 것으로 보인다.

페라가모의 소송 대리인인 법무법인 화우 관계자는 '최근 5년간 수차례 금강에 사전 경고를 했지만 페라가모의 상표권을 계속 침해했다'며 '지적재산권을 고의로 무시하는 행위는 국내 1위 업체의 위상에도 맞지 않다'고 말했다. 이에 대해 금강 관계자는 '아직 법원에서 소송 내용을 통보받지 못해 나중에 공식 방침을 밝히겠다'고 밝혔다. 이에 앞서 페라가모는 국내의 2개 제화업체를 상대로 한 소송에서 모두 승소했다. 지난해 9월 '피에르가르뎅' 브랜드의 구두를 만들어 파는 대호물산이 페라가모의 디자인과 비슷한 외부장식을 사용했다며 낸 손해배상 청구소송에서 승소했다. 당시 1심 재판부는 '외부 장식이 세부적으로 차이가 있지만 전체적으로 비슷하다'며 '대호물산은 페라가모에 2억 원을 배상하고 판결문 요지를 일간지에 게재하라'고 판결했다. 2002년 10월 서울고법도 같은 취지로 제화업체 엘칸토가 페라가모에 1억 원의 손해배상금을 지급하라고 조정 결정한 바 있다.

금강제화 구두(왼쪽)와 페라가모 구두

자료: 최창봉 기자, news, donga.com, 2009. 7. 17.

3 상표의 의사결정

상표는 외식기업들이 정성껏 만든 상품이나 서비스가 다른 상품과 차별될 수 있도록 자신들이 가진 상품의 우월성, 개성 및 차별화된 전략으로 소비자에게 다가가야 한다.

상표 결정 일명 '브랜드 네이밍(Brand Naming)'이 중요한 이유는 소비자가 제품을 이해하고 판단을 내리는 첫 번째 기준이기 때문이다.

세계적인 마케팅 전략가 잭 트라우트(Jack Trout)는 '가장 중요한 마케팅 결정은 브랜드

네이밍'이라고 말할 정도로 성공적인 브랜드 네이밍은 소비자 입에 오르내리면서 경쟁사와 확고한 차별성을 갖게 할 수 있기 때문이다.

상표를 결정하기 위해서는 다음과 같은 사항들을 검토해야 한다. 우선 제품에 상표를 부착할 것인가를 결정하고 상표를 부착한다면 제조업자 상표를 부착할 것인가, 판매업자 상표를 부착할 것인가, 또 모든 제품에 동일상표를 부착할 것인가, 아니면 각각 다른 상표를 부착할 것인가 등에 대한 논의를 한 후 상표명을 결정해야 한다.

상표부착 여부에 따라 상표가 있는 상품(유표상품)과 상표가 없는 상품(무표상품)으로, 상표 스폰서에 따라 제조업자 상표와 유통업자 상표로, 상표 사용전략에 따라 통일상표와 개별상표, 공동상표로 구분할 수 있다.

사례 이마트, 가격 거품 뺀 '노브랜드' 돌풍

브랜드가 없는 제품이라는 뜻의 '노브랜드(No Brand)'는 신세계그룹 정용진 부회장이 추진한 이마트 비밀 연구소 52주 발명 프로젝트의 핵심 성과물이다.
지난해 4월 처음 선보인 노브랜드는 상품의 기능에 집중하고 포장 등 기타 비용을 줄여 가격을 낮춘 이마트의 자체 상품 브랜드다.
정 부회장은 지난해 초 노브랜드 프로젝트 추진을 임직원들에게 주문하면서 '대형마트가 성장 정체에서 벗어나려면 발상의 전환을 통한 새 상품 개발이 필요하다'고 역설했다. 그 결과 브랜드 없는 브랜드 제품이 나왔다.
특징은 노란색 단색 포장지. 포장지 겉면에 제품명과 간단한 설명 정도만 넣었다. 포장비용을 줄여 제품 가격을 낮추기 위해서다. 감자칩 같은 과자부터 물티슈 등 생활용품까지 제품군도 다양하다.
노브랜드는 시판 3개월 만에 20억 원의 매출을 올리며 돌풍을 예고했다. 올해 들어서는 매출이 더욱 빠르게 성장하고 있다. 지난해 12월 55억 원이었던 월 매출은 올해 2월 86억 원, 4월 112억 원, 6월 133억 원으로 껑충 뛰었다.
5일 이마트에 따르면 올해 상반기(1~6월) 노브랜드의 총매출은 638억 원. 지난해 하반기(7~12월) 노브랜드 매출(208억 원)의 3배다. 이마트는 노브랜드가 올해 연매출 1000억 원을 돌파할 것으로 기대하고 있다.
매출이 뛰면서 다른 업체들 사이에서도 노브랜드에 대한 관심이 커지고 있다. 낮은 가격에 디자인도 좋은 이 제품군을 놓고 유통업계에서는 급격히 매출이 늘어난 중국의 저가 휴대전화 샤오미에 빗대 '정용진의 샤오미'라는 해석도 나오고 있다.
전문가들은 노브랜드의 흥행이 소비자의 최근 구매 성향과 맞닿아 있다고 분석한다. 불황일수록 소비자는 디자인과 가격, 편리성을 꼼꼼히 살펴보고 제품을 구매하는데, 노브랜드가 이런 기호에 맞아떨어졌다는 것이다.

이마트의 최진일 노브랜드 기획팀장은 '노브랜드가 가격은 저렴하지만 만족도는 결코 뒤처지지 않아 재구매율이 높다'며 '노브랜드 콜라, 사이다에 이어 새로운 제품도 계속 내놓을 것'이라고 말했다.
이는 설문에서도 드러난 바 있다. 글로벌 정보분석기업 닐슨코리아가 최근 국내 소비자 507명을 대상으로 소비재 신제품을 구매한 이유를 조사한 결과 '기존 사용 제품보다 가격이 적당했기 때문에'(25% · 복수응답)라는 답변이 가장 많았다. '더 편리한 생활을 도와주는 제품이라서'(21%)와 '다른 제품보다 사용하기 더 편리해서'(19%) 등의 응답이 그 뒤를 이었다.

자료: 김성모 기자, http://news.donga.com, 2016. 7. 6.

1) 상표 부착여부에 따른 구분

(1) 유표상품

상표는 제품의 품질 수준을 보장해 줄 뿐만 아니라 선택을 단순화시키고 소비자들로 하여금 기초적인 기능부터 자아실현욕구까지 다양한 목적을 달성할 수 있다. 유표상품이란 상표가 있는 것을 의미하며 상표가 부착되어 있다는 것은 소비자의 입장에서 상표 자체만으로도 제품의 품질을 연상하게 되어 효율적인 구매가 가능하다.

판매자의 입장에서 보면 상표는 상품의 취급을 용이하게 하고 특히 주문에 응하기 편리하고 문제 발생 시 책임의 소재를 밝힐 수 있다. 또한 상표 사용 시 소비자의 애착이 강해지고 장기적으로 판매의 안정과 이익을 얻을 수 있어 매출 상승의 이점을 제공한다. 하지만 한편으로는 상표를 개발하기 위한 광고 및 관리비용 등으로 인해 원가의 상승을 가져와 가격 상승요인으로 작용하는 단점도 있다.

(2) 무표상품

무표상품이란 상표를 부착하지 않은 제품으로 포장도 간소하고 판매시점 광고가 대부분이기 때문에 동종의 상표가 부착된 제품보다 가격이 저렴하다.

무표상품은 1976년 프랑스의 할인점인 까르푸(Carrefour)에서 맥주 · 과자 · 세제 등을 상표 없이 진열하여 싸게 팔기 시작한 것이 시초였으며, 소비자가 상품 구매 시 별로 신경을 쓰지 않는 저관여 제품의 경우 무표상품으로 출시하는 경우가 있다.

무표상품은 상표의 개발과 관리에 따르는 비용이 들지 않기 때문에 원가절감과 절감된 비용을 제품의 품질향상에 사용하여 경쟁력을 높일 수 있다는 장점이 있는 반면 상표의 인지도와 이미지가 소비자 구매의사결정에 중요한 영향을 미칠 경우 경쟁상 불리하게 작용하는 단점이 있다.

무표상품은 제품종류 자체가 해당제품을 지칭하는 상표처럼 불리기 때문에 본원상표(Generic Brand)라고 한다. 즉 설탕이나 소금의 경우 상표명이 없을지라도 제품의 종류인 설탕이나 소금이 상표처럼 붙어 있는 경우 이러한 것을 본원상표라고 한다. 이와 유사하게 본원상표(Generic Brand)는 아니지만 상표명이 제품명처럼 불릴 정도로 소비자 인식이 확고한 제품들이 있는데 이를 상표가 본원제품화(Generic Name)되었다고 한다.

예를 들면 '미원'의 경우 실제 화학조미료임에도 불구하고 흔히 조미료 하면 '미원'이라는 이름을 떠올리게 된다. 또 커피크림의 경우 '프리마', 3M의 투명 비닐테이프는 '스카치테이프', 동화제약의 액체소화제는 '활명수', 긴 코트의 경우 '버버리'로 불리고 있다.

이 밖에도 초코파이, 대일밴드, 노트북(일본 도시바의 상표), 에프 킬라(삼성제약 살충제), 호치키스(개발자 이름) 등은 상표 자체가 마치 제품명처럼 불리는 본원제품화라 할 수 있다.

2) 상표 스폰서에 따른 구분

(1) 제조업자 상표(전국상표: National Brand)

제품을 만들어 시장에 출시하기로 결정하였다면 먼저 누구의 브랜드를 부착할 것인가를 결정해야 한다. 즉, 제조업자 상표를 사용할 것인지 아니면 판매업자(유통업자) 상표를 사용할 것인지를 결정해야 한다.

미국 마케팅협회(AMA)의 정의에 의하면 제조업자 상표를 '통상 넓은 지역에 걸쳐 그 적용을 확보하고 있는 제조업자 혹은 생산자의 브랜드'로 정의하고 있다.

일반적으로 상표는 제품을 직접 생산한 제조업자의 상표를 부착하는 것이 지배적이다. 이러한 이유는 제조업자가 자금능력이나 관리능력이 우수하며 전국적인 지명도가 높고, 상표관리와 상표로서의 역할을 다하기 위해서 효과적이기 때문이다.

제조업자 상표의 대표적인 예로는 농심, 코닥, 하인즈, 델몬트 등이 있다.

(2) 유통업자 상표(사적 상표: Private Brand)

1996년 국내 유통시장이 전면 개방된 이후 가격경쟁력을 지닌 선진국 유통업체들이 성장잠재력이 큰 국내 유통시장에 연이어 진출하고 있어 국내 소매유통시장의 경쟁이 격화되고 있다.

유통업자 상표(Private Brand)는 백화점 · 슈퍼마켓 등 대형소매상이 자기매장의 특성과 고객의 성향에 맞추어 독자적으로 개발한 브랜드 상품으로, 패션 상품에서부터 식품 · 음료 · 잡화에 이르기까지 다양하다. 또한, 해당점포에서만 판매된다는 점에서 전국 어디에서나 살 수 있는 제조업체 브랜드(National Brand)와 구별된다. 대표적인 예로 신세계백화점의 '피코크', 롯데백화점의 '샤롯데', 현대백화점의 '시그너스' 등이 있으며, 대형마트인 이마트의 'E Basic', 홈플러스의 '디저트 과일 맛 종합캔디', 세븐일레븐의 '시애틀의 오후 커피' 등이 있다.

유통업자 상표는 유통업체 스스로 상품을 기획하고 제조 · 가공하기 때문에 높은 수익을 창출할 수 있는 반면 상품의 지명도나 신뢰도에서는 일반적으로 제조업자 상표에 비해 크게 떨어진다. 또한 재고에 대하여 유통업체가 100% 부담해야 하기 때문에 큰 손해를 감수해야 하는 위험부담도 있다.

유통업자 상표는 제조업자 상표처럼 막대한 광고비를 지출하지 않기 때문에 가격 측면에서 우위를 차지하지만 소비자들에게는 실제 품질의 차이가 거의 없는데도 불구하고 가격이 싼 대신 품질은 그저 그렇다고 평가되기 쉬운 단점이 있다.

이러한 유통업자 상표는 개발형태에 따라 독자개발형(완전자체 생산형태), 기획개발형(공동개발형), 독점도입형으로 분류한다.

독자개발형은 유통업체가 자체적으로 생산라인을 보유하고 기획 · 생산 및 판매, 재고 부담에 이르기까지 전 과정에 참여하여 고객이 원하는 스타일의 인기상품을 직접 개발하는 형태를 말한다.

기획개발형은 기획, 생산, 판매기능에 있어서 협력업체와의 상호 협력 정도에 따라 다시 단순상표부착형, 공동개발형, 자주편집형 등으로 세분화된다.

단순상표부착형은 유통업자가 특정 제조업체와 협력관계를 맺어 협력업체가 기획하고 생산한 제품에 유통업체 상표를 부착하여 판매하는 형태를 말하고, 공동개발형은 유통업자가 상품을 기획하고 협력업체가 위탁 생산한 제품에 유통업자의 상표를 부착하여 판매하는 형태를 말한다.

자주편집형은 유통업자가 시너지 효과를 창출할 목적으로 장점을 보유한 우수한 여러 협력업체와 공동으로 기획한 후, 생산은 협력업체가 하고 유통업자 상표를 부착하여 판매하는 형태를 의미한다.

독점도입형은 해외도입형 유통업자 상표로 이는 다시 라이선스 PB와 직수입 PB로 구분할 수 있다. 라이선스 PB는 세계 유명 메이커와 기술 제휴하여 생산한 브랜드이며, 직수입 PB는 개별적인 유통업자가 해외브랜드와 독점계약을 체결한 뒤 완제품을 직수입하여 자사 유통망을 통해 독점적으로 판매하는 것을 의미한다.

3) 상표 사용전략에 따른 구분

(1) 통일상표(Family Brand)

통일상표는 제품과 기업의 이미지를 통일하여 제공하는 상표전략의 하나로 기업의 신뢰도를 이용하여 소비자에게 한 가지 상표를 부각시켜 해당 기업에서 생산하는 모든 제품을 인식시키는 방법이다. 즉 모든 상품에 대해 동일한 상표를 부착하는 방법으로 주로 신제품 도입 시 그동안에 쌓아 온 상표의 명성과 인지도에 힘입어 신제품의 구매저항을 줄이고 보다 적은 광고비로 신속하게 시장에 정착할 수 있다. 소비자들은 유명상표의 경우 신제품에 대한 불안과 구매저항이 낮아지기 때문이다.

그러나 특정 제품에 결함이나 문제가 발생된 경우 다른 제품에 부정적인 영향을 미칠 수 있어 통일상표를 사용하기 위해서는 비슷한 수준의 품질을 유지해야 한다. 만일 어느 한 제품이라도 좋지 않은 평가를 받게 되면 다음에 출시되는 신제품의 이미지를 차별화하는 데 어려움이 따르고, 기업의 전체적인 이미지에 타격을 줄 수 있기 때문이다. 따라서 제품의 질적 수준이 우수할 경우에는 통일상표를 사용해도 무방하지만 그렇지 못할 경우에는 개별상표를 부착하는 방법을 택하기도 한다.

예를 들어 프랜차이즈 '놀부'의 경우 놀부라는 로고로 '놀부부대찌개', '놀부보쌈', '놀부항아리갈비', '놀부 화덕족발' 등 다양한 외식사업에 통일상표를 사용하고 있다.

(2) 개별상표(Individual Brand)

개별상표는 제품 각각에 대해 독자적인 상표를 설정하는 방법이다. 개별상표는 기업의 여러 제품이 모두 독자적인 시장을 보유하고 있거나 유사한 제품이지만 새로운 상표를 사용함으로써 이미지를 부각시키거나 기존의 이미지에서 탈피하기 위해 주로 사용된다.

개별상표 전략은 제품 각각에 대해 다른 상표를 부착하기 때문에 기업에서 생산하는 제품이 가격이나 품질 등에서 모두 상이할 경우 적합하다. 이 전략은 한 가지의 상품이 실패하더라도 다른 상품에 영향을 주지 않으며, 세분시장이 상이한 경우 효과적이지만 각 상표마다 개별광고를 해야 하기 때문에 광고비가 많이 들고, 동일 상품 내에서 시장 점유율이 분산되거나 자기잠식이 일어날 수 있으며, 기업의 일관된 이미지 형성이 어려워질 수도 있다.

1933년 설립된 조선맥주의 경우 1993년 하이트맥주를 출시할 때 기존 맥주시장에서 열등한 '크라운(Crown)'이라는 상표를 부착하지 않고 '하이트'라는 개별상표를 부착함으로써 기존의 열등한 브랜드 이미지를 단절시키고 새로운 브랜드 이미지를 구축함으로써 맥주시장에서의 점유율 상승에 성공하였다.

하이트는 개별 브랜드의 명성이 구축된 이후 회사명을 '조선맥주주식회사'에서 1998년 '하이트맥주주식회사'로 변경하였다.

개별상표의 대표적인 예로 외식기업 프랜차이즈인 제너시스를 들 수 있는데 제네시스는 'BBQ'를 기반으로 한국식 닭 요리 전문점 '닭 익는 마을', 돈까스와 우동 전문점 '우쿠야', 떡볶이 전문점 '올떡볶이', '초대마왕' 등 다양한 업종에서 개별상표를 사용하고 있다.

사례 외식기업 '제너시스'의 개별브랜드

BBQ

사이트 바로가기

Best Of Best Quality 세상에서 가장 맛있고 건강한 음식

새롭게 선보이는 BBQ Café는 에너지 충전을 위한 점심, 나른한 오후의 휴식, 가족과 함께하는 행복한 저녁,
호프와 즐기는 유쾌한 만남까지 가능한 멀티컨셉의 까페로, 글로벌 감각이 더해져 한층 업그레이드 된 인테리어·서비스와 함께 고객의 오감을 만족시키는 새로운 까페 문화를 선도할 것 입니다.

닭익는마을 [닭익는마을, 도리마루]

사이트 바로가기

세계인이 함께 즐기는 한국식 닭요리 전문점

한국 전통의 닭요리를 소재로 맛과 건강을 가장 중시하는 현대인들의 기호에 잘 어울리는 맛을 재현해 온 닭익는 마을은 한국인이 가장 좋아하는 한식 닭요리를 제공하고 있으며 이를 발판으로 세계인이 함께 즐길 수 있는 한국형 웰빙 패밀리 레스토랑을 추구하고 있는 고품격 전문 브랜드입니다.

참숯바베큐치킨

사이트 바로가기

도심속에서 즐기는 맛 ! 참숯으로 구워 더욱 맛있는 !

한국 전통의 닭요리를 소재로 맛과 건강을 가장 중시하는 현대인들의 기호에 잘 어울리는 맛을 재현해 온 닭익는 마을은 한국인이 가장 좋아하는 한식 닭요리를 제공하고 있으며 이를 발판으로 세계인이 함께 즐길 수 있는 한국형 웰빙 패밀리 레스토랑을 추구하고 있는 고품격 전문 브랜드입니다.

우쿠야

사이트 바로가기

당신(U)을 위한 9가지 맛

입과 눈이 모두 즐거운 우동, 돈까스 전문점 유나인은 정통 일본우동 전문 제조업체인 야마끼사의 쯔유를 원재료로 하여 정통 일본식 우동의 맛을 재현해 내고 있으며, 2010년 해바라기유와 샤브샤브 메뉴의 도입을 통해 새로운 도약을 이룬 외식전문 브랜드입니다.

올떡볶이

사이트 바로가기

엄마가 아이에게 먹이고 싶은 떡볶이

올떡은 기본 분식집에 대한 통념을 탈피하여 고품질·고급화 전략을 바탕으로 고객의 건강을 최우선으로 생각하고, 차별화된 맛과 인테리어로 국내 1위 브랜드를 향해 나아가고 있는 젊고, 감각적인 대한민국 대표 간식 브랜드입니다.

초대마왕

사이트 바로가기

엄마가 아이에게 먹이고 싶은 떡볶이

올떡은 기본 분식집에 대한 통념을 탈피하여 고품질·고급화 전략을 바탕으로 고객의 건강을 최우선으로 생각하고, 차별화된 맛과 인테리어로 국내 1위 브랜드를 향해 나아가고 있는 젊고, 감각적인 대한민국 대표 간식 브랜드입니다.

자료: 제너시스 홈페이지(http://www.genesiskorea.co.kr/company/brand.asp)

(3) 공동상표(Co-Brand)

공동상표는 하나의 제품이나 포장에 두 개 이상의 상표명을 부착하는 것을 말한다. 이는 제품의 차별성과 독특성을 부각시키기 위해 계획적으로 기존의 통일상표와는 별도로 개별상표를 부착하는 경우와 두 회사가 동등하게 결합하여 보다 강력한 브랜드를 행

사하는 경우가 있다.

두 회사의 상표를 동등하게 결합하는 경우를 합동상표(Cooperative Brand)라고 한다. 예를 들면 LG-IBM의 경우 LG와 IBM의 결합으로 강력한 브랜드 파워를 행사할 수 있었고, SONY Walkman은 스테레오 오디오를 걸어다니면서 들을 수 있는 휴대용 오디오라는 차별성을 부각시킨 좋은 사례라고 할 수 있다.

국내 위스키업계 선두주자인 페르노리카 코리아는 2010년 남아프리카공화국 월드컵을 앞두고 박지성 선수와 합작한 '임페리얼 15 박지성 리미티드 에디션'을 출시하기도 하였다. 이는 축구선수 박지성이라는 브랜드를 이용한 공동상표로 다른 위스키와의 차별성을 강조한 것이라 할 수 있다.

4 상표 결정의 유형

외식산업의 경우 트렌드가 빠르게 변하는 특성을 지니고 있어 상표가 소비자의 머릿속에 오랫동안 남겨지는 것이 매우 중요하다.

상표는 소비자에게 상품에 대한 관념을 불러일으키는 중요한 역할을 한다. 따라서 어떤 상품을 생각할 때 가장 먼저 떠오를 수 있도록 차별화하는 것이 좋다. 하지만 우리 주변에는 다양한 외식기업들이 존재하고 또 존재하는 숫자만큼 상표가 존재한다. 이러한 이유는 우리가 사용하는 언어 형식의 다양성과 동일하기 때문인데 상표의 유형은 다음과 같이 소재와 표현 형식에 따라 구분할 수 있다.

1) 지명을 이용한 상표결정

지명을 이용한 상표결정은 가장 전통적이고 오래된 방법으로 많은 기업과 상점들이 도입해 왔다. 지명을 이용한 상표명으로는 '춘천 닭갈비', '무교동 낙지', '전주비빔밥' 등이 있다. 그러나 최근에는 다른 점포들과 차별화되기 어렵고 동일하거나 유사한 상표에 대한 법적 보호 기능의 상실 등이 문제가 되어 지명을 이용한 상표명은 줄어들고 있다.

2) 인명을 이용한 상표결정

인명을 이용한 상표결정은 특별한 작업 없이도 쉽게 만들 수 있다는 장점이 있고, 다른 한편으로는 자신의 이름을 앞세워 부끄럽지 않은 제품이나 서비스를 제공하겠다는 의지의 표현으로 볼 수 있다.

인명을 이용한 상표명으로는 '김영모 베이커리', '성신제 피자', '원할머니보쌈' 등이 있다. 이러한 인명을 이용한 상표는 자칫하면 상품으로 인해 자신의 명예가 실추될 수 있기에 상표관리 및 제품이나 서비스 관리에 더 많은 노력을 기울여야 한다.

3) 이니셜(Initial)을 이용한 상표결정

이니셜을 이용한 상표결정은 상표의 전체 단어를 모두 표기할 경우 너무 길어 소비자의 기억과 인지에 불편함을 초래할 경우 주로 사용한다. 언어의 경제성이라는 측면에서 매우 효율적이고 몇 개의 글자로 줄여 표한하기에 강력한 이미지 전달 능력을 가지고 있다. 이 외에도 알파벳 몇 개를 통해서 소비자들은 기업 전체의 이름을 인식할 수 있다는 장점이 있다.

이니셜을 사용한 상표명으로는 KFC(Kentucky Fried Chicken), TGIF(Thanks God It's Friday) 등이 있다.

그러나 'NH(농협)', 'SH(수협)'과 같이 한국어 발음을 토대로 영어 이니셜을 사용한 경우 외국인들이 기업의 전체 이름을 알기 어려울 수 있으므로 주의해야 한다.

4) 고유어를 이용한 상표결정

고유어를 이용한 상표결정은 우리나라 소비자들에게 제품의 특성을 잘 반영할 수 있고 쉽게 기억되는 상표를 만들 수 있다는 장점이 있다. 특히 외국어로 된 상표의 경우 해당 상표가 의미하는 것을 정확히 이해하기 어렵고 발음 등의 문제로 인해 기억되기 어렵다는 단점을 극복할 수 있다.

고유어를 사용한 상표명으로는 '입맛을 다시다'의 의미인 '다시다', '한식의 비빔'이란 의미의 '비비고' 등이 있다.

글로벌화 시대에 맞춰 외국어 상표가 더 고급스럽다고 인식하는 사회적 분위기에 따라 외국어를 이용한 상표결정이 절대 우위를 보이기는 하지만 고유어를 이용한 상표결정도 꾸준히 증가하고 있다.

5) 식물명을 이용한 상표결정

식물의 이름을 이용한 상표결정은 식물이 가지고 있는 특성과 제품의 특성이 상호 연계되어 제품의 속성을 잘 반영해 준다는 장점이 있어 비교적 많이 사용되고 있는 방법이다. 하지만 식물명을 상표로 사용할 경우 해당 식물성분이 함유되어야 하는 조건 등을 확인하고 결정해야 한다.

식물명을 사용한 상표명으로는 '갈아 만든 배', '미녀는 석류를 좋아해', '초록 매실' 등 제품의 속성을 그대로 반영한 상품이 있고 음원사이트 '멜론(Melon)'과 같이 식물의 이미지만을 차용하는 상표 등이 있다.

6) 동물명을 이용한 상표결정

동물명을 이용하는 상표결정의 경우 식물명을 활용한 상표와는 달리 동물성분이 직접적으로 함유되지 않고 동물의 이미지를 차용한 경우가 대부분이다. 동물명을 사용한 상표명으로 가정용 제습제인 '물먹는 하마'는 수생 동물인 하마의 이미지가 제품의 특성과 잘 맞아 떨어진 상표이며, 스포츠 상표인 PUMA(푸마)의 경우도 가장 빠른 동물과 스포츠라는 이미지를 연계하여 만든 사례이다. 이 외에도 비누상표인 DOVE(비둘기), 돼지가 바다가는 길(프랜차이즈), 오꾸닭(프랜차이즈) 등이 있다.

7) 숫자를 이용한 상표결정

숫자를 이용한 상표결정은 특정 언어에서 오는 의미전달의 장벽을 해소할 수 있고, 숫자가 지닌 논리성, 정확성, 비교 가능성을 이용해 다른 제품이나 서비스와 차별성을 드러낼 수 있으며, 이미지 전달이 빠르고 제품의 특징을 함축적으로 전달할 수 있다. 또한 숫자에 의미를 부여한 마케팅은 소비자들의 호기심을 자극해 제품을 각인하는 효과가 크고, 숫자를 반복해서 사용할 경우 기억하기 좋게 하는 시청각적 효과를 함께 낼 수 있는 장점이 있다.

예를 들어 '비타 500'의 경우 의약품과 숫자를 적절히 활용한 상표이며, '2% 부족할 때'라는 음료는 갈증해소가 되지 않았을 때 찾는 음료의 의미로 숫자를 활용했다. 또한 '2080 치약'은 20대에서 80대까지 모두 사용할 수 있는 상표라는 의미로 각인시키고 있다.

5 상표 결정 시 주의사항

상표의 중요성을 고려할 때 제품의 품질이 유사하다면 상표명에 의해 제품의 성공여부가 좌우될 수 있다. 제품이 우수하지 못한 경우 상표가 좋다고 성공할 수는 없지만 제품이 우수한데 상표가 좋지 않은 경우 실패할 가능성이 높다.

실제 1980년대 중반 현대자동차의 '소나타(Sonata)'는 출시되자마자 소(牛)나 타는 자동차로 인식되어 판매실적이 좋지 않았다고 한다. 이에 마케팅 관리자들은 서둘러서 '소나타'에서 '쏘나타'로 변경하기도 하였다.

좋은 상표란 제품의 특성을 나타내 주고 기억이 잘되고, 부르기 쉬워 구매시점에서 즉각적으로 떠오르며, 구매 요청 시 쉽게 입에서 불릴 수 있는 것이다.

좋은 상표를 위한 구체적인 기준은 다음과 같다.

첫째, 상표명이 제품의 효용과 품질, 특성을 잘 나타내 주어야 한다.

예를 들어 물먹는 하마, 위청수, 팡이 제로 등을 들 수 있다. 팡이 제로의 경우 곰팡이 균을 없애준다는 의미로 제품의 특성을 잘 나타내고 있는 상표이다.

둘째, 발음이 쉽고 기억하기 쉬워야 한다.

일본 소니사의 'SONY'라는 글자는 일본 국민으로부터 공모하여 채택한 상표로 트랜지스터(Transistor) 라디오를 개발하여 미국에 수출할 때 붙여진 상표이다. 이 상표는 일본 사람들이 받침 발음을 잘하지 못한다는 것을 고려하여 한 번 듣고도 쉽게 기억하고 표현할 수 있는 것으로 선정하였으며 현재 전자제품에서 세계 일류가 되어 있다.

우리나라의 상표 중에서도 '봉고', 'OB' 등은 짧은 상표명으로 부르기 쉽고 기억하기 쉬운 상표명이라 할 수 있다.

셋째, 외국어로 표현할 때 부정적인 의미로 연결되지 않아야 한다.

예를 들어 대영 자전거는 미국시장에 진출했을 때 영어 상표명을 'DAI YOUNG'이라고 했는데 미국 소비자들에게는 'Die Young(일찍 죽는다)'의 의미로 받아들여질 수 있다. 실제 기아자동차는 최고급 세단 'K9'을 미국시장에 출시하면서 국내에서 사용하는 'K9'이라는 상표를 사용하지 않고 'K900'으로 선보인다. 이는 'K9'의 발음이 개 · 송곳니를 뜻하는 영어단어 'Canine'과 발음이 거의 똑같아 영어권 이름으로는 적합하지 않다고 판단한 것이다.

넷째, 시간이 흘러도 퇴색되지 않아야 한다.

예를 들면 2002년 월드컵을 기념하기 위한 월드컵 상표와 같이 시대적인 상황에 민감한 상표는 시간이 지나면 진부하다는 느낌이 들 수 있으므로 오랜 시간이 흘러도 변화되거나 퇴색되지 않는 상표가 좋다.

다섯째, 상표가 등록되어 있지 않아야 한다.

상표를 결정하기 전에 등록상표 유무조사를 통하여 지금 개발하고 있는 상표가 이미 다른 기업에 의해 특허청에 등록되어 있는가를 확인해야 한다. 잘못하면 다른 회사의 상표명과 유사하여 주체를 오인시킬 우려가 있는 상표는 상표권을 침해한 것으로 간주되어 등록되지 못하는 경우가 발생한다.

제3절 상품의 수명주기(Product Life Cycle)

1 상품수명주기의 개념

사람에게 수명이 있듯이 상품에도 일정한 수명이 있고 이러한 수명은 새로운 상품이 등장할 때마다 반복적인 형태로 나타난다. 상품의 수명주기는 일반적으로 상품개발단계를 시작으로 시장에 처음 출시되는 도입기, 매출액이 급격히 증가하는 성장기, 상품이 어느 정도 고객들에게 확산되어 성장률이 둔화되는 성숙기, 매출이 감소하는 쇠퇴기의 과정을 거치게 된다.

하나의 제품이 시장에 도입되어 마지막에 가서는 시장에서 쇠퇴하는 현상이 나타나는 가장 근본적인 요인은 소비자의 욕구와 선호의 변화 때문이라 할 수 있다. 즉 교육수준과 소득의 향상으로 의 · 식 · 주, 여가, 취미의 다양화, 고급화, 새로움을 추구하게 되고 개방화 · 정보화로 인한 사회 · 문화적 환경의 변화는 새로운 라이프스타일과 유행을 급속하게 전파하고 그에 따라 새로운 상품에 대한 욕구와 선호가 나타나게 되는 것이다.

기업의 관점에서는 기존고객의 욕구를 보다 편리하고 저렴하게 충족시킬 수 있는 새로운 기술을 개발하거나, 고객이 예상하지 못했던 전혀 새로운 상품이나 개선된 상품을 제안하여 소비자 욕구의 변화를 유도하거나, 새로운 소비자 욕구를 창조하기도 한다. 이러한 소비자 욕구의 변화와 창조는 욕구 충족 수단인 제품수명주기에 영향을 미치게 된다.

그림 11-5 상품의 수명주기(Product Life Cycle)

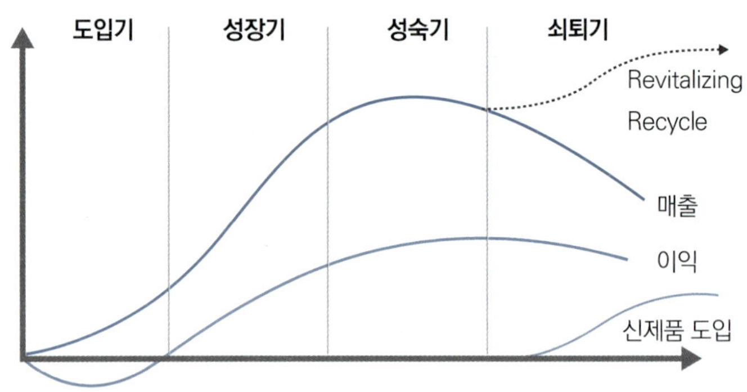

2 상품의 수명주기 단계

1) 도입기의 특징과 전략

도입기(Introduction Stage)는 상품이 시장에 처음으로 소개되는 시기로 제품에 대한 인지도가 낮고 매출의 성장이 느리게 나타나는 단계이다. 또한 새로운 상품에 대한 구매자의 수가 아주 적고 경쟁기업이 없거나 극소수인 것이 특징이다. 따라서 이 시기에는 상품의 개발과 시장도입에 많은 비용이 투입되기 때문에 손실이 발생하거나 이익이 거의 나지 않는 단계이다.

도입기에는 주로 가격과 촉진 전략에 의존하게 된다.

가격전략으로는 경쟁자가 소수이고 제품 개발에 따른 비용을 어느 정도 보상받아야 하며, 생산원가가 높고, 높은 판매 촉진비용을 충당해야 하며, 대체적으로 신제품을 초기에 구매하는 사람들의 특성이 가격에 민감하지 않다는 것을 고려하여 주로 초기고가전략(Skimming Price Strategy)을 사용한다.

이 전략은 단위당 높은 마진을 실현할 수 있으며 다수의 소비자들이 높은 가격을 지불할 의사가 있고 잠재 경쟁자의 진입이 당분간 없다고 판단될 때 가능하다.

이와는 반대로 시장을 크게 확보하여 경쟁자가 침입하는 것을 막아 시장점유율 확보를 목적으로 할 경우에는 침투가격전략(Penetration Price Strategy)을 사용하여 잠재적 경쟁자의 진입을 막는 방법도 유효하다.

이 전략은 잠재시장이 비교적 크고 잠재구매자의 가격민감도가 높으며, 경쟁자가 쉽게 진입할 수 있는 경우에 적합하다.

이러한 초기고가전략과 침투가격전략 중 어느 전략을 선택할 것인가는 기업이 보유하고 있는 역량이나 시장의 상황을 감안하여 적합한 전략을 선택하는 것이 좋지만 대체적으로 초기고가전략을 사용하는 경우가 많다.

촉진전략으로는 먼저 인지도를 높이기 위한 광고 및 홍보, 견본품 제공 등을 통해 소비자 촉진에 주력하고, 수익이 발생할 경우 마케팅 및 제조원가에 재투입을 하고 상품의 기본적인 효용을 알리는 것이 좋다.

2) 성장기의 특징과 전략

성장기(Growth Stage)는 상품에 대한 시장의 수용이 빠르게 일어나고 상당한 수준으로 매출과 이익이 증가하는 단계이다. 대량생산을 통한 생산원가의 감소 및 이익의 증대로 경쟁기업이 등장하게 되는 시기이다.

이 단계에서 초기 구매자들은 계속 상품을 구매하게 되고 특히, 후기 구매자들은 초기 구매자들의 구전을 통해 그들을 따라 구매하는 현상이 나타난다.

성장기의 전략으로는 경쟁자 등장에 따라 시장점유율을 확대하기 어렵기 때문에 시장점유율 확보에 노력을 기울이고 브랜드 이미지 상승 및 판매 증대를 위한 유통망의 확장에 주력해야 한다. 즉 다양한 고객의 욕구를 충족시키고 경쟁에 대처하기 위해 제품차별화 및 기능, 품질향상을 모색한다. 또한 잠재적 경쟁자의 진입방지를 위한 차별화된 방안을 연구하고 경쟁자가 나타나기 전까지는 초기고가전략(Skimming Price Strategy)을 유지하는 것도 좋다.

3) 성숙기의 특징과 전략

성숙기(Maturity Stage)에는 성장기에 비하여 시장수요 대비 기업들의 공급능력이 큰 반면, 경쟁은 매우 치열한 단계이다. 잠재구매자의 대부분이 상품을 구매했기 때문에 신규구매가 거의 없으며 기존고객의 재구매가 이루어지는 단계이므로 매출의 성장이 둔화되어 일정수준을 유지한다.

이 단계에서 매출액 증가는 주로 신규 구매보다 경쟁기업 고객의 유인에 의하여 이루어지므로 매출액이 정체상태에 이르게 된다. 특히 가격경쟁이 전개되기 때문에 이익은 정점에 도달한 후 하락할 수 있는 상황이 된다. 따라서 다른 어떤 단계보다 경쟁을 이겨낼 수 있는 창의적이고 혁신적인 마케팅 전략이 필요한 시기이다.

성숙기의 전략으로는 시장점유율을 방어하면서 성숙기를 연장할 수 있는 전략대안을 세워야 한다. 이러한 전략은 다음과 같다.

첫째, 새로운 시장을 개척하는 방법이다.

예를 들면 1960년대 초부터 절대적 1위를 차지해 온 박카스의 경우 자양강장제 시장이 성숙기에 접어들면서 1990년대 후반부터 표적시장을 젊은 층으로 확대한 경우이고 유아용 비누를 어린 아기들에만 국한하여 판매하는 것에서 탈피하여 피부에 관심이 많은 젊은 여성시장으로 진출한 사례 등을 들 수 있다.

둘째, 자사 상표 사용자의 수를 증대시키는 전략으로 사용하지 않는 소비자를 사용할 수 있도록 전환시키는 방법이다.

예를 들면 LG생활건강은 과거 럭키화학 시절 소비자들에게 '하루 3번씩, 식후 3분 이내, 3분 동안' 이를 닦도록 하는 333캠페인을 전개하여 성공을 거두기도 하였다.

셋째, 새로운 용도를 개발하여 상품을 개선하는 방법이다.

상품의 품질, 특성, 스타일 등의 상품 속성을 수정 내지 개선함으로써 신규고객을 유인하고 기존고객의 사용률을 높이는 전략이다. 예를 들면 우유의 포장을 180ml에서 200ml로 용량을 변경하거나 디자인의 변경, 새로운 속성을 추가하는 것을 들 수 있다.

넷째, 마케팅 믹스의 변수를 수정하는 방법이다.

예를 들면 상품 판매 시 새로운 서비스를 제공하거나 기존의 서비스를 변경하는 방법, 또는 가격 측면에서 신규고객과 경쟁사의 고객을 유인하기 위하여 가격인하 전략을 실시하는 방법, 새로운 광고 캠페인을 실시하는 방법 등 기존의 마케팅 방법을 수정한다.

4) 쇠퇴기의 특징과 전략

쇠퇴기(Decline Stage)에는 소비자 취향의 변화와 새로운 상품의 출현, 기술의 변화 등으로 매출이 현저히 줄고 이익도 크게 줄어드는 단계이다.

상품이 이 단계에 도달하는 경우는 일반적으로 해당 상품을 구매할 수 있는 소비자들이 이미 구매했거나 소비자의 기호가 변화된 경우가 많다. 따라서 더 이상의 마케팅 비용에 대한 투자를 중단하고 상품의 수를 축소하거나 수익성이 낮은 품목과 유통경로를 축소하며, 기존 고객들이 반복구매를 통한 상품의 자연스러운 감소를 유도하도록 한다.

쇠퇴기의 전략으로는 다음과 같은 방법을 사용할 수 있다.

첫째, 유지전략으로 경쟁사들이 모두 시장에서 철수할 것이라는 가정하에 마케팅 지원을 축소시키지 않고 현 상태를 유지하는 것이다.

예를 들어 일부 소비자들은 경제적인 상황이나 기타 상황에 의해서 해당 제품을 반복구매할 수밖에 없는 경우가 있기 때문이다.

둘째, 수확전략으로 쇠퇴기 상품 관련 비용을 가능한 최대로 축소시키는 방법이다. 즉 광고나 판매인력, 상품개발 예산 등을 축소시켜 현재의 시장에서 최대한 많은 이익을 거두는 것이다.

셋째, 철수전략으로 해당 상품시장에서 철수하는 방법이다. 즉 생산을 중단하는 방법이라든지, 필요시 신제품을 출시할 때 신제품의 판매촉진을 위한 미끼상품으로 사용하는 방법 등이 있다.

사례 소니 워크맨, 30년 만에 막을 내리다

미니 휴대형 음악 재생기의 대명사였던 소니 카세트 워크맨이 역사의 뒤안길로 사라진다. 소니는 30년 동안 지속해온 카세트 방식의 워크맨 생산과 판매를 중단한다고 22일 밝혔다. 아이티미디어에 따르면, 소니는 지난 4월 마지막 분량을 소매점에 공급했으며, 이들 제품은 전량 판매됐다고 한다. 카세트형 워크맨은 소매점에서 더 이상 구매할 수 없게 됐다.

1세대 워크맨은 1979년 7월 1일 일본에서 선을 보여, 첫 달에 3천 대가 팔리며 큰 인기를 모았다. '음악을 들으며 걷는다'는 개념으로 나온 워크맨(Walkman)은 젊은이들의 라이프스타일에도 큰 변화를 일으켰다. 워크맨은 카세트테이프에서 CD, MD 등에 이어 인터넷으로 음악을 다운로드하는 디지털 방식으로 진화해 왔다.

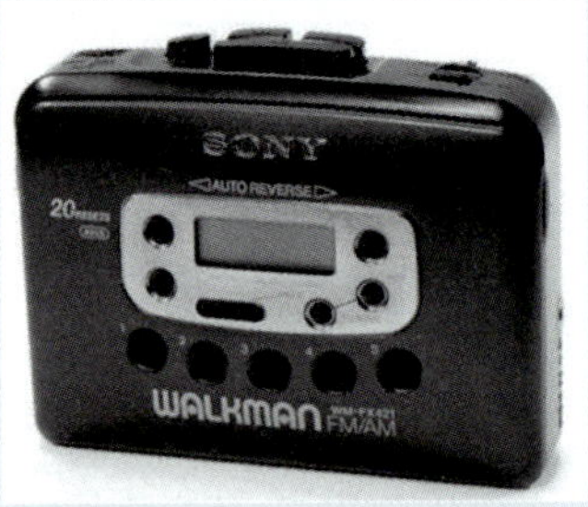

30년간 인기를 모은 카세트 방식 소니 워크맨(1988년 모델)

카세트 방식은 음악 녹음하는 사람을 위주로 판매가 이어져 왔으나 결국 이번에 사라지게 된 것이다. 워크맨은 올 3월 말까지 30년 동안 약 2억 2천 대가 판매됐다. 디지털방식의 워크맨은 최근 애플 아이팟과 치열한 경쟁을 벌이고 있다. CD와 MD용 제품도 판매가 저조하지만 생산과 판매는 지속된다.

자료: 안희권 기자, inews24.com, 2010. 10. 25.

3 상품수명주기 단계 파악

자사의 상품이 상품수명주기 단계 중에서 어떤 단계에 놓여 있는지를 평가하기 위해서는 먼저 상품수명주기의 수준을 규정해야 한다.

상품의 통합수준에 따라 상품종류(Product Class, Category), 상품유형(Product Form), 상표(Brand)수준으로 구분할 수 있다. 예를 들면 텔레비전은 상품종류(범주)에 해당되며, 컬러텔레비전과 흑백텔레비전, 디지털 텔레비전은 상품유형(형태)에 의한 구분이며, 컬러텔레비전에 속해 있는 여러 가지 모델(Product Variants)은 상표수준에 해당된다.

이러한 상품의 통합수준에 따라 상품수명주기의 형태가 상이하게 나타난다. 상품종류는 상품유형과 상표보다 수명주기가 더 길다. 특히 인구의 수와 밀접하게 관련되는 자동차와 같은 상품종류의 수명주기는 성숙단계가 지속될 것으로 예상된다.

디지털 이동전화와 같은 상품유형 수준의 상품수명주기는 도입기, 성장기, 성숙기, 쇠퇴기로 이어지는 일반적인 수명주기단계를 보이는 경향이 있다.

상표수준의 수명주기는 경쟁전략과 전술의 변화에 의해 매출과 시장점유율이 크게 변화되기 때문에 도입기에서 바로 쇠퇴기로 가거나 성숙기 제품이 다시 성장하는 등 불규칙한 수명주기를 보일 수 있다.

상품수명주기에서 직면하는 두 가지 어려운 문제는 다음 단계로 전환되는 시기와 단계별 지속기간에 대한 예측이다. 소비자 욕구의 변화나 기술의 변화, 대체품의 등장 등 매우 다양한 요소들이 상품수명주기에 영향을 미치고 있기에 기간을 예측하기란 매우 어렵다.

이에 따라 마케팅에서는 주로 상품유형(Product Form) 차원에서 상품수명주기 단계를 파악하는 것이 적합한 것으로 간주하고 있다.

상품종류 수준의 수명주기는 도입기나 성숙기가 수십 년 이상으로 긴 경우가 많기 때문에 개별기업의 제품관리에는 의미가 없으며 상표별 수명주기는 수명주기가 너무 짧고 개별 상표마다 제각기 수명주기의 길이와 단계에 차이가 있어 마케팅 전략을 수립하는 데 도움이 되지 못한다. 하지만 상품유형별 수명주기도 경우에 따라서는 현재 시장이 어떤 단계에 해당되는지를 정확하게 파악하는 것이 힘든 경우도 있다. 또한 콜라와 청바지와 같이 100년 이상 성숙기가 이어지는 경우처럼 특정 단계의 기간이 얼마나 오래 지속될 것인지가 불확실한 경우도 있다.

상품수명주기는 마케팅 전략을 어떻게 수행하느냐에 따라 달라질 수 있다. 즉, 상품수명주기에 맞춰 마케팅 전략을 수행하기보다는 마케팅 전략에 따라 수명주기가 결정되고 있다는 것이다. 효과적인 마케팅 전략을 적극적으로 수행하는 경우에는 성장기가 빨리 올 수도 있으며 오랫동안 성숙기를 유지할 수도 있다. 그렇지 못한 경우에는 도입기에서 성장기로 진입하지도 못하고 상품의 수명주기가 끝나는 경우도 발생할 수 있다. 따라서 전체적인 시장의 성장이나 경쟁상황, 소비자의 특성 등을 종합적으로 분석하여 그에 맞는 전략을 적용하는 것이 효과적이다.

제4절 신제품 개발과 관리

1 신제품의 중요성

기업 경영환경의 변화속도는 시간이 흐를수록 가속화되고 있으며, 정보화의 진전에 따라 기업 간 경쟁이 격화되어 가고 있다.

급변하는 변화 속에서 기업이 생존하기 위해서는 새롭고, 고객가치를 창출할 수 있는 신제품을 지속적으로 시장에 도입시켜야 한다.

신제품의 성공적인 도입은 기업의 생존과 성장에 있어서 매우 중요한 요인이지만, 신제품 개발은 실패할 가능성이 매우 높은 위험한 도전이다. 하지만 고객의 욕구가 다양해지고 경쟁 환경이 치열해짐에 따라 새로운 제품에 관한 욕구가 증대되고, 제품의 수명 또한 상대적으로 단축되고 있다. 따라서 기업을 유지하고 성장해 나가기 위해서 신제품은 반드시 필요하다.

소비자 취향의 변화와 새로운 기술의 개발은 필연적으로 신제품의 출현을 촉진하게 된다. 만일 자사에서 신제품을 개발하지 않으면 경쟁사의 신제품에 의해 해당 시장이 잠식당하게 된다. 이와 같이 신제품은 기업의 생존과 성장 및 활력을 불어넣는 데 매우 중요한 역할을 한다고 할 수 있다.

신제품 개발의 이유는 다음과 같다.

첫째, 기업의 생존과 성장을 위해서 신제품 개발은 필수적이다. 현재의 제품은 언젠가는 시장에서 쇠퇴하기 마련이므로 지속적인 신제품 개발이 요구된다.

둘째, 소비자 욕구의 변화 및 다양화에 대응하기 위해 신제품이 필요하다. 즉, 기업은 기존의 제품만으로는 소비자의 욕구를 충족할 수 없기 때문이다.

셋째, 기업의 위험을 분산하기 위해 새로운 사업과 신제품을 확보해야 한다.

만일 하나의 제품에 대한 의존도가 높을 경우 경영환경의 변화에 따라 사업 위험성이 높아질 수 있다.

넷째, 신제품 개발은 적극적인 방어와 경쟁자를 공략할 수 있는 돌파구를 마련해 준다. 특히 새로운 시장을 선점하기 위한 신제품의 개발은 경쟁에서 매우 유리한 위치를 차지할 수 있다.

상기에서 보는 바와 같이 신제품의 개발은 기업에 있어서 매우 중요하다고 할 수 있다. 하지만 실제 하나의 아이디어가 제품화되고 본격적으로 시판될 확률은 매우 낮으며, 신제품이 출시되어 투자비를 회수하고 기업에 이익으로 공헌할 수 있는 확률은 매우 낮은 것이 현실이다.

실제 미국의 통계에 의하면 신제품의 90%가 3년 이내에 시장에서 사라진다고 한다. 또 국내의 경우 시판된 신제품의 약 80%가 실패하며 그중에서 90% 이상이 4년 이내에 실패하고 있다는 보고가 있으며, 일본의 경우에도 90% 이상이 투자비를 회수하지 못하고 시장에서 사라지는 것으로 조사되고 있다.

이와 같이 높은 실패율뿐만 아니라 신제품 개발과정에 투입되는 많은 비용과 개발기간은 신제품 개발에 따르는 위험을 가중시키며, 철저한 신제품 개발과 중요성을 일깨워 주고 있다.

2 신제품의 개념과 유형

신제품은 기업에게 새로운 마케팅이 필요한 제품으로서 단순한 촉진상에서의 변화를 제외하고 실질적인 변화가 있는 제품을 말한다. 즉 기업이 자체 연구개발 노력으로 만들어낸 독자적 제품이거나 개량한 제품, 보완제품, 새로운 상표 등을 의미한다. 일반적으로 신제품은 기업과 고객관점에서 정의할 수 있다.

첫째, 기업관점에서 보는 신제품은 해당 제품이 새로운 시장이나 기술 또는 새로운 생산공정을 필요로 하는지 여부를 가지고 정의한다. 즉, 신제품이란 기존 시장에서 유사한 제품의 존재 여부와는 관계없이 해당 기업에서 새롭게 만들어 상업화한 제품을 말한다. 따라서 순수 독창적인 제품이나 기존 제품을 대폭 보완하여 만들어진 제품 또는 기존 제품을 새로운 시장에 출시하는 것 등을 신제품으로 정의할 수 있다.

둘째, 고객관점에서 보는 신제품은 잠재적인 고객에게 새롭게 인식되는 제품이나 서비스로 정의할 수 있다. 하지만 고객이 제품을 보는 관점이 다양하기 때문에 기업의 관점에서 신제품이라고 할지라도 고객의 입장에서는 신제품이 아닐 수 있는 경우도 존재한다.

따라서 여기서는 신제품을 기업관점에서 살펴보고 기존 제품에 비하여 새로움의 정도에 따라 구분해 보면 다음과 같다.

1) 혁신적 신제품(Innovative New Product)

혁신적 신제품이란 현재까지 시장에 존재하지 않던 제품으로 새로운 기술이 적용되어 처음 출시되는 제품을 말하는 것으로 소비자들의 욕구가 존재하고, 실제 필요한 제품인데도 불구하고 시장에 존재하지 않아 새로운 개발을 통하여 새로운 제품시장을 창출하는 제품을 말한다.

예를 들면 산업혁명 시대의 자동차의 등장, 개인용 컴퓨터, 암치료제 등은 최초의 발명을 통한 신제품이라 할 수 있다. 이러한 최초의 제품 이외에도 기존에 있던 제품을 기술적인 측면에서 혁신적으로 발전시킨 제품들도 있다. 예를 들면 흑백 TV에서 컬러 TV로의 변화, 유선전화기에서 무선전화기, 일반 TV에서 입체 3D TV 등은 최초 개발 후 해당 제품의 성능이나 기능에서 혁신적인 기술이 적용된 신제품이라 할 수 있다.

2) 개선된 신제품(Modified New Product)

개선된 신제품이란 기존제품을 응용하거나 기존제품을 약간 변화시킨 제품을 말한다. 예를 들면 마이크로소프트사의 Window 10은 기존의 Window 7이나 Window 8 등을 개선하여 출시한 신제품이라 할 수 있고, 자동차의 경우도 삼성의 SM3, SM5, SM7 등은 자동차라는 제품의 성능이나 기능을 변화시키고 품질을 향상시킨 개선된 신제품이라 할 수 있다.

3) 모방신제품(Me-too New Product)

모방신제품은 기존제품과 비슷한 제품으로 이미 시장에서는 존재하고 있는 제품이지만 자사의 입장에서는 새로운 제품을 말한다. 이러한 방법은 기업의 자본이 한정되어 있고 기술개발 능력이 부족한 경우에 많이 사용된다.

경쟁회사가 신제품을 개발한 뒤 시장에서의 반응을 분석하여 모방신제품으로 개발하므로 시간적 · 경제적 효율성을 높이고 성공가능성을 높이기 위한 전략이라고 할 수 있다. 예를 들면 코닥(Kodak) 즉석카메라의 경우 코닥회사에서는 처음 만든 신제품이지만 이미 기존에 나온 제품을 모방한 것이다.

3 신제품의 개발과 관리

경쟁이 치열한 글로벌환경에서 기업의 지속적인 성장과 발전을 위해 제품 및 서비스 개발은 필수적이다. 신상품 개발 주기는 매달 이루어지는 것부터 1세기에 한 번 이루어지는 것까지 매우 다양하다.

ZARA와 같은 패션기업은 세계 각국 매장으로부터 들어온 고객 및 시장조사 정보를 기반으로 2주 주기로 새로운 제품을 창조하는 반면 1930년대 독일 화학자에 의해 개발된 아그파(Agfa) 필름은 시판된 이래 70년 이상 명성을 누렸다.

아무리 우수한 제품이라도 시장환경과 소비자 욕구에 대응하지 못하면 쇠퇴할 수밖에 없다.

아그파 필름의 경우 디지털 카메라의 등장과 같은 환경변화에 대응하지 못하고 지속적인 신제품 개발에 실패함으로써 우리의 기억 속에 사라져 간 사례로 남아 있다. 이렇듯 한번 무너진 기업이 다시 일어나 성공할 확률은 매우 낮다. 물론 애플사와 같이 성공한 사례도 있다.

현재 많은 기업들은 신제품 및 서비스 개발의 중요성을 인지하고 노력을 기울이고 있다. 그러나 신제품 개발 관련 부서 간의 통합, 부서와 고객 욕구 간의 통합이 이루어지지 않는 경우도 많다.

소비자 수용성이 높은 상품 콘셉트를 개발했음에도 불구하고 자신들에게 맞지 않다는 이유로 상품화를 추진하지 못한 사례가 있고 상품 개발자에게 창의성을 발휘할 기회가 주어지지 않는 경우도 있다. 실제 쓰레기통에 들어갈 뻔했던 아이디어가 우연하게 발견되어 성공한 사례들이 적지 않다.

신제품 개발을 위해 내부 구성원이 창의성을 충분히 발휘할 수 있고 유관부서 간의 유기적인 관계를 형성하는 기업환경 및 문화를 조성하는 것이 중요하다.

신제품 개발은 담당하는 실무자들이 기업의 내부역량과 상황을 고려하여 접근하는 것이 선행되어야 한다.

기업의 기술적 · 재정적 지원을 고려하여 신제품의 범주를 어디에 둘지 정의하고 출발하여야 한다는 것이다.

신제품을 개발할 때 제품범주를 정하고 접근해야 하는데 〈그림 11-6〉은 제품범주와 콘셉트 개념에 따른 신상품 콘셉트 유형을 보여준다.

신상품 콘셉트 개발에 있어서 기업이 주로 관심을 갖는 부분은 〈그림 11-6〉에 나타난 범주창출 콘셉트(Category Creating Concept)와 범주분할 콘셉트(Category Partitioning Concept)이다.

범주창출 콘셉트는 기업의 입장에서 기존에 가지고 있지 않는 새로운 범주의 제품이면서 새로운 콘셉트의 제품이나 서비스를 개발하는 것이다. 즉 기업역량이 집중된 사업으로 예를 들면 웅진코웨이의 경우 '수(Water)처리사업'을 비즈니스 모델로 하면서 '정수기'에서 '비데'로 새로운 제품범주를 창출하여 신제품을 개발한 경우이다.

비데와 같은 제품범주에서 여러 종류의 제품으로 분화가 이루어지고 이에 새로운 콘셉트가 창출되면 이것이 바로 범주분할 콘셉트이다.

범주분할 콘셉트는 제품범주 간의 콘셉트가 차별화되고 수요를 창출할 수 있을 정도의 필요성이 있어야 한다.

비데의 경우 이미 선진국에 존재하고 있었던 제품범주이기 때문에 엄격히 말하자면 범주 창출 콘셉트라기보다 기업의 '수(Water)처리사업' 영역에서 제품범주를 결정한 후

범주분할 콘셉트를 개발한 것에 해당된다.

그림 11-6 신상품 콘셉트의 유형

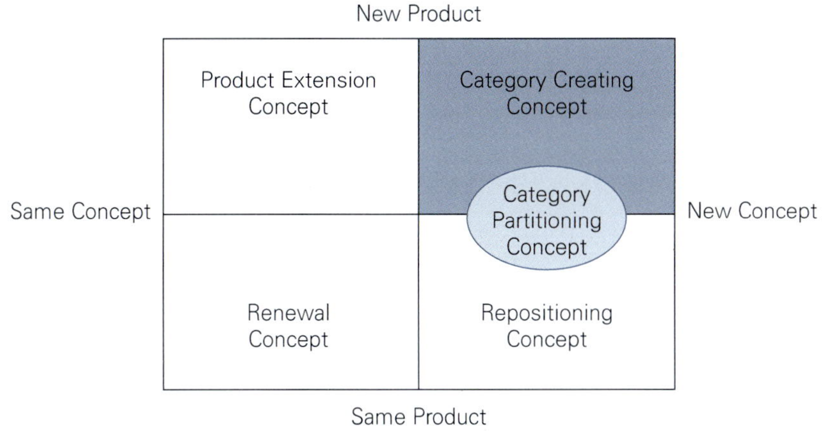

자료: 동서리서치, 기업의 지속적인 성장과 발전을 위한 신상품개발, 2009.

이와 같이 신상품을 개발할 특정 제품의 범주는 기업이 가지고 있는 핵심역량을 고려하여 결정한다. 문제는 핵심역량이 있는 기업이라 할지라도 시장에서 환영받는 제품을 만들 수 있는 것은 아니라는 데 있다. 그만큼 신제품의 성공 확률은 높지 않으며 기업은 신제품 개발과정에서 많은 리스크를 안게 된다. 결국 신제품 개발과정의 성패는 리스크를 최소화함으로써 성공확률을 높이는 데 달려 있다.

이러한 맥락에서 볼 때 신제품 개발의 가장 중요한 목표는 최소의 비용으로 성공확률을 높이는 것이다. 따라서 성공가능성이 없는 신제품 아이디어는 가능한 제품개발과정의 초기단계에서 선별해냄으로써 성공가능성이 높은 제품을 출시하는 것이다.

신제품 개발과정의 주요 단계는 다음과 같다.

그림 11-7 신제품 개발과정

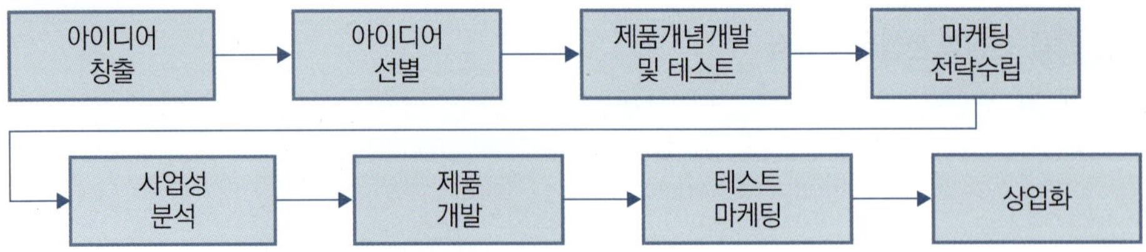

자료: Philip Kotler, Marketing Management, 4th ed., Englewood Cliffs, New Jersey: Prentice-Hall Inc., 1980.

1) 아이디어 창출

신제품 개발은 새로운 아이디어를 조직적으로 탐색하는 아이디어의 창출로부터 시작된다. 이 단계에서는 많은 아이디어를 창출하는 데 역점을 두어야 한다.

신제품에 대한 다양한 아이디어는 제품과 관련된 모든 사람들(소비자, 경쟁자, 전문가, 외부연구소, 사내종사원 등)로부터 수집될 수 있다.

실제 한 연구결과에 의하면 모든 신제품 아이디어의 55% 이상이 사내에서 창출된다고 한다. 즉 종사원의 제안제도나 부서 간 의사소통을 장려하는 제도 및 조치, 제품개발회의 시 브레인스토밍 등이 아이디어의 원천이 되고 있다.

일부 회사의 경우 종사원이 신제품 아이디어를 생각하고 개발하는 것을 적극적으로 권장하는 프로그램을 운영하기도 하는데 한국3M의 경우 '15% 규칙(15% Rule)'이라는 프로그램으로 사원이 자신의 근무시간 중 15%를 회사와 관련 여부를 떠나 개인적으로 관심 있는 프로젝트를 추진하는 데 활용할 수 있도록 하고 있으며, 소비자들의 적극적인 의견 수렴을 통하여 한국형 상품을 개발하는 과정에서 소비자들이 안전하게 랩(Wrap)을 자를 수 있는 '3M 후레쉬 매직 랩커터' 등을 개발하기도 하였다.

2) 아이디어 선별

아이디어 선별단계는 수집된 다수의 아이디어를 일정한 평가기준에 의해 평가한 후 매력적이고 성공가능성이 높은 소수의 아이디어를 선별하는 과정이다.

아이디어 창출단계에서는 가능한 많은 수의 아이디어를 찾는 것에 중점을 두었다면 본 단계에서는 현재 기업의 가용자원과 능력, 기업목표와의 적합성 등을 고려하여 성공 가능성이 낮은 아이디어를 배제함으로써 질적 측면에 중심을 두는 것이다.

아이디어 선별 시 주의할 사항은 좋은 아이디어를 버릴 오류와 좋지 못한 아이디어를 선택할 오류를 줄이는 것이다. 따라서 기업에서는 일반적으로 신제품 체크리스트(Checklist)를 사용하여 각각의 아이디어에 대한 평가를 실시하여 오류를 줄이고 있다.

주요 평가내용으로는 해당 제품 출시 시 경쟁제품보다 고객에게 더 많은 가치를 실현할 수 있는지, 회사에 긍정적 결과를 가져올 수 있는지, 회사의 목적과 전략에 잘 부합하는지, 아이디어를 실현시킬 수 있는 인적 또는 기술적 자원들을 보유하고 있는지, 광고 및 유통이 쉬운지 등에 대한 종합적인 사항을 고려하여 평가해야 한다. 이러한 평가를 통해 평가점수가 높고 성공가능성이 높은 아이디어를 선별한다.

이때 새로운 아이디어가 기존제품의 특허 및 실용신안에 침해되지 않는지 여부를 반드시 조사해야 한다. 만일 특허권 침해가 우려되는 경우에는 평가점수와 관계없이 제외해야 한다.

3) 제품개념 개발 및 테스트

제품개발 및 테스트란 선별된 소수의 아이디어를 소비자 관점에서 글이나 그림 등의 커뮤니케이션 수단을 통해 구체화시킨 것이다. 즉, 실제 제품을 만들게 되면 시간적 · 경제적 비용이 수반되지만 제품을 개념적으로 개발하게 되면 비용이 적게 들고 표적고객을 대상으로 제품의 차별성 및 선호도 조사를 실시할 수 있다. 이러한 것을 제품 선호도테스트라고 하는데 이는 소비자의 선호도 및 구매의향, 충족되지 않은 욕구 등을 조사하여 소비자의 수용성이 높은 제품 콘셉트를 선별하는 것이다.

예를 들면 의류나 자동차의 경우 스케치 형식으로 간단하게 표현할 수 있다.

4) 마케팅 전략 수립

제품개념을 테스트한 결과 소비자 반응이 좋은 제품에 대한 출시를 가정하여 구체적인 마케팅 계획을 수립해야 한다. 즉, 실제 제품을 판매한다고 가정하여 가격정책 및 유통, 판매정책, 광고, 촉진정책 등을 수립한다.

5) 사업성 분석

마케팅 전략이 수립되면 시장수요 및 판매예측을 통해 수익을 예측하고, 원가와 수익 예측에 의한 손익계산서를 작성하여 사업성 분석을 실시한다.

사업성 분석이란 제품이 개발된 경우의 표적시장을 잠정적으로 결정하여 현 시점에서 고려하는 가격, 유통, 촉진 등의 마케팅 노력을 투입했을 때 예상되는 매출과 이익 등을 추정하는 것이다.

기업의 제품이 이미 진출해 있거나 친숙한 시장에서 신제품을 출시하는 경우에는 시장의 잠재력을 예상하는 것이 비교적 쉽지만 혁신적 신제품의 경우 경험적 지식이 없기 때문에 수요예측이 쉽지 않다.

6) 제품개발

마케팅 계획의 실현이 가능하고 사업성이 우수한 것으로 판단되면 실제적인 제품개발에 착수한다. 제품개념에서 언어나 그림을 형상화했던 사항을 구체적인 형태나 실제 시판될 제품과 똑같은 물리적 요소와 심미적 요소를 갖춘 시제품(Prototype)으로 제작하는 것이다.

시제품 제작을 통해 제품 개념에서 제안된 속성들을 갖춘 실제 제품으로 만들 수 있는지, 제작된 제품이 사용될 환경과 조건에서 기대한 성능을 발휘할 수 있는지, 투입되는 원가와 제품의 가치를 고려할 때 수익성이 있는지에 대한 평가도 진행된다.

시제품 제작에는 해당 제품의 새로움의 정도에 따라 며칠이나 몇 년이 걸릴 수도 있으며, 막대한 연구개발비를 필요로 하기도 한다. 이렇게 제작된 시제품은 기능 테스트와 소비자 테스트를 실시하여 제품의 성능이나 안정성, 선호도 등을 파악한다.

7) 테스트 마케팅

테스트 마케팅은 실제 제품이 만들어져 출시되었을 때 시장에서 수용될 수 있는지, 기획한 마케팅 믹스에 의해 이윤과 시장점유율 목표를 충족할 수 있는지 등을 평가하기 위해 실시한다.

일반적으로 특정 지역을 선정하여 일정기간 시험 판매 후 이 테스트의 결과에 따라 대량 판매 여부를 결정하게 된다.

이 단계에서는 테스트 마케팅을 통해 제품뿐만 아니라 포지셔닝 전략, 가격, 유통, 촉진, 포장 등 여러 가지 마케팅 프로그램에 대한 시험을 실시하고 제품에 대한 결함이나 문제점이 발견되면 전략을 수정 보완할 수 있다.

테스트 마케팅은 비용과 시간이 많이 소요되고 경쟁사에 중요한 정보를 노출시킬 수 있다는 단점이 있지만 투자금액이 크고 혁신적인 신상품의 경우 반드시 시행해야 한다. 만일 테스트 마케팅을 하지 않고 상업화한 경우 실패하게 되면 엄청난 시설투자비용과 광고비, 인력 등 회복할 수 없는 큰 손실을 입을 수 있다. 하지만 테스트 마케팅을 실시한다고 해서 무조건 성공하는 것도 아니다.

1970년대 이후 미국 소프트드링크(Soft Drink) 시장을 지배해 왔던 코카콜라는 펩시(Pepsi)의 도전으로 시장점유율이 줄어들게 되었다.

펩시는 콜라시음대회를 열어 소비자들의 이목을 끄는 데 성공했으며, 이들을 대상으로 실시한 블라인드테스트(Blind Test)에서 코카콜라를 앞서 1982년에는 시장점유율이 코카콜라 12%, 펩시 11%로 격차를 줄일 수 있었다. 이에 1981년 코카콜라 회장 자리에 오른 로베르토 고이수에타(Roberto Crispulo Goizueta)는 전통적인 코카콜라의 맛이 더 이상 새로운 젊은 세대에게 어필할 수 없다고 판단하여 90년 이상 이어온 전통의 레시피(Recipe)를 버리기로 결정하였다.

이렇게 탄생한 제품이 더 단맛을 특징으로 한 뉴코크(New Coke)이다.

1984년 9월에 개발된 이 제품에 대한 시장의 반응을 예상하기 위해 코카콜라는 무려 400만 달러를 들여 19만 1천 명을 대상으로 설문조사를 실시하였다.

블라인드테스트 결과 이전의 코크보다 신제품인 뉴코크의 맛을 선호하는 소비자들이 약 60%, 펩시콜라의 맛보다 뉴코크의 맛을 선호하는 소비자들이 52%로 나타났다. 이에 경영진은 만장일치로 이전의 코크 생산을 중단하고 뉴코크를 자신 있게 시장에 출시하게 되었다. 하지만 이 설문조사는 역사상 최악의 마케팅 조사 중 하나로 손꼽혔다.

뉴코크는 출시되자마자 소비자들의 거센 저항에 직면하게 되었다. 하루 5천 통 이상의 항의전화는 물론, 그들의 분노 어린 항의 편지들도 쇄도했다.

매스컴들은 일제히 소비자들의 소요를 보도하고 99년 역사의 옛 코크공식을 교체한 것은 미국의 상징이자 전통을 하루아침에 파기해 버린 매국행위로 몰아갔다.

사탕수수농장의 아들이었던 고이수에타 회장을 겨냥한 듯 설탕콜라라는 비난은 물론, 그의 아버지마저 대중 앞에 나와 옛 코카콜라를 버린다면 부자의 연을 끊겠다고 선언할 정도였다.

코카콜라는 결국 원래의 콜라를 부활시켰고, 뉴코크와 병행 판매할 것을 미국인들에게 약속하는 것으로 사태를 마무리할 수밖에 없었다.

8) 상업화

테스트 마케팅 결과 신제품 도입이 성공적일 것으로 예측되면 제품을 본격적으로 시판하는 상업화를 하게 된다.

신제품을 표적시장에 출시하기 위해서는 출시계획을 수립해야 하는데 출시시점이나 장소에 대한 결정과 제품 생산과 마케팅 계획에 대한 조정작업, 유통경로에 대한 의사결정이 필요하다.

신제품 도입 시기에 있어 계절상품인 경우에는 계절에 맞춰 출시하기보다 최소한 3개월 이전에 출시하여 인지도 제고를 위한 광고 및 촉진활동을 수행하여 성수기에 높은 인지도를 확보할 수 있도록 하는 것이 좋다. 또 경기가 좋지 않은 시기보다는 경기가 좋은 시기에 출시하는 것이 유리하며, 경쟁사보다 먼저 출시하여 선점효과를 누리는 것도 효과적일 수 있다. 하지만 혁신적 신제품은 너무 이른 시기에 출시하면 오히려 시장이 성장할 때까지 긴 시간이 걸려 성장기까지 유지하지 못하고 철수하는 경우도 발생한다.

예로 1982년 동아제약에서 국내 최초로 구강청정제 '가그린' 브랜드를 출시하였지만 판매성과는 기대했던 것보다 연매출 3억 원 정도로 매우 미약하였다. 이러한 이유에는 당시 우리나라 국민소득수준에 맞지 않았던 제품으로 구강청결에 대한 소비자의 욕구가 낮았기 때문이다. 즉 시대의 상황과 맞지 않아 그 당시로서는 실패한 사례가 되었다.

C·H·A·P·T·E·R

12

외식산업의 가격관리

제1절 가격의 정의 및 기능

제2절 가격 결정의 요소

제3절 가격 결정 전략

CHAPTER 12

외식산업의 가격관리

FOOD SERVICE INDUSTRY MANAGEMENT AND MARKETING

제1절 가격의 정의 및 기능

1 가격의 정의

가격이란 마케팅 믹스 요소 중 기업의 수익원천이 되는 유일한 요소로 판매자가 제공하는 상품, 유통, 촉진에 대한 대가로 구매자가 판매자에게 지불하는 화폐의 양이라고 할 수 있다. 다시 말해 기업이 제공하는 효용에 대하여 소비자가 지불하는 대가로 구매자 입장에서는 기업이 구매자에게 제공하는 유통, 촉진으로부터 얻게 되는 효용가치에 지불하는 대가이고 판매자 입장에서는 소비자 효용가치를 제공하기 위하여 투입되는 평균원가의 기준이라고 할 수 있다.

그림 12-1 가격의 정의

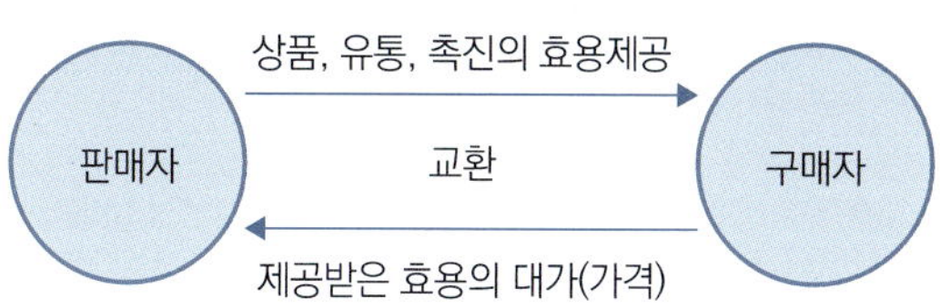

가격이란 일반적으로 제품과 화폐의 교환비율을 의미하며 다른 교환형태에서는 임대료 · 이자 · 요금 · 비용 · 임금 등 다른 명칭으로 사용되고 있지만, 마케팅에서는 주로 제품과 화폐의 교환을 중심으로 가격이라는 명칭을 사용하고 있다.

2 가격의 기능

가격은 소비자나 기업뿐만 아니라 국가경제 전체로 볼 때에도 매우 중요한 역할을 한다. 경제적 측면에서의 가격은 토지, 노동, 자본, 경영 및 원자재 등의 생산요소와 그 산출물의 수요와 공급을 조정하여 균형상태를 이룰 수 있게 작용한다.

가격의 기능을 설명하면 다음과 같다.

1) 기업의 이익 원천

가격은 기업의 이익 원천으로 총수익에 영향을 준다. 총수익이란 가격에 판매량을 곱한 것에서 총비용을 제한 것을 말한다. 즉 기업의 입장에서는 수익을 높이기 위해 가격과 판매량이 극대화될 수 있는 가격을 결정해야 하는 것이다.

예를 들어 기업에서 가격을 낮추게 되면 그만큼 수익은 줄어들기 때문에 가격이 매우 중요하다고 할 수 있다.

2) 품질 판단의 기준

소비자들은 품질에 관한 정보가 부족할 때 가격을 보고 품질을 판단하는 경향이 있다. 즉 가격품질연상효과(Price-Quality Association Effect)로 인해 일반적으로 가격이 높으면 품질이 우수한 것으로 판단하고, 반대로 가격이 낮으면 품질을 의심하는 경향이 있다. 따라서 소비자들이 품질을 평가할 수 있는 다른 단서가 없을 때에는 가격에 의존하여 품질을 평가하는 경향이 있다.

3) 마케팅 도구로서의 역할

가격은 불경기 상황이나 인플레이션이 심한 경우, 기업 간 경쟁이 치열하거나 진입장벽을 구축해야 하는 경우, 시장이 포화상태에 있는 경우 등의 상황에서 마케팅 도구로서 역할을 한다. 예를 들어 기업 간 시장점유율 확보를 위한 경쟁이 심화될 경우 가격을 낮춰 시장점유율을 높일 수 있고, 또는 다른 경쟁자들이 시장에 진입하는 것을 막기 위해 가격을 낮추는 등 마케팅 도구로 활용할 수 있다.

4) 소비자 수요에 영향

가격의 인상이나 인하는 소비자 수요에 많은 영향을 미친다.

소비자는 소득수준이 한정되어 있고, 구매력에 제한을 받기 때문에 가격 변화에 따라 수요량이 달라진다. 특히, 가격 인하의 경우 소비자나 유통업체뿐만 아니라 제조 기업에게 다양한 혜택을 주게 되어 수요를 촉진하게 된다.

예를 들면 유통업체나 제조기업은 소비자의 구매를 자극하여 구매량이 많아짐에 따라 매출액이 증가되거나 오래된 재고 또는 팔리지 않는 제품이 판매됨으로써 재고부담을 덜게 되고, 소비자는 할인을 통한 구매로 합리적 구매를 했다는 만족감을 느낄 수 있다.

제2절 가격 결정의 요소

1 가격 결정 영향 요인

가격을 결정하기 위해서는 제품을 생산하기 위해 투입되는 원가와 소비자가 구매를 통해 얻을 수 있는 효용가치를 고려해야 한다. 즉 구매자의 입장에서는 제공되는 상품의 효용가치에 상응하는 가격을 지불하려 할 것이고, 기업의 입장에서는 제품을 만들기 위해 투입된 평균원가를 고려할 것이다.

소비자는 자신이 지불한 가격이 구매를 통하여 얻을 수 있는 효용가치보다 높다고 생각하면 구매하지 않을 것이고, 기업의 입장에서는 효용가치를 제공하기 위해 투입된 평균원가 이하로 가격을 책정하게 되면 손실이 발생되기 때문에 거래를 기피할 것이다.

가격 결정에 영향을 미치는 다양한 요소 중에서 3C(Customer, Cost, Competitor)는 마케팅에서 가장 중요하게 다루는 가격 결정의 3요소라고 할 수 있다.

가격 결정 3요소 중에서 원가는 가격의 하한선에 영향을 미치고 고객에게 제공되는 가치는 가격의 상한선, 경쟁자의 가격은 하한선과 상한선 사이에서 가격을 결정하는 데 영향을 미친다.

그림 12-2 가격의 결정 범위

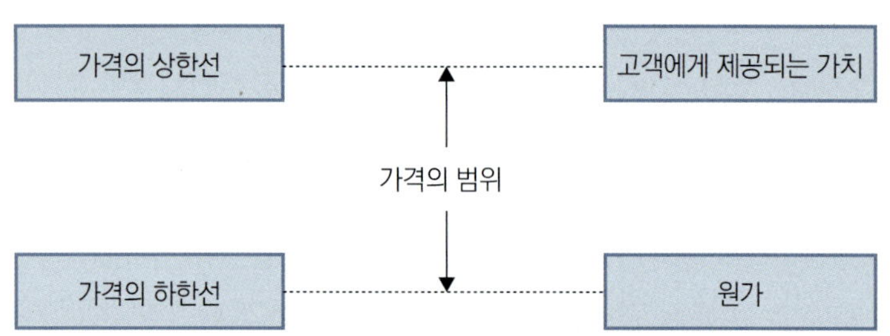

이 외에도 가격 결정에 영향을 미치는 요소들은 기업의 내부적 요인과 외부적 요인으로 볼 수 있다.

1) 내부적 요인

(1) 시장점유율

시장점유율을 확대하는 것은 기업의 이윤을 극대화시키려는 전략과 밀접한 관계가 있다. 따라서 시장점유율이 확대되었다는 것은 향후 확대된 점유율만큼 수익성을 달성할 것으로 기대한다. 이러한 시장점유율을 확대하기 위해 기업은 주로 가격을 인하한다.

(2) 수익성 및 판매목표

기업은 매출액이나 투자금액에 대한 일정비율의 수익인 목표수익률을 달성하기 위하여 제품의 가격을 결정할 수 있다. 수익성이나 목표판매량에 대한 매출액을 높이는 데 목적이 있다고 하면 가격을 높게 결정할 것이다.

(3) 재료비 및 인건비 등의 생산요소

제품을 생산하는 데 투입되는 인건비나 원료비, 마케팅 등의 비용이 높을수록 가격은 상승하게 된다. 일본식 레스토랑의 경우 다른 레스토랑에 비해 식재료비용이 높고, 조리사의 인건비가 높아 음식의 가격이 높은 경우를 볼 수 있다.

(4) 품질

기업이 고품질의 전략을 사용할 경우 품질 유지를 위한 높은 기술개발비와 고품질의 상표이미지 구축을 위해 고가전략을 취하는 것이 일반적이다. 이는 프리미엄전략이라고도 할 수 있다. 특히, 레스토랑에 있어서 가격은 음식의 품질과 직접적인 관계가 있다. 좋은 품질의 식재료를 사용하면 그만큼 높은 가격을 받을 수밖에 없다.

2) 외부적 요인

(1) 제품의 수요와 공급 상황

일반적으로 수요가 공급보다 많으면 가격이 상승하기 때문에 제품의 수요와 공급 상황에 따라서 가격에 영향을 준다. 예를 들어 레스토랑에서 한정판매하는 음식의 경우 해당 음식을 먹고 싶어 하는 고객이 많을수록 레스토랑에서는 높은 가격으로 판매할 것이다.

(2) 경쟁자의 가격

기업은 제품에 대한 경쟁자의 가격에 따라 가격을 결정할 수 있다. 예를 들어 경쟁자를 따돌리기 위해서는 가격을 낮게 책정하려 할 것이고 경쟁자와 공생공존하기 위한 전략을 세울 경우 경쟁자의 가격과 유사하게 결정하게 된다.

(3) 정부의 규제

정부의 규제는 가격 결정에 영향을 준다. 예를 들어 생필품의 경우 정부는 물가 안정을 위해 중점 가격 관리대상을 선정해 가격이 비정상적으로 높은 품목에 대해서 시장구조 개선이나 경쟁환경 조성, 독과점사업자 가격인하 유도 등의 조치를 통하여 규제하고 있다.

레스토랑의 경우도 최저임금제도 도입이나 세금, 카드수수료 등의 정부 정책이나 규제에 따라 레스토랑의 경영에 영향을 미치게 되고 이는 가격 결정에 영향을 주게 된다.

(4) 경제상황

일반적으로 경제상황이 좋은 경우에는 가격이 다소 높게 책정되더라도 소비자의 구매가 이뤄지지만 경제상황이 좋지 못한 경우 소비자들은 높은 가격에 대한 지불의사가 줄어들 것이므로 기업은 가격을 낮게 책정하게 된다.

2 소비자의 효용가치와 인식가치

가격 결정은 고객이 지불할 의향이 있는 적정가격을 찾는 과정이라고 할 수 있다. 그리고 이러한 가격은 기업이 원하는 이익을 제공할 수 있는 수준이 되어야 한다. 결과적으로 가격을 결정하는 것은 소비자가 기꺼이 지불할 의향과 경영자가 이익을 달성하면서 판매할 의향이 있는 수준을 동시에 만족시키는 수준이 되어야 한다. 하지만 이러한 이상적 가격을 찾아내는 것은 사실상 거의 불가능하다고 할 수 있다. 그 이유는 모든 고객들이 동일한 메뉴에 대해서도 가치를 인식하는 데 있어 약간의 차이가 존재하기 때문이다.

일반적 의미에서의 가치는 사람들이 제품이나 서비스를 구매할 때 기대하는 이익이나 효용으로 정의할 수 있다.

실제로 소비자들은 구매의사결정을 할 때 가격보다 가치를 더 중요하게 고려한다. 따라서 어떤 제품이나 서비스를 판매할 때 모든 가격은 고객들이 제품에 두는 가치에 근거해서 결정해야 한다. 특히 가치는 소비자 구매행동에 영향을 미치는 다양한 변수, 즉 품질지각, 희생 또는 위험지각 및 구매의도 사이의 관계에 있어서 핵심적인 역할을 하기도 한다.

1) 효용가치

효용가치란 소비자가 제품을 소비하면서 얻게 되는 만족도를 객관적 수치로 나타낸 것을 말하는데 동일한 제품이라도 소비자의 상황이나 인식차이에 따라 달라질 수 있다.

예를 들면 동일한 음식이라도 배가 고플 때 먹는 음식과 배가 고프지 않을 때 먹는 음식에 대한 만족도는 다르게 나타날 수 있다. 또 동일한 제품에 어떤 서비스를 추가적으로 제공하는가에 따라 소비자가 느끼는 효용가치는 달라질 수 있다. 이렇듯 가격의 상한선이 되는 효용가치는 기업이 제공하는 제품, 유통, 촉진에 관련된 다양한 요소에 의해 변하게 된다.

제품에 대한 주관적 효용가치가 클수록 책정할 수 있는 가격의 상한선도 높아진다.

2) 소비자 인식가치

소비자가 구매를 통하여 얻을 수 있는 효용가치가 높을수록 가격의 상한선이 높아진다. 소비자들은 제품을 구매할 때 항상 가격을 의식하면서 구매 시 얻게 되는 효용가치를 비교하게 된다. 이때 가격에 대비해 제품의 효용을 평가하는 상대적 소비자 가치가 구매의도에 중요한 영향을 미치게 된다. 이렇게 가격에 대비한 제품의 효용을 평가하는 것을 소비자 인식가치(Perceived Value)라고 한다.

효용가치가 만족도를 수치로 평가한 것이라면 소비자 인식가치는 효용가치(만족도)를 가격과 비교하여 인식하는 것을 의미한다. 우리는 이것을 흔히 가성비(Cost-Effectiveness)라고 표현한다. 이러한 소비자 인식가치가 높을수록 구매의도는 높아진다.

결론적으로 제품의 효용가치에 대비해 가격이 낮을수록 소비자 인식가치는 높아지며, 소비자 인식가치가 높아지면 구매의도가 높아지게 된다. 예를 들어 경매에서 제품의 가격이 계속 올라가는 이유는 제품의 효용가치에 대비해 가격이 싸다고 느껴 소비자의 인식가치가 높아진다는 것을 의미한다.

따라서 소비자의 구매의도에 영향을 미치는 소비자 인식가치를 유지하면서 가격을 높이려면 그에 상응하는 제품의 효용가치를 높여야 한다. 반면 기업이 제공하는 마케팅 믹스와 효용가치를 동일하게 유지하면서 가격을 낮추게 되면 소비자 인식가치가 높아져 구매의도는 높아지게 될 것이다.

이와 반대로 효용가치는 동일한데 가격만 올리게 되면 소비자 인식가치가 낮아져 구매의도가 낮아질 수 있다. 따라서 가격 결정 시 경쟁사 제품에 대한 소비자 인식가치를 평가해 보고 자사제품의 인식가치가 보다 높은 수준을 유지하도록 해야 하며 이를 위해 소비자의 특성에 따라 가격수준보다 효용가치를 높이거나, 효용가치를 유지하면서 가격을 낮추는 정책을 택해야 한다.

3 원가에 따른 가격 변화

제품을 생산하여 판매하는 데 소요되는 비용을 원가라고 하며 크게 고정비와 변동비로 구분할 수 있다.

고정비(Fixed Cost)는 생산 및 판매량과 관계없이 일정하게 들어가는 비용으로 인건비나 시설투자비, 임대료 등을 말한다.

변동비(Variable Cost)는 생산 및 판매량의 증가에 비례하여 들어가는 비용으로 원재료비나 단순직의 직접노무비 등이 포함된다. 이 고정비와 변동비를 합하여 총원가라고 하고, 총원가를 생산량 또는 판매량으로 나누면 평균원가가 된다.

따라서 일시적인 세일 등을 제외하고는 가격을 평균원가 이하로 결정하게 되면 제품을 판매할 때마다 손실이 발생된다. 그러나 평균원가는 생산 및 판매량에 따라 변동하기에 이러한 사실을 고려한다면 가격을 평균원가 이하로 결정할 수 있다.

즉 생산량이 늘어나면 원부자재 구입물량이 늘어나고 대량으로 유통관리를 하게 되므로 단위당 생산원가와 판매원가가 줄어들게 된다.

판매량에 관계없이 항상 일정한 고정비는 생산 및 판매량이 늘어날수록 단위당 고정비 부담액이 줄어들기 때문에 〈그림 12-3〉과 같이 평균원가가 낮아지게 된다. 또한 생산 및 판매규모의 증가에 따라 원자재 구입 및 생산의 규모경제효과에 의한 변동비 절감효과가 나타나며, 생산량이 축적될수록 경험효과가 발생하여 생산성 향상에 의한 원가절감이 나타나게 된다.

그림 12-3 생산 및 판매량에 따른 단위당 평균원가의 변동과 가격

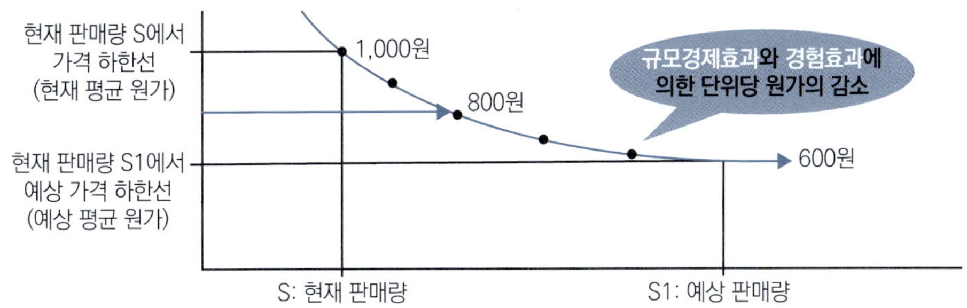

자료: 김범종 외, 마케팅 원리와 전략, 대경, 2009, p. 268.

이와 같이 규모경제효과와 경험효과는 제품의 생산 및 판매에 따르는 평균원가에 변화(감소)를 가져오게 되므로 현재의 생산규모를 고려한 평균원가보다는 예상하고 있는 생산 및 판매량을 고려하여 원가를 추정하고 이를 고려한 가격 결정을 할 수 있다. 〈그림 12-3〉에서 보는 바와 같이 현재 판매가격 800원이 현재 생산규모(S)에서의 평균원가 1,000원보다 낮게 책정되어 있다. 이러한 이유는 가격을 800원으로 책정함으로써 달성할 수 있는 예상판매량(S1)에서의 평균원가가 600원(추정치)으로 낮아져 200원의 이익이 날 수 있기 때문이다.

규모경제효과란 장기적으로 판매하기 위하여 생산량이 2배가 되면 단위당 원가가 15~20% 정도 인하한다고 보는 것을 말하고, 경험효과는 생산량(경험)이 축적될수록 종사원의 숙련도가 높아져 생산성이 증가하여 생산원가가 감소하는 것을 의미한다. 따라서 규모경제효과가 큰 제품의 경우에는 평균원가 이하로 가격을 책정할 수 있으며, 크지 않은 경우 가격을 낮추는 것도 좋지만 마케팅 믹스요소를 강화하여 제품의 인식가치를 높이는 것이 효과적이라고 할 수 있다. 생산량을 늘렸을 때 생기는 평균원가의 변화를 예를 들어 쉽게 설명해 보자.

2020년 'A' 레스토랑에서 스테이크 100개를 만드는 데 들어간 비용(제조원가)은 재료비(50만 원), 인건비(50만 원), 감가상각비(100만 원)이라고 가정할 시 총원가는 200만 원이고 평균원가는 2만 원(200만 원÷100개)이 된다. 2021년 'A'레스토랑의 영업이 활성화돼서 스테이크를 늘려 200개를 만든다고 가정해 보자. 이때 재료비는 100만 원(스테이크 개당 재료비 5천 원×200개), 인건비는 생산량에 비례하지 않지만 연장근무로 인해 10만 원이 증가해 60만 원 이라고 가정하고, 감가상각비는 증가하지 않으니 전년과 동일하게 100만 원이라고 볼 때 스테이크 200개를 만드는 데 발생한 총원가는 260만 원이 되고 평균원가는 1만 3천 원(260만 원÷200개)이 된다.

레스토랑의 경우 재료를 대량 구매하여 재료비를 낮춰 원가를 절감하거나 대량구매가 어려운 경우 장기계약을 통한 방법, 유통단계를 변경하거나 조정하는 방법도 원가절감 방법이라 할 수 있다.

4 수요의 가격탄력성과 가격정책

수요의 가격탄력성은 가격의 변화에 따른 수요의 반응을 나타낸다. 즉 가격이 변화하면 그에 따라 수요도 변화하게 된다.

일반적인 제품의 경우 가격이 올라가면 수요가 감소하고 가격이 내려가면 수요가 증가하는 현상이 나타난다. 하지만 모든 제품이 동일한 현상을 나타내는 것은 아니며 제품과 소비자 특성에 따라 다르게 나타날 수 있다.

가격의 변화율에 대한 수요의 변화율을 수요의 가격탄력성이라고 하며 가격탄력성의 강약에 따라 가격전략을 다르게 해야 한다.

수요의 가격탄력성은 가격 1% 변화에 대한 수요의 %로 계산할 수 있다. 가격이 1% 내렸을 때 수요가 2% 증가했다면 수요의 가격탄력성은 2가 된다.

수요의 가격탄력성 공식은 〈그림 12-4〉와 같다.

그림 12-4 **수요의 가격탄력성**

$$\text{수요의 가격탄력성(E)} = \frac{\text{수요 변화율(\%)}}{\text{가격 변화율(\%)}} = \frac{\text{수요의 변화량 / 변화 전 수요}}{\text{가격 변화량 / 변화 전 가격}}$$

수요의 변화량: 변화 후 수요 - 변화 전 수요
가격의 변화량: 변화 후 가격 - 변화 전 가격

E 〉 1 : 수요의 가격탄력성이 크다
가격의 변화율에 비해 수요의 변화율이 상대적으로 크다

E 〈 1 : 수요의 가격탄력성이 작다
가격의 변화율에 비해 수요의 변화율이 상대적으로 작다

공식과 같이 가격탄력성은 1을 기준으로 1보다 크면 수요의 가격탄력성이 크다고 하며, 1보다 작으면 수요의 가격탄력성이 작다고 한다. 또는 수요의 가격탄력성의 절댓값이 1보다 큰 경우 탄력적이라 하며, 절댓값이 1보다 작은 경우는 비탄력적이라 한다. 즉 수요가 가격으로 인하여 민감하게 변화되는 제품을 탄력적인 제품이라 할 수 있고, 수요가 가격의 변화에 민감하지 않은 제품을 비탄력적인 제품이라 할 수 있다.

수요의 가격탄력성이 큰 경우에는 가격을 낮춘 비율에 비해 수요가 더 큰 비율로 증가하므로 저가정책을 사용하는 것이 효과적이라고 할 수 있으나 수요의 가격탄력성이 작은 경우에는 가격을 올려도 수요가 가격인상 비율보다 낮은 비율로 감소하므로 고가정책을 사용하는 것이 더 큰 수익을 가져다준다.

예를 들어 10,000원에서 9,000원으로 가격을 인하하였더니 수요가 2,000명에서 2,300명으로 증가하였다고 한다면 수요의 가격탄력성은 1.5%로 절댓값 1보다 크고 매출로 보더라도 70만 원의 금액이 증가하기 때문에 가격인하정책이 효율적이라 할 수 있다.

$$\text{수요의 가격탄력성(E)} = \frac{\text{(수요의 변화량 300)÷(변화 전 수요 2,000)}}{\text{(가격 변화량 1,000)÷(변화 전 가격 10,000)}} = \frac{0.15}{0.1} = 1.5$$

그러나 수요의 가격탄력성은 제품특성과 소비자 특성에 따라 다르다는 것에 유의해야 한다. 예를 들어 희소성이 있는 제품이나 필수품의 경우에는 가격탄력성이 낮으므로 고가정책이 효과적일 것이다. 또한 골동품과 같은 경우는 가격탄력성이 낮으므로 가격을 높이는 것이 일반적이다. 그러나 서민생활과 직접적인 연관이 있는 쌀이나 생필품은 가격탄력성이 낮다고 해서 높은 가격을 책정할 수는 없다. 이러한 이유는 정부의 물가관리 정책에 의해서 생필품 가격이나 공공요금은 정부고시가격으로 정해지거나 가격통제를 받기 때문이다.

예를 들어 쌀 가격은 가격이 올라도 누구나 구입해야 하는 비탄력적인 제품이라 할 수 있다. 이런 경우 가격을 높게 책정할 수 있지만 서민생활에 큰 피해를 줄 수 있어 정부에서 통제하는 것이다.

사치품은 가격탄력성이 큰 경우가 많으나 사치품 중에서도 권위를 나타내거나 위신과 관련된 제품의 경우는 가격을 낮추면 오히려 수요가 줄어들고 가격을 높이면 수요가 늘어나는 현상을 보이기도 한다. 이러한 내용을 종합하여 보면 수요의 가격탄력성은 다음과 같은 요인에 의해서 결정된다.

첫째, 필수품의 수요는 비탄력적이고 사치품의 수요는 탄력적이다.

우리 생활에 항상 사용되는 필수품은 가격이 상승해도 그 소비를 줄이기가 어렵다. 예를 들어 치약 가격이 세 배로 뛰었다고 해서 이를 닦는 횟수를 절반으로 줄이지는 않을 것이고, 쌀 가격이 절반으로 떨어졌다고 해서 세 끼 먹던 밥을 여섯 끼로 늘리지는 않는다. 따라서 필수품은 사치품에 비해 비탄력적이라고 할 수 있다.

둘째, 다른 상품으로 대체하기가 용이하고 대체재가 많은 상품은 수요가 탄력적이다.

예를 들어 자장면 가격이 비싸지면 사람들은 자장면 대신 짬뽕이나 칼국수로 대체할 것이므로 자장면 수요량은 예민하게 반응한다. 반대로 백혈병 치료제 글리벡은 마땅하게 대체할 것이 없다. 글리벡 가격이 상승하더라도 백혈병 환자들은 이 약을 계속해서 복용해야 하므로 그 수요는 비탄력적이라고 할 수 있다.

셋째, 장기는 단기에 비해 수요가 탄력적이다.

일반적으로 단기에는 대체재가 많지 않더라도 장기적으로는 대체할 수 있는 상품이 많아진다.

예를 들어 자동차에 급유하는 휘발유의 가격이 상승하면 휘발유의 수요는 단기적으로는 비탄력적이다. 그러나 장기적으로 수소나 전기 등 다른 연료로 휘발유를 대체할 수 있으므로 휘발유의 수요는 장기적으로는 탄력적이라고 할 수 있다.

넷째, 전체 가계지출 가운데 차지하는 몫이 큰 상품의 수요는 탄력적이다.

일주일에 한두 번 라면을 먹는 사람은 라면값이 5% 상승하더라도 라면의 소비를 크게 줄이지는 않는다. 그러나 아파트값이 5% 비싸지면 사람들은 대부분 아파트 구입을 망설일 것이다.

제3절 가격 결정 전략

1 가격 결정 시 고려사항

가격은 구매자 측에서는 지불해야 할 비용인 반면 기업에게는 이익에 직접적인 영향을 주는 마케팅 믹스 요소이다. 따라서 효과적인 가격정책을 결정하기 위해서는 경제적인 측면뿐 아니라 심리적 측면도 고려해야 한다. 또한 가격은 제품, 유통, 촉진에 대한 총체적인 반대급부로서 책정되어야 하며 수요, 유통마진, 경쟁, 원가 등을 복합적으로 고려해야 한다는 점에서 매우 민감하고 어려운 부분이다.

판매자의 입장에서 가격을 결정하기 쉽다고 원가에 일정액의 이윤을 더하는 방식의 가격 결정을 하는 것은 바람직하지 못하고 시장상황에 대한 고려를 하지 않고 일정한 생산량이 그대로 다 판매될 것이라는 비현실적인 가정과 장기적인 변동상태를 고려하지 못하면서 가격을 결정하는 것도 문제가 있다. 따라서 실제 외식기업에서 가격을 결정할 때의 고려사항을 살펴보면 다음과 같다.

1) 허용 가능한 가격범위의 설정

가격을 설정하는 범위로 가장 넓게는 최저 단위당 한계비용(제품 한 단위를 추가하는 데 드는 추가비용)에서 제품의 특성이 유사한 경쟁사 가격보다 15% 높은 가격을 최대범위로 설정할 수 있다. 좁게는 단위당 평균원가와 고객이 느끼는 제품의 인식가치 사이로 설정한다.

고객이 느끼는 제품가치를 정확히 알 수 없을 때에는 경쟁사 가격수준을 상한선으로 한다. 이러한 가격 하한선과 상한선의 범위 내에서 상황을 고려하여 저가격으로 할 것인지, 고가격으로 할 것인지 결정한다.

여기서 주의할 것은 가격은 한번 결정되면 계속 고정되는 것이 아니라 시간의 흐름과 수요의 변동상태 및 원가구조 등의 변화에 따라 언제든 조정이 가능하다는 것이다.

2) 마케팅 목표

기업이 생존의 위기에서 절박한 상황이라면 평균원가에 가까운 가격을 책정할 수 있다. 하지만 이와 반대로 고급스러운 이미지를 유지하려면 경쟁가격 이상으로 책정하는 것이 바람직하다. 즉 전략상 해당 상품이 수행하는 임무를 고려하여 가격을 결정한다.

3) 제품수명주기

제품의 수명주기에 따라 가격은 달라질 수 있다. 제품의 수명주기가 매우 짧게 예상되는 경우는 시장점유율 확보를 위해 저가정책보다는 단기적인 수익을 극대화하기 위한 고가정책이 효과적일 것이다. 하지만 수명주기가 긴 제품은 저가를 기본으로 하는 방안이 성숙기에 누릴 수 있는 장기적 효과 및 경제적 측면에서 유리할 것이다.

4) 상품 포지셔닝

소비자들은 가격을 제품가치 평가의 중요한 실마리로 사용한다.

고품질 제품이나 독점적 제품의 가격을 낮게 책정하는 것은 어리석은 방법이다. 오히려 너무 저가의 가격을 책정하면 제품의 성능이 떨어진다고 생각할 수 있어 구매에 영향을 미친다. 즉 최고의 제품이나 서비스라고 광고하면서 경쟁사보다 낮은 가격을 책정하는 경우 저가격에 대한 유인효과와 저가격에 대한 부정적 인식이 혼합되어 오히려 수익성이 낮아진다는 연구결과도 있으니 이러한 상품의 포지셔닝을 잘 고려하여 가격을 설정해야 한다.

5) 경쟁자와 잠재 경쟁자의 고려

경쟁상품과 직접적이고 정확한 비교가 가능한 경우에는 가격이 낮은 제품이 유리하다. 모방 제품의 경우 경쟁제품보다 가격이 높으면 성공하기 어렵다. 경쟁이 심한 상황에서 고가격은 경쟁사를 시장에 본격적으로 뛰어들게 하는 유인이 될 수 있다. 따라서 강력한 경쟁자가 대규모 투자를 통해 규모의 경제효과와 경험곡선을 타고 보다 신속하게 원가를 줄여감으로써 오히려 선두주자가 시장에서 내몰리는 결과를 초래할 수 있다.

잠재시장의 규모가 클 때 초기에 취하는 저가격 정책은 신속한 제품 확산과 경험효과에 의한 원가절감으로 경쟁자의 진입을 저지하는 효과를 가져올 수 있다.

6) 경험효과와 규모의 경제효과

경험효과란 한 가지 일에 몰두하다 보면 해당 일에 대한 경험이 축적되어 결과적으로 인건비가 절감되고, 원가의 절감으로 이어진다.

규모의 경제효과란 누적 또는 일회생산량의 규모가 커질수록 제품의 원가가 낮아지는 효과를 말한다. 따라서 이러한 효과를 기준으로 저가격 정책을 할 것인지 아니면 고가격 정책을 할 것인지를 결정한다. 만일 경쟁자보다 경험효과와 규모의 경제효과를 달성할 수 있다면 저가격 정책으로 시장점유율을 확보하는 데 유리한 위치에 있을 수 있게 된다.

2 가격 결정 방법

레스토랑의 가격은 가격의 하한선인 평균원가와 가격의 상한선이 되는 소비자 효용가치, 기업의 목표, 경쟁 및 가격 결정 기준에 따라 다양한 가격 결정방법이 적용될 수 있다. 예를 들어 기업의 목표가 생존이나 성장을 추구하는 경우라면 가능한 낮은 수준의 가격으로 결정할 것이며, 단기적 이익을 추구하는 경우에는 높은 가격을 책정하는 것이 일반적이다.

가격 결정을 위한 방법으로는 원가를 중심으로 가격을 결정하는 원가기준법(원가가산법,

손익분기분석법)과 경쟁을 고려하여 가격을 결정하는 경쟁기준법(시장가격법, 입찰가격법), 소비자의 반응을 고려하여 가격을 결정하는 소비자기준가격법(심리가격법, 인식가치가격법)이 있다.

1) 원가기준법(Cost Based Pricing)

원가를 중심으로 가격을 결정하는 방법은 가장 보편적으로 사용되는 방법으로서 원가가산법과 목표이익법이 있다. 원가 중심적 가격 결정법이 보편적으로 사용되는 이유는 다음과 같다.

첫째, 기업은 수요보다 원가에 대하여 보다 많은 확실성을 가지고 있기 때문이다. 가격산정의 기준을 원가로 함으로써 가격 결정을 단순화시킬 수 있고 수요가 변동할 때마다 가격을 결정하지 않아도 된다.

둘째, 외식기업의 모든 업체들이 이 방법을 사용한다면 가격수준은 비슷해질 것이며, 가격경쟁은 축소될 수 있을 것이다.

셋째, 판매자와 구매자 모두에게 공정한 방법이다.

수요가 높아지는 경우에도 판매자는 수요증가를 악용하여 무리한 가격인상을 하지 않을 것이며 적정한 투자수익률을 얻을 수 있을 것이다. 하지만 가격 결정에 있어 수요요인을 고려하지 않는다는 것이다.

예를 들면 원가가산법에 의해서 결정되는 가격은 해당 품목에 대하여 소비자가 지불의사가 있는 가격과 관련성을 갖지 못한다는 것과 시장의 경쟁상황을 반영하지 못한다는 문제점을 지니고 있다.

(1) 원가가산법(Cost-plus Pricing)

원가가산법은 메뉴의 제조원가에 일정한 이익(Margin)을 가산하여 가격을 산정하는 것이다. 여기서 원가란 이익의 산출을 위한 기준이며 제품의 생산 및 운영에 소요되는 모든 비용을 말한다.

단위원가 = 변동비 + (고정비 ÷ 예상판매량) = 1,000원 + (1,000,000원 ÷ 5,000개) = 1,200원

판매하는 상품에 20%의 이익을 내고 싶다면

판매가격 = 단위원가 ÷ (1 - 예상판매 이익률) = 1,200원 ÷ (1 - 0.2) = 1,500원

다만, 여기서 주의해야 할 사항은 상기의 공식대로라면 마케팅 비용이나 부가가치세(VAT)를 포함하지 않았을 것이므로 판매가격을 결정할 시에는 반드시 마케팅 비용(5~10%), 부가가치세(10%)를 포함해야 한다.

(2) 손익분기분석법(Cost Value Profit)

손익분기분석은 원가-조업도-이익(Cost-Volume-Profit)관계를 분석하는 기법으로 보통 C.V.P 분석이라고도 부른다. 손익분기점(Break-Even Point)이란 손익과 비용이 일치하는 기점으로 이익도 발생하지 않고 손실도 발생되지 않는 분기점을 의미한다. 이 분기점을 넘어서게 되면 이익이 발생되고 분기점 이하일 경우에는 손실이 발생한다는 의미이다.

이 방법은 단순하게 기업의 손익분기점이 얼마인가를 계산하는 것에만 그치는 것이 아니라 원가관리나 이익계획 등 예산관리 목적으로도 사용할 수 있다.

먼저 손익분기점 계산을 위한 몇 가지 개념을 살펴보면 다음과 같다. 손익분기점이란 매출과 비용이 '0'인 상태의 매출수준을 의미하고 변동비는 매출액에 따라 변동되는 비용의 평균, 즉 매출이 높으면 많은 비용이 발생되고 매출이 적으면 비용이 적게 발생하는 비용, 또는 비용을 많이 쓰면 매출이 오르거나 비용을 줄이면 매출이 하락하는 비용을 변동비라고 할 수 있다.

고정비는 매출액의 높고 낮음과 관계없이 영업장의 문만 열어놓아도 고정적으로 지출되는 인건비, 임대료, 복리후생비 등을 의미한다.

공헌이익(Contribution Margin)은 매출액에서 변동비를 차감한 금액이라 할 수 있으며 공헌이익률은 공헌이익이 매출액에서 차지하는 비율을 의미한다. 외식업에서 활용할 수 있는 손익분기분석법에 따른 공식은 다음과 같다.

손익분기점(BEP) = 고정비용 ÷ 공헌이익률 (또는 1 - 변동비율)

그림 12-5 CVP(Cost Value Profit) 도표

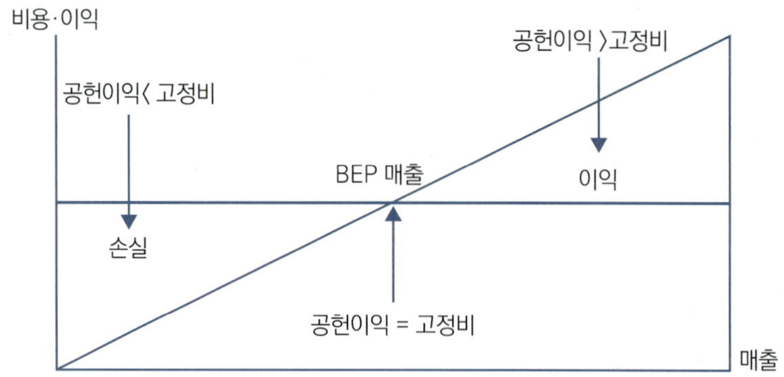

예를 들어 햄버거를 판매하는 레스토랑의 관리비 200만 원, 인건비 150만 원, 대출이자 100만 원, 식재료 마진율이 60%(외식업의 경우 식재료 비율이 보통 30~40% 선이며, 변동비의 대부분을 차지한다고 할 수 있음)라고 가정할 시 총고정비용은 450만 원이고, 공헌이익률은 60%가 된다.

이러한 내용을 상기의 계산식대로 하면

손익분기점 매출=고정비 450만 원÷공헌이익률(식재료 마진율) 60%=750만 원이 된다.

만일 1개월에 300만 원의 수익을 올리고 싶다면 목표수익 300만 원+고정비 450만 원 ÷ 공헌이익률 60%=1,250만 원의 매출이 되어야 300만 원의 수익이 가능하다고 할 수 있다.

(3) 목표수익률 가격 결정법(Return on Investment)

목표수익률 가격 결정법은 기업이 목표로 하고 있는 투자수익률을 달성할 수 있도록 가격을 결정하는 방법으로 일정한 표준생산량에서 발생하는 총원가에 목표로 하는 수익률을 가산하여 가격을 결정하는 방법이다.

목표수익률 가격 결정법은 비교적 계산이 쉬우나 목표수익률을 결정하는 경영자의 주관이 개입되고, 목표로 하는 예상 매출량을 달성하는 데 시장의 상황이 호의적이지 못할 경우에는 많은 어려움이 따르게 된다. 특히 기대했던 예상판매량이 목표에 달성하지 못한 경우 기대하는 목표수익을 얻기 위해 가격을 인상시켜야 한다.

판매가격=단위원가+(목표투자수익률×투자금액)÷예상판매량

여기서 단위원가는 변동비+(고정비÷예상판매량)이므로 다시 공식화해 보면 다음과 같다.

판매가격 = 변동비 + (고정비 ÷ 예상판매량) + (투자금액 × 목표수익률) ÷ 예상판매량

예를 들어 라면을 생산하는 기업의 변동비는 2,000원이며, 고정비는 2,000,000원, 예상판매량은 500개라고 가정한다. 이 기업은 라면을 생산하기 위해 30,000,000원을 투자하고 20%의 투자수익률을 얻고자 한다면 18,000원으로 가격을 결정해야 한다.

목표수익률가격(ROI) = 2,000원(변동비) + {2,000,000(고정비) ÷ 500개(예상판매량)} + {30,000,000원(투자금액) × 20%(목표수익률)} ÷ 500개(예상판매량) = 18,000원

2) 경쟁기준법(Competitor Based Pricing)

메뉴의 가격을 결정할 때 경쟁사의 판매가를 기준으로 가격을 결정하는 방법으로 모방가격중심에서 결정되는 방법을 말한다. 그렇다고 메뉴가격이 반드시 경쟁사의 가격과 동일하게 결정되는 것은 아니다. 단지 경쟁사 가격의 일정한 비율을 기준으로 그 이상 혹은 그 이하에서 결정할 수 있다.

(1) 시장가격법(Going-Pricing)

시장가격법은 해당 상품에 대한 원가와 수요에 대해 관심을 두지 않고 경쟁사 상품들의 평균가격에 의하여 가격을 결정하는 방법으로 만일 경쟁사의 가격에 변동이 생긴다면 해당 상품의 원가나 수요와는 관계없이 가격을 변동하게 된다.

주로 항공사나 정유업체, 이동통신업체 등에서 사용하는 방법을 대표적인 예로 들 수 있다.

(2) 입찰가격법(Bid Pricing)

경쟁사의 입찰예상가격과 성공예상확률을 기준으로 가격을 결정하는 방법으로 외식업체의 메뉴가격을 결정하는 방법으로는 사용되지 않는 편이다. 주로 대형 건설업체

의 입찰이나 외식업의 경우 판매자가 원산지에서 재료를 낮은 가격으로 구매할 시에 사용되는 방법으로 가격을 낮추면 판매될 확률은 높아지는 반면 이익은 줄어드는 제로 섬(Zero Sum)의 원리가 작용된다.

3) 소비자기준가격법(Customer Based Pricing)

소비자의 반응을 고려하여 가격을 결정하는 방법으로 심리가격법과 인식가치가격법이 있다. 심리가격법은 다시 단수가격법과 명성가격법, 관습가격법으로 구분할 수 있다.

(1) 심리가격법(Psychological Pricing)

심리가격법은 경제적 가치보다는 가격에 대한 소비자의 심리적 반응을 기준으로 가격을 결정하는 방법을 말한다.

① 단수가격법(Odd Pricing)

단수가격이란 용어 그대로 상품의 가격 결정 시 100원, 1,000원 등으로 하지 않고 95원, 999원 등 단수를 붙여 판매하는 방법을 말한다.

가격 차이는 불과 1원 차이 정도이지만 이것은 소비자가 심리적으로 1,000원대와 900원대라고 인식하는 심리를 이용하는 가격 결정법이라고 할 수 있다.

② 명성가격법(Prestige Pricing)

명성가격법은 제품의 권위와 연결되는 경우 가격을 높게 책정한다고 해도 소비자는 구매할 것이라는 심리를 이용한 가격방법이다. 즉 가격이 비싸면 품질도 좋고 제품이 좋을 것이라는 소비자의 심리로 주로 와인이나 그림, 골동품, 명품가방 등을 예로 들 수 있다.

③ 관습가격법(Customer Pricing)

관습가격이란 사회관습에 의한 가격으로 오랫동안 같은 가격으로 시장을 지배할 때 발생되며, 소비자들에게 해당 상품의 가격이 고정화된 것을 말한다.

예를 들어 음료수 가격은 500원, 라면 가격은 1,000원 등 소비자의 머릿속에 각인된 가격을 말한다.

소비자들은 특정제품에 대해 통상적으로 생각하고 있는 가격보다 가격이 높게 책정되면 비싸다고 생각하여 제품구매를 줄이는 경향을 보이고, 낮게 책정하면 불량품질로 오해하여 충분히 수요가 늘어나지 않는 경향을 보인다. 이런 상황으로 인하여 관습가격 상품을 만드는 제조업체들은 원가인상 요인이 발생하면 이를 제품가격에 즉시 반영하지 못하고 생산과정의 합리화를 통하여 원가인상 요인을 흡수하거나 제품의 중량, 크기, 품질 등을 낮추는 방법을 택하게 된다.

일단 관습가격이 형성되면 해당 상품의 가격을 올리는 것은 쉽지 않다. 이러한 예로 초코파이의 경우 200원이라는 가격이 각인되어 있어 더 비싸지면 소비자들은 바로 등을 돌리는 경우가 발생되어 10년 동안 200원이라는 가격을 유지하고 있다. 그러나 관습가격이라고 해도 지속적일 수는 없으며 마케팅 전략에 따라서 변화될 수 있다. 대표적인 사례가 '자일리톨 껌'이다.

예전에 껌값이 100원 정도인 시절 껌 한 통에는 7개 정도 들어 있었다. 이러한 상태가 지속적으로 유지되다 보니 소비자들에게 '껌값은 100원'이라고 인식되어 있었다. 하지만 상승하는 인건비와 재료비를 감당하기 어려운 처지에 놓인 기업들은 가격을 올리고 싶었지만 소비자들이 외면할 것이라는 생각에 쉽게 결정하지 못하였다.

그러다 마케팅 관리자는 소비자들이 껌의 개수에는 큰 관심이 없는 것을 파악하고 껌의 개수를 하나씩 줄이기 시작했고 어느새 5개가 들어 있는 껌이 출시되고 있었다. 이런 경우 실제 가격을 올린 것이 되었지만 껌 판매량은 줄어들지 않았다.

그러다 5개가 들어 있는 껌에 소비자들이 익숙해졌을 무렵 11개가 들어 있는 껌을 200원에 판매하였다.

소비자들은 가격을 계산해 보면 오히려 1개가 더 들어 있는 껌을 수용하게 되었고 이후 200원짜리 껌에서도 개수를 줄이는 방법으로 300원짜리 껌을 등장시키게 되었다. 이렇게 소비자들은 껌 가격을 300원으로 인식하게 되었고 어느 순간 500원이 넘는 껌을 받아들이게 되었다. 바로 핀란드 사람들이 자기 전에 씹는다는 광고로 유명해진 '자일리톨 껌'이었다.

자일리톨 껌은 모양과 포장에서 기존과는 획기적으로 다르게 변화시켜 소비자들이 비싼 껌을 자연스럽게 받아들이도록 하였다.

(2) 인식가치가격법(Perceived Value Pricing)

인식가치가격법은 준거가격(Reference Pricing)이라고 할 수 있으며 소비자들이 오랫동안 거의 매일 접하는 제품의 경우 자연스럽게 받아들여지는 가격으로 소비자가 인식하고 있는 제품의 가치를 고려하여 그 수준에 맞게 가격을 결정하는 방법이다. 예를 들어 매일 마시는 자판기 커피의 경우 해당 소비자에게는 기준가격이 있을 것이다. 자판기 커피가 300원이라고 인식한 소비자는 300원 이상이면 비싸다고 생각할 것이고 300원 이하이면 싸다고 생각할 것이다. 따라서 소비자가 인식하는 가격을 기준으로 결정하는 방법이다.

이 방법은 최종 구매의 판단을 소비자가 결정함으로써 그 어떤 가격기준보다 현실적인 가격 결정법이 될 수 있으나 기업의 입장에서는 수익성 측면을 고려해야 하고 소비자 개인별로 효용가치에 대한 인식의 차이가 있으므로 목표고객에 대한 설정이 무엇보다 중요하다고 할 수 있다.

3 가격조정 전략

가격은 한번 결정되었다고 제품이 사라지기 전까지 유지되는 것은 아니다. 시장의 상황이나 기업의 전략적 목적에 따라 가격을 조정하거나 제품을 개량하는 경우, 주유소에서는 종사원이 주유하던 방식에서 셀프 주유방식으로 변경하여 가격을 하향 조정하는 것처럼 소비자에게 제공되는 효용이나 서비스 정책이 변화된 경우, 삼겹살집에서 수입산 재료를 사용하다 국내산 재료로 변경하여 판매원가가 변하는 경우 등에 따라 가격을 조정하기도 한다. 그러나 제품이나 서비스의 특성이 변화되지 않았음에도 불구하고 의도적으로 가격을 조정하는 경우도 있다.

예를 들면 제과점은 빵이라는 제품의 특성으로 인하여 주로 당일 판매를 실시하고 있다. 하지만 영업이 마감될 때까지도 판매가 완료되지 않는 경우 재고상품을 처리하기 위해 가격을 할인하여 판매한다. 하지만 가격할인을 자주 실시하는 경우 기업의 장기적인 이미지와 할인이 끝난 후 정상가격으로 판매 시 부정적인 영향을 줄 수 있으므로 한

시적으로 사용하는 것이 좋다.

가격을 할인하는 방법에는 다음과 같은 것이 있다.

1) 수량할인(Quantity Discount)

수량할인은 대량구매 고객에게 가격을 할인해 주는 것으로 대량구매를 촉진하거나 고객들이 대량구매를 할 수 있도록 유도하는 방법이다.

할인은 구매금액이나 구매량을 기준으로 결정하며 누적 수량할인과 비누적 수량할인이 있다.

누적 수량할인(Cumulative Quantity Discount)은 일정기간 동안 일정량을 구매한 소비자에게 할인해 주는 방법을 말한다. 예를 들면 레스토랑에서 1년간 100만 원 이상 사용한 고객에게 특별고객카드를 발급하여 20% 할인해 주는 경우 등을 들 수 있다.

비누적 수량할인(Noncumulative Quantity Discount)은 일정한 기간을 두는 것이 아니라 한 번에 일정량 이상을 구매하는 소비자에게 할인해 주는 방법이다. 예를 들면 한 번에 10개 구입 시 10% 할인해 주는 경우를 들 수 있다.

2) 현금할인(Cash Discount)

기업에서의 현금할인은 판매자가 자금회전을 높이기 위한 목적으로 어음이나 외상으로 거래한 구매자가 약속한 날짜 이전에 대금을 결제하는 경우 가격에서 일정비율만큼 할인해 주는 것을 의미한다. 이것을 더욱 쉽게 이해하자면 소비자가 상품 구매 시 신용카드나 할부구매를 하지 않고 현금으로 즉시 지불하는 경우 할인받는 것을 말한다.

예를 들면 TV 홈쇼핑 광고를 보면 특정 제품 구매 시 할부 금액과 현금 일시불 금액이 다른 것을 볼 수 있을 것이다. 이는 기업의 자금 유동성을 높여줄 수 있기에 현금을 사용하도록 하는 것으로도 볼 수 있다.

3) 계절할인(Seasonal Discount)

계절할인은 비수기에 구매를 자극할 목적으로 이 기간에 제품이나 서비스를 구매하는 소비자에게 가격을 할인해 주는 방법이다.

비수기의 구매는 판매자로 하여금 생산시설을 더욱 효율적으로 이용할 수 있도록 하며, 재고유지비용을 감소시킬 수 있는 장점이 있기에 할인해 주는 것이다. 예를 들어 겨울철에 에어컨을 예약 판매하는 경우나 호텔에서 비수기에 해당하는 여름철에 객실가격을 할인해 주는 방법 등을 들 수 있다.

4) 공제할인(Allowance Discount)

공제할인은 현금할인과 유사하나 가격에서 일정금액을 제외해 주는 것이 아니라 신형모델 구입 시 구형모델을 가져오면 보상가격만큼 할인해 주는 방법을 말한다.

소비자들은 현금을 그냥 할인해 줄 경우 할인 전 가격이 의도적으로 높게 책정된 것이 아닌가 하는 의문을 가지게 된다. 따라서 구형제품을 가져오는 수고를 통해서 보상의 정당성을 인식시킴으로써 현금할인보다 긍정적인 효과를 줄 수 있다.

사례 한국엡손의 보상판매 이벤트

한국엡손(대표: 쿠로다 다카시)은 무한잉크 프린터 출시를 기념해 신제품과 중고프린터를 교체 구입한 소비자에게 상품권을 주는 '엡손 보상판매 이벤트'를 진행한다고 밝혔다.

보상판매 이벤트에 해당되는 제품은 정품 잉크 탱크 시스템을 장착한 잉크젯 복합기 '엡손 L100', '엡손 L200'과 모노 잉크젯 프린터 '엡손 K100', '엡손 K200' 그리고 '엡손 미 오피스 82WD' 등 이달에 나온 신기종 5가지다.

이벤트 대상 제품을 구매한 사용자는 기존에 쓰던 타사의 중고 프린터, 복합기 또는 비정품 무한잉크통을 반납하면 3만 원 상당의 신세계 상품권을 받을 수 있다.

이 행사에 참여하기 위해서는 행사 중 제품을 구매한 후 구매 정보와 보상 신청양식만 작성하면 된다.

보상판매를 신청하면 엡손 공식 택배회사에서 직접 방문해 중고제품을 회수한다.

한국엡손 서치헌 부장은 '비싼 토너 값과 비정품 무한잉크로 인한 잦은 고장으로 고민하는 사용자를 위해 준비한 행사'라며 '이와 같은 고객에게는 저렴한 고성능 제품으로 바꿀 수 있는 기회가 될 것이다'고 말했다.

자료: 박수형 기자, ZDNet.co.kr, 2011. 3. 20.

4 가격차별화 전략

가격차별화 전략이란 동일한 상품에 대해 두 가지 이상의 가격을 적용하여 판매하는 경우를 말한다.

가격차별화 전략은 제품원가나 제품의 품질에 대한 차이로 인하여 가격을 차별하는 것이 아니라 고객이나 구매상황에 따라 가격에 대한 반응의 차이를 고려하여 다르게 책정하는 방법이다. 이렇게 차별화를 하는 이유는 동일한 제품이라고 해도 고객에 따라 가격에 대한 민감도가 다르고 고객이 구매하는 상황, 예를 들면 급한 상황이나 성수기, 비수기 등에 따라서도 다르기 때문이다. 하지만 차별화를 실시할 때 다음과 같은 문제점을 가져올 수 있기에 주의해야 한다.

첫째, 차익거래현상(Arbitrage)이 발생할 수 있다.

동일 제품에 대한 가격차이가 큰 경우 낮은 가격에 제품을 구매하여 가격이 높은 장소에서 판매하여 이윤을 얻는 경우가 생긴다. 예를 들어 명절 고속도로나 차가 막히는 장소에서 판매하는 캔 커피는 할인마트에서 구매한 후 판매하면 차익이 발생된다.

둘째, 고객의 불만을 초래할 수 있다.

예를 들어 한 음식점에서 수능 이벤트로 고등학생에게만 50% 할인판매를 한다면 다른 고객들은 불공평한 대우를 받고 있다고 생각할 수 있다는 것이다. 따라서 이러한 문제점에 대한 대비도 반드시 해야 한다.

이러한 차별화 방법으로는 고객별, 제품형태별, 장소 · 지리적 차별, 시간 및 요일별 차별, 계절별 차별 등이 있다.

1) 고객별 차별

모든 고객에게 동일한 가격을 받는 것이 아니라 고객의 유형에 따라 가격을 차별하는 방법으로 예를 들면 극장이나 버스 승차 시 학생할인, 경로우대 등의 차별이나 수능시험이 끝난 후 레스토랑에서 실시하는 수능이벤트(수험표 지참 시 가격할인) 등이 고객별 차별에 해당된다고 할 수 있다.

2) 제품형태별 차별

제품의 성능이나 부가서비스 등에 따라 차별하는 방법을 말한다. 예를 들면 동일한 컴퓨터나 자동차일지라도 옵션에 따라 가격의 형태가 다르다. 음식의 경우도 스테이크라는 의미는 동일하지만 우리나라의 '한우', 일본이나 호주의 '와규(Wagyu)'는 가격차이가 있다.

3) 장소·지리적 차별

제품이 판매되는 장소나 위치에 따른 가격차별을 말한다. 예를 들면 동일한 음료수라도 극장 안에서 판매하는 음료수와 밖에서 판매하는 음료수의 가격은 다를 수 있다. 또한 오페라를 관람하는 위치에 따라서도 'S석', 'A석' 등의 차별을 두어 가격을 구분하고 있다.

이 외에도 주거지역의 소득이나 생활습관, 기호 등에 따라서도 차별할 수 있다. 즉 수요탄력성이 낮은 지역에서는 고가격을, 높은 지역에서는 저가격으로 차별하는 것이다.

4) 시간 및 요일별 차별

특정시간이나 요일에 따라 가격을 차별하는 방법을 말한다. 예를 들면 12시 이후의 택시요금은 심야할증으로 가격이 더 올라가고, 극장의 경우 고객 수가 상대적으로 적은 오전에 '조조할인'이라는 가격정책으로 고객을 유인하고 있다.

휴대폰 요금의 경우도 시간별 사용이 원가와 아무런 관련이 없음에도 불구하고 낮과 밤, 그리고 평일과 주말의 사용료를 차별화할 수 있다.

5) 계절별 차별

계절별 차별 가격은 계절적으로 수요량이 서로 다른 경우에 적용하는 가격전략으로 수요량이 많을 때 즉 성수기에는 고가격으로, 수요량이 낮은 비수기에는 저가격으로 설정하여 차별화한다. 예를 들어 부산 해운대의 경우 바닷가 근처의 음식점들은 여름철 성수기 가격이 2~3배 높게 올라가는 것을 볼 수 있을 것이다. 이 외에도 여름철 항공기 가격의 경우 동일한 비행기임에도 불구하고 겨울철 항공기 가격과 다르게 책정된다.

5 신제품의 가격전략

신제품의 시장진입에 있어 기업 입장에서는 투자자금을 조기에 회수하고 단기간 내에 매출이익을 실현시킬 수 있는 고가정책을 실시할 것인지 아니면 비용이 과다하게 소요되더라도 시장점유율을 최대한도로 확대하여 경쟁제품의 출현을 방지할 목적의 저가정책을 실시할 것인지 결정해야 한다. 하지만 시장에 최초로 도입되는 신제품의 경우 비교기준이 될 만한 기존제품이 없기 때문에 가격책정에 어려움이 있다.

경쟁제품이나 비교기준 제품이 있는 경우에는 이를 준거로 하여 가격을 결정해 나가는 방법을 사용할 수 있으나 그렇지 못한 경우에는 매우 어려운 일이다.

원가를 기준으로 일정 마진을 붙이는 경우 고객의 반응과 전체적인 수요에 미칠 영향을 고려해야 하고, 너무 낮은 가격으로 잘못 책정하여 불필요한 이익의 축소를 가져올 수 있기에 매우 신중히 고려해야 한다.

전략적인 측면에서 새로운 제품 및 서비스가 등장했을 때 일반적으로 고가전략과 저가전략의 두 가지 접근법으로 가격을 책정한다.

1) 초기고가전략(Skimming Price Strategy)

초기고가전략은 신제품 도입 초기에 가격을 높게 책정하여 고소득층의 시장을 시작으로 점차 가격을 인하한 후 저소득층 시장을 흡수하는 방식으로 상층흡수가격이라고도 한다.

제품개발비용이나 설비투자비용을 품질 및 성능 등이 현저하게 차별화된 제품에 주로 적용하여 시장 진입 초기에 투자비를 조기 회수하고 획득한 이윤으로 판매촉진활동을 전개하여 판매효과를 극대화하려는 가격 결정방법이다.

초기고가전략을 사용하는 이유는 다음과 같다.

첫째, 제품이 성숙되기 전의 초기단계에서는 성숙된 제품에 비해 가격변동에 대한 수요탄력성이 크지 않다. 즉 가격이 높거나 낮다고 해서 수요가 큰 영향을 받지 않으므로 고가정책이 유리하다. 또한 소비자는 가격이 높으면 성능도 그만큼 높다고 생각하기 쉽고 다른 대체품이 없는 경우도 많기 때문에 수요의 교차탄력성이 낮다.

둘째, 고가격으로 신제품을 내놓으면 시장을 단계적으로 층화하여 세분화 전략을 적용할 수 있다. 초기의 고가격에는 그다지 가격에 민감하지 않은 고소득층이 구입을 하므로 초기에 높은 이익을 올릴 수 있다.

셋째, 수요가 불확실하고 생산량의 변화에 따른 원가의 인하 정도를 정확하게 예측할 수 없을 때 고가전략을 먼저 적용한 후에 원가절감에 따라 가격을 낮추는 것이 안전하기 때문이다.

넷째, 많은 회사들이 초기시장 개척비용을 회수할 때까지의 장기간을 기다릴 만한 자금여유를 가지고 있지 못한 경우가 많다. 따라서 초기에 생산과 유통 및 판촉 등에 투입된 자금 부담을 해소하기 위해서 고가전략을 사용한다.

따라서 초기고가전략은 제품의 질과 이미지가 높은 가격에 부합되는 제품이나 경쟁사가 시장에 진입하기 어려운 경우, 소량생산으로 인해 비용은 높지만 고가격으로 인해 이익이 유지되는 경우, 수요에 대한 가격탄력성이 작고 규모경제에 의한 원가절감의 효과가 크지 않은 경우에 사용하면 좋은 전략이다.

반면 초기고가전략은 수요를 위축시켜 전체 매출액이 떨어질 수 있으며 보다 낮은 가격의 경쟁제품이 진입하여 시장점유율을 빼앗길 위험이 있다.

2) 시장침투전략(Penetration Price Strategy)

초기고가전략은 시장에 진입할 당시 어느 정도의 이윤을 확보하는 장점이 있지만 소득수준이 낮고, 제품이나 평판의 우수성에 대해 높은 프리미엄을 지불하려고 하지 않는 고객에게는 판매하기 어렵다. 따라서 신제품 도입 초기에 저가격으로 신속하게 시장을 확대하고 점유율을 확보하기 위한 전략이 바로 시장침투전략이다. 하지만 저가전략은 장기적인 관점에서 투자자본의 회수를 꾀하는 것이므로 그 사이에 경쟁사가 새로운 방식이나 혁신적인 원가절감형 상품으로 위협해 올 수 있다. 따라서 기업은 항상 경쟁사의 진입에 대한 대비와 함께 원재료 및 제조공정상의 혁신에 초점을 맞추고 시장의 확대를 위한 새로운 개발을 지속적으로 실시해야 한다.

시장침투전략은 신제품의 초기에 많은 수의 구매자들을 확보함으로써 이들을 통한 강력한 구전효과와 모방행동을 유도할 수 있고 진입장벽을 구축할 수 있다. 그러나 구매자들이 가격은 곧 품질이라는 연상을 강하게 갖고 있다면 이 전략은 실패할 위험이 높으며 시간이 지나 가격을 올리려고 할 때 구매자들의 가격저항이 일어날 수 있으므로 주의해야 한다.

저가전략은 다음과 같은 상황에 적합한 가격전략이다.

첫째, 소비자의 취향이 동질적이고, 시장도입 초기에 가격에 대한 소비자의 반응이 민감한 상품이어야 한다.

둘째, 대량생산과 유통에 따른 규모의 경제효과로 원가절감 효과가 큰 경우에 사용하기 쉽다.

셋째, 수요의 가격탄력성이 커서 가격이 갑자기 변하게 되면 구매를 잘 하지 않는 경우에 적합하다.

넷째, 소비자의 제품소구점이 소유에 의한 자부심이 아닌 계층의 소비자를 대상으로 하는 제품이어야 한다.

C·H·A·P·T·E·R

13

외식산업의 유통관리

제1절 유통의 이해

제2절 유통경로의 유형 및 수준

CHAPTER 13

외식산업의 유통관리

FOOD SERVICE INDUSTRY MANAGEMENT AND MARKETING

제1절 유통의 이해

1 유통(Distribution)의 의의

유통(Distribution)이란 제품이나 서비스가 생산자로부터 소비자에게 이전되는 현상 또는 이전시키기 위한 활동을 의미한다.

유통의 기본적인 기능은 소비자가 원하는 제품을 원하는 장소와 원하는 시간에 구매할 수 있도록 해주는 것이다. 즉 기업은 소비자의 필요와 욕구를 충족시킬 수 있는 제품을 생산한다고 하더라도 소비자가 원하는 적절한 장소와 시기, 배달 등의 서비스가 효율적으로 이루어져야 원활한 교환활동이 창출된다. 따라서 제품이나 서비스의 교환활동이 원활히 이루어지기 위해서는 효율적인 유통경로(Distribution Channel)가 있어야 한다.

유통경로는 생산자에 의해 만들어진 제품이나 서비스가 최종 소비자에 의해 구매되고 사용되기까지 거치게 되는 일련의 과정을 의미하는데 대표적인 유통경로에는 도매상(Wholesaler)과 소매상(Retailers)이 있다.

외식기업은 무형적인 특성으로 인하여 편의점과 같은 곳에서 판매하는 즉석식품을 제외하고는 물리적 유통단계는 거의 없는 직접마케팅을 실시하는 경우가 많다.

유통기능은 매매를 통해 소유권을 이전시켜 주는 상적유통 기능과 제품을 보관, 운송해 주는 물적유통 기능으로 구성된다.

유통기능이 원활하게 수행되지 못하면 생산자는 생산된 제품이 판매되어 현금으로 회수되지 못함으로써 재생산에 차질을 가져오며, 소비자는 필요한 시기에 적합한 제품을 적정한 가격에 구매할 수 없게 됨으로써 소비생활에 불편을 겪게 된다.

2 유통기관의 필요성 및 기능

생산자는 소비자의 필요와 욕구를 충족시킬 수 있는 재화 및 서비스를 원하는 장소 및 시간에 경쟁 가격으로 제공할 수 있어야 한다. 그러나 과학기술의 발달에 따른 생산체제는 소수의 생산자가 다수의 소비자를 상대로 거래한다는 것이 쉽지 않은 일이다. 이는 생산자의 입장에서는 거래와 관련된 비용을 감당하기 어렵고, 소비자 역시 필요한 모든 제품을 해당 제품의 생산자와 직접 거래한다는 것은 시간이나 공간, 정보 등의 여러 가지 제약으로 인하여 쉽지 않기 때문이다.

만일 생산자와 소비자가 중간의 유통기관을 거치지 않고 직접 거래하는 경우 생산지역과 소비지역의 불일치에 따른 불편이나 생산시점과 소비시점의 불일치에 따른 불편, 생산자와 소비자 상호 간의 정보 불일치에 따른 불편 등의 문제점이 발생하게 된다. 따라서 이러한 문제점을 해결할 수 있는 유통기관이 필요하며 이 유통기관들은 여러 측면에서 효율성을 증대시키는 역할을 한다.

유통기관의 가장 기본적인 기능은 〈그림 13-1〉과 같이 다수의 생산자와 다수의 소비자 사이에서 거래를 중계하므로 생산자와 소비자 사이의 총거래 횟수와 이동거리를 줄여 시장에서의 거래비용(Transaction Cost)을 줄여주는 것이다. 또한 생산과 소비의 시간과 장소 및 정보의 격차를 해소시켜 거래를 촉진한다.

예를 들어 유통기관이 없다고 한다면 생산자는 소비자를 직접 찾아가서 물건을 팔거나 자신이 직접 점포를 운영해야 하고 소비자는 물건을 살 때마다 각각의 판매상점을 찾아가서 구매해야 할 것이다.

유통기관이 수행하는 다양한 기능은 크게 3가지로 요약할 수 있는데 첫째, 여러 가지 생산품을 한곳에 모으는 집중화, 둘째, 소비자가 원하는 거래단위로 작게 나누는 분할화, 셋째, 넓게 분포되어 있는 소비자에게 제공하는 분산화를 들 수 있다. 이 외에도 다음과 같은 다양한 기능을 수행한다.

그림 13-1 유통기관의 역할

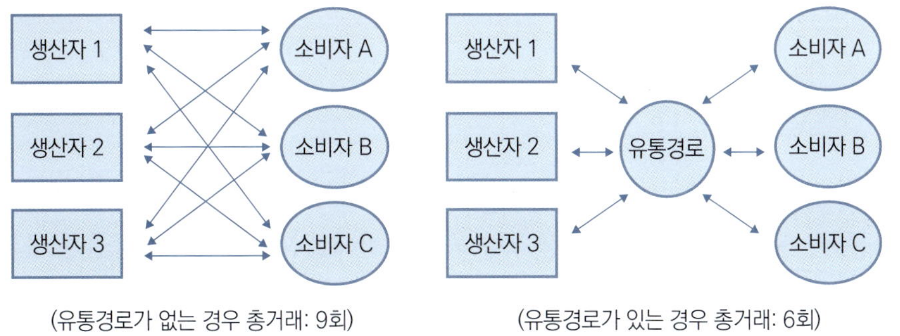

1) 유통기관이 생산자를 대신하여 수행하는 기능

(1) 촉진기능

촉진기능이란 생산자를 대신하여 광고 및 제품에 대한 정보를 제공해 주고 판매를 설득하는 과정을 말한다. 이러한 촉진기능은 유통기관 자신의 이익을 위한 판매 증대를 위해서 자발적으로 이루어지는 활동이다.

예를 들어 롯데마트나 이마트와 같은 대형할인마트에서는 상품을 진열하고 고객 시음행사 및 홍보행사 등을 실시하고 있다.

(2) 조사기능

소비자의 정보나 경쟁제품의 정보를 입수하여 생산자에게 전달해 줌으로써 시장 동향에 대응할 수 있도록 한다. 특히 제조업체의 경우 소비자의 욕구가 무엇인지 모르는 경우가 많다. 따라서 유통기관은 소비자들이 선호하는 제품 정보를 조사하여 생산자가 제품을 만들 수 있도록 하거나 요청한다.

(3) 고객탐색 및 접촉기능

제품을 구입할 가능성이 있는 잠재고객을 발견하고 이들과 접촉하여 정보를 전달하고 제품을 제시하는 기능을 수행한다. 이는 생산자보다 고객과 더 가까운 곳에서 보다 세밀하게 고객을 파악할 수 있기 때문에 가능하다.

예를 들어 휴대폰의 경우 대리점이라는 유통기관을 통해 고객과 접촉하여 상품에 대한 정보전달 및 판매를 하고 있다.

(4) 거래단위 조절기능

생산자가 판매할 때는 거래단위가 커서 일반소비자가 구입하기 어려우므로 소포장으로 나누어 판매하기도 한다. 소량 포장 등으로 판매단위를 조절하며 등급을 구분하는 표준화기능도 동시에 수행이 가능하다.

예를 들어 도매상은 소매상이 원하는 구매단위로 제품을 나눠 판매하고 소매상은 이를 다시 소비자가 원하는 구매단위로 나누어 판매함으로써 소비자의 구매를 편리하게 한다.

(5) 물적유통 기능

유통기관은 제품의 보관을 비롯하여 운송이나 재고관리, 포장 등과 같은 제품의 물리적 이동기능을 수행한다. 특히 메이커가 영세한 경우 스스로 물적유통을 담당할 인적·물적 자원이 취약하기 때문에 유통기관에 의존하는 것이 효율적이다.

(6) 금융기능

유통기관은 상품이 최종 소비자에게 판매되기 전에 생산자에게 대금을 미리 지급해주기도 하며, 대규모 도매상의 경우는 생산자에게 생산을 위한 긴급 운전자금 조달원이 되기도 한다. 이를 통해 거래를 조성할 수 있다는 점에서 금융기능에 해당된다.

2) 유통기관이 소비자를 위해 수행하는 기능

(1) 구매편의 및 구색 갖춤 기능

유통기관은 소비자를 대신해서 다수의 생산자로부터 원하는 품질의 제품을 조달하여 한곳에 모아 놓고 판매함으로써 구매자의 거래횟수를 줄이고 한 장소에서 일괄구매와 비교구매를 가능하게 함으로써 소비자의 구매편의를 제공한다.

(2) 정보제공 기능

제품에 대한 상세한 정보를 소비자에게 알려줌으로써 개별 소비자들이 자신의 요구에 적합한 제품을 선택하는 데 도움을 준다. 또한 신제품이나 개선된 제품과 기능에 대한 정보 및 각종 사용법과 주의사항에 대한 정보를 제공해 주는 기능도 한다.

(3) 재고유지 기능

소비자가 필요한 시점에 언제든지 상품을 구매할 수 있도록 유통기관은 일정 수준의 재고를 유지한다. 즉 생산계획이나 공급시기와 수요의 시기가 맞지 않더라도 재고를 유지하여 소비자의 불편을 해소하는 기능을 한다.

(4) 소유권 이전 기능

판매 전 상품의 소유권은 생산자 또는 유통기관에게 있다. 하지만 소비자가 비용을 지불하여 구매할 경우 최종 소비자에게 소유권이 이전되도록 해줌으로써 구매자가 소비할 수 있는 법적인 권한을 갖도록 한다.

(5) 소비자 서비스 제공기능

생산자를 대신하여 사후 서비스나 설치, 배달, 사용방법 교육 등의 서비스를 수행한다. 즉 유통기관은 생산자보다 소비자와 더욱 가까운 위치에 있기에 생산자가 수행하는 것보다 효율성과 고객편의 측면에서 유리하기 때문이다.

제2절 유통경로의 유형 및 수준

1 유통경로의 유형

기업의 입장에서 유통경로는 효율적이고 효과적인 판매의 실현을 통해 기업의 마케팅 목표를 달성하는 데 공헌해야 한다.

유통경로에 필요한 기능을 제조업자가 소비자에게 직접 판매하는 경우 직접유통이 되고 유통기능을 중간상에게 위임하면 간접유통의 형태가 된다.

유통경로는 다음과 같은 목표를 효율적으로 달성할 수 있도록 유통단계와 판매점의 유형 및 수를 결정하여 구성된다.

첫째, 자사제품의 판매영역을 확보해야 한다. 즉 목표고객들에게 접근할 수 있는 유통망이 확보되어야 한다.

예를 들어 아무리 좋은 제품이라도 고객들에게 쉽게 접근하여 구매할 수 있는 장소를 제공해 주지 못한다면 유통망의 의미가 없다.

둘째, 유통기능을 효과적이고 효율적으로 수행할 수 있어야 한다.

유통경로의 기능에는 많은 것들이 있지만 그중에서 어떤 기능에 중점을 둘 것인지를 결정하고 이에 맞는 유통경로를 구성해야 한다.

셋째, 판매점포의 접근성과 노출을 고려해야 한다.

일반적인 소비재의 경우 소비자들의 접근이 쉽고 시각적인 노출도가 매출에 중요한 영향을 미친다. 특히 소매상의 경우 도매상보다 접근성과 시각적 노출도를 높일 수 있는 입지 및 상권이 매우 중요하다고 할 수 있다.

유통경로는 제품에 따라 유통경로가 다르며 동일한 제품이라도 제조업자에 따라 서로 다른 유통경로를 이용하는 경우가 많다.

그림 13-2 수준별 유통경로

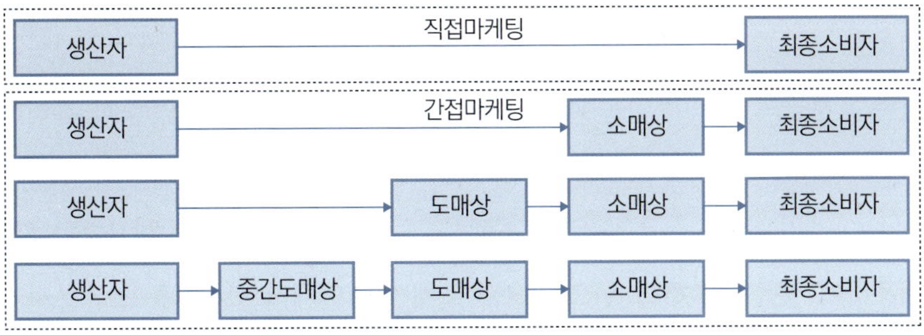

유통경로의 유형은 생산자가 최종소비자와 직접 연결하는 직접마케팅과 중간상을 이용하는 간접마케팅, 세분시장별로 유통경로를 달리하는 복수유통경로로 구분할 수 있다.

1) 직접마케팅(Direct Marketing)

직접마케팅은 제조회사가 중간 유통기관을 개입시키지 않고 최종소비자에게 직접 판매하는 것을 말하며 주로 중간상의 개입이 비현실적인 서비스의 마케팅이나 전문적 구매 및 구매비용이 많이 발생하는 생산 장비, 원재료, 부품 등의 공급업체가 완제품 제조기업에 직접 판매하는 산업시장에서 자주 이용된다.

예를 들면 우편주문판매, 공장직영점을 통한 판매, 방문판매, 전시장을 이용한 판매, 인터넷 웹사이트를 이용한 판매 등을 들 수 있다.

2) 간접마케팅(Indirect Marketing)

간접마케팅은 제조업자가 생산한 제품을 최종소비자와 직접 거래하는 것이 아니라 도매상이나 소매상 등의 중간상을 통하여 유통시키는 것을 말한다.

생산자 → 소매상 → 최종소비자 경로의 경우 소매상이 대량으로 구매하거나 시장과 밀접하게 접촉하는 것이 다른 판매방법보다 편리하고 효율적일 때 이용된다. 또한 판매하고자 하는 지역에 인구가 밀집되어 있거나 제품이 유행에 민감하거나 부패되기 쉬운 제품일 때 유리한 유통경로이다.

생산자 → 도매상 → 소매상 → 최종소비자 경로의 경우 가장 전형적인 유통경로이며 가장 많이 이용되고 있다. 이는 주로 소매상이 제품을 구입하거나 소매상 또는 사용자가 다수이고 분산되어 있을 때 주로 이용된다. 또한 소매상 또는 최종소비자와 직접적으로 접촉할 필요가 없을 때, 대량 운송이 아니면 운임이 많이 소요될 때, 지역적 경쟁이 치열하고 자금의 제한이 있을 때, 강력한 도매업자를 이용할 수 있을 때 유리한 유통경로이다.

생산자 → 중간도매상 → 도매상 → 소매상 → 최종소비자 경로는 생산자가 중간도매상을 이용하여 상품을 출하한 후 도매상과 소매상에 단계적으로 상품을 유통시키는 경로를 말하며, 생산자의 대리상이나 거간, 산지의 수집상이나 중개상 등의 중간도매상이 도매상에 상품을 공급하는 경우가 해당된다.

3) 복수유통경로(Hybrid Distribution Channel)

복수유통경로는 최종소비자의 특성에 따라 시장을 세분화하고 각 세분시장별로 유통경로를 달리하는 방법을 말한다. 즉 대규모 구매를 하는 소비자에 대해서는 직접마케팅을 실시하고 일반 소비자에 대해서는 간접마케팅을 병행하는 방법이다.

예를 들어 국내 가전업체들은 백화점 등의 대형 소비자와는 직접 거래를 하고 개인소비자들과는 대리점을 통한 거래를 하고 있다. 그리고 시장이 작은 단위로 분화됨에 따라 다수의 기업들이 가능한 많은 잠재고객들에게 도달하기 위해 복수경로를 사용하고 있다.

복수유통경로의 기본적 방침은 소비자로 하여금 원하는 방식으로 원하는 장소에서 구매하도록 하는 것이지만, 이 방법이 성공하기 위해서는 시장세분화를 통해 각 유통경로별로 상이한 표적고객을 선정해야 한다. 그렇지 않으면 유통경로 구성원 간에 갈등이 발생하거나 고객으로부터 혼란과 불만이 야기될 수 있다.

2 유통경로의 수준 결정

유통경로의 수준은 자사제품을 판매하기 위한 시장을 커버하고 효율적인 유통이 가능하도록 제품, 고객, 기업의 특성을 고려하여 유통경로의 수준을 결정해야 한다.

유통경로는 비용을 최소화하면서 요구되는 유통서비스가 제공되어야 하고 만일 동일한 수준의 서비스를 경쟁사보다 낮은 비용으로 제공할 수 있다면 더욱 좋다.

유통경로는 한번 구축하면 다시 변경하는 데는 상당한 시간과 비용이 들어가기 때문에 소유와 통제문제, 경로구성원에 대한 형태, 경로 구성원의 수, 경로 길이 등의 문제를 신중히 검토하여 결정해야 한다.

1) 고객 분포도

제품을 이용하는 고객이 전국적으로 광범위하게 분포되어 있는 경우에는 유통경로가 길어지는 것이 일반적이다. 주로 소비자들이 사용하는 생필품의 경우 직접마케팅을 하기보다는 여러 단계의 중간상을 거치는 간접마케팅을 이용한다.

2) 제품의 특성

제품의 특성에 따라서도 유통경로가 달라질 수 있다. 제품의 변질 가능성이 높은 경우나 부피가 커서 중간단계가 복잡한 경우, 취급비용이 많이 드는 제품, 단가가 매우 높은 제품, 주문형 제품 등은 유통경로를 짧게 할수록 좋다. 이는 유통경로가 복잡하면 많은 물류비용과 취급과정에서 손상될 가능성이 높아질 수 있기 때문이다.

단가가 높은 제품의 경우도 많은 단계를 거치면 중간유통 이윤이 커져서 가격이 높아지게 된다.

3) 생산자의 특성

생산자의 규모가 작거나 재무능력이 취약한 경우, 또는 생산제품의 계열과 품목의 수가 적을수록 중간 유통단계는 길어지게 된다. 예를 들어 농산물의 경우 제품의 변질 가능성이 높음에도 불구하고 유통단계가 긴 이유는 생산 농민들이 영세하고 자본력이 취약하여 직접마케팅을 실행할 능력이 없기 때문으로 수집상과 같은 중간 유통단계를 거치게 된다.

4) 경제상황

경제가 불황인 경우 소비자들은 가격에 부담을 느끼게 된다. 따라서 가능한 유통단계를 줄이고 중간상의 이윤으로 인한 소비자가격 상승요인을 제거하여 소비자의 부담을 덜어주는 것이 좋으며 대형할인점이나 직거래장터를 통해 유통단계를 줄여서 판매하는 것이 효과적이다.

5) 경쟁기업의 유통경로

경쟁사와 동일한 유통경로를 이용할 것인지 아니면 다른 유통경로를 이용할 것인지를 결정해야 한다. 예를 들면 식품의 경우 경쟁사의 제품과 함께 진열되어 경쟁하기를 원할 수도 있으며 화장품의 경우 다른 회사제품과 함께 진열되는 것을 피하기 위해 방문판매를 통한 직접마케팅을 실시하기도 한다.

6) 중간상의 능력

기업은 필요로 하는 기능을 수행할 수 있는 능력 있는 중간상을 찾아야 한다. 즉 중간상은 생산자보다 유통단계에 부합되는 유통기능을 효율적이고 전문적으로 실행할 수 있는 능력을 지니고 있어야 한다. 예를 들어 백화점의 경우 브랜드만으로도 고객을 유인하는 능력을 가질 수 있다. 이런 경우 생산자의 입장에서는 자신의 상품 노출도를 높일 수 있기에 높은 비용을 지불하더라도 중간상으로 선택할 것이다.

3 유통경로의 전략 결정

마케팅 관리자는 유통경로의 목표를 달성하기 위해 자사제품의 판매점 수를 많이 할 것인가 적게 할 것인가를 결정해야 한다. 이러한 유통경로를 선택할 때에는 시장의 규모나 제품 및 서비스의 특징, 소비자의 구입편리성, 유통경로의 관리 및 통제수준 등을 고려하여 종합적으로 판단해야 한다.

유통경로는 판매점의 수 및 서비스제공 방법 등에 따라 개방적 유통경로 전략, 전속적 유통경로 전략, 선택적 유통경로 전략으로 구분할 수 있다.

1) 개방적 유통경로 전략(Intensive Distribution)

자사제품을 누구나 취급할 수 있도록 개방하는 전략으로 가능한 한 많은 수의 판매점을 확보하여 지리적으로 광범위한 시장을 커버하는 전략이다. 주로 고객들이 자주 구매하는 생필품과 같은 제품으로 이는 판매점의 능력보다는 소비자에게 가까운 거리에서 쉽게 구할 수 있도록 구매의 편리성을 제공하여 매출증대를 도모할 수 있다. 하지만 유통비용이 많이 들고 통제가 쉽지 않다는 단점도 있다.

2) 전속적 유통경로 전략(Exclusive Distribution)

일정한 지역에 하나의 판매업자를 선정하여 자사제품만을 취급할 수 있도록 독점판매권을 부여하는 전략이다.

독점대리점이나 전속대리점과 같은 중간상에 제품, 가격, 촉진, 거래조건, 서비스 정책 등에 대한 강력한 통제와 지시를 할 수 있다.

이 전략은 이들 도매상들의 마케팅 질적 수준을 유지하고 경쟁사 제품을 취급하지 못하게 하는 대신 높은 이윤을 보장해 준다. 주로 자동차나 패션의류, 가구 등의 제품을 생산하는 기업들이 선택하는 경우가 많다.

3) 선택적 유통경로 전략(Selective Distribution)

개방적 유통경로 전략과 전속적 유통경로 전략의 중간 형태로 일정지역에 한하여 특정한 자격을 갖춘 판매업자들만을 선정하여 자사제품을 취급하게 하는 전략이다.

선택적 유통경로 전략은 판매실적이 부진한 도 · 소매상에 대한 노력과 자원의 낭비를 막고 선택된 판매업자와의 긴밀한 관계형성을 통해 유통의 질을 높이고 평균 이상의 성과를 거둘 수 있는 전략이다. 주로 내의류나 TV, 화장품, 소형가전제품 등의 선매품에 자주 이용된다.

4 유통기관의 종류

유통기관은 생산자와 소비자 사이에 소유권 이전의 기능을 담당하며 크게 도매상과 소매상으로 구분할 수 있다.

도매상은 생산자와 유통기관이나 산업수요자 간의 거래를 연결시켜 주는 기능을 수행하며, 소매상은 생산자나 도매상과 최종소비자 간의 소유권이전 거래를 연결시켜 주는 기능을 수행한다.

1) 도매상(Wholesaler)

도매상이란 상품을 재판매 또는 사업을 목적으로 하는 사람이나 기업에게 상품이나 서비스를 판매하는 것과 관련된 모든 활동을 연계하는 유통기관을 의미한다.

도매상의 특징은 다음과 같다.

첫째, 최종소비자가 아닌 소매상이나 사업체와 거래하기 때문에 1회 거래량과 거래금액이 크다.

둘째, 소매상에 비하여 고객의 수는 적으나 상권이 넓어 물적유통 관리가 보다 중요하다.

셋째, 생산자와 소비자 간의 공간적인 갭(Gap)을 조정하는 역할을 한다.

넷째, 소매상과 접촉하여 전문적인 유통기능을 수행한다.

다섯째, 다수의 소매상을 대신하여 생산자로부터 일시에 대량 구매하여 보관함으로써 생산자와 소비자 간의 시간적인 갭(Gap)을 조정한다.

(1) 도매상의 기능

도매상의 가장 중요한 기능은 재고관리를 통한 수급조절과 물적유통 기능이다. 물론 소매상을 대상으로 판매촉진 활동을 하기도 하며 서비스를 제공하는 등 생산자를 대신하여 다양한 기능을 수행하지만 적시에 적정물량을 소매상에 공급하는 공급조절 및 물류기능을 주로 수행한다.

도매상의 주요 기능은 생산자에 대한 기능과 소매상에 대한 기능, 산업사용자에 대한 기능으로 구분해 볼 수 있다.

생산자에 대한 기능으로는 현지 시장정보에 익숙해 있기 때문에 소매상의 구매 패턴 및 욕구에 대한 이해가 높아 수요창출이 용이하고, 제품의 유통효율을 쉽게 향상시킬 수 있다. 또한 특정지역 내에서 각 공급자들의 제품보관을 통해 지역 내 재고의 이용가능성을 높여주고, 특정지역 내에서 생산자를 대신하여 시장개척기능의 역할을 수행하고, 소매상들의 수요에 상시 대응이 가능하다.

소매상에 대한 기능으로는 소매상에게 가격할인 및 판매시점 촉진물(POP: Point of Purchase), 협동광고 등 제반 판매활동을 지원하고, 소매상에 대한 경영지도와 거래처 지원 등 경영합리화에 기여한다. 또 생산자로부터 대량 구매하여 거래량의 크기에 따라 분할판매를 하고, 소매상에서 필요로 하는 제품 구비 및 적시제공, 반품 및 불량품에 대한 신속한 대체를 한다.

산업사용자에 대한 기능으로는 산업사용자에게 신속하게 배달하여 리드타임(Lead Time)의 단축 및 생산계획의 유연성을 제고하고, 산업사용자가 많은 물건을 구매하게 되면 일시적으로 많은 비용이 수반되고 취급 및 보관이 어려운 문제가 발생될 수 있는데 도매상이 이런 문제를 해결해 줄 수 있다.

(2) 도매상의 분류와 종류

도매상의 유형분류는 통합도매상과 독립도매상으로 분류할 수 있다. 통합도매상의 경우 제조와 도소매기능의 통합 여부에 따라 도매상과 소매상의 통합형, 도매상과 생산자의 통합형, 도매상 상호 간의 통합형으로 구분된다.

독립도매상의 경우 상품소유 여부에 따라 상인도매상과 대리중간상이 있고, 상인도매상은 완전기능도매상과 한정기능도매상이 있다. 특히 상인도매상(Merchant Wholesalers)은 취급하는 상품의 소유권을 가지며 독립적으로 소유한 사업체로서 제조업자로부터 제품을 구입하여 소매상에게 다시 판매한다. 소매상에게 종합적인 제품과 서비스를 제공하기 때문에 폭이 광범위하며, 다양한 품목을 취급하는 잡화도매상, 식료품도매상, 의류도매상, 해산물도매상 등이 있다.

대리중간상은 취급상품에 대한 소유권을 가지고 있지 않으면서 일부 유통기관의 기능만을 수행하고 있는 도매상으로 전문화되어 가는 것이 특징이다. 주요 도매상의 유형과 특징에 대해 설명하면 다음과 같다.

① 완전기능도매상의 유형

완전기능도매상은 종합적인 서비스 기능을 수행하며, 특히 재고의 유지 및 확보, 활발한 판매활동, 신용의 제공, 배달서비스, 경영지도 및 관리, 육성 등 종합적인 기능을 수행한다.

㉠ 일반상품취급 도매상

소매상에서 취급하는 거의 모든 제품을 취급한다. 예를 들면 잡화, 전기제품, 전자제품, 가구제품 등 서로 간에 관련성이 없는 제품을 다양하게 취급한다.

㉡ 한정상품취급 도매상

몇 가지 제품만을 취급하는데 음료수, 설탕, 조미료 등 주로 서로 관련성이 있는 제품들을 취급한다.

㉢ 전문상품취급 도매상

일부 제한된 제품만을 취급하는 도매상을 말한다.

② 한정기능도매상의 유형

한정기능도매상은 수행하는 기능이 한정되어 고객이나 공급자에게 몇 가지의 제품과 서비스만 제공하는 형태의 도매상이다.

㉠ 현금판매도매상

회전율이 높은 한정된 제품만을 현금으로 소매상에게 판매하고 배달을 하지 않는 것을 원칙으로 한다. 금리 및 손실위험이 없어 판매가격을 인하할 수 있는 도매상이다.

㉡ 트럭배달도매상

판매와 배달의 동시적인 기능을 수행하며 과일이나 채소류, 우유, 빵, 스낵 등과 같이 저장수명이 짧은 제품만을 취급하고 슈퍼마켓이나 음식점 등 소규모형태로 현금 판매를 한다.

㉢ 직송도매상

보관 및 수송이 필요하지 않고 주문에 의해 생산자가 구매자에게 직접 운송하기 때문에 석탄이나 목재, 건축자재 등 부피가 큰 상품을 차량단위로 거래하며 대금만 회수한다.

㉣ 통신판매도매상

소매상 및 고객에게 관련정보 및 자료를 제공한 후 통신망을 통해 주문해 오면 우편이나 운송수단을 이용하여 공급해 주는 형태로 주로 외곽지역에 생활용품 등 부피가 작은 품목을 취급한다.

③ 대리중간상의 유형

대리중간상은 상인도매상의 상대적인 개념으로, 취급하는 제품 및 서비스에 대한 소유권을 갖고 있지 않으며 판매와 구매활동을 매개하는 중간상을 말한다.

㉠ 거간

거간은 중개상(Brokers)이라고 하는데 구매자와 판매자를 찾아내 상호 간 매매 및 상담을 조성하는 역할을 하며 제품의 보관활동이 이루어지지 않는 것이 특징이다.

㉡ 생산자 대리점

생산자와의 장기적인 계약에 입각하여 한정된 특정지역 내에서 생산자의 제품을 판매하며 화학, 전기, 전자제품과 컴퓨터 등 고도의 기술이 요구되는 제품을 위주로 취급한다.

㉢ 판매 대리점

생산자의 판매활동을 대리하여 마치 판매부서와 같은 역할을 담당하는 대리중간상으로 생산자의 전 생산량을 판매하고 지역적인 제한이 없다.

2) 소매상(Retailer)

소매상은 생산자나 소매상과 소비자를 연결시켜 주는 유통의 최종점에 있는 마케팅 기관으로 최종소비자와 직접 만나 제품과 서비스를 제공하는 기관이다.

소매상은 종류가 매우 다양하고 분류기준도 취급하는 제품계열의 종류와 수, 제공되는 서비스 수준과 그에 따른 가격수준, 점포 유무와 위치, 소유형태 등 다양한 분류기준이 있다.

국민경제적 관점에서 대부분의 산업이 소매상에 속하여 고용측면의 큰 비중을 차지하고 있으며, 사업의 형태가 자주 변한다. 대표적인 소매상의 유형을 보면 다음과 같다.

(1) 프랜차이즈(Franchise)

프랜차이즈는 경영노하우와 자본, 기술을 보유하고 있는 프랜차이저(Franchisor: 체인본사)가 주체가 되어 프랜차이지(Franchise: 가맹점)를 모집하여 다점포를 꾀하는 시스템이라고 할 수 있다. 즉 프랜차이저가 상호 및 특허상표, 노하우를 가지고 계약을 통해 프랜차이지에게 상표의 사용권, 제품의 판매권, 기술 등을 제공하고 그 대가로 가맹금, 보증금, 로열티 등을 받는 유통시스템을 말한다.

프랜차이즈 시스템의 특징은 자본을 달리하는 독립사업자, 즉 본사와 가맹점이 계약에 의해 협력하는 형태로 본사와 가맹점 간에는 계약된 범위 내에서만 서로 간섭하거나 특정한 요구를 할 수 있다.

프랜차이즈 시스템은 여러 독립된 사업자가 서로의 이익을 위해 협력하는 제도로 프랜차이저(Franchisor: 체인본사)는 큰 자본이 없어도 제품의 노하우나 상표권 등을 통해 수많은 독립 소매점에 의한 판매망을 구축할 수 있고 프랜차이지(Franchise: 가맹점)는 사업의 경험이 없어도 일정액의 자본금만 갖추면 쉽게 사업을 할 수 있다는 장점이 있다.

(2) 전문점(Specialty Store)

여기서 말하는 전문점(Specialty Store)이란 특정제품의 계열만을 취급하는 소매점의 형태로 카테고리 킬러(Category Killer)라고도 한다. '살인자'를 뜻하는 영어 '킬러(killer)'가 붙은 것은 업체들 사이의 경쟁력이 치열하다는 뜻이다. 처음 등장했을 때는 완구류나 가전제품 · 카메라 등 특정 품목만을 위주로 형성되었으나, 특정 품목의 범위를 벗어나 이제는 업태나 업종을 가리지 않고 다양한 분야에서 널리 이용되고 있다. 대표적인 예로 신발만을 전문으로 판매하는 'ABC 마트'를 들 수 있다.

(3) 대형할인점(Discount Store)

대형할인점은 저렴한 가격으로 판매하는 대형 소매점으로 대량구매에 의한 원가절감 및 물류비용의 절감으로 판매하는 것이 특징이다.

다양한 상품을 판매하여 코스트코(Costco)와 같이 회원제로 운영되는 경우도 있지만 일반적으로 이마트나 롯데마트, 홈플러스 등과 같이 회원제가 아닌 경우도 많다.

최초 도입 시에는 할인점이란 용어를 사용하다 할인점이라는 용어가 싸게 판다는 의미를 담고 있어 소비자 구매에 영향을 주고 중소상인들을 위축시킬 수 있다는 점에서 대형마트라고 부른다.

(4) 편의점(Convenience Store)

야간 유동인구의 증가와 기존 소매점들이 주간에만 영업을 한다는 점에 착안하여 24시간 영업을 함으로써 시장기회를 추구하는 업태를 말한다.

편의점에서는 생필품이나 간편식을 위주로 다양한 제품종류를 취급하되 인기품목 위주로 선별하여 구색을 갖추는 것이 특징이다.

(5) 슈퍼마켓(Supermarket)

슈퍼마켓은 가공식품을 중심으로 다양하게 구비하여 셀프서비스 시스템을 토대로 한 종합식품소매업을 의미한다.

1929년 미국의 마이클 조셉 칼렌(Michael J. Cullen)이 당시 일부에서 이용하고 있던 셀프서비스 방식과 캐시 앤 캐리(Cash & Carry) 방식을 도입하여 슈퍼마켓의 형태를 갖춘 실험적인 식료품점을 일리노이주(Illinois)에 개설하여 운영된 것에서 시작되었다. 최근에는 대형마트나 편의점 등이 경쟁업태로 출현하여 지위가 많이 위축된 상황이다.

(6) 백화점(Department Store)

백화점은 많은 종류의 제품을 취급하는 소매상으로 제품계열별로 전문구매자와 상품개발자가 있어 독립적으로 관리하거나 운영되기도 한다. 보통 도시의 중심적인 지역에 위치하여 하나의 건물에서 일괄구입과 비교구입을 원칙으로 모든 상품 서비스를 부문적으로 관리하고 소비자의 다양한 욕구와 행동에 대응하여 소매 마케팅을 전개하는 대규모의 소매기업이다.

C·H·A·P·T·E·R

14

외식산업의 촉진관리

제1절 촉진의 개념

제2절 촉진믹스의 구성요소

CHAPTER 14

외식산업의 촉진관리

FOOD SERVICE INDUSTRY MANAGEMENT AND MARKETING

제1절 촉진(Promotion)의 개념

1 촉진의 정의와 기능

촉진(Promotion)의 원래 의미는 '밀어붙이다'로 과거 생산자 지배의 시대를 반영한 말이다. 생산자보다 소비자가 지배력을 행사하는 오늘날에는 어울리지 않지만 대체할 용어가 없어 현재 계속 사용되고 있으나, 최근 들어 소비자에 대한 마케팅 커뮤니케이션(Marketing Communication) 활동으로도 사용되고 있다.

마케팅 커뮤니케이션이란 기업이 판매하는 제품과 상표를 직접 또는 간접적으로 소비자들에게 정보를 제공하고 설득하며, 또한 생각하도록 시도하는 커뮤니케이션 활동을 의미한다.

마케팅 커뮤니케이션의 주요 수단으로는 광고, 홍보, 판매촉진, 인적 판매 등 많은 요소들로 구분된다.

최근 뉴미디어의 출현과 확산에 따라 소비자의 매체습성과 광고산업이 급변하고 있으며 이에 따라 기업의 표적시장에 대한 마케팅 커뮤니케이션 방식에도 상당한 변화를 보이고 있다. 따라서 마케팅 관리자는 광고 및 기타 기업이 실행할 수 있는 마케팅 활동을 파악하고 커뮤니케이션 도구들을 통합적이고 일관성 있게 집행할 수 있는 마케팅 커뮤니케이션 전략을 수립해야 한다.

결과적으로 마케팅 커뮤니케이션 즉, 촉진활동은 제품의 특성과 혜택을 잠재고객에게 알리고 소비자의 구매욕구를 자극하고, 제품의 성능이나 혜택의 우위를 강조하여 경쟁제품과 차별화시키며 안정적인 판매를 유지하는 데 있다.

촉진의 기능은 신제품의 경우 신제품이 시장에 출시됨을 알려주고 가격이나 구매방법, 제품의 편익 등을 잠재고객에게 알려줌으로써 새로운 상품에 대해 바람직한 태도를 가지게 만들어 올바른 제품을 선택할 수 있도록 설득하는 역할을 하고 기존 제품에 대해서는 긍정적인 태도를 유지하도록 소비자에게 상표를 상기시키는 활동을 수행한다.

촉진활동은 광고비나 판매촉진비와 같은 비용으로 인해 제품의 판매가격이 높아지는 원인이 되기도 하지만 효과적인 촉진활동은 판매가격이 높음에도 불구하고 판매량의 증가를 가져오기도 한다. 또한 효과적인 촉진활동으로 인하여 판매량이 증가하는 경우 생산과 유통단계에서 규모의 경제효과가 발생하여 원가가 감소할 수도 있다.

2 촉진의 목적

촉진의 궁극적인 목적은 구매의 자극과 설득을 통한 판매의 실현이지만 주된 기능이 커뮤니케이션이라는 점을 고려할 때 다음과 같은 목적을 가지고 실행될 수 있다.

1) 정보제공

촉진의 전통적 기능은 특정 재화나 서비스의 이용 가능한 정보를 시장에 제공하는 것이다. 예를 들어 기업의 판매원은 구매자에게 신제품의 사용법에 대한 정보를 제공하고 소매광고는 상품이나 가격, 점포위치 등에 대한 정보를 제공한다.

2) 수요증대

대부분 기업이 촉진을 하는 이유는 제품의 수요증대를 목표로 한다. 간혹 제품의 우수성 등에 대해 촉진을 하는 경우도 있으나 이 역시 궁극적인 목적은 제품의 판매촉진을 위한 것이라 할 수 있다.

3) 제품차별화

시장에 출시된 많은 제품들에 대해 소비자는 경쟁제품들과 실제적으로 동일하다고 간주하는 경우가 많다. 따라서 이런 경우 기업들은 자사의 상품들이 경쟁사의 제품과 다르거나 혹은 우수하다는 것을 객관적으로 입증하려고 한다.

4) 제품의 가치창조

촉진활동은 구매자에게 상품에 대한 효용을 설명하고 그 가치를 부각시켜 시장에서 더 높은 가격을 받을 수 있게 한다. 즉 상품의 가치가 높아지면 가격을 설정할 때 높게 책정할 수 있기 때문이다.

5) 매출안정

모든 기업에 있어서 매출은 항상 일정하지 않다. 예를 들면 성수기와 비수기의 매출에 차이가 있고 계절별, 요일별, 시간별로 매출의 차이는 다르게 발생될 수 있다. 따라서 매출안정을 위해 촉진을 사용하는 것이다.

그림 14-1 촉진의 목적

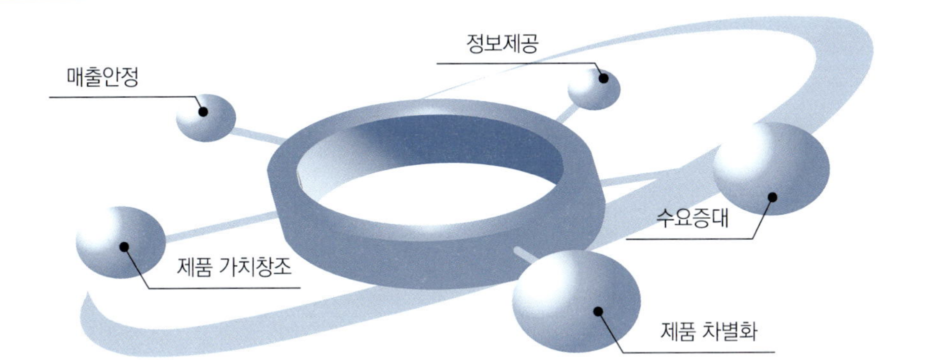

제2절 촉진믹스(Promotional Mix)의 구성요소

마케팅 믹스와 마찬가지로 촉진믹스도 여러 가지 요인을 적절히 조합하여 표적시장의 욕구를 충족시키고 기업의 목표를 성취해야 한다.

촉진믹스의 구성요소로는 광고, 홍보, 판매촉진, 인적 판매 등이 있으며 이 장에서는 4가지를 기준으로 설명하고자 한다. 이들 4가지 커뮤니케이션 수단이 일관성을 유지하면서 서로 조화롭게 통합되어야 한다는 점에서 통합적 마케팅 커뮤니케이션(Integrated Marketing Communication: IMC)이 중요시되고 있다.

그림 14-2 촉진믹스의 구성요소

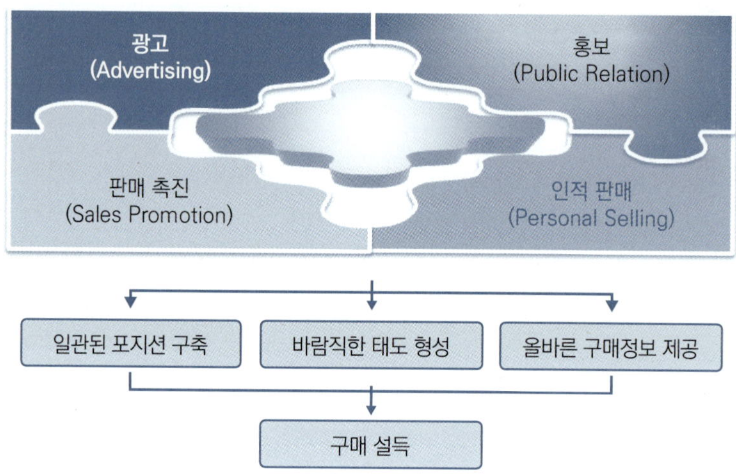

자료: 김범종 외, 마케팅 원리와 전략, 대경, 2009, p.378.

통합적 마케팅 커뮤니케이션은 기업들이 그 조직과 제품에 관하여 분명하고 일관성 있으며, 설득력 있는 메시지를 소비자들에게 전달하기 위해 많은 커뮤니케이션 수단을 통합하고 조정하는 것을 말한다.

1 광고(Advertising)

1) 광고의 개념

광고(Advertising)란 특정 다수의 고객에게 정보를 제공하고 설득할 목적으로 광고주가 기업이나 비영리조직, 제품, 아이디어에 관한 내용을 유료로 TV, 라디오, 신문, 잡지, 옥외광고, DM(Direct Mail) 등의 매체를 통하여 널리 알리는 커뮤니케이션 수단이다.

미국마케팅협회(American Marketing Association)에 의하면 광고란 '확인할 수 있는 광고주가 광고대금을 지불하고 그들의 아이디어 제품 또는 서비스에 관한 메시지를 고객과 대면하지 않고 구두나 시청각을 통하여 제시하는 활동'이라고 정의하며 광고의 목적을 '고객에게 객관적인 정보를 제공하고 상품에 대한 적극적인 태도를 개발하며, 상품의 판매를 촉진하는 데 있다'고 한다.

이러한 정의에는 다음과 같은 몇 가지의 사항들이 포함된다.

첫째, 광고는 광고대금을 지불하는 유료형식이라는 점에서 PR(Public Relation)과는 다르다.

둘째, 광고는 반드시 인터넷이나 대중매체(TV, 라디오 등)를 통해 일방적 또는 상호작용적으로 행해진다.

셋째, 모든 광고에는 광고 메시지의 책임 소재를 밝히는 주체가 있어야 하는데 이를 광고주라고 한다. 광고주는 광고하는 상품의 소유자이며 또한 광고비를 부담하는 당사자이다. 따라서 광고는 광고주가 명시된다는 점에서 일반 선전과는 다른 특성이 있다.

넷째, 광고는 상품을 생산하는 기업의 제품판매를 촉진하는 데만 이용하는 것이 아니라 서비스업은 물론 사회목적이나 공공목적을 위해서도 활동되므로 판매만을 위한 판매촉진과는 다르다고 할 수 있다.

결론적으로 광고의 궁극적인 목적은 상품의 이미지를 높이거나 고객의 인식을 변화시켜 상품 및 서비스의 수요를 창출하기 위해 사용된다.

2) 광고의 목적별 유형

광고는 전달하고자 하는 메시지의 목적에 따라 정보제공형 광고, 설득형 광고, 상기형 광고로 구분할 수 있다.

(1) 정보제공형 광고

정보제공형 광고는 새로운 제품의 존재를 소비자에게 알려 수요를 창출하기 위해 주로 도입기에 사용된다. 예를 들면 신제품이 처음 나왔을 때 자세한 정보나 효용에 대해서 알려주는 광고가 이에 해당한다. 즉 고객들의 이해도를 높이기 위해 정보제공형 광고를 사용한다. 또한 소비자들의 제품에 대한 기업의 이미지를 명확하게 인식시켜 주려는 목적도 있다. 이를 통해 경쟁사와 자사의 외식상품을 차별화시켜 이용 가능한 외식상품의 편익을 고객에게 전달한다.

(2) 설득형 광고

설득형 광고는 경쟁상황에서 많이 사용되는데 이는 소비자들이 구매할 수 있도록 특정 상표에 대한 자극을 주어 선택할 수 있도록 하는 광고이다. 주로 상품의 성장기에 자사제품에 대한 수요를 확보하기 위해 이용된다. 이러한 예로 비만이나 다이어트에 관심이 있는 소비자를 대상으로 자사의 상품이 경쟁사의 상품보다 소비자의 욕구를 잘 충족시켜 줄 수 있다는 것을 강조하거나 경쟁사의 제품보다 우수하다는 점을 광고하는 비교광고의 형식을 들 수 있다.

(3) 상기형 광고

상기형 광고는 소비자가 앞으로 필요한 제품을 회상시키며 제품을 구매할 장소와 시기 등을 알려주어 우선순위로 구입할 수 있도록 소비자의 구매욕구를 자극하는 광고이다. 상품의 성숙기에 주로 사용되며 상품에 대한 생각과 관심이 지속되도록 한다. 예를 들면 잘 알려진 상품에 대해 고객들의 관심이 지속되기를 바라는 상품 강화광고의 형태라고 할 수 있다.

3) 광고의 원칙

광고의 원칙은 주로 'AIDA 법칙'이라고 한다. 즉 광고는 잠재고객의 주목을 끌어야 한다는 'Attention', 흥미를 유발해야 한다는 'Interest', 광고를 통해 해당 상품에 대해 구매하고자 하는 욕망이 생겨야 한다는 'Desire', 이러한 욕망을 통해 상품을 직접 구매하는 등의 행동으로 나타나는 'Action'의 앞 글자를 딴 것으로 종합하면 광고는 잠재고객에게 광고를 통하여 주목할 수 있도록 만든 후 흥미를 유발하고 상품을 구매하고자 하는 욕망을 일으켜 최종구매로 이어지게 하는 촉진활동이라 할 수 있다.

그림 14-3 광고의 AIDA 원칙

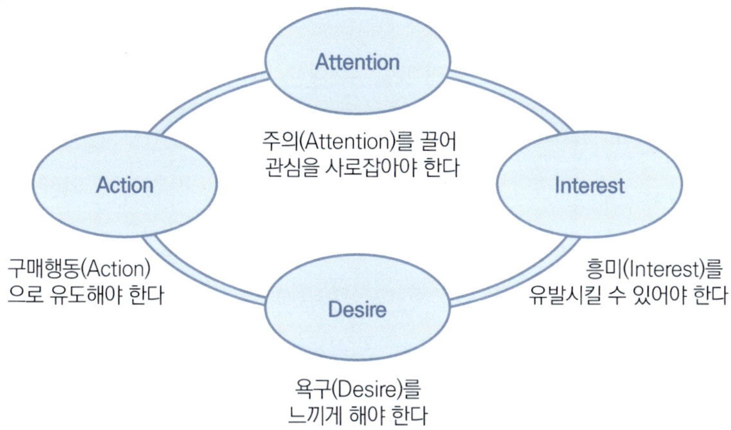

4) 광고매체

광고는 매체를 잘못 결정하게 되면 전하고자 하는 메시지를 효과적으로 전달할 수 없을 뿐 아니라 광고비의 낭비를 가져올 수 있기 때문에 정확한 매체선정이 중요하다고 할 수 있다. 각 매체는 나름대로 장점과 약점을 지니고 있기 때문에 매체의 특성, 표적고객의 매체접촉 습관, 제품의 특성, 메시지의 성격, 비용 등을 고려하여 매체유형을 선택해야 한다.

광고매체는 크게 방송매체와 인쇄매체, 전시매체로 구분되며 방송매체는 TV, 라디오, 유선방송 등이 있고, 인쇄매체는 신문이나 잡지, 각종 인쇄물 등이 있으며, 전시매체에는 포스터 및 사인보드 등이 있다.

(1) TV

전국적인 규모의 네트워크를 구성하고 있는 TV(텔레비전)는 예산이 풍부한 기업에 유리하다.

TV의 장점은 시청각과 동화상 효과의 극대화로 극적인 표현이 가능하고, 광범위한 커버리지(Coverage), 높은 주목도와 수용도를 들 수 있으며, 단점으로는 높은 제작비와 장기계약에 따른 많은 비용, 광고를 만드는 데까지 소요되는 긴 리드타임을 들 수 있다.

(2) 라디오

라디오는 가격이 저렴하며 고객을 커버할 수 있는 범위가 넓고 프로그램의 선별을 통해 표적 청중을 선별할 수 있으며, 융통성이 많고 신속한 집행이 가능하다. 하지만 청각에만 의존하며 순간적으로 전달되기 때문에 주목도가 낮고, 청취자에 의해 메시지를 검토하는 것이 불가능하다.

라디오는 주로 청소년층을 대상으로 한 심야방송과 출퇴근 및 업무 중에 라디오를 청취할 수 있는 직장인을 대상으로 하는 것도 효율적일 수 있다.

(3) 신문

외식상품 광고의 대부분이 신문이나 잡지에 게재되는 경우가 많다. 신문의 경우 광범위한 독자와 접촉할 수 있으며 신뢰도 면에서 가장 높고 다량의 정보를 제공할 수 있다. 또한 1일 광고가 가능하여 적시성이 높으며 광고의 규격이 다양하여 신축성이 높은 장점을 지니고 있다. 하지만 광고의 수명이 매우 짧으며, 고객들이 광고를 보지 않는 경우가 많으며, 표적고객을 선별하기가 어렵다는 단점이 있다.

사례 중앙일보 신문광고 비용

1면 하단(12×7 그리드)
사이즈: 299mm×125mm
6,105만 원

2면 하단(12×8 그리드)
사이즈: 299mm×159mm
3,504만 원

뒷면 전면(24×24 그리드)
사이즈: 299mm×432mm
10,545만 원

자료: joongang.joins.com, 2017. 7. 3 기준.

(4) 잡지

잡지는 독자의 특성을 고려하여 선별적인 표적 청중에 어필할 수 있으며 신문에 비해 수명이 길고 반복하여 노출이 가능하다. 단, 좋은 페이지를 확보하는 데 제약이 있을 수 있으며 잡지가 발간되기까지 긴 리드타임으로 적시성이 낮은 단점이 있다.

(5) 우편(Direct Mail)

DM광고는 표적고객을 정확히 할 수 있으며 개별화가 가능하고, 다른 매체와 달리 다른 광고가 같이 노출되지 않는 장점이 있는 반면, 정보의 홍수로 인한 과다광고 경쟁으로 인하여 쓰레기로 전락하는 경우와 낮은 신뢰성을 단점으로 들 수 있다.

(6) 인터넷 광고

전 세계적인 통신망을 통해 24시간 광범위한 노출이 가능하며 광고의 적시성과 멀티

미디어를 이용한 다양한 형태의 정보제공이 가능하다. 하지만 컴퓨터가 있어야 접근이 가능하고 소비자들이 자발적으로 광고에 접근해야 하는 선택적 노출문제가 단점으로 적용될 수 있다.

(7) 옥외광고

옥외광고의 경우 통행량이 많은 장소에 설치하므로 반복적인 노출이 가능하며 좋은 위치를 선점하는 경우 경쟁광고를 피할 수 있는 장점이 있다. 반면 전달하고자 하는 메시지의 내용이 제한적이며 허가된 장소에만 광고를 할 수 있어 장소적인 제약과 자신들이 원하는 표적고객에게만 노출하는 것이 불가능하다.

(8) 스폰서십(Sponsorship)

스폰서십(Sponsorship)이란 기업의 촉진전략 중 하나로 개인이나 단체에 직접적으로 후원(돈, 사람, 장비 등)을 제공하는 방법이다. 즉 광고주가 매체사와 Win-Win관계를 전제로 서로 긴밀한 협력을 통해 보다 효과적으로 광고를 진행하는 인터넷 마케팅 방법의 한 가지이다.

인터넷 마케팅에 있어 스폰서십은 메이저급 스포츠 경기나 자선행사 같은 비영리 목적의 이벤트 등을 후원함으로써 광고효과를 노리는 마케팅 방법의 온라인판이라고 할 수 있다.

대부분의 전통적인 스폰서십은 순간의 구매 유발이 목적이 아니라 장기적인 안목에서 브랜드 인지도를 강화하기 위한 브랜드 마케팅이 그 목적이다.

(9) 간접광고(PPL: Product in Placement)

PPL(Product in Placement)은 영화나 드라마의 소품으로 등장하는 상품을 뜻하며, 우리나라의 경우 2010년에 합법화되었다. PPL광고는 이러한 소품을 특정 회사의 제품으로 대체함으로써 회사 측에서는 브랜드의 이미지를 높일 수 있고, 영화사 측에서는 영화제작에 들어가는 협찬금이나 협찬상품을 제공받을 수 있는 장점이 있다.

광고 형태는 브랜드명이나 협찬업체의 이미지 등을 노출시켜 관객이나 시청자들이 무의식중에 해당 업체의 제품에 대해 호의적인 이미지를 가질 수 있도록 하는 형태를 사용한다. 즉 영화나 드라마 속에 자사의 제품을 노출시켜 소비자에게 브랜드 인지도를 높이는 데 목적이 있다.

「방송법 시행령」이 규정하는 간접광고(PPL)는 보도와 시사, 어린이 프로그램을 제외한 오락 및 교양 프로그램에 허용되며, 해당 상품이나 로고 크기는 전체 화면의 4분의1 미만, 노출 시간은 전체 방영 시간 기준으로 100분의 5 이내여야 한다. 또 출연자가 해당 상품을 직접 언급하거나 구매 또는 이용을 권유해서도 안 된다. 방송통신위원회의 지침에 따르면 PPL 상품의 최대 노출 허용 시간은 1회당 30초이며, 한 프로그램에 방송할 수 있는 광고주 수는 방송 시간(30~180분)에 따라 15~50개로 제한하고 있다.

PPL은 상품을 단순히 배치하기만 하는 Level 1과 출연자가 상품의 기능을 연출하는 Level 2로 나뉘는데 Level 1은 해당 프로그램의 15초 광고요금의 30~60%를, Level 2는 70~160%를 지불한다.

출연자가 상품의 기능을 설명하는 Level 3도 있지만 방송에서 허용되지 않는다. 이렇게 산정되는 상품 하나의 PPL 단가는 회당 최대 3,500만 원에 이른다.

PPL 효과는 프로그램의 시청률에 따라 다르겠지만 2016년 송중기와 송혜교가 출연해 인기를 끌었던 〈태양의 후예〉에서 '유시진 홍삼'이라는 별칭을 얻은 홍삼정의 '에브리타임'은 방송 후 매출(2월 24일~3월 29일)이 전년 동기 대비 190.4% 증가했고, 면세점을 통한 매출은 전년대비 201.1% 늘었다.

사례 PPL 광고의 역사와 발전

PPL은 영화 제작 시 소품담당자가 영화에 사용할 소품들을 배치하는 업무를 이르는 용어였다.

1970년대 이전만 해도 소품담당자들은 영화 속에 등장하는 소품을 확보하는 데 많은 어려움을 겪었다. 이후 소품담당 출신들이 주축이 된 초기형태의 PPL 협찬사들이 출현하는 등 이때부터 PPL에 대한 관심이 생기기 시작하였고 소품은 물론 제작비 지원도 가능하게 되었다.

미국, 일본, 유럽 등에서는 이미 차세대의 가장 강력한 광고, 홍보 방법으로 정착되고 있으며, 미국이나 유럽뿐만 아니라 현재 국내에서도 21세기의 가장 각광받는 광고기법으로 부상하고 있다.

PPL은 1945년 미국 워너브라더스가 제작한 〈밀드리드 피어스(Mildred Pierce)〉에서 보여준 버번위스키(Bourbon Whisky)가 최초이지만 본격적인 등장은 1982년 스필버그 감독의 〈E.T.〉에 등장한 리스사의 초콜릿으로 친해지고 싶다는 마음을 전하기 위해 외계인에게 건네준 초콜릿이 영화의 히트로 인해 불과 3개월 만에 매출 신장률이 65~100%에 이르면서부터이다. 이를 계기로 BMW가 〈007시리즈〉에, 애플컴퓨터가 〈포레스트 검프〉에 PPL을 사용하면서 PPL이 제품선전을 위한 주요한 광고수단이 하나로 자리 잡게 되었다.

국내의 경우 영화 〈접속〉에 유니텔이 사용돼 가입자가 30% 늘었으며 TV드라마 미니시리즈 〈의가형제〉에서는 PPL 협찬을 한 기아스포츠카가 드라마로 방영되는 한 달 동안 45대가 판매돼 평소 한 달 평균 10대 판매에 비해 4.5배의 신장률을 보였다. SBS드라마 〈해피투게더〉에 광화문 매장을 제공한 배스킨라빈스는 전년대비 50%의 매출신장을 기록하기도 하였다.

국산 영화의 부흥기를 연 영화 〈쉬리〉에서는 SK텔레콤 011이, 영화 〈공동 경비구역 JSA〉에는 '초코파이' 등이 성공을 거두면서 국내시장에서도 PPL이 광고를 겸한 PR의 주요부문으로 부상하게 되었다. 이후 영화 〈나도 아내가 있었으면 좋겠다〉에 한미은행과 야쿠르트가 적극적인 PPL상품으로 등장해 화제를 모았다.

국내의 PPL역사는 그리 오래되지 않았지만 최근에 제작되는 상당수의 영화나 드라마 등에서 유행했던 PPL상품만을 전문적으로 파는 인터넷사이트가 생겨나기도 하였으며, PPL기법이 시도되고 PPL 설정에 맞춰 영화가 연출되는 PPL영화가 나타나는 등 기존에 비하여 쌍방향적이며 효과측정이 용이한 e-PPL의 형태로 발전되어 가고 있다.

자료: http://minis100.blog.me/130105987981

| 표 14-1 | **광고매체의 유형별 특성과 장·단점교**

매체	효율에 영향을 주는 요인	장점	단점
TV	시간대 빈도수 도달범위	·시청각효과 ·높은 주목도 및 수용도 ·넓은 커버리지(Coverage)	·높은 제작비용 ·광고변경이 곤란 ·복잡한 정보전달 곤란
라디오	시간대 빈도수 도달범위	·광고변경의 용이성 ·저렴한 가격 ·프로그램을 통한 표적고객 선별 가능	·청취자의 집중력 감소 ·청각에만 의존 ·적은 관심도
신문	도달범위 빈도수 컬러종류 발행부수	·높은 신뢰도 및 다량의 정보 ·높은 적시성(1일 광고 가능) ·다양한 광고규격	·짧은 광고수명 ·많은 광고로 혼동성 높음 ·광고를 잘 보지 않음
잡지	발행부수 빈도수 출판비용	·독자의 특성을 고려한 표적고객 선별 가능 ·긴 광고수명 ·반복노출 가능 ·복잡한 정보전달 가능	·광고게재를 위한 많은 시간 소요 ·낮은 적시성 ·독자 수 예측 어려움
DM	우편요금 생산비용	·표적고객의 측정 가능 ·다양한 정보제공 가능 ·독자적 노출 가능	·높은 고객확보 비용 ·무관심으로 인해 버려질 가능성 높음
인터넷	노출빈도 사이트인지도	·전 세계까지 가능한 넓은 커버리지(Coverage) ·다양한 형태의 정보제공 가능 ·광고의 높은 적시성	·표적고객에 대한 선별적 노출 불가능 ·광고에 대한 효과측정이 어려움 ·컴퓨터기기를 통한 접근만 가능 ·청중들이 자발적으로 광고에 접근해야 하는 선택적 노출 문제
옥외광고	노출빈도 광고위치	·저렴한 가격 ·높은 반복 노출도 ·좋은 입지의 선점으로 경쟁광고 회피 가능	·표적고객 선별의 불가능 ·장소적 제약과 낮은 노출시간 ·정보전달 메시지의 제한

2 홍보(Public Relations)

1) 홍보의 개념

홍보(PR: Public Relations)는 미국 최초의 PR사 이름을 Publicity Bureau라고 한 것에서 볼 수 있듯 Publicity에서 출발하였다.

홍보는 대중매체를 통한 기사나 뉴스형식으로 이루어지는 커뮤니케이션으로서 제3자에 의해 객관적인 정보형태로 전달된다는 점에서 촉진믹스 중 가장 신뢰성이 높은 메시지 전달방법이다. 특히 오늘날처럼 광고가 범람하는 시대에 소비자는 광고에 무감각해지고 특히 허위광고, 과장광고 등으로 인한 피해가 속출하면서 광고에 대한 불신감도 커지고 있다. 따라서 홍보는 기업이 아닌 뉴스나 특집 등 설득력 및 신뢰성 있는 매체를 통해 이루어지기 때문에 소비자들은 저항감 없이 받아들일 수 있게 된다.

홍보는 'Publicity'라고도 하지만 약간의 차이는 있다

홍보는 기업이 직접 또는 간접적으로 관련이 있는 여러 집단과 좋은 관계를 구축하고 유지함으로써 기업 이미지를 높이고 구매를 촉진하기 위하여 벌이는 활동 또는 직접적인 언론경비의 지출 없이 대중에게 메시지를 전달하여 개인이나 상품 또는 단체에 대한 대중의 견해를 분석하고 그 견해에 좋은 영향을 미치려고 하는 경영진의 노력이라고 할 수 있다.

퍼블리시티(Publicity) 뉴스로서의 가치가 있는 사항을 무료로 신문 등의 매체에 소개하면서 자연스럽게 상품을 알리는 효과를 얻는 방법이다.

PR과 퍼블리시티는 유사한 내용이지만 PR이 여러 집단과 관계를 구축하고 유지한다는 점에서 퍼블리시티보다는 넓은 개념이라고 할 수 있다.

홍보의 가장 중요한 점은 기업이나 상품에 대한 고객의 호의를 창조하는 과정으로 나쁜 이미지를 좋게 바꾸는 것이 아니라 좋은 이미지를 더욱 좋게 만드는 것에 있다. 또한 불특정 다수에게 기업 또는 상품의 장점을 무료로 전달할 수 있으며, 정보의 객관성과 신뢰성으로 인하여 기업 또는 상품에 긍정적인 영향을 줄 수 있다.

홍보 활동은 다음과 같은 특징을 지니고 있다.

첫째, 홍보는 높은 신뢰도를 구축하는 계기가 된다.

대부분의 소비자들은 뉴스나 언론 매체기관의 보도로 접하게 되는 기사에 대하여 신뢰성을 갖게 된다. 즉 광고보다는 대중매체의 기사나 뉴스를 객관적이고 정확성이 높다고 인식하여 기사화된 제품 정보를 광고보다 더 신뢰하게 되는 것이다.

둘째, 홍보는 소비자의 접근을 용이하게 한다.

홍보는 소비자들이 제품 정보가 기사나 뉴스 형태로 전달되는 경우 쉽게 순응하며 호기심을 갖게 되므로 판매원이나 광고의 경우 회피할 수 있는 다수의 잠재고객에게 쉽게 접근할 수 있다. 이것은 상기에서 설명한 바와 같이 홍보에서 전달하고자 하는 메시지가 판매 중심적인 커뮤니케이션이 아니라 뉴스라는 사실적이고 진실성을 지닌 커뮤니케이션으로 인식하기 때문이다.

셋째, 홍보는 각색을 통하여 잠재고객의 주의를 끌 수 있다.

홍보도 광고와 마찬가지로 회사나 제품에 대하여 각색된 문장으로 촉진함으로써 잠재고객의 주의를 많이 끌 수 있도록 하는 것이 가능하다.

2) 홍보 수단

(1) 간행물

책이나 그림, 신문 등을 통틀어 일컫는 말로 기업의 기사나 팸플릿, 연차보고서, 시청각 등의 간행물들은 PR수단으로서 가장 오랜 역사를 가지고 가장 널리 이용되고 있다.

(2) 언론보도

언론매체에 기삿거리를 제공하여 제공된 정보가 기사화됨으로써 노출된 소비자에게 기업과 제품에 대한 신뢰성을 증대하는 것은 높은 홍보효과가 있다. 이러한 이유로 많은 기업이 자사와 자사제품에 대한 정보를 여러 경로를 통해 언론사에 제공하고 있다.

(3) 회견

기업이 기업 자체나 제품에 대한 정보를 기자회견을 통해 대중에 알리는 것이다. 즉 획기적인 신제품이나 신기술의 개발 및 기업제휴 · 합병 등을 알리기 위해 많은 기업들은 이 방법을 사용하고 있다.

(4) 캠페인 활동

기업이 건전한 사회운동과 관련된 캠페인을 주도하거나 후원하는 방법에 의해 호의적인 이미지를 구축할 수 있다.

패스트푸드점이나 유통업계에서 결식아동 돕기와 심장병어린이 돕기 등의 사회운동을 후원하여 호의적인 이미지 형성 및 확대를 추구하고 있다.

3) 광고와 홍보(Publicity)의 차이

광고와 홍보에 대해서는 학문적으로 미국이 가장 발달하였고 우리나라도 미국의 학문에 크게 영향을 받으므로 미국의 정의를 따라가고 있다.

미국에서 홍보(Publicity)는 언론보도(Press Publicity)의 의미로 해석되고 있으며 광고에 의하지 않고 널리 보도되는 공중발표(公衆發表)로 보고 있다. 따라서 홍보는 신문 · 잡지 기사나 방송내용 중 기업이나 사람에 대한 뉴스나 기사를 말한다. 이러한 뉴스나 기사는 기업의 홍보부서에서 보도자료(News Release)를 언론사에 제공함으로써 보도되는 경우가 많다.

우리가 일상적으로 보는 홍보의 대표적인 형태는 신문의 신상품소개 면에 자사의 상품을 소개하는 내용이다. 홍보와 광고의 차이는 다음과 같다.

첫째, 광고의 경우 판매에 직접적인 영향을 미치기 위해 제작하지만 홍보는 판매와 연결시키기보다는 기업의 이미지를 알리는 데 주력한다.

광고가 제품 또는 서비스의 정보 제공과 설득을 통한 판매가 목적이라면 홍보는 궁극적으로 판매라는 목적뿐만 아니라 개인이나 조직에 대한 대중들의 호의(Good Will)를 얻기 위해 실시된다.

둘째, 광고는 광고요금만 지불하면 운행될 수 있으나 홍보는 News Value가 인정될 때만 기사화되고 방송될 수 있다.

홍보의 경우 기업은 뉴스기사를 위한 정보제공의 권한밖에 없고 해당 기사에 대한 취재 및 기사화 여부는 전적으로 주관 매체에 있다. 이로 인해 광고는 그 내용을 광고주자의적으로 통제할 수 있지만 홍보는 뉴스로서의 가치가 있어야 하므로 기사화가 쉽지 않다. 따라서 광고에 대해서는 소비자들이 진실성에 의문을 가지는 경향이 높은 반면 홍보는 신뢰성이 높다. 연구 결과에 의하면 홍보가 5배 정도 신뢰도가 높다고 한다.

셋째, 광고와 홍보 모두 신문, 잡지, TV, 라디오 등 매체를 통해 행해지는데, 광고는 광고주가 요금을 지불하지만 홍보는 요금을 지불하지 않는다.

홍보는 광고료가 필요 없는 광고라고 할 수 있다. 단, 광고는 반복해서 사용할 수 있는 반면 홍보는 한시적이며 1회성이 많다.

넷째, 광고는 매체의 통제권을 광고주가 가지고 있으나 Publicity는 통제권이 없다. 다시 말해 광고는 어떤 신문의 몇 면에 어느 크기로 낼 것인지, 어느 TV 프로그램에 몇 초 광고를 낼 것인지를 광고주 자의적으로 정할 수 있지만 홍보에는 이러한 권한이 없다는 것이다.

기사를 낼 것인가 말 것인가, 몇 면에 어느 크기로 다룰 것인가 등에 대한 전반적인 사항이 모두 주관 매체에 달려 있다.

다섯째, 광고의 경우 제작을 위해 모델 섭외, 광고의 내용 구성 등을 결정하는 리드타임이 길어 적시활용이 어려운 반면 홍보는 특정사건이 발생되면 바로 적시에 활용이 가능하다.

이 외에도 광고의 메시지는 바람직함, 독특성, 신뢰성을 갖추어야 하는 데 비해 홍보는 대체로 6하원칙에 의거한 기사 작성방법에 의거하여 작성되고, 제작과정과 운행과정의 참여자에 있어서도 홍보담당자는 매체 편집자와 유대관계가 중요하므로 기자나 언론사 출신들이 많지만 광고는 광고계 종사자들에 의해 제작된다. 또한 홍보는 주로 뉴스릴리스의 제공을 근거로 기사화되지만 광고는 제작된 방송용 테이프나 필름(신문, 잡지)에 의해 운행된다.

3 인적 판매(Personal Selling)

1) 인적 판매의 개념

인적 판매(Personal Selling)는 판매하는 종사원과 잠재고객 사이에 전화 또는 얼굴을 맞대고 대화로서 판매를 촉진시키는 활동으로 양방향(Two-way) 커뮤니케이션 수단이다. 다른 촉진방법과는 다르게 판매원이 직접 고객과 대면하여 의사소통을 하게 되므로 고객의 요구와 상황에 따라 메시지를 융통성 있게 변화시켜 전달할 수 있다.

인적 판매는 광고, 판매촉진, 홍보의 대안으로 사용해서는 안 되고 서로 조화를 이루어야 한다. 즉 광고, 판매촉진, 홍보와 같은 프로모션 활동 없이 인적 판매를 하는 것이 아니라 서로 병행하여 실시해야 한다.

외식기업에 있어서 인적 판매는 매우 중요한 촉진수단 중 하나이다.

외식구매 소비자는 상품을 구매해서 직접 사용해 보기 전까지는 상품의 무형성으로 인하여 상품을 보고 느낄 수 없으며, 구매에 혼란을 가져올 수 있다. 이러한 경우 서비스 종사원의 판매방법에 따라 고객의 구매와 만족을 극대화시킬 수 있기 때문이다.

2) 인적 판매의 장·단점

인적 판매의 장점은 다음과 같다.

첫째, 융통성으로 다른 촉진수단과는 달리 판매원이 고객의 욕구와 행동에 맞추어 상황별로 촉진방법을 다르게 할 수 있는 융통성을 발휘할 수 있다.

둘째, 집중성으로 고객이 될 수 있는 사람을 선별하여 집중적으로 판매를 위한 수단을 적용할 수 있어 자원의 낭비를 최소화할 수 있다.

셋째, 판매의 완결성으로 다른 촉진수단의 경우 즉석에서 사용하기보다는 잠재고객들이 구매하는 데 영향을 줄 수 있는 반면 인적 판매는 그 자리에서 완결할 수 있다는 장점이 있다.

넷째, 고객과의 관계를 강화할 수 있다. 즉 고객과의 지속적인 만남을 통하여 관계를 강화할 수 있는 기회를 제공한다.

인적 판매의 단점은 다음과 같다.

첫째, 유능한 인적 판매원을 확보 · 유지하는 데 많은 비용이 든다.

둘째, 유능한 인적 판매원의 확보가 어렵다.

셋째, 근로기준법 등에 따른 인적 자원의 시간적 제약이 있다.

3) 인적 판매의 과정

인적 판매의 과정은 크게 준비단계와 설득단계, 사후관리 단계로 구성된다.

(1) 판매 전 준비

인적 판매를 위한 첫 단계는 판매할 수 있는 종사원이 준비되어 있는가를 확인하는 것이다. 즉 판매원이 제품이나 시장, 판매방법 등을 잘 알고 있는가를 의미하며 판매원은 고객을 처음으로 방문하기 전에 그들의 동기유발과 구매행동에 관하여 잘 알고 있어야 하며, 경쟁의 성격과 그 지역의 기업환경 등을 잘 이해하고 있어야 한다.

레스토랑의 예를 들면 종사원들은 그날의 식음료에 대한 정보나 메뉴가격, 서비스 방법 등에 대하여 숙지하고 있어야 한다.

(2) 잠재고객 예측 및 파악

잠재고객을 예측하고 파악해야 할 두 번째 단계는 고객의 인적 사항이나 고객 기록을 검토하는 것이다. 예를 들면 레스토랑의 경우 방문하는 고객의 예약현황을 살펴보고 고객에 대한 정보를 입수해야 하고, 참석인원, 사전 준비사항 등을 점검해야 한다.

(3) 접근 이전 단계

고객이 방문하기 전 판매원은 판매대상에 대한 정보를 입수하여 숙지하고 해당 고객들에게 추천해 줄 수 있는 상품이나 그들의 습관, 선호도 등을 파악해야 한다.

레스토랑의 경우 방문하는 고객에 대한 기호식이나 인적 사항 등을 사전에 파악하고 해당 고객이 선호하는 음식이나 서비스 방법 등을 사전에 숙지하고 준비한다면 고객으로부터 좋은 평가를 받을 수 있다.

(4) 판매 제시

실제적인 판매 제시는 잠재고객의 주의를 환기시키는 일에서 시작된다. 그리고 난 후 고객의 관심을 유지시키면서 다른 한편으로는 욕구를 형성시키는 것이다.

인적 판매 과정에서 가장 중요한 단계로 판매원은 고객의 주의를 끌고 관심을 유발하고 제품이나 서비스를 구매하고 싶은 마음이 들게 하여야 한다.

판매원은 이 단계에서 자사의 상품이 고객의 욕구를 어떻게 충족시켜 줄 수 있는가를 논리적으로 설득력 있게 설명하여 고객의 구매의사결정에 영향을 미칠 수 있어야 한다.

레스토랑의 경우 메뉴를 고객에게 설명하고 레스토랑에서 이익이 날 수 있으며 고객 역시 만족할 수 있는 메뉴를 추천하는 것이라 할 수 있다.

(5) 사후관리

고객에게 제품을 판매한 것으로 판매가 종결되는 것이 아니라 판매원은 제품의 배달여부, 설치여부, 작동여부 등을 확인해야 한다. 레스토랑의 경우 서비스가 다 되었다고 해서 끝나는 것이 아니라 고객이 맛있게 먹었는지에 대한 확인 등의 만족도를 점검해야 한다.

사후관리는 고객의 만족에 많은 영향을 줄 수 있으며 현재 고객의 재구매를 유도할 수 있을 뿐 아니라 다른 고객으로의 구전효과도 기대할 수 있다.

4 판매촉진(Sales Promotion)

1) 판매촉진의 개념

판매촉진(Sales Promotion)은 자사의 제품을 단기적으로 구매할 수 있도록 유도하기 위한 직접적이고 추가적인 인센티브를 제공하는 활동이라고 할 수 있다.

신제품의 경우 시장에서 단기적인 시장정착과 시험구매를 유도하기 위해 판매촉진을 사용하고, 기존제품의 경우는 재고처리나 자금의 신속한 회수, 경쟁에 대응하기 등과 같이 단기적인 목적으로 주로 사용한다. 하지만 이러한 판매촉진은 너무 자주 사용하면 기업과 제품의 이미지 저하를 가져올 수 있으므로 단기적으로 실시하는 것이 바람직하다. 판매촉진의 장점과 단점은 다음과 같다.

장점으로는 첫째, 판매촉진의 사용방법에 따라서 기업의 매출을 극대화할 수 있다. 즉 판매촉진은 만약 그것을 실행하지 않았다면 얻지 못했을 매출을 만든다.

둘째, 이미 매출이 증가하고 있는 제품이나 서비스는 판매촉진을 통해 더 높은 수준의 매출에 도달할 수 있다.

셋째, 소비자로 하여금 신제품을 사용해 보도록 만드는 데 효과적일 뿐만 아니라 경쟁자로부터 소매점 판매 공간을 지키는 데 유용하다. 즉 타사제품을 구매하는 구매자의 전환을 유도하고 자사제품 사용자가 타사로 이동하는 것을 방지할 수 있다.

넷째, 가격민감도가 상이한 세분시장에 대해 판촉수단을 통해 가격 차별화를 실시할 수 있다. 일반적으로 고가격, 고할인 정책을 병행하는 경우가 단일가격을 제공하는 경우보다 더 많은 이익을 가져다주는 경향이 있다.

단점으로는 첫째, 판매촉진과 같은 단기적인 구매요인은 구조적인 비효율의 문제를 유발하기도 한다. 즉 소매점의 자사상품 진열장소를 확보하기 위한 취급수수료, 판촉행사, 협동광고비용, 총마진의 보장, 시설물 설치비용 등 제조업자들은 급격히 증가하는 판촉 프로그램으로 인해 많은 비용을 지출하게 된다.

둘째, 판촉활동에 소비하는 시간이 판매원은 물론 상표관리자의 근무시간에서 차지하는 비용이 높아져 결국 판촉비용이 소비자에게 전가됨으로써 제조업자와 유통업자 및 소비자 비용도 증가하게 된다.

2) 판매촉진의 수단

판매촉진 수단으로는 고객지향적 판매촉진 수단과 중간상(사내 포함) 판매촉진 등으로 구분할 수 있다.

고객지향적 판매촉진의 수단으로는 가격할인, 경품 증정, 쿠폰, 경연과 추첨 견본품 증정 등이 있으며 중간상(사내 포함) 판매촉진 수단으로는 인센티브, 구매시점 광고, 판매자 경영지도 등이 있다.

(1) 고객지향적 판매촉진 수단

① 가격할인

가격할인은 일시적으로 상품의 가격을 인하시켜 소비자를 유인하는 촉진도구이다. 가격할인은 판매촉진 방법 중 소비자에게 가장 확실하게 가치를 전달할 수 있기 때문에 가장 많이 사용하는 방법이다.

② 경품 증정

경품은 상품 구매 시 무료로 제공되는 일종의 선물이라고 할 수 있으며 경품을 제공하는 방법으로는 주로 일정금액 이상 구매 시 경품권을 증정하여 객단가를 높이기 위한 방법으로 많이 사용한다.

③ 쿠폰

쿠폰이란 특정 상품 구입 시 받을 수 있는 일정한 혜택이 기록되어 있는 증명서의 일종으로 소비자의 사용구매와 반복구매를 유도하고 소매업자의 협조 없이 가격할인의 효과가 직접적으로 소비자에게 전달되는 장점이 있다.

④ 경연과 추첨

경연이나 추첨은 소비자에게 소정의 상금이나 상품을 제공하는 판매촉진의 도구로서 백화점업계에서 많이 사용하고 있다.

경연은 소비자의 노력과 지식이 요구되는 데 비해 추첨은 순전히 운에 의해 결정된다는 것이 차이라고 할 수 있다.

경연이나 추첨은 상표에 대한 소비자의 관여도를 높임과 동시에 기억하게 하는 장점이 있다. 예를 들어 소비자에게 상표명이나 제품사용방법 등의 지식에 대해 경연을 한다든지, 제출하게 해서 추첨하는 것 등으로 소비자의 관여도를 높일 수 있게 된다.

⑤ 견본품 증정

견본품은 잠재고객들의 시험사용을 위해 무료로 나눠주는 상품이라고 할 수 있다. 이 방법은 소비자에게 샘플을 무료로 제공하여 사용을 유도하는 목적으로 주로 신제품 도입 시 사용된다.

(2) 중간상(사내 포함) 판매촉진 수단

① 인센티브

인센티브는 사내직원 및 중개인이 일정금액 이상의 실적을 올리게 되면 상품이나 금전적으로 보상하는 방법을 말한다. 예를 들어 외식업체에서 월 매출이 일정액 이상을 달성하게 되었을 경우 해외여행을 보내준다든지, 휴가를 주는 방식 등이 이에 해당될 수 있다.

② 구매시점 광고

구매시점 광고(POP: Point of Purchase)는 소비자가 구매시점 또는 판매시점에 상품의 구매를 유도할 목적으로 설치한 각종 형태의 광고를 말한다.

POP의 유형으로는 주로 간판, 현수막, 포스터, 행거(Hanger), 카탈로그, 팸플릿 등이 있다. 특히 식품, 음료 등의 저관여 상품의 경우 매장에 방문한 이후 구입여부를 결정하는 경우가 많기 때문에 외식기업에서는 자사의 제품을 판매하는 유통업자들에게 자사상품을 알릴 수 있는 POP, 포스터 등을 제작하여 설치하도록 하고 있다.

실제 POP 등의 구매시점 광고를 실시한 이후 매출이 30~40% 증가하는 등 효과를 보는 기업들도 늘어나고 있다.

③ 판매점 경영지도

판매점의 경영관련 문제, 즉 재고관리, 회계, 구매관리, 고객관리 등 경영 전반에 관한 지도를 통해 판매를 활성화시킬 수 있도록 지도 · 관리하는 방법으로 현장에 경영지도할 수 있는 직원을 배치시켜 도와주는 방법이 있다. 특히 진열장이나 판매대 등에 구매시점의 진열상품 지원, 신제품과 광고 및 판매경진대회의 개최 등을 알려주기 위한 판매업자의 모임이나 연구회 등의 개최와 원조 및 지도 등을 들 수 있다.

C·H·A·P·T·E·R

15

외식기업의 마케팅 경영전략

CHAPTER 15

외식기업의 마케팅 경영전략

FOOD SERVICE INDUSTRY MANAGEMENT AND MARKETING

제1절 전략 및 경영전략의 이해

1 전략의 정의

외식기업들은 급변하는 외부의 환경과 고객 요구에 대응하기 위한 전략을 수립하여 실행하는 경영전략을 추진하고 있다. 전략에 대한 정의를 살펴보면, 생존에 중요한 역할을 하는 것으로서 삶과 죽음의 문제이기도 하며 안전과 외식기업의 존망에 영향을 미치는 것이다. 또한 외식기업의 장기적인 목표 결정과 그 목표를 달성하기 위한 행동을 결정하고 경영자원을 배분하는 것이다.

글로벌 환경변화에 따라 대기업에서 운영하는 외식기업의 경우 경영전략의 중요성을 인식하여 경영학의 각 기능별 분야에서 마케팅전략, 재무전략, 생산전략과 같이 '전략'이라는 단어를 붙임으로써 전략적 사고의 중요성을 강조하고 있다.

전략이라는 용어가 처음 등장한 시기는 1960년대로 기업환경이 비교적 안정적이고 정태적이었기 때문에 생산이나 마케팅 등의 경영관리활동을 장기적 시각에서 사전에 계획하는 장기 경영관리 계획의 입안과 수립이 경영자에게 가장 큰 과제였다. 그러나

1970년대 들어 기업을 둘러싸고 있는 환경의 불연속성 및 불확실성이 심화되면서 환경이 주는 기회와 위협을 제대로 해결할 수 없는 상황에서 대두되었다.

전략이 경쟁자를 이기기 위한 수단일 수도 있지만 이러한 경쟁이라는 수단에 너무 치중하여 경쟁자에 집중하다 보면 소비자의 욕구를 등한시하고 경쟁자의 반응에 집착하여 고객에 대한 능동적인 전략을 펴지 못하고 경쟁자의 움직임에 끌려다니는 수동적인 전략을 펴는 오류를 범할 수 있다.

전략의 궁극적인 목표는 고객의 관점에서 고객의 욕구를 정확하게 파악하고 보다 높은 시간적 · 공간적 · 경제적 · 심리적 가치를 제공해 줌으로써 기업의 생존과 성장을 확실히 해두는 것이다.

『손자병법』에서도 싸우지 않고 이기는 방법이 최선의 전략이라고 하였듯이 경쟁자가 전략의 핵심이 되어서는 안 되며 궁극적인 표적이 되는 고객에 초점을 맞춘 전략이 되어야 할 것이다.

| 표 15-1 | 학자들의 전략에 대한 개념

학자	정의
애코프 (R. Ackoff)	전략은 장기목표와 관련된 것으로서 전체로서의 시스템에 영향을 미치는 장기목표를 추구하는 방법과 관련된다.
패인 & 나움스 (F. Paine & W. Naumes)	전략은 기업의 목표를 달성하기 위한 주요한 행동 또는 행동모형이다.
매카시 (D.J. McCarthy)	전략은 환경의 분석이며 몇 개의 대안이 보여주는 이윤의 생존능력과 함께 위험에 직면하여 어떤 경험적 대안이 기업의 제 자원과 목표에 알맞은지를 선택하는 것이다.
글뤽 (W. Glueck)	기업의 제 목표가 확실히 달성되도록 고안된 통일되고 포괄적이고 통합된 계획이다.
맥니콜스 (T.J. McNichols)	기업의 기본적인 목표의 결정을 반영하는 일련의 의사결정과 이들 목적을 달성하기 위한 제 기법과 제 자원의 활용을 포함한다.
슈테이너 & 마이너 (G.A. Steiner & J.B. Miner)	전략은 임무의 형성, 조직 내외의 힘을 고려한 조직목표의 설정, 목표달성을 위한 구체적인 정책과 전략의 형성, 조직의 기본적인 목표가 달성되도록 적정한 실현을 명확히 하는 것이다.

자료: 추헌, 경영학원론, 형설출판사, 1993, p. 295.

따라서 외식기업에 있어서의 전략은 고객의 관점에서 고객의 욕구를 정확하게 파악하고 보다 높은 가치(경제적·심리적 가치 등)를 제공하여 기업의 성장을 도모하는 것이라고 할 수 있다.

흔히 전략과 전술을 혼동하는 경우가 있는데 전략은 목적달성을 위해 방향을 결정하는 것이고 전술은 전략에 의해 결정된 사항을 실행하는 것을 의미한다.

2 경영전략의 개념

외식산업은 제조업과는 달리 소수기업들의 과점적 경쟁관계가 존재하지 않으며 시장의 진입장벽이 낮아 항상 경쟁이 치열하다고 할 수 있다. 이러한 경쟁상황에서 시장의 기반을 확보하여 시장우위를 점할 수 있다는 것이 외식기업에게는 매우 중요하다고 할 수 있다.

경쟁의 상황에서 우리 기업의 경쟁자는 누구이며 기업은 이러한 경쟁자에 대비하여 어떠한 전략을 수립하여야 하는가 하는 것은 모든 기업이 공통적으로 지니는 경영전략상의 문제이다.

경영전략이란 기업이 그를 둘러싸고 있는 사회 · 경제적 환경변화에 대응하여 기업의 성장을 위한 최적의 기본방침을 수립하고 그것을 실천하는 조직적 활동을 위한 기본적인 의사결정이라고 할 수 있다.

경영전략은 경영학의 세부 학문분야 중 가장 역사가 짧은 분야로 전략이라는 용어는 원래 병법 또는 군사학에 그 기원을 두고 있다.

중국의 손빈이 기원전 360여 년 전 『손자병법』을 썼던 것처럼 서양에서도 시저(Caesar)와 알렉산드로스대왕(Alexandros the Great) 등은 자신들의 병법이론을 서술하였다.

영어로 전략이라는 의미를 지닌 Strategy라는 단어는 그리스어인 'Strategos'에서 나온 것으로 이 말은 군대를 의미하는 'Startos'와 이끈다(Lead)라는 의미를 가진 '-ag'가 합쳐진 용어이다.

전쟁과 기업 간의 경쟁을 동일시하기는 어렵지만 상당히 유사한 점도 많다.

예를 들어 기업과 군대는 모두 인력 및 자본, 장비, 기술을 보유하고 경쟁에 임하고 있으며 양자 모두 외부환경의 변화에 영향을 받고 있다. 또한 구체적인 경쟁사례에 있어서도 전면공격, 수비전략, 정면 돌파전략, 적을 기만하는 전략 등과 같이 군대의 전략과 비슷한 양상으로 기업들이 경쟁하는 것을 볼 수 있다.

우리는 최근 들어 경영전략 또는 전략경영이라는 말을 신문이나 방송을 통하여 자주 접하고 있다. 기업들 역시 경영전략을 강조하고 있고, 경영학의 각 기능별 분야에서도 마케팅전략, 재무전략, 생산전략과 같이 모든 학문분야에 전략이라는 단어를 붙임으로써 전략적 사고의 중요성을 강조하고 있다.

이러한 사실은 현대의 외식기업 경영에 있어서 전략적인 사고가 얼마나 중요한가를 말해 주고 있으며 더욱이 치열한 글로벌경쟁에 직면하고 있는 한국기업에게는 경영전략이 더욱 중요하다는 사실을 보여주고 있다.

3 경영전략의 차원

경영전략은 어떠한 차원에서 수립할 것인가에 따라 기업전략(Corporate Strategy), 사업전략(Business Strategy), 기능전략(Functional Strategy)으로 구분할 수 있다.

기업전략은 기업 전체적으로 참여할 사업영역을 결정하는 것이고, 사업전략은 개별 사업부 내에서의 경쟁전략을 다루는 것이며, 기능전략은 조직의 다양한 기능부서에 의해 활용되는 전략을 의미한다.

다시 말해 기업들은 첫째, 어느 사업 분야에 참여하여 경쟁할 것인지를 결정하고, 둘째, 참여한 사업 분야에서 어떤 경쟁력을 가지고 수익률을 높일 것인가를 결정하게 되고, 셋째, 각 사업의 부서에서 성과를 높일 수 있는 계획을 수립하게 되는데 첫째가 기업수준의 전략이고 둘째가 사업부 수준의 전략, 셋째가 기능전략이라 할 수 있다.

1) 기업전략(Corporate Strategy)

기업전략(Corporate Strategy)은 여러 개의 사업을 전개하는 기업이 경쟁우위를 지속적으로 확보하기 위해 실시하는 전략으로 어떠한 사업에 진출하고 철수할 것인가를 결정하는 전략을 말한다.

기업전략은 기업의 미래에 관한 접근 전략으로 먼저, 고객과 경쟁사 등 외부 환경요인과 기업 자체에 관한 내부 환경요인의 현재 상태를 검토하여 미래를 예측해야 하고, 비전을 실현할 수 있는 정책, 제도, 자원 등을 조율하는 일을 결정해야 한다.

삼성그룹의 예를 들어보면 삼성그룹에는 삼성전자를 비롯하여 삼성생명, 호텔신라, 에버랜드 등 여러 개의 사업부로 구성되어 있다.

기업전략은 이러한 여러 사업부에 대한 효율적인 자원배분 및 상호조정을 통하여 기업 전체의 경영목표를 달성하기 위한 전략을 말한다.

2) 사업전략(Business Strategy)

사업전략(Business Strategy)은 개별사업에 적용되는 전략으로 각각의 사업영역에서 '어떻게 경쟁을 할 것인가'에 대한 문제로 경쟁전략이라고도 한다.

사업전략은 각 산업마다 다른 경쟁자와 대면하게 되므로 기업에서 결정한 획일적인 전략을 다른 사업단위나 사업부에 동일하게 적용할 수 없기 때문이다. 예를 들어 삼성반도체가 저원가를 기반으로 한 전략으로 해당 시장에서 경쟁한다고 호텔신라에서 동일하게 적용했다가는 오히려 호텔의 이미지와 서비스 품질의 저하로 인해 소비자에게 외면 받을 수 있기 때문에 동일한 전략을 사용하기에는 많은 문제점이 발생할 수 있다.

결국 사업전략은 경쟁우위를 갖기 위해 해당 사업부에 맞는 전략을 수립해야 한다.

사업전략은 여러 가지 경쟁전략이 있겠지만 시장에서 저원가로 경쟁할 것인가, 차별화로 경쟁할 것인가 하는 문제로 집약될 수 있으며, 사업전략의 성과는 시장점유율, 이윤 등으로 측정될 수 있다.

대표적인 사업전략으로는 마이클 포터(Michael Porter)가 제시한 차별화전략, 원가우위전략, 집중화전략을 꼽을 수 있다.

3) 기능전략(Functional Strategy)

기능전략(Functional Strategy)은 상위의 사업부전략을 실행하기 위해 개별 사업부 내에 있는 인사나 재무, 마케팅, 생산 등에서 실시하는 전략으로 기능 전략의 주요 관심사는 자원을 효율적으로 사용함으로써 얻을 수 있는 생산성 혹은 비용절감이라고 할 수 있다.

예를 들어 외식기업에서 원가절감을 위한 전략을 사용할 때 수입산 재료를 대체하기 위한 국내산 식재료 유통경로를 개발한다든지, 인건비 절감을 위한 변형근로제 활성화 방안 등에 대한 전략을 구체화 하는 것을 말한다.

그림 15-1 전략의 차원

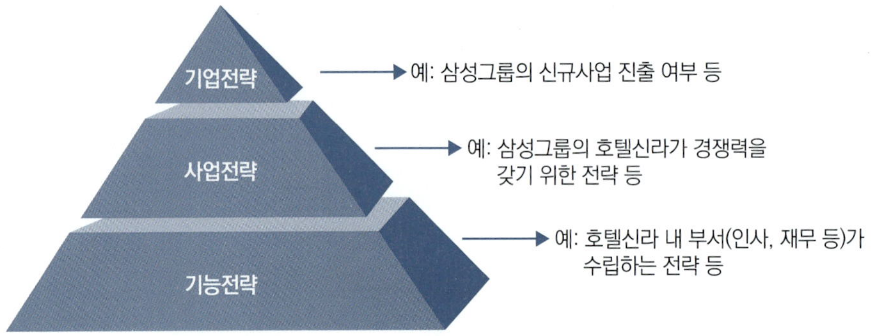

4 외식기업의 차원별 경영전략

1) 기업차원의 전략

기업수준의 전략은 기업의 최고경영자가 조직 전체의 이익과 행동을 원하는 방향으로 유도하기 위하여 수립된다. 예를 들면 우리 기업이 해야 할 사업은 무엇이며, 이들 사업 간에 자원을 어떻게 분배할 것인가에 관한 두 가지 기본적인 문제와 관련된 것이다.

글뤽(Glueck)은 모든 기업의 전략을 성장전략, 안정전략, 축소전략, 혼합전략의 네 가지 유형으로 분류하였다.

(1) 글뤽(Glueck)의 기업차원 전략 유형

① 성장전략(Growth Strategy)

성장전략(Growth Strategy)은 기업의 규모를 증대시키고 현재의 영업범위를 확대하는 공격적 전략을 말한다. 이러한 성장전략은 장기적 생존을 위해 반드시 필요한 전략이라고 할 수 있다.

기업이 성장전략을 추구하기 위해서는 기업이 보유하는 자원분석을 통한 강점을 더욱 효과적으로 이용할 수 있는 환경적 기회가 도래해야 한다.

기업이 성장을 추구하기 위해서 사용하는 방법으로는 신제품 개발이나 서비스의 개발을 통한 다각화 및 인수합병(M&A: Mergers & Acquisition), 글로벌 시장으로의 침투 등을 들 수 있다.

실제 3M의 경우 접착기술을 다른 기업과 공유함으로써 비용절감 효과를 얻어 다각화에 성공하였으며, TOYOTA와 GM은 전략적 제휴로 성공을 거두었다.

② 안정전략(Stability Strategy)

안정전략(Stability Strategy)은 현재의 활동을 지속적으로 유지하는 전략을 말한다. 즉 기업이 동일한 제품이나 서비스를 공급하고 시장점유율을 유지함으로써 사업을 확장하는 데 따르는 위험부담을 기피하려는 전략이다.

안정전략은 기업이 현재의 사업에 만족하고 환경의 변화가 예상되지 않는 경우에 선호한다.

③ 축소전략(Retrenchment Strategy)

축소전략(Retrenchment Strategy)은 방어적 전략이라고도 하며 경제상황이 좋지 않거나 외부환경이 불확실한 경우 비용감축을 통해 능률을 확보하고 성과를 높이기 위하여 경영의 규모나 다양성을 축소하는 전략이다.

축소전략의 방법으로는 비용절감을 위한 다운사이징(Downsizing)과 효율증진을 위한 구조조정(Restructuring) 등이 있다.

신세계푸드의 경우 2013년부터 식품제조업에서 유통, 외식업까지 외형을 키우는 성장전략을 추구하다 2014년 외식사업에서 영업손실 90억 원이 나는 등 지속적인 적자를 내자 저수익 점포 정리라는 구조조정을 추진했다.

④ 혼합전략(Combination Strategy)

혼합전략(Combination Strategy)은 상기의 전략 중 두 개 이상의 전략을 동시에 사용하는 것을 말하며 기업의 규모가 클수록 혼합전략을 선호하게 된다. 또한 경쟁이 심화되고 환경의 변화가 빈번한 경우에도 혼합전략이 주로 사용된다.

(2) 사업 포트폴리오 매트릭스

BCG 매트릭스(BCG Matrix)란 보스턴컨설팅그룹(Boston Consulting Group: BCG)이 기업의 제품개발과 시장전략 수립을 위해 개발한 도표이다.

보스턴컨설팅그룹은 기업의 제품개발과 시장전략 수립을 위해 세로축에는 기업이 종사하는 각 사업의 성장률을, 가로축에는 각 사업에서 기업의 시장점유율을 표시한 도표를 만들어 4개의 분면으로 구성하고 모든 전략사업단위(Strategic Business Unit: SBU)를 미래가 불투명한 사업은 의문표(Question Mark), 점유율과 성장성이 모두 좋아 자급자족할 수 있는 사업은 스타(Star), 투자에 비해 수익이 월등한 사업은 캐시 카우(Cash Cow), 점유율과 성장률이 둘 다 낮은 사업은 도그(Dog)로 구분했다.

BCG 매트릭스는 오래전에 개발된 '포트폴리오 플래닝(Portfolio Planning, Bruce Henderson, 1979)'을 위한 프레임워크(Framework)인데, '기업의 자원을 서로 다른 사업에 어떻게 배분해야 하는가?'에 대한 문제점 해결을 위한 툴(Tool)로서, 대부분의 전략교과서에 여전히 사용되고 있다.

매트릭스에서 우측상단에 위치한 사업부를 의문표(Question Mark), 좌측상단에 위치한 것을 별(Star), 좌측하단에 놓인 것을 현금 젖소(Cash Cow), 우측하단에 위치한 것을 개(Dog)라고 한다.

별(Star)은 고성장시장에서 높은 점유율을 얻고 있는 사업으로 점유율을 유지하기 위해서 많은 투자가 필요하며 성장가능성이 높은 대신 위험할 수 있다.

별은 이윤창출보다 성장을 통한 시장점유율의 제고에 힘써야 하는데 이를 구축(Build)

전략이라고 한다.

현금 젖소(Cash Cow)는 성장이 느린 시장에서 높은 시장점유율을 누리고 있는 사업부로 매우 안정적으로 많은 수익을 올려 기업의 자금을 창출하는 원천이 된다. 여기서 얻은 자금을 별이나 가능성 있는 의문표에 투자하게 된다.

현금 젖소는 가능한 점유율을 유지하는 전략(유지전략: Hold Strategy)을 사용해야 하나, 시장성장이 낮아 앞으로 발전 가능성이 적을 때에는 비용을 줄이고 자원의 배분을 적게 하여 최대의 현금을 창출케 하고(수확전략: Harvest Strategy) 서서히 철수하는 전략을 사용할 수도 있다.

그림 15-2 BCG 매트릭스

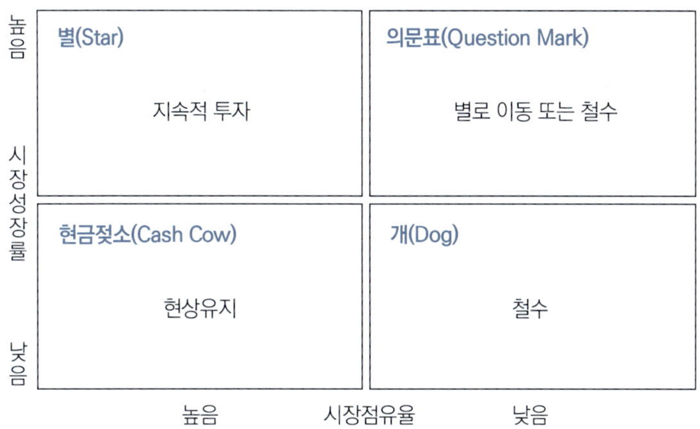

의문표(Question Mark)는 고성장시장에서 낮은 점유율을 차지하고 있는 사업을 일컫는다. 전망이 매우 불투명한 사업부로 가능성에 따라 투자를 늘리거나(구축), 철수하는 전략을 사용해야 한다. 경우에 따라서는 비용을 최소화하여 단기간의 수익을 극대화하는 수확전략을 사용할 수도 있다.

개(Dog)는 저성장 시장에서 낮은 점유율을 차지하고 있는 사업부로 수확하거나 일시에 사업을 포기하는 철수의 대상이 된다. 상기 내용을 요약하면 다음과 같다.

① 별(Star)

별(Star)은 시장성장률과 시장점유율이 모두 높은 사업으로 경쟁우위에 있기 때문에 지속적인 지원이 필요한 사업이다. 하지만 기술개발이나 생산시설 확충 등에 많은 자금이 필요하고 제품수명주기로 볼 때 성장기에 해당되므로 성장전략을 추구하는 것이 바람직하다.

② 의문표(Question Mark)

의문표(Question Mark)는 시장점유율은 낮지만 성장속도가 매우 빠른 시장에서 영업하는 사업을 의미한다. 이러한 사업은 이익을 내지 못하고 시장점유율을 유지하기 위해 새로운 자금의 투자를 필요로 한다.

시장이 급속히 신장하는 곳으로 이익을 높일 수 있는 투자기회는 매력적이지만 심한 경쟁에서 이겨야 하므로 불확실성과 위험을 내포한다. 따라서 자금을 더 투자할 것인지, 아니면 사업을 철수할 것인지를 신중하게 판단해야 한다.

③ 현금 젖소(Cash Cow)

현금 젖소(Cash Cow)는 저성장, 고점유율의 상태로 새로운 투자에 대한 자금수요는 크지 않으면서 자금의 유입이 많아 이익이 나는 영역이다. 이 시장은 성숙기에 접어든 시장으로 시장점유율을 유지하는 데 거의 투자가 필요하지 않기 때문에 투자가 필요한 다른 사업을 지원하는 데 필요한 많은 자금을 창출한다. 따라서 현재의 시장지위를 유지하고 강화하는 전략을 구사하는 것이 좋다.

④ 개(Dog)

개(Dog)는 낮은 시장점유율로 인하여 많은 자금이 필요한 것은 아니지만 이에 따른 이익도 매우 낮은 사업이다.

제품의 수명주기로 볼 때 쇠퇴기에 해당되므로 축소 또는 철수를 검토하는 것이 좋다.

2) 사업부 차원의 전략

사업수준의 전략은 관리자들이 장기적인 목표를 달성하기 위한 방법으로 사업의 이익이나 운용을 분석함으로써 구체화된다.

마이클 포터(Michael Porter)는 경제학적 접근법을 중심으로 지속적인 경쟁우위를 갖기 위해 3가지의 본원적 경쟁전략을 제시하였다.

그림 15-3 **마이클 포터의 본원적 경쟁전략**

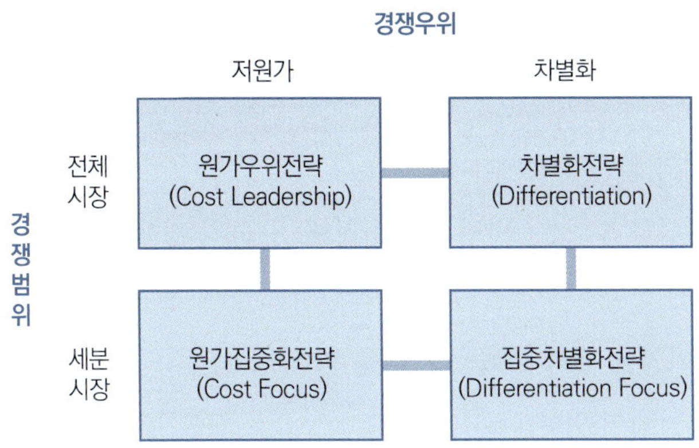

자료: Michael E. Porter, The Competitive Advantage, The Free Press, 1985.

3가지 경쟁전략을 유형화하기 위한 2가지의 기준은 경쟁우위요소와 경쟁범위를 들고 있다. 여기서 말하는 경쟁우위요소는 낮은 비용으로 경쟁할 것인가? 아니면 제품과 서비스의 질을 차별화하여 경쟁할 것인가? 등에 대한 결정을 말하고, 경쟁범위는 자사의 능력에 따라 전체시장을 공략할 것인가? 세분시장을 공략할 것인가? 등에 대해 결정하는 것을 의미한다.

경쟁우위요소의 기본은 낮은 생산원가를 통해 경쟁력을 강화하는 원가우위와 독특한 효용을 제공함으로써 직접적인 경쟁을 피하는 차별화이다. 이러한 경쟁우위의 기본요소 아래 경쟁기업과의 경쟁에서 월등한 경쟁적 우위를 확보하기 위한 전략으로 원가우위전략, 차별화전략, 집중화전략을 제시하였다.

(1) 원가우위전략(Cost Leadership Strategy)

원가우위전략(Cost Leadership Strategy)은 넓은 시장에서 원가를 낮추어 비용의 우위를 달성하여 높은 시장점유율과 수익을 달성하려는 전략이다.

원가우위를 달성하면 낮은 가격 또는 높은 이윤을 기대할 수 있어 가격경쟁에 여유 있게 대응할 수 있고 시장점유율 확보를 위해 경쟁자를 낮은 가격으로 공략할 수 있다.

원가우위전략을 사용하기 위해서는 생산 및 판매에서 원가를 비교적 낮게 들이는 몇 개의 기업 중 하나가 되는 정도로는 충분하지 않고 반드시 시장 내 최저수준 원가로 생산할 수 있어야 한다. 즉 원가는 가장 낮게, 그러나 생산제품이나 서비스 품질은 경쟁자와 유사하거나 최소한 소비자들이 받아들일 수 있는 수준이어야 한다.

대표적인 예로 저가 스마트폰을 판매하는 샤오미나 코스트코, 이마트 등의 유통회사, 제주항공, 진에어와 같은 항공사를 들 수 있다.

원가우위를 달성할 수 있는 방법으로는 첫째, 규모의 경제성을 누릴 수 있는 설비에 투자하거나, 둘째, 경험의 축적을 통하여 생산성을 높여 원가를 절감, 셋째, 원가와 총경비의 통제 및 이익을 내기 어려운 거래를 회피하고 인력이나 광고 등의 분야에서 원가를 최소화하는 방법이 있다.

예를 들면 일반 주유소에서 인건비 절감을 위하여 셀프 주유소로 변경하는 것도 이에 해당한다고 할 수 있다.

하지만 원가우위전략을 시도하는 경우 다음과 같은 위험성도 존재한다.

첫째, 과거의 투자나 교육훈련을 무력화시키는 기술상의 변화, 둘째, 신규진입자들이 자사의 상품을 모방할 수 있거나 자사보다 낮은 원가를 이룩할 수 있는 기술이나 방법을 습득한 경우, 셋째, 지나친 원가절감으로 인하여 마케팅이나 생산에 대한 변화에 둔감한 경우 기업에 위협이 될 수 있다.

(2) 차별화전략(Differentiation Strategy)

차별화전략(Differentiation Strategy)은 넓은 시장에서 경쟁기업이 제공하지 못하는 차별화된 제품이나 서비스를 제공함으로써 경쟁우위를 확보하려는 전략이다. 전반적인 제품의 품질보다는 특정한 속성의 부각을 통해 고객의 충성도를 강화하는 것이 일반적이다. 즉 디자인이나 브랜드 이미지, 기술, 고객서비스 등이 차별성이 될 수 있으며 고객의 욕구를 표준화된 제품으로 만족시킬 수 없을 경우 적절한 전략이다. 나이키의 경우 상품개발에 있어 상품 디자인팀, 그래픽 디자인팀, 환경 디자인팀, 영화, 비디오 사업팀 등으로 세분하여 특색을 가미한 디자인을 추구하고 최고의 인기스타를 통한 스타마케팅 등으로 고객들이 제품의 독특함에 대한 프리미엄을 기꺼이 지불할 수 있는 상표충성도를 지니고 있다. 외식기업에 있어서도 4천 원대 프리미엄 김밥 전문점인 '바르다 김선생'이나 1인분에 2만 원이 넘는 삼겹살을 판매하는 '봉피양'의 경우도 차별화 전략을 추구하고 있다.

하지만 제품의 차별화에 대한 소비자의 선호도가 둔감해지고 경쟁사가 표준형 제품을 대량생산하여 큰 가격 격차로 판매할 때, 보다 강력한 차별화 제품을 경쟁사가 출시할 때, 경쟁사의 모방이 쉽게 이루어질 때 위협요소로 다가올 수 있다.

(3) 집중화전략(Focus Strategy)

집중화전략(Focus Strategy)은 규모가 큰 경쟁기업들이 쉽게 접근할 수 없는 틈새시장에서 낮은 원가 또는 차별화전략을 바탕으로 경쟁하는 전략을 말한다.

즉 집중화전략은 원가집중화전략(Cost Focus Strategy)과 집중차별화전략(Differentiation Focus Strategy)으로 구분된다.

원가집중화전략은 목표 세분시장에서 원가우위를 추구하고 집중차별화전략은 목표 세분시장에서 차별화를 추구한다.

원가집중화전략은 간접비용과 개발비용 등을 최소화하여 틈새시장에서만 마케팅을 집중하고 효율적인 서비스를 제공할 수 있어야 한다. 예를 들어 낮은 원가의 가격 경쟁력을 무기로 한 가지 메뉴를 점심시간에만 제공하는 부추비빔밥 집 같은 경우를 들 수 있다.

집중차별화전략은 특정 구매자나 지역시장에 집중하여 원가보다는 차별화를 위주로 경쟁하는 전략을 말한다. 즉 특정시장에서의 독특한 고객의 욕구를 경쟁자들보다 더 잘 이해하고 효과적으로 충족시켜 줄 수 있는 경우에 사용한다.

예를 들어 페라리 자동차나 할리데이비슨 오토바이의 경우 일부 부유층을 대상으로 차별화된 판매를 한다고 할 수 있다.

3) 기능별 차원의 전략

마케팅 활동은 수시로 변화하는 시장 환경 속에서 소비자와 경쟁자 등 다양한 주체와 상호작용을 하면서 이루어진다. 기업의 마케팅 활동은 소비자의 다양한 욕구와 취향,

경쟁기업의 전략변화, 경쟁사의 신제품 출시, 기업경영과 마케팅 활동에 미치는 물가의 변동, 정부의 정책과 각종 법률제도의 변화, 환경오염 및 자연환경의 변화 등과 같은 많은 환경변화에 대응하기 위해 계획되고 실행되어야 한다.

기능별 차원 전략은 궁극적으로 각 경영기능별 경영자들이 담당하는데 생산, 마케팅, 재무, 인사 등 각 경영기능에서 단기적 목표와 전략방안 등을 주 내용으로 한다.

기능별 차원에서의 의사결정은 사업부 차원에서 결정된 전략을 실천하는 것과 직접적으로 관련되어 있다. 따라서 기능별 차원의 전략들은 사업부 차원의 전략들과 일관성을 가져야 한다.

기능별 차원에서의 전략적 의사결정은 전사적 또는 사업부 전략에 비하여 단기적이며 보다 구체적이다. 즉 의사결정은 생산시스템의 효율성 제고, 적정재고 수준의 결정, 고객서비스의 질적 향상 등과 같은 실천적 문제를 다룬다.

(1) 기능별 차원의 마케팅 전략 수립 절차

기능별 차원의 마케팅 전략은 시장의 환경과 기업의 능력을 접합시키는 과정으로 기업의 외부환경과 내부능력에 대한 분석이 선행되어 수립되어야 한다. 이렇게 조사된 정보를 바탕으로 기회와 위협요인을 도출하고 자사의 강점과 약점을 대응시켜 마케팅 목표와 이를 달성하기 위한 세부계획을 설정한다. 즉 상기에서 언급한 SWOT 분석을 통해 도출된 기본전략 및 마케팅 목표가 상위의 사업부 전략과 일치되게 조정해야 한다.

마케팅 세부계획은 효율적이고 탄력적이며 기업의 자원범위 내에서 적용될 수 있어야 한다. 마케팅 기회와 상황을 분석하는 것은 조직 또는 사업단위의 마케팅 목표를 정립함으로써 정점에 이르게 되는데, 기회를 파악하기 위해서는 마케팅 정보시스템을 통해 마케팅 환경의 동향을 감시해야 한다.

고객과 경쟁자를 비롯하여 공급자, 공중 등과 같은 미시환경을 면밀히 검토하고 이를 통해 소비자시장과 산업구매자시장의 특성, 경쟁상태, 고객이 원하는 제품의 성능과 디자인, 성장하는 유통경로, 능률적인 공급자 등을 파악할 수 있다.

또한 거시환경의 주요 동향도 검토해야 한다. 광범위한 사회동향을 무시하는 것은 근시안에 빠질 위험이 있다. 따라서 성장가능성이 있는 지역이나 경제전망이 구매에 미치는 영향, 품질개선에 필요한 신기술 등에 대한 동향을 파악해야 한다.

이러한 기회분석이 완료되면 마케팅 목표를 설정하고 이를 효과적으로 달성할 수 있는 STP(Segmentation, Targeting, Positioning) 전략을 수립한다.

STP 전략을 수립하기 위해서는 자사의 강점과 약점을 충분히 고려한 후 시장의 매력성이나 규모, 경제성, 성장률, 수익성 등을 측정하여 표적시장을 선정한다.

표적시장이 결정되면 해당 시장에서 실시할 수 있는 전략을 수립하는데 일반적으로 비차별화 마케팅, 차별화 마케팅, 집중화 마케팅 전략을 사용할 수 있다.

표적시장에 대한 마케팅 전략을 구상하고, 자사상품에 대한 포지셔닝 실시 후 최종적으로 최적 포지션에 부합되도록 마케팅 믹스(Marketing Mix)를 결정한다.

일반적인 마케팅 믹스의 구성요소는 흔히 마케팅 4P라고 불리는 제품, 가격, 유통, 촉진(Price, Products, Place, Promotion)이다.

제품은 기업이 표적시장에 제공하는 유형의 제공물로서 품질, 디자인, 특성, 포장, 상표, 배달, 서비스, A/S, 교육 등이 포함된다.

가격은 고객이 제품에 대해 지급하고자 하는 화폐의 양으로 도매가격, 소매가격, 할인, 공제, 신용조건 등에 대해 결정한다.

유통은 표적고객에게 제품을 도달시키기 위해 유통경로 내에서 수행되는 활동이다. 즉 제품과 서비스가 표적시장에 효율적으로 공급되도록 중간상 및 마케팅 보조기관과 관계를 형성하게 된다.

촉진은 제품을 표적고객들에게 알리고 구입하도록 설득하는 활동이다. 이를 위해 판매원을 통한 인적 판매나 광고, 홍보, 판매촉진 등이 포함된다.

이상과 같이 상황분석, 목표설정, 마케팅 전략과 믹스가 결정되면 이를 실행하기 위한 실행계획을 세우고 실행하게 된다. 실행을 위해서는 각 활동에 요구되는 인원 및 예산을 편성하고 일정계획을 세워 실행에 들어가게 된다.

실행 후 기업은 실행계획에 따라 잘 이루어지고 있는지를 정기 또는 상시적으로 모니터하고, 마케팅 관리요소를 조정하고 통제하는 활동을 병행해야 한다.

마케팅 통제(Marketing Control)는 지속적인 기업의 성장을 위해 현재의 오류를 수정하고 미래의 계획에 반영하는 단계이다. 마케팅 통제과정은 〈그림 15-4〉에서 보는 것과 같이 세 가지 단계로 분류된다.

그림 15-4 마케팅 통제과정

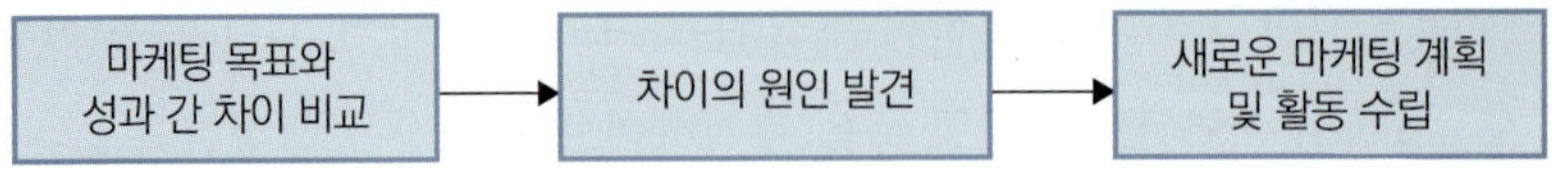

첫 번째 단계에서는 마케팅 목표와 성과 간에 어느 정도 차이가 있는지를 파악해야 한다.

마케팅 계획 단계에서 수립된 계량적 목표는 실제 성과와 비교하기 위한 기준이 되며, 매출액이나 이익과 같은 가시적인 목표뿐만 아니라 고객만족, 신제품 개발기간, 판매원 동기부여수준 등 비가시적인 목표도 성과평가의 기준으로 사용된다.

이러한 성과평가의 기준은 실제성과와 비교하여 성과의 달성 정도를 파악할 수 있다.

두 번째 단계에서는 목표와 성과 간의 차이가 어디에서 유발되었는가에 대한 검토가 되어야 하는데 이때 가장 중요한 것은 실제 원인이 무엇인가를 규명해야 한다.

예를 들어 매출액에 대한 목표가 성과에 미치지 못했을 경우 그 원인이 상품에 있는지, 판매원의 동기부여에 문제가 있는지, 표적고객이 잘못된 것인지 등 여러 가지 측면으로 접근하여 원인을 찾아야 한다.

세 번째 단계는 새로운 마케팅 계획 및 활동수립으로 두 번째 단계인 목표와 성과 간의 차이에서 밝혀진 원인에 대한 처방을 하는 단계이다.

예를 들어 경쟁자의 돌발적인 시장진입으로 인해 매출액 목표 달성이 어려웠다면 마케팅 관리자는 목표 매출액을 현재보다 낮게 설정하여 실제 성과와의 차이를 조정할 수 있다. 하지만 충분히 달성할 수 있었음에도 불구하고 달성되지 않았다면 마케팅 믹스를 조정하여 달성할 수 있는 기반을 마련해야 한다.

마케팅 전략의 수립절차를 요약하면 〈그림 15-5〉와 같다.

그림 15-5 기능별 차원의 마케팅 전략 수립 절차

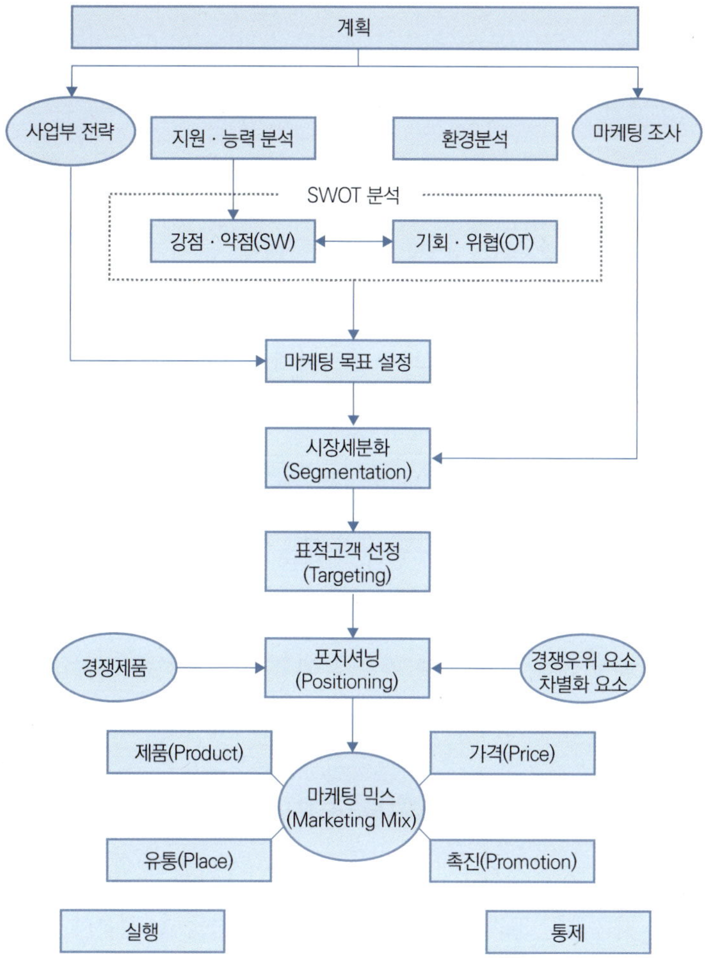

(2) 기능별 차원의 목표 설정방법

기업의 목표는 지속적인 생존과 성장을 뒷받침하기 위해 전략 수립 이전에 반드시 목표를 분명히 해야 한다. 이러한 목표는 그 수준과 관계없이 공통된 조건을 갖추어야만 실행 가능한 목표가 될 수 있는데 이러한 조건을 보면 첫째, 관리자와 구성원의 수용이 가능해야 하고, 둘째, 예상치 못했던 경쟁이나 환경의 변화에 적응할 수 있는 목표의 융통성이 있어야 하고, 셋째, 달성 정도를 정확히 측정할 수 있도록 구체화된 객관적 지표여야 한다. 넷째, 구성원을 좌절시키지 않으면서 도전의식을 줄 수 있는 수준의 목표를 세워야 하고, 다섯째, 상위 목표나 다른 목표들과 상충되지 않는 목표의 일관성이 있어야 하고, 여섯째, 조직 구성원들이 충분히 이해할 수 있는 의미와 기준의 명확성이 있어야 한다. 마케팅 전략 목표 설정에 대한 예를 보면 다음과 같다.

① 매출과 수익성에 중점을 두고 목표를 설정하는 경우

매출과 수익성에 중점을 두는 경우는 독점적 지위를 누리는 경우나 새로운 경쟁자의 시장 진입이 없는 경우, 경쟁자를 고려하지 않을 시 사용하기에 적합한 목표설정 방법으로 예를 들면 매출액을 전년 대비 20% 증가시켜 매출액 1,000억 원에서 1,200억 원 달성과 같은 목표 등을 말한다.

② 경쟁적 포지션에 중점을 두고 목표를 설정하는 경우

경쟁적 포지션에 중점을 두는 경우 현재의 매출이나 이익보다는 경쟁자와의 시장 확보 경쟁이 장기적 관점에서 가장 시급한 과제로 인식될 때, 시장 성장기에 점유율 확보가 장기적인 이익과 안정에 초석이 될 것으로 예상될 때 적합한 목표로 예를 들면 시장 점유율을 35% 이상 확보하여 시장 선도자의 지위 유지와 같은 목표 등을 말한다.

③ 기업이미지 향상에 중점을 두고 목표를 설정하는 경우

기업이미지 향상에 중점을 두는 경우는 시장이 안정화되어 있고 매출증대와 시장점유율 경쟁보다는 지속적인 고객유지 및 고객관리에 중점을 둘 경우에 적합한 목표로 예를 들면 '고객 불만 및 A/S 신청 후 6시간 이내 처리', '저소득층 학생을 위한 장학금 1억 기부' 등의 목표로 영리만 추구한다는 기업이미지를 불식시키고 더불어 살아가는 사회 구성원으로 인식시키는 목표 등을 말한다.

제2절 외식기업의 마케팅 전략

외식기업은 서비스의 수요와 공급에 있어서 일반 제조업과는 다른 특성을 지니고 있다.

서비스 수요측면에서 보면 제품의 수요는 일정한 데 반해 서비스 수요는 매우 불규칙한 편이다. 예를 들어 관광지는 성수기인 여름철에 집중됨에 따라 항공사나 호텔, 음식점 등의 업체에서는 수요를 모두 수용하지 못하는 경우가 발생되고 비수기에는 수요가 적어 경영악화의 원인이 되기도 한다.

아무리 유명한 음식점이라 할지라도 고객들의 식사 시간이 일정하기 때문에 수요자가 동일한 시간대로 몰려 오랜 시간을 기다리는 불편을 겪거나 되돌아가는 고객이 발생하는 경우도 있다.

서비스 공급측면에서는 제품의 경우 수요예측에 의해 제품의 공급량을 조절하거나 계획생산이 가능한 데 반해 외식산업은 시설의 고정화로 인해 수요에 대한 탄력적인 반응이 어려우며, 제품의 경우 재고의 활용 등을 통하여 공급량 조절이 가능하나 외식산업은 무형성으로 인하여 생산과 소비를 분리할 수 없고, 저장이나 보관이 되지 않는 소멸성, 동일한 종류의 서비스라도 종사원과 시간, 장소에 따라 서비스의 일관성을 유지할 수 없는 이질성 등으로 인해 일정한 서비스 공급이 어렵다.

따라서 외식산업의 경우 수익을 결정하는 가장 중요한 변수인 수요를 적절하게 분산시키고 기존의 가용능력과 인력을 효율적으로 활용할 수 있는 전략을 수립하는 것이 매우 중요하다고 할 수 있다.

1 수요관리 전략

외식기업에 있어서 고객의 수요가 비교적 안정적이고 예측 가능한 경우라면 문제가 없겠지만 수요의 변동이 심한 경우에는 서비스 가용능력이 제한되어 있기 때문에 경영의 어려움이 초래될 수 있다.

외식기업의 서비스 수요는 일반적으로 단일한 주기에 의해 영향을 받기도 하지만 많은 경우 복수의 주기에 의해 동시에 영향을 받는다고 할 수 있다.

예를 들어 하루 영업시간 중 점심시간이나 저녁시간대의 수요수준이 다르고 주말이나 평일, 계절적 영향에 따라 고객수가 차이를 보일 수 있다. 또한 서비스 수요의 변수는 외식기업이 통제할 수 없는 다음과 같은 주요 요인들이 있다.

첫째, 경제적 요인으로 외식기업은 소비자의 구매력이 뒷받침되어야 하는데 구매력은 현재의 소득이나 가격, 저축 등에 의해서 결정되며 이와 같은 경제적 요인은 소비자가 외식을 하는 데 큰 영향을 미친다.

둘째, 정치적 요인으로 정부나 지방자치단체의 정치적 요인은 서비스 수요자에게 영향을 미친다.

정부의 공공 서비스 요금의 인상과 금리정책 등은 관련 서비스 수요에 영향을 미칠 수 있다.

셋째, 사회적 요인으로 외식기업은 공휴일, 연휴, 휴가, 근로시간, 방학 등에 의해 영향을 받는다.

패밀리 레스토랑의 경우 어린이날, 어버이날과 같은 특정 공휴일에 수요가 집중될 것이고, 해운대와 같은 피서지의 경우 여름철, 특히 휴가철에 수요가 집중되고 있다.

넷째, 자연적 요인으로 태풍이나 폭설, 홍수 등의 자연재해발생은 서비스 수요를 억제시킨다.

레스토랑에 있어서 피크시즌(Peak Season)인 크리스마스의 경우에도 폭설로 인해 예약이 취소되는 경우가 발생해 서비스 수요에 큰 영향을 미친다고 할 수 있다.

이렇듯 서비스 수요를 인위적으로 조절하기는 어렵지만 시간대별, 요일별, 월별, 계절별 등 주기적인 수요의 증감을 분석하여 수요를 적절하게 분산한다면 어느 정도는 조절이 가능할 것이다.

외식기업의 수요관리전략은 크게 무반응 전략, 수요조절 전략, 수요재고화 전략으로 나눌 수 있다.

1) 무반응 전략

무반응 전략은 수요의 변화에 전혀 반응을 하지 않음으로써 수요가 저절로 조정되도록 방치하는 것이다. 즉 고객들이 그들의 경험과 타인의 구전에 의해서 어느 때 오래 기다려야 하고 어느 때 바로 서비스받을 수 있는지를 예상할 수 있도록 하는 것이다.

이런 경우는 주로 서비스 공급(시설, 직원 수 등)이 수요(고객 수)를 따라가지 못할 때 나타나는 현상으로 과잉수요에 대한 대처가 소극적이라는 점에서 장기적으로 볼 때 적절한 전략은 아닐 수 있다.

2) 수요조절 전략

외식기업의 입장에서 보면 단순히 수요가 많다고 해서 좋은 것은 아니다. 예를 들어 레스토랑에서 수요가 최대가용능력을 초과할 경우 잠재적인 고객이 좋은 서비스를 받을 기회가 없어지므로 고객을 상실하게 될 수 있다.

수요조절 전략은 수요가 공급을 초과하여 공급이 한계에 있거나 수요가 특정 시기에 집중되면 이를 조절하여 최적수요를 창출할 수 있도록 하는 전략이다. 즉 수요를 증대시킬 수도 있고 반대로 수요를 감소시킬 수도 있다.

수요조절 전략의 구체적인 방안으로는 다음과 같은 것들이 있다.

(1) 가격정책의 변화

가격은 수요와 공급을 조절하는 데 가장 일반적인 방법으로 차별적인 가격정책을 통해 수요를 조절한다. 즉 성수기에는 고가격으로 수익성을 향상시키고 고객 수가 감소하는 비수기에는 저가격으로 수요를 증대시키기 위해 필요한 전략이다.

예를 들면 호텔과 항공사의 경우 수요가 집중적으로 몰리는 시기에는 전혀 할인을 제공하지 않고 있다.

(2) 서비스의 다양화

서비스의 다양화는 수요가 부진한 시기에 수요를 증대시킬 수 있는 새로운 아이템이나 운영방식을 개발하는 전략이다. 예를 들어 호텔은 기업연수 유치나 명절 패키지 등을 개발하여 비수기 수요를 높이려 하고 레스토랑의 경우도 수요가 적은 시간대나 요일별로 이벤트를 실시하여 수요를 분산시키려고 노력한다.

사례 수요조절을 위한 서비스의 다양화

비(雨)요일에 커피 주문 시 한 잔 더 제공!

QSR(Quick Service Restaurant)브랜드 ㈜롯데리아(대표 조영진, www.lotteria.com)는 비 오는 날 사용할 수 있는 '아이스 아메리카노 1+1 쿠폰'을 발행, 아이스 아메리카노 1잔 주문 시 1잔을 무료로 제공하는 레인마케팅을 실시한다.

'아이스 아메리카노 1+1 쿠폰'은 롯데멤버스 고객 총 270만 명(랜덤 추첨)에 한해 이메일로 발송되며, 비가 오는 날이면 전국 매장(특수 점포 제외)에서 사용 가능하다. 사용기간은 오는 9월 20일까지. 롯데리아 관계자는 요즘 같은 장마철 및 비가 오는 날에는 고객들의 외부활동이 많이 줄어들어 매장을 찾아주시는 고객들에게 알뜰한 소비 기회와 함께 다양한 혜택을 드리고자 레인 마케팅을 실시한다고 말했다.

자료: 강동완, 머니투데이, 2010. 7. 23.

(3) 서비스 제공 시간대 및 장소 조절

외식기업은 일정한 시간에 일정한 장소에서 서비스를 제공하던 방식에서 벗어나 시간과 장소를 조정하면서 서비스 수요를 충족시키고 있다. 예를 들면 성수기 해수욕장의 일부 은행은 해변가에 은행을 설치해서 피서객들을 위한 은행 서비스를 제공하기도 한다.

최근 일부 도시락업체에서는 대학생들의 점심시간 혼잡을 피하고 찾아가는 서비스라는 명목 아래 차량을 이용하여 캠퍼스로 이동해 도시락을 판매하기도 한다.

(4) 커뮤니케이션의 증대

외식기업은 광고나 홍보 등의 커뮤니케이션을 이용하여 고객의 수요를 조절할 수 있다. 인터넷의 발달로 각 외식기업은 홈페이지를 이용하여 할인정책이나 이벤트 사항 등을 공지하여 수요를 분산시키고 있다.

3) 수요재고화 전략

외식상품은 무형성으로 인하여 재고화할 수 없으나 다양한 예약 채널을 통하여 사전 예약을 유도하는 제도적 장치를 마련하고 이를 이용하는 고객에게 일정한 혜택을 부여하여 수요가 없는 시점으로 재고화하는 전략이다. 수요재고화 전략에는 다음과 같은 방법들이 있다.

(1) 예약시스템 활용

외식기업에서 당일 판매에 한계가 있을 수 있다. 따라서 예약 시스템을 이용하여 수요의 조절뿐 아니라 공급량에 대한 조절도 가능하다. 여기서의 예약은 외식기업이 서비스를 사전에 판매하는 것으로 예약을 통해 수요예측이 가능하고 고객의 입장에서도 서비스를 받기 위해 기다릴 필요가 없어 편리한 전략이다.

예를 들어 항공사 및 철도, 영화관 등은 예약 발권시스템을 이용하여 서비스를 사전에 판매하고 있으며, 예약시스템을 이용한 고객에게 할인된 가격으로 판매하여 연중 좌석점유율을 높이는 데 좋은 효과를 발휘하고 있다.

하지만 이런 예약시스템이 무조건 좋은 것은 아니다. 일반적으로 대부분의 레스토랑에서는 No-Show고객(예약하고 오지 않는 사람)이 발생하지만 레스토랑은 이러한 No-Show 고객들의 불이행에 대한 금전적인 책임을 묻지 않기 때문에 외식기업의 입장에서는 손해를 볼 수 있다. 그렇다고 이러한 상황을 예상하고 초과예약(Over Booking)을 하게 되면 실제 예약을 해 놓고도 서비스를 받지 못하는 고객이 발생할 수 있으므로 정교한 관리가 필요하다.

(2) 대기시스템 활용

외식기업에서는 병목현상이 자주 발생된다. 즉 대부분의 고객들이 식사를 하는 시간이 일정하기 때문에 아무리 수요를 조절하고 분산한다고 해도 쉽지 않다.

대기시스템의 활용은 초과수요에 대한 완화방법으로 제한된 능력에서 수요를 조절하는 전략이다. 또한 이는 서비스에 대한 만족에 있어 매우 중요하다 할 수 있다.

패밀리 레스토랑에서 고객들이 기다리는 것을 지루해 하지 않도록 하기 위해 기다릴 수 있는 공간(Waiting Room)을 설치하거나 아이스크림 제공, 신문 · 잡지 등의 비치를 통해 고객의 이탈을 막고 재고화하는 방법이라 할 수 있다.

2 공급관리 전략

외식기업에 있어 서비스의 가용능력은 대부분 고정되어 있다. 따라서 수요의 증감에 적극적으로 대처하지 못하는 경우가 많다. 앞서 언급한 바와 같이 외식기업이 고객의 수요를 이동시킬 수 없다면 수요의 변동에 적응하기 위해 공급능력을 변화시키는 방법을 선택해야 한다.

공급관리 전략에는 수요적응전략(Chase Demand)과 가용능력균형전략(Level-Capacity)이 있다.

수요적응전략은 수요의 변동이 심하고 예측이 어려우며, 원가에서 변동비의 비중이 높고, 비숙련 노동력이 충분한 경우에 주로 사용하는 전략이다.

이 전략은 흔히 건설현장의 일용직에서 찾아볼 수 있다. 일용직 종사자들의 경우 매일 아침에 당일의 일거리를 받게 되고 만일 일거리가 없으면 전혀 수입이 없이 하루를 보낸다. 즉 수요에 전적으로 의지해 서비스를 공급하는 것으로 외식기업의 경우에는 거의 사용하지 않는 전략이다.

가용능력균형전략은 수요가 안정적이고 예측가능하며, 낮은 질의 서비스를 제공하게 되면 사업에 심각한 영향을 미치므로 숙련된 고급 노동력이 필요하거나 고가의 장비나 전문적인 장비가 필요한 서비스에 사용되는 전략이다.

외식기업이 갖고 있는 가용능력은 고객을 수용하는 레스토랑과 같은 시설, 음식을 만들 수 있는 장비, 서비스를 운영하는 인적 자원으로 구성되어 있다.

따라서 시설이나 장비, 인력의 가용능력이 균형을 이룰 수 있도록 하는 것이 외식기업의 효율적인 공급관리라 할 수 있다.

외식기업이 실시할 수 있는 공급관리는 크게 인력부문과 시설부문 등으로 나눌 수 있으며, 구체적인 방안은 다음과 같다.

1) 인력부문 공급관리

(1) 임시직 활용

외식기업을 운영하는 데 있어 고객의 수요는 시간이나 계절에 따라 불규칙적일 수 있다. 이런 경우 고객의 최대 수만큼 종사원을 확보하고 있다면 좋은 서비스를 실시할 수 있으나 기업의 입장에서는 그만큼 인건비의 지출이 높아질 수 있다. 따라서 피크타임(Peak Time)이나 성수기에 부족한 인원을 임시직으로 활용함으로써 정규직원을 채용했을 때 부담되는 법적인 고용문제나 고정인건비의 지출을 회피할 수 있다.

예를 들어 레스토랑의 경우 고객 수요가 많은 주말 또는 피크타임에 아르바이트 직원을 채용하는 것 등이 대표적 사례이다.

(2) 종사원의 다기능 다역화

종사원이 여러 가지 일을 수행할 수 있도록 사전에 교육을 받는다면 피크타임에 업무가 집중되는 부문에 재배치하여 증가된 수요에 대처할 수 있다.

호텔의 경우 여름철에 가장 바쁜 시설 중 하나가 수영장이다. 이러한 여름철 수영장의 일시적 수요에 대한 대처방안으로 임시직을 활용하거나 산학실습생 등을 활용하는 방안이 있으나 실제 수영장에 대한 전반적인 운영이나 관리를 임시직원들에게 맡길 수 없기에 일부 영역에 대해서는 기존 직원들(호텔 직원)을 임시적으로 재배치하여 근무를 시킨다.

다기능 다역화의 경우 적은 인원으로 다양한 서비스를 제공할 수 있고, 종사원의 입장에서도 단순반복적인 업무에서 벗어나 직무가 확대되고 보수가 높아질 수 있다는 부분에서 만족을 증대시킬 수 있으나, 이와는 반대로 종사원 자신들의 의지와는 무관하게 배치받을 경우 큰 불만요인으로 작용할 수 있으니 적절한 조율이 필요하다.

또 재배치를 할 경우 업무가 단순하고 비교적 쉬워야 가능하다. 아무리 주방업무가 바쁘다고 해서 요리를 할 수 없는 서비스 인력을 투입하게 되면 더 큰 문제를 유발할 수 있으니 주의해야 한다.

(3) 가용능력 효율의 극대화

피크타임 동안 가용능력의 효율성을 극대화하기 위해 분산될 수 있는 공급능력을 중요한 순간으로 집중하는 방법이다. 예를 들어 직원들의 휴가를 성수기가 아닌 비수기에 실시하도록 한다든지, 레스토랑의 청소도 한가한 시간을 활용하여 실시하는 등 외식기업이 지닌 공급능력을 최대한 효율적으로 활용하는 것이다.

(4) 고객의 참여를 통한 인력효율화

외식기업은 고객의 참여를 유도해 종사원의 서비스 행위를 줄일 수 있다. 특히 시간절약과 저렴한 가격을 원하는 고객에게는 서비스를 표준화 · 시스템화하여 고객이 스스로 참여할 수 있도록 하는 것이다. 즉 고객의 참여를 통해 고객의 입장에서는 신속한 서비스와 저렴한 가격혜택을 받고 기업의 입장에서는 불필요한 서비스의 배제로 인건비 절감의 효과를 볼 수 있다.

실제 대부분의 패스트푸드 레스토랑에서는 주문 후 고객 자신이 직접 가져다 먹은 후 자리까지 정돈하게 되어 있어 고객의 참여가 이루어지고 있다. 하지만 여기서 주의해야 할 것은 셀프서비스의 한도를 정확히 파악해야 한다. 예를 들어 정통 레스토랑을 방문한 고객에게 셀프서비스를 유도한다면 고객은 서비스 품질을 낮게 인식할 수 있기 때문이다.

2) 시설부문 공급관리

(1) 가변적 공급시설의 개발

일시적인 수요의 증가로 인하여 기존의 공급시설을 확충할 필요는 없다. 따라서 일시적인 수요의 증가에 대비하기 위한 가변적 공급시설을 개발할 필요성이 있다.

예를 들면 비수기에는 레스토랑의 내부만 이용하다가 성수기에는 테라스나 야외 공간 등을 이용하여 한시적으로 운영하고 비수기에 철수하는 방법이다.

(2) 시설과 장비의 임차 또는 임대

외식기업은 최대수요수준을 충족시킬 수 있을 정도로 가용능력을 갖추게 되면 최대수요 이외의 수요수준에서는 과잉 설비로 인한 비용을 부담해야 한다. 이러한 문제를 해결하기 위해 외식기업은 다른 기업에 시설과 장비를 임대하여 수익성을 개선할 수 있다.

예를 들어 일시적으로 여름철에 한해 아이스크림을 판매할 경우 아이스크림 기계를 구매할 경우와 임대할 경우의 예산과 수익성을 고려하여 필요에 따라 구매보다는 임대를 고려할 수 있다.

참고문헌

1. 국내문헌

- 강병남, 외식산업실무론, 지구문화사, 2008.
- 고재용 · 하진영 · 오선영, 사례로 배우는 마케팅, 파워북, 2010.
- 김민주, 시장의 흐름이 보이는 경제법칙 101, 위즈덤하우스, 2011.
- 김범종 · 박승환 · 송인암 · 황용철, 마케팅 원리와 전략, 대경, 2009.
- 김성혁 · 황수영 · 김연선, 외식마케팅론, 백산출판사, 2009.
- 김수헌, 이재홍, 1일 3분 1회계, 어바웃북, 2020.
- 김영갑 · 홍종숙 · 김문화 · 한정숙 · 김선희 · 박상복, 외식마케팅, 교문사, 2009.
- 김헌희 · 이대홍 · 김상진, 글로벌시대의 외식산업경영의 이해, 백산출판사, 2007.
- 김형길 · 김정희, 마케팅의 이해, 두남, 2010.
- 모수미, 우리나라 외식산업 발전방향, 식품산업, 1987.
- 박기용, 외식산업경영학, 대왕사, 2009.
- 박종민, 회계학 콘서트 1, 한국경제신문, 2013.
- 방용성 · 주윤황, 창업, 학현사, 2009.
- 변영계, 교수학습이론의 이해, 학지사, 2006.
- 신재영 · 박기용 · 정청송, 호텔, 레스토랑 식음료서비스 관리론, 대왕사, 2005.
- 신지영, 김대현, 통계란 무엇인가, 주니어김영사, 2015.
- 어윤선 · 박승영 · 김종택, 외식산업경영론, 대왕사, 2009.
- 오수균 · 오병석 · 박수용 · 김인준, 마케팅원론, 두남, 2010.
- 유필화, 디지털시대의 경영학, 박영사, 2001.
- 이수광 · 이재섭, 서비스산업의 인적자원관리, 대왕사, 2003.
- 이와나가 요시히로, 회사의 운명을 좌우하는 브랜드 네이밍 개발법칙, 이서원, 2007.
- 이유재, 서비스마케팅, 학현사, 1997.
- 이정실, 외식기업경영론, 기문사, 2007.
- 이정학, 서비스마케팅, 대왕사, 2009.
- 전영직 · 원융희, 외식산업 경영과 창업, 백산출판사, 2008.
- 정경일, 브랜드 네이밍, 커뮤니케이션북스, 2014.
- 정용주, 외식경영론, 백산출판사, 2011.
- 정용주, 외식마케팅, 백산출판사, 2011.
- 차길수 · 윤세목, 호텔경영학원론, 현학사, 2008.
- 최낙환 · 송윤헌 · 박만석, 마케팅의 이해, 대경, 2004.
- 최상철, 외식산업개론, 대왕사, 2008.
- 추헌, 경영학원론, 형설출판사, 1993.
- 한국심리학회, 게슈탈트 심리학, 심리학용어사전, 2014.
- 한국외식산업연구소, 외식사업경영론, 2006.
- 한국프랜차이즈협회, 프랜차이스 가맹점 창업 및 운영실무, 2004.
- 한국프랜차이즈협회, 프랜차이즈 경영원론, 2004.
- 홍기운, 최신외식산업개론, 대왕사, 2008.
- 홍기운 · 진양호 · 김장익, 최신식품구매론, 대왕사, 2006.

2. 국외문헌

- Cichy, Ronald F. & Wise, Paul E., Managing Service in Food and Beverage Operations, AH&LA, 1999.
- Davis, Bernard, Food and Beverage Management, BH, 1998.
- Green, Eric F. & Drake Gaulen G., Profitable Food and Beverage Management Planning, VNR, 1991.
- IFA, Franchising, Educational Foundation INC., 1998.
- Kano, Noriaki, "Attractive quality and must-be quality" The Journal of the Japanese Society for Quality Control, April, 1984.
- Khan Mahmood A., Concept of Foodservice Operations and Management, VNR, 1990.
- Kotler Philip & Keller L. Keller, Marketing Management, 13th ed., Prentice-Hall Inc., 2009.
- Kotler, Bowen & Makens, Marketing for Hospitality & Tourism, Prentice-Hall, 1996.
- Kotschevar, Lendal H. & Tanke, Mary L., Managing Bar and Beverage Operations, AH&LA, 1996.
- Lefever, Michale M., Restaurant Basics, Hohn Wiley & Sons, 1992.
- McLeod, S. A., Skinner – Operant Conditioning. Retrieved from www.simplypsychology.org/operant-conditioning.html. 2015.
- Mcverty, Paul J., Ware, Bradley J. & Levesque Claudette, Fundamentals of Menu Planning, John Wiley & Sons, 2001.
- Melaniphy, John C., Restaurant and Fastfood Site Selection, John Wiley & Sons, 1992.
- Michale E. Porter, The Competitive Advantage, The Free Press, 1985.
- Michale E. Porter, The Competitive Strategy, The Free Press, 1980.
- Ninemeier, Jack D., Planning and Control for Food and Beverage Operations, AH&LA, 2001.
- Paul J. Mcvety, Bradley J. Ware & Claudette Levesque, Fundamentals of Menu Planning, John Wiley & Sons, 2001.
- Stauss, Bernd, Global World-of-Mouth: Service Bashing on the Internet is a Thorny Issue, Marketing Management, 1997.
- Zeithaml, V. A. & Bitner, M. J., Service Marketing, NY: McGraw-Hill, 1996.
- 土井利雄, 外食, 東京: 日本經濟新聞社, 1990.

3. 인터넷사이트

- 국립농산물품질관리원, https://www.naqs.go.kr/main/main.do
- 국회법률지식정보시스템, http://likms.assembly.go.kr
- 네이버, www.naver.com
- 더외식, www.atfis.or.kr
- 동아일보, www.donga.com
- 매일경제, 1999. 4. 7.
- 삼성경제연구소, www.seri.org
- 식품의약품안전청, www.kfda.go.kr
- 에코저널, 2010. 9. 15.
- 이명헌, 경영스쿨, http://www.emh.co.kr/xhtml/ms_natural_monopoly.html
- 전자신문, 2008. 2. 27.
- 통계청, www.kostat.go.kr
- 한국관광공사, www.visitkorea.or.kr

저자소개

정용주

- 경기대학교 대학원 관광경영학과 졸업(관광학 석사)
- 경기대학교 대학원 호텔경영학과 졸업(관광학 박사)
- 호텔신라 매니저
- 아티제블랑제리 마케팅과장
- 삼성그룹 Six Sigma Black Belt
- Lausanne Hospitality 'Service Trainer' Certificate
- 마케팅기획전문가 Certificate
- 현) 경남정보대학교 호텔외식조리학과 교수

저서 및 논문

- 만화로 보는 글로벌 에티켓과 음식문화(백산출판사, 2010)
- 외식경영론(백산출판사, 2011)
- 외식마케팅(백산출판사, 2011)
- 갈등관리 유형이 리더신뢰와 이직의도에 미치는 영향에 관한 연구(2007) 외 다수

저자와의
협의하에
인지첩부
생략

외식산업의 경영과 마케팅

2021년 3월 10일 초판 1쇄 발행
2025년 2월 28일 초판 3쇄 발행

지은이 정용주
펴낸이 진욱상
펴낸곳 (주)백산출판사
교 정 박시내
본문디자인 신화정
표지디자인 오정은

등 록 2017년 5월 29일 제406-2017-000058호
주 소 경기도 파주시 회동길 370(백산빌딩 3층)
전 화 02-914-1621(代)
팩 스 031-955-9911
이메일 edit@ibaeksan.kr
홈페이지 www.ibaeksan.kr

ISBN 979-11-6567-263-8 93320
값 35,000원